谨以此书纪念北京大学历史系考古专业
七五届同学毕业三十周年

跋 涉 续 集

北京大学历史系考古专业
七五届毕业生论文集

文物出版社

脚踏实地

不尚空谈

宿白

白 二〇〇四年

宿白先生题辞

跋涉辉煌

再跋涉再辉煌

贺75届毕业卅年

吕遵谔零四年

十月四日

吕遵谔先生题辞

宁可劳而不获

不可不劳而获

邹衡

二〇〇四年十月

邹衡先生题辞

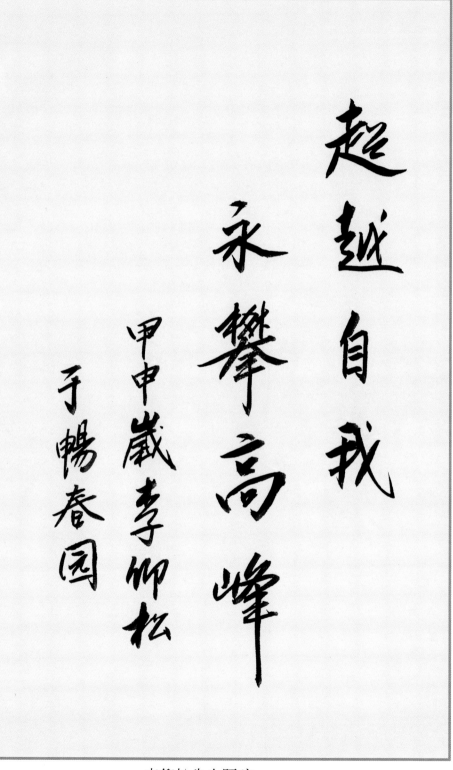

超越自我

永攀高峰

甲申岁李仰松

于畅春园

李仰松先生题辞

七三级同学毕业三十周年纪念

承接前贤
闯拓精神
团结英良
再创辉煌

高明 二〇〇四年
八月十晋

高明先生题辞

考古专业七五届
毕业三十周年志庆

三十既立
加倍努力

严文明书题

严文明先生题辞

跋涉不止，收获不断

其乐无穷

祝《跋涉续集》出版

李伯谦

李伯谦先生题辞

江流有聲

赵朝洪

二〇〇〇年十月

赵朝洪先生题辞

長江後浪推前浪

人才從輩超前輩

贾梅仙

二〇〇四·九

贾梅仙先生题辞

师史系考古专业
72级毕业留念
1975.8

一排左起：王崇礼、蓝日勇、张素琳、刘惠洁（老师）、傅文森、刘兰森、戴伦英、戴书田、何方、杨焕新、贾梅仙（老师）、易家胜、
二排左起：邹衡（老师）、赵朝洪、夏超雄（老师）、高明、以下二人为工宣队队员、李志义（老师）、徐化民（老师）、张万仓（老师）、
王春梅（老师）、宿白（老师）、严文明（老师）、陈跃钧（老师）、古运泉
三排左起：刘忠伏、高崇文、吴耀利、郁金城、黄德荣、何明、孙长庆、黄锡全、王晓田、胡昌钰、刘恩元、赵青、于炳文、袁进京
四排左起：张敬国、唐晓峰、刘绪、李超荣、赵福生、张承志、贾振国、权奎山、朱金奎、林公务、袁家荣、张柏、吴加安

北京大学历史系考古专业七五届部分同学在中国历史博物馆九十周年纪念会合影

北京大学历史系考古专业七五届部分同学在北京市文物研究所合影（1997年）

庆祝北京大学百年华诞：历史系考古专业七五届部分同学合影（1998 年）

北京大学历史系考古专业七五届部分同学在北京市文物研究所合影（1993 年）

序

北京大学历史系七二级是一个团结的集体、战斗的集体，我虽不是他们中的一员，但他们在北大上学期间，我作为一名年轻教师却经常和他们摸爬滚打在一起。每当回忆起和他们朝夕相处的日子，我心中都会情不自禁地滋生出喜悦、幸福的感觉，当听到或从报刊上看到他们在工作岗位上取得成绩的报道时，我会很自然的和他们一样感到无比的骄傲。我说他们是一个团结的集体，是因为他们毕业后虽各奔东西，天南地北，但从未中断过彼此之间的联系，谁工作上有了进步，大家会一起向他祝贺，谁工作上遇到困难，大家会不约而同向他伸出援手，鼓励、批评、叮嘱、提携以求共进，是他们早就形成的班风的延续。我说他们班是一个战斗的集体，是因为他们虽不在一个单位，甚至不在一个系统，但他们献身于祖国文物考古、博物馆事业的决心和实践却从未有过动摇或停止。继 1998 年北京大学百年华诞他们推出《跋涉集》之后，为纪念他们从学校毕业走上工作岗位三十周年，又推出了《跋涉续集》，就是最好的证明。

《跋涉续集》所发表的论文和《跋涉集》一样都有一个明显的特点：几乎清一色是作者在自己的考古及相关工作岗位上长期实践的体会和深入研究的结晶。在这里我们看到，旧石器时代考古方面，有参加北京王府井东方广场旧石器遗址发掘的郁金城和李超荣分别撰写的《北京地区旧石器时代文化遗存》与《王府井东方广场遗址骨制品研究》，有湖南旧石器考古的领军人物袁家荣撰写的《湖南旧石器考古回顾》；新石器时代考古方面，有长期从事新石器时代考古研究的吴耀利撰写的《追溯仰韶文化的发现》，王晓田撰写的《鄂西屈家岭文化遗存的分期与研究》，赵清与戴伦英合写的《关于龙山文化的考古学思考》，以

1

及朱金奎撰写的《太湖平原和杭州湾以北地区的新石器时代文化源头——马家浜文化》，而《陶器与原始社会的葬俗》、《探索中国史前文明的源头——读玉凌家滩》则是长年分别从事陶瓷考古和玉器研究的刘兰华与张敬国做出的对新石器时代陶器、玉器专项研究的成果。此外有关新石器时代考古专项研究的论文尚有孙长庆的《黑龙江饶河小南山新石器时代墓葬出土石材加工工艺研究》和刘恩元的《浅谈贵州原始农业起源与发展》；青铜器时代考古方面，有洹北商城的发现者之一刘忠伏撰写的《安阳洹北商城的发现及其意义》，对陵墓制度素有研究的高崇文撰写的《中国古代陵墓制度的发展》，善于运用计算机对文物考古资料进行量化研究的戴书田撰写的《商代墓葬族属分析》，长期从事楚文化考古研究的王从礼撰写的《试论商代文化对楚人的影响》，长期从事四川考古的胡昌钰撰写的《对三星堆祭祀坑出土"神坛"等器物的研究》，负责三峡石沱遗址发掘的袁进京撰写的《重庆市涪陵区石沱遗址发掘的简单收获》，参加天马——曲村晋文化遗址及晋侯墓地发掘的刘绪撰写的《晋国始封地与早期晋都》，参加过永凝堡墓地发掘的张素琳撰写的《山西洪洞永凝堡西周墓葬再析》，专门研究先秦货币和文字的黄锡全撰写的《近些年先秦货币的重要发现与研究》，主持对广东东江流域三处先秦烧陶窑场发掘的古运泉撰写的《东江北岸先秦三大窑场的初步研究》，来自齐国都城所在地淄博博物馆的贾振国撰写的《齐国贵族墓出土战国银器与饰银器研究》，对福建先秦考古有独到见解的林公务撰写的《福建光泽先秦陶器群的研究——兼论"白主段类型"》，主持江西悬棺发掘的刘诗中撰写的《龙虎山千年悬棺之谜》；汉及以后考古及有关历史、文物研究方面，有对滇国考古素有研究的黄德荣撰写的《滇国青铜器中的力学现象》，收集小型青铜文物颇丰的高青山撰写的《中国小型青铜器》，钟情于西域考古史并对西域出土死文字特别关注的何芳编译的《佉卢文书》，长期在南京市从事考古研究的易家胜撰写的《南京市博物馆藏六朝墓志》，中国历史地理学领域的翘楚唐晓峰撰写的《略谈宋代地图上的长城以及"古北口"问题》，长期从事陶瓷考古教学与研究的权奎山撰写的《试析宋元时期的制瓷手工艺》，毕业后一直在吉林省做考古工作的何明撰写的《金代肇州考》，既是著名作家又是民族史学者的张承志撰写的《关于早期蒙古汗国的盟誓》，既是资深专业编辑又是文物学者的于炳文撰写的《读文物札记（二）》，毕业后一直在广西壮族自治区做考古工作的蓝日勇撰写的《广西合浦上窑瓷烟斗的绝对年代及烟草问题别议》。而张柏的《由编写〈中国文物古迹保护准则〉所想到的》和吴加安《我国文物保护科学发展及其特点》则是他们分别在国家文物局和中国文物研究所领导岗位上，根据长期工作实践提出来的关涉到中国文物保护事业建设发展所应关注的带方向性的问题，傅文森的《社会科学文献出版社出版的历史考古类图书评述》和赵福生的《〈北京市文物地图集〉概论》则是根据他们分别在编辑考古类图书和文物地图集工作实践中的深切体会提出来的真知灼见。

这些论文研究的问题有大小，涉及的范围有广狭，探索的深度也有深浅，但没有一篇是无病呻吟的应景之作。这种认真的态度是由他们对事业的责任心决定的。在上大学期间，尽管囿于当时的形势，形形色色的"政治运动"耽误了他们许多宝贵的时间，但他们还是挤时间学到了不少专业知识和技能，从老一辈考古工作者身上学到了忠于职守、献身于祖国文博考古事业的精神，每位同学在撰写论文时的认真态度正是这种精神的具体体现。我在为《跋涉集》所写的序言中曾说："人的一生就是不断跋涉的一生，人类的历史也可以说是一部不断跋涉的历史。什么时候停止了跋涉，人的生命就要停止，历史也会止息。"如今，从他们毕业走上工作岗位，已经在考古文博战线奋斗跋涉了整整三十年，他们班最年轻的王晓田还因在国家博物馆副馆长岗位上操劳过度，而过早地贡献了自己的生命。三十年来，同学们在各自的岗位上都做出了优异成绩，但他们并不以此为满足，从他们将自己的第二部论文集命名为《跋涉续集》即可看出，他们虽然都已五十开外，有的同学身体也不算好，但他们思想上丝毫没有懈怠，仍然精神饱满地像往常一样为攀登学术高峰跋涉不止。这种精神是可贵的，这种精神是值得学习的，我在阅读他们文章的过程中也每每为他们的精神所感染，好像自己又年轻了十岁。再过十年，到2015年，就是他们毕业四十周年的日子，我希望能再看到他们《跋涉续集》的续集。是为序。

李伯谦

二○○五年冬

目　录

北京地区旧石器时代文化遗存

郁金城

北京旧石器时代考古，始于20世纪20年代，至今已有80年上下的历史。截止到目前，北京地区已发现的旧石器时代文化遗存约48处。这些遗存涉及北京9个区县，大多数集中于山区、半山区，在平原地区发现的旧石器时期文化地点虽然不多（3处），但其影响和意义很重大。上述发现，为研究北京地区远古人类的生存、迁徙、经济发展、文化源流提供了宝贵的资料。

一

举世闻名的北京房山周口店遗址，是北京地区旧石器文化遗存的突出代表。其调查和发掘工作，开北京旧石器时代考古之先河。始于20世纪20年代的周口店遗址的发掘工作，前后历经多个阶段。该遗址1918年被西方地质工作者发现并进行了试掘。1927年，中国地质调查所和北京协和医学院合作，在周口店开始了连续十年的大规模考古发掘。1929年12月2日，在裴文中先生的主持下，于周口店第一地点发掘出第一个北京猿人头盖骨，引起世界学术界的轰动。同年发现古人类的用火遗迹；1930年发现古人类制作和使用的石器。1936年11月，在贾兰坡先生主持下，又在11天内连续发现了3个北京猿人头盖骨，使世界为之震惊。十年间，周口店遗址的发掘工作取得了令世界瞩目的成果。1937年七七事变后，日本帝国主义的入侵，使周口店遗址的发掘被迫中断，包括北京人头盖骨、山顶洞人头盖骨在内的一批极为珍贵的古人类化石，也在战乱中丢失。1949年北平解放后，对周口店遗址的发掘和研究工作重新启动，经过50～70年代的多次发掘，又有一批重要成果面世。进入21世纪，又于2003年6月，在周口店遗址附近的田园洞，发掘出山顶洞人时期的人类化石。至此，周口店遗址共发现和发掘27个具有学术价值的地点，出土了大量古人类化石、石器、更新世动物化石、丰富的用火遗迹和我国最早的墓葬及装饰品。其中属于旧石器时代文化遗存的有9处。即周口店第一地点、第13、第13A、第15、第4、第3、第22、山顶洞人文化

作者简介：

1947年生于天津。1975年北京大学历史系考古专业毕业后分配到北京市文物事业管理处工作。现任北京市文物研究所副所长，研究员。参加工作30余年，一直未间断田野考古工作。近年来主要从事北京地区史前考古学文化的调查与研究，撰写调查简报、发掘报告及论文30余篇。

遗址和田园洞人文化遗址。

自上世纪 20 年代以来的较长一段时间里，北京地区的古人类和旧石器时代文化考古与研究，重点工作主要集中在周口店地区，直到 1989 年在朝阳区双桥发现带砍痕的古菱齿象下颌骨后，研究的范围才有了扩展。

此后，为了进一步探索北京人时期及其后的古人类在北京地区的活动踪迹，北京市文物研究所和中国科学院古脊椎动物与古人类研究所组成考察队，从 1990 年开始，在北京地区进行了广泛的田野调查，经过艰苦努力，发现属于旧石器时代的旷野地点或遗址共计 38 处。其中，平谷区 12 处；密云县 3 处；怀柔区 10 处；延庆县 8 处；门头沟区 3 处；东城区 1 处；西城区 1 处。这些地点和遗址的发现，使我们对北京地区旧石器时代文化遗存的范围有了新的认识，其研究工作也步入了一个更广阔的新阶段。

在上述旧石器地点和遗址的发现中，王府井东方广场遗址的发掘有着特别重要的意义。这是迄今为止，世界上首次在国家首都发现的旧石器时代的古人类遗址，又与北京人、山顶洞人可能有着一些重要关联，为世人所瞩目。北京市文物研究所、中国科学院古脊椎动物与古人类研究所，于 1996 年 12 月至 1997 年 8 月，对王府井东方广场遗址进行了抢救性发掘。遗址面积约 2000 平方米，揭露面积 780 平方米，出土文化遗物 2000 余件，包括大量的石器、骨器、用火遗迹、赤铁矿粉以及动物化石等。这批资料对研究北京的环境变迁、北京人的后代从山区向平原地区的迁徙及其生活状况弥足珍贵。1997 年 4 月，在北京的城市中心区西单中银大厦建设工地，又发现了一处旧石器地点，成为北京城区发现的第二处旧石器地点，其出土遗物，再次为研究北京平原地区古人类的活动提供了宝贵的例证。

到目前为止，北京地区发现的旧石器时代文化遗存，9 处为洞穴遗址，均集中于房山周口店地区。其余 39 处都属于旷野遗址，其中少数在北京城市中心区，多数分布于北京郊区各区县，以平谷、怀柔、延庆居多。从已获取的资料分析，旷野遗址分布范围比较广泛，已发现的旧石器文化地点比较多，而获取的石器数量相对较少，且多无冲磨和风化痕迹，应属原地掩埋。据此推测，当时的古人类多活动于河岸和丘陵地区，在进行采集和狩猎过程中，就近制作生产工具，短期停留后离去。因此，出土石制品少的旧石器地点，可能是古人类活动的临时性场所，这亦可能是旷野遗址类型特点的反映，与久居的洞穴遗址形成较明显的差别。

二

旧石器时代是人类使用打制石器进行生产劳动的时代。古人类学家根据人类的体质特征，将其分为直立人（猿人）、早期智人（古人）、晚期智人（新人）三个发展阶段。旧石器时代的文化遗存与绝灭动物共存，其地质时代属于更新世，绝对年代约为距今 300 万 ~ 1.2 万年。我国旧石器时代的文化分期，一般采用三分法，即为早、中、晚三期，与人类体质发展的直立人、早期智人、晚期智人三个阶段大体相当。北京地区到目前为止，尚未发现早于距今 70 万年以前的旧石器文化遗存，现已发现的旧石器文化地点和遗址，没有旧石器早期前期的文化遗物，但自周口店第一地点出土的遗物开始，可以往后顺序排出不同地点所代表的文化时期，除旧石器早期前期文化遗物缺失外，其他时期文化遗物大体上可以反映出北京地区旧石器时代的文化发展序列。

（一）旧石器时代早期

旧石器早期的文化遗存，在北京地区发现的地点不多，所代表的时间上也晚于山西、河北、云南等已发现的旧石器早期遗址。北京地区旧石器早期文化地点目前仅发现4处：周口店第1地点、第13地点、第13A地点和密云区上甸子乡黄土梁地点。其代表的年代为旧石器早期的中、晚期，地质时代为中更新世，距今70万~20万年。这一时期文化的代表是周口店北京猿人化石、用火遗迹和石制品。

1. 北京猿人化石

周口店第1地点属洞穴遗址，其洞内堆积厚达40米，划分为13层，遗址底部堆积（第13层）形成于70万年前，顶部堆积（第1~3层）形成于20万年前，从出土石器分析，可设定为这一期间已有古人类在周口店地区活动。北京猿人化石出土的层位，最早的见于第11层，最晚的见于第3层，经多年发掘，已发现完整和比较完整的头盖骨6个，头骨碎块7件，面骨6件，下颌骨15件，牙齿157枚，股骨7件，胫骨1件，肱骨3件，锁骨1件，月骨1件，大约代表40余个男、女、老、少、幼个体。从出土层位看，已发现的北京猿人个体应是生活在距今46万~23万年之间的古人类。

2. 用火遗迹

周口店第1地点的堆积中，有几个大的灰烬层，其中第4层的灰烬厚达6米，从中发现了大量的烧骨、烧石、烧过的野果核和一块紫荆树炭块。经周口店早期研究者的审慎检测和分析，确定为北京猿人的用火遗迹。20世纪50年代的发掘中，又有成堆的灰烬发现，研究人员据此认定，北京猿人已经具有控制火，不使其蔓延的能力。1955年，在13A地点堆积的中下部又发现灰烬层，为北京猿人用火提供了新的证据。火可以驱逐野兽、御寒、熟食等。学会用火和控制火，无疑为古人类的生存进化创造了重要条件。

3. 石制品

石制品是石器时代文化的主要代表，其特定的原料、制作工艺、类型和用途，是研究工作不可多得的宝贵材料。北京地区旧石器早期的石器出土数量之多，是同时期其他遗址远不可比的，仅北京猿人遗址出土的就达17091件，其他遗址相加还有百余件。通过对万余件石制品的研究，其特点体现为：（1）石制品的原料多样，以就近取材为主。经鉴定共有44种，其中脉石英居主导地位，几乎占了近90%；其次是水晶和砂岩；燧石占第4位；其余40种所占比例甚微，共约占1%。（2）打片技术主要采用砸击法和锤击法，碰砧法使用较少。数以千计的砸击石片和数百件的砸击石核，构成石制品的主要成分，也成为同期文化的鲜明标志。锤击产品多达千余件，说明锤击法是北京猿人打片的重要方法。锤击石核分为单台面、双台面和多台面石核，锤击石片有自然台面石片和人工打制台面的石片。碰砧法产生的石片和石核不多，说明其不是打片的主要方法。（3）石器类型可分为两大类，即制作工具的石器和加工成的石器。前者有石锤和石砧；后者以刮削器为主，尖状器是重要类型，还有砍砸器、雕刻器、石锥和球形器。（4）石片是加工石器的主要素材，加工方式呈多样性。北京猿人时期是以石片石器为主的工业，约占70%，且数量自早而晚呈逐渐增加的趋势。加工方式有向背面、向腹面、复向、错向和交互打击。向背面加工的方式是主要方式，其加工成的石器占半数之多。（5）北京猿人石器以小型为主。

黄土梁地点是周口店地区以外的旧石器地点，发现石制品50件，其中16件出自地层，34件采自地表。地层文化遗物出自潮河第三级阶地红色砾石和亚黏土中，地质时代属中更新世，考古时代为旧石器早期。石器原料依次为安山岩、石英岩和脉石英等。锤击打片为主，偶尔采用碰砧法，未见使用砸击法。制作石器的素材，砍砸器用砾石和石块，刮削器则采用石片。石器修整采用锤击法，加工方式以向背向为主，加工水平低而粗糙，器型仅见刮削器、尖状器和砍砸器。尽管目前所获材料尚不能准确反映该地点的文化全貌，但从石制品以大中型为主，加工方式以向背面加工为主等特点考虑，其与北京猿人文化早期应更接近些。

（二）旧石器时代中期

旧石器时代中期的文化遗存，现已在北京发现22个地点。有房山区周口店第15、第3、第4、第22地点；平谷区马家坟地点；密云县松树峪地点；怀柔区帽山、四道穴、西府营、七道河、长哨营、宝山寺、转年南梁和鸽子堂地点；延庆县菜木沟、路家河、沙梁子、古家窑、辛栅子、三间房和河北村地点；门头沟区王坪村地点。旧石器中期文化，距今约20～10万年，地质年代为晚更新世初期（中更新世末期）。周口店第15地点和平谷马家坟地点可以代表此期文化的特征。

周口店地区的4个洞穴地点，出土了古人类化石、用火遗迹、石制品、骨制品等。古人类化石是1973年在第4地点发现的一颗保存完整的人类牙齿，属男人左侧上第一臼齿，与北京猿人相比，这颗牙齿比较进步。此化石曾因其发现的地址与北京人遗址相邻，被称为"新洞人"。经鉴定，新洞人属早期智人。在第4地点和第15地点的地层堆积中，还都发现有灰烬层、烧骨、烧过的朴树子等，是支持古人类具有使用火和保存火种能力的证据，但还不能分析出旧石器中期人类在用火方面有何进步。第15地点出土的石制品数量多且具有一定的代表性。数以万计的石制品，大多数是用脉石英、燧石和各种火成岩制作的，石制品的类型有石核、石片、砍砸器、刮削器、尖状器和雕刻器等，与北京猿人文化的石制品的原料和类型总体上相一致。打片技术与早期相比发生了较大的变化，以往通用的砸击技术变得比较罕见，其位置由锤击法所取代。石器中多刮削器、尖状器、雕刻器和砍砸器，修理把手的大石片为其较独特的器型。这些说明第15地点的石制品承袭了北京猿人文化，但制作技术和水平有所提高。

与4处洞穴地点相比，18处旷野地点发现的材料不多，仅为数量有限的石制品，其发现地点都在河边阶地，或出土于地层中，或捡拾于地表。如马家坟地点发现的26件石制品，出自地层的有19件，脱离底层的7件。从现有材料分析，该期石制品的原料以安山岩为主，也有脉石英、石英砂岩和燧石等；打片技术采用锤击法，偶尔可能使用碰砧法；加工石器的素材主要为石片；石器类型以刮削器为主，石器的第二步加工比较精细，加工方式以向背面为主。从以上描述可以看出，这些石制品与同期洞穴遗址出土的石制品的特点基本相同，仅是石制品原料上有所区别。相同点说明此期旷野遗址石制品与洞穴遗址石制品关系密切，原料上的差别可看作是地区差别所致。与旧石器早期的石制品相比，继承关系明显，但在制作技术上有了提高，主要体现在石器的第二步加工日益精细。

（三）旧石器晚期

北京旧石器晚期的文化遗存分布比较广泛，不仅在郊区有发现，而且扩展到了城市的中心区。目前发现的22处遗址地点有：房山区周口店山顶洞、田园洞；密云县东智；延庆县佛峪口；怀柔区杨树下和东帽湾；平谷区罗汉石、马家屯、上堡子、刘家沟、海子、洙水、小岭、豹峪、甘营、夏各庄和安固；门头沟区西胡林和齐家庄；朝阳区双桥；东城区王府井东方广场；西城区西单中银大厦。北京地区旧石器晚期文化不仅分布广泛，而且内涵丰富，

22 处地点不仅出土了古人类化石、用火遗迹，还有精美的装饰品、墓葬形制、工艺先进的石制品和骨制品等。

1. 山顶洞人和田园洞人化石

"山顶洞人"因其化石发现于周口店龙骨山山顶的洞穴内而得名。山顶洞根据其形状和堆积，分为四个部分：洞口、上室、下室和下窨。在 1933、1934 年的发掘中，从洞穴堆积中发现 3 具完整的头骨，以及部分体骨和单个牙齿。这些材料可能代表不同性别和年龄的 10 个个体。通过碳素测定，山顶洞人生活的年代距今 2.7 万年。2003 年 6 月，在距周口店遗址约 5 公里的田园洞地层内，出土了人类遗骸。目前所发现人类化石的解剖部位包括：下颌骨（附多枚牙齿）、锁骨、肱骨、桡骨、脊椎骨、股骨、腓骨、跟骨、趾骨。此外还有几枚零散的牙齿，似属另外的个体。经初步鉴定，这些人类化石在形态上属解剖学上的现代智人，其伴生鹿牙经铀系年代测定距今约 2.5 万年，与山顶洞人同期，可作为人类化石年代的参照数据。

2. 装饰品与墓葬

山顶洞人的装饰品，在同期文化中占有重要地位。已发现的 141 件装饰品中，包括 7 件石珠、1 件穿孔砾石、1 件穿孔鱼骨、125 件穿孔兽牙、4 件骨管、3 件穿孔海蚶壳。其中有些装饰品器身和孔壁还染有红色，这些装饰品是原始艺术的萌芽。特别值得关注的是，这些装饰品的制作工艺精巧，技术进步，如穿孔石珠，在制作时要从一边钻孔，再将另一边稍稍磨平；穿孔砾石则要从小砾石的两面钻孔，再将一面磨平，然后涂以朱色；骨管需要先将选中的鸟骨截断，再刻以纹饰。另外，从人类遗骨均发现于下室，人骨周围均撒有赤铁矿粉末，以及装饰品大部分出现在墓葬中，并与人骨有较明确的对应位置看，山顶洞人已有一定的葬制并很重视葬仪。

3. 石制品与骨制品

作为洞穴遗址的代表，山顶洞遗址发现的石制品不多，共 25 件。原料主要是脉石英，其次为砂岩和燧石，使用锤击法和砸击法打片，石器第二步加工粗糙，类型少。石制品包括各种石片、砍砸器和刮削器等类型。此外，遗址中发现有大量的碎骨片，还有一些打击骨器和有磨痕的下颌骨，骨器精品是一枚骨针和一件有磨痕及刻纹的鹿角棒。

王府井遗址是此期旷野遗址的代表，共出土石制品 700 余件，原料以燧石为主，石器多小巧，类型有石锤、石钻、刮削器和雕刻器等。遗址中骨制品的发现尤其引人注目，总数达 400 余件，有骨核、人工骨块、骨片、骨屑和骨器五大类。其中骨片约占骨制品的一半。骨器包括刮削器、尖头器、雕刻器和骨铲。

田园洞遗址因尚在发掘过程中，目前还未有发现石器和骨器的报道。其他地点均有数量不等的石器发现。

此期石器制作工艺有较大的提高，主要表现为对原料的取舍，细石器的出现，石器种类日趋多样化等。骨器制作也如石器一样，以一定的规程制作。

旧石器时代晚期，在北方地区存在着三种工业，一是小石器工业，二是细石器工业，三是细石器与小石器共存的工业。北京地区已发现的旧石器晚期文化遗存，属第一和第三两种类型。以山顶洞和王府井为代表的大多数遗址和地点属于小石器工业，是北京地区的主要工业；平谷区马家屯、小岭地点的石制品特点更为突出一些，属于细石器与小石器共存的工业类型。

从已有材料分析，北京地区旧石器晚期文化，与其早期、中期文化有着明显的继承关系，且从多方面呈现出进步性：人类自身体能、智能的进化；火的使用和控制；制作技术和工艺的进步；装饰品和墓葬的出现；生产力水平不断提高等，大大拓展了人类的生存空间，为进入新的社会发展阶段准备了条件。

主要参考文献：

［1］贾兰坡：《周口店记事（1927—1937）》，上海科学技术出版社1999年。

［2］贾兰坡、赵资奎、李炎贤：《周口店附近新发现的动物化石地点》，《古脊椎动物与古人类》1959年第1期。

［3］吴汝康、吴新智：《中国古人类遗址》，上海科技教育出版社1999年。

［4］张森水：《中国北方旧石器时代早期文化》，《中国远古人类》，北京科学出版社1989年。

［5］张森水：《环渤海地区的旧石器时代考古回顾》，《环渤海考古国际学术讨论会论文集》，北京知识出版社1996年。

［6］郁金城、李超荣：《北京地区旧石器考古新收获》，《北京文博》1998年第3期。

［7］《周口店遗址新发现古人类化石》，《中国文物报》2003年7月7日。

王府井东方广场遗址骨制品研究

李超荣* 　冯兴无 　郁金城 　赵凌霞

王府井东方广场遗址是一处旧石器时代晚期遗址，出土的文化遗物包括石制品、骨制品、用火遗迹、赤铁矿碎块以及一些动物化石等[1]。遗址的发掘简报已在2000年《考古》（9）上发表[2]，本文拟对遗址中包含的具有重要文化内涵的遗物类型——骨制品进行更为详细的介绍。

中国骨制品的研究始于20世纪30年代周口店骨、角器物的发现。1931年步日耶在肯定周口店石制品的同时，还在周口店遗物中鉴别出一些有人工打击痕迹的碎骨片[3]。1939年，他撰写了《周口店猿人遗址之骨、角器》一书，详细描述了遗址中具有人工痕迹的骨、角器标本[4]。但是，裴文中对周口店发现的碎骨提出了不同的意见，在《非人工破碎之骨化石》一书中，强调周口店存在大量非人工破碎的骨骼[5]。20世纪50年代末至60年代初，贾兰坡和裴文中对北京人遗址是否存在骨器问题进行过讨论[6][7]。20世纪70年代后期，国外一些学者通过长期观察自然状态下动物骨头破碎和埋藏的方式以及考察了一些原始部落对动物屠宰和骨骼的利用，逐渐建立了一套鉴别人工与非人工破碎骨骼的标准[8]。20世纪90年代初，我国学者吕遵谔、黄蕴平通过实验总结了人工打击骨片与敲骨取髓骨片和动物啃咬骨片的不同特征[9]。张森水等在大连古龙山遗址研究中，把骨制品分类为初级产品、管状骨制品和片状骨制品[10]。张俊山通过几十例敲骨取髓和制作骨器的实验，对旧石器时代晚期峙峪遗址出土碎骨进行分析和研究，进一步探讨了区分人工与非人工破碎的骨骼、敲骨取髓与打击骨器的标准[11]。2000年以来，李超荣等研究了东方广场的遗址，根据骨器的打制实验、拼合研究、观察与对比分析，把遗址中的骨制品分为骨核、人工骨块、骨片、骨屑和骨器五类[12]。安家瑗对华北地区发现的旧石器时代的骨、角器进行了分类，并对该地区旧石器时代早、中、晚期骨、角器加工的特点、方式加以概括，对打击骨器的功能，刮制、磨制骨器技术和骨、角器起源等问题进行初步的探讨[13]。

骨骼破碎基本上是在被埋藏之前形成的，主要有下列几种原因：自然风化与搬运、动物

作者简介：

1950年4月出生于山西介休市。1975年北京大学历史系考古专业毕业后，分配到中国科学院古脊椎动物与古人类研究所工作。现为中国科学院创新工程副研究员，北京王府井古人类文化遗址博物馆副馆长。30年来一直从事史前考古学方面的研究工作。在20多个省市进行野外考察和考古发掘工作，发现了许家窑人、王汾人化石和百余处旧石器地点；主持了许家窑、小站、王府井东方广场和转年等重要遗址的发掘。2000年参加了国家九五攀登项目"早期人类起源与环境背景的研究"，承担了湖北建始龙骨洞遗址旧石器文化的研究。2004年负责南水北调中线丹江库区的文物调查和复查，新发现旧石器地点35处。在国内外各类学术刊物发表论文38篇和科普文章20篇。"许家窑人及其文化的发现与研究"曾获中国科学院科技进步三等奖。

的啃咬与搬运、大型动物践踏、人工打击等[14]。如果在洞穴环境中，还应该考虑有被坍塌的石头砸碎与压碎的原因。人工打击的目的主要是为敲骨取髓和加工骨器，与自然风化形成的碎骨有一定的区别。自然风化使骨骼断裂是风吹、日晒、雨淋、昼夜温差等因素造成的，断口参差不齐，碎骨多呈块状。人工砸击和打击的碎骨的断裂方式多是斜向的，大致与骨质纤维斜交，断口比较规整。东方广场遗址是一处旷野遗址类型，文化层属河湖相沉积。碎骨风化和磨蚀程度很低，说明骨骼未长期遭受自然营力的作用。碎骨上不存在动物啃咬和大型动物践踏的痕迹，更不可能被坍塌的石块砸碎或压碎，它们的产生只能与人类活动相联系。敲骨取髓固然是砸碎骨骼的原因之一，不能排除在外，但大部分具有人工加工特征的碎骨，无法用敲骨取髓的原因来解释。

笔者通过观察、实验和拼合研究，并参照石制品的分类方法把骨制品分为骨核、人工骨块、骨片、骨屑和骨器五大类。骨制品因质地较为脆弱易碎，特征不像石制品那样明显。一些标本常引起一些争论，但用不同的骨料实验制作骨器会从中得到一些启发。制作骨器的过程类似于加工石器的过程，利用动物骨头作素材，打下的片称为骨片；留下的称为骨核。因骨头质地不好，有的打击痕迹不明显，把这类标本称为人工骨块。在打片和加工骨器中，形成的细小碎骨称骨屑。采用管状骨和片状骨加工而成为工具的标本称骨器。在骨表面和髓腔面上都至少有一个片疤的碎骨归入骨制品。在遗址出土的1099件碎骨中有411件为骨制品。

笔者对骨制品和碎骨进行了拼合，对骨表面的人工痕迹进行了观察、分类和描述；另外，还进行了一些模拟打制实验和对比研究工作，希望能够更全面、更深入地揭示古人类的行为特点以及生活环境对其产生的影响。

骨制品

遗址包含两个文化层，均发现有骨制品（图一）。下文化层出土骨制品245件，上文化

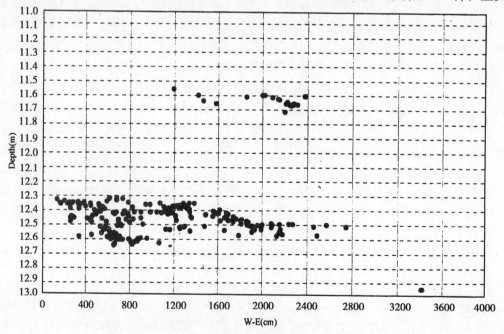

图一　骨制品剖面分布图（包括上、下文化层）
The section of bone artifacts

层 20 件，从地层中采集和筛选 146 件。骨制品类型包括骨核、骨块、骨片、骨屑和骨器（表一）。

表一 骨制品的类型划分

Classification of bone artifacts

类型		骨块	骨核	骨片	骨屑	骨器				合计
						刮削器	尖状器	雕刻器	骨铲	
上文化层	N	1	3	5	7		2	1	1	20
	%	5.0	15.0	25.0	35.0		10.0	5.0	5.0	100
下文化层	N	23	23	133	22	10	26	6	2	245
	%	9.4	9.4	54.3	9.0	4.1	10.6	2.4	0.8	100

2.1 下文化层骨制品

共计 245 件，包括人工骨块、骨核、骨片、骨屑和骨器，其中骨器包括刮削器、尖头器、雕刻器和骨铲。这些遗物的平面分布有一定的规律（图二）。

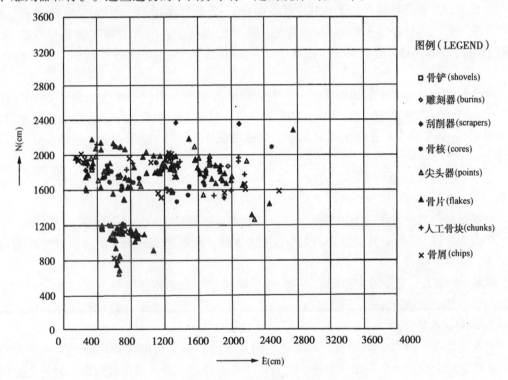

图二 下文化层骨制品的平面分布图

The distribution of bone artifacts of Lower Cultural Horizon

人工骨块 23 件。这类标本中的大多数是破碎的哺乳动物肢骨，特点是有少量的打击痕迹，断面陡直，骨片疤阴痕不明显。最重者 26g，最轻者 2g。5g 以下有 8 件；6~15g 者 7 件；16~26g 者 8 件。最长者为 80mm，最短者为 20mm。长度在 50mm 以上有 9 件；30~

49mm 者 12 件；29mm 以下者 2 件。最宽的标本是 44mm，最窄者 9mm。宽度在 30mm 以上者 8 件；15 ~ 29mm 者 9 件；14mm 以下者 6 件。最厚者为 16mm，最薄者 2mm。厚度在 15mm 以上者 5 件，10 ~ 14mm 者 9 件，9mm 以下者 9 件。

1472A 号，重 25g，长 52、宽 44、厚 16mm。一侧有 2 个横向剥片的小疤，是由骨表面向髓腔面进行打击。骨疤痕浅平，其中一个疤长 10、宽 20mm，呈梯形，台面角 65°；另一个疤长 11、宽 22mm，也呈梯形，台面角也为 65°。保留 80% 的骨表面和髓腔面。

56 号骨块，呈三角形，重 17g，长 60、宽 26、厚 12mm。从标本的三个侧面看，断面较陡直，保留有 70% 的骨表面和髓腔面。

另外，个别标本上也有因风化而裂开的痕迹，如 482 号标本在骨表面裂了 3 层。

骨核　23 件。最大的是单台面骨核中的 88A 号，长 206、宽 62、厚 20mm。最小是多台面骨核中的 1413 号，长 40、宽 22、厚 12mm；长度在 50mm 以下者 4 件，51 ~ 80mm 者 8 件，85mm 以上者 11 件。最宽者为 62mm，最窄者为 19mm；宽度在 30mm 以下者 9 件，31 ~ 50mm 者 9 件，51mm 以上者 5 件。最厚者 55mm，最薄者 10mm；厚度在 19mm 以下者 11 件，20mm 以上者 12 件。最重的一件为 154g，最轻者 8g；重量在 30g 以下者 10 件，31 ~ 80g 者 5 件，81g 以上者 8 件。

骨核上的片疤统计结果如下，其中骨表面有 1 ~ 2 个疤者 10 件，3 ~ 4 个疤者 11 件，5 ~ 9 个疤者 2 件；23 件标本上共有 66 个片疤。在片疤方向中，由骨表面向骨髓打片者 40 片（向内打片），由骨髓向骨表面打片者 26 片（向外打片）。片疤呈纵向者 27 件，呈横向者 39 件。

剥片范围在各标本中的比例是不一样的。最大占标本表面积的 80%，最小占 10%；剥片范围在 10% ~ 20% 者 10 件，30% ~ 50% 者 7 件，51% ~ 80% 者 6 件。台面角最大为 115°，最小为 45°；其中 7 个疤是在 50° 以下，42 个疤是在 51° ~ 80° 之间，17 个疤是在 81° ~ 115° 之间。

标本上保留骨表面和骨髓腔面在 20% 以下者 1 件，30% ~ 50% 者 5 件，60% ~ 90% 者 17 件。

根据骨核台面的数量分为单台面、双台面和多台面骨核 3 种：

单台面骨核　7 件。其中以骨表面为台面者 5 件，破裂面为台面者 1 件，髓腔面为台面者 1 件。

88A，重 152g，长 206、宽 62、厚 20mm，原料是哺乳动物的肢骨。在标本一侧，由外向内剥下一长 16、宽 73mm 的不规则疤，台面角为 50°，疤痕浅平，剥片范围为 10%。此标本可和 74A 标本拼合。

双台面骨核　12 件。其中台面均为破裂面者 3 件；一个台面为骨表面、另一个为髓腔面者 4 件；一个台面为破裂面、另一个为骨表面者 4 件；一个台面为破裂面、另一个为髓腔面者 1 件。

989A，重 28g，长 75、宽 28、厚 20mm。一端由破裂面向内面打击，剥片面由 3 个三角形的片疤组成：第一个疤长 66、宽 20mm，台面角 55°；第二个疤长 50、宽 13mm，台面角 55°；第三个疤长 32、宽 11mm，台面角 50°。另一端由外面向内面打击形成 2 个不规则的疤痕：第一个疤长 22、宽 16mm，台面角 65°；第二个疤长 25、宽 15mm，台面角 65°。剥片范围为 60%。

1186，重 32g，长 70、宽 31、厚 20mm，原料是大哺乳动物肢骨的端部。一端由破裂面向外面打击成 2 个三角形的疤。第一个疤长 35、宽 18mm，台面角 58°；第二个疤长 30、宽 12mm，台面角 55°。另一侧由外面向内面打片，形成一个长 23、宽 40mm 的不规则形的疤，台面角 87°。剥片面占 60%。

1416，重 11g，长 20、宽 10、厚 11mm。原料是哺乳动物肢的骨干，其一侧面由破裂面向外面剥片，形成一个长 14、宽 45mm 的似梯形疤，台面角 70°。另一端由外面向内面进行打片，形成 2 个疤；第一个疤长 35、宽 12mm，台面角 70°；第二个疤长 25、宽 8mm，台面角 60°。

480B，外形似枣核形状，重 14g。长 43、宽 19、厚 14mm。采用两极打法，两端的台面为刃状。上、下端的台面角均为 70°。核身有 3 个疤；第一个和第二个疤均由上端通至下端。剥片面占 70%，其余为髓腔面。

997，重 132g，长 185、宽 48、厚 20mm。原料是大哺乳动物肢的骨干，一端由破裂面向内面打，形成 2 个疤；第一个疤长 78、宽 22mm，呈长三角形，台面角为 50°；第二个疤长 33、宽 18mm，呈三角形，台面角为 65°。另一端由外面向内面打，形成一个不规则的疤，长 41、宽 11mm，台面角为 70°。剥片面占 20%，核身保留 80% 骨表面和髓腔面。另外，骨表面上有多处人工砍砸和切割的痕迹。

824，重 108g，长 130、宽 56、厚 18mm。素材为肢骨干，一端由内面向外面打，形成一长 11、宽 28mm 的扇形疤，台面角为 68°。另一端由骨外面向内面打，形成长 12、宽 60mm 的扇形疤，台面角也为 68°。剥片面约占 10%，其余 90% 为骨表面和髓腔面。另外，骨表面上有明显的人工砍砸痕迹。

多台面骨核　4 件。其中 1 件的三个台面为破裂面、一个台面为骨表面；1 件的二个台面为破裂面、二个台面为骨表面；1 件的二个台面为破裂面、一个台面为骨表面；1 件的一个台面为破裂面、另外二个台面为骨表面和髓腔面。

404A（图三：1），重 136g，长 165、宽 55、厚 25mm。原料为原始牛的胫骨。一侧由骨表面向髓腔打击，形成 3 个骨片疤；第一个片疤长 17、宽 50mm，呈扇形，台面角为 50°；第二个疤长 15、宽 40mm，呈梯形，台面角为 75°；第三个疤长 15、宽 45mm，呈扇形，台面角为 65°。另一侧由内髓腔面向外面（骨表面）打击，形成二层大小不一的疤；第一大疤长 20、宽 20mm，呈三角形，台面角为 50°；第二大疤长 20、宽 20mm，为正方形，台面角为 55°；这两个大疤的阴痕都比较浅。在标本的一端由破裂面向骨表面进行剥片，形成 2 个梯形的骨片疤，其中一个长 23、宽 17mm，台面角为 85°；另一个长 16、宽 17mm，台面角是 60°。另一端由破裂面采用雕刻器的打法剥下 2 个骨片，左侧面的疤长 32、宽 15mm，呈长方形，台面角 49°；右侧面疤长 37、宽 12mm，呈三角形，台面角是 70°。剥片范围占 40%，剥片程度大多适中，保留有 60% 的骨表面和髓腔面。

293B，采用大哺乳动物的肢骨为素材，重 24g，长 45、宽 28、厚 20mm。一侧由破裂面向内面（髓腔面）打击形成一长 25、宽 15mm 的三角形疤，台面角 88°。一端是由破裂面向内面打击形成长 48、宽 18mm 的三角形疤，台面角为 88°；然后再由外面向内面打击成长 23、宽 18mm 的梯形疤，台面角为 78°。另一端由破裂面向内面打击成一个长 40、宽 20mm 的长三角形的疤，台面角 102°。疤痕具有浅平的特点，剥片范围 60%，其余 40% 为骨表面和髓腔面。

图三　骨制品 Bone artifacts

1. 骨核（Bone core）　　2～4. 骨片（Bone flakes）　　5. 骨刮削器（Bone scraper）

6. 骨尖状器（Bone point）

　　骨片　133 件。最大一件的长度为 170、宽 50、厚 25mm，重 145g；最短一件是长 5.5、宽 23、厚 2mm，重 0.2g。重量不足 1g 者 18 件，1～5g 者 41 件，6～10g 者 32 件，11～49g 者 35 件，50～80g 者 6 件，100g 以上者仅 1 件。长度在 5.5～29mm 者 35 件，30～59mm 者 53 件，60～99mm 者 31 件，100～145mm 者 14 件。宽度最宽为 87mm，最窄为 6mm；宽度在 9mm 以下者 12 件，10～29mm 者 88 件，30～49mm 者 31 件，50mm 以上者 2 件。厚度最

厚为25mm，最薄为2mm；厚度在9mm以下者91件，10~19mm者37件，21mm以上者5件。形状呈三角形者57件，呈长方形者11件，梯形者10件，扇形者6件，不规则形者49件。

骨片台面分为3种：骨表面（86件）、髓腔面（12件）和破裂面（35件）。打片方向为横向者51件，纵向者79件，不清楚者3件。台面角最大为115°，最小为38°。在38°~58°者23件，60°~78°者39件，80°~99°者46件，100°~115°者25件。

绝大多数保留骨表面和髓腔面。保留5%~10%的骨表面和髓腔面者11件；保留40%~50%者47件，保留60%~70%者32件，保留80%~90%者40件，仅有3件未保留这些面。

901号标本（图三：2）：轮廓呈三角形，长95、宽25、厚15mm，重26g；以破裂面为台面，沿管状骨长轴打下，台面角80°；保留有60%的骨表面和髓腔面。

1163B号标本（图三：3）：轮廓呈三角形，长76、宽34、厚10mm，重20g；以破裂面为台面，台面角80°；保留有65%的骨表面和髓腔面。

1208号标本（图三：4）：长66、宽46、厚10mm，重44g；以骨表面为台面，沿管状骨横向打下，台面角70°；保留有80%的骨表面和髓腔面。

碎骨和骨屑 22件。这些标本大小不一。在一些标本上有切割痕迹，估计可能是在支解动物或打制骨制品时产生的。

骨器 44件。包括骨刮削器、骨尖头器、骨雕刻器和骨铲。

骨刮削器10件。占骨器数量的22.7%。其素材有两种：片状骨和残破的管状骨，分别有9件和1件。依刃缘分单刃（6件）和双刃类型（4件）；单刃中包括单凸、单凹和单直刃3种。最大一件是双直刃骨刮削器，重215g，长150、宽60、厚20mm；最小的一件是单直刃刮削器，重3g，长16、宽40、厚7mm。加工部位：6件在一侧边，3件在两侧边，1件在端部和侧边。加工刃角：最钝的85°，最锐的35°；刃角50°以下者6件，55°~85°之间者4件。刃缘最长为68mm，最短为18mm；刃缘最宽为16mm，最窄4mm。加工方式：4件向骨表面，6件向髓腔面。骨表面和髓腔面保留情况：保留50%~70%者4件，保留80%~90%者有6件。

800号（图三：5）为一件单凹刃刮削器。其原料为片状骨，重5g，长50、宽16、厚6mm。一侧边由骨表面向髓腔面进行第二部加工修整，有二层匀称的小修整疤，修疤细小而浅平，刃角50°；刃缘长18、宽5mm；器身保留60%的骨表面和髓腔面。

708号也是一件用片状骨加工成的单凸刃刮削器，重10g，长66、宽25、厚10mm。一侧边向髓腔面进行加工成一凸刃，修疤浅平，刃缘长65、宽9mm，刃角45°；另一侧边有使用的细小痕迹，痕迹长42、宽2mm，保留80%的髓面和髓腔面。

880号是一件加工精细的双直刃刮削器，重8g，长56、宽20、厚10mm。采用片状骨在两侧边由髓腔面向骨表面进行修整。修疤浅平而匀称。左刃缘侧陡，刃角为85°，刃长28、宽7mm；右侧刃缘锐，刃角48°，刃长19、宽4mm。保留50%的骨表面和髓腔面。

1136号是一件在端部和侧边进行加工的双直刃刮削器，重13g，长43、宽30、厚12mm。加工方式由骨表面向髓腔面，端刃长18、宽12mm，刃角是45°；侧刃长28、宽9mm，刃角也是45°。保留80%的骨表面和髓腔面。

骨尖头器 26件。这类工具也被称作骨尖状器，具有挖掘功能。遗址中本类工具占骨器总量的 59.1%。采用的素材是片状骨和鹿角片，分别有 25 件和 1 件。加工部位均在端部的两侧。最重者 122g，最轻者 3g。重量在 5g 以下者 5 件，6～10g 者 3 件，11～30g 者 8 件，31～60g 者 7 件，61g 以上者 3 件。最长者 225、最短者 43mm。长度在 50mm 以下者 4 件，51～100mm 者 8 件，101～150mm 者 12 件，151mm 以上者 2 件。最宽者 50mm、最窄者 10mm。宽度在 15mm 以下者 3 件，16～30mm 者 13 件，31～40mm 者 8 件，41mm 以上者 2 件。最厚者 30mm，最薄者 4mm。厚度在 10mm 以下者 10 件，11～20mm 者 12 件，21～30mm 者 4 件。尖刃角最钝为 68°，最锐为 20°。尖刃角在 50°～68°有 8 件，20°～25°有 5 件，30°～40°有 13 件。刃长 16～37mm 者 15 件，40～51mm 者 5 件，60～80mm 者 6 件。横向打击者 11 件，纵向打击者 3 件，纵横向打击者 12 件。加工方式向骨表面 14 个刃（左侧 9 个刃，右侧 5 个刃），向髓腔面 25 个刃（右侧 14 个刃，左侧 11 个刃），向打制面 13 个刃（左 6 个刃，右 7 个刃）。保留不同程度的骨表面和髓腔面，其中保留 50%～70%有 9 件，80%～90%有 17 件。

409 号标本（图三：6）为一件大型器物。重 85g，长 136、宽 39、厚 28mm。采用厚片状骨，在端部左右两侧的骨髓面和破裂面加工尖刃。尖刃长 63、宽 32mm，尖刃角为 54°。第二步加工疤痕浅平。保留 80%的骨表面和髓腔面。

243 号标本也是一件大型骨尖头器，重 122g，长 170、宽 40、厚 25mm。在骨的端部横向由骨表面和髓腔面打下 2 个三角形疤，构成一尖刃。右侧疤长 51、宽 18mm，左侧疤长 40、宽 13mm，修疤浅平。尖刃长 51、宽 28mm，尖刃角 53°。保留 70%骨表面和髓腔面。

46A 号，重 16g，长 82、宽 32、厚 9mm。用薄的片状骨作素材，在端部左侧纵向向破裂面打击，在右侧横向向上由髓腔面打击形成尖刃；尖刃长 36、宽 30mm，尖刃角 50°。修疤浅平，保留 90%骨表面和髓腔面。

1454 号，是利用片状骨在端部左右纵向加工而成，重 54g，长 130、宽 30、厚 14mm。尖刃长 80、宽 28mm，刃角 35°。修疤浅平，保留 60%骨表面和髓腔面。

693B 号，较小，重 3.8g，长 39、宽 17、厚 6mm。在端部横向由髓腔面向骨表面加工成尖刃。刃长 16、刃宽 10mm，刃角为 68°。修疤细小而浅平，保留 90%骨表面和髓腔面。

骨铲 2 件。占下文化层骨器总数的 4.6%。骨铲具有挖掘功能。

1417 号（图四：1），加工很精致，重 102g，长 170、宽 53、厚 13mm。在片状骨端部由骨表面向髓腔面进行加工，形成似三角形尖刃；端部左侧是凸刃，刃长 45、宽 12mm，刃角 35°；端部右侧为凹刃，刃长 50、宽 11mm，刃角 48°；修疤均浅平。右侧靠近中部外，有 2 个因打片形成的内伤小疤，其中靠外的小骨片已裂掉下，长 19、宽 32mm，呈三角形；靠里的小骨片明显可看到与骨核的裂缝，这是连续两次打片的结果。右侧下部是一个加工精细的凹刃，由髓腔面向骨表面加工，2 层修疤细小而浅平；刃长 38、宽 11mm，刃角在 42°～48°之间。上述修疤可能是软锤修整或通过压制形成，保留 70%的骨表面和髓腔面。此标本可与骨片 1351 号、1354 号和 1436 号拼合。

1419 号（图四：2），重 164g，长 180、宽 50、厚 25mm。系用残破管状骨作素材，在端部由骨表面向髓腔面进行加工，刃长 36、宽 30mm，刃角比较锐，为 28°，修疤浅平；右侧下部有向骨表面连续打片的痕迹。保留有 90%的骨表面和髓腔面。

雕刻器 6 件。占下文化层骨器的 13.6%。重量在 2～7g 者 4 件，11～12.5g 者 2 件。标本长度 40mm 者 1 件，50～58mm 者 4 件，75mm 者 1 件。标本宽度 14～18mm 者 5 件，

图四　骨制品 Bone artifacts

1、2. 骨铲（Bone shovels）　3. 骨片上的砍砸痕（Bone flake showing chopping marks）

4. 骨片上的切割痕（Bone flake showing cutting marks）　5. 骨片上的刻划痕迹（Bone flake showing

engravings）　6. 五件标本的拼合（Refitting of 5 bone pieces）

20mm 者 1 件。厚度 4mm 者 1 件，7～9mm 者 4 件，14mm 者 1 件。素材全为片状骨，雕刻刃长在 22～29mm 者 5 件，32mm 者 1 件；刃的宽度在 5～9mm 者 5 件，12mm 者 1 件。纵向打制的有 3 件，纵横向打制的也有 3 件，修疤均为浅平。保留骨表面或髓腔面在 40%～80% 者 3 件，90% 者 3 件。

1464A 号，加工精致，重 12.5g，长 58、宽 20、厚 14mm。系用片状骨作素材，在标本上端两侧纵向加工形成一凿形刃缘；左侧刃长 27、宽 10mm，右侧刃长 24、宽 10mm；雕刻刃角 40°。下端两侧纵横向加工成一雕刻刃；左侧横向向骨表面加工，刃缘长 33、宽 12mm，右侧纵向向破裂面（骨壁面）加工，刃缘长 33、宽 10mm，雕刻刃角 35°。上下端修疤均为浅平。器身保留 40% 的骨表面或髓腔面。

1424 号，重 11g，长 75、宽 16、厚 8mm。在片状骨的上端纵横向加工成凿形刃；左侧刃纵向向破裂面加工，刃长 26、宽 9mm；右侧刃横向向髓腔面加工，刃长 24、宽 8mm，雕刻刃角 40°，修疤浅平。器身留有 70% 骨表面和髓腔面。

2.2 上文化层骨制品

共计 20 件。分布比较集中（图五），类型包括骨核、人工骨块、骨片、骨屑、骨铲、雕刻器、尖头器。

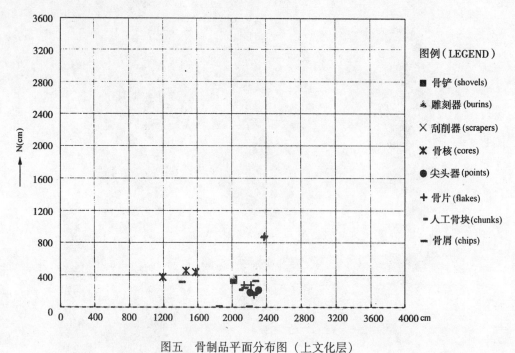

图五 骨制品平面分布图（上文化层）

The distribution of bone artifacts of Upper Cultural Horizon

骨核 3 件。分为单台面、双台面和多台面 3 种。骨核素材均采用哺乳动物肢骨。T13B 出土 1 件，T12D 出土 2 件。

单台面骨核 1229 号，重 36g，长 62、宽 46、厚 17mm。以髓腔面为台面进行打片，其上有 2 个疤；第一个疤呈扇形，长 17、宽 25mm，台面角 83°；第二个疤也呈扇形，长 12、宽 45mm，台面角 84°。打片范围占 20%，其上保留 80% 的骨表面和髓腔面。

双台面骨核 1230 号，重 23g，长 73、宽 30、厚 11mm。以髓腔面作台面打下 3 个疤，第一个疤呈梯形，长 14、宽 40mm，台面角 85°；第二个疤呈似三角形，长 10、宽 18mm，台面角 84°；第三个疤为不规则形，长 10、宽 36mm，台面角 80°。以破裂面（骨壁）作台面打下 2 个小骨片，第一个疤呈梯形，长 12、宽 8mm，台面角 76°；第二个呈三角形，长 18、宽 10mm，台面角 78°；保留有 70% 的骨表面和髓腔面。

多台面骨核 1224 号，重 50g，长 105、宽 40、厚 17mm。一侧以破裂面（骨壁）为台面进行打片，打击点明显，虽骨片未剥落下来，但可看到打片裂开的情况，台面角 88°；一端由骨表面向髓腔面打击，形成长 10、宽 39mm 的疤痕，呈梯形，台面角 70°；另一端由髓腔面向骨表面打，形成长 8、宽 17mm 的梯形疤，台面角 83°。保留有 80% 的骨表面和髓腔面。

虽然标本有些风化，但是还可看出用石器切割的痕迹。

人工骨块　1件。发现于探方 T28A 中，重 4g，长 42、宽 15、厚 8mm。

骨片　5件。出自 2 个探方。4 件呈三角形，1 件呈不规则形。2 件的台面是骨表面，3 件是髓腔面。台面角 30°的 1 件，70°的 2 件，75°~76°的 2 件。骨片上保留不同程度的骨表面和髓腔面，70%有 1 件，80%~90%的有 4 件。有 2 件具有人工刻划痕迹，有 3 件骨片可以拼合。

1290 号，重 11g，长 70、宽 22、厚 7mm，呈长三角形。台面为骨表面，台面角为 30°。保留 70%的骨表面和髓腔面。此骨片可与 1305 号标本拼合。

1506 号具有人工刻划痕迹，重 12g，长 80、宽 24、厚 7mm。外形呈长三角形，台面为髓腔面，骨片角为 70°。保留 80%骨表面与髓腔面。人工刻划痕迹呈垂柳形。与 1507 号标本能够拼合。

骨器　4件。包括骨铲、尖头器和雕刻器。

1305 号骨铲，重 30g，长 95、宽 32、厚 7mm。用动物肢骨片作素材，在骨片两端进行加工。一端的两侧加工成扇形刃缘，由骨表面向髓腔面加工，刃缘长 45、宽 31mm，加工疤痕浅平，刃角比较锐，为 20°。另一端由两侧进行加工成一个尖刃，由髓腔面向骨表面修整，尖刃长 17、宽 20mm。尖刃角为 45°，修疤浅平，保留 70%骨表面和髓腔面，骨表面有切割痕迹。

1243 号骨铲，重 35g，长 104、宽 32、厚 10mm。在骨片端部由骨表面向髓腔面加工，在端部两侧由髓腔面向骨表面加工成梯形刃缘，刃缘长 50、宽 32mm，刃角为 36°。在骨片另一端有使用痕迹。保留 70%的骨表面和髓腔面。

1312 号骨尖头器，重 6.4g，长 46、宽 26、厚 9mm。用骨片作素材，端部两侧由骨表面向髓腔面加工成一个尖刃，刃缘长 28、宽 19mm，尖刃为 48°。保留骨表面和髓腔面，骨表面上有切割痕迹。

1242 号雕刻器，是用骨片加工成的，重 3.8g，长 47、宽 18、厚 7mm。一端加工成凿形刃缘；一侧向骨表面加工，另一侧向髓腔面加工；刃缘长 22、宽 5mm。保留 80%的骨表面和髓腔面。

碎骨与骨屑　7件。出自 T14 和 T28 探方。有 5 件有切割的痕迹，可能是在肢解动物过程中形成的。

2.3　筛选与采集的骨制品

计 146 件，包括人工骨块 31 件、骨片 56 件、骨屑 43 件和骨器 16 件。这些标本主要是从发掘过的土中筛选的。

骨片　56件。出自上文化层者 1 件（T27 探方），下文化层者 55 件。2 件不清楚方位，其他出自 12 个探方。一般比较小，最大一件标本长 66、宽 20、厚 5mm；最小一件长 6、宽 18、厚 3mm。长度在 6~8mm 的 2 件、11~37mm 的 44 件、40~66mm 的 10 件；最宽的标本 34mm，最窄者 7mm。宽度在 7~9mm 的 5 件、10~19mm 的 39 件、20~34mm 的 12 件；最厚为 13mm，最薄为 2mm；厚度在 2~4mm 的 17 件、5~8mm 的 34 件、9~13mm 的 5 件。最重 16g，最轻为 0.8g；2.5g 以下者 48 件，2.8~3.1g 者 2 件、5~6g 者 4 件、12~16g 者 2 件；外形分为 5 种：长方形的 1 件、三角形的 29 件、梯形的 6 件、扇形的 4 件、不规则形的 16 件。台面分为 3 种：以骨表面作台面的 16 件，以髓腔面作台面的 9 件，以破裂面作台面的 31 件。骨片疤分为 2 种，由髓腔面向骨表面打击形成者 19 件（向外疤），由骨表面向髓腔面打击形成者 36 件（向内疤），另外 1 件的打击方向不清楚。横向打击者有 30 件，纵向打击者 25 件，1 件不清楚。骨片角最大者为 118°，最小为 48°；骨片角在 48°~53°者 10 件，在 60°~78°者 18 件，在 84°~98°者 15 件，在 100°~118°者 13 件。保留骨表面和髓腔面的标本为 55 件，其中保留 5%~10% 5 件、20%~45%者 13 件、50%~70%者 29 件、80%~90%者 8 件。有 1 件骨片不保留骨表面和髓腔面。

标本 1 号是一件特征典型的骨片，重 3.1g，长 22、宽 34、厚 7mm。外形呈扇形，台面为破裂面（骨壁），打击点明显，打击泡较凸，骨片角 110°，背面保留髓腔面。

标本 2 号比较薄，重 0.8g，长 14、宽 27、厚 3mm。其外形不规则，台面为破裂面，打击点明显，打击泡微凸，骨片角 110°，背面保留部分骨表面。

人工骨块　31 件。包括来自下文化层的 30 件和上文化层的 1 件。最大的重 30g，长 83、宽 35、厚 12mm。最小的重 0.5g，长 14、宽 8、厚 4mm。重量在 0.5~2g 者 22 件，3~5g 者 6 件，8~30g 者 3 件。长度在 46~82mm 者 4 件，20~35mm 者 16 件，19mm 以下者 11 件。全部都保留不同程度的骨表面和髓腔面。

碎骨与骨屑　43 件。包括来自下文化层的 42 件和上文化层的 1 件。全部标本都不足 1g，其中 0.1g 有 26 件，0.2~0.7g 之间的 27 件。骨屑的长度都在 18mm 以下。这些标本可能是在打制骨制品或敲骨吸髓时形成的。它的特点是标本小而薄，形状不规则。在 43 件骨屑中，有 14 件保留不同程度的骨表面和髓腔面。

骨器　16 件。包括来自下文化层的 15 件和上文化层的 1 件。加工骨器的素材均为片状骨。类型包括刮削器、尖头器和雕刻器。

骨刮器　8 件。依据刃缘形状分为直刃、凹刃和凸刃三种。最重的 15g，最轻的 1g。1~2g 有 3 件，3~6g 有 4 件，15g 重的有 1 件。一般比较小，最大者长 57、宽 30、厚 10mm，最小者长 25、宽 12、厚 4mm。标本长度在 25~26mm 者 2 件，31~57mm 者 6 件。标本最宽为 30mm，最窄为 12mm，宽度在 12~19mm 者 6 件，28~30mm 者 2 件。标本最厚为 10mm，最薄为 4mm，厚度在 4~5mm 者 3 件，6~10mm 者 5 件。加工部位均在片状骨的一侧边；加工方式 4 件向骨表面，4 件向髓腔面；修疤全为浅平的细疤；加工刃角在 25°~26°者 3 件，45°~50°者 2 件，66°~80°者 3 件；刃缘长度在 12~15mm 者 2 件，21~30mm 者 6 件。刃缘宽度 5mm 者 3 件，在 6~12mm 者 5 件。均保留骨表面和髓腔面，在 40%~65%者 5 件，80%~90%者 3 件。

标本 1 号（T80）是一件向髓腔面加工的单凹刃刮削器。重 2g，长 26、宽 19、厚 5mm。采用片状骨作素材，在一侧边进行加工，刃缘匀称，疤痕细小而浅平，长 21、宽 3~5mm，刃角 45°。保留 40% 的骨表面。

标本 2 号（T80）为一件单直刃刮削器，重 3g，长 32、宽 28、厚 6mm。在片状骨的一侧边由髓腔面向骨表面加工成一直刃，刃缘匀称，长 24、宽 5mm，刃角 50°。保留 45% 骨表面。

骨尖头器 5 件。均为单尖头。重量在 5~6g 者 3 件，14~25g 者 2 件。长度在 41~68mm 者 3 件，91~103mm 者 2 件；宽度在 22~25mm 者 2 件，33~38mm 者 3 件；厚度在 5~10mm 者 3 件，13~15mm 者 2 件。加工在两侧边的有 4 件，端部加工有 1 件；加工方式向骨表面有 2 件，向髓腔面有 2 件，错向加工的 1 件。尖刃角在 20°~45°者 2 件，50°~60°者

3 件。全部都保留骨表面和髓腔面，其中 45% ~60% 有 3 件，90% 有 2 件。

标本 3 号（T8 97.4.11），重 6g，长 41、宽 38、厚 8mm。在片状骨的两侧边由骨表面向髓腔面加工形成一尖刃，尖刃角 60°，疤浅平，保留 45% 的骨表面。

标本 4 号（T6 97.1.8）重 5g，长 48、宽 25、厚 10mm。从片状骨的两侧由髓腔面向骨表面进行加工，修痕浅平，尖刃角为 45°，标本上保留部分髓腔面。

雕刻器　3 件。均采用片状骨加工。标本重 3g 的有 1 件，重 4g 的 2 件。最大者长 55、宽 15、厚 5mm；最小者长 48、宽 14、厚 5mm。另外 1 件长 53、宽 14、厚 5mm。加工的部位均在两侧边，雕刻刃角均为 30°，均保留不同程度的骨表面和髓腔面。

人工痕迹的观察

在骨制品中还有表面出现人工刻划痕迹的骨片。在骨制品和动物骨头上，找到许多人工切割和砍砸痕迹的标本，还发现一些骨制品和石制品上附着赤铁矿粉。这些信息为了解骨器的制作工艺、古人类狩猎技能以及对埋藏学与人类生活环境等的研究提供了重要信息。在研究中，我们对动物骨头的表面进行了详细观察分析，除去非人工痕迹外，把人工痕迹分为砍砸、切割、砍砸与切割和刻划四类，按层位进行了描述和统计分析。

3.1　下文化层

33 件骨头的表面有人工痕迹，包括切割、砍砸和切割与砍砸痕。从这些标本分析来看，痕迹长短与深浅是不一的，这可能说明当时古人类在肢解动物时用力不同而形成的。

具切割痕迹者　28 件。这些痕迹主要保留在动物的肢骨和肋骨上。28 件标本共有 85 条切割痕迹。1 条痕迹者 5 件（5 条），2 ~5 条痕迹者 20 件（56 条），6 ~10 条痕迹者 3 件（24 条），切割痕迹呈直线形者 74 条，呈弯曲线者 11 条；切割痕迹的长度在 4 ~9mm 者 8 件，10 ~19mm 者 17 件，40 ~55mm 者 3 件；切割痕迹间隔在 1 ~2mm 者 5 件，3 ~10mm 者 5 件，11 ~20mm 者 11 件，21 ~30mm 者 2 件，31 ~43mm 者 2 件，无间隔者 3 件；切割痕迹排列呈平行的有 17 件，呈交错者 6 件，呈不成形者 5 件。

44 号标本（图四：4）的切割痕迹非常明显，重 6g，长 57、宽 20、厚 8mm。在骨表面有 5 条清晰的切割痕，这些痕迹均为直线形。最长 8mm，最短 3mm。一般在 6mm 左右。切割间隔在 6 ~14mm 之间。痕迹剖面呈 V 字形。

883 号标本的人工切割清楚，重 42g，长 105、宽 40、厚 13mm。骨表面上保留有 3 条直线和 1 条曲线的痕迹。最长的是一条约 21mm 的曲线痕，最短的是 6mm 的直线痕，其他 2 条在 10mm 以上。切割痕迹间隔均在 5mm。切割痕迹不如 44 号标本深。

具砍砸痕迹者　3 件。这些痕迹主要位于骨壁较厚部位，而且清楚显示。3 件标本共有 47 条砍砸痕迹，有 10 ~19 条痕迹者 2 件，有 20 ~39 条痕迹者 1 件。痕迹呈直线形者 40 条，弯曲者 7 条；长度在 20 ~23mm 之间，间隔在 3 ~5mm 之间；2 件的痕迹平行排列，1 件的痕迹呈交错状态。

64A 号，重 36g，长 102、宽 41、厚 10mm。具明显的砍砸痕迹，可能是制作骨器或肢解动物形成的。主要可能作骨砧使用，骨表面保留有 10 条直线形的痕迹，最长的 23mm，最短的 8mm，间隔在 3 ~5mm 之间，痕迹较深。痕迹主要呈平行的，也有呈交错状态的。

824 号标本（图四：3）重 104g，长 126、宽 56、厚 18mm。在骨表面有 2 处明显的砍砸痕，一处呈平行的，另一处呈交错的，痕迹清晰。10 条呈直线状，2 条弯曲；痕迹最长的

20mm，最短的 6mm，其他在 10mm 左右；间隔 2~5mm 之间。此件标本可能也作骨砧使用。

具切割与砍砸痕者　2 件。此类标本不仅有清楚的切割痕迹，也有明显的砍砸痕迹。这些痕迹保留在大动物肢骨的骨表面上。

997 号标本，长为 185、宽为 48、厚为 20mm，重为 132g，其骨表面保留有 20 条砍砸痕，5 条切割痕。痕迹的分布情况是，两端为砍砸痕，中间为切割痕。20 条为直线痕，5 条为曲线痕；最长的 20mm，最短的 5mm；线条间隔在 2~10mm。砍砸痕痕迹间平行，切割痕间交错。

1108 号，重 25g，长 105、宽 25、厚 9mm。骨表面有 11 条平行的直线痕，痕迹长度 15mm 者 4 条，7mm 者 4 条，14mm 者 3 条，间隔在 3~5mm；砍砸痕比切割痕要明显。这些痕迹在肌肉附着处，可能是人类在肢解动物时形成的。

3.2　上文化层

计 12 件，包括 10 件有切割痕迹的标本和 2 件有刻划痕迹的标本。

具切割痕迹者　10 件。这些痕迹在肢骨和肋骨上。它们的横断面呈 V 形。10 件标本计有 48 条切割痕。1 条痕迹者 1 件，2~5 条痕迹者 4 件（12 条），6~10 条痕迹者 5 件（35 条）。39 条痕迹呈直线形，9 条呈弯曲线；长度在 4~9mm 者 3 件，10~19mm 者 1 件，20~39mm 者 6 件；痕迹间隔在 3~10mm 者 5 件，11~20mm 者 2 件，21~30mm 者 1 件，31~43mm 者 1 件，无间隔 1 件；5 件标本的切割痕迹为平行排列，4 件是交错，1 件为不成形（孤立）。

1317 号标本，是一件肋骨，其上有一条长 23mm 的切割痕迹。

1312 号标本，为一管状骨碎骨，其上有三条平行的切割痕，间隔为 4mm 左右。

具人工刻划痕迹者　2 件。通过显微镜的详细观察分析，并与非人工痕迹标本的对比，确认 2 件标本为人工刻划痕迹的标本。1506 号标本是一件被烧过的骨片，其上有人工刻划的痕迹，可能表示一种植物。似一枝垂柳的形状，长 32、宽 7mm，间隔 12mm。1263 号标本（图四：5）也具有人工刻划痕迹，痕迹似柏树叶，长 18、宽 8mm，间隔 1~5mm 之间。上述这些刻划痕可能是远古人类为表达他们的生活环境或崇拜植物而制作的。

旧石器时代的刻划记号、符号和图像，是史前学者研究原始艺术和探讨远古人类智力的重要依据。世界上最早出现的刻划记号和符号是在欧洲旧石器时代晚期的克罗马农人遗址，其时代距今 3 万多年。欧洲旧石器时代晚期的其他遗址也有大量艺术品出土。在我国旧石器时代晚期的北京山顶洞、湖南桂阳[15]、山西峙峪和河北兴隆[16] 仅出土少量有人工刻划和雕刻的标本。最近资料表明，在重庆奉节发现了距今 14 万年前的象牙雕刻[17]，南非在 1999 和 2000 年从 Blombos 洞穴出土的赭石上发现了距今 7.7 万年的几何形刻划纹[18]，这为研究旧石器时代原始艺术的起源与发展提供了新的资料。

遗物的拼合分析

文化遗物的拼合研究是旧石器时代遗址综合研究的重要方法之一。通过这一工作可帮助我们确定遗址的性质，了解古人类制作石器、骨器的方法，复原古人类生产和加工石器的过程。目前，在我国旧石器时代遗址中，王府井东方广场可能是唯一一处系统进行过骨制品拼合研究的遗址。

在研究东方广场遗址的骨制品中，作者进行了一些打制实验、拼合分析和对比研究工作，共拼合成33组骨制品（图六、七），每组一般由2件组成，最多的一组由5件组成。

30组是由下文化层中的73件标本拼合而成，包括25组骨制品、4组动物骨头、1组驼鸟蛋壳。在下文化层中，有22组分别由2件标本组成（图八：3），有5组分别由3件组成（图八：2），有3组分别由5件组成（图四：6，八：4、5）。它们出自15个探方。

另外3组是由上文化层中的6件标本拼合的。1299号和1319号为一组，两者实际水平距离1030mm，垂直距离为20mm；1305号和1290号为一组，两者水平距离1100mm，垂直距离8mm；1506号和1507号为一组，两者水平距离170mm，垂直距离1mm（图八：1）。这6件标本出自2个探方，即T22和T28。

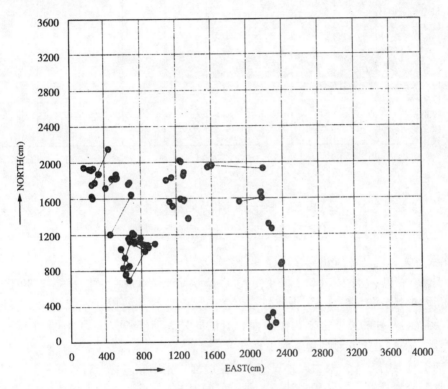

图六　拼合骨制品和骨头平面分布图

The distribution of refitted bone artifacts and bones

讨　论

5.1　骨制品的特征

王府井古人类遗址的骨制品有以下一些基本特征：

1）动物骨头和骨制品风化和磨蚀的程度很低。

2）原料主要是大动物的肢骨。从出土标本的痕迹来看，当时不是用新鲜骨头制作的，因为新鲜骨骼打碎后，其断口是参差不齐的。

3）打制骨片和加工骨器主要采用锤击法和砸击法，偶用压制法。多数骨片表现出明显的打击点、半锥体和打击泡特征，类似典型石片。另外，有一件骨器在出土后，经过自然风干脱落下一小的打击骨片，这是经锤击法打击而受内伤的结果。采用砸击法制作骨器的方法

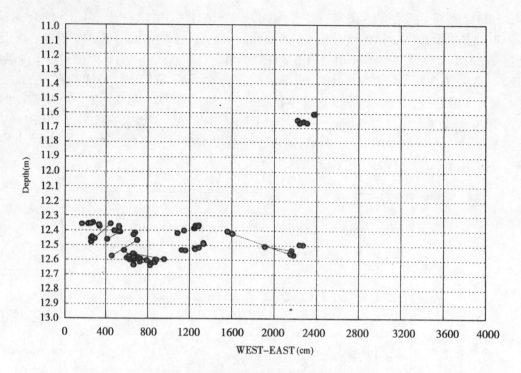

图七　拼合骨制品和骨头剖面分布图

The section of refitted bone artifacts and bones

在我国比较少见，以前在贵州马鞍山遗址曾经发现过[19]。

4）骨制品包括骨核（6.33%）、人工骨块（13.38%）、骨片（47.20%）、骨屑（17.52%）和骨器（15.57%）。骨片数量多，但大多数骨片的形状不规整，形态特征不像石片那么明显。骨片的骨壁主要为倾斜面，有的向骨表面倾斜，有的向骨腔面倾斜（自然破裂的碎骨大多数呈长方形，骨壁面垂直）。

5）加工骨器的方式，采用向骨表面、向髓腔面、错向和屋脊形打法四种。

6）骨器分为骨尖头器（50.00%）、骨铲（6.25%），骨刮削器（28.13%）和骨雕刻器（15.62%），其中骨尖头器的数量较多。

7）骨制品中的骨核、骨片和骨器等标本上，大多数都保留有70%以上的骨表面和髓腔面。

8）在一些骨制品和骨头上有人工切割、砍砸和刻划痕迹。

骨器是古人类生活中使用的重要工具之一，但打制骨器究竟始于何时，目前尚无定论。我们已经知道打击骨器与敲骨取髓有密切的关系，古人类用石器敲砸动物的髓长骨时，出现一些"尖刃"骨头，这些带"尖刃"的骨头被古人类在偶然场合所利用，然后渐渐地被当作工具，并为了某种用途的需要而进行有意识地加工修整。这种制作技术和使用经历了漫长的时期，包括打制、切割、刮制和磨制四个发展阶段[20]。旧石器时代早期的骨器粗糙，而且类型简单；旧石器时代晚期由于加工技术的发展，磨制技术的应用，骨器变得越来越精细而且类型丰富。

因骨料原因，古人类制作骨器比石器要困难。虽然骨头很坚硬，并且具有脆性和韧性，

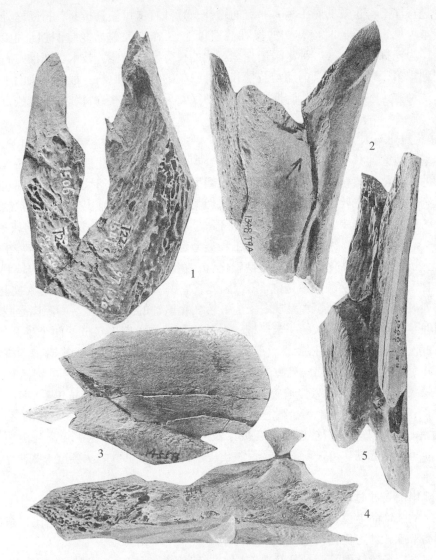

图八　骨制品和骨头的拼合 Refitting of bone artifacts and bones
1、3.2 件标本的拼合（Refitting of 2 bone pieces）　2.3 件标本的拼合
（Refitting of 3 bone pieces）　4、5.5 件的拼合（Refitting of 5 bone pieces）

但它的密质骨主要是由纤维束状的哈氏管构成，其排列和结构与岩石的不同，因而加工骨器通常没有像加工石器所获得的效果那样理想。同时，骨制品的人工痕迹，特别是制作骨器时产生的废料的人工打制痕迹，也并不像石器的人工痕迹那样明显。我国学者在研究峙峪遗址碎骨时，曾作实验砸碎 31 根牛的新鲜肢骨，产生了 140 余件碎骨，其中明显打击痕迹的碎骨只有 27 件，占总数的 19%。Binford 曾在爱斯基摩人营地收集过人工打击而破碎的骨头，他观察统计了 376 件碎骨，发现仅有 17% 左右的标本上有人工打击产生的痕迹，而绝大部分标本是没有人工痕迹的[21]。在王府井东方广场遗址中，骨制品占出土碎骨总数的37.4%。

研究表明，古人类在制作骨器时是比较注重选料的。第一种是选择未风干，即未失去有机质的兽骨进行加工：这时的骨头具有一定的脆性，猛烈打击可使其折断，折断之处参差不齐。这种标本可见于旧石器时代初期的奥杜威遗址[22]，在湖北建始龙骨洞遗址也有发现，最初可能是作为挖掘工具。第二种是采用完全石化的兽骨制作骨器：技术类似加工石器，但骨料很难找到。第三种是选择干的动物肢骨和敲骨吸髓的骨头为原料：根据骨头的不同形状进行加工，这种方法在旧石器时代晚期制作骨器中很常见，并且在选料和加工方法方面更加规范。

5.2 文化对比与人类行为特征

在我国华北地区的其他一些遗址中，也发现过类似王府井古文化遗址的骨制品，如旧石器时代中期的许家窑、旧石器时代晚期的峙峪、阎家岗、山顶洞等遗址。比较发现它们与东方广场遗址有许多相似之处，反映了文化上的密切关系。许家窑遗址出土有大量骨制品，在研究华北地区古人类文化中具有重要的学术价值[23]。王府井古文化遗址出土的典型骨片、骨铲、骨尖头器和刮削器，无论从打制、加工和类型都与许家窑遗址的骨制品非常相似。峙峪遗址中出土了大量的以马化石为主的动物骨化石，在许多骨片上发现有刻划的条痕，还有一些骨片具有人工切割和砍砸的痕迹[24][25]，因此，它的文化也被称为"猎马人文化"。相似的人工刻划痕、切割和砍砸痕也发现在王府井古文化遗址的骨制品上。阎家岗是我国旧石器时代晚期埋藏学研究比较深入的一个遗址，大量哺乳动物骨骼围筑成的两个半圆形表明，那里曾经是古人类的临时性居住地[26]。遗物特征、遗物的分布规律、一些遗物的拼合特点表明，王府井东方广场遗址也是一处古人类的临时居住地。

山顶洞是我国旧石器晚期文化遗物非常丰富的遗址，出土的骨制品包括骨片、骨针、磨光的斑鹿下颌骨、穿孔的牙齿、骨坠、穿孔的鱼骨、穿孔的介壳、染红的牙齿和鱼骨[27]，也有赤铁矿。王府井遗址也出土有被赤铁矿染红的骨头、赤铁矿粉，与山顶洞染红的穿孔牙齿、鱼骨和赤铁矿可进行对比，反映出王府井古人类也可能从事过一些原始的宗教活动。

海城小孤山旧石器时代晚期遗址中也发现有鱼叉、标枪头、骨针等，另外，还有穿孔兽牙和蚌壳。有的装饰品上也残留有赤铁矿粉末[28]。与小孤山遗址的骨制品相比，东方广场遗址的骨器类型少，加工比较粗糙。

王府井东方广场遗址的骨制品上发现：3件上都具有砍砸痕，38件上都有切割痕，2件上有切割与砍砸两种痕迹，2件上有刻划痕迹。这些痕迹的排列有平行、交错和错乱三种，可能是人类肢解动物、剔肉和加工骨器时形成的。骨片上刻划的一些植物痕迹可能是原始的雕刻艺术，是当时人类生活环境的表现。被赤铁矿粉染红的骨头、遗址中分布的红色粉末等似乎反映古人类原始的宗教意识。骨制品中具有数量较多的骨尖头器，这种工具可能用于挖掘、雕刻之用；骨雕刻器的硬度不如石雕刻器硬度大，推测古人类可能利用其从事泥塑艺术。

王府井东方广场遗址的骨制品中，由79件标本拼合了33组。从拼合研究可了解古人类的生产与生活。从埋藏学的研究进一步探讨出人类的行为活动。王府井古人类遗址是一处临时营地，季节性的活动场所。从发掘的动物化石和用火遗迹也可得到印证。从经济类型分析，当时古人类过着狩猎、捕捞和采集的生活。由出土的原始牛、斑鹿、蒙古草兔、雉和鱼化石可以想像到王府井古人类围着火堆一起制作石器与骨器，宰杀与肢解猎物，进行烧烤烹饪，享受美味大餐的场景。

致谢：作者在研究过程中得到张森水、李炎贤和高星等研究员的热心帮助，张杰先生摄制图版，在此谨致谢意。

参考文献：

［1］李超荣、郁金城、冯兴无：《北京市王府井东方广场旧石器时代遗址发掘简报［J］》，考古 2000，9：1～8。

［2］Li Chaorong, Yu Jincheng, Feng Xingwu《The Wangfujing Paleolithic Site in Beijing［J］》Chinese Archaeology, 2001（1）：85～87.

［3］Breuil H.《Le feu et l'industie lithique et osseuse a Choukoutien［J］》. Bull. Geol. Soc. China, 1931，11～154.

［4］Breuil H.《Bone and antler industry of Choukouten Sinanthropus Site［J］》. Pal. Sin. New Ser. 6, 1939，1～41.

［5］Pei WC.《Le Role des Animaux et des Causes Naturelles dans la Cassure des Os［M］》. Pal. sin. Ser D, 1938（7）：1～60.

［6］贾兰坡：《关于中国猿人的骨器问题［J］》，考古学报，1959，3：1～5。

［7］裴文中：《关于中国猿人骨器问题的说明和意见［J］》，考古学报，1960，2：1～9。

［8］Behrensmeyer AK.《Taphonomic and ecologic information from bone weathering［J］》. Paleobiology, 1978，4：150～162.

［9］吕遵谔、黄蕴平：《大型肉食哺乳动物啃咬骨骼和敲骨取髓破碎骨片的特征［C］》，见：北京大学考古系编. 纪念北京大学考古专业三十周年论文集. 北京：文物出版社，1990，4～39。

［10］周信学、孙玉峰、王志彦等：《大连古龙山遗址研究［M］》，北京：科学技术出版社，1990，1～94。

［11］张俊山：《峙峪遗址碎骨的研究［J］》，人类学学报，1991，10（4）：333～345。

［12］李超荣、郁金城、冯兴无：《北京市王府井东方广场旧石器时代遗址发掘简报［J］》，考古，2000，9：1～8。

［13］安家瑗：《华北地区旧石器时代的骨、角器［J］》，人类学学报，2001，4：319～330。

［14］尤玉柱：《史前考古埋藏学概论［M］》，北京：文物出版社，1989：1～262。

［15］张森水：《湖南桂阳发现有刻纹的骨锥［J］》，古脊椎动物与古人类，1965，9（3）：309。

［16］尤玉柱、王峰：《记河北兴隆发现的纹饰鹿角［A］》，见：周国兴、甄朔南、段瑞华编《北京人第一个头盖骨发现六十周年文集［C］》，北京科学技术出版社，1992，38～41。

［17］黄万波、郑少华、高星：《14 万年前"奉节人"——天坑地缝地区发现古人类遗址［M］》，北京：中华书局，2002，1～83。

［18］Christopher S. Henshilwood. Francesco d'Errico and Royden Yates etc. Emergence of Modem Human Behavior：Middle stone age Engravings from South Africa［J］. Science, 2002, 295：1278～1280.

［19］龙凤骧：《马鞍山遗址出土碎骨表面痕迹的分析［J］》，人类学学报，1992，3：216～229。

［20］张森水：《中国旧石器文化［M］》，天津：科学技术出版社，1987，1～336。

［21］Binford R. Bone：Ancient Men and Modern Myths［M］. New York：Academic Press.

［22］Leakey, MD. Clark JD. Olduval Gorge［M］. Cambridge：the University Press. 1971, 1～306.

［23］贾兰坡、卫奇、李超荣：《许家窑旧石器时代文化遗址 1976 年发掘报告［J］》，古脊椎动物与古人类，1979，17（4）：277～293。

［24］贾兰坡、盖培、尤玉柱：《山西峙峪旧石器时代遗址发掘报告［J］》，考古学报，1972，1：39～58。

［25］尤玉柱：《峙峪遗址刻划符号初探［J］》，科学通报，1982，16：1008～1010。

［26］黑龙江省文物管理委员会：《阎家岗——旧石器时代晚期古营地遗址［M］》，北京：文物出版社，1987，1～133。

［27］Pei WC. The Upper Cave Industry of Choukoutien［M］. Pal Sin New Set D. 1939，9：1～41.

［28］黄慰文等：《海城小孤山的骨制品和装饰品［J］》人类学学报，1986，5（3）：259～266。

湖南旧石器考古回顾

袁家荣

    偶然的机会让我跨入了考古之门，又是偶然的机会使我与旧石器考古结下了不解之缘。在三十年的考古生涯中，我为湖南旧石器考古倾注了我的主要精力。投入虽然大，收效却不尽人意。湖南旧石器考古目前还只能说处在基础性工作状况。现简要回顾以往的工作，以便求得湖南旧石器考古更大的发展。

一　湖南旧石器考古工作概况

    在 20 世纪 80 年代以前，湖南省旧石器考古工作长期近于空白状况。仅在 1965 年张森水先生报道了由湖南区测队提供的桂阳县礜洞一件刻纹骨锥。根据同时送去鉴定的动物化石，判断为旧石器时代晚期文化遗物。据当事人胡家让先生介绍，当时他们在桂阳调查多处洞穴堆积，采集不少化石标本。在此后 30 多年的时间里，中国科学院古脊椎动物与古人类研究所、湖南省博物馆、湖南省文物考古研究所先后多次对此进行核查，但地点一直难以确定，相关的堆积地层和文化内涵均不清楚。在这期间，中国科学院古脊椎动物与古人类研究所、湖南省博物馆做了一些零星洞穴化石的调查工作。

    从 1984 ~ 1988 年，湖南省开展了空前的大规模全省文物普查工作，为湖南省旧石器的发现和旧石器考古的发展提供了机会。

    1987 年 4 月 24 日，湖南省文物考古研究所袁家荣在怀化地区博物馆舒向今馆长的陪同下，到新晃侗族自治县考察了解文物调查情况。该县文化辅导员王石在大桥溪采集的一块近似白陶的标本引起专家的注意。第二天他们二人在县文管所汤宗悟所长的带领下，到县城东

作者简介：

    1948 年生于湖南衡阳。毕业后分配到湖南省博物馆工作。1982 年再入北京大学攻读旧石器时代考古学硕士学位。现在湖南省文物考古研究所任所长。研究员。研究方向主要为湖南旧石器时代及史前考古。在湖南旧石器考古中作出了开创性的贡献。首次在湖南境内发现旧石器和古人类化石，从而结束了湖南旧石器考古和古人类化石的空白。1993 年、1995 年两次主持发掘道县玉蟾岩遗址，发现了目前世界上最早的水稻谷壳实物和古老的原始陶片资料。对于水稻农业的起源、陶器的起源以及新、旧石器时代的划分等一系列重林课题均有十分重要的意义。在国内外学术会议上交流和正式发表考古论文、报告 30 余篇。曾被国务院学位委员会、国家教委授予"做出突出贡献的中国硕士学位获得者"、国家文化部授予"文化部优秀专家"荣誉称号。

约 3 公里的大桥溪新石器时代遗址点考察。新石器时代文化层不足 40 厘米厚,因群众烧砖取土遭到严重破坏。然而却在其下伏生土的网纹红土地层中发现一件裸露地表的打制石器。为了确证打制石器的埋藏地层,又在断崖的网纹红土中挖出一件打制石片。从而确认了湖南境内首次发现的砾石石器。同年 5 月又在该县发现 7 处旧石器地点。6 月在大桥溪进行湖南境内的第一次旧石器考古发掘,获得近 20 件石制品。从此结束了湖南旧石器空白的历史。导致人们将寻找旧石器的目光迅速转移到网纹红土地层,促进了华南旧石器考古的迅速发展。

1987 年 10 月 27 日在洞庭湖西岸,澧县文管所封剑平借鉴怀化地区的经验,在澧县澧南乡栗木村砖厂鸡公垱首次发现大批类似丁村文化的三棱尖状器,还有大尖状器、石球等砾石石器。1988 年进行发掘。

1988 年 5 月,湖南省文物考古研究所发掘津市虎爪山遗址,获得 20 余件旧石器时代早期的打制石器。

1988 年底,澧县文管所发现乌鸦山遗址。1992 年湖南省文物考古研究所主持发掘,获得一批旧石器时代晚期石制品。

1989 年 6 月湖南省文物考古研究所发掘新晃县长乐坪遗址,获得一批潕水流域旧石器时代中期的石制品。

1990 年 12 月、1993 年 3 ~ 4 月湖南省文物考古研究所和石门县博物馆两次发掘石门燕耳洞遗址,在湖南首次发现晚期智人化石,并获得一批旧石器时代晚期石制品。

1991 年 1 月、9 ~ 10 月湖南省文物考古研究所和泸溪县文化馆发掘灰窑、岩坪、田溪口旧石器地点。

1996 年 6 ~ 8 月湖南省文物考古研究所和临澧县博物馆发掘竹马遗址,首次清理旧石器时代末期的建筑遗迹。

1997 年湖南省文物考古研究所和益阳市文物工作队调查发掘益阳电厂旧石器地点,在资水流域获得旧石器时代早期石制品。

自 1987 年以来,湖南文物考古工作者在文物普查和配合基本建设的常年调查中,不断发现旧石器地点。分布范围遍及湘、资、沅、澧四水流域。到目前为此,湖南旧石器地点已发现 200 多处,其中正式发掘的地点达 15 处。

湖南旧石器考古最为突出的成就是在华南红土地层中普遍地发现旧石器遗存。其分布的广泛性,埋藏地层的连续性为长江中游旧石器文化的谱系研究,为华南砾石石器文化的特点研究,为中国旧石器文化的区系研究打下了基础。

二 湖南旧石器的地层时代

到目前为此,湖南境内发现 200 多处旧石器地点,分布于湘、资、沅、澧四水流域,但主要集中在沅水流域和澧水流域。旧石器的洞穴地点发现有二处。湖南旧石器绝大多数埋藏于河流阶地的堆积中。据现有的发现资料看,一至四级阶地均有旧石器出土。河流阶地的发育历史,为旧石器遗存提供了地质时代依据。

湖南旧石器主要埋藏在酸性的红土中,往往缺少动物化石的直接证据,同时也缺乏有效可行的直接测年手段,因此对其时代争议颇多。目前,仍然主要借助地质地貌的方法分析,通过阶地发育的相对年代,判断旧石器遗存的地层时代。

湖南省有关地质部门对湖南四水流域河流阶地的划定，做了大量的工作。除了局部地区异常外，四水流域的阶地总体上是对应的。

一级阶地上部为黄色、棕黄色、灰黄色亚黏土、粉沙土，含锰质薄膜，厚约 3~5 米；下部为沙砾层。时代为晚更新世晚期。二级阶地堆积上部为不典型的橘红色、橙黄色网纹红土，其白色或黄色网纹多细长，垂直走向，分布稀疏，含锰质薄膜，局部富集锰结核颗粒或黑色锰结核块，厚度通常为 6~10 米；下部沙砾层，砾石微弱风化。时代为中更新世晚期至晚更新世早期。三级阶地上部为砖红色网纹土，网纹较细，分布较密，为典型的网纹红土，底部有铁盘；上部沙砾层，砾石风化程度中等，板岩多呈半土状，石英砂岩具数毫米风化圈。时代大致为中更新世中期。四级阶地上部为棕红色网纹土，底部常见结构很紧的铁盘，堆积厚度通常在 10 米左右；下部沙砾层，砾石风化程度较强，板岩呈半土状或土状，石英砂岩锤击即碎。时代大致为中更新世早期。五级、六级阶地同样具备上部网纹红土，下部为沙砾层的二元相结构，砾石强度风化，板岩呈土状，石英砂岩手掰即裂甚至风化成土状。时代大致为早更新世。由于外力地质作用，五、六级阶地剥蚀严重，有的保留少量黏土堆积，有的暴露基座，成为侵蚀阶地。局部地区还有七八级阶地，多为侵蚀阶地。

旧石器时代遗存目前见于一至四级阶地堆积中。一级阶地的旧石器遗存为旧石器时代晚期；二级阶地的旧石器遗存为旧石器时代中期；三级阶地、四级阶地的旧石器遗存为旧石器时代早期。在各级阶地网纹红土之上往往还有一层 2~4 米厚度的均质黏土、亚黏土，呈红色或黄褐色，含锰质胶膜。其成因可能有两种情况：一种为高阶地堆积物向低阶地搬运的次生堆积，与阶地堆积层之间有沉积侵蚀面，其时代相对较晚；另一种是同一阶地堆积，表层为网纹退化的风化壳，它与网纹红土呈渐变关系，没有明显的界限。从风化角度看，它是晚更新世最后冰期的产物，但从地层沉积相来说，它属于阶地堆积物。前者所含旧石器时代应为晚更新世晚期；后者所含旧石器与该阶地同时。

三　湖南旧石器文化的划分

综观湖南旧石器的风格，整体上表现为砾石石器工业传统，与华北以石片石器为主导的石器工业相去较远，而与华南、东南亚的砾石石器传统接近。从微观上看，湖南境内的旧石器面貌表现出清楚的区域性和时间性差异。湖南目前发现的旧石器材料主要集中在西部的沅水和澧水流域。而湖南东部的湘、资两水流域目前发现的旧石器材料少，且较分散，文化面貌不十分清楚，有待今后的工作。就湖南西部的旧石器材料来看，湖南旧石器至少存在两个具有独自特点的区域性文化差异，即沅水中游和澧水流域的文化差异，分别称之为"潕水文化类群"和"澧水文化类群"。时间上的文化差异主要表现在旧石器文化早中期与晚期的差异。旧石器文化早期与中期之间的差异并不十分清楚，这可能有待于更多早期材料的发现，或者也可能是这种文化的时间差异性并不表现在我国传统的早、中期的界限，而会表现在更早的时间界线上。潕水文化类群和澧水文化类群均有着各自不同的阶段性发展历程。潕水文化类群有二卵石—岩屋滩—长坪文化遗存；澧水文化类群有虎爪山文化遗存—鸡公垱文化—乌鸦山文化—十里岗文化。

（1）潕水文化类群

潕水文化类群主要分布在沅水中游地区，包括干流及其支流范围的河谷盆地，即湖南西部的怀化地区和湘西土家族苗族自治州。地理坐标为北纬 26°~29°，东经 109°~110°30′之间。沅水中游地区在地理上是一个相对独立的小区。其西靠云贵高原，东隔雪峰山，南倚南岭，北穿武陵山。沅水干流又以数十公里的五强溪峡谷将中游与下游分隔。从而形成一个相对封闭的独立小区。在交通很不方便的原始时期至先秦时期，这里形成了相对独立的历史文化。如新石器时代的高庙文化、先秦时期的"五溪蛮"，均表现出强烈的区域性文化面貌。在旧石器时代，相对封闭的地理环境使其形成了与洞庭湖西岸平原有别的旧石器文化群，即潕水文化类群。

潕水文化类群目前已发现的旧石器遗址或地点达100余处。其中正式发掘的有新晃大桥溪、长乐坪、芷江小河口、泸溪的灰窑、岩坪、田溪口、黔阳的螺丝形、崇兴庵、社塘冲、怀化的仙人桥共10处地点。从总体上观察，潕水文化类群石器以灰色、灰黄色条带状变质砂岩为主要原料。石制品普遍保留较多的自然砾面，反映石核的利用率很低。剥片与加工的方法主要为锤击法，间有锐棱砸击法剥片和碰砧法加工砾石石器。第二步加工的石器很少，目前不见第二步加工的石片石器。有些砾石石器的刃面疤痕叠置，可能为反复加工修理所致。石器以单面刃为主，由单面打击而成。石制品以大型为主，但与澧水流域旧石器比较，个体相对要小一些，大小多在15厘米以下。石制品的类型有石片、石核、碎片和石器。石器种类组合单调，主要为砍砸器，其次为刮削器，尖状器很少。富有特色的石制品是宽大薄石片、侧身长刃砍砸器、短身尖刃砍砸器、双边刃砍砸器等。

石核　多利用自然砾石剥片。多单台面石核，少数为多台面石核。台面分布无定规，通常选择平坦的自然砾面或打击疤面为台面，视剥片的需要随机而定。

石片　以锐棱砸击石片为主，大小不一。其中尤以宽大薄石片富有特色，其宽度可达15厘米左右，比贵州洞穴的同类标本普遍要大。打击泡比较明显的常规石片相对较少，可能是锤击法和碰砧法制作。

砍砸器　这是潕水文化类群的主体。也是反映潕水文化类群风格的石器类型。砍砸器形式多样，代表性的有尖刃、长身侧刃、端刃、双边刃。其中长身侧刃砍砸器和双边刃砍砸器在潕水文化类群中是具鲜明特点而又相对稳定的器型。砍砸器选用扁体砾石为原料，多数单面打击加工。加工方法有锤击法和碰砧法。碰砧法加工的刃角相对小一些。两面加工较少，另一面的加工往往是辅助性的。两面对称加工的两面刃砍砸器仅见于端刃砍砸器。有一定数量的砍砸器，形状变化不定，为不规则砍砸器。通常选用不规则的扁体砾石，选其一缘（或一侧）单面加工成刃，刃缘呈弧刃、平刃或凹刃。这些不同的刃缘多依石料的原始形状随机加工。

端刃砍砸器，选用长体砾石为原料，在其一端进行单面加工或双面加工，刃口型式有弧刃和平刃，有单面刃和双面刃。

尖突刃砍砸器，选用扁长体的砾石为原料，在其一端加工成尖突刃。加工简练，通常主刃面只见二三个疤面。疤面深远，可能为碰砧法加工，少数标本另一面有辅助性的加工疤痕。这类砍砸器的造型较为稳定，在砾石石器传统中较为常见。

长身侧刃砍砸器，选用长体砾石为原料，沿其一侧进行单面加工。加工方法基本上为锤击法。刃缘有弧刃和平刃二种。这类砍砸器在潕水文化类群中比较普遍，加工造型比较稳定，为富有特色的典型石器。

角柄砍砸器，以多边形扁体砾石为原料，选择一角作为握手的把柄。与该角相对的一侧单面加工成刃口。器体大致呈三角形，刃缘呈平刃或弧刃。

双边刃砍砸器，选用扁薄方形砾石为原料，对其相邻两边单面加工成邻接的双边刃，两个刃缘近乎垂直交接，整体呈四方形。

短身尖刃砍砸器，平面通常呈五边形。可能选用多边形或四边形扁体砾石加工。握手段保留方体砾柄。刃端加工成尖刃或尖突刃。砍砸器刃角大，疤面重叠。

石片砍砸器，一般系扁薄大石片，利用其锐利边缘进行砍砸。这类砍砸器没有第二步加工，刃缘具有明显的使用疤痕。

尖状器　指的是两边加工成一尖角的中、小型石器。典型的小型尖状器，目前尚未见到。潕水文化类群可以见到一种高背尖状器，由中型的厚状砾石打制而成。打制的方法是以砾石相对平坦的一面为台面，从两侧打击成一小尖。侧刃角近乎直角。由于形状很不规则，用途不明。

刮削器　这类石器不发达，形状不定，缺乏典型形式。通常直接利用扁薄石片的锐边，少见第二步加工。有些是用小型砾石直接加工成刃口。

潕水文化类群有一个从早到晚的发展过程。目前所见的最早的旧石器地点是靖县二卵石和会同县的又尾巴。这些地点的石器分别采自渠水、巫水的三级阶地堆积中，其时代应为旧石器时代早期的后一阶段。潕水文化类群绝大部分石器采自一、二级阶地，其中埋藏在二级阶地堆积中的遗存以新晃县大桥溪遗址和怀化市岩屋滩地点为代表，为旧石器时代中期。旧石器时代晚期文化以芷江县小河口和泸溪县岩坪旧石器地点为代表。潕水文化类群早期和中期的旧石器文化特征基本上一样，目前无法分开。中期和晚期的旧石器无论是从选料、加工工艺，还是形态大小均是一脉相承，风格一致。不过，二者的典型石器类别比重上略有变化。这种变化主要反映在砍砸器的形式变化上。中期较多地见到长身侧刃砍砸器、双边刃砍砸器。晚期多见短身尖刃砍砸器，这种砍砸器在华南全新世早期洞穴中也多见。值得注意的是，到目前为止，潕水文化类群的晚期石器还未见到小型化的现象。这与岭南地区的旧石器文化有些类似，而与澧水文化类群的旧石器演变规律不同。

（2）澧水文化类群

澧水文化类群主要分布在澧水流域和洞庭湖西岸平原，包含沅水下游流段的丘陵平原地区。在行政区划上为湖南省的常德市、张家界市所辖范围。地理坐标为北纬 28°45′～30°，东经 110°～112°之间。该区域总的地貌特点是西高东低，北高南低。澧水从西北流向东南，沅水自西南流向东北。大体可以分为两个地貌小单元。西部为武陵山区，澧水中、上游流段蜿蜒其间。旧石器地点分布在狭小的河谷盆地。东部为洞庭湖西岸平原，系澧水、沅水的冲积平原。北面与湖北江汉平原相邻，东临浩瀚的洞庭湖水域，地形平坦广阔，构成孕育澧水文化类群主体文化的独特地理环境。

据不完全统计，目前发现的澧水文化类群的遗存达 100 多处。已正式发掘的有津市虎爪山、澧县鸡公垱、乌鸦山、石门县燕耳洞、大圣庙、石家坪、胡家堡、谢家堡、王家山、临澧县竹马等地点。澧水文化类群的石制品组合有石核、石片、砍砸器、多种形式的大尖状器、似手斧、薄刃斧、石球、切割器、刮削器等。晚期细小燧石器有刮削器、尖状器类型。

石片　石片有大小之分，多数石片均有锋利的边缘，可以作为工具直接使用。小石片以长形石片、三角形石片偏多，可以刮削切割。主要出现在晚期。大石片宽多大于长。石片中自然台面略多于素台面，不见修理台面。台面相对较宽，破裂面呈典型的贝壳状，半锥体显突，明显有别于潕水文化类群的石片。少数石片具有双锥体。从石片的形状判断，这种双锥体石片多为锤击法剥片。乌鸦山文化的小石片中可能有碰砧法产生的双锥体石片。

砍砸器　根据我国传统的分类方法可以划分为石片砍砸器和砾石砍砸器。石片砍砸器中多数是直接使用的大石片，有的学者将这类石器称之为使用石片。石片砍砸器中少数是进行第二步加工的类型。第二步加工以单面加工为主，既有向背面加工的，又有向破裂面加工的。砾石砍砸器是用整块砾石直接打击成。单面加工与双面加工并举。器型多变，随意性很大。刃口有平刃、圆弧刃、尖突刃等。形状相对稳定的、分布相对普遍的砾石砍砸器有端刃砍砸器和多边砍砸器。端刃砍砸器以单面加工为主，刃缘以尖突刃为主，少数为平刃或斜刃。多边砍砸器是指除工具的握手一缘未经加工之外，其余边缘均有加工，形状近似圆形或椭圆形。实际上主要使用的部位是握手相对的刃缘，两侧往往是不便使用的厚缘。这种砍砸器以两面加工为主，但背面的加工往往是辅助性的几个片疤。

大尖状器　大型的尖刃器类是澧水文化类群最具特点的工具，数量多，分布广，形式多样，形态相对稳定，特征鲜明。主要的工具类型有砾石三棱尖状器、似手斧、单面双刃尖状器、砾棱大尖状器等。

砾石三棱尖状器引人注目，其外形十分类似丁村三棱尖状器，而其制作工艺却不同于丁村三棱尖状器。典型的丁村三棱尖状器是用厚石片加工制作，而砾石三棱尖状器是用厚长砾石作为原料，首先在一端侧面打出一个平坦面，然后以平坦面为台面，从两面向背面打击加工成尖状，背面两侧疤面相交成一个高棱，与两侧缘汇聚于尖端，尖部的横剖面大致呈锐角三角形。

似手斧石器在澧水文化类群中也是颇具特色的石器。它是用砾石两面打制成的工具，轮廓呈梨形或椭圆形，一端略薄窄为刃尖部分，一端相对宽厚为握手部位。与欧洲的典型手斧相比略嫌粗笨，有的学者称之为手斧或原手斧。似手斧石器在澧水文化类群早、中、晚三个阶段都存在。早中期的似手斧石器器体厚重硕大，晚期的标本轻薄体小。器体两面加工的疤痕分布并不一致，有多有少。有的仅在两侧沿着刃缘加工，有的加工扩展到石器两面的中央部位。多数握手部位保留砾石面。

单面双刃尖状器，系选用扁宽的长方砾石为原料，在其一端的两侧单面打击成两条斜刃交汇成一锐尖。两侧疤面相交成一低棱汇于尖部，尖部横断面呈钝角三角形。这种尖状器加工手法简练，刃面上往往只有二三个较大的疤面，造型比较稳定。在湖南境内只见于澧水流域。安徽水阳江、广西百色盆地也有出土。

砾棱大尖状器，选用厚长砾石为原料，在砾石一自然棱的两侧分别单面打击，实际上是对向加工形成一个与砾棱相对的加工疤痕面，两侧的加工缘与砾棱汇交一尖，构成扁尖。尖部横断面呈钝角三角形或菱形。有些石器的两侧有向背面修整的疤痕。这类工具目前见到不多，但工艺精巧，独具风格。同样造型的工具见于安徽水阳江流域和陕西蓝田。

大石片尖状器，一般为三角形大石片或斜尾大石片，其远端的扁尖可以使用，或略加修理，或直接使用。

石球　石球是华北地区旧石器的典型器类。在洞庭湖西岸平原早中期遗存中也有广泛的分布。但在石器中所占比例并不大，大约不到5%，澧水中上游地区目前尚未见到。石球大致分两种形式：一种几乎通体锤打，只保留少量砾面，球度较高；另一种是只打击石器的一端，使其大体成为球核状。石球的岩性为砂岩，少量为石英。

比较而言，澧水文化类群比潕水文化类群的文化发展脉络更为清晰，表现出的阶段性更

32

强。代表性的遗存有虎爪山、鸡公垱、乌鸦山、燕耳洞、十里岗等地点。

虎爪山地点 位于津市澧水大桥南 3 公里，东面紧邻洞庭湖盆地，海拔高度 89 米，比高 50 ~ 60 米。旧石器遗存埋藏在澧水右岸四级阶地的典型的网纹红土中。地质时代为更新世中期，文化时代为旧石器时代早期。虎爪山遗存为澧水文化类群的早期代表。与其时代相当的还有石门狮子岭、甘湾、澧县多宝寺、玉圃等地点。1988 年 5 月进行抢救性发掘，获得 29 件石制品。历年来采集一百多件石制品。石器的组合为砍砸器、大尖状器、薄刃斧、切割器、石球、刮削器等。其中以大型的砍砸器、大尖状器为主，小型的刮削器少。大尖状器形式多样，有砾石三棱尖状器、砾棱尖状器、单面双刃尖状器、扁尖尖状器等。原料以红色石英砂岩为主。器体浑厚硕大。加工方法为锤击法，基本上为单面加工。第二步加工石器少；石片多厚大，半锥体显突。

鸡公垱遗址 位于澧县澧南乡栗木村。旧石器埋藏在澧水右岸二级阶地的网纹红土中。海拔高度约 50 米，相对高度 20 米。堆积物表现为河湖相沉积。其地质时代为中更新世晚期或晚更新世早期，文化时代为旧石器时代中期。1987 年 10 月发现 29 件旧石器，1988 年 10 ~ 11 月发掘，获得 200 多件石制品。遗址发掘出一个石制品密集的分布面，大约为 16 平方米范围内出土 150 多件石制品，其高差不出 30 厘米。显然为古人类的生活场所，可能为石器加工场地。鸡公垱石制品的原料主要为石英岩，其次为硅质岩，还有石英、燧石等。原料基本上来自河床砾石。石器组合为砍砸器、大尖状器、似手斧石器、石球、刮削器等。其中以大型的砍砸器、大尖状器为主，小型的刮削器少。加工方法基本上为锤击法。石器既有单面加工，又有双面加工。以由腹面向背面加工为多，由背面向腹面加工较少。器体厚大笨重。砾石三棱尖状器、厚大石片、石球、似手斧石器是其最富特征的石器。与鸡公垱遗存性质相同的旧石器地点目前发现最多，遍布澧水中、下游。如石门大圣庙、临澧华垱、澧县红旗等达 30 多处。鸡公垱遗存在这一类型文化遗存中最具典型意义，原研究者命名为"鸡公垱文化"。

乌鸦山遗址 位于澧县道河乡高堰村。旧石器遗存埋藏在澧水支流道河左岸二级阶地上覆地层即均质红土中，相对高度为 25 米。地质时代为晚更新世晚期，文化时代为旧石器时代晚期。1992 年底正式发掘。乌鸦山遗存的石器原料以硅质岩为主，砂岩次之，还有燧石、石英、石英岩等。石器组合有砍砸器、似手斧石器、大尖状器、刮削器、尖状器、石锤等。石器可以划分为大型与小型石器。大型石器包括砍砸器、似手斧石器、大尖状器、石锤等砾石石器，但比鸡公垱文化同类石器要小，数量也很少，所占比例不足 30%。小型石器主要为各种形式的刮削器和尖状器，所占比例达 70%。小型石器的原料均取自硅质岩砾石。石片石器占绝大多数。制作方法以锤击法为主，单面打击多于两面打击，同时还存在错向加工手法。小型石器的型式并不稳定，形状多变，少第二步加工。形体较小的似手斧石器、大尖状器和长石片刮削器为该遗存的富有特色的石器。与乌鸦山遗存同类性质的地点在澧县有朱家山、陈家山嘴、金鸭、虎山、刘山等。目前主要见于道水流域。乌鸦山遗存代表了澧水文化类群晚期前段文化内涵，表现了石器工业小型化的趋势，也反映了石片石器工业与砾石石器工业结合的演化状况，故原研究者命名为"乌鸦山文化"。

燕耳洞遗址 位于石门县阳泉乡邢家桥村。洞穴发育在澧水支流渫水左岸石灰岩山体。遗址由大致发育在同一层高、相距 7 米的两个小洞穴组成。洞口朝向 270°，相对高度约 10 米。遗址不仅出土了打制石器，还出土了古人类化石和丰富的第四纪哺乳动物化石。动物化石有猕猴、豪猪、熊、虎、东方剑齿象、巨貘、中国犀、猪鹿、羊等二十多种。古人类化石有左股骨残段、下颌骨残段、牙齿等。石制品21件。石料分为二类。第一类为石英砂岩和砂岩。这类石器个体相对较大，有石核、砍砸器、石锤、刮削器；第二类石器为黑色燧石，有石核、刮削器。两类石器均采用直接锤击法，以单面打击为主，少第二步加工。第一类石器没有摆脱澧水文化类群的砾石石器风格，但个体明显小型化。第二类石器为细小燧石器，这是湖南旧石器文化中新出现的石器工业，显示出与澧阳平原新石器时代早、中期文化中细小燧石器工业的渊源关系，为探索旧石器文化向新石器文化演化提供了主要线索。根据动物化石和细小燧石器特点判断，燕耳洞遗存大致属于旧石器时代晚期的晚一阶段。

十里岗遗址　位于澧县澧东乡十里岗村。1998年4月发现。遗存埋藏在澧水左岸二级阶地的上覆堆积地层中。这是一处与燕耳洞遗存文化性质类似的旧石器时代晚期遗址，但材料更为丰富，文化面貌更为明朗。调查采集的标本共182件。其中废料134件，占绝大多数。十里岗石制品的文化面貌主要有以下特点：（1）以细小石器为主要特征，保留的砾石石器已经小型化；（2）石料以黑色燧石为主，其次为石英砂岩，还有脉石英、硅质岩、砂岩等；（3）石器的基本组合为砍砸器、刮削器、尖状器，其中以刮削器占绝对优势；（4）砍砸器仅3件，占石器数量的10%强，并且个体很小，意味着其经济地位下降；（5）石器的制作方法基本上为锤击法，有些细小石器刃部加工疤痕小而浅，是否采用压制加工方法，目前尚不能肯定；（6）加工方法以单面打击加工为主，也有两面打击加工；（7）有第二步加工，但数量少。既有正向加工，又有反向加工；（8）出现一批较精致的细小石器，如细长石片、舌状刮削器、盘状刮削器等，表明石器制作水平的提高。十里岗遗存作为澧阳平原旧石器时代晚期文化，与乌鸦山文化有明显差异。而十里岗遗存已不见乌鸦山文化具有的似手斧、大尖状器等砾石石器的痕迹，新出现了黑色燧石器为代表的细小石器工业。其精致的细小石器加工技术，表现出比乌鸦山文化更为进步的文化面貌。不过，十里岗遗存仍然保留有砾石石器传统。其细小燧石器与乌鸦山硅质岩小石片石器有很多类似之处，反映了十里岗遗存从乌鸦山文化的承袭联系。十里岗遗存的年代大约为距今18000年左右，据此判断，乌鸦山文化为旧石器时代晚期的前一阶段，十里岗遗存为旧石器时代晚期后一阶段。十里岗遗存不同于以往发现的澧水流域的旧石器文化，具有独特的文化面貌和鲜明的时代特点，故遗存的发现者封剑平命名为"十里岗文化"。燕耳洞遗存应归属于十里岗文化。显然，十里岗文化与澧阳平原新石器时代早、中期流行的细小燧石器有着明显的渊源关系。这意味着十里岗文化邻近农业革命的曙光。

综上所述，澧水文化类群的石器均以河床砾石为原料。早、中期器体硕大浑厚，最大径通常达28厘米以上，岩性主要为红色石英岩和石英砂岩，少量燧石、石英和硅质岩。石器组合丰富，以大型石器为主，有砍砸器、多种型式的大尖状器、似手斧、石球、石锤。小型石器基本上是刮削器，数量较少。晚期的石器向小型化演变。小型石制品急剧上升为主要地位，石片石器大量增加，并出现了长三角石片。石器中刮削器成为主流，有少量的尖状器等，退居次要位置的大型石器个体也明显缩小，通常长径不超过15厘米。各类大型石器的型式也不如早中期多样化，似手斧、大尖状器在晚期的前段仍有保留，后段则不见。晚期石制品的岩性以硅质岩和黑色燧石为主，其次为石英岩和石英砂岩。澧水文化类群的打片基本上只见锤击法，偶见砸击法。石器的加工有单面打击、两面打击和错向打击。第二步加工的石器在早中期较少，晚期大量出现。石片的第二步加工是以单面打击为主，既有由背面向腹面加工也有由腹面向背面加工。澧水文化类群富有特色的石制品有厚大石片、各种型式的大尖状器、似手斧、石球、细小燧石器等。

（3）湘江、资水流域的旧石器

目前，湖南发现的旧石器遗存主要集中在西部地区。湖南东部地区旧石器地点发现较少，旧石器材料比较零星，文化面貌不是十分明朗。现已发现的旧石器地点，湘江流域有道县阳家山洞、株洲县六斗坡、浏阳县永安中学、长沙市五一路、高桥、张公岭、临湘市长源等；资水流域有安化县小淹、陶家湾、红藿溪、青桑、阳石、苞芷、益阳市电厂、黄泥山、罗家嘴等。进行正式发掘的有益阳电厂。

益阳电厂位于益阳市赫山区黄泥湖乡仑塘、仙峰村。该厂所征用的八个山头都有石制品发现。其地貌为资水右岸三级阶地。海拔80米左右。调查采集石制品237件，多出自网纹红土的上部，时代可能为旧石器时代早期。石器的组合以砍砸器、大尖状器、石核斧等大型石器为主，刮削器数量较少。石料以石英岩、硅质岩为主，其次为石英。制作方法以锤击法为主要方法，可能还使用了砸击法；以单面打击为主。显然，益阳电厂的旧石器属于砾石石器文化传统。砾石石器的个体比澧水文化类群同类石器小一些，其三棱尖状器虽然不太典型，风格与澧水文化类群接近。益阳赫山区罗家嘴地点采集的石器基本上是小型的刮削器，燧石岩性。埋藏地层为网纹红土之上的均质红土中，时代当为旧石器时代晚期。

湘江流域目前发现的旧石器限于旧石器时代中、晚期。石器原料为石英砂岩、硅质岩砾石。砍砸器在各地点普遍出土。临湘长源地点发现扁尖的大尖状器，浏阳永安中学发现砾石尖状器。这些石器具有强烈的砾石石器文化风格，与澧水文化类群的石器特征接近。

不难看出，湖南东部的旧石器文化性质属于华南砾石石器工业传统，与澧水文化类群比较接近，而与潕水文化类群相对疏远。但其典型的砾石三棱尖状器、石球的缺乏，似乎与澧水文化类群文化面貌存在区别，有待于更多的发现来解决。

四　小　结

（一）湖南旧石器文化的环境背景

从宏观上看，中国旧石器文化明显受着两大地理特点的制约。其一是以秦岭及其东延的嵩山、伏牛山、桐柏山、淮河为界，将中国分为南北两大地理单元。在旧石器时代以此为界形成了两大文化区。此线以北的黄土高原、内蒙古高原、华北大平原等广大地区为华北区，分布以石片石器为主导的旧石器工业传统。此线以南的长江中下游平原及云贵高原以东的珠江流域地区为华南区，形成以砾石石器为主的工业传统。其二，中国阶梯地形控制了旧石器文化的分布。西南部海拔4000米以上的青藏高原是最高的一级，号称"世界屋脊"。青藏高原以北以东，迅速下降为海拔1000～2000米的浩瀚高原及其盆地，构成了第二阶梯。主要有云贵高原、黄土高原、内蒙古高原和四川盆地、塔里木盆地、吐鲁番盆地等。大兴安岭山脉、太行山山脉、巫山及云贵高原东缘一线以东，是海拔1000米以下的丘陵、200米以下的平原，构成第三级阶梯。第二阶梯的云贵高原、四川盆地的旧石器文化以石片石器为主导，并有着自身的技术特点和演化谱系，构成了旧石器文化的西南区。

湖南旧石器文化主要分布在长江以南，南岭以北，第三阶梯的后缘，即洞庭湖平原及湘、资、沅、澧四水流域内山区河谷盆地；其分布范围处于华南区的西部区域中间地带。北面与华南文化区的北部江汉平原相邻，南面以南岭之隔与珠江流域旧石器文化相连。这种独特的地理环境即孕育了发达的湖南旧石器文化和独自的发展道路。

　　气候生态环境也是制约旧石器时代人类文化的直接因素。在现代中国自然地理区划中，湖南地区处于亚热带区。在更新世时期，湖南地区大部分时间处在比现在更为湿热的以森林为主的环境。第四纪哺乳动物化石和第四纪红土堆积的分布充分证明了这种自然环境。

　　湖南地区的第四纪哺乳动物化石主要出土在洞穴堆积。在发现的十多处地点中，中、晚更新世的洞穴堆积占绝大部分，主要地点有芷江桐树溪、石门燕耳洞、吉首螺丝旋洞等。这些洞穴堆积普遍有猕猴、豪猪、竹鼠、大熊猫、貘、东方剑齿象、巨貘、犀、鹿、麂、牛、猪等动物种类。这些动物均属于华南"大熊猫—剑齿象"动物群。表现为以热带亚热带森林气候环境为主的环境。时代更早的湖南保靖洞泡山化石地点，发现的化石具有浓厚的南方动物群色彩，如豪猪、大熊猫武陵山亚种、剑齿象、嵌齿象、中国貘、犀牛、小猪等。同样反映出长江中游地区更新世早期热带亚热带森林环境为主的的气候生态环境。

　　与整个华南地区一样，湖南地区更新世的沉积地层以反映湿热环境的红色为基本色调。红土堆积物是突出的标志，与反映干凉气候环境的黄土成鲜明对照。在红土中，网纹红土是一种特殊的表现形式。其分布范围大体上与现代中、北亚热带气候分区吻合。湖南地区是网纹红土典型发育的地区，网纹红土也是该地区旧石器埋藏的主要地层。地质学家、土壤学家普遍认为网纹红土化是脱硅富铁铝风化作用，是一种化学风化作用，发生于华南更新世热带、亚热带高温多雨的湿热气候环境。

　　在更新世晚期，尽管受到全球性气候变化的影响，由于湖南地区主要分布在北纬25°～30°之间的较低地理纬度区域内，气候变化的幅度远不及华北强烈。最后冰期的到来，湖南地区气温有所下降，雨量有所减少，出现一定的草原、草原—森林环境。使得晚更新世晚期的堆积地层不再发育网纹构造，颜色趋黄，表现出一定的干凉趋势。但在更新世晚期，"大熊猫—剑齿象"动物群在湖南地区仍然普遍分布，反映生态环境没有发生根本性的变化。

　　（二）湖南旧石器文化的时空特点

　　从现有的发现看，在旧石器时代的早中期，湖南的旧石器文化主要流行砾石石器工业传统。湖南境内广泛地分布粗大的砾石石器，与热带亚热带森林环境密切相关。这是远古人类适应环境的选择结果。在林木丛生、植被繁茂的地区，远古先民为了求得生存发展，必须借助粗大的砍砸器砍劈竹木，肢解动物，使用各种大尖状器挖掘植物块根。

　　湖南地区砾石石器工业主要分布在河流阶地埋藏的露天堆积。原料均来自河床砾石，主要有石英岩、石英砂岩、砂岩、硅质岩，还有脉石英、燧石、硅质灰岩等。石核的利用率低。自然台面和素台面比率接近，不见预制台面。第二步加工的石片器少。反向加工、正向加工、错向加工、两面加工均有出现，但以单面加工为主。大型的石器居主流，往往直接用河床砾石加工而成。加工的方法主要是锤击法，也有碰砧法、锐棱砸击法。石器的组合为砍砸器、大尖状器（手镐）、石球、切割器、刮削器、石锤、石砧等。其中砍砸器、大尖状器（手镐）最为重要，型式多样。

　　在华南砾石石器分布区内，由于具体地理环境的不同，旧石器文化的面貌在保持基本共性的同时，也表现出一定程度的差异。广西百色地区的旧石器以短身大尖状器、舌状扁刃的大尖状器为突出特征，不见棱尖状的尖状器和石球。显然百色旧石器与洞庭湖平原的旧石器有着明显区别。湖北境内虽然几个正式发掘的地点没见典型的大三棱尖状器，但在京山、钟祥调查发现同类工具，当阳还发现粗大的原手斧。反映江汉平原及汉水中上游的砾石石器文化与澧水文化类群基本类同，但与沅水中游的潕水文化类群存在差异。从现有的发现看，江西潦河的砍砸器、原手斧、石球组合的砾石石器，大致上与澧水文化类群更为接近。在更小范围的湖南境内也存在区域性差异。在湖南境内出现澧水文化类群和潕水文化类群的区域性文化群。潕水文化类群是一个小范围的特殊的区域性文化群。其形式富于变化的砍砸器，如长身侧刃砍砸器、角柄砍砸器、双边刃砍砸器与岭南洞穴旧石器有着密切联系。其广为流行的锐棱砸击法及其锐棱砸击石片与贵州旧石器有着密切联系。

湖南地区旧石器时代早期和中期，均流行大型的砾石石器工业，石器的组合基本一样。从类型学上来看，目前无法区分早期和中期的文化特征。在更新世中期及其以前，全球曾发生多次冰期和间冰期的大幅度气候变化。这种变化对于湖南地区旧石器文化产生什么样的影响，目前也不清楚。然而最后冰期对于旧石器文化的影响却是明显巨大的。最后冰期的发展对于长江中游地区旧石器文化的影响是一个缓慢的过程。由于最后冰期的影响，湖南地区旧石器晚期文化在时空上均出现了差异，并为新石器革命的到来孕育着条件。

在旧石器时代晚期，由于最后冰期的影响，华南地区气候趋于干凉，出现温带草原，草原—森林环境有所扩大，促使大部分地区旧石器相应地普遍出现小型化趋势。与温带气候关联的石片石器工业的技术传统逐渐南扩发展。在旧石器时代晚期的前段，湖南地区也出现了砾石石器和石片石器相结合的旧石器文化。如湖南澧县乌鸦山文化表现为砾石石器与小型石片石器相结合的文化特征。大型的砍砸器退居次要位置；大尖状器等工具少见或消失；硅质岩、燧石、脉石英类岩性的石料制品急剧增加；第二步加工的石片石器大幅度增加；小型的刮削器、尖状器占据主流，型式丰富。乌鸦山文化还保留有小型化的大尖状器、手斧等典型的砾石石器。大约在距今 20000~14000 年，最后冰期进入了最冷峰时期，湖南的旧石器随之进入到旧石器时代晚期的后一阶段。如湖南澧县十里岗文化、石门燕耳洞遗存均出现了细小石器工业。细小石器的石料通常为黑色燧石（或硅质岩）；个体类似细石器，但并不具备细石器的压击剥片技术；有比较小而精巧的石制品，但没有典型的细石器制品，如细石叶、柱状石核、锥状石核等。石以刮削器、尖状器占绝对优势，石片石器占主流；砍砸器不仅数量大大减少，而且个体也大大变小。细小燧石器的发展，为旧石器文化向新石器文化的转变准备了条件。

最后冰期的气候影响并没有使湖南所有地区发生旧石器文化的转变。在邻近南岭纬度较低的地区，目前为此还没有发现由大型砾石石器工业向小型石片石器工业转化的现象。湖南西南部的沅水中游地区，一方面由于纬度相对较低，另一方面由于山区河谷相对封闭的地理环境，最后冰期的影响可能较弱，并没有造成对旧石器文化的强烈影响。分布于沅水中游的潕水文化类群在旧石器时代晚期仍然保持着砾石石器工业传统，没有出现石器小型化的现象；旧石器文化特征也没有发生多大的变化，仅在某些典型砍砸器的数量上有所增减，如侧身长刃砍砸器减少，短身尖刃砍砸器增加。这种情况与岭南地区的旧石器文化发展一样，在旧石器时代晚期保持着砾石石器工业传统，一直到全新世的早期。

（三）远古人类的生活方式

湖南地区旧石器时代文化的发展具有明显的阶段性、区域性特点。这些特点反映远古居民在不同的时空环境条件下有着不同的生存行为和习惯。但是他们的基本生活方式大体上是相同的。首先我们可以看到，湖南境内所有的旧石器遗址或地点（包括洞穴埋藏和露天埋藏）均分布在河流两岸或湖畔，并且邻近河岸。说明当时人们的居住生活与生产活动是以河流为主导。道理是显然的，河水保证了人类生存的第一需要——水；河流给人类活动指示了最有效的原始方位；河谷盆地为人类提供了丰富的食物资源；河床给人类准备了理想的制作工具的砾石原料。在生产力十分低下，环境非常恶劣的条件下，人们不会远离河流生活。旧石器时代早中期的遗存分布邻近当时河边，旧石器时代晚期的遗存才分布到远离河岸的更高的阶地上。说明旧石器时代晚期的居民生活范围比早中期要广阔得多。

据现有的发现，湖南地区旧石器遗址都没有较厚的生活堆积。所以我们可以知道在旧石器时代，人们主要依赖天然的食物资源过着游动性生活，流动的范围基本上是河谷盆地和洞庭湖平原。在旧石器时代早中期，大部分遗址和地点的旧石器均是广泛而又零星地分布在地层中。如澧水中下游的旧石器地点分布密度较大，几乎沿河网纹红土阶地均可以发现旧石器，现已发现70余处旧石器遗址或地点。然而面积稍大、石器集中的地层很少见。说明早中期居民游动性更大。由于砾石石器的硕大笨重，不便于携带，加上石料方便，好多石器可能是就地制作，就地使用，就地放置。因此生产工具集中在居住地的现象就不突出。旧石器时代晚期的遗址文化堆积相对增厚，石器富集在生活区。如澧县乌鸦山遗址的石器种类、数量均较丰富，可能代表相对长时间的季节性居住。临澧竹马遗址的建筑遗迹意味着湖南乃至华南地区人类定居的开始。

湖南地区旧石器文化的经济主要从生产工具帮助判断。人们使用砍斫器砍劈制作竹木工具，肢解动物；使用大尖状器挖掘植物块根；使用石锤砸击坚果；使用石球猎捕动物。表明旧石器时代以采集、狩猎为基本经济生活方式。早中期可能更多地依赖植物性食物，以采集经济为主。晚期小型刮削器的增加意味着狩猎经济分量的加重。

主要参考文献：

张森水：《中国旧石器文化》，天津科学技术出版社1987年。

朱景郊：《网纹红土的成因及其研究意义》，《地理研究》1988年第七卷第一期。

吴汝康、吴新智、张森水：《中国远古人类》，科学出版社1989年。

湖北省博物馆：《丹江口市石鼓村旧石器地点调查》，《东南文化》1991年第1期。

袁家荣：《略谈湖南旧石器文化的几个问题》，《中国考古学会第七次年会论文集》，文物出版社1992年。

朱显谟：《中国南方的红土与红色风化壳》，《第四纪研究》1993年第1期。

袁家荣：《湖南旧石器文化的区域性类型及其地位》，《长江中游史前文化暨第二届亚洲文明学术讨论会论文集》，岳麓书社1996年。

袁家荣：《玉蟾岩获水稻起源重要新证据》，《中国文物报》1996年3月3日第一版。

王幼平：《更新世环境与中国南方旧石器文化发展》，北京大学出版社1997年。

袁家荣：《湖南旧石器的埋藏地层》，《跋涉集》，北京图书馆出版社1997年。

储友信：《旧石器时代旷野居址初探》，《江汉考古》1998年第1期。

储友信、姚旭天：《益阳电厂旧石器地点调查报告》，《湖南考古集刊》第七集（1999年）。

封剑平：《湖南澧县十里岗旧石器时代晚期地点》，《中石器文化国际研讨会论文集》，广东人民出版社1999年。

追溯仰韶文化的发现

吴耀利

仰韶文化的发现已经有 80 余年了。2001 年，在仰韶文化发现八十周年之际，中国社会科学院考古研究所、河南省文物局和渑池县人民政府联合在渑池县召开了纪念仰韶文化发现八十周年的大会。我又一次来到仰韶文化的发现地，纪念发现仰韶文化这一具有重大历史意义的事件。众所周知，仰韶文化是由河南省渑池县仰韶村遗址的发掘而命名，仰韶村遗址的发掘是在 1921 年由瑞典人安特生首先进行的。那么，安特生是如何发现仰韶文化的？他为什么要发掘仰韶村遗址呢？在渑池县召开的纪念仰韶文化发现八十周年的大会上，我看到李高青同志所写的《安特生在渑池轶事》一文，这是作者于 1960 年在仰韶村工作时，调查当年与安特生交往过的几位老人后写的记录，读后很有启发。回来后又翻阅了安特生自己的一些著作，对安特生是如何发现仰韶文化的，仰韶文化的发现到底有什么意义，有了更深入的了解和认识。特撰成此文，以纪念仰韶文化发现 80 周年。在此，我首先要对本文中所引用的有关资料的作者表示衷心的感谢！

一

作为一个外国人，安特生是如何发现仰韶文化的？

安特生（1874～1960 年）是瑞典著名的地质学家。他毕业于瑞典乌普萨拉大学，获博士学位。曾任瑞典地质调查所所长[1]。1914 年，在他四十岁之际，受中国北洋政府的邀请，作为农商部地质调查所的矿业顾问来到中国，帮助中国寻找矿藏达十年之久。因为安特生有丰富的地质学知识，所以他知道，要找矿，必先了解地质构造和地层，而古生物化石又是确定地层最可靠的依据。因此，来华后他首先特别重视对古生物化石的采集。

1916 年上半年，安特生来到山西南部调查铜矿，在垣曲县的黄河岸边，他在黄土层下面发现了有几个不同颜色的地层和泥碳层堆积，其中包含有丰富的淡水贝壳化石。这个地层后来被证明是第三纪较早的始新世化石层。这个发现极大地鼓舞了安特生，使他对寻找第四纪的脊椎动物化石产生了很大的兴趣。与山西省垣曲县隔河相望的就是河南省渑池县。安特

作者简介：

中国社会科学院考古研究所研究员。1975 年毕业于北京大学考古专业，1981 年硕士毕业于中国社会科学院研究生院考古系。至今从事新石器时代考古研究。现任原始社会考古研究室主任。

生知道在那里的福音堂里有一个叫史天泽（中文名——笔者注）的牧师是他的同乡。此人比他早十年来到中国渑池县传教，而且会说流利的汉语[2]。于是，安特生从垣曲县跨过黄河，来到渑池县经陇海铁路坐火车返回北京[3]。

第二年，即1917年，安特生遂向地质调查所提出采集古生物化石的计划，并达成由中国地质调查所和瑞典的一些博物馆分别收藏所采化石的协议。为此，安特生还通过瑞典的中国研究会得到瑞典议会同意拨款9万克朗的经费。安特生实施这个计划的第一步就是先向中国各地的教会和一些在华的外国人发出调查信，请求他们的帮助。最先回答安特生的是内蒙古东部某旗（Sungshutsweize）的德·皮里特（De Preter）神父和山西南部河津基督教中国教会的伯特拉姆·里维斯（Bertram Lewis）牧师[4]。而一些瑞典籍的牧师更给安特生提供了许多帮助，使安特生不久就找到了第一个包含有中国人叫"龙骨"的更新世脊椎动物化石的堆积地点。第一个发现的这种堆积是在河南省。安特生说："我为此深深地感激牧师玛利亚·彼特森小姐的有益帮助。……她的一个助手叫王先生，是渑池县仰韶村人。他知道他们村边上的黄土中就有这种化石骨头。"[5]于是，安特生在1918年12月8日在王先生的陪同下，第一次踏上了仰韶村的土地寻找古脊椎动物化石，取得了丰富的收获。他们在仰韶村的一座废弃的窑洞里挖出了许多化石，还在村南的一处断崖上发现了更新世哺乳动物化石层堆积，从中也挖出了许多化石[6]。尽管安特生当时还不知道仰韶村是一处史前文化遗址，但仰韶村这个名字却留在了安特生的脑海里。正是通过寻找化石，安特生知道了仰韶村这个地点。

安特生是一个知识很丰富的学者。他不仅对古生物化石很感兴趣，而且对石器也很感兴趣。他知道化石是由自然埋藏形成的，而石器则是古代人文遗物。石器又分旧石器和新石器两种。旧石器是与化石同出的年代更早的打制石器，而新石器则是与历史时期有直接联系的磨制石器。1919年夏天地质调查所的采集员朱庭祜到当时的热河省以东南满西部作地质调查，安特生要他注意采集一些石器。结果，朱庭祜带回来大量精美的磨制石器[7]。这件事给了安特生很大的鼓舞。所以，从1919年开始安特生关注起中国古代的文化遗存。他首先将他和地质调查所采集于北京、河北、山东、辽宁、内蒙古、山西、河南、陕西等地的许多石器，进行了初步的综合研究，于1920年发表了他的第一篇考古学论文《中国新石器类型的石器》[8]。这标志着他由地质学家向考古学家的转变。

但是，安特生也知道，中国的石器早在19世纪末和20世纪初就已经有了一些发现，日本学者鸟居龙藏在东北地区和内蒙古东部发现的石器，就引起了中国的有识之士和一些外国汉学家的关注。安特生自己也在河北保定南边的一个叫"七里（Chihli）"的地点第一次发现过石器。这些发现促使安特生要在中国文明诞生地的河南、山西和陕西一带找到史前遗物[9]。所以，在1920年的秋季，安特生派他的助手刘长山到河南渑池仰韶村一带去采集古生物化石"龙骨"，同时让刘携带一件石斧标本去给当地群众看，让他睁大眼睛以便尽可能多地寻找到石器线索。刘长山"在渑池县城北九公里的仰韶村南边（寺沟）收捡到一些零碎石器。那年旱灾严重，部分农民把在耕作或掘土时捡到的石器数百件廉价卖给他[10]，换些钱维持生活。刘长山又请群众带他到实地采集了一些石器。主要是石斧、石凿、石刀等，他在仰韶村共住三天，收购采集各种石器、陶片六百多件，由王兆英（仰韶人）用毛驴驮到县政府第三科（专管全县建设）装箱"，用火车运回北京。安特生见到这些东西后，非常高兴。他推测仰韶村一带可能有一个相当大的新石器时代遗址，决定亲自去进行考察。

于是，在1921年4月，安特生一行五人来到渑池县。"县知事胡毓藩带秘书张裕贤亲自迎接，把他们安排到西关福音堂住宿，指示由教会执事马克定负责，由史天泽牧师陪同在'明月楼'进膳。"4月18日安特生第二次来到仰韶村进行考察。"由县政府第三科录事王茂斋陪同，乘坐县执事一辆蓝色轿车，又雇佣马天舆一辆铁脚车运载所需杂物，在四名警察护送下，来到仰韶村，安排到王兆祺家。王茂斋一直留在那里与王兆祺负责办理一切事务，王兆英负责采买。安特生每天带着人在村周围观测、照相，收集陶片、石斧、石刀等。同时也收买群众集存或捡到的一些陶片和石器。"他在仰韶村停留了八天，仔细考察了仰韶村的地形地貌，在黄土断崖的灰土层中除采集有石器以外，还发现了彩陶片。

关于彩陶片的发现，安特生曾有过比较详细的记录。最初，当他在一处黄土断崖上灰土层的最底部发现了一小片磨光红陶上绘有黑色花纹的彩陶片以后，曾使他非常困惑，因为他当时还不知道彭沛里（Pumpelly）在中亚的安诺遗址的发掘。仰韶村的彩陶片是石器时代的遗物吗？当时能有如此精美的东西？他决定搞清楚这些问题。由于他对鸵鸟蛋化石很感兴趣，他起初曾想通过在仰韶村找到鸵鸟蛋化石的堆积来解决这些问题。晚上躺在床上安特生还在思考这些问题。这时，几个小孩给他送来了几件石斧，安特生一看，与他自己采集的一样。这使他突然想起了他在村子里看到许多人家的夯土墙上夹有一片片的灰土，在灰土中他曾见到过类似的精美彩陶。于是第二天他决定用一整天时间来解决彩陶片的时代问题。他围着村边的黄土断崖仔细地搜寻，几个小时后，他终于发现了一个没有被扰动过的灰坑，从中挖出许多石器、陶片和精美的彩陶片。这使他相信，彩陶片和石器是同一时代的遗物[11]。

安特生在仰韶村采集的石器和陶片装满了整整四大箱。通过这次考察，使安特生对仰韶村留下了深刻印象。回到北京后，他马上就到地质调查所的图书馆里去查找资料，很幸运的是他发现了彭沛里发掘安诺遗址的三大本考古报告，从中他看到了有与仰韶村类似的彩陶片[12]。这使他确信仰韶村是一处重要的史前文化遗址，有必要进行正式发掘。

这样，安特生积极与有关方面联系，在取得农商部和地质调查所的批准，以及河南省政府和渑池县地方官员的同意后，安特生与中国地质学家袁复礼等七人，另五人是地质调查所的采集员姚、刘（长山）、张、陈（德广）、白（万玉）[13]，于1921年10月第三次来到仰韶村进行考古发掘。发掘工作从10月27日开始至12月1日结束，历时三十余天。奥地利古生物学家师丹斯基（Zdansky）、法国人类学家步达生（Davidson Black）和后来成为安特生妻子的依萨·罗塞纽斯（Elsa Rosenius）小姐都参加了短期发掘工作。袁复礼负责地貌考察、测量、绘图以及与当地权威人士和村民的交涉，师丹斯基和步达生负责墓葬的发掘和人骨鉴定研究，罗塞纽斯小姐负责摄影。这次他们仍住在王兆祺家。由王茂斋负责联络事务，王兆祺负责挖掘，张兴民、王兆英负责采买。"安特生把带来的小帐篷搭在挖掘工地，架起行军床，以备工作人员休息。安特生又带来一架八音手摇留声机，每晚在王兆祺家门口放'洋戏'。村里和邻村围观的人很多，都说洋戏奇怪，唱戏说话和人一样！安特生能说几句中国话，但生硬不清，人们称他'安蛮子'。他喜欢小孩，经常给小孩吃糖果和照相。他对民俗很感兴趣。一次，前门一家儿子结婚，他不仅挤着看，还给新婚夫妇拍了照。他有时临物写生，如天井窑院、农民犁地、葬人、放羊、赶车等。村民们亲切地称呼他'安牧师'或'老安'。""安特生对工作认真负责，整天在工地督察挖掘。"他"还在王德全堰上立一块木牌（给银洋五元），上书'仰韶文化区'五个大字"。他们在仰韶村共发掘了17个地点，取得了重要的收获。同时，还另外发现不招寨、杨河村和西庄村三处遗址，并且在不招寨遗址做了小规模试掘。发掘结束，他们把文物运回县城装满了11箱，然后用火车运回北京。临走前，他们七人还与县政府各科人员和福音堂人员等三十余人在火车站合影留念。

发掘回来后，安特生把他在仰韶村和其他遗址发现的遗物进行了整理研究，他把它们一起命名为仰韶文化。1923 年，安特生以《中华远古文化》一文报道了他在仰韶村发掘的初步成果[14]。之后，又在《河南史前遗址》一书中详细报道了仰韶村的发掘成果[15]。从此，仰韶文化开始闻名于世。

仰韶文化的发现是安特生前后四次来渑池县，三次到仰韶村考察与发掘的成果。他来渑池县均是住在福音堂里，史天泽牧师为他当翻译。因为"安特生信奉基督教，他在福音堂参加礼拜和祷告，并为'福音小学'捐献过钱"。在中国当时那么动荡战乱的年代，安特生之所以能发现仰韶文化并不是意外的和偶然的。这是一个严肃的科学工作者不怕艰苦、勤奋钻研、认真考察的科学结果。这个结果为中国近代科学的发展开辟了新的领域。其影响深远，意义重大。仰韶文化的发现是安特生对中国近代考古学的一个重大贡献。因而，安特生的名字也在中国考古学史上占有重要的位置。

二

那么，仰韶文化的发现到底有什么意义呢？

仰韶文化发现的意义非常重大。首先，仰韶文化的发现与中国考古学的诞生有直接关系，仰韶文化的发现标志着中国新石器时代考古学和中国近代田野考古学的开始。因为，仰韶村遗址是中国近代考古学经过科学发掘的第一个有代表性的遗址。在仰韶村遗址发掘不久，北京周口店猿人遗址的发掘工作也开始在筹备之中。1923 年又正式开始了对北京周口店猿人遗址的发掘。1926 年清华大学教授、中国考古学家的先驱李济先生又发掘了山西夏县西阴村仰韶文化遗址。两年后，在山东济南附近又发现龙山文化遗址。从而引发了中国官方考古机构的建立，这就是 1928 年成立的中央研究院历史语言研究所考古组，使中国近代考古学成为一种有组织、有领导、有计划进行的学术研究工作。由仰韶文化的发现开始，促使中国近代的一门独立学科——考古学正式诞生。因此，说仰韶文化的发现揭开了中国新石器时代考古的第一页，揭开了中国现代考古学的第一页，是毫不为过的。

尽管安特生在仰韶村的发掘还不是中国近代正式考古机构的考古活动，多少带有一点业余的性质，但安特生的考古活动是经过中国政府和有关学术机构批准的。安特生是中国政府聘请来的科学家。他在仰韶村的发掘也是一次严肃的科学工作。而且，安特生不仅发现了仰韶村一个遗址，仅在 1921 年他就在渑池和郑州附近发现了 8 个遗址，至 1924 年被他发现的考古遗址就达 27 个之多[16]。这与安特生之前十八九世纪的一些西方探险家，如斯坦因、伯希和等人的盗窃行为，有根本不同的性质。安特生自己也说他来中国最初几年的工作是纯专业性的，即主要帮助中国寻找煤、铁和其他矿藏，之后才开始转到对中国的科学研究上[17]。在《中华远古之文化》一文中，他开宗明义的第一句话就说"数年来，余在中国北方诸省调查地质上之第三纪第四纪地层，遂连类而及于远古人迹之研究。"[18]安特生从一个地质学家转变为考古学家，他在中国的考古活动就代表了中国近代考古学的开始。

其次，仰韶文化的发现不仅对考古学，而且对史学、乃至对整个中国学术界都有重大的意义。中国的史学，中国的传统学术发展很早。在仰韶文化发现之前，中国早有考古意义的金石学。金石学是对古器物的著录和年代的考订，成为中国传统学术中的一个新内容。发展到清朝乾隆和嘉庆年间，中国传统学术又形成了乾嘉学派，也就是考据学派。考据学派仅仅是根据文献记载来研究中国古史。大约到 17～18 世纪，特别是 19 世纪末和 20 世纪初，一些西方传教士和外国汉学家看到中国当时的落后和软弱，出于偏见和无知，又极力宣扬中国文化西来说，认为中国没有史前文化，没有自己的石器时代，甚至连中国人种都是西方传播过来的。但这些错误的认识毕竟在中国学术界没有产生太大的影响。大多数中国学者仍然坚持传统的中国古史体系。因为中国是一个历史悠久的统一大国，有历代流传下来的丰富的历史文献资料。中国的古书中明明写着，我们中国人从盘古开天地，经三皇五帝、夏商周三代、秦始皇统一中国，然后再经汉唐宋元明清，一直到现在，这样一代代发展过来，早就形成了自己发达的文化传统；怎么可能我们中国的文化，甚至连我们中国人都是从西方传播过来的呢？

但中国古书中的记载到底对不对呢？社会的发展，学术的进步，特别是提倡科学和民主精神的"新文化运动"的发生，不断促使人们去思考中国的古史到底是怎么回事。于是，在 20 世纪 20 年代，中国的史学界出现了一场有关古史的大讨论。相信古史记载的人和不相信古史记载的人都有各自很多的理由。争论的焦点主要集中在有关三皇五帝的传说上。但三皇五帝离我们实在太远了，谁也说不清楚。而这场争论恰恰发生在仰韶文化发现之后不久。中国远古时代仰韶文化的发现，极大地震动了古史辩学派。仰韶文化的红陶、仰韶文化的磨光石器等实物，以无可辩驳的事实证明中国曾经有过发达的史前文化。古书中的传说并非向壁虚构。但如果我们光从古书记载中来讨论中国古史，是讨论不出一个什么结果的。因为中国的古史是经过一代代后人不断补充修改，一代代层累造成的。我们既不可全信，也不可不信。但我们必须开辟新的道路，寻找新的研究史料。仰韶文化的发现第一次为中国古史研究提供了一批崭新的资料。它使人们认识到古史研究必须与考古发现的实物资料相结合。光靠古史研究是永远也弄不清中国远古时代的历史的。仰韶文化的发现为中国古史学术研究开辟了新的道路和新的领域，促使在这场古史讨论之后不久正式诞生了中国专门的考古研究机构，去有组织、有领导、有计划地开展大规模的考古研究工作。

再次，仰韶文化的发现对中国史前考古学的示范意义，我们至今都还认识不够。因为一提起安特生，我们总是首先想到"仰韶文化西来说"和"六期说"这些安特生研究仰韶文化的错误观点和认识，而不能正确看到安特生发现与研究仰韶文化的功绩。仰韶文化的发现是安特生对中国考古学的一个重大贡献。或许有人会说，如果没有王先生和刘长山，安特生是不可能发现仰韶文化的，但反过来，如果没有安特生，王先生和刘长山也是根本不可能发现仰韶文化的。安特生之所以能发现仰韶文化并不是意外的和偶然的。正如本文前面所指出的那样，这是一个严肃的科学工作者不怕艰苦、勤奋钻研、认真考察的科学结果。安特生是一个知识很丰富、具有很高学术素养的科学家。他的工作是严谨的、细致的、勤奋的。仰韶文化的发现就是他从一个地质学家转变成考古学家的巨大成功。他对古生物化石的热情、对石器的兴趣、对古代文化遗址的重视，不断地亲自到野外考察，从早走到晚，发现了问题苦苦地思考，甚至晚上躺在床上还在想，正是所有这些因素促成了他的成功。

诚然，在对仰韶文化的研究方面，安特生提出了一些错误认识。但这些错误认识是一个科学家经过认真研究后得出的自己的学术观点，并没有带着丝毫的政治意义。而且对这些错误观点，安特生后来也有所认识。只是我们的批判，是否多少带有一些"左"的倾向呢？这是值得我们认真思考和总结的。然而，安特生发现和研究仰韶文化的科学意义，还是值得我们在这里重新提起。首先，安特生对仰韶村的考察十分重视对遗址的地质结构、地理环境和地层堆积的考察。在袁复礼的帮助下，他不仅详细地绘出了仰韶村的地形图，还绘出了各种地质结构和地层剖面图。如仰韶村的地貌变化图（图一），即使在今天来说，也是研究仰韶村环境变化的有用资料。对地层的记录，安特生尤为重视。如仰韶村的地层堆积图（图二），

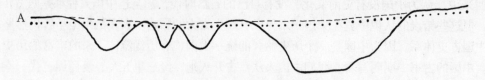

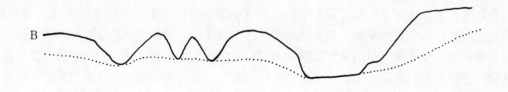

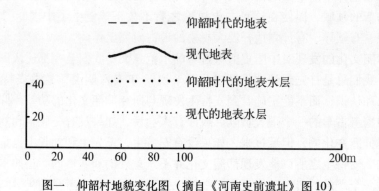

- - - - - - 仰韶时代的地表

——— 现代地表

‥‥‥‥ 仰韶时代的地表水层

……… 现代的地表水层

图一　仰韶村地貌变化图（摘自《河南史前遗址》图10）

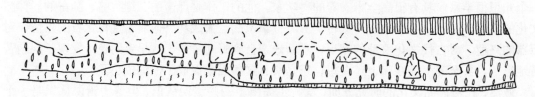

 第三纪红土层　　 未扰动的文化层　　扰动的文化层　　 被子植物层

图二　仰韶村遗址中心部分地层剖面图（摘自《黄土的女儿》图68）

较完整的记录了仰韶村遗址中心部位的地层堆积情况。他还详细地记录了 17 处发掘地点的地层剖面，如第二地点的地层剖面图（图三）、发现人骨的第九地点地层剖面图（图五）、袋状灰坑剖面图（图四）等。还有他对仰韶村出土遗物的逐件介绍，以 1:50 绘地层剖面的比例，在我们的考古报告中至今也还是这样用、这样画。连袋状灰坑的名称也是安特生命名的[19]。但安特生为什么会搞错仰韶文化的相对年代呢？我想这是由于他还没有掌握考古地层学的原因。他虽然绘有地层堆积图，但没有对文化堆积层再进行分层。而且，他是按水平深度来记录遗物的出土位置，而不是按地层单位来记录遗物的出土位置。所以，他弄不清彩陶和灰黑陶的相对年代关系。不过，这些是一个中国近代考古学的开创者可以被原谅的错误。其次，安特生的严肃认真，我们可从他发现仰韶村陶片上的稻谷印痕看出来。安特生在整理仰韶村出土的陶器时，注意到几件很厚的陶片上有类似某种种子的印痕。于是，他把这几件陶片带回瑞典，由著名的植物学家埃德蒙（G. Edman）和索德伯格（E. Soderberg）经显微镜观察分析鉴定后认为是"稻壳印痕"。安特生说："我们必须要感谢上述两位聪敏而博学的植物学家。这个极其重要的发现是与仰韶村在最近 4000 年以来的地质变化相吻合的。今天，即使是在黄土沟里种植稻米也是不可能的，但在仰韶时代，仰韶村是一大片相连的黄土高原，地表浅沟里有溪流流过，这一条件相当适合于稻米的耕种。"[20]可是，长期以来我们却对这一重要发现持怀疑态度。再有，我们今天所提出的"仰韶时代"、"仰韶文明"等概念，安特生在几十年前就已经提出过了。他还特别强调考古学和地质学"互相为用"的关系，首次提出了考古学的方法，认为"地质学和考古学虽范围不同，而实际研究往往互相为用。其关于方法者，如判别古代器物之新旧、文化发达之次第，为考古学之要事，皆不得不借助于地质学之测绘地形鉴定地层诸方法。而关于观察结果者，例如在河南等

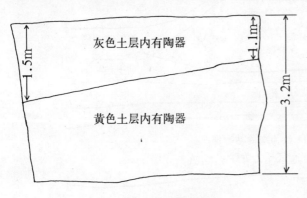

图三　第二地点地层剖面图
（摘自《河南史前遗址》图 1）

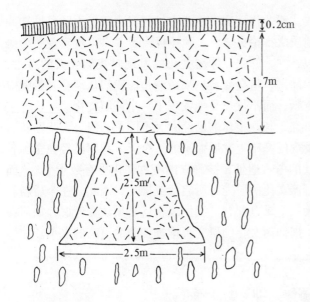

仰韶文化经土（已经搬移）

仰韶文化经土

上新统粘土

图四　袋状坑剖面图（摘自《河南
史前遗址》图 8）（吴耀利文）

45

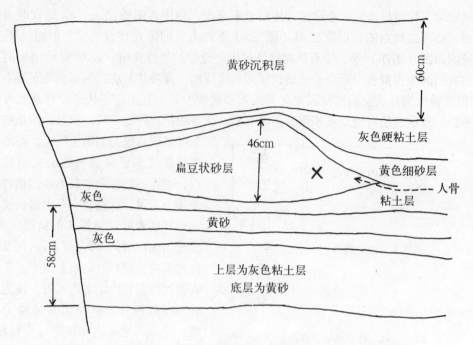

黄砂沉积层

60cm

灰色硬粘土层

46cm

扁豆状砂层

×

黄色细砂层

人骨

灰色

粘土层

黄砂

灰色

58cm

上层为灰色粘土层

底层为黄砂

图五　发现人骨的第九地点地层剖面图（摘自《河南史前遗址》图3）

省所见沟濠壁立，皆由河流冲刷作用而成。而此作用实发轫于古址湮没之后，由此可推知冲刷作用之速率。此则由考古结果而入于地质之推论矣"[21]。他还提出了"'以现实现象为研究过去历史之标准'为宗旨"的研究方法[22]。总之，仰韶文化的发现对我们今天的考古，乃至将来考古学发展的意义，随着时间的前进，将会变得越来越清楚。我们从现在开始就应该正确认识安特生对中国近代考古学的贡献，而不仅仅是他发现了一个仰韶文化。

今天，有关仰韶文化的考古发现和研究，与八十年前已经大大不同了。但今天我国新石器时代考古的全部成就都是在仰韶文化发现的基础上发展而来的。今天，我们已经在全国各地发现了年代从万年左右以来的数以万计的考古遗址，被确立的考古文化也有数十个。"而对于仰韶文化的研究，往往能对其余新石器文化的研究有所启示或推动。因此，在今后新石器考古研究中，仰韶文化势必会长期成为一个重点课题。我们现在就必须认真考虑，如何在已经取得的成就的基础上做出新的努力，把仰韶文化的研究再推进到新的更高的水平。"[23]

[注释]

[1]《中国大百科全书·考古学》，中国大百科全书出版社，1986年。

[2] 李高青：《安特生在渑池轶事》，渑池文史资料第四辑《渑池览胜》，2001年，118～120页。以下凡未注明的引文均出此文。瑞典传教士对安特生的工作提供了极大的帮助，对此安特生的著作中屡屡提到。

[3] J. G. Andersson：Researches into the prehistory of the Chinese. Bulletin of The Museum Far Eastern Antiquities，No. 15，p12.

[4] J. G. Andersson：Children of the Yellow Earth. London，1934，p77.

[5] J. G. Andersson：Researches into the prehistory of the Chinese. Bulletin of The Museum Far Eastern Antiquities，No. 15，p13. 这位"王先生"可能就是注［2］中介绍的"王兆英"。

[6] 同 [5]。安特生后来在《河南史前遗址》（3 页）中也说，哺乳动物化石的第一个发现是 1918 年 12 月在渑池和新安一带的瑞典传教士的帮助下取得的。他还在《黄土的儿女》（77～79 页）一书中对这"第一个发现"，作了十分详细地叙述，这个地点是新安县城以北 9 公里的一个叫"赏银沟（shangyin kou)"的地方；在新安县调查结束以后，他们又来到"渑池县以北"调查。

[7] J. G. Andersson：Prehistoric Sites in Honan. Bulletin of The Museum Far Eastern Antiquities，No. 19，p3.

[8] 转引自陈星灿《中国史前考古学史研究（1895—1949)》，三联书店，1997 年，170 页注（37）。

[9] J. G. Andersson：Children of the Yellow Earth. London，1934，p163.

[10] 笔者注，安特生在《黄土的儿女》一书中也说过，刘带回的数百件石器是从村民手中"购买的"（该书 164 页）。

[11]　[12] J. G. Andersson：Prehistoric Sites in Honan. Bulletin of The Museum Far Eastern Antiquities，No. 19，p3～4.

[13] 安志敏：《仰韶村和仰韶文化》，《中原文物》2001 年第 5 期。

[14] 安特生（袁复礼译）：《中华远古之文化》，《地质汇报》第 5 号第 1 册，1923。这篇文章最初是在 1922 年 1 月 22 日由在北京的中外学者组织的"文友会"上进行了宣读。后来，它的一部分又在同年 3 月的北京解剖学和人类学学会上作了宣读。最后才在《地质汇报》上全文发表。安特生在《中华远古之文化》英文版中特注了说明。

[15] J. G. Andersson：Prehistoric Sites in Honan. Bulletin of The Museum Far Eastern Antiquities，No. 19.

[16] 陈星灿：《中国史前考古学史研究（1895—1949)》，三联书店，1997 年，94 页，表一。

[17] J. G. Andersson：Researches into the prehistory of the Chinese. Bulletin of The Museum Far Eastern Antiquities，No. 15，p12.

[18] 安特生（袁复礼译）：《中华远古之文化》，《地质汇报》第 5 号第 1 册，1 页，1923 年。

[19] J. G. Andersson：Prehistoric Sites in Honan. Bulletin of The Museum Far Eastern Antiquities，No. 15.

[20] J. G. Andersson：Prehistoric Sites in Honan. Bulletin of The Museum Far Eastern Antiquities，No. 19，p22.

[21] 同 [14] 第 1 页。

[22] 同 [14] 第 2 页。

[23] 严文明：《仰韶文化研究中几个值得重视的问题》，《中原文物》1986 年特刊《论仰韶文化》。

关于龙山文化的考古学思考

赵　清　戴伦英

近几年来，龙山文化城址不断被发现和发掘，使龙山文化的研究进入了一个崭新的阶段。研究中国文明的起源，国家的起源，都无例外地要从龙山文化谈起。进一步深入地探讨龙山文化本身的文化面貌、内容、类型、分期、分布范围、生产力发展水平、生产关系状况及不同类型与古史传说中族属的关系，开阔视野，跳出框框，客观地分析材料，宏观地把握问题，必将把龙山文化的研究推向新的高度。

一　龙山文化的区系类型问题

龙山文化，不仅包含有山东龙山文化、河南龙山文化、陕西龙山文化，还有人提出湖北龙山文化、江西龙山文化等等。"广阔地区内的所谓龙山文化，可能分别属于不同的文化系统，甚至具有不同的来源，……应根据具体的文化特征分别命名，以便区别和研究"[1]。以地域命名的龙山文化，来龙去脉不同，分别属于不同的文化系统。"当前的任务应该是根据大量资料所提供的各种信息来划分出分别的文化，并给予适当的名称，然后在此基础上探讨它们之间的关系"[2]。

山东龙山文化是承袭大汶口文化发展起来的，它的去向是岳石文化。目前划分为两城镇和城子崖两个类型。这里制陶技术发达，普遍采用轮制；黑陶占相当数量，东部多于西部。陶器类别和形制两个类型大体相同，磨光黑陶器类的造型和装饰风格也较接近。

两城镇类型：分布在山东半岛地区，以昌潍、临沂和烟台地区工作做的较多。陶器以黑陶为主，有较多的磨光黑陶和蛋壳黑陶。器表纹饰有弦纹、划纹、竹节纹、镂刻纹、附加堆纹及少量篮纹和绳纹。器形主要有鼎、甗、鬶、罐、盆、盘、豆、碗、杯等。三足器很流行，常在盆、盘和杯的底部附上半月形或扁环形三足。鸟首形鼎足最具特色[3]。

作者简介：

赵清，1948 年生于河南，1975 年 8 月毕业于北京大学历史系考古专业。1975 年 9 月至 1990 年 7 月在郑州市博物馆从事考古工作。1990 年 8 月至今在河南省文物考古研究所工作。研究馆员。共发表简报、报告、论文等 30 余篇，主持编写了《黄河小浪底水库考古报告》。

戴伦英，1949 年生于河南新蔡县，1975 年 8 月毕业于北京大学历史系考古专业。毕业后一直在河南省文物考古研究所工作，副研究馆员。30 年来一直负责图书、资料管理等工作。

城子崖类型：主要分布于山东中、西部。陶器以灰陶为多，其次为泥质红陶和黑陶，器表除素面外，纹饰以篮纹为最多，也有方格纹和绳纹等。器形主要有鼎、甗、罐、鬶、盆、瓮、豆及少量鬲、斝。该类型与豫东、豫北龙山文化关系密切。

河南龙山文化较之山东龙山文化要复杂一些，归纳起来，大致可划分为以下五个类型：豫中、西部为王湾类型（包括三里桥类型。庙底沟二期文化是它的早期，煤山类型是其晚期），豫东为王油坊类型（即造律台类型或青堌堆类型），豫北冀南为后冈类型（即大寒类型或后冈二期文化），晋南为陶寺类型，豫西南为下王岗类型（湖北龙山文化类型划分尚不清楚，本文暂以下王岗类型代表之）。

王湾类型：主要分布于洛阳、郑州地区及豫西和晋陕豫三省交界地区。它是继承仰韶文化晚期发展起来的，去向是二里头文化。这个地区有人还划分出三里桥类型和煤山类型，从陶器观察，"二者都是以方格纹、篮纹为主，其次是绳纹、划纹、指甲纹等，有些器形如夹砂罐、小口高领瓮、双腹盆、袋足鬶、豆、单柄杯等等，也都是十分相似的，所以它们应该属于同一个文化类型——王湾类型"[4]。笔者认为，三里桥类型是王湾类型的地方变体，煤山一期文化是王湾类型的晚期遗存，而庙底沟二期文化是王湾类型的早期遗存，统属一个文化类型。王湾类型陶器以泥质和夹砂灰陶为主，棕褐陶、黑陶和橙红陶较少。制法以轮制为主，手制少见。器表纹饰以绳纹和拍印篮纹、方格纹为主，还有弦纹、刻划纹、附加堆纹、指甲纹。主要器形有鼎、罐、甑、斝、鬶、瓿、盉、杯、碗、钵、瓮、盆、豆、盘、澄滤器、器盖等。

后冈类型：主要分布于黄河以北的豫北冀南及鲁西南地区。陶器以深灰陶为主，黑陶和红陶很少。陶器制法多为轮制，也有模制和手制。器表素面和磨光较山东龙山文化为少，纹饰多绳纹、篮纹，还有方格纹、附加堆纹、弦纹、划纹等。器形主要有鼎、鬲、甗、罐、甑、斝、鬶、盆、瓮、澄滤器、杯、碗、器盖等。陶器大多与王湾类型近似，但"鬼脸式"鼎足等陶器，明显是受山东龙山文化的影响。陶器平底器较多，还有一些三足器和圈足器。

王油坊类型：主要分布在豫东和皖西北一带。陶器以泥质灰陶为主，夹砂灰陶次之，还有少量棕褐陶、红陶和黑陶。制法以轮制为主，兼用手制。器表以拍印的方格纹为多，篮纹和绳纹次之，还有弦纹、划纹、指甲纹、附加堆纹和镂孔。器形主要有鼎、甗、罐、碗、盘、盆、甑、杯、鬲、斝、盉、豆、瓮、壶、澄滤器、器盖等。

陶寺类型：主要分布于晋南汾河下游及其支流浍河流域。陶器以灰陶为主，并有一些褐陶和黑陶。制法以泥条盘筑为多，轮制较少。器表多绳纹，其次是素面和磨光，还有少量篮纹、方格纹、弦纹、附加堆纹。器形主要有釜灶、鼎、斝、鬲、罐、盆、壶、缸、瓮、豆、甑、甗、钵、瓶等。陶胎较粗厚，多平底器。

下王岗类型：在河南主要分布于豫西南地区，在湖北则以江汉平原为中心，扩及其周围地区。由于分布范围较广，文化内涵也有差别，还存在着进一步划分不同类型的问题。它是承袭屈家岭文化晚期发展而来，其上有的被二里头文化所叠压。陶器以灰陶为主，有少量棕灰陶和黑陶。制法普遍采用轮制，小型陶器及形制复杂的器皿采用手制。器表以篮纹为多，还有一些方格纹、绳纹、附加堆纹和划纹。器形主要有鼎、斝、罐、鬶、豆、盘、甑、杯、壶、瓮、缸、澄滤器和器盖。同中原地区龙山文化关系较密切。

陕西龙山文化：本文暂称为客省庄类型。主要分布于陕西关中地区，是仰韶文化半坡晚期的继承者。陶器以灰陶为主，有少量的红陶和黑陶。制法以泥条盘筑为主，袋足器多为模制，轮制较少。器表纹饰以绳纹和篮纹为主，还有划纹、弦纹、附加堆纹、方格纹和彩绘，磨光陶较少。器形主要有鬲、斝、鼎、罐、甗、盉、盆、盘、碗、瓮、豆、壶、杯和器盖。

龙山文化的这些类型，还需要进一步地进行对比分析和深入研究，使其区系类型的划分更趋合理。目前划分的龙山文化类型，从其文化内涵来看，各自的特征、区别是明显的。相邻的文化类型之间虽然存在共性，这是一种地方类型接受其周围其他类型文化影响的结果。客省庄类型、下王岗类型应该从龙山文化中划分出去，单独命名，以利于对它们进一步地划分类型，以及对它们与先周文化、先楚文化和三苗文化关系的深入研究。

二　龙山文化的分期问题

笼统地讲，龙山文化分为早、中、晚期。具体到每个类型，分期又有所区别。譬如河南龙山文化的王湾类型、陶寺类型、王油坊类型（平粮台遗址）均分为早、中、晚三期，两城镇类型可分四期，城子崖类型也可分四期（见《泗水尹家城》和《兖州西吴寺》），客省庄类型、下王岗类型的分期尚不明晰。在探讨我国文明起源问题时，有人认为中国文明起源于龙山文化晚期，也有人认为文明起源于龙山文化中、晚期。由是观之，多是把龙山文化视为早、中、晚三期。龙山文化对我国文明起源有着直接关系，对于它的分期，必须认真讨论研究，不能模棱两可。龙山文化不同类型起始时间是不同的，三期概念不可混用。对于每个文化类型，需有典型遗址典型地层，并根据地层关系划分出有代表性的文化发展期，以利于对我国文明起源问题的讨论。

山东龙山文化是承袭大汶口文化晚期发展而来，河南龙山文化是承袭仰韶文化晚期发展而来，两种类型龙山文化的起始时间略有先后。不少研究者把庙底沟二期文化作为河南龙山文化的早期，庙底沟二期文化在时间上略与大汶口文化的晚期相当。如果把河南龙山文化（如王湾类型）的早、中、晚三期与山东龙山文化相套，王湾早期（庙二）似应套大汶口文化晚期，王湾中期就只能套山东龙山文化的前期。若是，泛称"龙山文化中期"所指不够明确。同样，下王岗类型（湖北龙山文化）是承袭屈家岭文化晚期发展起来的，它的起始时间也晚于王湾类型。虽同称龙山文化，但不同类型期别不可混用，否则将会把不同时代的文化混为一谈。

也有人把庙底沟二期文化作为过渡文化归入仰韶文化晚期，那么这几种类型的龙山文化起始时间大体相近。这样，河南龙山文化王湾类型等的分期就需要进一步讨论，是划分为早、晚两期或是其他，需要有一个较统一的认识。

龙山文化分布地域广阔，类型复杂，分期也不一致。所以，在讨论研究龙山文化时，单指"龙山文化"的早期、中期或晚期是不够的，"龙山文化"之后需加上"某某类型"，这样指出的期别才明确。

三　龙山文化生产力发展水平问题

"生产力的状况所回答的是人们用怎样的生产工具来生产他们所必须的物质资料的问题"[5]。

生产力的发展，是氏族社会向前发展的前提。生产工具的改进，为农业的增产提供了先决条件。龙山文化时期，石质生产工具仍然占据重要位置，这个时期的生产工具从各地发现情况看，不论在数量、器形和制作技术方面，都有一个飞跃的进步。较之所继承的文化，制作生产工具的材料来源扩大了，各种生产工具的比例也发生了变化。例如作为砍伐工具的石斧相对减少，而作为掘土工具的铲数量增加，还发现有骨铲和木末（痕迹）。当时已脱离"刀耕火种"的原始经济，进入先翻后种或先耕后种的耜耕农业阶段（陶寺有犁状石器等）。收获工具也有增加，如石镰、石刀及蚌镰、蚌刀等，普遍有较多发现。同时，用于中耕的蚌锄、骨锄、鹿角锄、打制石锄等也有发现，农业生产达到了一个新的水平。

龙山文化遗址中出土的石铲、石刀和石镰，制作精致，磨制的刃部很锋利。石铲和石刀的中部多钻有一二个圆孔，便于捆绑木柄。还发现有锄、犁、骨铲及木末等工具，生产工具比其继承的文化有明显改进和发展。龙山文化时期，开始了开凿水井，这不仅有利于农业灌溉，为粮食的增产提供了保证，而且扩大了人们活动领域，可以到远离河流的地方进行生产活动。生产力提高了，才有可能生产更多的剩余产品，促进贫富分化和阶级的形成。

农业生产的提高，使粮食的收获量增加了，粮食剩余已成为可能。人们用自己生产的剩余粮食，可以进行家畜饲养。家畜饲养业也较前发展，如庙底沟二期的"26个龙山灰坑所出土的家畜骨骼，远远超过168个仰韶灰坑所出土的总和，可见家畜的数量比仰韶文化大有增加。……可鉴别的有猪、狗、山羊、牛等，仍以猪骨为最多"[6]。不仅如此，还大量地用剩余粮食来酿酒，当时的酿酒业已相当发达，这从出土较多的酒器陶鬶、盉、斝、觚、杯等就可证明。发掘中较普遍地出土一些镞、矛、鱼钩、鱼镖、弹丸、网坠等石、骨、蚌、陶器，这是当时人类进行狩猎或捕鱼的遗物。陶纺轮、骨针等的不断发现，说明当时的纺织业也发展到一定水平。龙山文化时期是以农业生产为主，以畜牧和渔猎为副的社会生产经济。

龙山文化时期的制陶业已达到很高水平。轮制陶器相当发达，器形不仅种类多，而且器物定型，很多陶器已成为商品步入交换领域。大型陶器，制作精细规整，特别是雕镂精细、薄如蛋壳的磨光黑陶杯等，令人叹为观止。

青铜器的出现，使生产力有了一个划时代的飞跃发展。近些年来，在山东两城镇类型的胶县三里河、栖霞杨家圈、诸城呈子、长岛北长山岛店子、日照尧王城、临沂大范庄，河南王湾类型的郑州牛砦、董砦、登封王城岗、临汝煤山，王油坊类型的淮阳平粮台，陶寺类型的陶寺等遗址，先后发现了铜器遗物或与冶铜有关的遗存，这些发现为我们提供了一个信息：在烧陶技术空前发达，人们已能熟练掌握还原焰的龙山文化时期，青铜冶炼成为可能。所以有人把龙山文化时期称为铜石并用时代[7]。目前而论，冶铜材料还很残碎，不能研究其工艺与水平，还需要在今后的工作中加以注意，寻找和发掘较为完整的资料，为龙山文化的研究，我国文明起源问题的研究提供更坚实可靠的实物证据。

对于龙山文化，分类型分期进行生产力发展水平和发展速度的研究是必要的，特别是对王湾类型和陶寺类型，更需要进行这方面的研究。因为生产力的发展是氏族社会向前发展的前提，没有生产力的发展，什么贫富分化、阶级产生都是不可能的。以上两个类型的生产力与其他类型的生产力相比，有无先进之处，目前限于发掘资料，在这方面进行深入研究还较为困难。笔者认为，这是值得我们思考的问题之一。

四 龙山文化时期的生产关系问题

在社会生产过程中，人与人之间，阶级与阶级之间形成一定的关系，就是生产关系。生产关系是随着"社会中物质的生产力的发展程度为转移"的。在不同的发展阶段，社会生产力的发展程度是不相同的。在原始社会，生产工具简陋——生产力的发展程度很低，人们同自然界斗争的能力还很薄弱，只能勉强维持生活，没有剩余产品，也就不可能出现贫富分化，社会内部也就没有阶级存在。到了龙山文化时代，生产力发展了，物质生产资料开始丰富了，社会生产关系也开始发生变化。"随着社会生产力在历史上变更和发展，于是人们的生产关系，人们的经济关系，也与此适应而变更和发展"[8]。

研究生产关系问题，亦即经济关系问题，目前主要靠墓葬材料。墓葬的大小，随葬品的多寡可以反映出墓主人的身份地位。龙山文化时期能反映这个问题的墓葬，主要有陶寺墓地和山东临朐朱封墓葬。

山西襄汾陶寺墓地，位于遗址东南，地势比遗址略高，面积约3万平方米，墓葬较集中。在发掘的700余座墓中，大型墓9座，中型墓约80座，小型墓600余座。这些墓都是单人葬，皆为长方形土圹竖穴墓。大型墓有木质葬具，墓内撒有朱砂，随葬品高达一二百件，并且有彩绘陶器和木器，还有玉钺等礼器及鼍鼓和特磬等乐器。中型墓有木质葬具，有的也撒有朱砂，随葬品较少，有少量彩绘陶器和木器。小型墓墓坑很小，墓圹仅能容身，多无葬具和随葬品[9]。这些墓葬反映出当时贫富已明显分化，少数贵族和多数贫穷平民已分别处在两个对立的阶级之中，阶级矛盾不可调和的产物正在这里酝酿产生。

山东临朐朱封龙山文化遗址，也发现一批墓葬，其东北部是一些小墓，西南部有大型墓。发掘的3座大型墓葬，其中2座是双椁单棺，1座一椁一棺，棺椁上绘有彩绘。墓圹内有生土二层台。M203墓圹东西长6.3~6.44、宽4.1~4.55、深1.48~1.72米，单人仰身直肢葬，头向118°。随葬陶器50件，陶器分实用器和冥器。冥器器形小巧，火候低；实用器如夹砂红陶鬶均着白陶衣，泥质黑陶均施黑陶衣，器表经磨光。有些陶器可能已属于礼器。玉器中也有象征权威的玉钺，还有玉环、玉坠饰及大量绿松石片[10]。显示出墓主人有显赫的地位，可能是统治集团中的首脑人物。"随着分配上差别的出现，也出现了阶级差别"。"如果成员之间在分配方面发生了比较大的不平等，那么，这就已经是公社开始解体的标志了。"[11]

除这两处大型墓葬外，山东胶县三里河、诸城呈子、泗水尹家城也发现有较大型墓葬。日照东海峪、陕西神木石峁和华阴横阵等地发现有石椁、石棺墓，但随葬品并不丰富。其他类型龙山文化基本未发现大中型墓葬，只是发现了一些反映其阶级关系的"奠基坑"和乱葬坑。奠基坑在登封王城岗二期发现13个，坑的形状有圆形、圆袋形和椭圆形三种，每坑埋残人骨1~7具，有的仅埋人头骨或盆骨等[12]。这些奠基坑有人认为是埋置"人牲"的"祭祀坑"。坑中所埋之人，或是战争俘虏，或是被残害的奴隶。乱葬坑发现较普遍，多是把尸骨弃置于灰坑或灰层里面，往往是肢骨不全，或者身首异处。葬式混乱，没有随葬品，甚至没有墓圹。少者1具，多者达10具。王湾类型发现较多，如郑州大河村六期H58，禹县瓦店二期M10、三期M8，洛阳矬李M1，王湾三期H11、H79和H166，煤山一期M14、M15，伊川白元一期的M24、M61、M81、M82等。后岗类型邯郸涧沟HJ2H18发现人骨架10具乱葬在一起。这些乱葬坑的性质，一、可能是没有地位的被残害的奴隶的躯体；二、可能是部落战争中的俘虏。乱葬坑中的死者可能是被屠杀的。如果是第一种情况，则反映了阶级对抗已经出现，因而是奴隶存在的证据。

龙山文化时期，随着生产力的发展，贫富日益分化，阶级正在形成。掠夺战争使少数部落首领增加了财富和奴隶，同时也加强了他们手中的权力。山东龙山文化的朱封大墓、呈子木椁墓、三里河墓葬、尹家城墓葬，陶寺类型的陶寺墓地以及王湾类型发现的诸多乱葬坑、奠基坑等，正是这一情况的反映。墓葬是当时人们生前社会的一个缩影，最能反映其社会形态问题。但是，其他类型（包括王湾类型）尚未发现大中型墓葬，反映生产关系、社会关系的考古材料还相当贫乏。乱葬坑或许是部落战争中俘虏的尸骨，不像墓葬那样能准确地反映当时的贫富分化和阶级关系。这就要求我们在今后的工作中予以重视，在这些地区积极调查寻找和发掘龙山文化时期特别是中晚期反映阶级关系的墓葬材料。研究夏代国家的形成和建立，也不能缺少墓葬材料。

五　龙山文化各类型族属问题

龙山文化各个类型的族属问题，目前研究已有了一个基本轮廓。特别是河南龙山文化的几个类型，都能与其活动地域相同的远古部族联系起来，这不仅推动了龙山文化的研究工作，对中国文明起源问题的研究也十分有利。

山东龙山文化的两个类型，学术界一般都认为是东夷文化。东夷族实际上也包含着许多夷族，文献记载就见有淮夷、畎夷、风夷、黄夷、于夷、白夷、赤夷等（有的夷族活动地域超出山东境）。"大汶口文化之后的龙山文化，从遗迹、遗物的演变关系，特别是典型代表性陶器鬶、鼎、豆、黑陶高柄杯——蛋壳陶杯等，都有着先后的继承关系，以此我们可以确认龙山文化是大汶口文化的继续和发展，也是属于东夷族的文化遗存"[13]。

王湾类型的分布范围大体与文献中记载的夏族活动区域相一致，可以肯定是夏部族活动的遗留。这个问题研究文章较多，此不赘述。至于是先夏文化或是夏代文化问题，大致有以下两种意见：一、龙山文化晚期（或中晚期）是夏代早期文化，此前为先夏文化。二、龙山文化是先夏文化，继龙山文化晚期发展起来的二里头文化才是夏代文化。目前由于材料不足，下定论还为时过早。

后冈类型分布于豫北的淇河、卫河两岸和冀南的漳河、滏阳河上游平原地区。该类型炊器以鬲为主，鼎、鬶少见，绳纹陶较多，特别是绳纹鬲和侈口绳纹罐等与早商文化有明显因袭关系。后冈类型可能是商族祖先的文化。

王油坊类型分布区域处在中原华夏文化与东部东夷文化的交错地带，包含有多种文化因素。"徐旭生先生认为有虞氏是华夏集团最靠东的部落之一，与东夷居地相连，接触频繁，在血统上和文化上交互错杂，其文化是一种混合文化"。"从年代、分布地域和文化特征分析，造律台类型可能就是传说中的有虞氏文化"[14]。淮阳平粮台龙山文化属王油坊类型，有人根据《左传》"陈，太昊之墟也"和《竹书纪年》"太昊伏羲氏，……都宛丘"等记载，考证平粮台龙山文化古城是太昊伏羲氏的都城宛丘[15]。太昊是东夷集团的代表人物，淮阳又是传说中的"太昊之墟"，平粮台古城的建筑年代与太昊活动时代大体相当。果真如是，王油坊类型非华夏集团文化，而应是东夷集团文化之一支。

陶寺类型分布于晋南地区。晋南自古以来素有"夏墟"之称，文献上也有尧都平阳或禹都平阳的记载。《史记·五帝本纪》正义引《帝王世纪》云："尧都平阳"；《汉书·地理志》云："河东土地平易，有盐铁之饶，本唐尧所居"，平阳县下又引应劭曰："尧都也，在平河之阳"。平阳地望与陶寺遗址地理位置相符[16]。有人根据陶寺出土的蟠龙彩绘陶盘，认为是夏人图腾，可能是尧、舜时期某一龙部落或豢龙氏部落的遗存[17]。总之，陶寺类型是夏族文化的一支当不会有问题。

下王岗类型虽然受到王湾类型的影响，但从分布地域看，应与"三苗"关系密切。三苗的活动区域,大体范围应当是《战国策·魏策一》所记:"左彭蠡之波,右洞庭之水,文山在其南,而衡山在其北"。"衡山",前人考证即今河南南部的伏牛山[18]。这个地区的龙山文化,可以进一步划分为几个地区性类型。这正与"三苗"部落支系较多,"三族之苗裔,故谓之三苗"的古史传说相吻合。三苗是从黎氏发展而来,《国语·楚语下》"及少昊之衰也,九黎乱德,……其后三苗复九黎之德,尧复育重黎之后不忘旧者……"。三苗与楚人先祖关系很密切,《史记·楚世家》:"楚之先祖,出自帝颛顼高阳。……卷章生重黎。重黎为帝喾高辛,居火正,甚有功,能光融天下,帝喾命曰祝融。……陆终生子六人,……六曰季连,芈姓,楚其后也"。屈原在《离骚》中也自称是"帝高阳之苗裔兮"。楚人是以出自高阳氏的重黎为始祖,楚人先祖与三苗先祖有亲缘关系。下王岗类型(即湖北龙山文化)包括了"三苗"文化和先楚文化。

客省庄类型去脉问题目前学术界还没有较为一致的意见。有人认为客省庄类型与先周文化二者没有必然的联系;也有人认为先周文化是在客省庄类型的基础上,接受了一些齐家文化的因素而发展起来的;另有人对客省庄类型作了较详细的论述,认为"先周文化分布区域,基本上和客省庄文化分布区域相吻合,年代上,先周文化晚于客省庄文化"。又说:"先周文化陶鬲是自有渊源的。从这个角度观之,很难把客省庄文化说成是周族的原始文化"[19]。要弄清这个问题,还需要在该地区做更多的工作。

以上这些用考古材料同中国古史传说时代文献记载相结合的研究,无疑对龙山文化的研究有推动意义。从这些研究可以看出,有的类型,如客省庄类型,还不能与先周文化挂起钩来,它在发展时间上属于龙山时代,但不能归入龙山文化。因为用它来研究国家起源,就像用仰韶文化研究国家起源一样,中间还缺一个环节。

六 龙山文化发现文明"要素"的分布情况

在我国文明起源问题的讨论中,不少人把龙山文化晚期作为研究的主要对象(当然有人认为二里头文化一期是夏代建国之始,该文化不在本文讨论范围),并把着眼点集中在城市、文字、冶铜等文明"要素"的发现上。这些文明"要素"主要是在龙山文化晚期陆续被发现的,笔者根据发表的材料,粗略地进行了统计,根据出土地域,按文化类型列表如后(参见附表)。

从表中可以看出,这些文明"要素"在各个文化类型均有不同程度的发现。王湾类型至今未发现大墓,陶寺未发现城址,两城镇与城子崖类型分别未发现文字和冶铜遗存,其他几个类型"要素"发现较少。当然,这与工作做的多少也有直接关系,在今后的工作中还会有"要素"的发现。换言之,这也不是偶然的巧合,而与社会生产力发展水平及生产关系发展程度有着必然的联系。像王湾类型大量乱葬坑的发现,说明这是当时社会的一种普遍现象。目前的考古发现表明,王湾类型、陶寺类型和山东两个类型生产力发展水平较高,贫富分化、阶级关系较明朗化。前面谈到,前两个类型是夏民族文化,各种文明"要素"的出现,说明夏族正在向文明的门槛迈进。而山东两个类型是东夷文化,东夷族是否也同时迈进文明门槛了呢?《竹书纪年》记载夏与各族的关系时,以记载东夷族为最多,这不仅反映了夏与东夷族的关系密切,而且也预示着东夷族力量之强大。禹子启废禅让制而立世袭制,标志着奴隶制国家"夏"从此建立,实行禅让制的氏族社会从此结束。夏启死后,五子争权,夷人有穷氏的后羿乘机"因夏民以代夏政",取得了夏的统治权。羿以寒浞为相,寒浞

龙山文化文明"要素"发现情况统计表

		城址	陶文	冶铜	墓葬等
山东龙山	两城镇	寿光边线王、临淄田旺		三里河、杨家圈、呈子、北长山岛店子、尧王城、大范庄	临朐朱封、胶县三里河、日照东海峪
	城子崖	章丘城子崖、邹平丁公	邹平丁公		泗水尹家城
河南龙山	王湾	登封王城岗	登封王城岗	郑州牛砦、董砦、登封王城岗、临汝煤山	王城岗奠基坑、王湾乱葬坑等
	王油坊	淮阳平粮台、郾城郝家台		淮阳平粮台	
	陶寺		襄汾陶寺	襄汾陶寺	陶寺墓地
	后冈	安阳后冈、辉县市孟庄			邯郸涧沟乱葬坑
陕西龙山（客省庄）			长安斗门花园村		沣西六座乱葬坑
湖北龙山（下王岗）		天门石家河、荆门马家垸、江陵阴湘城、石首走马岭、澧县南岳城头山（含屈家岭文化城址）		石家河（铜块）	石家河墓葬与祭祀遗迹

又乘羿游猎归来，杀羿自立。后又灭了斟灌氏和斟寻氏，杀仲康子相。相妻后缗已有身孕，逃归母家有仍氏，生少康。少康长大后为有仍氏牧正，寒浞抓少康，少康又逃到有虞氏，当了庖正。夏贵族靡在有鬲氏帮助下，收二斟逃民，配合少康灭寒浞，才又恢复了夏的统治[20]。

"如上所述，太康的失邦，是与东夷有关；少康之中兴，也与东夷有着密切的关系"[21]。山东龙山文化所反映的发展水平，正与《竹书纪年》等文献记载相印证。东夷族已具有相当的水平和实力，与中原夏政权相抗衡。夏族在中原地区建立了"中央政权"，东夷族在其东方建立了"地方政权"，并时刻窥伺着"中央政权"，一旦有机会，就夺取"中央政权"。少康中兴后，"中央政权"巩固，东夷族又宾服于夏。《后汉书·东夷传》曰："夏后氏太康失德，夷人始畔。自少康已后，世服王化，遂宾于王门，献其乐舞"。《竹书纪年》也说："少康即位，方夷来宾"。

文明"要素"的出现，是生产力发展水平的反映。生产力水平的提高，促使生产关系的变更。但是，生产力不等于生产关系，生产关系变更的快慢，受社会内部各种条件的制约，譬如受礼制、宗教等的制约。同样，有些"要素"的出现，与社会背景有密切关系。

在军事民主制阶段，各部族间战争频繁，由于战争的需要，就会出现一些城堡。今后，要在已发现的城堡内，进行城市布局的发掘和研究，揭示象征王权的宫殿、祭祀基址及像郝家台那样的平民居住区，还应进行文明"要素"分类型、分期别的研究，揭示不同类型文化的发展轨迹。

我国是一个多民族的大国，每个民族在历史的长河中都为祖国的文明史做出了贡献。夏族首先在中原地区建立了"中央政权"，有些民族也先后建立了"地方政权"。从这个意义讲，我国文明起源是多元的，各种文化共同孕育造就了中国文明。但是，一种新制度代替旧制度，总有一个斗争、发展过程，加上天时、地利、人和等种种因素，致使各民族、部落内部社会发展不太平衡，进入文明社会也不可能是同步的。特别是我们这样一个大国，不同地域不同部族不会同时跨入阶级社会。

龙山文化，无论其晚期是否已进入夏代纪年，都是学术界研究的重要对象之一。要解决中国文明起源问题，也只有在龙山文化晚期和二里头文化早期中去寻找。所以，我们对龙山文化，还必须有目的地去进行考古发掘和反复的考古学思考与研究，在获取更多实物资料的基础上，把我国文明起源、国家诞生的研究推向新的高度。

[注释]

[1] 安志敏：《略论我国新石器时代文化的年代问题》，《考古》1972 年第 6 期。

[2] [7] 严文明：《龙山文化和龙山时代》，《文物》1981 年第 6 期。

[3] 安金槐：《中国考古》，上海古籍出版社 1992 年版。下文参考本书不另加注。

[4] 李仰松：《从河南龙山文化的几个类型谈夏文化的若干问题》，《夏文化论义选集》，中州古籍出版社 1985 年。

[5] [8] 斯大林：《辩证唯物主义与历史唯物主义》，1938 年。《联共（布）党史简明教程》第 155 ~ 156 页。

[6] 中国科学院考古研究所：《庙底沟与三里桥》，科学出版社 1959 年版。

[9] 孙广清、杨育彬：《从龙山文化城址谈起——试论中国古代文明的起源》，《华夏考古》1994 年第 2 期。

[10] 山东省文物考古研究所等：《临朐县西朱封龙山文化重椁墓的清理》，《海岱考古》第一辑，山东大学出版社 1989 年；中国社会科学院考古研究所山东工作队：《山东临朐朱封龙山文化墓葬》，《考古》1990 年第 7 期。

[11] 恩格斯：《反杜林论》第 145 页，人民出版社 1970 年版。

[12] 河南省文物研究所等：《登封王城岗与阳城》，文物出版社 1992 年。

[13] [20] [21] 吴汝祚：《夏与东夷关系的初步探讨》，《华夏文明》（一），北京大学出版社 1987 年。

[14] 李伯谦：《论造律台类型》，《文物》1983 年第 4 期。

[15] 曹桂岑：《淮阳平粮台城址社会性质探析》，《中原文物》1990 年第 2 期。

[16] 徐殿魁：《龙山文化陶寺类型初探》，《中原文物》1982 年第 4 期。

[17] 高炜：《试论陶寺遗址和陶寺类型龙山文化》，《华夏文明》（一），北京大学出版社 1987 年。

[18] 钱穆：《古三苗疆域考》，《燕京学报》第 12 期，2480 ~ 2481 页，1932 年 12 月。

[19] 张忠培：《客省庄文化及其相关诸问题》，《考古与文物》1980 年第 4 期。

鄂西屈家岭文化遗存的分期与研究

王晓田

随着对屈家岭文化的确认，长江中游及江汉平原的新石器时代文化在时间发展顺序上有了一个较完整的轮廓。但同时也引起了学术界关于屈家岭文化来源问题的讨论。近年来，在新的考古资料不断被发现的情况下，有关屈家岭文化的研究也在不断深入。根据屈家岭文化分布区域的不同特征，有人将其分为"屈家岭"和"划城岗"两个类型[1]，有人分为"屈家岭"、"青龙泉"、"关庙山"三个类型[2]，也有人分为"屈家岭"、"青龙泉"、"关庙山"、"划城岗"四个类型[3]，更有人细分为"屈家岭"、"青龙泉"、"清水滩"、"三元宫"、"高坎垄"五个类型[4]。由于对鄂西地区类似屈家岭文化的特征认识不一致，因此出现了对这个遗存命名不一的现象。笔者曾在长江西陵峡发掘多年，通过对发掘资料的整理分析，并结合屈家岭文化进行对比研究，感觉很有必要重新认识鄂西被视为屈家岭文化的这一遗存。下面，本文仅从鄂西"屈家岭文化"遗存（以下简称"鄂西遗存"）的陶器分期入手，分析总结其文化特征，尽力弄清这类遗存的文化属性，及其与大溪文化、屈家岭文化的关系等问题。

一

鄂西遗存分布于沮漳河两岸及江陵至西陵峡江段的长江两岸。在这个区域内，已经发掘的重要遗址有宜昌中堡岛、清水滩、杨家湾，秭归苍坪，枝江关庙山，宜都红花套，当阳冯山等。这些遗址中除少数仅做过试掘或一次发掘外，多数遗址都进行过两次以上的正式发掘。其中几个主要遗址的地层堆积情况如下：

1. 中堡岛遗址

遗址位于西陵峡中部，遗存分布面积大，堆积厚，文化内涵丰富。从1979年开始到1993年底，进行过多次大规模发掘。从发掘得知，遗址堆积厚达8米多，新石器时代、商

作者简介：

王晓田 男，1951～2004年。1975年北京大学历史系考古专业毕业，后到中国历史博物馆（现为中国国家博物馆）工作。中国国家博物馆副馆长、副研究馆员。先后在山西夏县东下冯、湖北宜昌中堡岛、下岸等遗址进行发掘。1993～1994年，主持国家文物局第七期田野考古领队培训班（宜昌）的培训工作。主要从事新石器时代、夏商考古文化的研究。撰写过论文多篇。

周时期文化是主要内涵。其中，1979 年发掘的第 4、5 层[5]、1985 至 1986 年发掘的第 8、9A、9B 层及层下的一批遗迹[6]、1993 年发掘的第 12、13 层[7]和一批器物坑[8]等均为鄂西遗存。

2. 清水滩遗址

曾进行过两次发掘。第一次发掘中的第三期文化（即第 6 层）[9]、第二次发掘中扰土层下的"大溪文化晚期堆积"[10]皆为鄂西遗存。

3. 关庙山遗址

遗址发掘分为两个阶段，第一阶段（1978 年秋至 1979 年春）是以 T53 第 2 层为代表的鄂西遗存，即第三期文化。其上有青龙泉三期文化，下压大溪文化晚期堆积[11]。第二阶段（1979 年秋至 1980 年春），已明确称为"屈家岭文化"的地层关系要比第一阶段复杂[12]。

4. 红花套遗址

经过大规模发掘，但发掘资料至今未见正式发表。从零星报道的材料中得知，有人将这批资料分为四期[13]，其中第三、四期文化为鄂西遗存，第四期又分早、中、晚三段。各期各段的划分是否有地层关系为依据，因未见报道无从得知。

5. 冯山遗址

曾进行小规模试掘[14]。文化内涵单一，仅见鄂西遗存堆积（即《简报》中的第 4、5 层）。两层出土的陶器没有明显变化，故做同期遗存处理。

上述几个主要遗址中，以中堡岛遗址第二次发掘的地层关系最具代表性，不但层次清楚，叠压打破关系多，而且各层次间的时代相连，文化内涵联系密切。据此，我们以这一典型的范例为主干，综合其他遗址的地层关系和出土陶器的特点，将鄂西遗存分为三期（表一）。

表一 鄂西遗存主要遗址分期表

遗址 分期	中堡岛		清水滩		关庙山	冯山	红花套
	1979年	1985、1986 年	第一次	第二次			
第一期	5 层	H42、62、64、259、299、338 等灰坑		3、4 层	T53、T55～T80 第 3 层。H93、F10、G3 等		三期晚段 四期早段
第二期		9B 层及 H154、183、260、284 等灰坑			T31、35、39 第 3 层。H6、23、63、66、75 等灰坑		四期中段
第三期	4 层	8、9A 层及 H21、F 等	6 层		T1、201、51、64、66、80 第 2 层。M16、71、74、103 等	4、5 层 H1	四期晚段

第一期 以中堡岛遗址第 9B 层下、打破第 10 层的 H42、H62、H64、H259、H299、H338 等灰坑为代表，包括 1979 年发掘的第 5 层、清水滩第二次发掘的 T6～T10 第 3 层、关庙山 T53、T55～T80 第 3 层和 H93、F10、G3 等单位。红花套的第三期中有部分陶器和第四期早段应为此期。

陶器以夹砂褐陶为主，夹砂黑灰陶、泥质橘红陶略少，泥质黑陶、灰陶、橙黄陶很少。除大量素面陶外，带纹饰陶数量很少，见到的纹饰有弦纹、刻划纹、绳纹、戳印纹、镂孔等，并有少许彩陶器。器形多圜底、小平底及圈足器，主要陶器种类有釜、盆、钵、豆、碗、罐、壶、缸等。

釜　数量最多，夹砂陶，陶质多含草灰。

Ⅰ式　斜折沿，圆唇，沿面斜直，鼓腹（图一：1）。

Ⅱ式　斜折沿，圆唇，沿面微凹，深鼓腹，圜底（图一：2）。

盆　数量很多，轮制，分两型。

A型　较多，泥质黑灰陶为主，也见褐陶和灰陶，圆唇，圆折腹，平底。

Ⅰ式　敛口，沿外卷，腹较深（图一：12）。

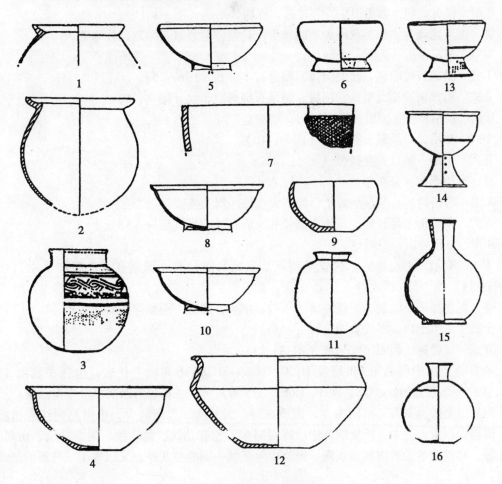

图一　鄂西遗存一期陶器

1. 釜Ⅰ（红四期早）　2. 釜Ⅱ（中H62:4）　3. 高领罐AⅠ（关T73③B:87）　4. 盆BⅠ（中H87:48）　5. 碗AⅠ（中H64:21）　6. 碗AⅡ（关H93:4）　7. 缸AⅠ（中H338:16）　8. 碗BⅡ（中M103:1）　9. 钵Ⅰ（中H64:1）　10. 碗BⅠ（中H42:9）　11. 高领罐B（关F10:5）　12. 盆AⅠ（中H62:2）　13. 豆AⅠ（关H93:3）　14. 豆BⅠ（关G3:32）　15. 壶Ⅱ（清T6③:1）　16. 壶Ⅰ（关F10:2）

B 型　较少，泥质黑陶略多，有少量黑灰陶，折沿，圆唇，斜收腹。

Ⅰ式　微鼓腹，平底微凹（图一：4）。

钵　数量较多，泥质灰陶为主，少量黑皮褐胎陶。

Ⅰ式　敛口，尖圆唇，圆腹，平底（图一：9）。

缸　仅见 A 型，数量不多。夹砂褐陶，直口平沿，深腹圜底，沿面有凹弦纹，口沿外抹光。

Ⅰ式　腹饰较密集的网状划纹，沿面有两周弦纹，器壁厚 1～1.5 厘米（图一：7）。

高领罐　泥质黑灰陶为主，也见橘红陶和灰陶，分两型。

A 型　小口直领，圆鼓腹，平底，素面，少量施黑彩。

Ⅰ式　腹部施红陶衣，上腹饰平行条纹加水波纹黑彩（图一：3）。

B 型　仅见此期，数量很少。领较矮，深腹，平底（图一：11）。

碗　泥质黑陶为主，黑灰陶和灰陶较少。轮制，部分器表磨光，分两型。

A 型　窄沿内折，尖唇，矮圈足。

Ⅰ式　沿部折棱明显，腹壁圆弧，圈足有小镂孔（图一：5）。

Ⅱ式　沿部折棱不太明显，圆腹，圈足有圆形戳印纹（图一：6）。

B 型　口沿外折，圆唇，沿面微凹，矮圈足。

Ⅰ式　窄沿，口微撇，腹圆弧（图一：10）。

Ⅱ式　窄沿，敞口，腹微弧（图一：8）。

豆　泥质黑陶，分两型。

A 型　窄沿内折，深盘呈碗状，腹部大多饰一周凸弦纹。

Ⅰ式　喇叭形圈足较矮，足饰小圆镂孔及乳钉纹一周（图一：13）。

B 型　口沿外折，高圈足。

Ⅰ式　窄沿，沿面斜直，深盘呈碗状，喇叭状圈足有小圆镂孔，盘腹饰一周凸弦纹（图一：14）。

壶　泥质黑陶，轮制，器壁较薄。小口，细颈，圆唇，圆鼓腹，器表磨光。

Ⅰ式　喇叭形口，平底微凹（图一：16）。

Ⅱ式　口微撇，假圈足式平底（图一：15）。

第二期　以中堡岛第 9B 层及 H150、H260、H284 等灰坑为代表，包括关庙山 T31、T35、T39 第 3 层及 H6、H23、H63、H66、H75 等灰坑。红花套第四期中段应为此期。

陶质以夹砂黑灰陶、褐陶为主，泥质灰陶、黑灰陶、黑陶较少，很少见到红陶和橙黄陶。陶器仍以素面为主，所见纹饰中以绳纹略多，也有弦纹、戳印纹、附加堆纹、压划纹、镂孔等，有很少量的彩陶和黑衣陶。器类中除延续一期的型式外，又出现了一些新的型式与种类。

釜

Ⅲ式　折沿较宽，沿面圆凹，圆鼓腹（图二：2）。

盆

AⅡ式　微撇口，平折沿，圆折腹，平底（图二：8）。

BⅡ式　敞口，折沿下垂，圆弧腹，凹底（图二：7）。

BⅢ式　敞口，沿下垂，斜腹，平底（图二：3）。

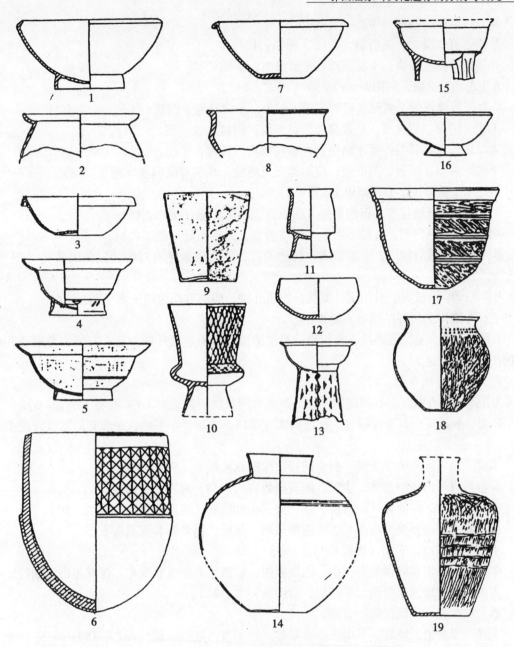

图二 鄂西遗存二期陶器

1. 碗 AIV（中 M106：1） 2. 釜 Ⅲ（中 H154：6） 3. 盆 B Ⅲ（中 T0502 ⑨⑧：190）
4. 碗 B Ⅲ（中 H183：1） 5. 碗 B IV（关 T35③：22） 6. 缸 A Ⅱ（中 H24：1） 7. 盆
B Ⅱ（中 T0107 ⑨⑧：207） 8. 盆 A Ⅱ（中 T0106A ⑨⑧：152） 9. 杯 Ⅰ（中 T0701 ⑨⑧：
28） 10. 壶形器 Ⅰ（中 H184：2） 11. 圈足杯 Ⅰ（中 T0503 ⑨⑧：61） 12. 钵 Ⅱ（中
H150：5） 13. 豆 B Ⅱ（中 T0801 ⑨⑧：124） 14. 高领罐 A Ⅱ（中 H250：22） 15. 鼎
Ⅰ（中 T0802 ⑨⑧：572） 16. 碗 A Ⅲ（关 H75：149） 17. 缸 B Ⅰ（中 T⑮④：50） 18.
大口罐 Ⅰ（中 T0204 ⑨⑧：201） 19. 高领罐 C Ⅰ（中 H284：2）

钵 数量较一期明显增加。

Ⅱ式 直口微敛，圆折腹，平底（图二：12）。

高领罐 数量较多，不见彩陶。B 型消失，新见 C 型。

AⅡ式 口微撇，肩饰两周凸弦纹（图二：14）。

C 型 数量较少，精泥灰褐陶，器体较大，小口高领，深腹，平底。

Ⅰ式 广肩，斜直腹，肩及腹部饰斜绳纹，间抹弦纹（图二：19）。

大口罐 新见器类，器形略小，夹砂灰褐陶，深腹，平底。

Ⅰ式 侈口，束颈，圆鼓腹，腹部饰交叉绳纹，颈部有戳印纹（图二：18）。

碗 A 型数量增多，B 型很少。

AⅢ式 内折沿很窄，折棱明显，腹微弧，圈足外撇（图二：16）。

AⅣ式 窄沿内勾，折棱不明显，腹壁斜直，筒形圈足（图二：1）。

BⅢ式 外折沿较窄，沿面微凹，腹壁圆弧，筒形矮圈足有对称的三角形镂孔（图二：4）。

BⅣ式 折沿较宽，沿凹面，弧腹，圈足外撇，腹部有凸弦纹一周（图二：5）。

豆 A 型因无较好的标本不便排比。

BⅡ式 很少见，盘略浅，窄折沿，腹壁圆弧，高圈足微外撇，足上有竖三角形镂孔组成的图案（图二：13）。

缸 此期出现 B 型。

AⅡ式 厚直沿，上有四周凹弦纹，腹部饰网状纹。器壁厚 2~4 厘米（图二：6）。

B 型 数量很少，形体较大。粗泥褐陶，敞口，方唇，小平底，腹部有斜篮纹及泥条装饰。

Ⅰ式 口沿部外突呈折沿，斜直腹，腹壁厚 0.8 厘米（图二：17）。

壶形器 新出现的器类，少见。泥质橙黄陶或灰陶，扁腹，有圈足。

Ⅰ式 长颈，口外撇，圆折腹，颈、肩部施红陶衣，有网状黑彩（图二：10）。

杯 新出现的器类，极少见。泥质橙黄陶，薄胎，内外器表深黑陶衣。

Ⅰ式 微撇口，平底（图二：9）。

圈足杯 新出现的器类，很少。泥质灰陶，直腹，有喇叭状圈足。腹部多饰篦划纹。

Ⅰ式 微敛口，窄折沿，平凸底，素面（图二：11）。

鼎 很少见。泥质黑陶，盆形。

Ⅰ式 窄折沿，圜底，下附长方形扁足，腹部有凸弦纹一周（图二：15）。

第三期 以中堡岛第 8、9A 层及 H21 等灰坑为代表，包括 1979 年发掘的第 4 层、关庙山 T1、T22、T23、T51、T64、T66、T80 等探方第 2 层及 M16、M71、M74、M75、M103 等墓葬、清水滩第一次发掘的第 6 层、冯山第 4、5 层等。红花套第四期晚段也属此期。

陶质以夹砂灰陶和泥质灰陶为主，素面陶数量最多。所见纹饰有绳纹、篮纹、弦纹、附加堆纹、篦划纹、镂孔等，有极少量的彩陶。主要器类与第二期基本相同，但数量有变化。

釜 仍为主要器皿。

Ⅳ式 折沿，沿面圆折上翘，圜底（图三：1）。

盆 数量已减少。

AⅢ式 平折沿，方唇，直口，折腹，上腹微束（图三：8）。

AⅣ式　沿下垂，尖唇，微撇口，折腹较浅，器壁较厚（图三：5）。

BⅣ式　沿下垂，唇部贴近腹壁，撇口（图三：3）。

钵　数量减少。

Ⅲ式　敛口，唇微外翻，圆折腹，上腹部有凹弦纹数周（图三：4）。

高领罐

AⅢ式　小口，高直领，鼓腹，平底，肩腹部有五组弦纹（图三：11）。

CⅡ式　细颈，口沿外卷，广圆肩，斜弧腹，平底，颈、肩部有七周附加泥条，腹饰斜

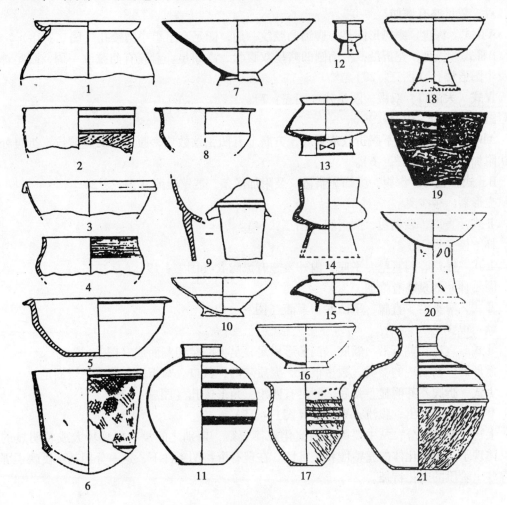

图三　鄂西遗存三期陶器

1. 釜Ⅳ（中 H21：5）　2. 缸 BⅡ（中 T0602㉚A：275）　3. 盆 BⅣ（中 T0603㉚A：145）　4. 钵
Ⅲ（中 T0702㉚A：414）　5. 盆 AⅣ（中 T0107㉚A：208）　6. 缸 AⅣ（关 T51②：381）　7. 豆 BⅣ
（关 T201②：M103：1）　8. 盆 AⅢ（清 T14⑥：75）　9. 鼎Ⅱ（中 T0801㉚A：118）　10. 碗
BⅤ（红四晚）　11. 高领罐 AⅢ（关 T1②：11）　12. 圈足杯Ⅱ（关 T80②：6）　13. 盂形器
Ⅰ（冯 T2④：16）　14. 壶形器Ⅱ（中 H16：4）　15. 盂形器Ⅱ（清 T14⑥：34）　16. 碗 AⅤ
（清 T14⑥：124）　17. 大口罐Ⅱ（中 H21：2）　18. 豆 AⅡ（关 T22②：11）　19. 杯Ⅱ（关
T66②：15）　20. 豆 BⅢ（清 T14⑥：35）　21. 高领罐 CⅡ（中 T0802㉚A：545）

绳纹（图三：21）。

大口罐

Ⅱ式　器形略小，侈口束颈，微鼓腹，平底，颈部有戳印纹，腹饰斜绳纹间泥条纹（图三：17）。

碗　B型的数量有增加。

AⅤ式　窄折沿，腹较浅，矮圈足外撇（图三：16）。

BⅤ式　大撇口，双腹，矮圈足（图三：10）。

豆　数量略有增加。

AⅡ式　深盘，喇叭形圈足，腹饰凸弦纹一周，圈足有三组小圆镂孔（图三：18）。

BⅢ式　浅盘，宽折沿，沿面圆凹略呈双腹状，高圈足。盘腹有凸弦纹一周，圈足饰圆形及半圆形镂孔（图三：20）。

Ⅳ式　大敞口，双腹，圈足残（图三：7）。

缸

AⅣ式　微撇口，下腹折收成圜底，方唇上有凹弦纹数周，腹饰交叉宽篮纹，折腹处有索状附加泥条纹（图三：6）。

BⅡ式　直口，深腹，腹饰宽斜篮纹及附加泥条，器壁很薄（图三：2）。

壶形器　很少见。

Ⅱ式　直口，领稍短，圆折腹（图三：14）。

杯　极少见。

Ⅱ式　撇口，斜直壁，平底，内外表施有黑陶衣（图三：19）。

圈足杯　数量略有增加。

Ⅱ式　窄折沿，直腹，平凸底，素面（图三：12）。

鼎　很少见。

Ⅱ式　直口，宽折沿。圜底，倒梯形扁足，足由圈足切割而成（图三：9）。

盂形器　新出现的器类，数量很少。泥质灰陶，敛口，窄折沿，折腹，矮圈足。

Ⅰ式　折腹不甚明显，弧底，圈足有四组三角形镂孔（图三：13）。

Ⅱ式　折腹突出，腹浅，平凸底（图三：15）。

上述三期的划分，从主要陶器的演化规律观察，期别之间没有出现较大或较明显的突变，体现了一个文化体的完整性和连贯性。在现有资料的条件下，这一分期基本反映了鄂西遗存各个阶段的文化特征。

二

在对鄂西遗存进行分期研究的过程中，发现这个遗存的内涵并不单一，从几个主要遗址的资料分析，鄂西遗存包括了三种文化因素。

1. 甲种文化因素

是遗存中的主要文化成分，各期中所占比重最大。一期中约占95%左右，二、三期虽有减少，仍然分别总占比例的80%～85%。

甲种因素主要以夹砂褐陶为主，发展到第三期时，夹砂灰陶已成为主要陶质，陶器以素面为主，纹饰中较多见的有绳纹、篮纹、划纹等。器表很少经打磨。到二期时绳纹数量有增

表二　鄂西遗存甲种文化因素与大溪文化晚期主要陶器发展序列

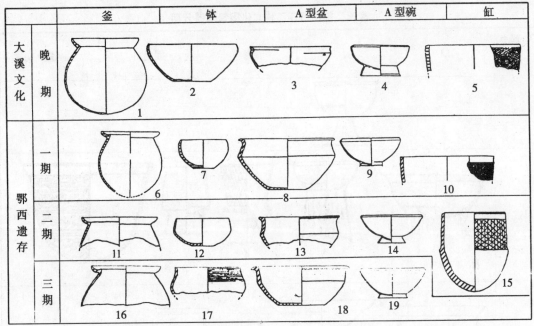

		釜	钵	A 型盆	A 型碗	缸
大溪文化	晚期	1	2	3	4	5
鄂西遗存	一期	6	7	8	9	10
	二期	11	12	13	14	15
	三期	16	17	18	19	

注：14. 关庙山，19. 清水滩，余皆中堡岛

加，篮纹和划纹的纹路渐宽，A 型陶缸上的划纹已由竹枝划出的窄纹路网状纹变为由磨制的斧、锛类石器刃角部划出的宽纹路网状纹。彩陶见于一期，二、三期已极少见到。流行圜底和平底，圈足器略少，几乎不见三足器。代表性器物有 A 型釜、A 型盆、钵、A 型碗、A 型豆、A 型缸、A 型高领罐等。二期的罐类器型式较繁杂，流行圜底和内折沿是甲种因素的典型特征。

2. 乙种文化因素

在鄂西遗存中所占比例较小。一期中仅占 4% 左右，二、三期略有增加，分别占总比例的 15% ~20% 左右。

乙种因素以泥质黑陶为主，其中约半数为细泥黑陶，夹砂灰陶略少。纹饰简单，除素面陶外，一期仅见凸弦纹和圆形小镂孔，二期的镂孔变大，有圆形、三角形、柳叶形等。出现篦划纹、斜篮纹及彩陶、黑衣陶等。器形多圈足和平凹底，三足器和圜底器较少。第二期中乙种因素出现了一些新的器类，代表性陶器有 B 型碗、B 型盆、圈足杯、黑衣陶杯、壶形器、盂形器等。器形规整，陶胎薄，宽折沿和高圈足为此种因素的主要特征。第三期时，宽折沿已发展成为双腹器。

3. 丙种文化因素

与甲、乙两种因素相比较，这种因素所占比重很小。除第一期有少量的发现外，第二、三期已经很少见到了。

丙种因素的特征与乙种因素比较接近，皆为细泥黑陶，器形规整，陶胎较薄，器形较小，器表多经打磨光亮。所见器类有小口细颈壶、B 型高领罐、曲腹杯等。

上述三种文化因素随着分期的不同也在发生着较明显的变化。甲种因素是鄂西遗存的主体文化内涵，代表了鄂西遗存的面貌特征。乙、丙种因素与甲种因素在面貌特征上有较明显的差别，它们的存在反映出周围文化对鄂西遗存的强大影响。

表三　鄂西遗存乙种文化因素陶器分期

器类 分期	鼎	豆	壶形器	圈足杯	缸
一		1			
二	2	3	4	5	6
三	7	8		9	10

注：1、7、9. 关庙山，8. 清水滩，余皆中堡岛

表四　鄂西遗存丙种文化因素与划城岗类型陶器比较

丙种因素			划城岗类型	
高领罐	壶		高领罐	壶
一期 1	2	早二期	3	4

注：1、2. 关庙山，3、4. 划城岗

三

通过前文的分析对比得知，鄂西遗存与周围文化有着十分密切的关系。这种关系所反映的恰恰是大溪文化与屈家岭文化、鄂西遗存与屈家岭文化的关系问题。

1. 鄂西遗存与大溪文化的关系

鄂西是大溪文化的中心分布区，也是鄂西遗存的主要分布区，两者的分布完全重合。这

个区域内的新石器时代遗址，多数都发现有鄂西遗存直接叠压在大溪文化之上的地层关系。大溪文化发展为鄂西遗存，已为学术界所共识，这一观点在地层学中可以得到印证，在大溪文化陶器向鄂西遗存甲种因素的演化过程中则更直接地表现出来。

以釜、碗、圈足盘、钵、筒形瓶、盆、豆、缸等为组合的大溪文化有自己鲜明的文化特色。鄂西遗存的甲种因素正是在这个文化基础上发展起来的。如釜、A 型碗、A 型盆、钵、A 型缸等均可在大溪文化陶器组合中找到其早期形态（表二），特别是釜、钵、缸等器类，从大溪文化早期到鄂西遗存第三期，其形态发展的轨迹十分清楚。鄂西遗存在继承大溪文化主要特征的同时，也逐渐形成了自己的文化特征，这些特征与大溪文化有明显的区别。例如大溪文化以夹炭陶和泥质红陶为主，甲种因素则以夹砂褐陶和泥质黑灰陶最多；前者戳印纹较多，绳纹窄浅，划纹呈网状，后者绳纹、凹弦纹居多，纹路较宽，划纹呈"米"字形；前者彩陶独具特色，后者却很少见到彩陶；前者器形略小，陶胎较厚，形状不甚规整，流行圜底器和圈足器，后者器形变大，陶胎变薄，器形较整齐，流行圜底和平底器；前者的典型器类如撇口碗、矮圈足盘、筒形瓶、内卷沿盆、支座等均不见于后者，而后者繁杂的罐类器更为前者所没有。A 型盆由前者的小型折腹演变为较大型的折沿折腹；钵由圆腹变为圆折腹；内折沿器也由折棱不明显的宽斜折沿变为折棱明显、折沿近平的窄折沿等。诸多文化特征的转化，最终使以甲种因素为主体的鄂西遗存发展到一个新的文化阶段。

2. 鄂西遗存与屈家岭文化的关系

屈家岭文化是以京山、天门、钟祥等地为中心分布的具有鲜明特色的考古学文化。它与鄂西遗存的分布区域紧密相连，因此也必然会导致两者间的互相渗透与影响。若将屈家岭文化的代表性陶器与鄂西遗存相比较，便不难发现，两者之间存在着根本性的区别，这种区别正是屈家岭文化与鄂西遗存甲种因素的区别。乙种因素则与之十分接近，是屈家岭文化直接影响的产物。

《京山屈家岭》报告将屈家岭文化分为早期和晚一、晚二期，早期与晚一期之间尚有缺环，与鄂西三期相对应，鄂西第一期中乙种因素与屈家岭早期差别较大，后者流行的朱绘陶与大溪文化中晚期的彩陶风格有相似之处。因此可以推论，屈家岭早期要略早于鄂西第一期，鄂西第二期乙种因素中的外折沿碗、黑衣陶杯、壶形器、圈足杯等与晚一期的同类器相似，可见鄂西第二、三期在时间上与屈家岭晚一、晚二期基本相当，第三期有可能还略晚于晚二期。

前面已经介绍，第一期的乙种因素只能在 B 型碗、B 型豆、B 型盆类中感觉到它的存在。第二、三期乙种因素的比例有所增大，其中碗、盆、缸、壶形器、杯、鼎、盂形器及彩陶纺轮等均可在晚一、晚二期见到类似或相同的器形（表三、表四）。足见这一阶段屈家岭文化增强了对鄂西遗存的影响。虽然乙种因素产生于屈家岭文化的影响，但他们之间的陶器特征并不完全相同。如屈家岭文化典型器矮足罐形鼎，乙种因素中只见很少的残鼎足，仅见的几件高扁足盆形鼎也与之相差甚远，前者盛行的双腹器后者到第三期才出现真正的同类器。晚一、晚二期所见的内折沿碗、豆等则反映出鄂西遗存对屈家岭文化的影响。这种影响力与处于繁盛期的屈家岭文化则相去甚远。

3. 鄂西遗存与划城岗类型的关系

分布在湘北及鄂西南地区，以安乡划城岗遗址为代表的文化遗存是一种以鼎、簋、小口长颈壶、曲腹杯、直壁瓶、豆等为代表器的文化。因其内涵有屈家岭文化的某些因素，故此也被视为屈家岭文化的"划城岗类型"。

表五　屈家岭文化陶器分期

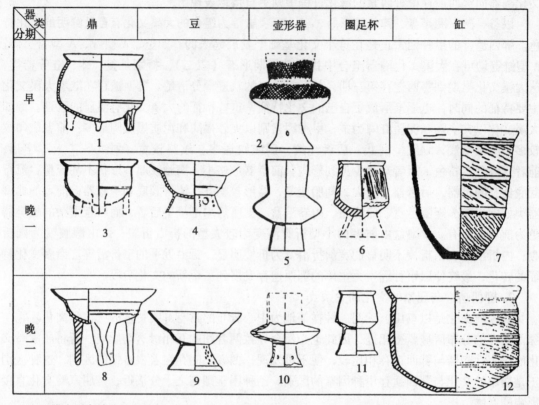

器类 分期	鼎	豆	壶形器	圈足杯	缸
早	1		2		
晚一	3	4	5	6	7
晚二	8	9	10	11	12

注：均为屈家岭遗址出土

划城岗遗址发表的报告中[15]，将其内涵分为早期（大溪文化）、中期（屈家岭文化）、晚期（长江中游的龙山文化）。其中，早、中期又各分为两期。尽管各期的陶器特征均有明显变化，三期文化一脉相承这一规律还是很清楚的。

鄂西遗存与划城岗类型的文化面貌虽有明显区别，互相间的影响还是可以分辨出来。以B型小口高领罐、小口细颈壶、曲腹杯等为特点的丙种因素，在划城岗早二期及中一期均可见到相似的器形（表五）。反之，划城岗早二期、中一期和中二期也发现有鄂西遗存中的内折沿类器。从丙种因素基本只见于第一期的现象分析，两种遗存的交往主要在第一期及更早阶段，第二期开始，随着屈家岭文化影响的增大，划城岗类型的影响也逐渐减弱。

综前所述，我们可以总结出以下几点认识：

1. 鄂西遗存直接源于大溪文化，是大溪文化的继续与发展。在其自身发展的过程中，不断吸取其他文化体中新的因素，形成了以釜、A型碗、A型豆、A型盆、A型缸、钵等为代表的，不同于屈家岭文化和"划城岗类型"遗存独具特色的文化体。

2. 鄂西遗存不应被简单地视为屈家岭文化的一个类型。屈家岭遗址的第三次发掘[16]为解决屈家岭文化的来源提供了新的线索，已反映出这个文化并非源于大溪文化。大溪文化与屈家岭文化的前身是同时共存、共同发展的两个文化。直到屈家岭文化的中期阶段迅速发达之后，也即在鄂西遗存的第二期阶段，两种不同的文化之间才发生了较强烈的影响。但这种影响未能改变鄂西遗存的主体文化，因此把它归入屈家岭文化只能使这个文化的性质更加复杂。

3. 鄂西遗存的发展去向目前虽然不能明确定论，但在中堡岛、关庙山、红花套遗址的地层关系中，以及第三期的 A、B 型碗、A 型盆的器类在以白庙遗址为代表[17]的龙山文化中均可见其踪迹。基本可以确定，鄂西遗存应发展为鄂西地区的龙山文化（此种龙山文化的性质尚待讨论）。相信不久的将来，新的考古发掘资料将会证实这一推论。

根据夏鼐先生提出的关于考古学文化命名所应具备的各项条件[18]，我们建议，将以中堡岛、关庙山、红花套等遗址为代表的，有其鲜明文化特征、有其源流的鄂西遗存更名为"中堡岛文化"。

[注释]

[1] 何介钧：《长江中游原始文化初论》，《湖南省考古集刊》第一辑。

[2] 祁国钧：《试论屈家岭文化的类型与相关问题》，《江汉考古》1986 年第 4 期。

[3] 沈强华：《试论屈家岭文化的地域类型》，《考古与文物》1986 年第 2 期。

[4] 孟华平：《长江中游史前文化结构》，长江文艺出版社，1997 年。

[5] 四川大学历史系、宜昌地区博物馆：《宜昌中堡岛新石器时代遗址》，《考古学报》1987 年第 1 期。

[6] 国家文物局三峡考古队：《湖北宜昌中堡岛遗址发掘简报》，《文物》1989 年第 2 期。

[7] 国家文物局田野考古领队培训班发掘资料。

[8] 《三峡坝区考古取得丰硕成果》，《中国文物报》1994 年 2 月 20 日。

[9] 湖北宜昌地区博物馆、四川大学历史系考古专业：《湖北省宜昌清水滩新石器时代遗址的发掘》，《考古与文物》1983 年第 2 期。

[10] 武汉大学历史系考古专业：《清水滩遗址 1984 年发掘简报》，《江汉考古》1988 年第 3 期。

[11] 中国社会科学院考古研究所湖北工作队：《湖北枝江县关庙山新石器时代遗址发掘简报》，《考古》1981 年第 4 期。

[12] 中国社会科学院考古研究所湖北工作队：《湖北枝江关庙山遗址第二次发掘》，《考古》1983 年第 1 期。

[13] 林春：《长江西陵峡远古文化初探》，《葛洲坝工程文物考古成果汇编》，武汉大学出版社，1990 年。

[14] 湖北省博物馆、武汉大学历史系考古专业：《当阳冯山、杨木岗遗址试掘简报》，《江汉考古》1983 年第 1 期。

[15] 湖南省博物馆：《安乡划城岗新石器时代遗址》，《考古学报》1983 年第 4 期。

[16] 屈家岭考古发掘队：《屈家岭遗址第三次发掘》，《考古学报》1992 年第 1 期。

[17] 湖北省文物考古研究所：《1985—1986 年宜昌白庙遗址发掘简报》，《江汉考古》1996 年第 3 期。

[18] 夏鼐：《关于考古学上文化的定名问题》，《考古》1959 年第 4 期。

太湖平原和杭州湾以北地区的
新石器时代文化源头——马家浜文化

朱金奎

太湖平原和杭州湾地区的新石器时代考古工作和文化研究，可追溯到 20 世纪 30 年代。从南京栖霞山张家库发掘六朝墓时，无意中发现新石器时代遗址开始。到后来，在苏州越城、常州奄城、浙江平湖的乍浦、浙江海盐的澉浦、杭州的古荡、余杭的良渚、湖州的钱山漾、邱城、上海金山的戚家墩等地调查，采集和探掘，直到 1936 年，原浙江西湖博物馆施昕更主持发掘良渚遗址，并写有发掘报告《良渚》，可说是开启了这一区域新石器时代考古之先河，但因受当时诸多条件的局限，缺乏科学发掘材料，故无法加以有力论证，观点和结论也难免偏颇。因此，在当时以中原历史文化为中心的大背景下，并未引起全国史学界的重视。随着抗战爆发，这一区域的考古工作也即停顿了下来。

新中国建立以后，我国的田野考古工作展现了全新的格局，大量的科学发掘资料，创新的研究方法，大担的探索理念，借助现代科技检测手段，使悬疑几十年之久的学术问题获得突破性的成果，其中，太湖平原和杭州湾地区史前文化中的一些学术问题也迎刃而解。例 20 世纪 50 年代前，曾把这一区域的新石器时代遗址，定为殷商之际，或春秋战国时期，甚至以吴越古战场的遗迹对待之；将制作水平高超的良渚玉器，曾断为周汉之物。随着马家浜文化和河姆渡文化的发现和研究，突破了我国原有新石器时代文化类型和分布的界限，给中国考古界、史学界带来了"革命"性的冲击，传统的黄河流域是中华民族唯一源头的结论被打破，确立了长江流域和黄河流域同是中华民族文化起源的摇篮这一历史性的共识，认定长江下游同样存在着悠久灿烂的原始文化，它是中华民族古代文化的发祥地之一。

据目前的考古发现和考古研究，能反映长江下游同是中华民族文化起源摇篮的史前文化，以马家浜文化和河姆渡文化为主要代表。二者属相同时期的新石器文化，但相比之下，

作者简介：

1947 年生于浙江平湖。毕业后分配到平湖市从事文物考古和博物馆工作，曾担任过平湖市博物馆、平湖市文管会办公室的领导职务。几十年来，为地方的考古调查、文物保护、博物馆事业发展作出极大努力。调查发现、抢救保护、征集了一大批重要遗址和珍贵文物。曾参加河姆渡遗址第二次考古发掘，多次主持本地区的抢救性考古发掘。编著有《平湖文物志》，参加编撰了《平湖文化志》、《平湖县志》等地方资料。2001 年后，在平湖市民俗风情馆主管业务工作。

马家浜文化分布范围要广，相对年代要早，发展序列清楚，传承关系不断，文化内涵更丰富，生产水平更高，是太湖平原和杭州湾以北地区史前文化的源头。

一 马家浜文化分布范围之广，遗址密集程度之高，在目前我国史前文化中少见

中国新石器时代文化遗址，至今已发现约有 2200 处，其中太湖平原和杭州湾以北地区是分布最密集的地带之一。如把这一区域的新石器时代文化分成二片：一是太湖平原杭州湾以北的新石器文化体系，二是杭州湾南岸宁绍平原东部的河姆渡文化。太湖平原和杭州湾以北的新石器时代遗址遍布如今的苏州、无锡、吴县、吴江、常州、杭州、嘉兴、湖州、上海。主要的遗址有：苏州越城，无锡彭祖墩，吴县草鞋山、吴江梅埝、袁家埭、桃源，常州圩墩、潘家塘，金坛三星村，江阴祁头山，宜兴骆驼墩，湖州邱城，杭州吴家埠，上海青浦，嘉兴马家浜，桐乡罗家角等。就嘉兴市境内发现的含有马家浜文化内涵的遗址，除马家浜、罗家角外还有近 20 处，主要有嘉兴的吴家浜、干家埭、钟埭港，桐乡的潭家湾、新桥、张家埭、吴家墙门，海盐的彭城，海宁的坟桥港、郭家石桥，平湖的大坟塘，嘉善的大往、小横港遗址等（其中平湖的大坟塘遗址是笔者于 1981 年发现的；并曾参加过海宁坟桥港等遗址的考古发掘和考古调查）。总之，众多的马家浜文化遗址，似群星拱月环布于太湖周围，像一颗颗璀璨的明珠镶嵌在这美丽富饶的太湖平原上，这样大区域的密集分布，在全国史前文化遗址分布上实属罕见。同时预测随着时间的推移，在这一区域还有许多马家浜文化的遗址有待去认识，去发现。相比之下，河姆渡文化只是在宁绍平原东部地区，从已有资料可知，至今发现的遗址，即使将最近发现的"田螺山遗址"计算在内，仅约有四五处。

二 马家浜文化是目前我国发现相对年代最早的史前文化之一

马家浜文化遗址中以桐乡的罗家角遗址距今年代最久。从现已知的资料，太湖平原和杭州湾地区的诸新石器时代文化所跨年代，根据 ^{14}C 测定数据（经树轮校正）可大致概括如下：罗家角早期遗存的年代始于公元前 5090±73 年，马家浜文化马家浜类型、崧泽文化为公元前 4325±170 年～前 3230±140 年，良渚文化在公元前 3300～前 2100 年，河姆渡文化在公元前 5005±130 年～前 3380±30 年。又据上海博物馆科学技术实验室对罗家角遗址第四文化层 H18 中出土的 5 块陶片测得的距今平均年代为 7170 年（±10%）前，而其中有 3 块陶片的年代分别是 7860 年前、7230 年前、7210 年前。上述数据可知马家浜文化的距今年代比河姆渡文化要早。且马家浜文化连绵不断，传承关系清楚，自成序列（即：马家浜文化—崧泽文化—良渚文化—古吴越文化）。而河姆渡文化至今未发现前后传承关系的古文化，仅是以河姆渡一至四文化层组成的独立体。另则，在 1972 年开始发表的 ^{14}C 测定的第一批公布数据中，湖州钱山漾遗址下层的年代为公元前 3310±135 年，早于黄河流域的各支龙山文化。湖州邱城下层的年代为公元前 4746±100 年，与西安半坡遗址的年代相当。在公布的第四批数据中，河姆渡第四层的年代竟早于仰韶文化。

五十余年来，通过对太湖平原和杭州湾地区诸原始文化一系列重要遗址的发掘和研究，逐步明确了诸文化相对年代关系，清楚了发展序列，加深了对诸文化的特征认识，丰富充实了诸文化的内涵，解决澄清了诸文化悬疑的学术问题，有力地证实了长江下游、太湖流域同样存在着灿烂悠久的原始文化，它是中华民族古代文化的发源地之一。

三 马家浜文化是我国史前文化中一颗璀璨的明珠

考古资料证实，马家浜文化的社会性质处于母系氏族阶段。但从许多考古发掘实物中可视其曾有的辉煌。以下从五个方面予以反映。

第一，马家浜文化已经有先进发达的制陶技术。

从旧石器时代到新石器时代的一个重要标志，就是陶器的发明制作。在距今 7000 多年前的马家浜文化时代，已有先进发达的制陶技术。以腰沿釜、喇叭形圈足豆、扁锥形三足釜形鼎、腹部双耳罐、带嘴平底盉、敞口盆等为代表的马家浜文化陶器，其体型大，器形多，已出现了三足器。在烧制温度上，据上海硅酸盐研究所报告，马家浜文化陶器烧成温度一般在 800~870 摄氏度之间，但有些陶器烧成温度可达 900 摄氏度，质地坚硬。尤其是罗家角遗址出现的白陶豆残片，是属马家浜文化早期遗存的珍品，其器壁厚薄均匀，制作规整，器表有白色陶衣，火候较高，估计烧成温度在 950~1000 摄氏度之间，尽管是数量很少的残片，但有烧过的窑渣废品，证明系当地烧造。这是我国迄今发现的最早的白陶。

第二，马家浜文化时代种植的水稻是我国乃至世界人工栽培水稻的源头之一。

据现发现的资料，马家浜文化出土稻谷的遗址有上海青浦崧泽遗址下层，除出有稻草茎叶外，还有稻谷和米粒实物，经鉴定属于籼稻型；有江苏吴县草鞋山最下层土块中炭化的稻谷颗粒；有嘉兴桐乡罗家角第三、第四文化层中发现的炭化谷粒，经鉴定除籼稻外还有粳稻，这是目前我国发现最早的粳稻。人类从野生稻经人工栽培以求得更大的生活保障，再从籼稻经人工长期栽培，演化成为粳稻，这是水稻种植史上的极大发展。罗家角遗址发现的稻谷，在马家浜文化的资料中，在年代上是最早的，距今有 7000 多年了，它应比河姆渡遗址发现的稻谷年代早。有关资料说世界上迄今已发现的人工栽培水稻最早年限是：泰国、印度尼西亚距今不到 6000 年，印度距今 4300 年，日本距今约 3200 年。从我国考古发现的稻谷实物和野生稻广泛分布的材料来看，足以证明马家浜文化遗址，是迄今所知我国水稻的最早人工栽培地之一，也是亚洲最古老的稻米实物遗存，乃是世界最早的水稻栽培地之一。

第三，马家浜文化时代的织造工艺已具有相当高的水平。

民以食为天，这是人类赖以生存，得以繁衍的最根本条件，只是获取食物的方法和种类不同而已。然而丰衣足食，又是人类在生存中的一种追求，我们很难想像处在母系氏族阶段的"马家浜人"已达到何种的生活水平，但至少从马家浜文化遗址出土的纺织物来看，"马家浜人"不再是文身断发，茹毛饮血，披着兽皮、树叶或赤身裸体的荒蛮情景。罗家角遗址和湖州宜兴骆驼墩遗址发现的不少陶纺轮，无疑是"马家浜人"的一种纺织工具；在吴县草鞋山遗址，桐乡罗家角遗址都出土了纺织品的遗存，尤其是草鞋山遗址的最下层，出土了三块炭化纺织物残片，经鉴定其原料是野生葛，织物经纬分明，都是纬线起花的罗纹织物，花纹为山形和菱形的斜纹。它不同于普通的平纹粗麻布，说明当时的织造工艺已经具有了相当的水平。这是我国迄今所知年代最早的纺织品实物。

第四，马家浜文化的居住建筑具有多样性且构筑讲究。

在马家浜文化遗址中的马家浜、邱城、梅堰、草鞋山、圩墩、罗家角等地，都发现了居住建筑遗迹或建筑构件。居住建筑平面形式有长方形和圆形；盛行柱梁木架结构；在柱子下衬垫木板，以加大地面的承载负荷，这可说是柱础的原始形态。室内地面采取防潮处理。邱城的一处呈长方形的建筑，室内硬土面主要是以碎石、陶片、砂粒、螺壳以及黏土

组成的掺合物，其上再铺层泥沙，经打实、火烤形成，十分坚硬；硬土面上排列两行相距
3.5 米的方形柱洞，柱洞底部垫一二块厚木板；室外四周还有排水沟设施。从迹象可以看
出此房构筑讲究：它是在经人工打实的坚硬面上，开挖柱洞，垫上厚木板，再立以加工过
的方形木柱，架以木架，用编扎芦苇涂泥作为墙壁，用苇编、竹席和草束盖顶，屋外沿墙
四周施以排水沟。推想起来它酷似 20 世纪五六十年代在嘉兴南湖公社农村中随处可见，
当地人所称的"湖南棚"（这种房子笔者曾在读高中下乡支农住过，可谓是冬暖夏凉）。
草鞋山发现的由一圈十个柱洞围成的圆形居住遗迹，居住面土质坚实。马家浜的一长方形
房子遗迹，坐西朝东，南北达 7 米，东西有 3 米，可谓一座大房子了。梅堰发现的建筑基
址，竟是用厚达 7~33 厘米的蛤蜊壳打实的。罗家角发现有建筑木构件二十余件，并带有
榫卯的残迹，其中有一件顶端有中心凸榫，在凸榫顶上另有更小的凸榫，这种复榫的构
件，在我国新石器时代文化中是极少见的。总之，马家浜文化的居住建筑，具有既适合本
地自然气候条件，又符合实际需要的许多建筑特点，代表了我国南方居住建筑的又一原始
类型。

第五，马家浜文化是太湖平原和杭州湾地区制玉、用玉的源头。

从目前可知的考古发掘资料，我国最早使用玉器的是辽西地区的兴隆洼文化和马家浜文
化。从嘉兴吴家浜等地出土的玉块、玉环、玉璜、玉管、玉珠等装饰品证实早在六七千年
前，马家浜文化时代的"马家浜人"，就认识了自然界恩赐的那些非同一般的石头，拿来加
工成装饰之物。这是生产力达到一定水平才能成为可能，同时也是人类在思想意识上审美观
念的一次飞跃。另则，是否可以这样讲：如果没有马家浜文化制玉用玉的源头，就不可能出
现崧泽文化玉器的发展和良渚文化玉器的辉煌。

除上述，另则其一，马家浜文化在生产工具石器的制作上已基本定型，主要有背面弧
突的锛，斜背舌形刃的穿孔石斧和刃部磨光石刀。石器大多磨制较精，已较普遍使用管钻
法。其二，从许多遗址发现的骨镞、石镞、骨鱼镖、陶网坠等工具可见当时的渔猎方式从
投掷式的单体捕猎发展到用网群体捕捉。其三，常州圩墩遗址除出有完整的木桨外，还
出土了形体硕大的木橹，反映"马家浜人"已具有驾驭大型水上交通工具的能力。以上这
些又说明了马家浜文化内涵中许多方面，比同历史序列其他史前文化又具有其进步的一
面。

马家浜遗址自 1959 年发现，至今已有 45 年了。在这 45 年间，中国考古学的新发现和
新成果可说是层出不穷，这其中就包含着对马家浜文化的不断认识、探索、研究，最终于
1977 年被正式命名为马家浜文化。但就在此时的前四年和后二年，恰逢 1973 年河姆渡遗址
的重要发现，一时震惊了我国的考古界直至世界的史学家，从而对马家浜文化的来源给予又
一次的错误定论，直至 1979 年才最终确认河姆渡文化内涵系统；认识到了马家浜文化来源
于罗家角遗址早期遗存。到此才可说真正确定了马家浜文化在史前文化考古中的地位。但是
地位的确立并不意味着地位的显耀，一位记者在文章中说，"由于河姆渡文化的先入为主和
后来良渚文化几个大墓的发现，使浙江文物考古界近二十年间把主要精力都放在了河姆渡文
化、良渚文化上，忽略了马家浜文化。还由于种种人为的'规矩'，行政体制壁垒，甚至还
有'学术垄断'、'门户之见'等，使得马家浜文化的研究、展示、弘扬置于极其尴尬的境
地。车广锦先生曾指出：'马家浜文化虽然有如此高的地位，但是近 20 年来，不为人们所
重视。一方面是它的后继者——良渚文化太辉煌了，吸引了人们全部注意力，甚至把马家浜

文化给淡忘了；另一方面，对河姆渡文化给予了'足够的宣传'，形成了'喧宾夺主'的局面。"对此言我颇有感触，作为一个从事近30年今虽离开专业岗位的地方基层考古工作者，今将过去之作修改成此拙文，也是为马家浜文化应有的考古地位，弥作一点微薄之力。由于手头资料贫乏，圈外之人难以获得新的讯息，文中必有许多错误甚至谬论之处，请业内专家指正。

最后，用南京博物院车广锦先生说的一段话来作结束语："马家浜文化的发达，到良渚文化的繁荣，到春秋战国的吴越强盛，到京杭大运河的开凿，再到明清资本主义萌芽，直到今天长三角的崛起，太湖流域一直是中国生产力最发达，文化最进步的地区之一。上有天堂，下有苏杭，源头应起始于马家浜。"

陶器与原始社会的葬俗

刘兰华

陶器的发明是人类社会发展到一定历史阶段的必然产物，是人类社会文明进一步发展的结果，在我国古代文化中占有重要的位置。陶器不仅是构成新石器时代文化的标志，也是原始丧葬制度的重要组成部分，它在随葬品中不同数量的搭配和不同器物类型的组合一定程度上反映了时代的共性和不同的地域性。用陶器随葬和用陶器作为葬具进行埋葬是原始社会新石器时代丧葬文化的两个基本特征，也是这个时期主要的埋葬习俗。

新石器时代，陶器已成为人类社会生产生活中不可缺少的组成部分，人们生前用它汲水、炊饮、储藏、吃饭……死后则把它作为随葬品同死者一起埋入坟墓。他们希望死后能像生前一样，继续使用这些器物从事生产与生活。正如莫尔根在《古代社会》一书中说："生前视为最贵重的物品，都随着死者而殉葬，以供他在冥中继续使用。"在这种原始的丧葬观念的驱使下，陶器普遍被用来随葬。考古发掘结果表明，这种埋葬习俗已遍及我国新石器时代的各类型文化之中。

一 瓮棺葬——原始的葬具

瓮棺葬是一种用陶瓮、陶罐或陶釜与陶钵、陶盆相扣合而成的葬具，多作为原始社会中埋葬儿童的棺材。瓮棺葬在原始社会的墓葬中具有分布地区广、出土数量多、流行时间长、所占比重大的特点，在新石器时代墓葬中占有重要的位置。

流行区域广

从黄河流域的陕西半坡文化、河南淅川黄楝树、豫西地区的秦王寨及王湾二期文化、豫

作者简介：

1975 年毕业于北京大学历史系考古专业。中国文物研究所文物保护基础理论研究中心主任、研究员，中国古陶瓷学会理事，中国考古学会、中国博物馆学会会员，中国文物学会专家委员会委员。

毕业后多年从事文物考古工作，主攻中国古代陶瓷研究，先后对全国十几个省市的百余处古代陶瓷窑址进行过调查。1991 年至 1993 年主持与参加北京门头沟龙泉务辽代瓷窑的发掘与整理，2003 年至 2005 年主持与参加河南黄冶窑址的发掘。在《文物》、《文物天地》、《故宫博物院院刊》、《紫禁城》、《艺花掇英》、《龙语》、《中原文物》等杂志、报刊上发表过论文多篇，编撰过《清代的陶瓷》、《中国古代陶瓷纹饰》专著与《北京龙泉务窑发掘报告》、《黄冶窑考古新发现》，参与过《中国文物精华辞典·陶瓷卷》、《中国文物大典·明清陶瓷》等大型图书的编纂工作。

北冀南地区的后冈二期文化、陕晋豫地区的老官台文化及湖北石河遗址群的邓家湾遗址、谭家山遗址和肖家屋脊遗址的屈家岭文化及石河文化的墓地及汉水上游的湖北青龙泉、均县乱石滩等地的新石器文化的墓地都出土有不同数量的瓮棺葬，流行区域如此之广说明它是远古时代用来埋葬儿童的一种普遍习俗。

出土数量大

瓮棺葬在各地新石器时代的墓葬中出土数量很大，半坡遗址的 250 座墓葬中有瓮棺葬 73 座，占全部墓葬数量的 29% 左右；姜寨一期文化的 380 座墓葬中瓮棺葬占墓葬总数的 54%，二期文化的 294 座墓葬中有瓮棺葬 103 座，占 35%，四期的 4 座墓中有 3 座，五期的 7 座中有 1 座，分别占 75% 和 14.5%；在北首岭占 14.6%……这些高比例的数字反映出新石器时代瓮棺葬数量之大，同时也从侧面反应出新石器时代儿童死亡率高的现实。说明原始社会生产力水平的低下及原始人类生活的艰辛。在新石器时代人们主要靠渔猎及采集为生，由于食物的来源得不到保障，故此造成了食物的匮乏。其次，恶劣的自然环境及天灾人祸对人类的侵袭威胁等，都是造成儿童大量死亡的重要原因。这也是瓮棺葬出土数量大的历史与社会的根源。据有关专家鉴定的结果表明，陕西华阴横阵仰韶文化时期人骨死于壮年和中年的个体占总数的至少 59.8%，死于几岁的幼年个体占总数的 11.8%，而死于老年的个体只占总数的 1% 弱[1]。死亡者以壮年和中年为主，儿童死亡率高。新石器时代人的寿命很短，横阵仰韶文化的居民平均年龄只有 21.8 岁，婴儿的死亡率占 40% 上下[2]。渭南史家墓地，死于中年的占全部人数的 92%，死于青年的为 4.9%，死于老年的仅占 3.1%[3]。华阴元君庙的情况也大同小异。可见在新石器时代能活到老年的人是很稀少的。通过对新石器时代墓葬的研究可以为我们研究当时的生产力水平和社会历史现状提供科学的第一手资料，因此可以说，瓮棺葬数量的多少反映的是生产力水平的高低和人类改造自然能力的大小。新石器时代，人类征服与改造自然的能力很低，故而造成了婴儿的大量死亡与瓮棺葬的大量增多，这也是原始社会固有的特征。

组合形式多

瓮棺葬具以瓮钵或罐盆的组合最为常见，少数葬具由三种器物构成。但因地区的不同和文化早晚的区别，具体的组合形式很多。以姜寨遗址第一期文化遗存为例，瓮棺葬具的组合有瓮上扣钵、罐上扣钵、瓮上扣盆、瓮与半截尖底瓶、瓮与两个相叠的钵、瓮与一钵一盆、罐与盆及两瓮相扣 8 种。以前三种占绝大多数，前三种中又以第一种居多。三种的数字比为 109：32：25。在第二期文化遗存中瓮棺葬的组合有 13 种之多，较第一期增加了两罐对扣、两缸对扣、缸与盆、缸与钵等，第一期中的瓮与两钵、瓮盆钵与罐盆的形式不见。半坡文化的瓮棺葬以瓮钵、瓮盆为主，三种器物构成的仅见于三座墓葬。

瓮棺葬中作为盖子用的盆、钵的底部正中大多凿有一个小孔，直径在 1.5~2 厘米之间，小孔的形状有规则与不规则两种，有的小孔上面盖有一小块陶片，作为灵魂自由出入的通道，反映出原始人类灵魂不灭的宗教信仰。

大多数瓮棺葬中没有随葬品，半坡遗址的 73 座瓮棺葬中只有 M32 一座有随葬品，但也只是有一件小的粗陶罐而已。姜寨第一期文化遗存的 206 座瓮棺葬中 12 座有随葬品，这些随葬品大多为一件陶锉或一件陶罐、一个细颈瓶。第二期文化遗存的 103 座瓮棺葬中也只有 4 座带随葬品，反映出当时社会物质文化的生产还很不丰富。并从一个侧面说明埋葬习俗受制于社会生产力水平的发展。

大多数瓮棺葬埋葬于居住遗址的旁边，只有少数埋葬于公共墓地。反映出人们关心幼小死者在另一个世界的生活，并希望继续给他们以抚爱关心与照顾。

瓮棺葬的墓坑以长方形或方形竖穴坑和圆形竖穴坑及倾斜状的凹坑为主，以西向为主，东向次之。以姜寨二期遗存为例，西向者占75%，东向者占11%，其他文化遗址也大同小异。

瓮棺葬葬具中许多有着精美的花纹，如半坡遗址出土的各类陶器中，保存最好而纹饰最美的都是从瓮棺葬中出土的，姜寨文化遗址也是如此。

个别地区或个别文化的瓮棺葬用于埋葬成年人，仰韶文化中的伊洛—郑州地区作为成人葬具的伊川缸最具代表性。这种缸是一种直口直腹平底、造型近似直筒形的夹砂红陶缸，外部口沿下分别有4~6个不等的向下弯曲的锥体状泥突，有的有盖，有的无盖，盖呈馒头形，盖的口沿外也有着和缸体外口形状相同但弯曲方向相反的泥突。这种缸1959年首先在伊川出土，所以被称为伊川缸。后来又先后在河南的偃师苗湾、巩县赵城、禹县谷水河、鲁山邱公城、南召二郎岗、密县马鞍河及临汝阎村等地被陆续发现。这些缸具有两个共同的特点，首先是缸底部都有一个不到一厘米的圆形孔，其次是出土时缸里面都装有成年人的骨架。骨架的位置大多错乱，显然是二次葬的结果。根据这两个特点不难判断，这是一种专门烧制用于成年人二次葬的葬具。

1994年12月11日的《中国文物报》发表的河南汝州洪山庙遗址的大型瓮棺墓葬，在东西长6.3、南北宽3.5米的墓内放置有136件瓮棺，均为大口直壁、平底的陶缸，缸上有半球形的器盖相扣，缸和盖的口沿下，有对称的鸟喙状的凸勾，供上下捆绑所用。从缸内的骨架可以看出是专门为死者进行二次埋葬所烧制的葬具。缸外绘有黑、白、棕、红四种颜色的彩绘图案。湖北宜昌杨家湾遗址、枣阳雕龙碑遗址也都发现有瓮棺葬[4]。

二 土坑墓中的陶器

土坑墓是新石器时代墓葬的重要组成部分，无论是出土数量还是出土范围均大于瓮棺葬。这些墓大部分用陶器进行随葬，考古统计的结果表明，在元君庙墓地用陶器殉葬的墓占86.8%，在半坡占66%，在陕西横阵占70.8%、南郑龙缸寺半坡类型的墓地中占55%，在青海柳湾齐家文化墓地占90%，在江苏刘林占88%……这些数字说明，用陶器随葬已成为新石器时代普遍流行的作法，而这些比例数字的不同又反映着生产力发展水平的差别。以半坡与齐家文化为例，显然后者要高于前者，这表明随着社会的不断发展，生产力水平在不断提高。

1. 随葬品的类型与组合

日用陶器

新石器时代的随葬品以生活用品为主，生产工具只占很小的比例。随葬的生活用品主要以日用陶器为主，它们的组合有着一定的规律，其配制多按食器、水器、储存器这三大类的组合进行。但由于我国地域广大，文化类型繁多，故具体情况又因地而异。

黄河中下游一带的老官台，随葬陶器以碗、罐、鼎为主；公元前5000年的仰韶文化半坡类型包括陕西的北首岭、华阴元君庙、横阵、临潼姜寨等，多以蒜头瓶、尖底瓶、夹砂罐、大口瓮及钵等进行随葬。如横阵墓地中的随葬品大多为钵、尖底瓶、夹砂罐的组合，前者为食器，中者为水器，后者为炊器或储藏器。这三大类器物是人类生产生活中必备的三种器皿，死后把这些具有实际生活意义的器物进行随葬，反映出原始的人们希望死者在进入另一个世界后也能像生前一样生活的心态。类似的组合在元君庙墓地中亦有，并且还有少量的泥质陶罐、盆或细颈瓶。史家墓地则多以钵、侈口罐、带盖罐和葫芦瓶进行组合。这些陶器的质地多以细泥红陶和夹砂红陶为主，陶器的制作工艺较为原始落后。到了公元前4000年左右的庙底沟时期，包括山西夏县的西阴村、陕西西安的马王村、邻县下孟、华县泉护、河南陕县庙底沟及甘肃的大地湾等，随葬陶器流行釜、灶、罐、尖底瓶、盆、钵、碗、杯；到了公元前3000年的庙底沟二期的仰韶村、不召寨，山西万荣荆村、华县泉护、横阵等，普遍流行用泥质灰陶、夹砂灰陶的鼎、鬲、罐、盆、钵、杯随葬，这个时代，红陶已基本消失。在万荣荆村还发现了陶祖，说明原始社会的生殖崇拜已经产生。到了三里桥龙山文化时期，又流行鬲、罐、盆、甑、豆组合的泥质灰陶或夹砂灰陶进行随葬。客省庄二期则以鼎、鬲、罐、碗、豆进行随葬，以灰陶为主兼有少量红陶。

黄河上游的甘肃、青海地区的马家窑文化则流行用彩陶随葬，如马家窑期的瓮、罐、钵；半坡期的瓮、罐等彩陶随葬品与中原地区流行的红陶或灰陶有所不同，存在着明显的地域特征。

黄河下游的青莲岗文化包括江苏淮安青莲岗、连云港二涧村、邳县刘林及大墩子等，鼎、钵、罐、盆、豆、杯、釜等陶器最为常见。大汶口文化包括山东宁阳堡头村、泰安大汶口、兖州王因、滕县岗上村、曲阜西夏侯、安邱景芝镇、临沂大范庄等文化的墓葬中，鬶、鼎、豆、背壶、高足杯等最为流行，且陶器的质地色泽多样化，器型也别具一格，特别是蛋壳黑陶更是以其薄如蛋壳的器壁独树一帜，体现着陶器制作的不断发展及高超的技艺。到了新石器时代晚期，山东与苏北一带的龙山文化又以鬶、盂、甑、罐、鼎、碗、杯、豆、尊、盆、缸等器物随葬，蛋壳黑陶已成为这个时期最具代表性的作品。

长江流域的湖南、湖北、江西等地区又与黄河流域不同，如湖北秭归朝天嘴、宜昌杨家湾、宜都红花套、枝江关庙山、江陵朱家台、毛家山等地的大溪文化随葬的釜、鼎、罐、豆、钵、簋、尊，湖北京山屈家岭、天门石家河、均县观音坪等处的屈家岭文化出土的鼎、甑、盆、钵、碗、豆、杯、罐、缸等及其陶纺轮、陶球、陶环等生产工具和装饰品等都具有本地区的地域特征。

但不管组合如何变化，它们所具有的三种实用功能不变。这是它们所具有的共性。故此，具有同一类使用功能的器物大多单独使用而不重复使用，以半坡墓地为例，有尖底瓶的墓绝不使用长颈瓶或葫芦瓶，而有葫芦瓶的墓又绝不出尖底瓶和长颈瓶，随葬长颈瓶的墓又没有尖底瓶和葫芦瓶。因为这三种器物同属水器，只要有一件就可以代表一个品种。还有些有粗陶罐的墓一定有圜底钵作为盖，而有带盖陶罐的就不再用钵进行随葬。这些固定的搭配一方面形成了原始的埋葬习俗和器物组合的特点，另一方面还反映出在原始社会因生产力水平的低下，产品还不够丰富，在这种状况下人们只有科学合理的选择与搭配器物进行殉葬，才能最大限度地达到既祭奠亡灵又不致影响生者现实生活的目的。

共性之外，不同地区不同文化的墓葬在随葬品的组合方面也存在着具体的差异，这个差异不仅体现在造型中也体现在数量和质量上。其次陶质、纹饰及制作工艺方面也存在着不同。一般的来讲，黄河中游以红陶及夹砂红陶为主，兼有少量的灰陶。制作中已使用慢轮。黄河上游的甘肃青海一带，彩陶相对发达，器物造型中瓮、罐、盆最为流行，花纹中以旋涡、锯齿等多变的几何纹最为流行。黄河下游的大汶口、龙山文化的蛋壳黑陶和白陶最具代表性，与其他地区的同时期文化不同。器物造型中的鬶、背水壶、高足镂空黑陶杯等也具有典型的地域性风格，是新石器时代陶器制作水平的代表。至于那些黑如漆、光如镜、薄如纸的蛋壳黑陶，堪称时代一绝。它的大量生产显示了成型与烧制工艺的炉火纯青。独具特色的白陶及彩陶中的五角星纹在同时期文化中标新立异。长江中游的大溪、屈家岭文化中的手制红陶或灰陶，虽然在制法上存在着更多的原始性，但其有代表性的以簋、鼎为主的器物造型为后来阶级社会随葬品中的礼器造型奠定了原始的基础。至于长江上游和下游的多种不同文化中的各种不同组合，显示着同时期不同类型文化的多样性及其新石器时代陶器的不同品种和多种不同的随葬形式。

生产工具

新石器时代晚期，部分墓葬中使用生产工具进行随葬，这些生产工具中的陶纺轮多出土于女性墓葬之中或出土时放于女性的旁边。其他的生产工具如陶拍、陶锉、刮削器、刀、模具等则多出土于男性墓葬之中。在青海柳湾 212 座半山型的墓中出土有 69 件陶纺轮，在齐家类型的 324 座有随葬品的墓中出土了 53 件陶纺轮，这些多出土于女性尸体旁或女性墓之中。这一现象说明，男耕女织的社会分工在原始社会中已开始出现，由于体力及生理的原因，男子更适于田间种植，女子则适合在家从事纺织及养殖。这种男女分工的日趋明显说明原始的经济有了一定的发展，当食物的来源有了一定的保障之后，女子可以不用像男子那样长年在野外奔波从事采集、渔猎，而是越来越多地在家从事劳作。因此，这种社会分工是社会进步的标志，是生产力发展的必然结果。

2. 随葬品的数量

随葬品的数量及其变化在新石器时代早期墓葬中悬殊不大，反映出氏族成员间平等的分配关系及社会地位。如江苏坯县刘林新石器遗址第二次发掘的 145 座墓葬，除 18 座无随葬品外，其余 100 座随葬的陶器都在 1～8 件之间，19 座随葬 9～15 件，8 座随葬 19～32 件[5]。在这些墓葬中，早晚两期随葬品的数量虽有所不同，但是悬殊不大，说明当时虽有程度不同的贫富分化现象，但还不十分显著。湖南澧县彭头山新石器早期遗址的 18 座墓中，随葬陶器 1～4 件不等[6]，说明当时还未出现贫富分化的现象。湖北石河遗址群邓家湾发掘的 60 座土坑墓随葬品的数量一般在 10 件左右，少数墓葬没有随葬器物，只有 M40 随葬了 21 件[7]。青海柳湾半山类型墓葬中以陶器作为随葬品的仍然最为普遍，在 212 座有随葬品的墓中以陶器随葬的有 137 座，其中绝大多数为一二件器物，除了生活用品外，在女性墓中还使用生产工具中的陶纺轮进行随葬。这一切都说明，新石器时代早中期社会上虽然已开始出现贫富分化，但悬殊不是很大，氏族成员的社会地位基本平等，因此，墓葬中出土陶器的数量及品种大体相当。

新石器时代晚期，随葬器物多寡不同，相差悬殊，贫富分化明显。这一点在不同地区的文化中都有相同的体现。江苏花厅遗址的墓葬中随葬品多者上百件，如 M4、M16、M18、M20，少者 8 件，如 M120。姜寨二期文化遗址中，随葬一件器物的墓占 15.5%，2～5 件的占 60%，6 件以上的占 20%，其中 M84 随葬 32 件，M254 随葬 18 件。与此同时 42 座墓没有任何随葬品。湖南安乡划城岗一期遗址的 91 座墓中大多数只随葬数件陶器，只有 M63 的随葬品达 77 件之多[8]。安徽潜山薛家岗遗址三期遗存的 80 座墓，多数都随葬 2～4 件器物，只有 M44 高达 46 件[9]。地处黄河上游的甘肃永昌鸳鸯池墓地，57 座墓中只有 M51 的随葬品在 20 件以上[10]。青海柳湾齐家文化类型的 366 座墓只有 295 座随葬陶器，51 座墓只有一件随葬，120 座墓随葬 2～4 件器物，78 座墓随葬 5～9 件，41 座墓 10～14 件，只有 4 座墓有 20 件以上的随葬品。如 M972 除了有生活用陶器 27 件外，还出土有陶纺轮等生产工具。少数人拥有社会上较多的物质财富，除了生前享用外，死后作为物质财富随葬，而大多数只有一二件随葬品的墓占全部有随葬品墓数的 58%，58% 与 1.36% 相差是何等的悬殊，从此不难看出两极分化这一明显的现实。在从半山类型到齐家类型 600 余年的发展中，随葬品从一二件没有太大的数量差异到差异很大，反映出这个时期贫富分化的不断加快与明显。大汶口文化墓葬中大墓和小墓在随葬品数量上也有着明显的差异，贫富分化已经表现得非常明显。大溪文化 74 座墓的随葬品在种类与数量上亦有很大的差别，龙山文化这一现象表现得则更为明显。

长江流域的南京北阴阳营遗址也有相同的情况，在第一、二次发掘清理的 225 具人骨中，有 206 具各有一套随葬品，少者两件，多者 40 件，相差 20 倍之多。随葬器物以陶器为主，占全部出土物的 45%[11]。广东曲江石峡遗址第三期新石器时代晚期墓葬中，小型墓的随葬品为 4～12 件不等，大型墓的随葬品则多达 60～110 件之多，财富占有的不平等反映出社会关系的新变化。马克思曾经说过："劳动资料不仅是人类劳动力发展的测量器，而且是劳动借以进行的社会关系的指示器。"[12]

在贫富分化现象出现的同时，男女之间的社会地位也开始发生变化。福建溪头下层发现的 50 余座墓中，早期随葬品较少或没有，晚期则明显增多，并出现男女合葬墓中女子屈肢面向男子的状况，M18 男性墓是这个墓地随葬品最丰富的一座，这两个现象的出现表明，男子拥有比妇女更高的社会地位，长期以来的母权制正在向父权制转移与过渡。

三 陶器与社会变革

陶器普遍出现于新石器时代的墓葬之中，这一事实说明了如下几个问题：

1. 同一时期不同文化的墓葬随葬器物组合和数量的不同，反映了各氏族间经济发展程度的不同和社会习俗的差异，实属同一时期不同文化间的地域性差异。而同一文化不同时期墓葬随葬器物组合与数量的不同反映出同一个文化早晚不同的差异，属于同一文化早晚不同时期的差异。新石器时代墓葬中随葬陶器的变化则是我们研究这两个差异最直接最科学的依据，是区分不同时期不同文化的第一手资料。通过它可以对古代的社会形态、生产力发展水平、丧葬制度及不同地区不同文化及同一地区同一文化不同时期的发展与演变等规律性的问题作出科学准确的判断。因而在新石器时代考古学中占有重要的位置。这正如夏鼐等在《考古学》一书中所说："注意同一时期人类社会之间的相互影响和传播关系，也要注意人类社会文化在不同时期的继承、演变和发展的过程。这些横的联系和纵的过程正反映在大量的遗迹群和遗物之中，有待考古学家去分析和究明。"[13]

2. 随葬品以生活用品为主，从这些器物的实用功能中不难看出，陶器首先是为了适应人们实际生活的需要而产生的，不管是其原始的形体还是不同的种类组合，均强烈地反映出器物的实用功能。通过对这些功能的研究可以使我们看到这样一条规律，社会越是发展，器物所具有的艺术功能就越大于实用功能。从原始社会的陶器所具有的实用功能大于艺术功能这一点可以看出，原始社会生产力水平的发展还处于非常落后与原始的阶段。在这种状况下，人们所生产的器物首先是以满足人们生存所必需的最原始需要——吃喝为目的。其次才是生产人类生产所需要的东西。这正如马克思所说："人类为了能够'创造历史'，必须能够生活，但是为了生活，首先需要衣食住以及其他东西，因此第一个历史活动就是生产满足这些需要的资料，即生产物质生活本身。"[14]由于生产力发展水平所限，人们不可能在死后随葬更多的物品给死者，因此，随葬陶器的类别与数量除了是研究葬俗的必不可少的依据外，也是研究原始社会生产力发展水平的重要标志，在我国新石器时代考古学中占有重要的位置。

3. 随葬品中生产工具的出现，说明原始社会的后期生产力水平有了一定程度的发展，也反映出原始的氏族经济除了狩猎外，也开始了农作物的种植和纺织。许多新石器时代的遗址与墓葬中出土的数量可观的陶纺轮、陶拍、陶锉……说明陶器已成为原始人类的生产工具并大量地用于社会生产之中。同时期陶器底部出现的布纹等纺织品的痕迹及其大量出土的陶纺轮，说明原始的纺织业在新石器时代已经出现。

4. 陶制装饰品、乐器、玩具的出现反映出原始人类生活内容的多样性。新石器时代的随葬品中除了随葬大量的生活用品、生产工具外，同时也出土了一些陶制的装饰品和一些原始的乐器、玩具。如陶环、陶笄、陶埙、陶响器、陶鸟、陶螺形器……有些器物上饰有精美的花纹。说明原始的人类在极端艰苦的环境内，在力所能及的范围里尽量地把生活装扮得更美好的审美意识。他们利用大地赐予的用之不尽、取之不竭的泥土，烧制出了大量的用于别发的发笄和戴于腕上用于装饰的陶环来打扮着自己，有些器物上的纹饰即使用现代的审美观点来审视，也还是具有相当美感的。试想当原始的人类在劳作之余，梳着当时流行的发式，带着具有漂亮色彩与精美纹饰的陶环，在原始彩陶鼓、陶埙、陶响器的伴奏下翩翩起舞之时，该是多么的欢快与多么的富于诗意。1973年青海大通县上孙寨发现的马家窑舞蹈人物彩陶盆，生动而形象地为我们描绘了这一最早的原始舞乐画面。无独有偶，1995年在青海西宁市西340公里的宗日遗址第157号墓，又发现了一件马家窑文化的舞蹈人物纹彩陶盆，精心绘制的两组舞蹈人物一组13个，一组11个，手拉手地在跳舞，比上孙寨所出更加美观大方[15]。同遗址发现的一件陶埙，至今仍然能吹奏出悠扬婉转的音调。这一新的发现说明，原始的舞乐最晚在马家窑文化时期已相当发展。它表明人类在创造物质文明的同时，也创造了精神文明。英国史前考古学家 V. G. 柴尔德在其著作《欧洲的史前移民》一书的首章曾经说过："文化是可以看得见的事实……一组反复地出现在同样的居处及其相同葬俗的遗址中的遗存组合，比如工具、武器、装饰品、住宅、葬仪和祭品等都是显示着维系一个群体的一般社会传统的具体表述"。

总之，用陶器作为葬具和用陶器进行随葬是原始社会主要的埋葬习俗，通过对这些葬具和随葬陶器的研究是我们了解原始社会生产力发展水平、手工业生产状况、人们审美情趣的变化及社会如何由平等到出现贫富分化乃至最后出现阶级的重要途径。原始社会由于生产力水平的低下，人们过着平等的生活，因为只有这样才能战胜恶劣的自然和社会环境，保持人类最起码的生存与繁衍。当时的葬俗与随葬品清楚地反映了这一点。随着生产力水平的不断提高和物质生活的逐步丰富，原始社会晚期人们的社会关系开始发生变化，千百年来用以维系人与人之间关系的平等开始被冲破，少部分人占有较多的物质财富，分配中出现了贫富分化，随葬品中的数量与质量的差别就是这一变化的体现。马克思曾经说过："要认识已经灭亡的动物的身体组织，必须研究遗骨的构造；要判别已经灭亡的社会经济形态，研究劳动手段的遗物，有相同的重要性"[16]。现代考古学就是通过发掘手段，利用古代遗留下来的文物去研究当时的社会经济形态等各个方面及其演变过程，特别是对没有文字记载的史前文化的研究，这一点尤其重要。考古学正是通过这一手段，以古代大量的物质遗存为依据，研究出古代社会经济文化的面貌及发展情况，而墓葬在这些遗存中又占有极大的比重，陶器又是墓葬中用于随葬的最主要的物件，故此通过对古代陶器的研究可直接明了原始人类的埋葬制度和习俗，进而对研究整个社会及其演变起着极为重要的作用。因此它在新石器时代考古学中所占的位置是非常重要的。

[注释]

[1] 考古研究所体质人类学组：《陕西华阴横阵的仰韶文化人骨》，《考古》1977 年第 4 期 24 页。

[2] 严文明：《横阵墓地试析》，《仰韶文化研究》258 页。

[3] 张忠培：《史家村墓地的研究》，《考古学报》1981 年第 2 期 162 页。

[4] 《中国文物报》1994 年 10 月 23 日，1994 年 11 月 20 日。

[5] 南京博物院：《江苏坯县刘林新石器时代遗址第二次发掘》，《考古学报》1965 年第 2 期。

[6] 湖南省文物考古研究所孢粉试验室：《湖南澧县彭头山遗址孢粉分析与环境探讨》，《文物》1990 年第 8 期 30 页。

[7] 石河考古队：《湖北省石河遗址群 1987 年发掘简报》，《文物》1990 年第 8 期。

[8] 湖南省博物馆：《安乡划城岗新石器时代遗址》，《考古学报》1983 年第 4 期。

[9] 安徽省文物工作队：《潜山薛家岗新石器时代遗址》，《考古学报》1982 年第 3 期。

[10] 甘肃省博物馆文物工作队、武威地区文物普查队：《永昌鸳鸯池新石器时代墓地的发掘》，《考古》1974 年第 5 期。

[11] 南京博物院：《南京市北阴阳营第一、二次的发掘》，《考古学报》1958 年第 1 期。

[12] 《马克思恩格斯全集》第 23 卷 204 页，人民出版社，1972 年。

[13] 《中国大百科全书·考古卷》。

[14] 《马克思恩格斯全集》第三卷 31 页，人民出版社，1972 年。

[15] 《中国文物报》1995 年 9 月 24 日。

[16] 《资本论》第一卷，194 ~ 195 页。

探索中国史前文明的源头

——读玉凌家滩

张敬国

凌家滩遗址位于安徽省含山县铜闸镇凌家滩自然村。该遗址 1985 年发现，1987 年至今，在国家文物局和省政府的关心与支持下，安徽省文物考古研究所先后四次对该遗址进行了科学的考古发掘。经钻探该遗址面积达 160 万平方米，已发掘面积 2200 平方米，发现新石器时代晚期的氏族墓地一处，祭坛一座，红陶块铺筑的 3000 平方米神庙或宫殿遗迹一处，红陶块砌筑的水井一口，巨石遗迹三处，出土各种精美玉器与其他珍贵的文物 1500 余件，取得重大考古成果，被评为1998 年度全国考古十大新发现。2001 年 7 月被国务院批准为第五批全国重点文物保护单位。

中国文物研究所^{14}C 年代测定，经树轮校正，凌家滩遗址距今约 5300~5500 年，这是晚期地层文化遗物测年数据，如有早期地层文化测年数据肯定要早于晚期年代数据。凌家滩是我国新石器时代晚期巢湖流域中心聚落遗址，各类遗存齐全，文化内涵丰富，是中华五千年文明史的实证，为探索中华文明的起源提供了可靠的依据，具有极大的考古、历史、文化和科学技术等诸方面的价值，在我国和世界考古学中占居十分突出的地位。国内考古界一些专家学者认定，凌家滩遗址是中华史前文明源头，并称之为"中华远古文明的曙光"。

凌家滩墓地出土的大量精美玉器、石器和陶器，表明凌家滩先民已有相当高的审美能力和制作工艺技术，特别出土了大批高规格的精美玉器，已把玉器文明推进到登峰造极的程度。凌家滩发现的近千件玉器中，有玉龙、玉人、玉鹰、玉璜、玉璧、玉环、玉玦、玉钺、玉戈、玉镯、玉铲、玉斧、玉版上刻画的原始八卦图，玉龟、玉兔、玉猪和精美的玉勺等。玉器的种类之多，玉质丰富多彩，造型之美，制作之精，是中国新石器时代其他古文化遗址不能比拟的，具有重要的考古、历史、科学史和美学艺术价值。

我国著名的已故考古学家、前中国历史博物馆馆长俞伟超教授说："安徽省含山县凌家滩的新石器时代晚期遗址出土的这几批玉器的重要性，不仅因其制作精致而将我国玉器工艺已经发达的时间提早到了 5000 年前， 尤其在于提供了大量当时安徽中部巢湖地区一系列意

作者简介：

1948 年 5 月出生，1975 年 8 月北京大学历史系考古专业毕业，现任安徽省文物考古研究所研究员，一室主任。主要从事田野考古发掘和玉器文化研究，发表论文约 60 篇近百万字，主编了《凌家滩玉器》、《安徽省出土玉器精粹》，编纂的《含山凌家滩》考古发掘报告即将出版。

识形态的信息，而且还能通过对一些反映信仰、习俗的遗物的分析，得到许多有关社会结构状况的新认识。在考古学、历史学、人类学的研究中，这是极为难遇的新材料，无怪乎已经引发了大量的论述。我相信，在这批玉器资料公布后，一定会出现许多新的重要论述。"

凌家滩玉器的选料、设计、磨制、钻孔、雕刻、抛光等工艺技术都达到了高度发达的水平。有些玉器经过测试，硬度达 7°，在这样玉器上钻孔，钻孔工具上粘附的琢玉砂必须大于 7°，否则是钻不动的，也无法进行切割。从玉器的硬度上，给了我们一个明确的信息，古人已熟练掌握这些技术。通过显微观察，发现孔壁上钻孔磨擦痕十分规整、平行旋转，这些磨擦痕不是交错的乱痕表明琢玉砂是牢固地粘附在钻头上。信息告诉我们钻孔的钻头在皮带传动装置带动后高速旋转，而且琢玉砂必须粘附在钻头工具上。表明凌家滩已使用了皮带传动装置，掌握了使钻孔的工具高速旋转的技术。凌家滩出土的玉芯有的直径只有 0.5 厘米，管钻时留下管壁旋切厚度有 0.2 厘米的凹槽宽度，这 0.2 厘米除去 0.05 厘米应是琢玉砂和钻孔时用水的磨擦厚度。其实管钻头管壁的厚度只有 0.15 厘米，这么薄的管壁，只有在现代工业技术上才能见到，而 5300 年前凌家滩出土的玉器上就见到了这么薄的管钻头的管壁，令我们十分惊奇。更何况钻头旋转时要粘附琢玉砂和水，那么是什么能使琢玉砂与钻头工具合为一体呢？0.5 厘米细的管钻工具是什么呢？凌家滩钻孔实物向我们提供了一个信息，那可能是金属；在凌家滩遗址我们发现过厚大的坩埚片，推测凌家滩在 5300 年前可能已有金属冶炼的技术，否则用什么样质地工具能符合以上推测的数据信息呢？

玉人，编号 98M29：15（图一：1）。玉质透闪石，灰白色。器长扁形，浮雕。玉人长方脸，头戴圆冠，冠饰方格纹，冠后面至颈部横线垂帘。浓眉大眼，双眼皮，宽鼻头，大耳，耳垂部饰一孔眼。嘴微张，上唇较厚，露出门齿（图一：2）。双臂各带 6 个玉环，腰间饰三斜条纹的腰带（图一：3）。高 7.7 厘米，肩宽 2.1 厘米，厚 0.8 厘米。

用显微镜放大 40 倍观察，玉人冠上饰方格纹，方格纹是先琢磨横槽线，后琢磨竖槽线，

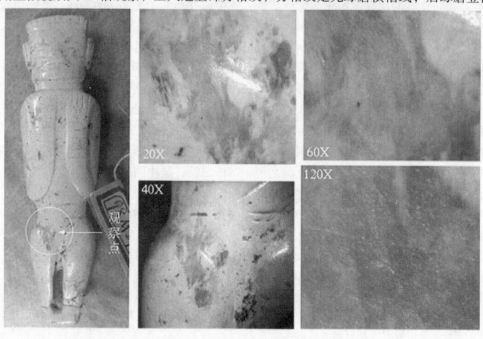

图一：1　玉人玉质观察

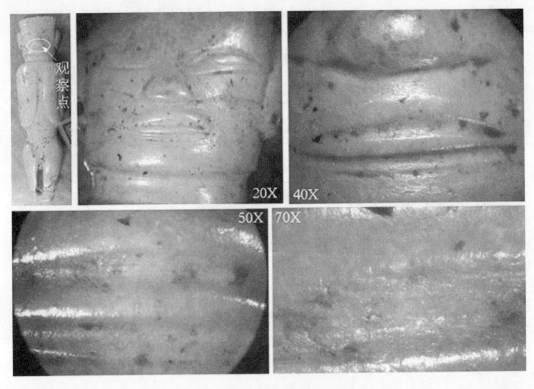

图一：2　玉人嘴部琢痕观察

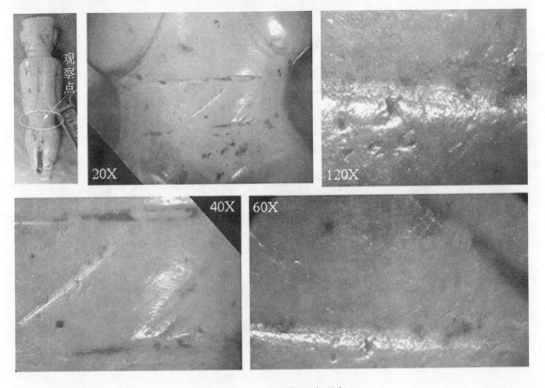

图一：3　玉人腰带琢痕观察

在冠的表面有交错的细线纹，表明抛光不是朝一个方向（图一：4）。眼球看似轻轻琢磨呈短弧直线凹槽，上眼眉圆弧线凹槽是由外向里一个方向琢磨（图一：5）。

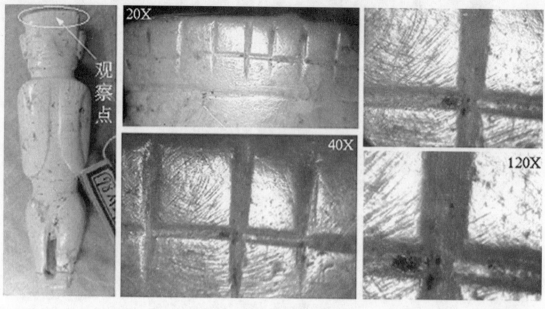

图一：4　玉人冠饰琢纹观察

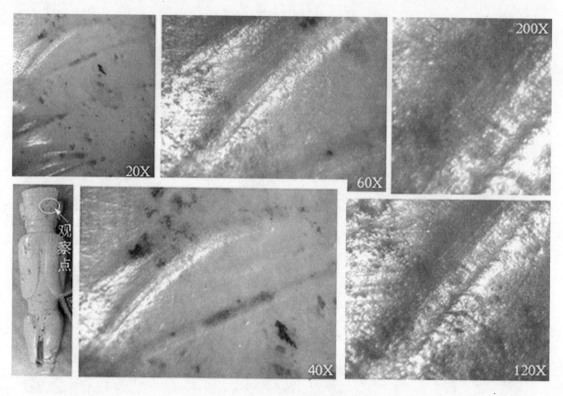

图一：5　玉人眼睛琢痕观察

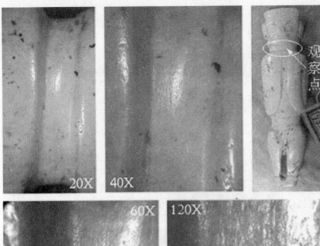

图一：6 玉人颈部琢线观察

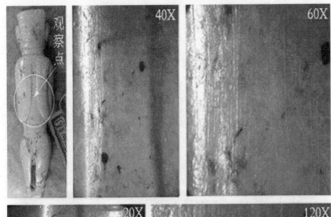

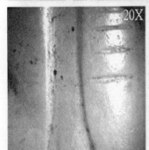 

图一：7 玉人手臂琢线观察

为了观察方便，把脖子成像竖起来看。脖子位置琢磨是一端向另一端朝一个方向。脖子显示琢磨的凹槽磨擦痕，脖子宽度的两边显示用砣琢磨的痕迹，痕迹表现的流畅整齐（图一：6）。手与身体之间的斜面抛光不够细腻，显示较粗的磨擦痕，手的平面和身体平面显示出平面光滑（图一：7）。

手环（镯）琢磨是由外向里打磨，痕纹显示朝一个方向（图一：8）。

耳孔不甚规整，孔是由耳后向前钻，耳前正面耳孔略显圆整（图一：9）。

玉人背后有一隧孔，孔径0.15厘米，在50倍显微镜下，隧孔是先用垂管钻直孔，在镜下清楚看见管钻的玉芯还留在孔内，经测量玉芯的顶端直径0.15毫米。先竖钻一个管孔，在直管孔上略偏一点再钻一个管孔，孔壁上清楚看见同心圆，在第二个管孔上再斜打一管孔，以上三个程序是隧孔右边，左边同样3个相同的工序，两边打好后，再斜向对钻一孔，两边的孔就贯通了（图一：10），不在显微镜下真不知道一个小小的隧孔竟用7个工序完成，这里面可能有多种原因，为什么用管钻，不用实心钻，而且管钻玉芯直径仅0.15毫米，那么管钻直径加上水和琢玉砂应该是0.17毫米，在5300年前我们的祖先创造了这么高的科技工艺，真是难以令人信服。在微型管钻痕迹事实面前，微型高级管钻钻头是用什么材料制作的呢？是金

87

属工具吗？如不是，那又是什么呢？

凌家滩出土的玉芯、边角料和有些玉器上都留下了切割痕迹（图二），我们认为这些痕

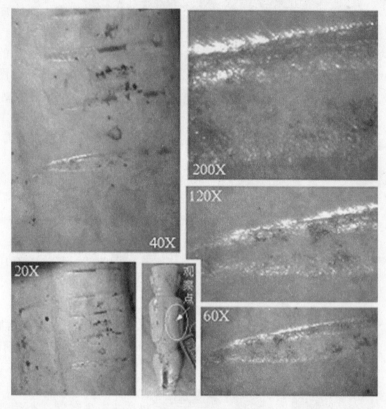

图一：8　玉人手镯琢痕观察

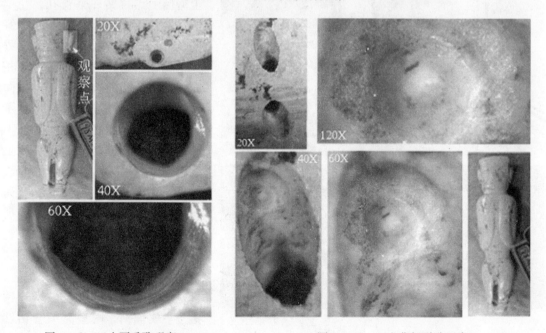

图一：9　玉人耳垂孔观察　　　　　　　　图一：10　玉人背部隧孔观察

迹不全是线切割的痕迹,其中也有线切的痕迹;不论什么质地的线,它应该是软的,必须两端用力,使力在一条线上,或弧线上,才能进行切割,那切口必然是一条直线,或是弧形的台阶式切痕,不可能在弧的顶端深凹下。凌家滩切口痕迹,大多是圆弧形,圆弧顶端很深,两端很浅,这种痕迹我们认为是用圆砣切割或打磨留下的痕迹。大家可以作一个实验,用线切一块泥,不论怎么切只能留下台阶式切痕,不可能在圆弧的顶部深凹下去,只有用圆砣稍倾斜,顶端肯定成凹弦。这些痕迹反映用线切割和砣切割的不同痕迹,表明凌家滩已开始使用砣具工具。凌家滩工艺技术出现了砣具,砣的出现是一伟大的技术创新,这一创新促进了社会的进步和发展,促使人们思想观念的转变,使社会组织结构发生变革,人们向文明大大迈进了一步。

管钻法钻下的玉芯,玉芯表面有十分光滑的钻孔痕迹,没有发现再次抛光的痕迹,信息告诉我们管钻的同时也进行了抛光,边钻边抛同时进行。所以孔内壁和芯都是很光滑的,信息又告诉我们,凌家滩的先民已熟练地掌握挑选琢玉砂技术,琢玉砂十分细腻,所以钻下的玉芯很光滑。像硬度达7°以上的玉器,琢玉砂必须达8°~9°以上,这可能就是金刚砂。玉芯表面管钻所表现的粗、细、光滑的痕迹表明,凌家滩先民已把琢玉砂分成不同的规格,不同规格的琢玉砂,切割不同的玉器。用极细的琢玉砂抛光,抛光的面光滑润亮,其洁面净度可与现代技术抛光相媲美。

出土的文物证明,凌家滩先民已经发明机械砣具,用砣具进行切割,用砣砂轮进行琢磨

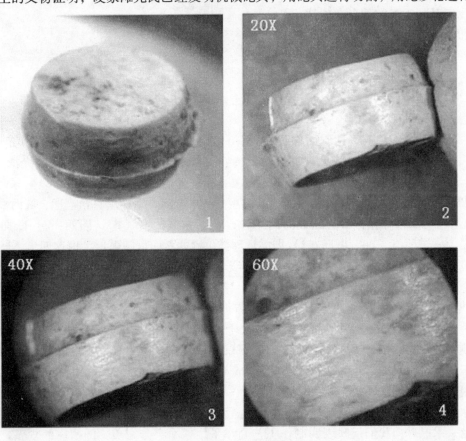

图二 玉芯表面观察痕

抛光。在使用砣具时已发明了原始车床和钻床，在使用砣具时，被切割物品必须要固定在平面上，这就是原始的车床。凌家滩聚落文化已把制玉技术发展到一个新的高峰，奠定了中国史前玉文化发展的基石，使后期良渚文化和夏商周文明制玉技术都吸收了凌家滩制玉方法和工艺技术；也表明凌家滩是中国远古时代玉文化发展的中心。

出土的玉冠饰高 3.6、长 6.6、厚 0.3 厘米（图三）。玉灰白色。器顶端呈"人"字直角，"人"字两侧向上卷成透空圆，"人"字中间镂空。底部长方形，两端略束腰，长方形上刻三条槽线和两端各对钻一圆孔。

以上这件器物，其中玉冠饰向我们反映了中国最早的镂孔技术，镂孔先钻孔，用线穿过孔，用线上下左右的拉切。目前在中国新石器时代遗址中，到了凌家滩时期，镂孔技术表现出美的享受，反映凌家滩镂孔技术已向成熟阶段发展。

水晶耳珰，编号 87M15：34（图四：1-1）。质地水晶，无色，表面玻璃光泽。器呈扁圆球形，球体下有扁圆平底，球体与底之间为凹槽。高 1.2 厘米，球径 1.5 厘米，凹槽宽 0.3 厘米，深 0.2 厘米。

我们对其观察的重点在球体表面和凹槽两个部位，以了解球面的琢磨精细程度和凹槽的做法。将其放在显微镜下，把目镜调到 20 倍观察，见球体表面十分光滑，没有发现磨擦痕迹（图

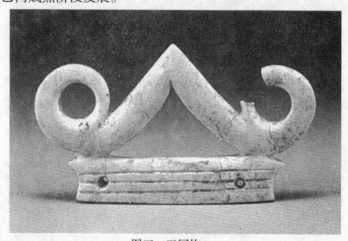

图三　玉冠饰

四：1-2）；放大 60 倍，见球面部分地方有直线磨擦痕迹，球体侧面略见小凹坑（图四：2-2）；再放大至 120 倍，除见有少量的凹坑外，球体表面基本上仍可谓平整光滑（图四：3-3）。将凹槽部分放大 20 倍，见有磨擦凹痕，非常直，计有四道（图四：2）。靠近底部的一道凹痕（简称 B1，图四：2）最宽，其宽度约 0.4 毫米，断面呈直角槽形，底面平滑；其上一道凹痕（B2，图四：2）断面斜向一边；再上一道凹痕（B3，图四：2）断面呈三角形；最上一道凹痕（B4，图四：2）即靠近球体位置的断面呈圆弧形。由这四道不同的凹面组成宽度为 0.3 厘米的凹槽柄。从这四道凹痕观察，其表面平直光滑，显然应是高速旋转碾琢留下的痕迹。我们又分别将其放大 60 倍、120 倍、200 倍观察，可见第二、三道凹痕面上有直线磨擦痕迹（图四：2、3）。这些现象告诉我们，像水晶这种硬度为 7°的材料，要在其上面琢磨出凹槽，琢磨工具的硬度则必须大于 7°，我们在想，这么高硬度的工具是用什么材料制做的呢？而镜下所见平行排列的磨擦线痕肉眼根本就看不到，只能说明是用极细的粉状琢玉砂琢磨出来的，且琢玉砂应是固定在高速旋转的琢玉工具上的，而细腻光滑的球体表面则是用更细的琢玉砂抛光打磨形成的。

水晶耳珰表现出小巧精致，水晶硬度达 7°，其硬度很高，但质地很脆，制作过程中容易崩落，水晶球向我们反映表明制作工艺高水平，球面十分完美，凹槽琢磨规整，通体高1.2 厘米，用手琢磨很难达到如此水平，我们认为不用砣旋磨用手工琢磨是不可能琢磨出仅

有 1.2 厘米高，球径 1.5 厘米的耳珰，反映当时的玉工技术十分熟练，在 5300 年前出现如此高的工艺技术难能可贵。

凌家滩出土的玉器，透出不为人所知的远古的高科技信息，也透出神话般的故事。

如凌家滩遗址出土了两件在科学文化史上有着特殊意义的文物。玉龟和玉版，龟分为背甲和腹甲两部分组成，玉龟的背甲两边各对钻两圆孔，两孔之间雕刻凹槽，背甲尾部对钻四个圆孔。腹甲的两侧与背甲钻孔对应处也对钻两圆孔，腹甲尾部对钻一圆孔，这些上下对应孔应是拴绳固定之用。玉龟长 9.4、高 4.6、宽 7.6、厚 0.3 ~ 0.6 厘米（图五）。

玉版为长方形，正面略弧，琢磨三条宽约 0.4、深 0.2 厘米的凹边。玉版长 11、宽 8.2 厘米（图六）。

在玉版的正面，围绕着中心，刻有两个大小相套的圆圈。在内圆里，刻方心八角形图案，内外圆之间有八条直线将其分割为八等份。在每一份中各刻有一个箭头。在外圆和玉版的四角之间，也各刻有一个箭头。在玉版的两短边的边沿，各钻有 5 个圆孔；在无凹边的长边钻 4 个圆孔，有凹边的长边钻 9 个圆孔。

玉版中心与内圆相接的方心八角形，按照传统的考古解释，它是太阳的象征。八角是太

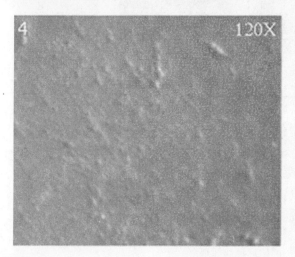

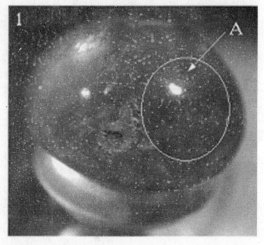

图四：1　水晶耳珰表面微痕观察

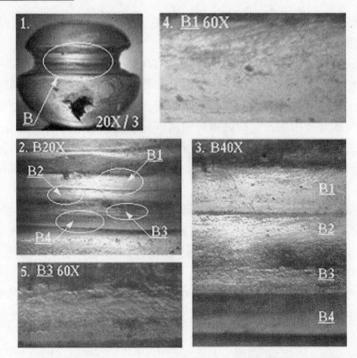

图四：2　水晶耳珰凹槽观察

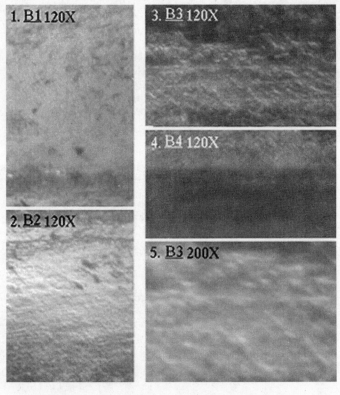

图四：3　水晶耳珰凹槽琢痕局部观察

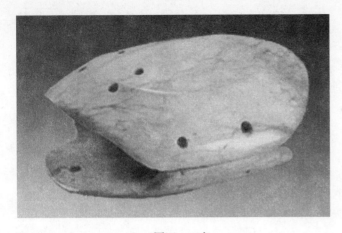

图五　玉龟

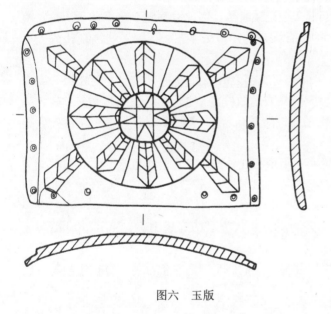

图六　玉版

阳辐射的光芒，这说明玉版图形的意义与太阳有着密切的关系。

玉版大圆与小圆之间的8个箭头和四角的4个箭头，是图形的主体部分。它们代表什么呢？在天文上，大圆往往代表宇宙、天球和季节的变化。如将大圆与周天旋转、季节循环相联系，那么箭头的数量4和8就有实际意义。《史记·天官书》说："北斗七星，所谓旋、玑、玉衡以齐七政。……斗为帝车，运于中央，临制四方，分阴阳，建四时，均五行，移节度，定诸纪，皆系于斗。"中国古代习惯于以北斗七星的位置变化确定季节，也有用其他季节星象或太阳在天空中的位置变化来确定季节的。如日出东北为夏，正东方为春秋，东南方为冬等等，凌家滩玉版中央恰刻一太阳。因此，我们有理由把玉版大圆所刻出的八个方位看成与季节有关的图形。

《周易·系辞上》："易有太极，是生两仪，两仪生四象，四象生八卦。"玉版图形中的四方和八方，正与以上四象和八卦的概念相合。太极又称天一，在天文历法的概念上，指的是天球上的北极，古人给它以至高无上的地位。四象和八卦，在季节上的概念，就相当于农历的四时八节。四象又称少阳、太阳、少阴、太阴，相当于农历上的春夏秋冬，只是八卦属于五时制，与农历的四季不完全相同而已。从季节概念上说，它是四象的再分裂。

《周易·系辞上》所说的两仪，是指天地。并非指宇宙和地球，而是指阴阳。阳为天，阴为地。《周易·说卦》："者者，圣人之作《易》也，幽赞于神明而生蓍，……观变于阴阳而立卦。"八卦的创立，是观察阴阳变化的结果。

八卦按照通常的理解，就是《周易》中用于占卜的八种符号。就《周易》来说，主要用占卜的，但八卦并不完全等于《周易》；就《周易》而言，也不能简单说成是一本占卜书，它是中国历史上最早的一部历法著作。介绍的是一种早已为人们所遗忘的远古历法，书中包含了大量的占卜内容。《周易》是历法书，汉人早有论述，《春秋纬说题辞》："《易》者，气之节，含五精，宣律历。上经象天，下经计历。"《易》是一部讲节气，讲历法的书，它利用天象的科学知识来计算历日。

用卦名卦画的表示方法，大约在西周时才开始出现，就八卦本身而言，并不一定非有卦名和卦画不可，如西南少数民族中所流行的八卦，就只有八方而无卦名卦画。因此，玉版上刻的图形，应该就是远古时期原始八卦的图形。

传说伏羲时，有龙马从黄河出现，背负河图；夏禹时，有神龟从洛水出现，背负洛书。他们就依据这种图、书、画成八卦。这些传说形成战国、汉代时的八卦图。

玉版的八方图形与中心象征太阳的图形相配，符合我国古代的原始八卦理论，玉版四周的四、五、九、五之数，与洛书"太一下行八卦之宫每四乃还中央"相合，根据古籍中八卦源于河图、洛书的记载，玉版图形表现的内容应为原始八卦。出土时，玉版玉龟叠压在一起，说明了此玉版图形与玉龟的密切关系。故推测凌家滩所出土的玉龟和玉版，有可能就是远古洛书和八卦。

可以证实早在5300年前，我们的祖先就有了河图、洛书的观念。远古没有文字，人们才使用钻孔、画圈的办法计数，以代替五行交替记载时节。因此，河图、洛书就是历法。凌家滩出土的玉龟和玉版的图形，证实5300年前就有这种历法存在，反映了我国夏代或先夏的律历制度[1]。

从凌家滩出土的玉版已可看出5000年前未有文字之时已经具备天圆地方的知识。凌家滩玉版在四周边缘钻有若干小圆孔，我想应该是表示数度。《庄子·天下篇》说："其数一二三四是也。""其明在数度者，旧法世传之史，尚系有之。"玉版钻刻着数度，在古代世袭的史官所保存的，早已湮泯无遗。

玉版是上九下四，而左右各为五，说明它很重视九、四、五这三个数字。

河图是用十数为主，分为五组，以六配合一，二配合七，三配合八，四配合九，五配合五位于中央。

洛书是取"戴九履一，左三右七，二四为肩，六八为足，五居中央"一说，纵横而成各为十五的幻方；但没有用十数。

玉版数字的安排，看来是河图、洛书以外另一套数理系列。它们都能够分辨生数与成数为不同类型，更加以重新组合排列。

洛书是在汉代很流行，成为"九宫"系统的，《大戴礼记·明堂》说它是"效法龟文"，这一理论比较进步，河图则较简单，仅仅是生数和成数作四方为中央的排列，看来是很原始的。玉版的数字排列是另一套。比洛书和河图早二千多年，在五千年前已有这样的数理系列，绝不简单，充分看出远古人们的数学智慧。

对玉版所显示的意义，说它有数度、有方隅（八方四维）的形象，则毫无疑问；数度所表示的尚有区别生、成数和五五相对之观念，这时五数的重要性已透露端倪。图中以八数为天地的维纲，则灼燃可见。当时的数理安排和自然哲学已泄露了不少"春消息"，对于探讨吾国 before philosophy 的情况，这无疑是一件崭新而能引人入胜的思想瑰宝[2]。

值得注意的，尤其是这块玉版夹放于龟甲里面，这和历来最难令人置信像各种纬书所说："元龟衔符"（《黄帝出军诀》）、"元龟负书出"（《尚书中侯》）、"大龟负图"（《龙鱼河图》）等荒诞不经的神话性怪谈，都可印证起来，竟有它的事实依据，那真是"匪夷所思"了[3]！

凌家滩共出土6件玉人，3件坐姿，3件站姿。玉人都是双臂弯曲紧贴胸前，作祈祷状，反映了凌家滩先人已有强烈的原始宗教意识，已告别了精神世界的蒙昧期。玉人都戴圆冠，冠有三角形饰，冠一周饰方格纹，系着斜条纹腰带，说明当时已有了纺织技术，人们已穿上衣裤、戴上帽子，玉人双耳耳孔表明配戴耳饰和手臂上刻纹表示戴有手镯，玉人留有八字胡，说明当时已有剃须工具，表现出玉人绅士风度和已享有相当高的物质文明。

凌家滩玉人都是呈长方形面孔，浓眉大眼，双眼皮，蒜头鼻，大嘴，身材比例匀称，面部表现出蒙古人种的明显特征，同我们现在的中国人一脉相承。这有力证明了 5000 多年来，中华大地上人种一直未变，文化传承未变，世界上四大文明古国，其他三国都出现原有文明的中断和人种的变迁，唯有中国文明历史绵延数千年而不衰。

凌家滩出土的玉龙，令世人震撼，龙是中华文明的象征，龙文化源远流长，在红山文化和河南濮阳贾湖文化遗址中都有猪龙和蚌壳砌的龙出土，但它们的形象都不及凌家滩玉龙，它首尾相接，两角耸起，脑门阴刻皱纹，显得庄重、威严，龙须、吻、鳞等龙的要素齐备，其造型和神韵都一如近人之作，5000 多年的漫长时空，在这件玉龙上如此神奇地叠合起来，真令人不可思议，这足以说明巢湖流域是龙文化的起源地之一。

凌家滩出土的玉鹰，胸腹刻有大小两圆，两圆之间刻有八角星纹，鹰首侧视，双翼展翅，神彩飞扬。鸟是东夷人的图腾，玉鹰在凌家滩的出现，表明凌家滩先民可能与东夷文化有某些直接关系。玉鹰双翅作猪首形展开，是想让百鸟之王的雄鹰飞上天把牲品带给太阳神，反映了凌家滩先民的原始宇宙观和对宗教崇拜的虔诚。把猪看作牲品，还反映出凌家滩先民是以农耕为主的部落，在凌家滩出土的红陶块中发现有稻壳，表明凌家滩的农耕是以稻作农业经济为主。

我国著名的考古学家前北京大学考古系主任严文明教授说："凌家滩玉版和玉鹰上刻的八角星纹，则是在长江中下游和东方沿海广泛流行的一种纹饰。这些物品可能都与宗教活动有关。凌家滩玉器的加工技术已相当高了，从一些器物上的痕迹来看，当时已经广泛地采用切割开坯的技术，包括线切割和片切割；同时采用了管钻的技术，凌家滩玉器是在生产力发展到一定水平，社会开始出现分化的历史条件下的产物，又是这一历史阶段已经到来的一种证据。与同一时期的其他文化遗址相比，凌家滩是比较发达的，凌家滩玉器的发现，对于玉器文化的深入研究乃至聚落演化历史的研究都是至关重要的。对于中国文明起源的研究，也提供了一个起始阶段不可多得的实例。"[4]

凌家滩出土大批丰富多彩的玉璜，有的玉璜切割成两半在两半的接合处各对钻一孔，有凹槽相连，在墓葬出土时有的只有一半，另一半可能在他方。其中虎首璜和龙凤璜最富考古价值，有的先生认为，虎首璜不是一般的饰物，而是一种兵符，是调兵和结盟的信物。虎首璜和玉钺、玉戈等兵器的出土，说明当时已有战争行为和军事结盟现象存在。出土的龙凤璜为我们找到了中国龙凤文化的源头，龙凤璜是合婚的信物，表明凌家滩先民已实行族外婚，在婚姻制度上已迈入一个文明的新阶段，同时也表明龙凤文化起源于巢湖流域。

我国已故著名考古学家前中国历史博物馆馆长俞伟超教授说："在凌家滩遗存所处的5000 年前的时代，各地已经形成了许多空间范围很大的部落集团，不同部落集团之间争夺资源的战争，正是此起彼伏，日益加剧。在这种形势下，部落乃至不同部落集团实行结盟，订立军事同盟的活动，应该已经是很普遍的事情。在那种文明时代来临前夕，订立这种盟约，双方通常会各持信物，祭天为证。这种璜形玉器既然皆为一分为二，并有合拢时相互契合的记号，出土时又皆只有半截，暗示出另一半存于他方，在可以估计到的当时历史条件下，如果不是结盟双方分持的信物，又能是什么呢？如果再从这种信物两端所饰虎头图形来考虑，这种信物如果不与军事结盟有关，又能是什么性质的结盟呢？"[5]

出土的玉勺，跨超时空，其造型和制作之精可以和今世媲美，那琢磨精细的桃形勺池，曲线流畅的勺柄，勺柄中的凹槽和柄端的圆孔，令人称绝。表明凌家滩先民习于汤饮，讲究美食。这件玉勺是玉匠们聪明智慧的结晶。可想而知，当时的精神文明所折射出灿烂光环，令我们眼花缭乱。这也反映了墓主人的身份、地位和权力之高。

凌家滩出土的石钻，是中国20世纪考古重大发现之一，石钻呈梯形，上细下粗，两端都制作有钻头，钻头一端粗一端细呈螺丝纹形，表明凌家滩先民已经认识到旋转力和离心力的作用，对物理、数学、几何、机械力学知识的掌握已达到较高的程度。无怪乎国内外知名学者看到这件石钻，惊得瞠目结舌，称他们到凌家滩简直是来朝圣的，朝拜圣地——凌家滩。没想到在那么遥远的年代，中华文明就已如此流光溢彩，走到了世界文明的前列。

凌家滩聚落的玉器，体现了玉器文明时代人们把玉器饰品功能转向具有社会功能，突出表现出玉礼器的作用和地位，这是时代发展和需要，表明了社会生产力和生产关系发生了根本变化，体现了玉器文明时代的权力、财富、审美、宗教的宇宙观。它不仅表现玉器文明，更主要是反映上层建筑原始哲学思想内涵，它是宗教精神文明的体现，是社会的进步。同时也体现了崇玉是中国人特有的文化传统，从5300年前的凌家滩先民到今天，人们仍然对玉珍爱有加，这是中华民族区别其他民族特有的文化心理和审美情趣。这已失落了玉器文明的辉煌成就，表明玉器文明是中国古代早期文明起源重要标志之一。

[注释]

[1] 陈久金、张敬国：《含山出土玉片图形试考》，《文物》1989年第4期。

[2] [3] 饶宗颐：《未有文字以前表示"方位"与"数理关系"的玉版——含山出土玉版小论》，《文物研究》，黄山书社1990年第6辑。

[4] 严文明：《凌家滩玉器浅识》，《凌家滩玉器》，文物出版社2000年11月。

[5] 俞伟超：《凌家滩璜形玉器刍议》，《凌家滩玉器》，文物出版社2000年11月。

黑龙江饶河小南山新石器时代墓葬出土石材加工工艺研究

孙长庆

1991 年，黑龙江省饶河县小南山主峰大南山上改建边防瞭望塔，施工队在挖基础时发现了一座随葬有大批玉器、石器（不见陶器）的新石器时代墓葬。出土文物随之散失，后经努力将大部分器物从民工手中收缴回来[1]。

这批文物出土十余年来，曾被三次报道[2]。报道者从不同角度对出土文物进行了科学描述。但由于种种原因，这些报道对其中的个别器物，特别是一件由三块石料组成的石材及其加工技术的描述不够形象，论述也欠精确，致使许多远古信息没有充分发掘出来。目前发现的即将磨制成精致石器的毛坯材料，尚无一件器物保留有如此纷繁复杂的加工

图一　石料 A 面

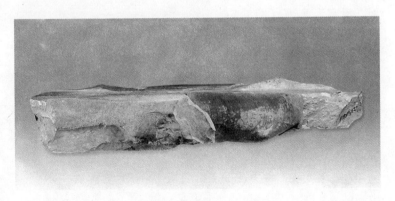

图二　石料 B 面

作者简介：

1948 年 6 月生于吉林洮南市。毕业后分配到黑龙江省博物馆工作，继而在黑龙江省文物考古工作队、黑龙江省文物管理委员会等单位工作。现任黑龙江省文化厅文物处处长，研究馆员。毕业后大部分时间从事业务行政管理工作，对新石器时代考古学文化有深入的研究。

痕迹，及由此反映出的加工程序与技术。因此，对这件石材[3]的深入研究，有助于复原新石器时代具有某种礼仪功能的石器乃至玉器的取材、开料技术。

一　石材与其表面的加工痕迹

这件石材是由可拼合成一体的三块石料组成，青灰色硅质岩，石质细腻，但中间有一条浅褐色沉积杂质；整体呈不规则长条形，长31.5、宽6.1、厚9.9厘米（图一、三）。与墓中其他出土文物一样，这件石材在入葬前被毁坏，至少还有两块石料混在施工残土中未被发现。即便如此，仍可依据现存的由三块石料拼合成一体的石材，恢复其原貌。

1. 石材的六个面

这件石材呈长条状不规则六面体，图一设定为A面（图一）；A面向前下方旋转90°，设定为B面（图二）；B面向前下方旋转90°，设定为C面（图三）；C面向前下方旋转90°，设定为D面（图四）。在石材处于C面位置时，左端向前、右旋转90°，则为该石材的一个端面，设定为E面（图五）；右端向前、左旋转90°，则为该石材的另一个端面，设定为F面（图六）。为便于对该石材的认识，再增加一个B面与C面之间的过渡阶段：B面向前下方旋转30°，设定为B－C面（图七）。

这样，由三块石料拼合为一件石材的六个面已全部展示清楚。石材的五个面基本是自然石面或部分缺失、残断的石面（这

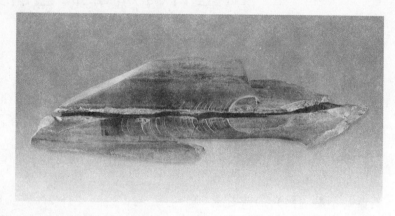

图三　石料C面

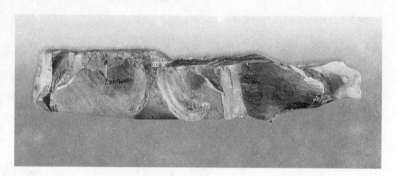

图四　石料D面

图五　E面

图六　F面

98

种缺失与残断非有意加工所致），一个面是经人工形成的加工石面，即 C 面。下面，研究石材 C 面的各种加工痕迹是如何组成和怎样形成的。

2. 石材 C 面观察

显然，C 面是石材与另一石块分割时留下的切面。由于 C 面是石材六个面中唯一的加工面，可称之为原生加工面。这个切面上保留的切割痕迹，是目前从未见过的新石器时代石器加工痕迹。从图三观察可知，C 面这些加工痕迹可以划分若干组，包括磨制和打制的痕迹。

图七　B－C 面

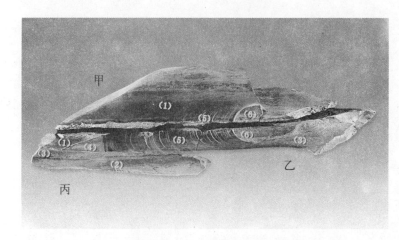

图八　甲、乙、丙石料组合情况

图九　甲石料第二个加工面

为叙述方便，将组成石材的三块石料，从上边一块开始，按顺时针方向，分别命名为甲石料、乙石料与丙石料（图八）。其中，甲与乙、丙是与 C 面垂直的横向切割面（与原生加工面 C 面形成无关，后边将详叙）分开的，而乙与丙则是随葬时断裂的。从各组加工痕迹互相"打破"的关系看，其形成的顺序见图八：（1）甲石料的大部分、包括丙石料左端上部是第一组加工痕迹，残长 20、深 1.5～3.7 厘米；（2）丙石料下部是第二组·加工痕迹，残长 15.9、深 1～1.5 厘米；（3）丙石料左端第一组痕迹与第二组痕迹之间的中部向右延伸，及乙石料的下部，是第三组加工痕迹，长 29.2、深 1～2 厘米，这组加工痕迹两头明显，中部被"打破"或被切割掉，为一窄条带；（4）在丙石料第三组加工痕迹与第一组加工痕迹交汇并"打破"第一组加工痕迹的右边，形成一个尖锐的顶角在左的等腰三角形区域，底边长 1.5、腰长 4.3

厘米，这是第四组加工痕迹；（5）在 C 面中部横跨甲、乙、丙三块石料，有一组非同心弧波状痕迹（这组波状痕迹在第二组痕迹的中部边缘亦可观察到），上、下宽 1.5~3.7、由左至右深 11.6 厘米，是第五组加工痕迹；（6）C 面右中部有半个椭圆形断裂面，横跨甲、乙两块石料，残长 5.6、宽约 3.2 厘米，是第六组加工痕迹。C 面就是由这六组加工痕迹组成的石面（参见图八）。

二　石料与加工痕迹

石材 C 面的六组加工痕迹是如何形成的呢？为了解决这一问题，有必要将组成石材的三块石料分别进行描述。三块石料的其他加工面是在石材 C 面之后形成的，可称之为次生加工面或再次生加工面。每一块石料的所有痕迹，以及根据加工和断裂痕迹将三块石料拼合成一件石材过程中的许多信息，有助于对这六组加工痕迹形成过程的理解。

1. 甲石料及其加工痕迹，甲石料（图九）长26、最宽 6.1、最厚 5.3 厘米，图九是该石料在石材 B 面位置时的图像，届时它被乙、丙石料覆盖着。图一〇是该石料在石材 C 面位置时的图像，可见其右上部已散失。这样，甲石料的两个加工面均有所展示。甲石料的第一个加工面（图一〇）为石材原生加工面的一部分，不论波状痕迹还是大面积的平面痕迹，均极其细腻光滑。甲石料的第二个加工面（参见图九），即前面提到的次生加工面，与第一个加工面垂直，是此前从未

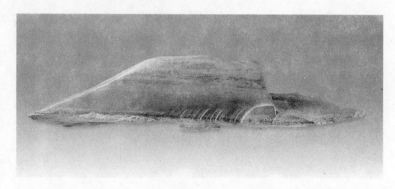

图一〇　甲石料第一个加工面

图一一　乙石料第二个加工面

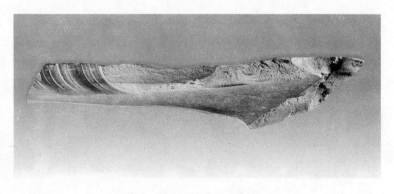

图一二　乙石料第一个加工面

接触过的加工面，极其美观。该加工面中部有一个椭圆形断裂面，直径3.4～4.6、残高约0.65厘米。大部分断裂面因材质不良遭土沁，痕迹漫漶不清，仅在右下部残留长2.3、宽0.7厘米的梭形断裂痕迹。断裂面两侧均有非同心弧波状痕迹加工面，似乎两侧的波纹是围绕中部的断裂面形成的，左侧非同心弧波状痕迹加工面残长11.3、宽6.1厘米，右侧非同心弧波状痕迹加工面残长11.1、宽4.8～5.75厘米；加工面除因材质不良遭土沁形成较大面积蚀状疤痕外，其余大面积加工痕迹均极其细腻光滑。这种加工痕迹，极类打击法制做石器时，打击石质细腻的岩石，制做出石条、石片后，在石核或石条、石片的破裂面上留下的波痕。但那种痕迹类似蚌壳表面的同心弧波痕，而这种痕迹为非同心弧波状痕迹。

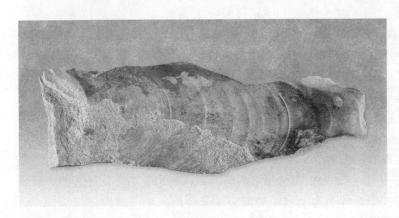

图一三　乙石料第三个加工面

2. 乙石料及其加工痕迹，乙石料（图一一）长16.9、最宽5.9、厚1.9～3.3厘米，图一一是该石料在石材B面位置时的图像。届时，其左端被丙石料覆盖。图一二是该石料在石材C面位置时的图像；图一三是该石料在石材D面位置时的图像。届时，其左边大部分被甲石料覆盖，仅右端露出。这样，乙石料的三个加工面均作了展示；其余三个面，一为自然石面（参见图一），二为与丙石料之间的断裂面，三为石材端面。其第一个加工面（图一二）为石材原生加工面的一部分，留有石材C面第三、五、六组痕迹的一部分（参见

图一四　丙石料第一个加工面

图一五　丙石料第二、第三个加工面

图八）；除上右部的第六组痕迹为粗糙的断裂面外，第三、五组痕迹均细腻光滑。第二个加工面（图一一）与第一个加工面垂直，这是一处此前从未提及过的加工面，可称之为再次生加工面，长10.45、宽4.85厘米。由于石材断裂散失，此前即从石材B面中见过这个加工面的大部分。加工面上为大面积的、完整的、非同心弧波状痕迹，极其细腻光滑；仅左端断裂处留有凸起断痕。第三个加工面（图一三）亦与第一个加工面垂直，为次生加工面，残长14.1、宽2.2~6.5厘米。加工面左端的半椭圆形断裂面右上部，保存有长2.3、宽0.7厘米的梭形断裂痕迹，大部分断裂面因材质不良遭土沁，痕迹漫漶不清。加工面其余为大面积完整的非同心弧波状痕迹。痕迹上有因材质不良遭土沁的蚀状疤痕，其余均极其细腻光滑。乙石料的再次生加工面与次生加工面为两个平行的加工面，间距为1.7~2.5厘米，两个加工面的切入口水平间距约3.2厘米。

3. 丙石料及其加工痕迹，丙石料（图一四）长18.2、最宽6.3、厚3.5~4.6厘米，图一四是该石料在石材C面位置时的图片，可见其右侧下部已断裂散失。图一五是该石料在石材D面位置时的图片（图一五）。届时，其为甲石料覆盖，仅露出左端。此外，图一五还可观察到丙石料的第三个加工面，即右边上层断裂痕右侧下层的一小段残留的加工面。这样，丙石料的三个加工面均作了展示。第一个加工面为石材原生加工面的一部分（图一四），留有石材C面第一、二、三、四、五组痕迹（参见图八），各组痕迹均极其细腻光滑。第二个加工面为次生加工面（图一五），长10.9、宽4.85~6.1厘米，表面可见明显的非同心弧波状痕迹与大面积的因材质不良遭土沁的蚀状疤痕，非同心弧波状痕迹细腻光滑。第三个加工面（图一五右端下层）为再次生加工面，残长2.25、宽4.8厘米；亦可见明显的非同心弧波状痕迹，痕迹亦细腻光滑。这块石料是三块石料中加工痕迹与加工面最为复杂的石料。

三 绳切技术

以上，分别介绍了三块石料。为便于进一步说明问题，按照断裂痕迹先将乙石料与丙石料拼合到一起（图一六）。乙石料的第三个加工面与丙石料的第二个加工面形成一个统一的加工面，并与甲石料的第二个加工面互相对

图一六　乙、丙石料拼合而成的次生加工面

图一七　上：甲石料　下：乙、丙石料

应（图一七）。上、下两边的四幅非同心弧波状痕迹两两相对，中间对应的椭圆形断裂面因材质不良遭土沁，大部分痕迹不清。但甲石料椭圆形断裂面右下的梭形断裂痕，与乙、丙石料拼合而成的椭圆形断裂面右上的梭形断裂痕完全吻合，说明将这三块石料拼合成一件石材是有充分科学依据的。这也为石材 C 面全部加工痕迹所证实准确无误。

1. 弧线绳切技术

由于甲石料与乙、丙石料之间保存了一个完整的、封闭的、不受外界干扰的次生加工面空间，下面，先从次生加工面开始讨论。

（1）弧线绳切技术

通过以上讨论，以及石材 A 面、C 面图，完全有理由相信，石材是被处于一个平面上的两条又窄又深的切口切割为甲石料与乙、丙石料两部分的（但并未完全分开，后面将详述）。这两条切口是由石材的两端向中间切入，直抵中部的椭圆形断裂面所在的位置。其切割痕迹留在了被分割的石料的对应面上，均为非同心弧波状痕迹，表面极其细腻光滑。根据现有的科学知识与生活常识，在石器时代，这种切口与切口两边的切面上的细腻光滑的非同心弧波状痕迹，只能是由细长的软性物质，以水为介质，反复带动细砂粒切割而形成的。在开始切割的时候，切口边缘的棱角是主要受力点，这两个部位的石材更容易被细砂研磨脱落。所以切口呈弧形切进。当然，不可能是标准的圆弧，而是呈抛物线状的弧。其切进方向只能是向非同心弧的弦的垂直方向前进。这种细长的软性物质，只能是植物纤维、动物皮条或动物筋编制的绳索。绳索的纹理可以带动细砂，而在水的作用下，细砂不会对柔韧的绳索造成大的磨损，却可以将接触部位的石材消磨掉，形成切口。由于切口是弧形切进的，因此，可以称之为弧线绳切技术。这种技术只适用于沿长轴方向剖开窄长条形石材的切割。

（2）椭圆形断裂面与弧线绳切技术

甲石料的次生加工面，是破解石材弧线绳切技术的关键加工痕迹。它包括两边的两幅弧线绳切痕迹与中间的椭圆形断裂痕迹三部分。从石材两端向中间切进的切口并未连通，而是在两条切口中间留下了一个石核。需要连通切口时，用砸击法打断石核即可，比继续用绳切技术切断余下部分省事得多。从技术上和实际操作上都应该如此。因此，弧线绳切痕迹与椭圆形断裂痕迹是不可分的，即椭圆形断裂面是弧线绳切技术的必然组成部分。

2. 弧线绳切技术加工面间距

石材 A 面（参见图一）是一个保持比较完整的自然石面，它展示了三条切口。如前所述，这三条切口涉及四个次生加工面和两个再次生加工面。三条切口的终点即石材的中部，可观察到与形成三条切口有关的三处弧线绳切痕的侧面。此外，在石材左侧切口的起点，即石材左上方，亦即丙石料的左端，有一道直指右上方的弧线绳切浅痕（这道浅痕与石材左边的那条切口有关，将在后边详述）。这三处切痕和一道浅痕的宽度，应是三条切口的间距，或曰四个次生加工面、两个再次生加工面间距的平均值。按从上到下顺时针方向排列，可将丙石料右侧的切痕编为 1 号切痕，甲石料右中切痕编为 2 号切痕，甲石料左中切痕编为 3 号切痕，丙石料左端的浅痕编为 4 号切痕。经测量，1 号切痕宽 0.32 厘米，2 号切痕宽 0.32 厘米，3 号切痕宽 0.32 厘米，4 号切痕宽 0.3 厘米。因此，石材的次生加工面与再次生加工面的间距平均值约为 0.32 厘米。也就是说，弧线绳切技术造成的切口，其间距仅 0.32 厘米，而其宽度约 4.8~6 厘米，深度则达 11~14 厘米。

3. 直线绳切技术

在现实生活中，按既定需要切割物体，是人们司空见惯的生活细节或生产工序。无论以何种方式分析任何材质的物体，都是以最小的断裂面或切面、最窄的切口来完成的。这是生活常识。这样做，最省时、省力、省材料。当然，特殊需要除外。断裂面、切口切入方向及切口两侧形成的切面与被切割对象垂直，是达到这一目的的自然选择。这种选择由于工具不同等原因，可分为两种情形。一为切口切入方向与两侧切面有夹角，比如一个木匠用斧头横向截断大木头。一为切口切入方向与切口无夹角，比如木匠用锯截断大木头。后者当然是最佳选择。现在回到原生加工面继续讨论。石材 C 面是石材与另一石块分割时留下的切面（含小面积断裂面）。这个切面的形成应该符合上述规律。

（1）石切技术

石器时代分析石材，除打击、砸击外，主要靠研磨。如所熟知的用一块较硬的尖锐石块，在被切割的石材上，沿既定的切割部位，直线反复摩擦，即可形成两侧倾斜切面交汇于底部的断面为燕尾形的切口。这个 V 形锐角的平分线，就是切口的切入方向，并与被切割石材垂直。一般情况下，要在切割部位洒水，以加快摩擦速度和切割进度。当石材的一侧切割到一定深度时，或者说切口达到一定深度时，再在石材背面对应的一侧如法工作。当两侧切口即将对接时，再加一砸击的外力，石材即可断为两半，完成切割工序。但这种切割方式只适用于切割较薄的石材。石材太厚，随着切口的深入，切口两侧倾斜的乃至垂直的切面的摩擦力，将使切割工具

图一八　E 面向 C 面过渡

图一九　F-C 面

难以继续下切。如果继续强行下切，不仅工作效率大打折扣，而且会大量损耗被切割的石材，得不偿失。如何解决这一矛盾，石材 C 面的加工痕迹将提供十分圆满的答案。

（2）直线绳切技术

从石材的侧视图 E 面、F 面和 E 面向 C 面的过渡图（图一八）、F 面向 C 面的过渡图（图一九）观察，C 面作为六组加工痕迹形成的原生加工面与石材比较规整的自然面总体是垂直的。即这个切面与切口切入方向基本没有夹角。这个切口又窄又深，如同前面论及的弧线绳切技术的切口。但我们在 C 面上、下两边却看不到那种弧线绳切技术的非同心弧波状痕迹。例如第一组加工痕迹，即是研磨得非常细腻光滑的平整切面。这种切面只有将水作为介质，经细砂反复研磨才能形成。其工具只能是绳索，而不可能是其他工具，因此，有理由认为这也是一种绳切技术。根据第一组加工痕迹左下角遗留的直线切痕，可以将其称之为直线绳切技术。认真观察第一组加工痕迹，可以发现直线绳切技术并非是直线切进的，而是呈更大的弧形由上向下切进，即石材两端比中间部分切入得更深些，因为边缘部分更容易被细砂研磨脱落。直线绳切技术适用于宽厚石材的纵向或横向切割，可以最大限度地节约石材，如同用锯锯木头一样。

据观察与推测，以 C 面第一组、第三组加工痕迹为例，这种直线绳切技术的切口间距应与弧线绳切技术的切口间距相近（后面详述）；残存切口宽度 20～29.2 厘米，而切口深度则约 1～3.7 厘米。

以上，讨论了两种形式的绳切技术，它们各自的技术原理与加工方式、加工对象也基本明了。此外，两者对比还有以下重大区别。弧线绳切技术切口宽度与深度比值小于 1，直线绳切技术切口宽度与深度比值大于 1，这应该是二者之间除加工痕迹之外最大的本质区别。

4. C 面其他加工痕迹的形成

C 面共有六组加工痕迹，除上述第一组加工痕迹外，下面分别探讨它们是如何形成的。

（1）第二组加工痕迹是石切技术痕

对石材侧视图 E 面（参见图五）、F 面（参见图六）的观察，还可以得出如下结论，即石材上部切面（第一组加工痕迹）与下部切面并不完全在一个平面上。上部的切面基本与石材比较规整的自然面及中间的横向次生加工面—弧线绳切切面垂直，并从上边的甲石料延伸至下边的丙石料；而下部切面（第二组、第三组加工痕迹）向上的延长线与上部切面存在一个 10°左右的夹角，而且其本身也是由很难观测到的两个切面组成。根据切面靠边缘部位可观察到的平行摩擦痕迹，及其与中间的横向次生加工面—弧线绳切切面小于 90°的夹角，可以认定石材下部切面靠边缘部位，即第二组加工痕迹是石切技术痕。

（2）第三组加工痕迹是直线绳切技术痕

石材下部切面靠近中间部位的第三组加工痕迹，与第二组加工痕迹并不在一个平面上。它与中间横向次生加工面—弧线绳切切面的夹角更接近于 90°，而且其表面磨擦痕迹与第一组加工痕迹相似。因此，可以认定石材下部切面靠中间部位是直线绳切技术痕。即在第二组加工痕迹石切技术 V 形切口底部，用直线绳切技术继续下切；其切进方式与第一组加工痕迹一致，亦为一更大的弧形切进，这一点，在前面已经提及。

（3）第四组加工痕迹是砸击技术形成的断裂面

位于第一、三组加工痕迹交汇处的第四组加工痕迹，表面粗糙，是一个不大的三角形断面。这种痕迹只能是砸击技术形成的断裂面。只不过由于在第五组加工痕迹形成过程中，水、砂的作用使断裂面的边缘和平面不像正常砸击断裂面那样尖锐和粗糙。

（4）第五组加工痕迹是弧线绳切技术痕

位于第四组加工痕迹右方，第一、三、六组加工痕迹之间的第五组加工痕迹，根据其规范的非同心弧波状痕及其结尾处的半椭圆形断裂面，应是典型的弧线绳切技术痕。

（5）第六组加工痕迹是砸击技术形成的断裂面

位于第一、三组加工痕迹之间与第五组加工痕迹右倾的第六组加工痕迹，其粗糙尖锐的表面，是典型的砸击技术形成的断裂面，是 C 面的收尾工序。

四　石材加工程序复原

以上对石材的整体和三块石料作了细致的描述，并在此基础上探讨了令人惊叹的弧线绳切技术与直线绳切技术等石材加工工艺。这样就有可能复原石材加工程序，以便对新石器时代某些精细的石器加工工艺作深入研究。

1. 弧线绳切技术切口切入方式

在复原石材加工程序前，还有个问题必须探讨，即弧线绳切技术切口切入方式。这个问题的提出，是由于石材的某些加工痕迹必须加以说明。

从丙石料的俯视图，可观察到一个比较完整的弧线绳切技术加工面。加工面左端上、下两角可见明显的倾斜切痕。下边的倾斜切痕，可从丙石料的侧视图，（参见图一四）左上角看到其指向斜下方；上边的倾斜切痕，可以从丙石料的另一面的侧视图（图二〇）右部，看到其也是指向同一斜下方，并与石材端部斜面垂直。这道切痕在"次生加工面间距"那节曾提到过。由此，可以探索到弧线绳切技术切口切入方式。这种切口总是从石材的两端向中间横向切入的，而石材的两端

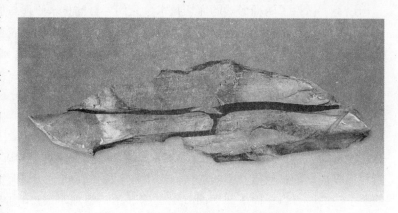

图二〇　右下为丙石料另一面侧视图

大都不规整。因此，加工工具如何切入切割部位是第一个必须解决的难题。如图二〇所示，在倾斜的石材表面切割的绳索，想横向由右向左切入石材是不可能的，或将十分艰难，费时费力，损耗石材。如前所述，只有先做出垂直于石材倾斜端面的切口，使绳索切入石材，然后才能按加工需要，由右向左横向切进。丙石料侧视下缘中间观察到的绳索磨痕（参见图一四），与上边的弧线绳切痕迹（石材 C 面第五组加工痕迹）是对应的，是它的一部分，是弧线绳切技术切口切入方式的另一个证明。在石材上至少还有 5 处痕迹可以证明这种切入方式，此不赘述。

2. 加工程序复原

加工者有一块长约32厘米、宽约6厘米以上、厚约10厘米的长条形石头。他将这块石头三个比较规整的天然石面保留，而将另一个不太规矩的断裂（或天然）面（即6厘米以

外的部分）去掉一部分，得到一件长约32、宽约6、厚约10厘米比较规整的石材。然后，将利用这块石材加工成几件长条形石斧或石锛[4]。

工作是这样开始的，先用直线绳切技术在石材有些凸起的自然石面垂直下切，切割出C面的第一组加工痕迹（参见图八）。接着用石切技术在石材比较平坦的自然石面切割出第二组加工痕迹，然后再用直线绳切技术加工出第三组加工痕迹。工作进行到这一步，先用砸击法去掉可以打击掉的部分，出现了第四组加工痕迹。再用弧线绳切技术将砸击法不可能去掉的部分切割掉，加工出第五组加工痕迹。最后再用砸击法将最后的残余部分去掉，加工出第六组加工痕迹，形成前面提出的原生加工面。这是第一道大的工序，得到一件近乎偏长方体的石材。

第二道大的工序是加工次生加工面和再次生加工面。这些加工面都是弧线绳切技术造就的。首先，在石材两端先后相向横向切入，分别切进至中间停止；然后在石材一端的另一相应位置，再向中间横向切入另一个与已有切面平行的切面，也是切进至中间停止。似乎有意识的加工工序暂时进行到这里，因故终止了。现在看到的石材断裂为三块石料，其原因应为下葬时打碎所致。如前所述，还应有两块打碎的石料缺失。

五　无法回避的话题

组成石材的三块石料是从施工残土中清理出来的，开始并不为人们重视，随便放在地上。我们为这几块石料的奇异加工痕迹所吸引，并为不能用传统的加工方式合理解释而困惑。经过反复拼对，终于合并为一件石材。但又窄又深的切口以及切口两侧切面的非同心弧波状光滑细腻的加工痕迹是如何形成的呢？砸击石材形成同心弧波状破裂面的方案已被彻底排除。眼前这种加工面只能是在有介质的情况下，精细研磨而成的。新石器时代慢轮制作的陶器，其底部往往有弧波状痕迹。这是人们将加工成形的陶器泥坯从转动的轮上取下来时，用细绳切割陶坯底部留下的痕迹。受此启发，石材的切口似乎应是绳索带动细沙，以水为介质磨擦切割而成，并留下那种奇异的切面。也许是孤陋寡闻，没有什么前例可寻，当时大胆地提出绳切技术的概念[5]。这个想法一冒出来，石材各有关部分细微痕迹，也都得到了合理解释，有力支持了这种观点。文章写到这里似乎该结束了，但仍有两种现象必须加以研究。

1. 弧线绳切技术加工面观察

C面第五组加工痕迹是弧线绳切技术加工面。仔细观察，可发现其加工面比切口切入部分明显下凹，深约0.2厘米，好像挖出一个布满弧线切痕、表面光滑细腻的小浅坑（图二一、一四）。按理说，不应该出现切割工具运行轨迹之外的加工痕迹。切口的切进方向是水平推进的，绳索在切进过程中是绷得很紧的，不可能向下拐个弯切割出一个凹坑（其对应面当然是一个凸包）。必须对这个小坑给出明确答案，否则，提出的绳切技术会使人疑惑不解。

绳切技术的实质是以水为介质，绳索带动细砂往复研磨切割石材，实际是"砂切技术"。砂子比重比水重得多，在任何环境下砂子都是沉底的。绳切技术切口内也不例外。直线绳切技术，绳索在上，切口在下（不可能有其他方式），长长的切口内水与砂混在一起；绳索下方与两个侧面以砂居多，绳索上方以水居多。随着绳索的运动，其下的细砂向下切入。弧线绳切技术也可以这样设想，即绳索在上，切口在下。由于绳索沿弧线往复拉动，短短的切口内的细砂将很快从中间高两边低的切口两端滑落，绳索下几乎存不住细砂。弧线中部可能仅有少量细砂，将使绳索无法下切。因此，弧线绳切技术只能是横向切进，以延长切口内细砂存留时间。

（1）关于弧线绳切技术切面的凸凹现象与非同心弧波痕

在绳索横向切进的情况下，切口内的砂水混合分布情况与垂直下切基本相似。在绳索依赖其前进方向的细砂横向切进的同时，其下方的大量细砂由于受挤压被带动，也将对切口前进方向的斜下方石材造成磨蚀。这就是 C 面第五组加工痕迹的起始部分出现浅凹面坑的原因。这是弧线绳切技术无法回避的先天缺陷。而且，在一般情况下，这个缺陷可以改变切口切进方向。为了避免这种情况，需反复改正切口切进方向。其方法就是上下颠倒石材，即在切口切进到一定程度，以切口切进方向为轴，将石材翻转180°，以保证切口继续横向切进。这样，对于石材 A 面显示的两道切口边缘大波浪式的曲线就不足为奇了（图一）。不是加工者计划不周或技术不熟，而恰恰是计划与技术完善的体现。

石材 C 面第五组加工痕迹的起点附近的浅凹坑是个极端的例子。它也是以一个基本向侧倾斜的部位开始切割的，由于受到第一、二组加工痕迹的限制，使其切入点不能像其他弧线绳切技术切口起点那样向斜下方做大幅度切入，开辟切入点较困难，因此横向进度不大，却将其切进方向的斜下方造就出一个浅凹坑，将相反方向的第四组加工痕迹粗糙的断裂面也磨蚀得棱角全无。由于这个极端例子的启示，对其他弧线绳切技术形成的切面有了更深入的了解。与石材 A 面两道切口边缘的上下摆动相对应，甲石料的次生加工面与乙、丙石料的次生加工面的凸凹幅度是一致的（图一七）。甲石料左边的次生加工面，左端似略有突起，向右发展是大面积的略微下凹。与之对应，丙石料次生加工面左端略下凹，向右发展是大面积的略微突起。也就是说，加工伊始丙、乙石料在下方，甲石料在上方，待切口切进一定程度后，互相调换位置继续切进。右边的两个次生加工面与前述相同，只不过凸凹部位不同而已。

现在，弧线绳切技术加工面那些独特的非同心弧波状痕迹又是怎样形成的，似乎已不言自明了。弧线绳切技术的绳索在石材内横向切进时，每切进一步，都重复着切口向斜下方偏离的过程，加工者需依靠熟练的技术，在可能情况下尽力纠正这种偏离，于是就形成了那些独特的凸凹不平的波纹。但这种纠正仅仅是修正，不可能改变由于自然规律所决定的这种偏离。切口偏离到一定程度，得靠翻转石材来彻底解决偏离问题。也就是说，非同心弧波状痕迹是弧线绳切技术保证切进方向，绳索在切进过程中微调的结果；而切口边缘的大波浪式起伏的曲线，则是绳索从根本上改正切口切进方向的结果。

（2）关于弧线绳切技术加工面及其切进方向的判断

甲石料次生加工面是一个核心部位完整的弧线绳切技术加工面，对应的乙、丙石料的次生加工面因中间石核的联系，与其构成了一个完整、封闭的、无任何外部因素干扰的独立空间。任何观察者面对如此罕见的实物标本，都会得出一个相同的结论，即切口是由石材两端向中间切进的。在这个前提下，依据甲石料次生加工面各种加工痕迹的要素，首先，可以认定其他石质或玉质器物存留的同类加工痕迹的性质。对于弧线绳切加工痕迹要素不完全的器物，甲石料次生加工面给出的提示尤为重要。其次，可以帮助观察者辨识弧线绳切技术加工痕迹与砣具加工痕迹的区别。第三，可以使观察者把握某些器物残存的弧线绳切技术加工痕迹的切进方向。

2. 弧线绳切技术与直线绳切技术绳索比较

石材 C 面第一、三组加工痕迹是直线绳切技术切面，从第四组加工痕迹的两个底角（图五、一八、二一）、第六组加工痕迹上边的侧面，均可观察到残存的直线绳切技术切口底部的切痕，其宽度约 0.2 厘米，而弧线绳切技术切痕宽约 0.32 厘米。

图二一　C面第四、第五组加工痕迹俯瞰图

直线绳切技术可能是先将绳索绷紧，然后再用力下切。弧线绳切技术的绳索系法可能与前者一样，但由于用法不同，应该松弛得多。松弛的绳索在比较窄的切口里能增加绳索与切口的接触面积。由于绳索张弛不同，同一根绳索的粗细会有变化，那么切口切痕的宽窄也会有差别。当然也可能直线绳切技术与弧线绳切技术所用的绳索原来就是粗细不同的绳索。

3. 石材加工情景推想

继续探索：一位年届四十、经验丰富、技术娴熟的专业礼仪用具制作者，将采集到的一块石头，拿到专门加工场所。加工场屋内，有一座高及人腰的水池，池深 30 厘米左右，池内是细砂和水。

此人将石头放在水池内，没于池水和细砂中。一位老者站在池边，反复审视石头，将较凸起的自然石面朝上。他右手持一张长约 70 厘米、"弓弦"绷得很紧的弓，左手往没于水中的石头上撩着细砂。然后，将"弓弦"放在石头上，双手持弓，像拉锯一样开始工作。中年人双手用力将石头按牢，以免石头晃动影响老者工作。

不知他们工作了多长时间，石头被切割出深深的切口。老者把石头翻转过来，将另一比较平整的面朝上，放在水池沿上，以免沾水；用一块打制的有刃的石块在第一道切口的对面切割起来。感到石块下切很吃力的时候，他将石头放入池中，撩上细砂改用"弓弦"继续下切。不知又过了多长时间，老者将石头举起，仔细端详。中年人将石头放在屋内石砧上，用大卵石猛然砸下去。加工的石头不需要的部分被砸掉了许多，但两道切口间还遗留大块凸起的石茬。中年人将石头再次放入水池中，石茬朝上按牢。老者站在水池对面，将"弓弦"放松弛压在石茬开始处，略向自己身体斜下方用力，往复拉动"弓弦"。切入石茬后，老者调整姿势，将"弓弦"向身体方向用力，往复摆动。不知过了多久，中年人再次将石头放石砧上，用卵石猛砸下去。剩余的石茬基本全部被砸掉，他们得到了一件较规整的长条状石材。

老者将石材捧在手中，审视良久，对加工面上露出的一条浅色石带皱了一下眉头。中年人接过石材放在水池中按牢，老者像切割石茬一样开始工作。老者发现切口边缘有点往下偏，退出"弓弦"，让中年人将石材翻转 180°，将"弓弦"放回原先的切口内，继续刚才的工作。

他们不停地工作着，切口已近石材中部，老者从切口中又退出"弓弦"，将石材调转 180°，在另一端上开始了相同的工作。这道切口在平面上与先前的切口对应，也是在石材中部停了下来。这时，石材中间仅有 2 厘米左右的椭圆形石核相联系。为了便于中年人把持石材，老者并未将这处联系的石核砸击断，而是将石材再翻转 180°，在已有切口的上方大约 4～5 厘米左右的地方又开始了横向切割石材的工作。当切口将近石材中部时，老者突然倒下逝去了。大家经过一番商议，推举中年人继续老者的工作。在这位沉稳的中年人主持下，人们聚在一起，为老者举行了庄严的葬礼。大家为老者穿戴好，将他过去制作与佩戴过的东西，包括这件石材统统打碎，一起葬入墓中。

六　余　论

以上，分五个问题讨论了这件石材上的加工痕迹所蕴含的远古信息，也许还有许多信息有待探索。无论如何，以下几点意见是应另外加以说明的。

1. 玉器加工技术是由石器加工技术发展而来

这似乎是人们早就认可的不言而喻的结论，也是人类发明的石器加工技术的自然发展规律。如果对一般的磨制技术而言，大家看法不会有什么不同。对于像绳切技术这种较高级的技术，人们的看法就不一定相同了[5]。如前所述，绳切技术应为石质材料原始切割工艺中最晚发明的技术，当然也是新石器时代最高级的石质材料切割技术，并为玉质材料加工技术所用。这种技术一直延用到金属时代，四川广汉三星堆遗址博物馆展出的两块大玉料平整的加工面，据笔者观察，应是直线绳切技术加工形成的。

2. 绳切技术的水、沙环境

绳切技术离不开沙子和水，这也应是大家的共识。但实际情况怎样，人们没有实践。根据对石材 C 面第四组加工痕迹的观察，以及对其形成机制的研究和石材加工情景之合理推想，新石器时代的弧线绳切技术的施工环境应是在含沙的水中；直线绳切技术似乎也应在水中，但此说根据略显不足。

3. 新石器时代石器、玉器的根本区别

近年来，有论者在谈到石器与玉器界限时，在相当多的场合是依照它们的功能和制作技术来划分的。即石器主要是生产工具，也兼及一小部分佩饰品，它们的制作技术为打击、砸击、压制、磨制法；玉器主要是礼器和佩饰，它们的制作技术为绳切法、磨制法。小南山出土的这件石材的加工痕迹，完全可以改变上述看法。

在初始阶段，生产工具、装饰品和祭祀用具等并非分得很清楚，或者说是通用的。从后来的一些佩饰品和礼仪用品具有一些生产工具的形态可以得到解释，也可以从有些石质的礼仪用品，玉制的生活用品得到答案。实际上，人们在许多新石器时代遗址、墓葬中发现一些制作精良、体积较大但不适用的生产工具，其实就是礼仪用品。因此，石器、玉器的区别，仍应以材质为根本，而使用功能和制作技术，应居其次或不应作为两者之区别之标准。

[注释]

[1] [4] 佳木斯市文物管理站、饶河县文物管理所：《黑龙江饶河县小南山新石器时代墓葬》，《考古》1996 年第 2 期。

[2] [5] 叶启晓、干志耿、殷德明、孙长庆：《东域考古——鉴定文物纪行》，《北方文物》1992 年第 4 期；殷德明、干志耿、孙长庆：《饶河小南山出土玉器研究》，《出土玉器鉴定与研究》，杨伯达主编，紫禁城出版社，2001 年。

[3] 也有不同见解，有的学者将这件石材认定为玉器加工工具。田华、王承海：《倭肯哈达洞穴墓葬和小南山的 M1 出土玉器的比较研究》，《北方文物》2004 年第 2 期。

[6] 牟永抗：《试论中国古玉的考古学研究》，《出土玉器鉴定与研究》，杨伯达主编，紫禁城出版社，2001 年。

浅谈贵州原始农业起源与发展

刘恩元

贵州农业的起源与发展，具有悠久的历史。就其贵州原始农业文化历史发展状况、规模及文化内涵等领域，过去曾经有专家从不同角度进行过研究，并在省内外刊物发表过不少论述。本文现仅以考古报道过的有关农业方面的资料，论述贵州史前至秦汉时期农业起源与发展。请教于农业专家指正。

一 旧石器时代人类与生产工具

人类社会的经济文化特点与生态环境之间有着密切的关系，是人类学研究的中心问题之一。马克思在指出人类文化原始共同体形成的自然因素时指出，"不同的共同体，在各自的自然环境中，会发现不同的生活资料。所以，他们的生产方式，生活方式和生产物是不同的"。民族是在人类文化原始共同体的基础上形成的，各个民族的发展既然以一定的地域为根基，就不可避免地受到该地域的各种条件的限制和一定环境特征的影响，从而构成了各民族所属不同的经济文化类型，即在相似的生态环境下，操持不同生计方式的各民族在历史上形成的具有共同经济文化特点的综合体。这种经济文化类型最早可追溯到旧石器时代晚期或更晚一些时期。

贵州古代先民自古以来就生息繁衍在长江上游的乌江及珠江上游的盘江两大流域的肥沃土地上。他们为我们留下了丰富的文化遗产。据考古资料报道，早在20万年前，贵州桐梓、盘县、黔西等地就有古人类在这块土地上繁衍生息，创造出灿烂的文化，即生产工具——石器。1972年至1983年间在桐梓县岩灰洞发现距今约20万年前的"桐梓人"化石牙齿6枚，打制石器生产工具及石制品12件[1]；盘县大洞发现距今20万年左右的古人类化石牙齿2枚，打制石制器2000余件，生产工具主要有边刮器、凹缺器、锯齿刃器、端刮器、雕刻器、手斧、手镐等[2]；黔西县观音洞遗址发现距今10万年左右的打制石制品3000多件，其中有

作者简介：

1946年生于贵州。毕业后分配到贵州省博物馆工作。1983年初调贵州省文化厅从事文物管理工作。现在贵州省文物考古研究所任副所长，研究员。先后参加过兴义万屯、兴仁交乐、安顺宁谷、黔西化屋等地的古墓葬及普安铜鼓山春秋战国秦汉遗址和安顺宁谷龙泉寺汉遗址的考古发掘工作。研究方向为古夜郎国的考古与历史。先后撰写论文数十篇。

第二步加工的石器生产工具达数十件，其品种主要有刮削器、端刮器、砍砸器、尖状器、凹缺刮器及雕刻器等[3]；水城硝灰洞发现距今 5 万年左右的"水城人"牙齿化石 1 枚，打制石制器 53 件，第二步加工的石器生产工具仅 5 件刮削器[4]。桐梓马鞍山遗址发现距今18000～14000 年的古人类牙齿化石 4 枚，打制石器生产工具 170 多件，即刮削器、尖状器、斧形器、砍砸器及骨铲 1 件等[5]；兴义猫猫洞遗址发现距今 14000 年的"兴义人"化石下颌骨和股骨共 7 件，打制石器制品 1120 多件，生产工具主要有锤、刮削器、尖状器、砍砸器、锛形器、雕刻器等，骨器 6 件，角器 8 件，即骨雕、骨刀、角铲等[6]；平坝飞虎山遗址发现距今 13000 年左右的打制石器制品 700 多件，生产工具主要有刮削器、尖状器、砍砸器、雕刻器、斧形器等。骨角器 79 件，有骨锥、骨铲和角器等[7]；普定穿洞遗址发现距今16000～8000 年的"穿洞人"化石头骨、下颌骨、桡骨、胫骨和牙齿等 40 多件，至少代表 3个个体，打制石器制品 3000 多件，生产工具主要有石锤、钻、砍砸器、刮削器、尖状器、斧形器及锛形器。骨角器 1000 余件，即骨铲、骨锥、骨针、无刃骨棒、带叉扁骨器、扁体骨器（骨笄?）、打击骨制器、鹿角器等[8]；广顺神仙洞出土石器 5 件，有砍砸器、刮削器等。骨器 2 件，有骨铲、骨锥及蚌刀 1 件[9]；普定白岩脚洞发现距今 10000 年前的打制石器制品 1600 多件，打制石器生产工具有砍砸器、刮削器、石刀、端刮器、尖状器、雕刻器及凹缺刮器等[10]；毕节扁扁洞发现距今 10000 年前的打制石器制品 70 多件，打制石器生产工具有刮削器、砍砸器、尖状器等[11]；织金猫猫洞遗址发现距今 10000 年左右的打制石器生产工具 18 件，有刮削器、砍砸器、尖状器等[12]；威宁王家院子及草海发现距今 10000 年左右的打制石器制品 140 多件，打制石器生产工具主要有刮削器、尖状器等[13]；安龙观音洞遗址发现距今 9970～7080 年的人类骨骸头骨残片、肢骨和牙齿，其中以单个牙齿数量最多。从年龄而论，老年和少年个体颇多。打制石器制品数千件，打制石器生产工具主要有砍砸器、刮削器、尖状器、端刮器、修背石刀、凹缺刮削器和雕刻器等。骨制器数十件，可分为打制、刮制和磨制三种，磨制者较多，器形有骨锥、骨铲、鸟形器等，以及陶器残片[14]。据不完全统计，目前已知贵州境内旧石器时代晚期遗址上层发现含有可能属于较早时期的陶片地点已达 30 多处，即桐梓马鞍山，遵义凤帽山，威宁草海及王家院子，毕节老鸦洞，朱昌牛鼻洞，海子街马鞍洞，六枝桃花洞，兴义猫猫洞，广顺神仙洞等遗址。出土陶器质地均夹砂、粗糙、手制，陶色有红、褐、黑等，陶器多倾薄，大多数陶片表面饰绳纹、几何纹等。其时代最早可出现在 8000 多年的文化层中。例如在安龙观音洞遗址距今 8000 多年的文化层中就出土有陶器残片、打制石器、磨制石斧、石锛及骨器共存、骨器中有铲、锥和艺术品等，同时还出土了猪、牛、羊等 20 多种动物骨骸。兴义猫猫洞遗址上层出土有打制石器、磨光石斧、石锛、骨锥、骨刀、角器及陶器残片。威宁草海等地旧石器时代晚期遗址上层多出土有磨光石器、骨器、陶片与打制石器共存的现象，这为研究旧石器时代向新石器时代过渡提供了极为重要的实物依据。

从上述考古学和人类学资料充分表明，在这些遗址及所属地域上生活的古人类，就他们的主体而论，很可能与贵州境内古代夜郎先民有着密切的相互承袭的联系，其表现有以下几点：

首先是旧石器时代早、中、晚期的古人类在石器生产加工技术上有继承与发展关系——锤击法——碰砧法——砸击法——锐棱砸击法等。其二是旧石器时代晚期遗址的上层及周围多有新石器时代文化遗存，充分显示其相互衔接和承前启后的继承性，从而说明这些远古时代的人类后来没有灭绝，也没有迁徙，而是世代相传繁衍下来，成为贵州后来的原始居民。其三是这些古人类遗址在文化内涵上也具有互相承袭和相似性，例如在石器加工制作方面，新石器时代早期文化大都存在着打制和磨制石器并用，有的石斧、石锛仅打制成形而尚未磨制或局部有磨制现象，有的石器大部分磨制而局部尚未磨光，这一文化层中多有陶器残片出现。其四，这时期人们已定居生活，其生活资料来源主要是以渔猎、采集为其主要生活物质。其五，旧石器时代晚期人们已发明了火和使用火，从此人类已进入了一个新的时代。很可能人们已开始从事农业种植活动，步入原始农业的初创阶段。

二 新石器时代农业现状及生产工具

人类社会从旧石器时代晚期进入新石器时代，大约在一万年前后，这是人类历史的飞跃阶段。在农业没有发明之前，人类实际上是属于自然界的一部分。人类在蒙昧初开阶段，据《礼记·礼运》云："食草木之食，鸟兽之肉，饮其血，茹其毛，未有丝麻，衣其羽皮"。主要依靠采集、渔猎来维持生存。到了更新世晚期，由于地球环境产生的巨大变化，气温大幅度下降，气温的变化，使多汁浆果植物、水果等喜温作物减少，一部分植物灭绝，草本植物大量繁殖，原来主要依靠以木本植物为生活物资的人类面临着食物危机。从前以采集维持生活变得极为艰难，人类为了生存，不得不去寻找新的食物来源，便开始采集利用植物的根茎，草本植物种子作为人们生活物资，这便促使人们加强对草本禾谷植物的认识。人类为了四季之生存，开始贮藏食物种子以备食物匮乏的季节食用。在贮藏过程中，有时会自动发芽，结出和原来一样的种子，当人们发现这种"神奇"的现象时，便诱发他们把种子撒播在居住地周围的土壤之中，等待它发芽、结果和收获，这种类似于今天的农民从事农业种植行为，一旦拥有，便可以说是作为观念上的农业产生。农业的发明，标志着人类自身发展史上的第一次伟大革命，也是人类从蒙昧走向文明的主要开端。

当人类结束原始人的阶段，进入"新生代"的"全新世"，形成"现代人"时，"现代人"从而进入了一个新的时代。在这新的时代里，人类以崭新的姿态出现在历史舞台上，人们以"自力更生"的态度去对待自然，借助自然条件，通过农业生产进行土地开发，开创人工种植，创造出新的财富，不断改善生活条件。人工饲养家禽家畜，发明陶器、纺织、缝纫，开始兴起房屋等等。社会前进的步伐加快，不像旧石器时代那样要经过长达数十万年乃至几百万年，而是从公元前一万年左右到公元前三千年左右，其间只经过六七千年的时间，便完成了这一历史进程。在这一历史进程中，农业是由采集和渔猎经济发展的必然结果。这种"必然"是通过采集草本植物果实和贮藏的"偶然"性，为自己开辟了生活资源的道路。原始农业的出现，在人类社会进程中引起了一次大的冲动，掀起了生产工具改良的热潮。将从前旧石器时代的打制笨重、粗糙的石制生产工具逐渐淘汰，出现打磨光滑锋利的磨制石制生产工具。根据生活及生产的需要，便出现农耕使用的磨光石斧、石锛、石铲、石锄、石刀、蚌刀、骨铲等；农产品加工用的石臼、石杵、石磨；纺织及缝纫用的纺轮、骨针、骨锥；渔猎用的石镞、箭头、鱼钩和石网坠，以及生活用的陶器，这些生产工具和生活用具轻便而锋利，便于人们从事各种生产活动。

稻作农业的产生，据考古资料报道，可追溯到距今 10000 年以前，20 世纪 90 年代考古工作者分别在江西万年仙人洞、吊桶环发现距今 12000 年前的野生稻植硅石标本和9000～10000 年前的栽培稻植硅石标本[15]，这是迄今为止发现世界上最早的水稻标本。湖南考古界在道县玉蟾岩发现距今 10000 年前的稻谷化石[16]；澧县彭头山遗址出土距今 8000 年前的炭化稻谷[17]；河南省在淮河流域的舞阳县贾湖遗址发现距今 8000 年前的炭化稻谷[18]；湖南澧县八十垱遗址出土万余粒 8000～7000 年前的炭化稻谷[19]；浙江河姆渡遗址发现 7000 年前的稻谷[20]；江苏高邮龙虬庄遗址出土距今 7000～5000 年的炭化稻谷遗存 5000 余粒[21]；云南发现距今 4000 年左右的稻作遗存[22]；广东马坝石硖遗址出土距今 5000 年左右的炭化稻米数百粒[23]；1995 年贵州省考古所在威宁县中水大河湾新石器时代晚期墓葬中发现近百斤人工栽培稻谷遗存[24]。

上述地区不仅发现稻谷遗存，而且还在新石器时代遗址中发现农田水利灌溉设施遗迹。据目前已知先民们早在 7000 年前就已发明了人工灌溉技术。例如湖南澧县城头山遗址发现两丘水稻田，并在稻田西边的原生土层处发现一个圆形水坑，直径 2 米，深 1.5 米，水坑西有多道不深的小水沟及水坑，东边与水田毗连；江苏草鞋山遗址发现 6000 年前水田遗迹，四周有土埂，田东部及北部边缘有"水沟"和"水口"相通，在水沟尾端发现"蓄水井"[25]；浙江河姆渡遗址第二文化层发现距今 5700 年的木构水井；江苏江阴璜圹垮遗址发现水井 4 眼[26]；昆山太史淀良渚文化遗址发现用 2 米长的四至五块弧形木板围成的木板井壁水井[27]；以及在仰韶文化遗址和吴县澄湖遗址中发现水井多口[28]。

贵州农业的起源问题，从考古资料显示，贵州已发现 30 多处旧石器时代晚期遗址上层有磨制石器生产工具及陶片，其时间可上溯到大约距今 9000 年左右，有具体文化层位记录的，最早出现在距今 8000 多年前的文化层中。从调查采集及发掘出土的新石器时代农业生产工具和生活用具的有平坝飞虎山遗址新石器时代文化层出土有磨制光滑的石锛、石斧、石臼、纺轮、箭（矛）头、磨石、刮刀及骨铲、骨制刮刀，以及 1400 多块夹砂陶器残片和 3件彩陶片[29]。威宁中河发现的陶罐、陶钵、纺轮[30]；威宁吴家大坪新石器时代遗址出土有磨光石锛、石斧、磨石、陶瓶、陶罐[31]；威宁东山发现磨光石锛、石斧[32]；赤水土城发现磨制光滑的石斧[33]；榕江发现磨光的石斧、石矛、石镞等[34]；毕节青场发现有磨光石斧、石锛、石凿、石刀、石铲、刮削器、石锄[35]；威宁中水大河湾新石器时代墓葬出土有石凿、石锛及陶缸、壶、钵和百余斤稻谷；以及遵义、怀仁、贵阳等地区调查采集的新石器时代的农业生产工具和生活用具。新石器时代遗物遍布贵州 30 多个县市，40 多个地点，共出土磨制石器农业生产工具 300 多件。从分布区域划分，以贵州中部、西部、西南部为最多，东部和南部及北部发现较少。按器形及用途可分为砍伐树木杂草的石砍斫（砸）器、石斧、石锛；收割用的石刀、蚌刀，中耕用的石锄、石铲、骨铲；纺织及缝纫用的石纺轮和陶纺轮、骨针、骨锥等；粮食加工用的石臼和石杵等，以及贮藏粮食用的陶缸、陶罐。

上述考古资料充分表明贵州高原的原始社会居民早在新石器时代已从事稻作农业生产及其他生产活动。

贵州新石器时代居民磨制石器生产工具的使用及陶器的发明，标志着人类历史进入了一个新的时期——即农耕经济时期，陶器的发明与发展不是突然的，而是随着社会生产力的发展，以及其他因素互相关联的共同发展的结果。

新石器时代的到来，主要有以下几个因素：一是人类自身的进化因素，在晚期智人的基础上，人类大脑更加发达，原始的体质特征逐渐退化，进入现代人的阶段；二是社会生产力及社会经济的发展是一个重要因素。人们通过长期的摸索和尝试，逐渐由依赖自然、掠夺自然向开发自然、发展农业转化。人类在长期的生产实践和经验的积累过程，在生产工具制造技术上有了许多改进，打制石器逐渐减少，磨制石器显著增多，同时增加许多新的生产工具类型，如磨制骨角器的发现，陶器的发明，又引来了生产力的飞跃；三是人类的逐渐定居，农业经济的发展，开始出现家禽家畜的驯养；四是以磨光石器、陶器、人工纺织、缝纫为主体的加工业，为适应社会发展的需要而逐步趋向专业化。

随着社会生产力的发展，人类活动范围也日益广阔。磨制石器、陶器、骨器及纺织缝纫工具的发明与发展，表明新石器时代居民在生产工具加工技术上有了长足的进展，突破了旧石器时代打制石器工具的格局，也为原始农业的发展开辟了道路，同时说明人们在生产活动中已有了明确分工。

新石器时代居民，尽管农业已经发展起来，并成为人们生活物质的主要来源，但并不等于农业经济取代采集、渔猎经济，事实上，在原始农业阶段，采集和渔猎仍然是人类生活物质的重要补充。特别是在贵州，由于"刀耕火种"农业比较盛行，单凭农业物质的收获难以维持人们的生活。据地方志载"（苗）性好猎，能击飞鸟，出入山林，健步如飞"，又说"（瑶人）畜、粟、豆、牛、羊、鸡以为饷，不足以山伐猎兽而续之。"说明贵州从古至今的居民除从事农业生产创造固定的物质收入外，采集、渔猎作为人类生活物质来源的补充也是不可缺少的。

三 商周至秦汉时期的农业经济

人类从旧石器时代的打制石器开始，经历了数十万年的发展，到了旧石器时代晚期及新石器时代早期，除使用打制石器生产工具外，又新出现了打制和磨制骨角器和蚌器的加工制作，磨制石器生产工具，陶器制造业和纺织、缝纫的加工业，以及人类的定居生活和从事农业生产等，经数千年的发展，到了距今三千多年前，人类开始进入"铜石并用时代"，学会了冶铜和铸造铜器。例如毕节青场瓦窑遗址发展距今 3200 年左右的人类居住房屋遗迹 4 座，制陶窑址一处，青铜冶铸石范 6 件，磨制石器 73 件，器形有斧、锛、刀、杵、研磨器、支座、网坠等，以及大量的陶器残件，器形有陶壶、陶罐、陶碗、陶钵、陶豆、纺轮等 230 余件，还有铜手镯和骨笄等[36]；普安铜鼓山春秋战国秦汉遗址发现房屋 1 座，灶 2 座，陶窑 1 座。出土冶铸石范模 46 件，磨制石器 70 余件，器形主要有石刀、石斧、石凿、石臼、石杵、石坠、研磨器、网坠、箭镞、纺轮、支座等，以及大量陶器残件和铜刀、铜剑、铜钺、铜削、铜镞、铜钻、铜叉、鱼钩等。同时在 T34 第四文化层 F1 房屋及第一台地试 2 探方内发现距今 3910±140 年及 3855±190 年前的大量农作物炭化物——粟子（?）[37]。

秦汉时期墓葬中还出土有农业生产工具、陂塘稻田、水井、房屋、谷仓及家禽家畜模型。

农业生产工具主要分为铁器和铜器两大类。分别出土于赫章、清镇、平坝、安顺、黔西、兴义、兴仁及威宁等县市的汉墓之中，铁制生产工具有斧、铧、铲、犁、锄、镬、锸、刀、削、锤、钻、锥、凿等；铜制生产工具有锄、臼、杵等。

陂塘稻田模型　共 3 件，分别出土于兴仁[38]、兴义[39]的汉墓中。兴仁交乐 M7 出土的陂塘稻田模型为圆形，浅盘，平底。内底分为池塘和稻田，盘正中用泥条筑成象征性堤坝将盘内分隔成两部分，一边代表池塘，池塘内养殖有草鱼、鲤鱼、田螺及莲蓬、荷花、菱角，另一半为水田，田内有田埂将整块稻田划分成形状各异面积大小不等的 6 小块，田埂上均设有水渠口，以利田水互相贯通，水田与池塘之间筑有一涵洞，互相沟通。口径 47、高 5.5

厘米。M16 出土陂塘稻田模型，方形，浅盘，中间用泥条筑成堤坝将池塘、水田隔成两部分，一半为池塘，面积略大于稻田，内养鱼 3 尾。堤坝上装有闸门控制水位，闸外为一条水渠，渠中塑有青蛙、田螺等物，水渠两侧各有规整的长方形水田两丘，田内无农作物。长 72、宽 56、高 4 厘米。兴义 M8 出土的水塘稻田模型为椭圆形，宽边，浅盘，平底。盘内用泥条筑埂分为两部分，一半为水塘，一半为稻田。水塘内有鱼 2 尾，荷花叶 1 片，莲蓬 1 枝，菱角 1 个，荷花 1 朵。稻田中用泥系筑埂划分为 4 大块（丘），每丘田均有通水渠口，田中刻划有成排成行的稻苗（秧田）纹。水塘及稻田之间筑堰一道，中段设有通水涵洞 1 个，象征塘中水可灌溉稻田。涵洞上立一小鸟，展翅翘尾。盆内周壁刻划有树木 9 株。

陶井　10 件。分别出土于赫章可乐[40]、兴仁县[41]的汉墓之中，均泥质灰陶，井身呈洞筒状，平底。井口为盖板式，台上二穿孔，上有井台盘，盘中间为方形井口，井架为梯形，上窄下宽，带有穿孔，系用以支架辘轳，其中赫章汉墓出土一陶井内放置一小陶罐，可能用于取水。

房屋建筑遗迹及干栏式房屋模型　房屋建筑遗迹分别发现于毕节青场瓦窑堡遗址及普安铜鼓山春秋战国秦汉遗址之中。毕节青场瓦窑堡遗址发现距今 3200 年前的房屋遗址 4 座，分为地面建筑和半地穴建筑两种。半地穴建筑比地面建筑为早，该建筑系在原生土上向下掘成半地穴式房屋，平面形状呈圆角方形，面积为 3 米×3 米，穴深 0.9 米，南北壁部分为原生岩石，西壁为原生黄土，门道开于东壁下，宽 9.7、长 2 米。两旁为原生面。室内地面、门道和室前地面均在一平面上，室内正中有 3 个相邻的柱础洞，西北角有一大一小两个椭圆形浅洞，室内有两块不太规整、扁平光滑的石块，靠西壁排列，其上有明显使用过的痕迹，面上发现 1 件陶纺轮；在距半地穴房屋不远的 T10 第 4 层下发现 1 座圆形单孔露天小窑，直径约 0.9 米，整个窑体被烧成红褐色，窑的两侧积满烧土和碎陶片，几乎与窑面平齐，形成一个长条形堆积。在普安铜鼓遗址 T30 第四层发现地平建筑房屋 1 座。该房屋由 9 个柱础洞组成，为长方形，分南北两室，通长 3.85 米，东西宽 1.7~2.4 米，面积约 7.9 平方米。南室较小，略呈长方形，南北长 1.5、东西宽 1.7~2.4 米；北室略大，呈方形，南北长 2.35、东西宽 2.4 米，室内用五块平整的原生石作居住面。南室内及室外周围堆积有大量炭化农作物，分布面积约 8.5 平方米，堆积厚度不均。炭化农作物在一级台地的试探方第四层内亦有堆积，堆积厚度达 5~10 厘米不等。经用炭化农作物标本进行碳十四测定，年代分别为距今 3910±140 年和 3855±190 年。

陶屋模型　6 件，分别出土于赫章可乐 42 号汉墓和安顺宁谷 43 号汉墓之中。赫章可乐汉墓出土 5 件，其中 3 件为干栏式建筑。房屋呈长方形，分上下两层。房屋底层系碓房，内有双碓。上层为居室，以一壁横向隔成前后两部分，前部为廊，后部为室，壁中部开单扇门。廊中部偏右处设一方形立柱，柱下有础，柱上有拱，拱上承托撩檐枋。廊两侧各设一段栏杆。人字形房架，悬山式顶，两坡拍印板瓦，前坡中部近檐口处刻隶书"前"字，后壁及两壁均刻有柱、枋线条。通高 53、进深 31、上层阔 39.5 厘米。其二为长方形，一楼一底房屋，底部有四根圆形立柱，柱顶叉形，两柱间横向架设一枋，承托上屋房舍，房舍平底，分前后廊和居室两部，间壁偏右。开单扇门，房顶为硬山式，两坡印板瓦及筒瓦，脊檩两端各戳印有圆圈装饰，后壁及侧壁均刻有柱、枋线条，底层空旷无设施。通高 55.3、阔 50.6、进深 35 厘米。安顺宁谷汉墓出土陶屋 1 件，残破。呈曲尺形，有门两道，屋角设一羊圈，圈内有羊 1 只。同时还在贵州境内的墓中出土有陶仓和陶质及铜质的马、牛、猪、羊、鸡、狗和马车等，以及在安顺宁谷和赫章可乐遗址中发现大量的板瓦及筒瓦、瓦当。

通过对商周至秦汉时期考古发现中的农业信息初步分析，稻作农业经济在贵州地区已得到广泛的推广。铜制及铁制农具的广泛使用，极大地提高了稻作农业生产效率。同时，人们对农业生产和土地资源管理、开发及利用等方面的认识程度也不断深入，农业耕作技术也有了进一步提高。特别是秦汉时期的贵州稻作农业经济的发展，不仅可以满足人们物质生活的需要，同时也为这一时期的政治、经济及文化等方面的发展奠定了物质基础。

四 余 论

通过对上述考古资料的综合分析，贵州地区原始农业生产工具是丰富多彩的，数量多，种类也齐全，而且用于各个生产领域。众所周知，生产工具是衡量社会生产发展水平的主要依据，是当时社会生产力水平的指示器，可以说有什么样的生产工具就有什么样的社会经济。特别是史前社会的生产工具对社会经济，及人们的生活起着特别重要的作用。正如马克思在《资本论》中指出："要认识已经灭亡的动物的身体组织，必须研究遗骨的结构；要判别已经灭亡的社会经济形态，研究劳动手段的遗物，有着相同的重要性。"贵州境内出土史前时期磨制精良的石制生产工具，缝纫用的骨锥、骨针，都充分反映了当时制石、制骨的水平和技术的熟练。因为他们既是工具的生产者，也是工具的使用者，不断在使用中总结经验，改进生产技术，更便于生产使用，从而提高各行各业的生产水平。

农业生产工具，从砍伐、松土、播种、中耕、薅草和收割，以及粮食加工的器具应有尽有，大大地提高了农业生产水平，促进了农业生产的稳定发展。

当人类驶入原始农业初创阶段时，他们应是以刀耕火种为其主要生产方式。刀耕火种是较为原始的耕作方法，这种耕作方法存在于史前的世界各地，是农业发展演变的最早形态。特别是我国南方的西南和东南沿海一带古代部落民族，应是属于"火耕农业"经济类型。人们生活在茂密的亚热带森林及热带森林的环境中，在温暖潮湿的气候条件下，他们的经济生产仍以"火耕农业"或"耜耕农业"为主。而采集、渔猎经济，仍是他们生活中不可缺少的副产品。据史书，古代传说和民族学资料记载，陶唐时代一直到殷商时代的华北平原盛行火耕农业。《左传·襄公九年》云："陶唐氏之火正，阏伯，居商丘，祀大火，而火化时焉。相土因之，故商主大火。"《说文解字》注释"焚"字时有"焚烧田也，从火林。"由此可见从史前时期至殷商时期多有"焚烧田地"的轮种方法。《国语·鲁语》说："昔烈山氏之有天下也，其子曰柱，能殖百谷百疏。"夏瑚著《云南北界勘察记》记载独龙族的耕作是"无器亦犁锄，所种之地，惟以刀伐木，纵火焚烧，用竹锥地成眼，点种包谷，若种荞、稗黍等类，则只撒种于地，用竹帚扫匀，听其自生自实"。由此可见在南方从古至今许多边远山区居民都曾使用过纵火焚烧，竹木掘洞点种的农业生产方式。

"点耕农业"是我国农业之源，锄耕农业、犁耕农业是"点耕农业"的必然发展。"点耕农业"勾画出了我国农业生产的雏形，奠定了农业的基础，为农业生产开辟了新纪元，在人类历史上起过重要作用。"点耕农业"相当于考古学上的旧石器时代中晚期及新石器时代早期，原始人类经过数千年，乃至数万年的进化，生产力的不断发展，已由原始群阶段进入氏族公社的阶段，人们除采集猎获自然食物外，开始摸索种植农作物。

"锄耕农业"相当于我国新石器时代中、晚期，其社会发展阶段属繁荣的母系氏族公社和父系氏族公社时期，根据考古发掘出土的大量遗物资料研究得知，当时的农业经济是以原始的锄耕农业为主，在北方的农作物主要是粟，南方是稻谷。由于农业经济的发展，人类生活来源有了更多的保证，因此，人们已由游牧生活走向定居生活，从而出现了初具规模的氏族村落。

生产力的发展，生产规模的不断扩大，农业文化遗址面积由早至晚不断增加，稻谷遗存愈加丰富，是农业经济发展的重要标志。例如贵州威宁县中水镇中河新村新石器时代晚期墓葬中发现随葬稻谷 100 余斤，在普安铜鼓山遗址发现距今 3800 年左右的大量农作物炭化物标本以及贵州汉墓中出土的池塘稻田模型、水井、粮仓和家禽家畜陶俑、干栏式房屋建筑模型等。由此可以窥视当时农业发展的规模。这说明当时贵州地区的农业经济已相当普遍。

据《史记·西南夷列传》记载："西南夷君长以什数，夜郎最大"，"皆椎结、耕田，有邑聚。"《史记》概略地对贵州古代夜郎民族作了记述，并指出了夜郎民族以农业生产为其重要经济活动。"有邑聚"证实夜郎民族以定居生活。从贵州出土农业生产工具、稻谷、粮仓、稻田池塘模型及猪、羊、狗、鸡等家禽、家畜和商周至秦汉时期的房屋遗迹、干栏式房屋建筑模型等，充分说明贵州古代夜郎先民及夜郎民族早在数千年之前就已经定居从事农业生产，为后来贵州农业经济的发展奠定了基础。《史记》又云："唐蒙风指晓南越，南越食蒙蜀枸酱，蒙问所从来，曰：'一道西北牂牁……'。蒙归至长安，问蜀贾人，贾人曰：'独蜀出枸酱，多持窃出市夜郎'。"可见夜郎民族早在秦汉时期不仅大量发展农业经济，而且还修建城镇，与相邻国家建立经济贸易往来。

[注释]

[1] 吴茂霖等：《贵州桐梓发现的古人类化石及其文化遗物》《古脊椎与古人类》1975 年第 13 卷第 1 期。

[2] 黄慰文等：《盘县大洞的石器工业》，刘武等：《贵州盘县大洞发现的人类牙齿化石》，《人类学学报》1997 年第 16 卷第 13 期。

[3] 李炎贤等：《观音洞——贵州黔西旧石器时代初期文化遗址》文物出版社，1986 年。

[4] 曹泽田：《贵州水城硝灰洞旧石器文化遗址》《古脊椎与古人类》1978 年第 16 卷第 1 期。

[5] 张森水：《马鞍山旧石器遗址试掘报告》《人类学学报》1988 年第 7 卷第 1 期。黄泗亭等：《马鞍山南洞旧石器文化遗址试掘报告》《人类学学报》1992 年第 11 卷第 1 期。

[6] 曹泽田：《猫猫洞的发掘成果及其意义》《史前研究》1985 年第 2 期。

[7] 李衍垣等：《飞虎山洞穴遗址的试掘与初步研究》《史前研究》1984 年第 3 期。

[8] 曹泽田：《贵州省新发现穿洞旧石器时代文化遗址》《贵州社会科学》1982 年第 4 期。

[9] 谭用中：《广顺神仙洞旧石器时代文化遗址》《黔南文物志稿》。

[10] 李炎贤：《贵州普定白岩脚洞旧石器时代遗址》《人类学学服》1989 年第 8 卷第 5 期。

[11] 蔡回阳等：《贵州毕节扁扁洞的旧石器》《人类学学报》1991 年第 10 卷第 1 期。

[12] 王新金、蔡回阳：《贵州织金猫猫洞的石制品》《纪念黄岩洞遗址发现 30 周年论文集》广东省博物馆编 1991 年 10 月。

[13] 曹泽田：《草海第四纪哺乳类化石及人类文化遗物》《草海科学考察报告》1986 年 12 月。

[14] 蔡回阳、王新金：《安龙观音洞遗址首次发掘及其意义》《贵州古人类与史前文化》贵州民族出版社，1998 年 11 月。

[15] 赵志军：《稻谷起源的新证据（摘要）》《农业考古》1998 年第 1 期。

[16] 刘志一：《玉蟾岩遗址发掘的伟大历史意义》《农业考古》1996 年第 4 期。

[17] 湖南省考古研究所：《湖南澧县彭头山新石器时代早期遗址发掘简报》《文物》1990 年第 8 期。

［18］孔昭震等：《河南舞阳贾湖遗址八千年前水稻遗存及其在环境考古学上的意义》《考古》1996 年第 12 期。

［19］张文绪等：《澧县梦溪八十垱出土稻谷的研究》《文物》1997 年第 1 期。

［20］黄渭金：《河姆渡稻作农业剖析》《农业考古》1998 年第 1 期。

［21］王才林等：《高邮龙虬庄遗址原始稻作遗存的再研究》《农业考古》1998 年第 1 期。

［22］袁平荣：《云南元江普通野生稻分化的研究——普通野生稻与籼粳亲和性的初步研究》《农业考古》1998 年第 1 期。

［23］广东省博物馆：《广东曲江石硖墓葬发掘简报》《文物》1978 年第 7 期。

［24］张合荣：《贵州史前考古与农业起源问题》《农业考古》1998 年第 1 期。

［25］南京博物院：《江苏吴县草鞋山遗址》《文物资料丛刊》第 3 辑。

［26］尤维祖：《江苏江阴县璜塘发现四口良渚文化古井》《文物资料丛刊》第五辑。

［27］中国社会科学院考古研究所：《新中国的考古发现与研究》文物出版社，1984 年。

［28］陆耀华等：《浙江嘉善新港发现良渚文化木筒水井》《文物》1984 年第 2 期。

［29］李衍垣等：《飞虎山洞穴遗址的试掘与初步研究》《史前研究》1984 年第 3 期。

［30］张以容：《贵州威宁中河发现新石器时代遗物》《文物》1973 年第 1 期。

［31］宴祖伦：《威宁吴家大坪新石器时代遗址的调查》《贵州文物》1983 年第 1 期。

［32］宴祖伦：《威宁东山新石器》《贵州文物》1984 年第 1 期。

［33］禹明先：《土城发现新石器线索》《贵州文物》1983 年第 3、4 期合刊。

［34］宋先世：《贵州榕江发现石器》《考古》1986 年第 10 期。

［35］何凤桐：《毕节青场新石器》《贵州文物》1982 年第 1 期。

［36］席克定：《贵州毕节青场瓦窑遗址发掘简报》《考古》1987 年第 4 期。

［37］刘恩元、熊水富：《普安铜鼓山遗址发掘报告》《贵州田野考古四十年》贵州民族出版社 1993 年 12 月。

［38］［41］贵州省文物考古研究所：《贵州兴仁交乐汉墓发掘报告》《贵州田野考古四十年》贵州民族出版社 1993 年 12 月。

［39］贵州省博物馆考古组：《贵州兴义、兴仁汉墓》《文物》1979 年第 5 期。

［40］贵州省博物馆：《贵州赫章县汉墓发掘简报》《考古》1966 年第 1 期。贵州省博物馆考古组、赫章县文化馆：《赫章可乐发掘报告》《考古学报》1986 年第 2 期。

［42］严平：《贵州安顺宁谷汉墓》《文物资料丛刊》1983 年第 4 期。

安阳洹北商城的发现及其意义

刘忠伏

1999 年秋冬之际,中国社会科学院考古研究所安阳工作队在安阳殷墟遗址的东北外缘,勘探出一座规模宏大的商代城址。消息一经披露,便迅速引起了新闻媒介及国内外殷商史学界、考古学界的极大关注。

城址坐落在洹河北岸,隔河与今安阳市区相望,其西、南部与 20 世纪 60 年代初划定的殷墟保护范围相毗邻,部分略有重叠。根据城址的位置及城内发掘所获遗物不会逾越商时期的年代认识,发掘者将该城址命名为:安阳洹北商城。

城址整体深埋于现今地表下 2.5~2.8 米以下,平面近方形,方向北偏东约 13°,城墙用深褐色纯净土夯筑而成,土质密结坚硬。据东城墙解剖处断面观察,该段城墙厚约 10 米。高出原地表的墙体部分保留较少,不足 10 厘米,但墙体之下的基础槽保存完好,基础槽横截面呈锅底状,中部最深处夯土厚达 1.3 米。据钻探,城的东墙、北墙及西墙中、北段保存较好,西墙南段及南墙夯土质地较软,局部尚有疑问,有待继续勘查。但从整体情况判断,该城址四面城墙的长度每面都应在 2000 米以上,城址总面积超过 400 万平方米。

400 万平方米的规模,仅从面积而言,它已大大超过了学界已基本认定的商代早期郑州、偃师两座都城址,更远远超过了已知的商时期如山西夏县东下冯、垣曲商城、湖北盘龙城和河南焦作府城四座城址。一跃成为到目前为止,商代发现的 7 座有城墙的城址中规模最大的一座。

在勘探四面城墙的过程中,我们还组织力量对城内进行了多排探孔、较为密集的勘探。勘探情况表明,在城内东西、南北各 2000 米区域内,文化层堆积连绵不断。堆积较薄处一般为 40~50 厘米,厚处达到 2 米左右。特征较明显的遗迹有灰坑、墓葬、水井及多处夯土基址。如城址东部一处夯土基址,范围达到万余平方米。其内还可分辨出不同的单体基址。自 60 年代以来,这一区域内不时有重要的遗迹、遗物出土。如在 1964 年 12 月,三家庄村

作者简介:

1951 年生于北京。1975 年 8 月毕业于北京大学历史系考古专业。毕业后进入中国社会科学院考古研究所,在夏商周考古研究室工作,副研究员。30 年来一直深入考古工地,曾主持河南偃师商城遗址的发掘,还参加过河南临汝煤山、永城王油坊、偃师二里头等遗址的发掘。主要从事新石器时代晚期及夏商考古研究,发表过有关研究文章多篇。

东南约300米处，安阳市博物馆清理商代窖藏一个，出土铜器8件，包括鼎4件、甗1件、斝1件、钁、戈各1件[1]；1979年，安阳市博物馆在董王度村清理的残墓中又出土了两件铜器：1鼎、1镞[2]。

1980年夏，中国社会科学院考古研究所安阳工作队在三家庄村东为配合基本建设，清理了商代墓葬8座，其中部分墓葬出土有铜器和陶器[3]。上述地点出土的铜器中，有的铜器作为礼器，已显重器之风，显然不是一般平民或中小贵族所能应用的。在洹北商城尚未发现城墙时，有的学者论述：夏商周时期，凡面积特大、有青铜器窖藏，特别有大片夯土基址的遗址，皆非一般居落，而多与都城有关[4]。洹北商城在具备了上述特征之后，现在又发现了更重要的要素：宏大的城墙。就其工作来说，洹北商城的考古学发掘研究刚刚起步，在仅仅窥其冰山一角时，洹北商城便已经显示出了气势不凡的王都之相。这座气势不凡的王都在"载祀六百"的商王朝历史中处于何时？这座王都在有商一代"十七世三十一王"中为何王所建所居？谜一般地等候着学术界去解读，去破译。

盘庚迁殷与河亶甲居相

商人居地迁之频繁，史载有"前八后五"之说。"后五"应指商汤立国后国都的五次迁徙。五次中与安阳一带相关的即有二次。即商第十三代王河亶甲所迁之"相"和第二十代王盘庚所迁的"殷"。19世纪末，当甲骨卜辞被世人所识，并断认为商代文字继而得知其出土地为安阳西北小屯之后，安阳殷墟遂成为国内外学术界瞩目的热点。1928年，我国学者正式开始殷墟的考古发掘。在其后的近十年间，取得了一系列的重大进展和收获。这包括数万计的甲骨卜辞、数十座宫殿宗庙建筑基址、近十座王陵级墓葬及大量的各类文化遗迹与遗物。其中不乏国宝级艺术珍品。殷墟以其广阔的面积和丰厚的文化堆积使学界确信了这里即是"自盘庚迁殷，至纣之灭，二百七十三年，更不徙都"的商代晚期都城所在。这种认识一直延续到20世纪70年代前期。对殷墟作为晚商都邑地位提出质疑的日本学者宫崎市定及国内学者秦文生，他们认为殷墟从整体文化内涵上似不像晚商时期都邑，而更像是一处晚商时期埋葬或祭祀之场所[5]，但这种观点在国内外学术界和者甚寡。结合殷墟的整体布局及各类文化遗迹分布，学界仍笃信殷墟是盘庚至帝辛时期的晚商国都不会有误。

20世纪80年代初期，随着殷墟研究的深入，特别是甲骨卜辞、铜器、陶器、遗址、墓葬等分期断代体系的相继建立，有学者注意到殷墟历年发掘获得的遗迹遗物，绝大部分都是商代第二十三王武丁时期及以后的。早于武丁时期的各类文化遗存，在殷墟范围内只有零星分布，其内涵也不足以与王都相称。长期在安阳参加殷墟发掘的杨锡璋先生在1981年发表的《安阳殷墟西北冈大墓的分期及有关问题》[6]一文中，在对西北冈大型墓葬作了多方位分析研究后，指出相当于王陵的墓共有8座，并根据墓葬的打破关系、随葬器物及所作分期，将这8座王陵依次分配给了从武丁至帝乙的八个王。帝辛因牧野战败，自焚身亡，未埋在西北冈，"假墓"1567很可能是帝辛的未竟之穴。首次提出了盘庚、小辛、小乙三王建都的地点可能并不在安阳殷墟的观点。

杨先生的观点虽不算是定论，但在学界也有相当的支持。而且也有如《史记·殷本纪》"盘庚渡河南，复居成汤之故居"等文献的依据。由于盘庚、小辛、小乙三王居无所定，导致了1983年偃师商城发现后，有学者根据在二里冈上层时期城墙有过修补而提出了偃师商城先汤都后盘庚复都一说[7]。在20世纪80年代初直至90年代末的洹北商城发现之前这二十年，即使安阳殷墟作为王都可能不包括盘庚、小辛、小乙三王，但殷墟作为武丁及以后直至帝辛灭亡之时的商代晚期都邑的地位在学术界仍是没有动摇。

也正是由于殷墟已被学术界公认是商代晚期都邑所在，关于安阳也曾作为河亶甲建都之处一说，自然受到了长期的冷落。尽管古代文献中多处留有"亶甲城"、"亶甲塚"、"河亶甲故城在安阳西北五里"的记载，但更重要的原因则是没有得到考古学上的支持。在考古学上并没有发现与其时代相符又具王都之势的这类大型遗址，当然也就无从谈起。再是由于《括地志》也明确记叙了：河亶甲所筑之城"在相州内黄县东南十三里"一说，历来学者信之甚众。从而更导致了河亶甲建都安阳说的扑朔迷离。可以这样说，在安阳地区，也包括内黄，如果没有与之时代、规模相称的都邑型遗址的发现，不论是"河亶甲居相"说或是"盘庚迁殷"说，都将继续成为历史悬案。

与这一时期相称的考古学文化是什么呢？鉴于郑州二里冈下、上层和白家庄共三期文化，基本被考古学界确认为是自商汤灭夏开国都亳到仲丁迁隞这一历史时期；安阳殷墟大司空村一期文化代表了商王武丁及其早期的历史时段。这就表明，要探寻河亶甲时期或盘庚、小辛、小乙三王时期的文化遗存，只能在晚于白家庄期而早于大司空村一期的考古学文化中去界定。要确认上述诸王的建都遗迹，只有在符合其时代同时又具备了都邑规模的遗址中进行考察。这样，一些考古学者将视线开始移出传统的殷墟范围，在其外围或更宽阔的地带探寻与其条件相符的遗址。殷墟北部外缘，原来认为很小，但出土器物极为重要的三家庄、洹北花园庄、董王度等遗址成为了思考这一课题的学者们再次关注的目标。1996 年，夏商周考古学研究中一件具有里程碑意义的事件诞生了，这就是国家重点科研攻关项目"夏商周断代工程"的正式启动。断代工程"殷墟文化分期与年代测定"课题组为寻找"殷墟文化第一期遗存"的 ^{14}C 测年标本，在与安阳工作队讨论之后，也将发掘地点选在了曾数次发现"一期偏早阶段遗存"的三家庄、洹北花园庄一带。在 1997 年再次发掘后，该处遗址中反映的两层文化堆积，引起了课题组的高度重视。两层文化堆积，即遗址下层的文化更接近于郑州白家庄期，应是白家庄期的自然延续；其上层则早于殷墟的大司空村一期文化，但又与之紧密衔接。换言之，就是我们要寻找的与河亶甲居相时间相符的文化遗址和与盘庚、小辛、小乙三王时间相符的文化遗存同时在这里有了发现。但能否认定与都邑有关，遗址的规模及内涵将要起重要的作用。

从三家庄、洹北花园庄到洹北商城

三家庄遗址首次登录是在 1961 年中国科学院考古研究所安阳工作队与北京大学师生沿洹河流域进行为期两年的考古调查时发现的。当时根据地面采集陶片的范围，判断遗址的面积约 50 米×100 米。再后就是前文曾介绍过的 1964 年、1979 年、1980 年三次小规模的清理和发掘。发掘面积三次相加也不足 100 平方米。但其出土物却给发掘者留下了深刻印象。发掘者在认真分析研究后，一致认为："这些器物都具有较早的特点"，"其时代早于大司空村一期，晚于二里冈期"[8]。三家庄遗址从一个极普通遗址，到洹北花园庄特大型遗址的确认，应归功于 1998 年早春的一次用时仅 5 天，而且人数、规模都不算太大的钻探。参加这次钻探的考古所正式人员有三人，安阳队现任队长唐际根、笔者和技术人员崔良生，每人只带一二个探工，整个队伍不足十人。当然，探工都是在殷墟钻探多年，具有较强的识土经验的。从香港古物古迹办事处来队访问学习的曾志雄也参加了这次钻探。大家在查看了以往几次发掘地点后，便分成了三个小组，以三家庄村东 1997 年秋季发掘地点为中心，一组往北，一组先往南再西折，一组往东，开始了钻探。钻探的目的大家都明确：探寻遗址的边缘，确认该遗址范围。当天下午收工时，看着大家的笑脸，就知道了今天的收获不错：往北、往南、再西折的小组在各自纵深约 300 米的区域内，都发现了时断时续的文化层，厚度在 0.5～1 米之间，且埋藏深度、土色基本一致。唐际根带领的东路小组，越过花园庄村，在其村东的钻探中，首先遇到了面积不小的夯土。当晚，大家簇拥在地图前，按比例计算着遗址的范围，四周都不少于 500 米！连续不断的文化堆积，面积不小的夯土居然距 1964 年的铜器窖藏出土处仅 100 余米。由 5 千至 25 万平方米，仅一天时间，一处有"骨"有"肉"的大型遗址便一下跃然纸上了。

董王度村在 1979 年夏季曾出土 2 件铜器，此后近 20 年，安阳工作队与市博物馆均再未涉足其地。一个原因是注意力相对集中在了三家庄与洹北花园庄一带，毕竟那里的出土物更具吸引力。再一原因可能是洹北花园庄在西，董王度村在东，其中距离虽仅有 300 米，但其间却有两条"大动脉"从中穿过，即著名的京广（州）铁路和京深（圳）107 国道。望着车水马龙的国道和不断呼啸而过的火车，只是咫尺的道东道西，心理上却总有点隔山隔水的感觉。遗址范围已打到了铁道路基边，遗迹并未中断，道东如何？大家一致想到了越过国道，继续钻探，但是，首先想到和作出决定的，我记得应是唐际根。这一（理）念和这一（决）定却经过了整整 18 年时光（距考古队 1980 年的三家庄发掘）。但这一念一定却朝着这座巨型城址——安阳洹北商城的即将面世迈出了一大步。

跨过国道，在董王度村南地，沿着田埂，探工东西一字排开，面对探孔中带出的铲铲黑灰土，当时我们确实有些惊呆了。越往东越好。遗址的中心竟在这里！在路东！在以后的几天，大家也都是在兴奋中度过的。这几天，几个小组将遗址的范围又向东推进了近 500 米，穿过了董王度整个村子，在东部与之相接的韩王度村偏东处停了下来。停下来的原因，据当时负责这组钻探的人事后回忆：已经连续三铲未打到文化层遗迹了。以为就是边缘了（注：此次钻探，孔距 20 米，3 孔应是 60 米）。与此同时，南、北两组的钻探也取得了相应的进展。笔者在完成了南线钻探，又折向北线，在董王度村向北，推进了至少 600 米，但感触更深的是这一线所遇到的灰土文化层应该是最好的地点之一。当我们根据钻探情况再一次计算遗址面积时，东西长 1500 米，南北宽近 1000 米，总面积达 150 万平方米。研究殷商考古特别是都城考古的人，心中几乎都有几个数字：郑州商城 300 万平方米，偃师商城 190 万平方米，郑州小双桥遗址 140 万平方米。这几个都是学界公认的都城级遗址。这次由三家庄东开始的钻探，仅几天时间就使其具有了可同上述著名都城址对比的资格，几天前这绝对是不敢想像的。大家再回想几天的经历，铲铲都是经过我们的眼看、手掰，不会有错的。大家也从前几天的亢奋中冷静下来，都在思考着：这到底是个什么级别的遗址呢？它的背后还隐藏着什么秘密呢？由于遗址中心的东移，三家庄村显然已处在遗址的西部边缘，其位置已明显不能涵盖整个遗址了。唐际根先生力主将其名称改为：洹北花园庄遗址。

1998 年早春的这次钻探，无疑又在相对平静的殷商考古学界掀起了一阵不小的波澜。1998 年是殷墟发掘的 70 周年；1999 年将迎来甲骨文发现的 100 周年。中国社会科学院考古研究所已决定在安阳召开国际学术纪念会，纪念这两个重要的日子。距会议召开仅半年，在殷墟的附近又发现了一个"殷墟"，其学术意义将是不言而喻的。考古研究所、夏商周研究室和安阳工作队在会商之后，决定选择一处有意义的地点，进行发掘，将现场展示给会议，给学界提供一个研究讨论的基点。

1998 年秋，殷墟发掘 70 周年学术纪念会如期举行。果不其然，会议在对殷墟各种相关课题进行热烈讨论的同时，也有相当多代表的注意力被吸引到这处新的特大型遗址上来。供代表参观的发掘现场选的是认为有大片夯土基址的花园庄东地。但此次揭露出来的遗迹并不令人十分满意。发掘面积不足 400 平方米，其内的建筑呈不规则状，且面积为不足百平方米的偏小型建筑，甚至找不到建筑起码应具备的柱洞、墙基类遗迹；有墓葬，但也都是一些规模不大的小型墓。以这样的内涵，要来论证该处为商代何王所居，对实证性很强的考古学来讲，不免感到牵强。这样，会议中便听到了不同的声音；一些注重殷商考古学文化序列、框架结构研究的学者依然看重这个遗址，认为晚于白家庄、早于殷墟大司空村一期这一阶段，在殷商历史上应该是商王仲丁迁隞后，到盘庚迁殷前史称"比九世之乱"的历史阶段，是商代最动荡的时期。同样，在殷商考古学文化研究上，也是最薄弱的环节。如此大范围的这一时期文化遗存的发现，本身就具有重要意义。洹北花园庄的工作刚刚开始，随着发掘工作的展开，研究肯定将会不断深入。当然，也有学者根据现场所见发出质疑：遗址面积能否达到 150 万平方米？主要文化遗存的时代是否早到与白家庄期相接？目前遗址情况看不出能与商代都邑有何关系，有的甚至认为"大片夯土遗迹"同样值得怀疑。

会后，讨论洹北花园庄遗址年代、性质的文章仍不断出现于刊物之上[9]。表明洹北花园庄遗址仍继续受到学术界的关注。大家期待着新的或能令学界再次瞩目的发现。

1999 年初，唐际根已联系好了赴英国进修学习。殷墟又有数项发掘亟待进行。安阳队全体人员都投入了南部殷墟的工作。整整一个春季、一个夏季，洹北花园庄遗址处在了暂时的沉寂之中。

9 月中旬，考古研究所领导就洹北花园庄遗址秋季田野工作计划与安阳队进行了商讨。所、室领导在充分肯定了洹北花园庄遗址前段工作后，确定了 1999 年田野工作以钻探为主，同时辅以必要的考古发掘的工作思路。

10 月初，继续发掘 1998 年未清理的花园庄东地建筑基址和对遗址进行复核钻探。在时隔一年之后，再次拉开了帷幕。

这次钻探开始之时，除安阳队唐际根、刘忠伏二人，在安阳洹河流域进行区域地质考察项目的两名美国方面的合作者也参加了调查钻探。他们是荆志淳和瑞普·拉普。该项中美合作项目已进行了四年，主要是作地质方面考察，包括对洹河流域数十公里范围内的土壤沉积学研究，同时还对商代以前的古土壤进行孢粉分析采样。洹北花园庄遗址在 1998 年已被列入合作项目中需要重点调查的遗址之列。

10 月 10 日，钻探首先从遗址西部开始，人员还是 1998 年春的模式，以精悍为主，每人仅带探工 1～2 人，探孔的土铲铲观察，尽量做到准确无误。至 14 日上午，便基本完成了遗址西部的复查工作，其西部边缘向东收缩了约 100 米，南部却向南延伸了约 600 米。15 日美方领队瑞普·拉普和罗伯特·杜朴先生应中国社会科学院考古研究所之邀作学术报告，唐际根要充任翻译，一行于 13 日返回了北京。14 日下午，当结束西部钻探再次越过京广铁路、107 国道来到韩王度村东时，人员减少到了仅 4 人：刘忠伏、荆志淳与两名探工。对遗址东部边缘的核查，我们首先选在 1998 年原认为的（已连续钻探 3 铲未见文化遗迹）边缘之处。在其北约 100 米平行处作为起点，开始向东钻探。

站在韩王度村东，向东眺望，1 公里麦田外，便是与安阳市区相连的洹北区街道；东北处是距安阳老城 5 公里的十里铺村；东南则是东西宽 1 公里、南北长 2 公里的隶属国家体育总局的飞机训练场。

这是一片考古工作者从未涉足过的土地。

因此次钻探兼顾地质方面的考察，探孔间距定在 50 米，发生疑问或问题时，再加孔卡探。尽管孔距稀疏，但钻探结果再次让我们吃惊不已。从第一孔带出的土样便显示出明显的文化遗物，请看：

K16（该处的第一孔）：

深：0.3～1.2 米，晚期黄褐土堆积；

　　1.2～1.9 米，红褐土，含少量炭屑、烧土渣；

　　1.9～2.7 米，深褐土，一定的数量的木炭屑、烧土块，内含碎陶片；

　　2.7～3.5 米，深褐土，较纯净；

　　3.5 米，生土，黄白沙性夹料礓土。

K17（上、下堆积相同，略）

　　2.6～3.1 米，松软黑灰土，内含炭屑、烧土块和铜渣；

K22 1.3～2.2 米，红褐土，含少量烧土块、炭渣、陶片；

K23 1.3～1.8 米，红褐土，内含陶片；

　　1.8～2.6 米，深褐土，遗物增多，见骨渣、烧土、木炭屑及陶片。

典型的文化层堆积，笔者与荆志淳是隔孔记录。当记录完 K23 现象，站在此探孔边，激光测距仪显示的距离是：西距村边 380 米。面对一次次意料之外的进展，我们已能"平静"地把握心态了。我们期望着明日的收获。

15 日，接着昨日探孔继续东行。下午收工前，能确认包含着文化遗迹的探孔不间断地又前行了 12 个，仍是 50 米间距，这表明又东进了 600 米。K12 已位于麦田东缘，隔 10 米路便是建筑围墙，已无法钻探（注：11 月初，当东城墙发现后，K12 距东城墙不足 100米）。

16 至 24 日，在了解了东西线遗迹分布后，又选择了南北两条纵向线进行了勘探。A 线西距韩王度村 100 米，B 线西距 A 线 500 米。等于在这新的区域内完成了两个"十"字交叉。10 天的成果是：东西达到 2000 米，南北约 1500 米，将遗址面积从 150 万平方米定位到不小于 300 万平方米。

荆志淳博士现供职于美国威斯康星大学人类学系。他的本职专业应是地质学。在秋季半个月的合作勘探中，我们始终处在相当愉快和十分融洽的氛围中。他有着开朗、平和的心态和严谨高效的工作风格。他带的 2 万分之一的卫星地貌照片，使该次钻探能更精确的定位，更合理的选点，而激光测距仪又大大增加了野外工作的效率，在每天野外工作劳累之后，总是在晚上将白天所得收获和情况标在他放大的图上，使大家对工作进展一目了然。由于他要对文化层之下的原生土、古地层加以考察，要求每个探孔都打到了原生土，甚至以下更早的地层。这使我们考古学者也获益匪浅。不但加深了对这一区域古地层地貌的了解，也使该次钻探在地层与文化堆积的把握上，更具科学性。

由于行程安排，荆志淳于 25 日离开安阳赴京，准备返美。唐际根在送走瑞普·拉普一行后数日前再度返回安阳。当他知道遗址面积已不小于 300 万平方米后，秋季工作更加明确，由笔者继续负责洹北花园庄遗址钻探。唐际根因需办理访英签证，与荆志淳一同启程返京。

唐际根没有想到，他下月中旬赴英的计划会大大地推迟，二周后，他将再次返回这里，参加追探城墙的"战斗"。荆志淳也没有想到，他记录的探孔曾三次跨过西城墙、北城墙。其中"K11"距北城墙仅1米之差。11月初，当东城墙发现后，我们在追寻东墙与南城墙拐角处遇到"麻烦"时，已远在美国家中的他作出了"肯定往西拐"的正确判断。

笔者同样没有想到，仅在他们离开工地的第二天，就将探孔锁定在了"K13"处，再也没有离开。该孔西距东城墙不到2米，但中间却隔着一道南北长近千米的机场防护网。我们先是在"K13"处发现了大面积夯土，为了卡探其范围，孔距缩短到2.5米。在经历了8天对这片夯土基址进行细密卡探后，第九天，在这片夯土的西北缘靠近防护网的拐角处，终于一铲打到了盘踞在这里、沉睡了3000多年的这条"黑色巨龙"的身上。我们应该记住这一时刻：1999年11月4日下午3时。

这孔土出奇的硬，乃至探工刚一喊出土硬，便引起了笔者的注意，也迅即吸引了大家的目光。"没问题，质地如此细密坚硬，黑褐色略带黄斑，中间还可见烧土、炭屑等，应是夯土"。我用手掰着带出的土，分析着它的结构，探铲继续深入，耳畔可以听到沉闷的"咚、咚……"声，不是上好的夯土，不会发出这种声音的。

接下来的工作，便是依据田野考古中的常规办法，对其进行"卡、定、追"。确认了宽度、走向，这条呈南北向、沉睡着的"巨龙"，在探铲所到之处，开始十米、十米地展开了"身躯"。

5日收工时，长度180米。6日收工时，长度385米。

今年秋季，安阳队的前辈学者郑振香、杨锡璋、刘一曼、徐广德及原室副主任高炜先生一直没有离开过安阳。我们在洹北花园庄一线的钻探，先生们自始至终给予了极大关注。

6日上午，杨锡璋、高炜、徐广德先生来到了现场。面对探孔边码放整齐的土样，用手掰开，稍作观察，"肯定是夯土"，几位先生同时说。面对我们介绍的已知长度、夯土走向，一向出言谨慎的高炜先生此次却直截了当地说"没问题，应该是城墙！"郑振香先生看到拿到工作站的夯土土样，仔细观察后说："是夯土，还是不错的夯土。"

5日晚，当电话打到北京，唐际根得知发现大面积夯土和城墙的消息后，立即作出推迟去英，返回工地的决定。

7日晨，唐际根返回安阳，重新组织了力量，探工增加一倍。追探城墙成了安阳队1999年岁末工作的重中之重。

安阳发现大型商代城址的消息也以同样的速度在中原大地、在学术界不径而走。

城墙的东北拐角确认后，探寻北城墙是由东向西进行的，当北城墙超过1800米，将十里铺、韩王度、董王度、花园庄全部涵盖其内并继续西行中，我们遇到了在洹北花园庄东地正在发掘的同事，大家都有一种"会师"的喜悦。发出了"我们原来都在城内"的感叹。他们已在这儿工作了三个季度，他们的辛勤劳动，使洹北花园庄遗址日益受到学界瞩目，并在定位上产生了一次又一次的飞跃。在洹北花园庄遗址将要变为洹北商城之际，我们应该感谢他们的劳动，同样也该记住他们：安阳队副队长徐广德、科研人员岳占伟、何毓灵、岳洪彬和陈超、傅仲扬。当然，还有同样付出了艰辛劳动的钻探工人：张贵生、何振彦、霍会军。

2000年元旦过后，来自北京、国家文物局、中国社会科学院考古研究所、历史研究所及河南省文物考古研究机构的 20 余位专家学者冒着新千年的首场瑞雪，莅临安阳，对城址进行了现场勘察和讨论。学者们对该城的发现一致给予了高度评价，认为是商代考古的重大突破，是国家重点科研攻关项目"夏商周断代工程"启动以来最重要的收获之一。有学者指出：1899 年甲骨文的发现，揭开了商史、商文化和殷墟研究的第一页，1928 年我国学者对殷墟的首次考古发掘使殷墟研究走上了近代科学道路。百年之际，洹北商城的面世，则将殷墟研究推向全新的第三阶段。

春节前夕，考古所领导又欣喜地收到了李铁映院长"请向考古所的同志、现场发掘的同志表示最热烈的祝贺，祝同志们新世纪、新千年好"的贺辞。

当然，就目前材料，还难以得出这座城址具体为商代何王所居（都），但我们相信，通过考古工作者辛勤劳动和学术界的共同努力，该城址一定能以清晰的面貌在为期不远的将来展现于世人面前。

[注释]

[1]［8］《安阳三家庄发现商代窖藏青铜器》，《考古》1985 年第 12 期。

[2] 孟宪武：《安阳三家庄、董王度村发现的商代青铜器及其年代推定》，《考古》1991 年第 10 期。

[3] 中国社会科学院考古研究所安阳工作队：《安阳殷墟三家庄的发掘》，《考古》1983 年第 2 期。

[4] 文雨：《洹北花园庄遗址与河亶甲居相》，《中国文物报》1998 年 11 月 25 日第三版。

[5] A，宫崎市定：《中国古代的都市国家及其墓地——商邑在何处》，《东洋史研究》二八——四；二九——二、三。

B，秦文生：《殷墟非殷都考》，《郑州大学学报》1985 年第 1 期。

[6] 杨锡璋：《安阳殷墟西北冈大墓的分期及有关问题》，《中原文物》1981 年第 3 期。

[7] 彭金章、晓田：《试论河南偃师商城》，《全国商史学术讨论会论文集》，《殷都学刊》增刊，1985 年第 2 期。

[9] 唐际根、徐广德：《洹北花园庄遗址与盘庚迁殷问题》，《中国文物报》1999 年 4 月 14 日。

补注：此文前一部分曾发表在台湾《历史》2000 年 5 期，这次发表全文，内容基本未作改动。

中国古代陵墓制度的发展

高崇文

中国的考古资料中，墓葬资料是最多、最丰富的。墓葬资料反映了当时社会的思想、文化、制度等方方面面，是中国古代社会历史发展的一个缩影。对墓葬的研究，可以获得古代社会发展的多方面信息。本文仅就中国陵墓制度的产生和发展试作粗浅探索。

一

文献记载，中国古代的墓葬本来是"不封不树"[1]、"皆无丘垄"[2]、"与平地齐"[3]，是没有坟丘的。到春秋时，孔子将父母合葬于防，"封之，崇四尺"[4]，开始做了不大的坟丘。文献还记载，东周时期尤其是战国时期已开始按等级做坟丘了。《周礼·冢人》载："以爵等为丘封之度与其树数"。《吕氏春秋》也说"营丘垄之大小高卑厚薄之度，贵贱之等级"。从考古发现看的确是春秋出现坟丘，战国就比较普遍了，与文献记载相吻合。

一般地说，中国新石器时代流行公共墓地，墓上没有坟丘，所以往往有年代相近的墓葬相叠压或打破的现象。但到新石器时代晚期，有的区域也出现了特殊的埋葬形式。如辽宁牛河梁发现20余处红山文化墓地，每个墓地有1~6个积石冢，每个冢都用石头砌成三级台阶状，平面呈正方形或长方形，个别的为圆形，其中有一个大墓和若干小墓。冢子的周围用彩陶筒一个紧挨一个地摆放一圈或两圈，外观很像日本古坟上的埴轮，显得十分壮观[5]。另外，在长江下游的良渚文化中，一些大墓往往择地筑成土丘，再在上面挖墓埋葬，以形成专门的坟山。有的大墓则是安置在原先筑起的祭坛上[6]。这些区域的大墓虽然都埋葬在人工筑起的土丘、台地或祭坛上，但与东周时期按等级而封的坟丘不是同一性质。

商代和西周时期的墓葬，目前还没有发现带封土的，但有的大墓墓口上开始有特殊的标

作者简介：

1948年3月生于河北盐山。1975年于北京大学历史系考古专业本科毕业，留校任教，从事战国秦汉考古的教学与研究工作。现任北京大学考古文博学院院长、教授、博士生导师，兼北京大学赛克勒考古与艺术博物馆馆长。曾任日本京都国际日本文化研究中心客员教授。参加和指导过湖北黄陂盘龙城、江陵纪南城、当阳季家湖、宜都城背溪、山东栖霞杨家圈、青海贵南尕马台等遗址的田野考古发掘工作。发表《试论长江中游原始文化的变迁与古史传说》、《楚器使用礼制考》、《中国古代都城礼制文化的形成》、《西汉诸侯王墓车马殉葬制度探讨》等论文40余篇。

志。如安阳大司空村墓和妇好墓，在墓口之上都发现有略大于墓口的夯土房基，许多学者认为这是墓上所建的用以祭祀的享堂[7]。河南浚县辛村 1 号西周墓，在墓口之上发现有 1.5 米厚的夯土，此有可能是墓上封土的遗留，或也可能是享堂基址[8]。

经考古发掘证实，春秋时期开始出现坟丘。河南光山县发现的春秋早期黄君孟夫妇墓，据简报，墓上原有高约 7~8 米的封土[9]。在黄君孟夫妇墓西北 165 米处，发现黄季佗父墓，时代也属春秋早期，该墓俗称"天鹅墩"大冢，据说原封土堆高达 10 米左右[10]。河南固始宋景公之妹句吴夫人墓，墓口之上有人工夯筑的封土高 7 米、底径 55 米[11]。另外，在安徽淮南蔡家岗发掘的两座蔡国墓，年代比句吴夫人墓略晚，可当春秋战国之际，此两墓上均有高约 4 米的封土[12]。进入战国时期，坟丘的出现已经相当普遍了，一般大中型贵族墓都筑有高大的坟丘。在对墓葬的称谓上也有变化，春秋以前称墓葬为墓，战国时开始称丘墓、坟墓、冢墓、陵墓，均有突起地面高大之意。如赵肃侯十五年（公元前 335 年）起寿陵，不久秦惠王起公陵，楚国则将其祖先的墓地称为夷陵。之所以称陵，就是因为各国国君的坟墓都筑得十分高大，简直像座山陵。河北平山中山王陵、易县燕下都的燕王陵、邯郸赵王陵、山东临淄齐王陵、湖北江陵楚王陵、陕西芷阳秦王陵等都有像小山一样的高大封土[13]。

坟丘的出现应当与墓祭有关。文献记载，古者"墓而不坟"，"古不墓祭"，而进行庙祭[14]。但从考古发现看，古者也不是绝对不进行墓祭，如安阳商代王陵区有规律地分布着大量人牲祭祀坑，说明商代王陵是进行墓祭的[15]。又安阳妇好墓等设有享堂，也应是用以祭墓的。"古不墓祭"应是针对商周时代的庙祭而言。王充《论衡·四讳》云："古礼庙祭，今俗墓祀"，应当就是讲商周时代注重庙祭。学者通过对殷墟卜辞的研究发现，商代祭祀祖先是用周祭制度[16]。所谓周祭，是指殷商王室用五种祀典轮流而又周而复始地祭祀成系列的先公先王先妣。除周祭外，还有一些对祖先的不成系统的祭祀典礼，被称为"特祭"或"选祭"。卜辞中还记载，商王祭祀祖先主要是在"宗"或"必"中进行。从字形上分析，"宗"上面宝盖字头是屋宇之形，"示"则是神主的象征。故《说文》云："宗，尊祖庙也"。于省吾先生考证"必"为"祀神之室"[17]。"宗"和"必"正是商代祭祀祖先的宗庙。周代是靠宗法制度来维护统治的，为了强调宗法关系，特别重视庙祭，各级贵族均按礼制立庙。《礼记·王制》云："天子七庙，三昭三穆，与太祖之庙而七；诸侯五庙，二昭二穆，与太祖之庙而五；大夫三庙，一昭一穆，与太祖之庙而三；士一庙。"周代各级贵族均按礼制到庙中祭祖。从西周末年开始，周天子的势力日渐衰微，诸侯势力迅速增长，先后出现了春秋五霸和战国七雄的局面。这样，维护周天子统治秩序的宗法制度和礼乐制度遭到了破坏，庙祭也开始松弛，一些贵族不到受宗法控制的宗庙中去祭祀，而是到自己的祖坟上去祭祖。于是，用以表示尊贵、地位和权力的坟丘也随之出现了。

二

中国古代墓葬，从春秋开始出现坟丘之后，战国时期的国君及高级贵族墓已普遍盛行，发展到秦汉时代，墓上构筑坟丘已成定制。而与坟丘制度相关的陵寝制度也是在这一时期形成的。

从墓地的变化考察，中国新石器时代流行公共墓地，墓葬的大小、埋葬方式和随葬物品都没有显著的差别。有一个时期甚至还流行多人合葬，一个墓中埋葬几个以至几十个人的骨骼，这明显是强调集体和平等原则，是原始共产制社会的一种体现。但这种情况到新石器时代末期就开始变化了。一些墓地中出现了大墓和小墓，或者是大、中、小墓的差别。不但如此，各个墓地之间的差别也很显著，有的墓地只有小墓，有的墓地有小墓和中等墓，只有个别墓地才有大墓。这些现象说明，社群之间的发展是不平衡的，强大而富裕的社群有可能对较小的社群实行某种程度的控制与剥削。也说明当时社会已开始分化，出现了贵族与平民的分野。

夏代的墓葬发现比较少，情况还不清楚。商周时期的墓发现的比较多了，从墓葬的分布看，是实行氏族族葬制。如在安阳殷墟发掘的几处墓地，根据所出铜器上的族徽，说明是分族埋葬的公墓。但每个墓区都有不同等级的墓葬，说明商代的族葬制，也无不渗透着阶级关系和等级观念。安阳侯家庄至武官村一带发现的十几座商代最大的墓，据考证为盘庚迁殷后商代诸王的墓，这是目前确知的第一个商王族葬的墓区[18]。

周人灭商是以小国灭掉大国，不可能全部都实行直接统治，因而采取了封邦建国的历史性措施，即把自己同宗的血亲和姻亲等分封到各地进行统治。与此同时在王朝内部和各诸侯国都实行宗法制度，并且制定了相应的礼制。在埋葬制度上实行依血缘关系聚族而葬的"族坟墓"制。据《周礼·春官》记载，"族坟墓"分为"公墓"和"邦墓"。"公墓"是以国君为首的贵族墓地，由"冢人"根据血缘关系及等级进行族葬；"邦墓"是平民的墓地，由"墓大夫"根据血缘关系进行族葬。从考古发现来看，西周时期这种"族坟墓"制度是普遍存在的。

宝鸡弓鱼国墓地是弓鱼氏宗族的墓地，研究者根据葬制和随葬品的情况，将墓葬分为七个等级[19]。其中茹家庄弓鱼伯墓的墓主是弓鱼氏宗族的嫡长，又是弓鱼国的国君，其墓规模最大。另外几代国君墓的葬制也基本如弓鱼伯墓，只是略有差异。其他几类墓的规模则依墓主身份等级而逐次降低，这些墓的墓主人应当是弓鱼氏宗族中的下等贵族，有的则是弓鱼氏宗室的支庶，最低的可能是宗人或自由民。这是一处典型的依血缘关系聚族而葬的弓鱼氏"公墓"。类似这种同一宗族而依不同等级埋葬的情况，还见于北京燕国墓地、河南卫侯墓地、平顶山应侯墓地等[20]，是西周比较普遍实行的制度。

山西曲村晋侯墓地，时代属西周中期至春秋早期，比弓鱼国墓地略晚，埋葬情况也略有不同。此墓地九代晋侯墓皆夫妇并穴，墓穴设有斜坡墓道，葬具多为一椁二棺，随葬品有礼器、乐器、兵器、玉器和车马器等。青铜礼器多为五鼎四簋一套的组合形式，有的夫人墓为三鼎二簋。在每对夫妇墓的东侧都有附葬的车马坑，在墓道里面或近旁有祭祀坑，有的祭祀坑多达20个，坑内多殉马。此墓地除晋侯夫妇外，只有一墓旁边陪葬三座女性墓。很明显，此墓地是专门为晋国国君嫡系大宗而设的兆域，此种做法实开东周各国王陵之先河[21]。

春秋战国是一个社会大变革的时期，阶级关系重新组合，等级关系受到冲击，出现了所谓礼崩乐坏的局面，墓地的变化反映得更明显。各国国君的坟墓不仅筑起了显示墓主尊贵、地位和权力的高大坟丘，而且多数王陵还独自筑有宏大的陵园，以进一步突出国君的地位。如河北中山王嚳墓出土的兆域图所示，在一个大陵台上并列五座大墓，中山王嚳墓居中，王后和夫人墓居于两侧。墓的封土上建有三层台榭，称之为堂。整个陵墓四周又有两道城垣围绕，形成了一个十分壮观的陵园。河北邯郸的赵王陵也如中山王陵一样的设计。在邯郸赵王城的西北已调查有五个大的陵台，陵台之上都有数个高大的封土堆，有的是两墓相并，有的则是三墓成品字形排列。封土之上都有建筑。陵台四周有围墙。参照中山王陵的布局，每个陵台应是一位赵王及王后或夫人的陵园。河南辉县固围村魏王陵也基本是这样修筑的[22]。

战国时期各国王陵的修筑，在一定程度上为秦汉陵寝制度的形成奠定了基础。

秦国的埋葬制度有自己的传统。秦在都雍期间（公元前 677 ~ 前 383 年），十六位国君的墓地在陕西凤翔[23]，墓地的南西北三面有壕沟环绕，称为外隍；里面的墓葬分为几组，每组墓外有壕沟环绕，称为中隍；每一位国君墓外还有壕沟环绕，称为内隍。一些大墓上部发现有建筑遗迹，应是享堂，但没有封土。雍城的秦公陵还是遵循着"族坟墓"的"公墓"制度，较集中地族葬在一起，形成一个大的公墓区。战国后期秦国国君的陵墓位于临潼骊山西麓，均有高大的封土堆，秦王和王后两墓并列，周围有隍壕，每位国君开始营建自己独立的陵园了[24]。

秦始皇统一六国，建立了中央集权的政治体制，其陵墓建制也体现了他至尊无上的地位和权势。秦始皇陵园的设计是在原秦国陵墓制度的基础上并吸收了关东各国王陵的作法。整个陵园由两重城垣环绕，秦始皇墓上有金字塔式的封土，至今仍高达 47 米。内外城四面均设城门，外城东西门和南北门的连线正好相交于封土顶点中心。内城东北部又筑一小城，内有陪葬墓，均无封土。在内外城之间还设有供奉祭品的"骊山食官"遗址、管理陵园的园寺吏舍遗址等。陵园东侧有陪葬的王室诸公子、公主墓以及马厩坑、兵马俑坑等。秦始皇陵另一个大的建制是把原来各国陵墓建于墓上的享堂移于墓侧，成为寝殿、便殿。这些建筑遗迹在封土的北侧均已发现，从而证实了东汉蔡邕的"古不墓祭，至秦始皇出寝，起之于墓侧"的说法[25]，中国古代的陵寝、陵园制度至此时基本形成。

汉承秦制，在帝陵建制上体现得非常清楚。西汉从高祖刘邦到平帝，十一位皇帝中有九位葬于汉长安城北部的咸阳塬上，呈东西一排。文帝、宣帝则葬在长安城东南[26]。这些帝陵的布局主要有以下几个特点：

各帝、后陵的主体建筑格局是沿袭了秦始皇陵制度。皇帝和皇后陵丘均为覆斗形或谓金字塔形，此与秦始皇陵相同。一般皇帝陵居西，皇后陵居东，两相并列。各陵均设有陵园，除高祖刘邦和吕后陵为一个陵园外，其余皇帝陵和皇后陵均各自设陵园。陵园平面呈方形，四面中央各辟一门，陵墓坐落在陵园中央。在皇帝陵和皇后陵旁均筑有寝园，证明"秦始出寝，起于墓侧，汉因而弗改"，以及"汉诸陵皆有寝园"的记载是正确的。根据对宣帝杜陵寝园的发掘，寝园包括寝殿、便殿两组建筑[27]。《汉书·韦玄成传》载："又园中各有寝、便殿，日祭于寝，月祭于庙，时祭于便殿。寝日四上食，庙岁二十五祠；便殿，岁四祠。又月一游衣冠"。可见这两组建筑是供奉皇帝生前所用衣冠并定时进行祭祀的场所。

各皇帝陵都有大量陪葬墓，一般葬在陵园的东部，多是开国元勋、达官显贵或皇亲国戚之墓。如高祖长陵东部有 60 多座坟丘，据文献记载所葬有萧何、曹参、周勃和王陵等人。武帝茂陵则有卫青、霍去病、霍光、上官杰等人陪葬。这些陪葬墓有覆斗形、锥形、山形等形式，规模都很庞大。

从高祖长陵到宣帝杜陵，在陵园旁都设有陵邑，主要守护皇陵并供奉皇陵的费用，另一目的是便于控制关东大族。西汉初期的几个陵邑的守护者，主要是迁徙来的关东大族；西汉中期的几个陵邑，也是以二千石以上的官吏为主。但到西汉后期，汉王朝对陵邑大族不但不能控制，反而增加了许多麻烦。因此汉元帝时下诏罢置陵邑，自元帝渭陵开始，不再设置陵邑。

东汉十二帝陵除献帝禅陵在山阳外，其余十一陵都在洛阳附近。光武帝的原陵在洛阳东北的孟津，另外十陵的具体位置都不能确定。根据文献记载，东汉各帝陵都有高大的坟丘。

光武帝的原陵四周筑有垣墙，四面各有司马门，寝殿设在陵园内。自明帝显节陵开始，陵园四周不筑垣墙，改用行马，也四出司马门[28]。陵园内坟丘之前建石殿。寝殿和管理陵园的官寺吏舍置于陵园的东侧。东汉帝陵基本上是承袭西汉帝陵建制，但陵前建石殿则是首开新制，为以后帝王陵所沿用。

三

魏晋南北朝时期，陵墓的构筑相对比较简单。其原因，一方面是曹魏王朝提倡薄葬；再就是这是一个分裂割据时期，战争频仍，朝代更换频繁，历代朝廷的政治实力和经济实力大都比较薄弱，这种情况必然也影响陵墓的修筑。

据《三国志》记载，魏武帝曹操的高陵在邺城之西原上，魏文帝曹丕的首阳陵在洛阳东首阳山上。他们父子皆提倡薄葬，所以陵墓均不封不树，不建寝殿，不设园邑神道，地面上不留任何痕迹，"欲人之不得见也"[29]。西晋帝陵皆在洛阳，但具体位置也不知所在。

据文献记载，东晋帝王陵皆在建康，南朝诸陵或在建康或在丹阳。东晋、宋、齐、陈的帝陵已发掘了九座。通过对已发掘陵墓的研究及对其他陵墓的调查可知，东晋南朝的陵墓都是依山为陵，"背依山峰，面临平原"，这是南朝诸陵的统一葬法。墓室均开凿在山麓、山腰或山上，皆为大型单室砖墓，墓上一般都有高大的坟丘，陵前均辟有很长的神道，顺山坡直抵山前平地，在平地的神道两侧立石兽、石柱、石碑等大型石刻群[30]。陵前神道侧立石刻之制，为唐、宋各代所继承。

能确定的北朝帝王陵有山西大同方山北魏文明太后永固陵、河南洛阳北邙山北魏陵、河北磁县北齐陵、陕西咸阳北周武帝孝陵[31]。永固陵的陵园很有特色，坟丘呈正方形，现高约23米，坟丘之下是双室砖墓。在永固陵后有万年堂，是孝文帝的"虚宫"，前方为永固堂，是一座大型石殿。再往前是一寺院遗址，即文献所记的"思远灵图"。将佛寺也建入陵园之中，这是永固陵的独特特点。北魏孝文帝迁都洛阳，洛阳北邙山成了文帝迁都后的陵墓区。孝文帝的长陵、孝文后陵、宣武帝景陵的陵丘已基本确定，其他皇室及贵族墓也有较多的发现。学者研究认为，这一大墓区除有北魏皇帝、皇后陵外，还有"九姓帝族"、"勋旧八姓"和内入的"余部诸姓"及其他降臣的墓葬，并按制度进行分族而葬。这一葬法"保留着原始氏族族葬的遗风，与汉代以来帝陵的陪陵制度有所区别"[32]。

河北磁县县城南2公里一带为北齐陵墓区。这里分布着许多土冢，已发掘的茹茹公主墓、高润墓、尧峻墓等，均为皇室贵族之墓。1987年发掘的湾漳大墓被推测为北齐文宣帝高洋的陵墓。该墓坐北朝南，原有高大的坟丘，坟丘下为砖砌墓室，由墓道、甬道、墓室三部分组成。该墓早年被盗，所剩随葬品有二千余件，多为陶俑、陶牲畜、陶模型等。墓道、甬道和墓室壁都绘有壁画，内容丰富，技艺高超，是研究当时的礼制、社会生活、意识形态的重要资料。湾漳大墓是目前发现的北齐最高规格的墓葬。

1994年在陕西咸阳市东北发掘一墓，出土武帝孝陵志石、武德皇后志石、天元皇太后金玺，从而证实此墓确为北周武帝宇文邕与皇后阿史那氏合葬的孝陵。该墓地处咸阳塬北部，地势高亢，平坦开阔。墓葬坐北向南，由斜坡墓道、五个天井、五个过洞、四个壁龛及甬道、土洞式单墓室组成。该墓严重被盗，所余随葬品主要是陶俑及少量玉饰、金饰、铜带具等。对该墓的地面调查和试掘，没有发现陵冢封土、寝殿建筑、陵前石刻等遗迹、遗物。《周书·武帝纪下》记载，武帝临终曾有遗诏："丧事资用，须使俭而合礼。墓而不坟，自古通典。随吉即葬，葬讫公除。"武帝之前的明帝也有类似的遗诏："葬日，选择不毛之地，因地势为坟，勿封勿树。"1993年发掘的武帝之弟谯王宇文俭墓志中也明确写道："其年（建德七年）三月戊辰朔十七日甲申，葬于雍州泾阳县西乡始义里，率由古礼，不封不树。"其墓上确未发现封土。由此可见，北周皇帝和皇族成员的陵墓不封不树是遵从古代礼制。在这一地带，除发现武帝墓、谯王宇文俭墓外，还发现骠骑大将军叱罗协、仪同大将军王德衡、骠骑大将军若干云、上柱国尉迟运、大都督独孤藏等大中型墓。可见这一带是北周皇室成员及大贵族的陵墓区。

汉魏南北朝时期周边地区的墓葬，多具有独特的特点。如甘肃河西走廊一带，小墓多为洞室墓，大中型墓在洞室内砌砖室。地面上有砾石砌筑的截尖方锥形封土。在排列有序的墓冢四周，又用砾石堆砌成方形围墙，成为具当地特点的坟院。

东北地区的辽阳、沈阳、本溪、旅大以及辽西的朝阳、北票等地都发现有魏晋十六国时期的墓葬。这一区域的墓葬都是在长方形土圹内用石板、石块砌筑墓室，这是鲜卑族的传统葬制。有些较大型的石室墓内多绘有彩色壁画，内容多为宴饮、舞乐、出行、庄宅、庖厨、属吏等。至北魏时期，石室墓开始减少了，弧形砖室墓逐渐流行起来。

以桓仁为中心的浑江流域和以集安为中心的鸭绿江北岸分布着许多高句丽积石墓。墓葬一般建在地面上，用石块堆砌成墓圹或墓室。研究者将其分为六种类型[33]：

无坛石圹墓　是用河卵石或石块在地表之上堆成略呈方形或长方形的墓基，中间构筑石圹，石圹上面封以碎石。这类墓是高句丽墓中最早的一种形式，大概流行于高句丽建国（公元前37年）前后至5世纪。

方坛石圹墓　在碎石堆积的墓基四周，用大型石块或石条砌筑一方坛，在坛中间构筑石圹，再以碎石封石圹。这类墓的上限最迟不晚于东汉初年。

方坛阶梯石圹墓　与方坛石圹墓基本相同，只是外部方坛之上又加方坛，通常为三层，逐层内收，呈阶梯状，故称方坛阶梯石圹墓。此类墓大约流行于3世纪中叶至4世纪初。

方坛石室墓　四周为方坛结构，墓室筑于方坛中部地表，四壁或用规则的石块、石条砌成，或用整石板竖立而成，上面用巨石覆盖。多作平顶，也有抹角叠涩顶。墓道多偏向一侧。同一方坛石室墓，又有单室、双室、三室之分。双室、三室者，并行排列，各设墓道，互不连通，最后用卵石和碎石将所有墓室一起封包起来。这类墓发表的材料比较少，具体流行时代还难以确定。

方坛阶梯石室墓　此类墓的内部结构与方坛石室墓基本相同，只是外部为方坛阶梯结构。这类墓比较多，流行时间大约自3世纪末至5世纪。

封土石室墓　内部结构与方坛石室墓基本相同，墓室上用土封包，有的还在封土四周用石块砌以方坛或方坛阶梯。石室有单室者，也有以甬道相连的前后双室者。这类墓大约流行于4世纪中叶至6世纪之后。

从高句丽墓葬的发展变化看，内部是由石圹向石室发展，外部是由积石向封土发展。积石石圹墓是高句丽本民族的葬俗，而封土石室墓的出现，说明是受中原葬制的影响。

[注释]

[1]《易·系辞下》："古之葬者，厚衣之以薪，葬之中野，不封不树。"

[2]《汉书·楚元王传附刘向传》："殷汤无葬处，文、武、周公葬于毕，……皆无丘垄之处。"

[3] 崔寔：《政论》："古者墓而不坟，文、武之兆与平地齐。"

[4] 《礼记·檀弓上》。

[5] 辽宁省文物考古研究所：《牛河梁红山文化遗址与玉器精粹》，文物出版社，1997年9月。

[6] 浙江省文物考古研究所：《余杭瑶山良渚文化祭坛遗址发掘简报》，《文物》1988年第1期。

[7] 马得志等：《一九五三年安阳大司空村发掘报告》，《考古学报》第9册（1955年）；中国社会科学院考古研究所安阳工作队：《安阳殷墟五号墓的发掘》，《考古学报》1977年第2期。

[8] 郭宝钧：《浚县辛村》，科学出版社，1964年。

[9] 河南信阳地区文管会等：《春秋早期黄君孟夫妇墓发掘报告》，《考古》1984年第4期。

[10] 信阳地区文管会等：《河南光山春秋黄季佗父墓发掘简报》，《考古》1989年第1期。

[11] 固始侯古堆一号墓发掘组：《河南固始侯古堆一号墓发掘简报》，《文物》1981年第1期。

[12] 安徽省文化局文物工作队：《安徽淮南市蔡家岗赵家孤堆战国墓》，《考古》1964年第3期。

[13] 河北省文物研究所：《䵮墓——战国中山国国王之墓》，文物出版社，1995年；河北省文物研究所：《燕下都》，文物出版社，1996年；河北省文管处等：《河北邯郸赵王陵》，《考古》1982年6期；张学海：《田齐六陵考》，《文物》1984年第9期；陕西省考古研究所等：《秦东陵第一号陵园堪查记》，《考古与文物》1987年第4期。

[14] 《礼记·檀弓上》；蔡邕：《独断》。

[15] 杨锡璋、杨宝成：《从商代祭祀坑看商代奴隶社会的人牲》，《考古》1977年第1期。

[16] 常玉芝：《商代周祭制度》，中国社会科学出版社，1987年。

[17] 于省吾：《甲骨文字释林·释必》，中华书局，1979年。

[18] 北京大学历史系考古教研室商周组：《商周考古》，94页，文物出版社，1979年。

[19] 卢连成、胡智生：《宝鸡㢬国墓地》，文物出版社，1988年。

[20] 北京市文物研究所：《琉璃河西周燕国墓地》，文物出版社，1995年；郭宝钧：《浚县辛村》，科学出版社，1964年；《平顶山应国墓地九十五墓的发掘》，《华夏考古》1992年第3期。

[21] 北京大学考古学系等：《天马—曲村遗址北赵晋侯墓地第五次发掘》，《文物》1995年第7期。

[22] 中国科学院考古研究所：《辉县发掘报告》，科学出版社，1956年。

[23] 陕西省雍城考古队：《凤翔秦公陵园第二次钻探简报》，《文物》1987年第5期。

[24] 陕西省考古研究所等：《秦东陵第一号陵园堪查记》，《考古与文物》1987年第4期。

[25] 陕西省考古研究所等：《秦始皇帝陵园考古报告》，科学出版社，2000年。

[26] 杜葆仁：《西汉诸陵位置考》，《考古与文物》1980年第1期；刘庆柱、李毓芳：《西汉诸陵调查与研究》，《文物资料丛刊》（1982年）第6辑；刘庆柱、李毓芳：《西汉十一陵》，陕西人民出版社，1987年。

[27] 社会科学院考古研究所：《汉杜陵陵园遗址》，科学出版社，1993年版。

[28] 《续汉书·礼仪志》。

[29] 《三国志·魏书·文帝纪》。

[30] 罗宗真：《六朝考古》第四章，南京大学出版社，1996年。

[31] 大同市博物馆等：《大同方山北魏永固陵》，《文物》1978年第7期；宿白：《北魏洛阳城和北邙陵墓》，《文物》1978年第7期；中国社会科学院考古研究所等：《河北磁县湾漳北朝墓》，《考古》1990年第7期；磁县文化馆：《河北磁县东魏茹茹公主墓发掘简报》，《文物》1984年第4期；《河北磁县北齐高润墓》，《考古》1979年第7期；陕西省考古研究所等：《北周武帝孝陵发掘简报》，《考古与文物》1997年第2期。

[32] 徐苹芳：《中国秦汉魏晋南北朝时代的陵园和茔域》，《考古》1981年第6期。

[33] 魏存成：《高句丽积石墓的类型和演变》，《考古学报》1987年第3期。

商代墓葬族属分析

戴书田[*]　米同乐

人类最早的社会组织形式是族，它的基本单位是氏族。在古代，构成民族的有氏族、胞族、部落以及部落联盟，它们是顺序相承的几个阶段。后来，同一地域的部落组成一个民族。从而取代了各自独占一方的几个部落的联合。商代组织形式也是族，这可以从商代墓葬反映出来。本文对商墓进行分析，以探讨商代的族属。

一　商墓的埋葬

自 1928 年殷墟发掘以来，至今已有 70 多年的历史了。已经发掘了数以千计的商代墓葬，这些墓葬有王墓、贵族墓、族坟墓、奴隶墓等等。

1934～1976 年间，在商王的直接统治地域——河南省安阳市西北五六公里的洹水北岸的侯家庄西北冈一带，共发掘了 13 座大墓及大量的陪葬墓、祭祀坑（图一）。

这 13 座大墓分东、西两区：西区有 8 座，其中有 7 座带四条墓道和 1 座未竣工的墓；东区有 5 座大墓，其中 1 座带四条墓道，3 座带两条墓道和 1 座带一条墓道的大墓。这些大墓都较有规律地排列着，建筑面积达数十或数百平方米以上。虽然这些墓经过多次被盗，但仍出土较丰富的随葬品，司母戊大鼎即出在带有一条墓道的大墓中。妇好墓出土的随葬品近 2000 件，还有 6000 多枚贝。

按其墓葬的分布、排列及其规模，已经确定了这些大墓的墓主人是当时最高的统治者，无疑这里是商王的陵园。

1969～1977 年安阳殷墟西区发掘标有墓向的 941 座殷墓[1]中，有 5 座带墓道的"甲"字型的大墓。4 座在三区的西北（图二），与其周围的小墓相距一定的空间。4 座大墓方向一致，排列有序。另一座在七区（图三），其近有 4 座不带墓道的较大的墓，墓的方向也是一致的，按着次序排列着。

1991 年发掘的安阳后冈 38 座殷墓中，有 2 座是"中"字型的大墓（图四）。

这些地区的大墓虽然和王陵不能相比，但这类墓还是具有规模的，无疑这是贵族的墓葬

作者简介：

1950 年生于河北满城，1975 年毕业于北京大学历史系考古专业。毕业后分配到河北承德避暑山庄博物馆工作，1979 年调入河北省文物研究所工作。研究馆员。曾参加或主持过博物馆的展览工作，文物调查、普查，田野考古发掘及库藏文物的保管与研究等工作，发表报告、简报、论文等文章数十篇。

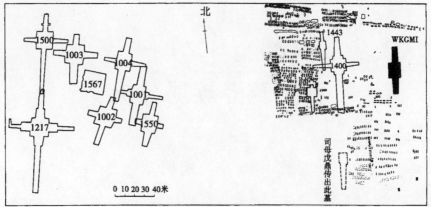

图一　安阳西北冈大墓和祭祀坑平面图

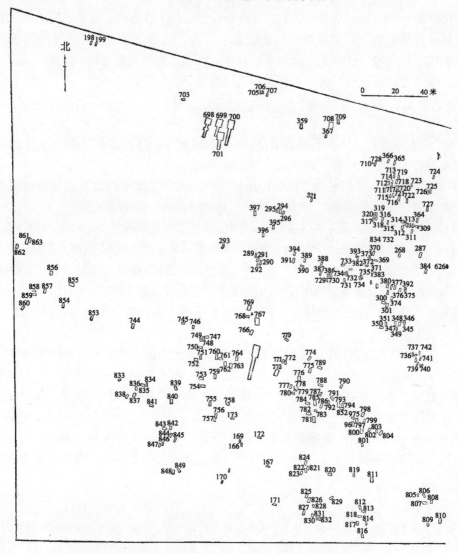

图二　A第三墓区（西区）墓葬分布图

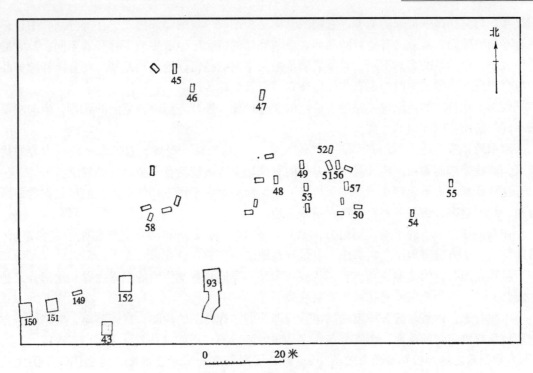

图三　第七墓区（北区）墓葬分布图
（与第二墓区相距 100 米）

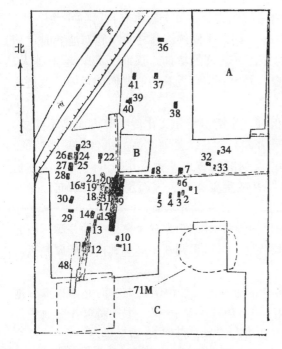

图四　安阳后冈墓葬分布图（1/2000）
A、B、C 现代建筑　71M　1971 年发掘区

和墓地。

在安阳的大司空村、后冈、苗圃北地、花园庄、殷墟西区等地是商族墓地。我们从发掘的数以千计的商代墓葬中获知：这些墓葬是一群一群的，以数十座、数百座有规律地分布着，群墓之间有的相隔一定的距离和空间，有的则密集，然而少有打破或叠压现象。

这类墓葬大都作长方形，竖穴。一般墓长 2～3 米，宽 1 米左右。随葬品多以陶器为主，尤以陶觚、陶爵为普遍，也有随葬铜礼器、兵器、乐器及玉、石装饰品的。

殷墟西区的 5 座带有墓道的大墓和后冈 2 座"中"字型的大墓，与这一地的同类小墓比较，显得极为突出。

如果说这类小墓的墓主人与这类较大型的墓主人生前没有一定的关系，死后他们绝对不可能葬为一地的。

在同一墓地中，大墓、小墓随葬品的品种多寡是不同的。尽管不同，然而总有那么一批墓，乃至相当一部分的墓葬，它们的墓向是相同或一致的，如图二。在部分墓葬中也存在着墓向的差异，而墓向有差异的墓葬，在随葬品的组合上也或多或少存在着不同。墓葬的规模大小，随葬品的多寡不同，只能表明墓主人生前的经济、地位的差别。而墓向和随葬品的组合却反映出他们生前的观念和死后埋葬习俗及文化传统。

因而，在特定的范围内，保持着特定的文化传统和埋葬习俗的各墓内的死者，生前应属于不同的集团不同族属的成员。

商墓地是族墓地，"聚族而葬"，"族坟墓"，"私地域"等等，看来都是同一内容的代言词，商是聚族而葬的。族坟墓中，埋葬的有统治者、被统治者和被杀殉的奴隶。

这种族葬制，不仅存在于商王直接统治区，而且存在于商王朝的周边。如河北省的藁城台西，武安赵窑，磁县下七垣等地，是族墓地。

在商王统治薄弱的小国，则是方国墓地。如 1991 年发掘的河北定州北庄子商代墓群，可能就是一个方国墓地。方国墓地，也是族墓地的一种形式。

除族墓地和方国墓地外，还有那些被杀殉肢体异地和灰坑掩埋的累累白骨。这部分人是生前已失去了他们原来族属联系的奴隶或战俘。

由此看来，商墓是按着特定的规定进行埋葬的，有商王的陵园，贵族墓地，族墓地，方国墓地和奴隶白骨的掩地。而族葬在商代是颇为盛行的。正如《周礼·春官·宗伯》记载："冢人掌公墓之地，辩兆域而为之图……"。"墓大夫掌凡邦墓之地域，为之图，令国民族葬。"《周礼·地官·大司徒》："以本族六，安万民，……二曰，族坟墓……"。

二 墓向聚类分族

族墓制是按照特定的规定，在特定的范围内进行埋葬的。每个族都有自己的一块（片）墓地（区），同族的人死后埋葬在自己的墓地（区）内。不同的族墓之间在起初埋葬时，总是相隔一定的空间和距离。随着各族属人口的繁衍，族墓的增加，墓地（区）越来越大，以致出现几个族墓地连成一片和交错埋葬的现象，乃至开辟新的墓地。我们的目的，就是从商墓地中分析出各墓主人生前归属的族属。

生活在同一地域内的不同的族属，其观念信仰、生活习俗和文化传统等方面是不同的，这个不同，反映在墓葬方面，主要是墓向上的显著差异，其次是随葬品的组合和某些特征。不同族属间的随葬品的组合和某些特征不作为本文研究的重点，而墓葬的方向（下文称墓向）恰是反映商代各族属在埋葬习俗方面各自特性的重要指标。因而我们利用墓向，对商代墓葬，以各墓地为单位进行聚类分族。

聚类分族。其方法就是利用商代墓地内墓向间的差异性来断定这个墓地内的墓葬可以分成几类，即这个墓地内的墓主人能归属几个主要族属，进而再判断不同墓地内的族属是否可以归为同一个族属。

我们从《考古》、《考古学报》等文献资料中，随机选出了位于河南、河北两省部分地域内已发掘的 16 处商代墓地内的墓向资料（表一），组成一个样本，并分别对各墓地中发掘出的标有墓向的墓葬，采用系统聚类分析的方法进行聚类，得到 16 份聚类图。

由于篇幅所限，本文略去聚类全过程，只以墓数较多的 1953 年发掘的大司空村，1969～1977 年发掘的殷墟西区，1987 年发掘的梅园庄和 1973～1974 年发掘的藁城台西商墓为代表给出聚类图（图五、六、七、八）。

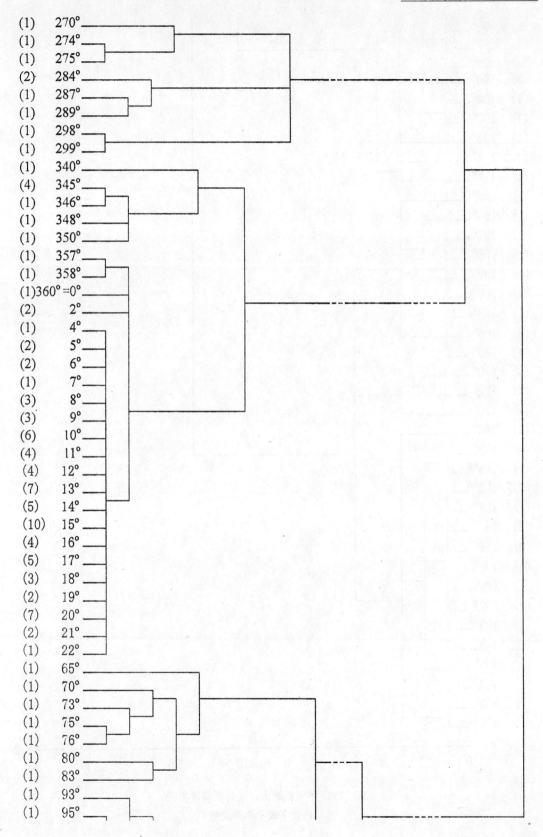

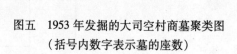

跋涉续集

图五　1953 年发掘的大司空村商墓聚类图

（括号内数字表示墓的座数）

140

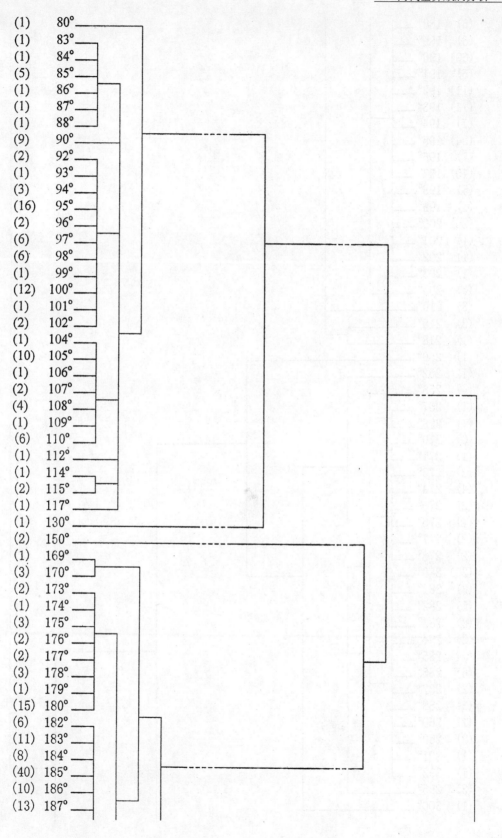

(1) 80°
(1) 83°
(1) 84°
(5) 85°
(1) 86°
(1) 87°
(1) 88°
(9) 90°
(2) 92°
(1) 93°
(3) 94°
(16) 95°
(2) 96°
(6) 97°
(6) 98°
(1) 99°
(12) 100°
(1) 101°
(2) 102°
(1) 104°
(10) 105°
(1) 106°
(2) 107°
(4) 108°
(1) 109°
(6) 110°
(1) 112°
(1) 114°
(2) 115°
(1) 117°
(1) 130°
(2) 150°
(1) 169°
(3) 170°
(2) 173°
(1) 174°
(3) 175°
(2) 176°
(2) 177°
(3) 178°
(1) 179°
(15) 180°
(6) 182°
(11) 183°
(8) 184°
(40) 185°
(10) 186°
(13) 187°

```
(5)   188°
(6)   189°
(69)  190°
(5)   191°
(11)  192°
(11)  193°
(7)   194°
(34)  195°
(7)   196°
(10)  197°
(5)   198°
(1)   199°
(26)  200°
(1)   201°
(1)   202°
(1)   203°
(3)   205°
(3)   210°
(3)   215°
(1)   218°
(1)   250°
(1)   262°
(4)   265°
(1)   267°
(1)   268°
(6)   270°
(1)   271°
(2)   273°
(4)   274°
(6)   275°
(4)   276°
(3)   277°
(2)   278°
(23)  280°
(3)   281°
(1)   282°
(3)   283°
(2)   284°
(11)  285°
(6)   286°
(2)   287°
(3)   288°
(1)   289°
(8)   290°
(1)   291°
(1)   292°
(3)   295°
(1)   300°
```

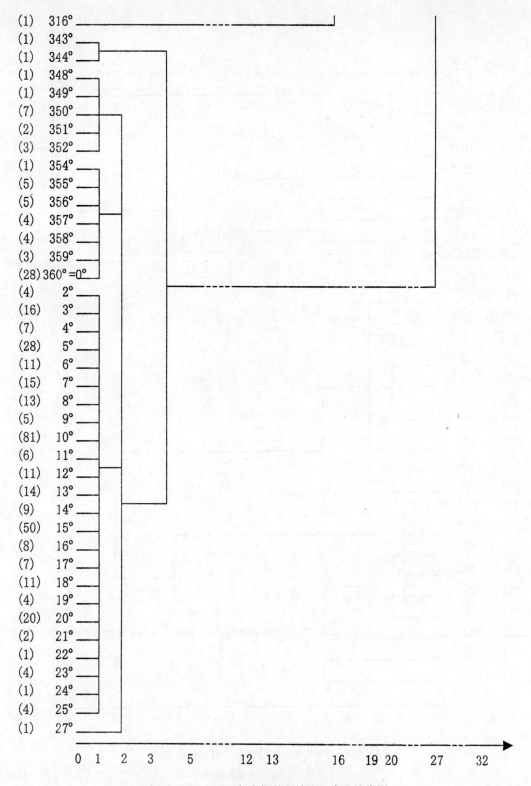

图六　1969～1977 年发掘的殷墟西区商墓聚类图

（括号内数字表示墓的座数）

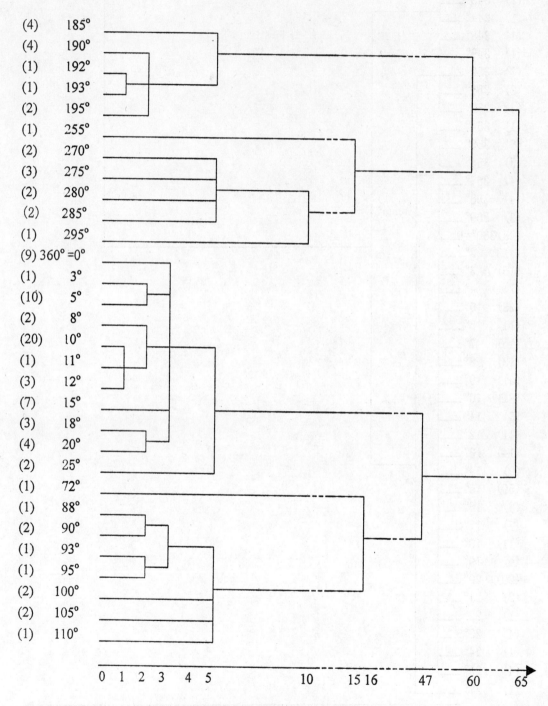

图七　1987 年发掘的梅园庄商墓聚类图
（括号内数字表示墓的座数）

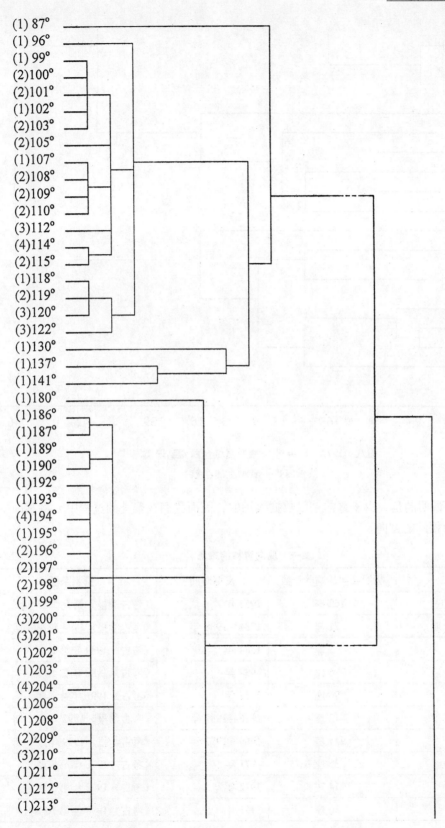

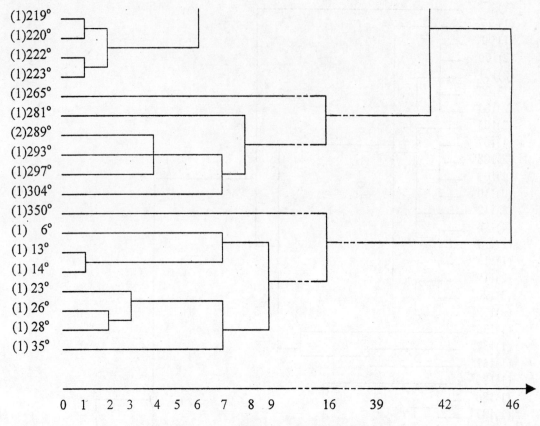

图八　1973～1974 年发掘的藁城台西商墓聚类图

（括号内数字表示墓的座数）

这里需要说明的是，由于墓向是以数据表示的，因而我们在聚类的过程中，将墓向中的 0°和 360°视为相同的方向。

表一　墓向资料的来源

墓地	标明墓向的墓葬个数	发掘时间	资料来源
53 年大司空村	163 座	1953 年	《考古学报》第九册 25 页
大司空村北地	71 座	1984～1988 年	《考古学报》1994 年第 4 期
苗圃北地	8 座	1984 年	《考古》1989 年第 2 期
郭家庄	6 座	1987 年	《考古》1988 年第 10 期
梅园庄	96 座	1987 年	《考古》1991 年第 2 期
花园庄	12 座	1986～1987 年	《考古学报》1992 年第 1 期
殷墟西区	941 座	1969～1977 年	《考古学报》1979 年第 1 期
71 后冈	35 座	1971 年	《考古》1972 年第 3 期
72 后冈	14 座	1972 年	《考古》1972 年第 5 期
91 后冈	36 座	1991 年	《考古》1993 年第 10 期

表一（续）

墓地	标明墓向的墓葬个数	发掘时间	资料来源
82 二里头	14 座	1982 年	《考古》1985 年第 12 期
87 二里头	9 座	1987 年	《考古》1992 年第 4 期
罗山天湖	18 座	1979 和 1980 年	《考古学报》1986 年第 2 期
藁城台西	100 座	1973～1974 年	《藁城台西商代遗址》文物出版社 1985 年版
武安赵窑	18 座	1960 年	《考古学报》1992 年第 3 期
磁县下七垣	17 座	1974 年	《考古学报》1979 年第 2 期
16 处	1558 座		

当我们对这 16 份聚类图采用统一的阈值 10 进行分类后，我们即可得到如下的聚类统计表（表二）。

表二　聚类统计表

墓地	总墓数	不能归类的墓数	聚类数	类的表示符号
53 年大司空村	163	0	5	I、II、III、IV、V
大司空村北地	71	1	4	I、II、III、IV
苗圃北地	8	2	2	I、II
郭家庄	6	1	1	I
梅园庄	96	3	4	I、II、III、IV
花园庄	12	2	3	I、II、III
殷墟西区	941	5	4	I、II、III、IV
71 后冈	35	0	1	I
72 后冈	14	3	2	I、II
91 后冈	36	1	2	I、II
82 二里头	14	1	1	I
87 二里头	9	0	1	I
罗山天湖	18	1	2	I、II
藁城台西	100	2	4	I、II、III、IV
武安赵窑	18	3	2	I、II
磁县下七垣	17	8	2	I、II
16 处	1558	33	40	

从表二发现，墓葬较多的墓地内分类较多，墓葬较少的墓地内分类亦较少，且各墓地内的聚类情况是相对一致的。

从表二可知，分属于 16 处墓地内的 1558 座墓中有 33 座不能归类，其余 1525 座在 16 处墓地内归为 40 类。这 40 类是否就是这部分发掘区域内的 40 个不同的族属呢？显然不是。因为，不同墓地中表现出来的类别不见得不同，而那些在各自墓地中不能归类的墓在其他墓地中也可能归属另一类表现出来。为了确定这部分发掘区域实际的族属个数，我们还必须进行统计分析。

为了进行统计分析，我们首先分别计算出各墓地中归为一类的墓葬个数，平均墓向，标准差和方差（表三）。

表三 每类墓葬的个数、平均墓向和方差

墓地	类号	墓向范围（度）	墓个数	平均墓向（度）	标准差（度）	方差（度^2）
53 年大司空村	I	340 ~ 21	85	10.29412	9.62242	92.54104
53 年大司空村	II	65 ~ 83	7	74.57143	6.02376	36.28571
53 年大司空村	III	93 ~ 117	21	100.14286	6.03561	36.42857
53 年大司空村	IV	152 ~ 201	41	181.56098	14.66466	215.05244
53 年大司空村	V	270 ~ 299	9	284.44444	10.18714	103.77778
大司空村北地	I	3 ~ 15	8	11.375	3.88909	15.125
大司空村北地	II	90 ~ 115	33	99.75758	5.93733	35.25189
大司空村北地	III	180 ~ 200	20	190.5	5.36558	28.78947
大司空村北地	IV	270 ~ 285	9	279.44444	5.27046	27.77778
苗圃北地	I	5 ~ 15	4	9.5	4.43471	19.66667
苗圃北地	II	95 ~ 100	2	97.5	3.53553	12.5
郭家庄	I	0 ~ 10	5	3	4.47214	20
梅园庄	I	0 ~ 25	62	9.75806	6.31596	39.89133
梅园庄	II	88 ~ 110	10	97.6	7.53068	56.71111
梅园庄	III	185 ~ 195	12	189.58333	3.82476	14.62879
梅园庄	IV	270 ~ 285	9	277.22222	5.65194	31.94444
花园庄	I	5 ~ 16	3	7.66667	2.51661	6.33333
花园庄	II	92 ~ 102	4	97.25	4.11299	16.91667
花园庄	III	280 ~ 285	3	281.66667	2.88675	8.33333
殷墟西区	I	343 ~ 27	399	9.01253	7.64260	58.40939
殷墟西区	II	80 ~ 117	102	98.39216	7.98285	63.72588
殷墟西区	III	169 ~ 218	331	190.08459	7.43978	55.35040
殷墟西区	IV	262 ~ 300	104	280.56731	7.46742	55.76242
71 后冈	I	1 ~ 21	35	12.62857	5.25293	27.59328
72 后冈	I	10 ~ 20	7	16.71429	3.77334	14.23810
72 后冈	II	189 ~ 199	4	192.5	4.72582	22.33333

表三（续）

墓地	类号	墓向范围（度）	墓个数	平均墓向（度）	标准差（度）	方差（度²）
91 后冈	I	0～25	31	10.67742	4.46757	19.95914
91 后冈	II	85～95	4	90	4.08248	16.66667
82 二里头	I	350～360	13	356.23077	2.68185	7.19231
87 二里头	I	359～6	9	2.88889	2.31541	5.36111
罗山天湖	I	10～23	10	16.1	4.95424	24.54444
罗山天湖	II	350～360	7	353.42857	4.42934	19.61905
藁城台西	I	6～35	7	20.71429	10.09479	101.90476
藁城台西	II	87～141	40	111.875	10.70870	114.67628
藁城台西	III	180～223	45	201.66667	9.59640	92.09091
藁城台西	IV	281～304	6	292.16667	7.85918	61.76667
武安赵窑	I	12～22	4	17.25	5.5	30.25
武安赵窑	II	90～120	11	105.63636	10.58322	112.00455
磁县下七垣	I	100～104	5	102.8	1.78885	3.2
磁县下七垣	II	180～182	4	180.5	1.0	1.0

从表三看出，每个墓地中，总有一两类较大（归属的墓数较多），剩下的明显的显得弱小，这是符合当时实际情况的。

进而我们从表三中，将各墓地平均墓向较接近的用同一符号表示出来（表四）。

表四　统一类型表

统一符号	墓葬中的类别
$\bar{x}_1$	1987 年二里头 I，郭家庄 I，殷墟西区 I，1953 年大司空村 I，苗圃北地 I，大司空村北地 I，花园庄 I，梅园庄 I，1971 年 1972 年和 1991 年后冈 I，武安赵窑 I，罗山天湖 I，藁城台西 I
$\bar{x}_2$	53 年的大司空村 II
$\bar{x}_3$	1991 年的后冈 II，殷墟西区 II，1953 年大司空村 III，大司空村北地 II，花园庄 II，梅园庄 II，苗圃北地 II，武安赵窑 II，磁县下七垣 I，藁城台西 II
$\bar{x}_4$	1953 年大司空村 IV，磁县下七垣 II，殷墟西区 III，大司空村北地 III，梅园庄 III，1972 年后冈 II，藁城台西中的 III
$\bar{x}_5$	殷墟西区 IV，1953 年大司空村 V，大司空村北地 IV，花园庄 III，梅园庄 IV，藁城台西 IV
$\bar{x}_6$	罗山天湖 II，82 年二里头 I

在 16 处墓地内，我们首先对墓向是否服从正态分布进行 x^2 检验。

以殷墟西区和藁城台西两处墓地为代表，分别对殷墟西区墓地内的 4 大类墓向和藁城台西墓地内的第 II、第 III 两大类墓向是否服从正态分布进行 x^2 检验（表五）。

表五　墓向的 x^2 检验

墓地	提出假设 H_0	统计量 x^2 值	自由度	检验水平 α	临界值 x_α^2	结论
殷墟西区Ⅰ	N (9.01253, 58.40939)	$x^2 = 2.49954$	3	0.05	7.815	接受假设 H_0
殷墟西区Ⅱ	N (98.39216, 63.72588)	$x^2 = 1.49199$	3	0.05	7.815	接受假设 H_0
殷墟西区Ⅲ	N (190.08459, 55.35040)	$x^2 = 2.94752$	4	0.05	9.488	接受假设 H_0
殷墟西区Ⅳ	N (280.56731, 55.76242)	$x^2 = 1.63377$	3	0.05	7.815	接受假设 H_0
藁城台西Ⅱ	N (111.8750, 114.67628)	$x^2 = 1.27263$	2	0.05	5.991	接受假设 H_0
藁城台西Ⅲ	N (201.66667, 92.09091)	$x^2 = 1.09437$	2	0.05	5.991	接受假设 H_0

由表五的结论知：殷墟西区墓地内的 4 大类墓向都服从正态分布，而且藁城台西墓地内的第Ⅱ、第Ⅲ两大类墓向也服从正态分布。略去其他墓地内各类墓向是否服从正态分布的检验过程，可认为，各墓地内各类的墓向都是服从正态分布的。因而，对各墓地内和各墓地间各类的平均墓向之间是否存在显著性差异进行 t 检验（表六）。

由表六可知，同一墓地内所分的各类平均墓向之间的差异性都是非常显著的，所以认定同一墓地内不同类内的墓葬应归属于不同的族属。而不同墓地中的两类平均墓向间的差异性显著时，就断定这两类内的墓葬应归属于不同的族属。当不同墓地中的两类平均墓向间的差异性不显著时，就断定这两类内的墓葬应归属于同一个族属。这样，从表六推断出 16 处墓地内的 40 类的墓主人应归属于 13 个族属。其中：

$\bar{x}_1$ 表示的墓葬中的类别可分为三个族属：其中 87 年二里头Ⅰ和郭家庄Ⅰ，应归属于第一个族属，平均墓向约为 2.89° ~ 3°；其中殷墟西区Ⅰ，53 年大司空村Ⅰ，苗圃北地Ⅰ，大司空村北地Ⅰ，花园庄Ⅰ，梅园庄Ⅰ，71 年后冈Ⅰ和 91 年后冈Ⅰ，应归属于第二个族属，平均墓向约为 7.67° ~ 12.63°，其中武安赵窑Ⅰ，罗山天湖Ⅰ，藁城台西Ⅰ，72 年后冈Ⅰ，应归属于第三个族属，平均墓向约为 16.1° ~ 20.71°。

$\bar{x}_2$ 表示的墓葬中的类别只包括 53 年的大司空村Ⅱ，它代表了第四个族属，平均墓向约为 74.57°。

表六　平均墓向间差异的 t 检验

墓地 检验结果 墓地	53 大司空村 A	大司空北地 B	苗圃北地 C	郭家庄 D	梅园庄 E	花园庄 F	殷墟西区 G	71 后冈 H	72 后冈 I	91 后冈 J	82 二里头 K	87 二里头 L	天湖 M	藁城台西 N	武安赵窑 O	下七垣 P
	Ⅰ Ⅱ Ⅲ Ⅳ Ⅴ	Ⅰ Ⅱ Ⅲ Ⅳ	Ⅰ Ⅱ	Ⅰ	Ⅰ Ⅱ Ⅲ Ⅳ	Ⅰ Ⅱ Ⅲ	Ⅰ Ⅱ Ⅲ Ⅳ	Ⅰ	Ⅰ Ⅱ	Ⅰ Ⅱ	Ⅰ	Ⅰ	Ⅰ Ⅱ	Ⅰ Ⅱ Ⅲ Ⅳ	Ⅰ Ⅱ	Ⅰ Ⅱ
A Ⅰ	0 * * * *	0 * * *	0 *	0	0 * * * *	0 * *	0 * * *	0	0 *	0 *	*	*	0 *	* * * *	0 *	* *
A Ⅱ	0 * * *	* * * *	* *	*	* * * *	* * *	* * * *	*	* * *	*	*	* * * * *	* *	* *		
A Ⅲ	0 * *	* 0 * *	* 0		* 0 * *	* 0 *	* 0 * *	*	* * *	*	*	* * * * *	* 0	0 *
A Ⅳ	0 *	* * * *	* *			* 0 *	* * *		* 0 *	*	*	* * *		* 0
A Ⅴ	0	* * * 0	* *		* * * 0	* * 0	* * * 0		* *	*	*	* * * *	* * * 0	* *
B Ⅰ		0 * * *	0 *	0	0 * * *	0 * *	0 * * *	0	0 *	0	*	* * * * *	0 *	* *

表六（续）

检验结果墓地＼墓地	53大司空村A	大司空北地B	苗圃北地C	郭家庄D	梅园庄E	花园庄F	殷墟西区G	71后冈H	72后冈I	91后冈J	82二里头K	87二里头L	天湖M	藁城台西N	武安赵窑O	下七垣P
	I II III IV V	I II III IV	I II	I	I II III IV	I II III	I II III IV	I	I II	I II	I	I	I II	I II III IV	I II	I II
BII		0＊＊	＊0	＊	＊0＊＊	＊0＊	＊0＊＊	＊	＊＊	＊＊	＊	＊	＊＊	＊＊＊	＊＊	0＊
BIII		0＊	＊＊	＊	＊＊0＊	＊＊＊	＊＊0＊	＊	＊0＊	＊＊	＊	＊	＊＊	＊＊＊	＊＊	＊＊
BIV		0	＊＊	＊	＊＊＊0	＊＊0	＊＊＊0	＊	＊＊	＊＊	＊	＊	＊＊	＊＊＊	＊＊	＊＊
CI			0＊	0	0＊＊＊	0＊＊	0＊＊＊	0	＊＊	0＊		＊	＊＊	0＊＊＊	0＊	＊＊
CII			0	＊	＊0＊＊	＊0＊	＊0＊＊	＊	＊＊	＊0		＊	＊＊	＊0＊＊	＊0	＊＊
DI				0	＊＊＊＊	0＊＊	0＊＊＊	＊	＊＊	＊＊	＊	0	＊＊	＊＊＊	＊＊	＊＊
EI					0＊＊＊	0＊＊	0＊＊＊	＊	＊＊	0＊	＊	＊	＊＊	＊＊＊	＊＊	＊＊
EII					0＊＊	＊0＊	＊0＊＊	＊	＊＊	＊0	＊	＊	＊＊	＊＊＊	＊0＊	0＊
EIII					0＊	＊＊＊	＊＊0＊	＊	＊0	＊＊	＊	＊	＊＊	＊＊＊	＊＊	＊＊
EIV					0	＊＊0	＊＊＊0	＊	＊＊	＊＊	＊	＊	＊＊	＊＊＊	＊＊	＊＊
FI						0＊＊	0＊＊＊	0	＊＊	0＊	＊	＊	＊＊	0＊＊＊	0＊	＊＊
FII						0＊	＊0＊＊	＊	＊＊	＊＊	＊	＊	＊＊	＊＊＊	＊0	＊＊
FIII						0	＊＊＊0	＊	＊＊	＊＊	＊	＊	＊＊	＊＊＊0	＊＊	＊＊
GI							0＊＊＊	＊	＊＊	0＊	＊	＊	＊＊	＊＊＊	＊＊	＊＊
GII							0＊＊	＊	＊＊	＊＊	＊	＊	＊＊	＊＊＊	＊＊	＊＊
GIII							0＊	＊	＊0	＊＊	＊	＊	＊＊	＊＊＊	＊＊	＊＊
GIV							0	＊	＊＊	＊＊	＊	＊	＊＊	＊＊＊	＊＊	＊＊
HI								0	0＊	0＊	＊	＊	0＊	＊＊＊	0＊	＊＊
II									0＊	＊＊	＊	＊	0＊	0＊＊＊	0＊	＊＊
III									0	＊＊	＊	＊	＊＊	＊0＊	＊＊	＊＊
JI										0＊	＊	＊	＊＊	＊＊＊	＊＊	＊＊
JII										0	＊	＊	＊＊	＊＊＊	＊＊	＊＊
KI											0	＊	＊0	＊＊＊	＊＊	＊＊
LI												0	＊＊	＊＊＊	＊＊	＊＊
MI													0＊	0＊＊＊	0＊	＊＊
MII													0	＊＊＊＊	＊＊	＊＊
NI														0＊＊＊	0＊	＊＊
NII														0＊＊	＊0	0＊
NIII														0＊	＊＊	＊＊

表六（续）

墓地 检验结果 墓地	53大司空村A	大司空北地B	苗圃北地C	郭家庄D	梅园庄E	花园庄F	殷墟西区G	71后冈H	72后冈I	91后冈J	82二里头K	87二里头L	天湖M	藁城台西N	武安赵窑O	下七垣P
	I III IV V	I II III IV	I II	I	I II III IV	I II III	I II III IV	I	I II	I II	I	I	I II	I II III IV	I II	I II
N IV														0	* *	* *
O I															0 *	* *
O II															0	0 *
P I																0 *
P II																0

"＊"表示两类平均墓向之间有显著差异；"0"表示两类平均墓向之间无显著差异。

$\bar{x}_3$ 表示的墓葬中的类别也可分为三个族属：其中 91 年的后冈 II，应归属于第五个族属，平均墓向约为 90°；其中殷墟西区 II，53 年大司空村 III，大司空村北地 II，花园庄 II，梅园庄 II，苗圃北地 II，武安赵窑 II，磁县下七垣 I，应归属于第六个族属，平均墓向约为 97.25° ~ 105.64°；其中藁城台西 II，应归属于第七个族属，平均墓向约为 111.88°。

$\bar{x}_4$ 表示的墓葬中的类别还可分为三个族属：其中 53 年大司空村 IV，磁县下七垣 II，应归属于第八个族属，平均墓向约为 180.5° ~ 181.56°；其中殷墟西区 III，大司空村北地 III，梅园庄 III，72 年后冈 II，应归属于第九个族属，平均墓向约为 189.58° ~ 192.5°；其中藁城台西中的 III，应归属于第十个族属，平均墓向约为 201.67°。

$\bar{x}_5$ 表示的墓葬中的类别还可分为二个族属：殷墟西区 IV，53 年大司空村 V，大司空村北地 IV，花园庄 III，梅园庄 IV，应归属于第十一个族属，平均墓向约为 277.22° ~ 284.44°；其中藁城台西 IV，应归属于第十二个族属，平均墓向约为 292.17°。

$\bar{x}_6$ 表示的墓葬中的类别只能归属于一个族属：即罗山天湖 II 和 82 年二里头 I，应归属于第十三个族属，平均墓向约为 353.43° ~ 356.23°。

这样不难看出，在河南省与河北省的南部一带活动着的商代族属至少有 13 个，这可能是当时的主要族属。

三　文献记载的商族属

商代究竟有多少个族属？关于这方面的研究文章并不多见，古文献中也没有明确统一的记载。

《1969—1977 年殷墟西区墓葬发掘报告》，根据墓葬分布及其间的距离，分为八个区，八个族，并指出每一个区的族属属于宗室一级的组织，而每一区中的墓群，则属于它的分族。继而，韩建业先生在《殷墟西区墓地分析》[2]一文中，根据墓葬的空间集结和葬俗的异同，将殷墟西区 1003 座墓分属于 24 个族。

在本文中，我们经过统计分析和多方面的研究，将殷墟西区中标明墓向的 941 座墓归属于 4 个族，且还有 5 座墓没有归类，这 5 座墓还应归属于 5 个族。这样殷墟西区墓地至少存在 9 个族。

上述只是殷墟西区一处族墓地中的族属研究概况。利用我们的研究方法,还可以对其余 15 处墓地内的族属数进行推断。

考古发掘中我们已经发现了为数不少的铭文徽号,尤以殷墟西区出土的最多。郭沫若认为:"此等图形文字乃古代国之名号,盖所谓图腾之孑遗或转变也。"已为不少人赞同。果如此论,那么发掘出的商墓中有多少种类的铭文徽号,就可以说有多少个族属了!事实并非如此简单。这些铭文徽号中,有的确确实实的是一种图腾,作为一个族的象征"徽号"。有的则可能是至今仍未释解的文字,它还可能包含着更深层的意义。因而,我们不能简单地将发掘出来的每一种铭文徽号即作为商代的一个族属。

具有影响的史书《史记·殷本纪》记载了商时代的族属,"太史公曰:契为子姓,其后分封,以国为姓。有殷氏,来氏,宋氏,空桐氏,稚氏,北殷氏,目夷氏。"以氏为族,谈到了商七个族。

《左传·定公四年》:"昔武王克商,成王定之……。分鲁公……,殷六族、条氏、徐氏、肖氏、索氏、长勺氏、尾勺氏,辑其分族,将其类丑,以法则周公。……,分康叔……,殷七族,陶氏、施氏、繁氏、绮氏、樊氏、饥氏、终葵氏,封土略畛,自武父以南及圃田之北境,取于有阎之土以其王职。……,分唐叔……,怀姓九宗,职官五正。"以氏为族,谈到了殷 13 个族。

我们通过数理统计分析和聚类分析,将商王统治域的 16 处商族墓地中的 1558 座墓葬归属于 13 个族。这正好与《左传·定公四年》记载的族属在数字上相吻合。

《史记·殷本纪》中记载了商 7 个族,《左传·定公四年》记载了殷 13 个族,我们统计分析研究归属了 13 个族。三个数据的汇聚,为我们研究这一课题又提出了一个新的课题。

综观商的发展史和全国商代发掘资料,我们从《尚书》、《竹书纪年》、《史记》等文献中都可见到商汤灭夏以后迁都的记载:商汤居亳,仲丁迁隞,河亶甲迁相,祖乙迁庇、邢、耿,南更迁奄,盘庚迁殷。考古发掘为研究这些都城提供了大量的实物史料和有力证据。尽管从商汤到盘庚都城的迁移是"五迁"还是"八迁"存在着不同的认识,但商王都城的迁移是客观存在的,在商王迁都的转移过程中,依属于商王统治的主要族属也会随之而动。随着商王朝的发展,这些族属也不断地扩大。因而,我们认为《史记·殷本纪》记载的商代族属,是指商汤建国至盘庚迁殷以前的族属,也就是说商代前期商族属。而《左传·定公四年》记载的族属则是盘庚迁殷,定都殷地 273 年这段历史时期的族属,而殷族属中,当然会包含着前期的某些族属。

考察汤至盘庚所迁的都城地望,尽管考古界还存在着众多不同的看法,但这些看法大致和考古发掘确定的商王活动范围是一致的。这个范围包括山东的西部,河北、河南、山西的大部及陕西部分。其势力范围,则远远超出了这个范围。考察《左传·定公四年》记载中周初分封的鲁、卫、唐三国地望:

鲁,在山东,近几年已在山东曲阜发现了所封周公旦子伯禽的都城。春秋时的鲁地指泰山以南的汶水、泗、沂、沭水流域。鲁时也辖至河北的东部。

卫,康叔初在商丘,后来迁都帝丘,后裔又迁都野王、楚丘、朝歌等地,所迁之地皆在河南境内。

唐,叔虞封国,在今山西省的西南部,建都山西翼城。

由此看来，这三省的地望是在彼此相连的山东西部，河南境内，包括河北的东部和南部，山西等地。我们所归属的 16 处墓地也是在这个范围之内。因而我们可以断言，《左传》记载的族属与我们归属出来的族属属实可靠，反应出了商朝晚期的主要族属数。

至于商的族属初始命名和后来族名的变动，则又是另外一个考证的问题了。在此不再谈及。

在商王朝统治的周边，还活动着许多民族和族属，如东北的肃慎、奚、秽貉；东南的夷方；西方和北方的土方、舌方、鬼方和羌；西南的巴、蜀、越等等。商王对这些族属大都是采取了征伐。《史记·殷本纪》记载了武丁曾连续三年伐鬼方，还一再征伐舌方、土方、马方和羌方。商朝末年主要是东伐东南夷方，《尚书·大誓》记载了商纣王对夷方的用兵："纣有几兆人，亦（大）有离德。"安阳侯家庄西北冈一带大墓周围的祭祀坑、陪葬坑，很可能就是商王用兵征伐掠夺来被杀殉的奴隶。

四　商代族属总数的估测

新石器时代的文化史迹，证实了远古时代在我国领域居住着许多不同的氏族和部落，他们彼此长期的相互影响和斗争，有些逐渐融合了，有些发展起来，建立了"国家"。夏、商、周三代就是建立在父系家长制基础上，以血缘关系为纽带，长期保持聚族而居的形态，族属和族属联盟、方国是当时社会的主要组织形式。在一些文献中记述了这种族属联盟和方国林立，如《史记·五帝本纪》说黄帝时"置左右大监，监于万国。"《汉书·地理志》曰："昔在皇帝……画野分州，得百里之国万区。"《吕氏春秋·用民》："当禹之时，天下万国，至汤而三千余国。"《战国策·齐策》："大禹之时，诸侯万国。及汤时诸侯三千。"《帝王世纪》："……逮汤受命，其能存者三千余国……至周克商，制五等之封，凡千七百七十三国……"。《晋书·地理志》说，周初封诸侯"凡一千八百国。"由此看来，氏族、部落、部落联盟等古老的组织形式在民族的形成过程中不断地发生变化，一般说来，其数目由多变少，而规模由小变大，这是符合社会发展规律的。从文献记载的商汤时的"诸侯三千"到"周克商，制五等之封，凡千七百七十三国"及周初封诸侯"凡一千八百国"之间的族属或方国并非是一个小的数据，商王统治时期，国内究竟有多少个族属呢？在此，我们撇开商王朝周边的族属和诸侯、方国，再次对商王统治的中心区域——河南、河北部分地域内的族墓葬进行分析。

前文中我们利用聚类分析的方法已将 1558 座墓中的 1525 座墓在相同的阈值 10 下，分成了 40 类，对这 40 类中的墓向经过数理统计的 t 检验后，已将 1525 座墓归属于 13 个族属。这表明在商代时期，河南、河北这部分区域内至少活动着 13 个主要族属，并且占总墓葬数的 97.88%。而未归类的 33 座墓葬仅占总墓葬数的 2.12%。

为估测商代族属总数，我们还应将 13 个族属的墓葬个数及平均墓向范围等数据列表如下（表七）。

表七　族属平均墓向范围

族属序号	墓葬个数	平均墓向范围（区间）	范围大小（长度）	类个数	备注
1	14	2.89°～3.00°	0.11°	2	
2	627	7.67°～12.63°	4.96°	8	

表七（续）

族属序号	墓葬个数	平均墓向范围（区间）	范围大小（长度）	类个数	备注
3	28	16.10°~20.71°	4.61°	4	
4	7	74.57°	0.00°	1	
5	188	97.25°~105.64°	8.39°	8	
6	4	90.00°	0.00°	1	
7	40	111.88°	0.00°	1	
8	45	180.50°~181.56°	1.06°	4	
9	367	189.58°~192.50°	2.92°	2	
10	45	201.67°	0.00°	1	
11	134	277.22°~284.44°	7.22°	5	
12	6	292.17°	0.00°	1	
13	20	353.43°~356.23°	2.80°	2	
	1525		32.07°	40	

由表七看出：

（一）最大的族属是序号 2 的族属，它分属于 8 处墓地中的 8 类归为的同一个族属，地域面积涉及最大，其墓葬个数达到 627 个，占总归类墓葬的 41.11%，这可认为是商代时期的第一个大族属。而此墓地间墓向的平均值之间的差异也只有 4.96°，这个差异在所有 13 个族属平均墓向的区间长度中居第三位。而序号 5 的族属中，也是分别属于 8 处墓地中的 8 类组成的，而该族属中的墓葬个数为 188 个，占归类墓葬总数的 11.33%，可认为是商代时期的第三个大族属，其墓地间墓向的平均值之间的差异为 8.39°，此差异在 13 个族属中居第一位。其次，在另外的几个族属中，还有一类归属为一个族属的现象，如表七中序号为 4、6、7、10、12 的族属，都是一类归为一个族属的情况，这种现象占 38.46%。此外，还有分属于 2 处墓地中的 2 类归为同一个族属的现象，如表七中序号是 1、9、13 的族属，这种现象占 23.08%。其中，序号为 9 的族属，也是一个较大的族属，它含有 367 个墓葬，占归类墓葬总数的 24.07%，可以说这个族属为 13 个族属中的第二大族属，并且两墓地间的平均墓向的差异只有 2.92°。

（二）若将表七中 13 个族属的平均墓向之间的范围的大小，即平均墓向的区间长度累积求和是 32.07°，由此知本文中的 13 个族属的范围之和为 32.07°。这在整个 360° 的范围中占的比例是很小的，而 360° 的范围应是 32.07° 的 11.2254 倍，若每个 32.07° 对应着 13 个族属，那么，就可以推算出商代时期约有 146 个族属。进而，我们可以认为在河南、河北商王统治的区域中至少活动着 146 个族属。

（三）根据 13 个族属的平均墓向的范围，我们再次验证原来未归类的 33 座墓的归属问题。在此将未归属到 13 个族属中的 33 座墓的墓向，从小到大依次排列如下：

1°、10°、40°、72°、78°、80°、88°、100°、105°、110°、130°、150°、150°、165°、170°、170°、198°、200°、250°、255°、260°、265°、266°、280°、280°、295°、296°、

300°、316°、338°、350°、355°、355°。

其中，150°的墓葬2座，170°墓葬2座，280°墓葬2座，355°墓葬2座，从中我们发现：10°的墓向是在表七中序号2的族属的平均墓向7.67°~12.63°范围之内，所以它应归属于表七中序号2的族属；100°的墓向在表七中序号5的族属的平均墓向97.25°~105.64°范围之内，所以它应归属于表七中序号5的族属；280°的墓向在表七中序号11的族属的平均墓向277.22°~284.44°范围之内，所以它应归属于表七中序号11的族属；355°的墓向在表七中序号13的族属的平均墓向253.43°~356.23°范围之内，所以它应归属于表七中序号13的族属。这样，我们将33座未归类的墓葬中6座墓葬又归属到13个族属中，而不能归类的墓葬只剩27座，它只占总墓葬数的1.73%。而如何认识这27座不能归属的墓葬呢？毫无疑问，这27座墓葬仍属于16处墓地内的族属，也就是说这27座墓葬应该归属于13个主要族属以外的133个族属的墓葬中。不过，这133个族属中的大量墓葬还有待于我们田野考古发掘来证实。

五　结　语

通过对商代不同墓地内墓向的聚类分析，获知商代墓葬具有非常强的埋葬规律性。而这规律性，恰好反映出商代"聚族而居，合族而动，死后埋在一地"的传统及生活习俗。

经过对河南、河北两省部分地域16处商代墓地内1558座墓葬进行分析归类，最后将这部分墓葬的墓主人归属为13个主要族属，这13个主要族属是指保持着特定的文化传统和埋葬习俗的族属，与《左传·定公四年》记载的"分鲁公……殷六族……"和"分康叔……殷七族……"族属数之和相一致，这不仅印证了《左传》记述的事实真实可靠，也确认了《史记》记载中的商代族属数是指商代前期的族属。

另外在16处商代墓地内还有27座墓葬没有归类，这表明在商代位于河南、河北两省部分地域或更广阔的地域内还存在着其他族属，根据我们的估测，在商代时期的范围内至少应活动着146个族属。

以血缘关系为纽带联系在一起的人们，在长期的共同生活和交往中形成的这种特定的生活习俗、观念信仰、埋葬习俗等方面的传统文化在历史的长河中留长，直至今日还能找到古代社会中这种传统文化的孑遗。

注释及参考文献：

[1] 中国社会科学院考古研究所安阳工作队：《1969—1977年殷墟西区墓葬发掘报告》《考古学报》1979年1期121~146页，墓葬登记表中标明墓向的墓葬为941座。

[2] 韩建业：《殷墟西区墓地分析》，《考古》1997年第1期。

试论商代文化对楚人的影响

王从礼

商代文化可谓是我中华民族文化的核心，无疑楚文化的形成也应离不开商代文化的影响。这既是历史学者关注的问题，也是考古学者所作的课题。但迄今为止，商代文化对楚人影响的专题研究不多，关键在于过去先楚故地（指楚建国之前的江汉流域）发现的商代文化信息不多。自 20 世纪 80 年代，有关资料的发现逐渐丰富起来。就此，笔者谈谈商代文化对楚人的影响问题，以就教于方家，为早期楚文化的研究作些抛砖引玉的工作。

一　问题的提出

1. 先楚文化研究是楚文化研究的重要部分。俞伟超先生早在 20 世纪 80 年代末就提出了寻找先楚文化的设想，并走遍江汉大地实地调查先楚文化"基因"的存在。他在主持发掘湖北当阳赵家湖墓地时发表了《先楚与三苗文化的考古学推测》[1]，一石击起千层浪，顿时在荆楚大地掀起了先楚文化研究的热潮。同时，也使有关方面的人员更加关注江汉地区东周前的文化遗存。事实表明俞先生是先楚文化和楚文化研究的开拓者或奠基者。

2. 江汉地区的商代文化应是先楚文化研究的内容之一。从时空上说，先楚的概念应指楚未建国前的楚氏族。据文献记载，在商时期，商已成为较强大的氏族，并被商王朝镇压过。《诗·商颂·殷武》："维女荆楚，居国南乡。昔有成汤，自彼氐羌，莫敢不来享，莫敢不来王，曰商是常。"又说："挞彼殷武，奋伐荆楚。深入其阻，裒荆之旅"。《诗·商颂·玄鸟》还说武丁时"邦畿千里，维民所止，肇域彼四海"。商时楚谓"荆楚"，作为方国"居国南乡"，即居住在商王朝之南的江汉地域，是臣服于商王朝的。商王朝的物质文化与精神文化在江汉大地的形成，为楚氏的兴起与楚国的强大打下了基础。至商末周初时，楚氏族首领开始与周王朝接触。《史记·楚世家》载："周文王之时，季连之苗裔曰鬻熊。鬻熊子事文王，蚤（早）卒。"《史记·周本纪》还载周文王时"楚子""往归之"。学者们认为"楚子"[2]即"文王"鬻熊。《史记·楚世家》还记："……周成王之时，举文、武勤劳之后嗣，而封熊绎于楚蛮，封以子男之田，姓芈姓，居丹阳。"熊绎即鬻熊后裔。周王朝封熊绎

作者简介：

　　1950 年生于湖北公安。毕业后分配到湖北省荆州博物馆工作，现任荆州博物馆副馆长，研究馆员。30 年来一直从事楚文化的研究和发掘工作，出版了《楚国土木工程研究》专著，发表了论文多篇。

是因其先祖有功于周文王。楚氏族兴起与发展显然经过了商末周初的统治，是我们研究早期楚文化的重要历史线索。

3. 江汉地区商周文化遗存的发现，也使其研究成为可能。目前，湖北黄陂盘龙城已揭示出大型宫殿和贵族墓葬[3]；江陵张家山遗址[4]、荆南寺遗址[5]、沙市周良玉桥遗址[6]、官堤遗址[7]。鄂西北也有商代遗址发现[8]，江陵岑河庙兴八姑台发现大型青铜尊和沙市十号路出土铜罍[9]，江陵草安王家台西周遗址、观音垱碑坟西周遗址[10]，江陵梅槐桥西周遗址[11]，江北农场五分场出土西周虎尊等文物[12]，巴东雷家坪西周遗址[13]，江陵万城出土西周铜器[14]。孝感发现商周遗存有：安陆晒书台，孝感市涨水庙、殷家墩、聂家寨、白莲寺，大悟四姑墩、黄陂钟分卫湾、钟家岗、官家寨等墓地，大悟雷家山、应城吴祠群力村、乌龟山等窖藏[15]。下坝电站遗址、花园遗址、高家坡遗址、花台遗址、女儿台遗址等[16]。众多商周遗址、墓葬发掘及铜器的发现，表明商周时期中原文化虽已进入江汉地区，但江汉地区的土著文化仍在长足发展，为我们区别商周时期早期楚文化与中原文化提供了实物资料，也是我们研究商代文化对楚人影响的有利条件。

二 楚与商文化的相同点

目前，当阳赵家湖楚墓地中已发现了西周晚期的楚墓，为我们对先楚文化的认识拓宽了视野，指点了迷津。我们可采取已知的特点去观察江汉地区商周文化中早期楚文化因素的存在。基于这一点，我们可从四个方面寻求：

1. 商人、楚人均有信鬼重祀的习俗。《礼记·表记》："殷人尊神，率民以拜神，先鬼而后礼。"商代人极度迷信鬼与神，采用各种手段多方祭祀。甲骨卜辞中商人对祖先的祭祀，是采用"天干顺序的祭祀法"和"祀典"[16]进行的，"无论在祭祀祖先神明，还是祈年求雨或举行其他宗教活动，多用人、畜作牺牲。"安阳殷墟除发现类似的祭祀场外，还零星发现祭祀坑；后岗发现祭祀坑内存人骨五十四具，上下两层，死者无固定葬式；大司窑村也发现埋有三十一个人头，二十具躯体的椭圆坑，死者首躯分离、多为壮年男子和幼童。此外，湖北盘龙城 M2 墓中亦发现人殉的骨骸。墓底设有腰坑，殉葬一狗。在商代后期中型墓葬和灰坑中（安阳后岗 H321、大司窑村 M53）均发现人殉的现象。商代建筑中也发现殉人的现象。河南郑州商城东北部商代前期壕沟中埋葬大量的奴隶头骨。河北藁城台西 M14，在西台阶上殉葬未成年的女孩一人，似是捆绑所致[17]。山东益都苏埠屯 M1 中殉于"奠基坑"中一人，台阶上殉 7 人，墓道门内殉 39 人[18]，武官村大墓 WKGM1 分 4 处殉 79 人[19]。郑州二里冈 C1M1 内，第一层殉 3 人，第二层殉 1 人、1 猪，第三层殉无下颚骨的人头 4 个[20]。江苏铜山丘湾发现一处祭石的社祭遗迹[21]。此外，从商人大量的卜辞中均可见"殷人尚鬼"。他们对先王、先公、先妣、诸子、诸母、旧臣都有不同程度隆重而繁复的祭祀。除用牺牲外，还用大量的人殉。可见，南北方商代人都有祭祀的习俗，并不局限于商王朝的某一时期或某一区域或某一事项[22]。

春秋战国时期的楚人也有信鬼祭祀的习俗。《汉书·地理志》说："楚人信鬼祭祀"；《国语·楚语下》记载观射父对昭王说："民之精爽不携贰者，而又能齐肃衷正，其智能上下比义，其圣能光远宣朗，其明能光照之，其聪能听彻之，如是则明显降之，在男曰觋，在女曰巫。是使制神之处位次主，而为之牲器时服，而后使先圣之后有光烈，而能知山川之号，高祖之主，宗庙之事、昭穆之世、齐敬之勤、礼节之宜，威仪之则、容貌之崇、忠信之质、湮洁之服；而敬恭明神者，以为之祝……民是以能有忠信，神是以能有明德，民神异业，敬而不渎，故神降之嘉生，民以物享，祝灾不至，求用不匮。"说明楚有男女觋巫，他们具超乎常人秉赋，肩负着串连天地神人的职责，能给人美好的愿望。

楚人祭祀的对象有：山川之祭，如《左传·哀公六年》、《左传·昭公十一年》、《左传·昭公十三年》皆有其记载；神灵之祭，如湖南长沙子弹库楚墓出土的帛书上有："炎帝乃命祝融以四神降"句，楚辞中的《九歌·东皇太一》、《九歌·东君》等篇章的内容都是佐证；祖先之祭，如《左传·僖公二十六年》记："夔子不祀融与鬻熊，楚人让之。对曰：'我先王熊挚有疾，鬼神弗赦而自窜于夔。吾是以失楚，又何祀焉？'秋，楚成得臣、斗宜申帅师灭夔，以夔子归。"《国语·楚语下》记："子期祀平王，祭以牛俎于王"。《左传·宣公十二年》记楚庄王邲之战获胜后，"礼于河，作先君宫；先成事而还。"另外，楚有招魂之术，楚辞《招魂》有云："魂兮归来，君无上天些！……君无下此幽都些！……"

楚上至国君，下至于民，祭祀之风极度。《新论·言体篇》说："者楚灵王骄逸轻下，简贤务鬼，信巫祝之道，斋戒洁鲜，以祀上帝，应群神，躬执羽绂，起舞台前。吴人来攻，其人告急，而灵王鼓舞自若，顾应之曰：'寡人方祭上帝，乐明神，当蒙福佑焉，不敢赴救。'"

楚墓简文中也多有"卜筮记录"和"祭祀的记录"出土。如江陵天星观 M1 墓的简文中多次记录"为邸瑒君番勑贞"，"侍王"是否顺利等[23]。此外，包山 M2 墓也有"卜筮"和"祭祷"方面的内容[24]。

楚遗址中和楚墓中也多见用人和牲祭祀的现象。河南淅川下寺春秋楚墓中有人殉的现象[25]；楚故都纪南城南垣水门遗址中有人殉[26]；战国初期楚地曾侯乙墓中有殉人 13 具，狗一具[27]；湖南长沙浏城桥 M1 也见殉人[28]。类似者不一枚举。此外，荆门包山 M2 和信阳长台关 M1 坑底均设有腰坑，并殉羊和鹿牲[29]。

上述商人、楚人祭祀活动的共同点，都是在中等贵族以上墓中用人和牲殉葬。另外，商代人自始至终信鬼，西周人只是早期较盛，中期有所减弱，晚期少见，说明早期的周人也受商人祭祀之风的影响，而后来形成了自己的风俗。就现有的考古材料而言，楚人不然，自春秋至战国时期信鬼重祀之风不减，甚至连祭祀对象也与商人一致。如果不是受商人影响较深的话，怎能长期保存商人的祭祀风俗？况且，至战国时期奴隶制即将崩溃，封建制取而代之，社会性质已发生巨变，而楚人信鬼重祀之风还如此浓厚，应受江汉之地商代文化的影响所致。这就是楚人信鬼重祀的历史原因。

2. 商人、楚人墓室建筑的大同。商人、楚人墓室发掘数量不仅多，且墓室建筑的方式具很多一致性。这一点，过去学术界有所忽略。至今，笔者在楚墓发掘与资料整理时已察觉到，楚人墓室建筑的形式应受商代文化的影响，主要表现有三个方面：

Ⅰ. 墓上建筑。商楚人皆有墓上建筑，形式虽有不同，但建筑事项和建筑目的是无别的。殷墟妇好墓的墓圹上压着一房基，房基形制为长方、圆转角形，面积略大于墓口。房基东边外有路土，其门道可能朝东。房基上遗存有 6 个柱穴[30]，内以卵石为础，显然是墓上建筑。安阳大司空村商代墓地中，也发现 3 座墓上有建筑遗迹。之一，夯土基长 6、宽 5 米多，东边中部设有 4 级台阶，台基上遗存卵石。从所处的位置看，应是当时设立的柱础。房基下还建有三座墓室（M301、M302、M303），说明此台式建筑应属三个墓室的同一建筑，供三位墓主共同享用。之二，形制与前者同，但未设台阶，坐落在 M311 墓室上，长 7.4、宽 6.8 米，夯土基上遗存卵石十块，除两块被盗墓者扰乱外，其余整齐排列。之三，夯土长 3.5、宽 2.2 米，台基上遗存卵石 4 块，亦为柱础，坐落在 M312 上，方向并与墓室一致[31]。

楚墓地中也发现有建筑遗迹，湖北枣阳九连墩 M1 封土南北两侧及 M2 封土南侧都发现夯土墙体。M1 封土南侧墙体宽为 3.5、残长 28.7 米；北侧墙体宽约 3.2、残长 1.9 米。南北两侧墙体相距约 40 米，两墙体均为褐色黏土夯筑而成，垂直打破并部分叠压在墓葬封土的外缘。墙体内侧面较直，外侧面为坡状，犹如楚国的城垣形制。M2 封土南侧墙体宽约 2.7、残长 18.6 米，形制特点与 M1 封土南北两侧的墙体相似。M2 封土南侧墙体与 M1 封土北侧墙体距离约 7 米[32]。类似在墓的封土周围分筑墙体的方式，在其他诸侯国墓地上尚未发现。从后期墓周围的墙体建筑形式看，该墙的平面应与墓室形制相同，作为"茔城"，象征地上宫室的宫城。按楚国地上宫室建筑之惯例，夯土墙上应设有陶质的板、筒瓦。不然，夯土墙体受不住持久的风雨浸蚀。两墓室茔城的分别建立，标志着两墓修建的年代相隔较长。M1、M2 墓主本为夫妇，应共一个茔城。安徽长丰杨公墓地两墓间也发现有用白色泥土构筑的茔城，宽 30 厘米，深约 1.5 米（墙基），白土中含有零星的陶片，可能是茔城建筑上瓦具[33]的遗存。安徽长丰杨公一带的楚墓年代大都为战国晚期，说明楚国墓地上构筑茔城之事不是一时一事的。

另据《史记·楚世家》记：秦将白起拔郢时，楚军大败，秦军烧毁了"夷陵"，如果说"夷陵"上没有木构建筑，仅存封土，秦军烧什么？况且目前考古资料证实，楚墓地上是有建筑的。湖北荆门纪山大薛家洼和尖山墓地上也发现了三处夯土台式建筑遗址，应属楚人的祭台和享堂。大薛家洼墓地的矩形台基呈东西的长方形，南半部重于 M2 的封土之中，北边超出封土外约 5 米，低于 M2 封土而高于祭台。祭台在矩形台北，并相邻，低于矩形台 1 米，略呈东西向的长方形，北接陪冢区。祭台东西两侧设有台阶，西侧距离较短，台阶保存不佳，但可见其遗迹，似一级；东侧设五级台阶，长者 70 米，最短者 60 米，高 1～1.6 米，宽 15～37.5 米。台面较平，先筑基，后筑台面。在尖山墓地发现两个台阶，相距 200 米，南端一个设在 M7、M11 之东侧，共四级；北端一个，台阶位于 M50、M53、M56、M57 之东侧，台阶数同前者，但规模较大[34]。这些台阶、矩形台和祭台遗迹的发现，无疑是"享堂"之类的墓上建筑。

以上资料的展示，说明楚墓室周围具有茔城，中上等贵族墓上还有祭台和享堂之类的建筑；证实秦人攻战楚国时有烧毁楚先王陵的行为存在；楚墓上的建筑行为也是受商人建筑形式的深刻影响。

Ⅱ. 商人、楚人的墓圹形制与设施相同。楚人对商人的墓圹形制，可以说具有较多的承袭点，如以"口"式长方形墓圹，均在墓圹上还设置"甲"字或"中"字形墓道、台阶、壁龛、腰坑设施。

商人的墓室等级虽可分七大类，但共同点均为长方竖穴式墓圹。甲类中的 HPKM1500 和 HPKM1217 两墓南北纵列向，墓圹四边各设一墓道，平面呈"亚"形[35]；丙类墓中的湖北黄陂盘龙城李家咀 M2 为"口"字形的长方形竖穴土圹[36]；商代后期甲类墓中的武官村大墓，墓圹作长方形，设有南北两墓道，墓室平面作"中"字形，墓底中心设腰坑，内殉人持戈，北墓道下部遗存台阶遗迹[37]；安阳后冈丙类墓中的 M43，仅南端设一墓道，墓室平面为"甲"字形[38]；小屯 M5[39]，大司空村 SKM311[40] 和硫璃 M141、M147、M151 等均无墓道，墓室平面均呈"口"字形，墓底设腰坑。大、中、小型墓的腰坑均为长方形。戊类墓中，安阳大司空村 M206，头端南壁设一壁龛。商代墓中设壁龛者较多见，但大多为小型墓。

楚墓中除未发现"亚"字形墓圹外，其余几类墓圹均有发现。如河南淮阳马鞍冢南冢为"中"字形[41]；上自楚国封君，下至部分"上"级墓多为"甲"字墓圹；庶民墓，多为"口"字形的长方形土坑竖穴。楚封君墓中，信阳长台关 M1，墓圹四壁设四级生土台阶，墓圹底挖一腰坑，内殉一小鹿[42]。湖北荆门包山 M2，墓圹为"甲"字形，墓圹四壁设有十四级生土台阶，长方形墓圹底挖一椭圆形腰坑，内葬一山羊[43]，楚国下级官吏和所有的庶民墓圹均为"口"字形墓室。

设壁龛者，曾侯乙墓圹为多边形，无墓道，墓圹东部的南壁石板层下发现一壁龛。龛顶弧拱，龛壁亦呈弧形向内掏进，龛底平[44]。类似壁龛，在湖北、湖南的楚国下层人士的墓中较为多见。湖北当阳赵家湖楚墓中带壁龛的墓有 69 座，少数墓设有 2 个边龛，其余均设一个边龛；另设头龛 31 座[45]。江陵雨台山楚墓中设壁龛者 23 座，单棺墓 22 座，一椁一棺墓 1 座。壁龛均设在墓室的南壁，即头端，高于墓坑底 20 厘米，壁龛平面有长方形和半圆形两种[46]。总体而言，楚墓中设壁龛者墓圹都较小，多为无椁单棺墓，与商代墓具有共同点。

从现存的考古资料看，楚墓圹形制未超出商人墓圹形态，形制的某些变化也不过是时代进步的原因，即土建技术形成进步的表现。经比较，商、楚墓圹有四个共同点：第一，上层贵族墓都具有"中"字形墓道，并设有祭祀用的腰坑；第二，中下层贵族都使用"甲"字形墓道，也设有腰坑；第三，商、楚墓道中可见到台阶的痕迹；第四，下层官吏和庶民墓圹中较多见壁龛设制。

Ⅲ. 椁的构筑形制，商人、楚人的椁框均呈长方形，即"井椁"。《仪礼·士丧礼》"既井椁"。其注云："匠人为椁，刊治其材，以井构于殡门外也。"《仪礼·正义》引褚寅亮云："井构者，以椁材两纵两横，间迭而层累之，如井字然。"可知商人之椁均为井椁，构筑方式两纵两横，平面为"Ⅱ"形。板面浮雕纹饰。后冈 M7 西阶中部发现一长条木雕印痕，作兽面状的花纹。据专家考证，应是雕花木椁顶盖板。笔者毕业实习时，在湖北盘龙城李家嘴发掘了 M2，墓内除发现长 94 厘米长的玉戈外，还发现青铜礼器和墓底腰坑。其中，最难得的是墓中发现了雕花木椁板灰痕。两块较大，一块长 2、宽 0.4 米；另一块长 1.5、宽 0.22 米，皆正面雕花，反面涂朱漆，未绘彩。花纹为阴刻双钩式饕餮纹和斜角云纹，每两组图案间的阴线部分涂朱漆，阳面涂黑漆，出土时色彩斑斓。从其位置看，雕花向上，应是木椁的顶盖板。木椁四壁已塌，结构不清。据导师们相告，雕花椁板痕迹在殷墟大、中型墓中经常发现，说明商代大、中型墓中普遍使用木椁。

楚国贵族墓中的木椁也为"井"字形，即二纵二横结构，平面"Ⅱ"字形。其中，无论是多边"亚"字形，还是以棺室为中心附建的多个椁室，都是以"Ⅱ"形椁为基础。在湖北、河南、湖南楚地均有或多或少的发现。如河南新蔡平夜君墓为"亚"形椁；湖北曾侯乙、湖南临澧九里楚墓地也为多边形椁；湖北枣阳九连墩 M1、M2；河南信阳长台关 M1、M2 皆以椁室为中心，周围附建其他椁室；湖北江陵雨台山、九店楚墓地一部楚墓均在"Ⅱ"形椁室内分建棺室，其周围或一侧、一端分设头箱、边箱、足箱的作法中，均以"Ⅱ"形椁为主体。可见，楚椁形制与商人的椁形是十分接近的。

3. 礼制制度中也可找一二共同点。礼制不仅具有严格的政治内涵，而且是由丰富的物质文化所表现的。在中国历史上，虽然存在改朝换代的事实，但维护社会进程与约束人的思想和举止的礼制，均未发生根本的变化，往往是代代延续和传递。在历史发展的进程中，也有不断的修正和完善的地方。上古时期商与楚人所实施礼制方面就是有力的说明。

Ⅰ. 宫寝制度。湖北盘龙城内的东北高地上，发现了两座高台房基，建筑规模与建筑工艺都反映了殷商时期江汉地区的建筑水平。房基坐北朝南，面阔39.8、进深12.3米，比二里头宫殿大。据柱穴及墙基的遗存，台基四周有宽大的回廊，中间夯土墙隔离为四室。从其建筑规模和设计形制看，非当时中小奴隶主的住宅；时代上与盘龙城的建置和使用时间基本一致。它应是早商时期盘龙城内最后一栋四室式的宫寝建筑。之南还发现长方形夯土台基一处，面阔27.25、进深10.8米，台基内也有一周柱穴，但中间为大空间的厅堂式建筑，应属"朝"或"堂"一类建筑。盘龙城内遗存的两座大型宫殿建筑，是迄今所知最早的"前朝后寝"式的宫殿建筑。

目前，楚都城内还未揭示出群体式的宫寝建筑，但可借楚墓椁室的布局加以说明。宫寝建筑是上层贵族的一种礼制待遇，等次的高低，最明显者就在于宫寝面积的大小。楚墓中除庶民墓为一棺室外，士以上者一般都有"前堂后寝"设置。上层贵族墓中，除"前堂后寝"设置外，还设有较多的他室。从楚墓资料看，楚墓椁室的制数较有规律：一般是1、2、3、5、7、9室。所谓前堂后室，在楚墓中具体表现为前设头箱，之内存放显示墓主身份的青铜礼器和仿铜陶礼器，之后为棺室，即表示墓主"寝"室所在。楚墓中的"堂"、"寝"位置，一般都是"堂"前（南、东二方位）"寝"后。中上等贵族的"寝"大都居中，实际上也处于"堂"之后。据此，可以说商人、楚人的堂、寝布局是一致的，即殷人宫寝之制对楚人产生了重大影响，或者说楚人完全效仿了商代人的宫寝之制。

Ⅱ. 在礼器组合上也较有一致性。用青铜礼器随葬是商、楚人丧葬礼仪的共有特点。李家嘴M2随葬器物甚为丰富，仅青铜器就有63件。青铜礼器中有鼎、鬲、簋、瓿、爵、盘等23件。随后发掘的M1也与之组合相似。值得注意者，凡酒器大都置于椁内，只有罍和炊事器放在椁外，似乎当时人已有分室的概念，并重酒器。另外，"明贵贱，辨等列"的意识也已产生。M1酒器是"五"制，M2是"四"制。"酒器"是商代标明墓主身份的指示器，与西周人的"重食器的组合"习俗不同。同时，还有鼎、簋青铜礼器组合形式，在同时期的其他地方同规格的墓葬中尚属少见。

楚墓的随葬品显示出既"重酒器组合"，也"重食器组合"的随葬意识。于是，在东周时墓葬中随葬了以鼎、簋、盏，鼎、簋、敦、壶为主要组合的青铜礼器。在重酒器方面，楚墓中最明显者多随葬漆耳杯为代表的酒具可为例证。在礼制上，楚人是以鼎、簋的数量显示墓主身份也与商代人一致。

Ⅲ. 商人、楚人墓地的排列具有共性。其一，商、楚时期无论是贵族墓，还是为贵族殉葬者的墓，均较整齐排列，很少见墓与墓之间相互打破的现象。如早期商人墓地的安阳侯家庄、武官村和晚期的安阳后冈墓地。楚人赵家湖墓地（西周晚期至战国中晚）、江陵雨台山墓地（春秋至战国）等均可说明其现象。可知商人、楚人的墓地有人统一规划和管理。其二，墓葬分区葬。商人、楚人墓地均有分区葬的特征，而且十分明显。殷墟洹水北岸的侯家庄、武官村以北一带的高地是商代王陵所在地。其陵墓区内，虽发现极少的中型墓和数量较多的小型墓，但都属大墓的陪葬墓或殉葬坑。这种独立的陵园设制，在楚墓地中也不乏见到。江陵川店的熊家冢、八岭山域的周家冢、冯家冢等都是其表现，说明商、楚君王们唯我独尊的意思浓厚。其三，族葬制。殷墟大司空村墓中有 13 个群体；后冈墓地中有 4 个群体。都是以小型墓为主，之间也有少量的中型墓，它们应是族葬制的体现。春秋战国时期的楚墓也是如此。河南淅川下寺春秋楚墓地、江陵天星观墓地、江陵望山墓地、荆门大薛家洼墓地和包山墓地等楚墓地是其反映。大墓间存在一定数量的小墓，他们生前显然是一个氏族的成员。墓葬排列上也体现出"左昭右穆"之制。这些制度的存在，显然是楚人对商代族葬制的深化表现。

4. 商楚人的生活用器也具有较多的共同点，考古学文化中反映最强烈的是生活用器，因为它涉及的社会面广，使用的量大，更新的速度快。今天，我们在查找商周之际的早期楚文化时，也可以江汉地区商周之际的日用器皿作为查找对象。从时代上讲，它们要早于现已发现的楚文化；空间上，江汉地区应是早期楚文化的诞生地。因此，我们的视野顺理成章，不可置疑。对此，可从三个方面观察：

Ⅰ. 种类上，江汉地区商周之际人们使用的器物种类不外乎青铜器、陶器、漆木器、玉石器等。与之比较，楚人也不例外。河北藁城台西房基外发现的一批漆器残片和湖北圻春毛家嘴西周早期遗址中发现的 1 件彩色漆杯一样，均为薄胎，在黑色和棕色漆上绘红彩，说明漆器是商周之际人的生活用品之一。春秋战国时期楚人大量使用漆器与之应有历史渊源。此外，就连漆器的彩绘方式都与商周器一致。商周时期青铜器中以鼎、簋为组合者，至春秋早期的楚人仍然沿用，并已具有楚式特点。商周时期的鬲、盂、罐、豆组合亦成为春秋时期楚国庶人生活用品的主要类别。据俞先生推测，盘龙城商代二里冈上层鬲和放鹰台西周初期的陶鬲与楚鬲形制具有一定的承袭关系。据笔者这些年对西周遗址的发掘观察，大量的陶器中，西周时期的陶鬲、罐、盂的确具有承商启楚的关系，其内脉较为清晰。仅陶鼎、鬲足的发展轨迹而言，显然是由锥足（商）发展成柱足（西周），随后变化蹄足（楚）。纹饰上，商代鬲足为素面，西周中期似刀削，西周晚期至春秋为绳纹，后又有刀削棱形和三角形槽者。胎色上也有从红褐陶转为浅红陶，成为灰陶的表象。楚陶器中的磨光黑陶，暗纹等特点，在江汉地区西周中期的陶器中可找到相同者。

Ⅱ. 玉器上，盘龙城李家嘴 M2 椁盖顶上出土 1 件长 94 厘米的玉戈；河南安阳商晚期的武官村甲种大型墓 WKCM1 出土 1 件青白大理石石磬，上浮雕虎的形象。我们知道，楚有"和氏璧"，楚墓中除出较多的玉石器外，上层贵族墓中也多出土成套的石编磬；楚故都纪南城南曾出土一套彩绘石编磬，至今还能演奏，形态与商磬大致相似。这些玉石器在江汉地区相继出土，说明商、楚人都具有很高的琢玉技能和制造石磬的本领。

三　楚多承商文化、少承周文化的原因

上述史实告诉我们，楚文化与商代文化关系密切，似乎楚人有多承商文化、少承周文化的迹象。即便楚人有承周文化的因素，实际上也是江汉地区的商文化在西周时期的发展。我们之所以如此认为，有如下理由：

1. 据文献记载楚氏约兴起于商代中期，并曾为商王朝的方国，"居国南乡"。当周灭商时，楚族首领鬻熊事度时，才与周王朝发生联系，熊绎时为周的异姓诸侯国。楚虽然经历了两个王朝的统治，但更多时期是商王朝的统治。因此，楚人对商人的物质文化和精神文化有较全面的接触和影响。西周早中期的文化虽已进入江汉地区，但具有商代特点的文化仍在江汉地域不间断地发展，即楚人自觉不自觉地仍在传递。

楚受商人文化的熏陶重于周人。据文献记载，夏商时期中原已开办学校。《孟子》载"夏曰校"、"殷曰序"。《汉书·儒林传序》则记"殷曰庠"。可知"序"、"庠"都是学校。殷墟卜辞也记："戊戌卜，雀若教"，"丁酉卜，其乎吕多方小子小小臣其孝戒"，"丙子卜、多子其徒学"，"多子学"等内容，表明商代的学校已接受周边方国与部落（其中也包括荆楚）的贵族及其子弟前来学习。楚国后来在语言、文字及物质文化上，已达到了与诸夏可比或高于诸夏的地步，显然是与商文化的影响分不开的。

2. 商代的强权政治长时期对楚人的统治，也会强制性地逼迫楚人接受商人的人情风俗乃至文化、信仰与商王朝保持一致。

3. 楚与周人处于一东一西的地理位置，人际交往、文化交流远不如与商王朝紧密。况且，周人在势力弱小之时，曾一度拜楚先祖为师。当时，楚不可能向周学到什么。就是在周人强盛时，借他人之力灭掉商王朝后，楚虽被周封为子爵的异姓诸侯国，排名低下，楚不服，时刻想称王与周王朝分庭抗礼。由于楚人对周王朝的轻视，更不可能彻底扬弃接触已久、感受最深的商代文化。即便曾一度接触到周文化，也不如商代文化影响深刻。因此，在江汉地区发现的刀削陶鼎、鬲足为代表的西周时期文化就显示出自己独特的个性。

但是，应该看到春秋战国时期的楚墓中以楚鼎为代表的一套礼制的存在，也包括楚墓中的一些丧葬礼制的存在，似乎与周人的"礼制"相同。据文献记载，实际上周人所奉行的一套礼制制度，是对商人礼制的继承与发展。故《论语·为政》云："周因于殷礼。"在殷灭亡前夕，殷大师、少师以及内史向挚就把代表殷礼制的一套典册、图法等奉献给了周王朝。故此，孔子把殷周之礼视为一体，提出了所谓"殷周之道"，"殷周之文"、"殷周之质"的说法（《礼记·表记》）。

上述所言，笔者仅就商代文化对楚人影响方面谈了几点意见，目的在于说明早期楚文化的产生、发展与商代文化具有一定的联系，或者说江汉地区商周时期文化中的土著文化，就是早期楚文化的发端和雏形。当然，要说明此问题，还得从考古学文化的角度加以详细阐明。商周时期早期楚文化的具体情形，有待另文论及。

[注释]

[1] 俞伟超：《先楚与三苗文化的考古学推测——为中国考古学会第二次年会而作》，《文物》1980年第10期。

[2] 1997年陕西西周初年的遗址中出土许多甲骨文，其中有"今秋楚子来告"之句，参见陈全方：《陕西歧山凤雏村西周甲骨文概论》，《古文字研究论文集》，四川人民出版社1982年。

[3] 湖北省文物考古研究所：《盘龙城》，文物出版社2001年；湖北省博物馆、北京大学考古专业盘龙城发掘队：《盘龙城一九七四年度田野考古纪要》，《文物》1976年第2期。

[4] 陈贤一：《江陵张家山遗址的试掘与探索》，《江汉考古》1980年第2期。

[5] 荆州地区博物馆、北京大学考古系：《湖北江陵荆南寺遗址一、二次发掘简报》，《考古》1989年第8期。

[6][15] 熊卜发：《安陆市商周遗址调查》，熊卜发：《孝感地区商周古文化调查》，见：湖北省孝感市博物馆编《鄂东北地区文物考古》，湖北科学技术出版社1995年第8期。

[7] 湖北省博物馆：《沙市官堤商代遗址发掘简报》，《江汉考古》1985年第4期。

[8] 卢德佩：《鄂西发现古文化遗址》，《考古》1986年第1期；张万高主笔：《秭归何光嘴》，科学出版社2003年7月。

[9] 王从礼:《记江陵岑河庙兴八姑台出土商代铜尊》,《文物》1993 年第 8 期;彭绵华:《沙市近郊出土的商代大型铜尊》,《江汉考古》1987 年第 4 期。

[10] 荆州博物馆馆藏资料。

[11] 湖北荆州地区博物馆、北京大学考古系:《湖北江陵梅槐桥遗址发掘简报》,《考古》1990 年第 9 期。

[12] 何弩:《湖北江陵江北农场出土商周青铜器》,《文物》1994 年第 9 期。

[13] 湖北省文化厅文物局三峡办考古资料。

[14] 王毓彤:《江陵发现西周铜器》,《文物》1963 年第 1 期。

[16] [19] 北京大学历史系考古教研室商周组编著:《商周考古》,文物出版社 1979 年 1 月。

[17] 诸建良:《从商代遗址的发掘看林彪、孔老二"克己复礼"的反动本质》,《文物》1974 年第 5 期。

[18] 山东省博物馆:《山东益都苏埠屯第一号奴隶殉葬墓》,《文物》1972 年第 8 期。

[20] 河南省文化局文物工作队:《郑州二里岗》,科学出版社 1959 年。

[21] 王宇信、陈绍棣:《关于江苏丘湾商代祭祀遗址》,《文物》1973 年第 12 期。

[22] 胡厚宣:《中国奴隶社会的人殉和人祭》,《文物》1974 年第 8 期。

[23] 荆州地区博物馆:《江陵天星观 1 号楚墓》,《考古学报》1982 年第 1 期。

[24] [43] 湖北省荆沙铁路考古队:《包山楚墓》,文物出版社 1991 年。

[25] 河南省文物研究所等:《淅川下寺春秋楚墓》,文物出版社 1991 年。

[26] 湖北省博物馆:《楚都纪南城的勘查与发掘》(上),《考古学报》1982 年第 3 期。

[27] 湖北省博物馆:《曾侯乙墓》,文物出版社 1989 年 7 月。

[28] 湖南省博物馆:《长沙浏城桥 1 号墓》,《考古学报》1972 年第 1 期。

[29] [42] 河南省文物研究所:《信阳楚墓》,文物出版社 1986 年 3 月。

[30] 中国社会科学院考古研究所编:《殷墟妇好墓》,文物出版社 1980 年。

[31] [40] 马得志等《一九五三年安阳大司空村发掘报告》,《考古学报》1955 年第 9 期。

[32] 刘国胜:《湖北枣阳九连墩楚墓重大收获》,《江汉考古》2003 年第 2 期。

[33] 程如峰:《长丰杨公战国墓的茔界问题》,《文物研究》第 6 辑。

[34] 湖北省荆门市博物馆:《纪山楚墓调查》,《江汉考古》1992 年第 1 期。

[35] 胡厚宣:《殷墟发掘》,学习生活出版社 1955 年。

[37] 郭宝钧:《一九五〇年春殷墟墓》,《中国考古学报》1951 年 5 月。

[38] 石璋如:《河南安阳后冈的殷墓》,国立中央研究院历史语言研究所集刊,1948 年第 13 期。

[39] 《殷墟考古发掘的又一重要收获》,《文物》特刊 26 期,1977 年 2 月 26 日。

[41] 河南省文物研究所:《河南省淮阳马鞍冢楚墓发掘简报》,《文物》1984 年第 10 期。

[44] 湖北省博物馆:《曾侯乙墓》,文物出版社 1989 年 7 月。

[45] 湖北省宜昌地区博物馆、北京大学考古系:《当阳赵家湖楚墓》,文物出版社 1992 年。

[46] 湖北省荆州地区博物馆:《江陵雨台山楚墓》,文物出版社 1984 年 4 月。

[47] 湖北省文物考古研究所:《盘龙城》,文物出版社 2001 年。

[48] 河北省博物馆、河北省文管处台西发掘小组:《河北藁城县台西村商代遗址 1973 年的重要发现》,《文物》1974 年第 8 期。

对三星堆祭祀坑出土"神坛"等器物的研究

胡昌钰[*]　　孙亚樵

　　自 1980 年以来，四川省文物考古研究所、四川大学、广汉市文物管理所等单位对三星堆遗址进行了连续十几年的科学发掘。先后发掘面积约 5000 多平方米，发掘房屋基址 40 余间，陶窑 1 座，灰坑 100 多个，墓葬 4 座及城墙遗址。尤其是 1986 年对两个"祭祀坑"的发掘，震惊海内外，引起了国内外考古界的高度重视。面对如此丰富多彩且蕴涵着丰富的文化和历史信息的出土文物，并在有关早期蜀国历史文献记载又极简略的情况下，研究者将三星坑遗址出土文物与文献记载及神话传说有机地结合起来进行综合研究，涌现出了大批的研究论文。对三星堆祭祀坑的年代，出土物品的功能以及埋藏的性质等问题进行了积极的探讨，逐步揭开了距今三四千年前的古蜀历史的真实面貌，向世人展示了一个在东方文化中独树一帜的三星堆文明。

　　在过去一系列的研究进程中，人们的注意力不可避免地首先集中到出土的大件器物上，其实不起眼的小件背后同样隐藏了诸多的秘密。对小型器物的研究，不仅可以帮助我们认识它们，对重大课题的研究往往还可以起到不可低估的补白作用，对加深认识三星堆文明无疑是大有帮助的，下面笔者将对三星堆祭祀坑出土的几件器物，陈述自己的管见，以求正名家。

一　"神坛"

　　三星堆祭祀坑共出土了 3 件"神坛"，虽被大火烧残，但"神坛"K2③296 的基本造型及结构还是清楚的。"全器由兽形座、立人座、山形座和盝顶建筑四部分组成。兽形座底部圈足侧面饰以凸圆点填充的歧羽纹。圈足上立二兽，兽大头，吻部宽扁，立耳，独角向前内卷，四蹄，尾下至圆座。另有一翅冀向上扬起，翼端上下歧开。全器中空，前后肘及尾部纹饰镂空。吻部有六个圆形纹饰。角、耳、肘部及翅翼上纹饰以凸圆点填充。立人座置于兽形

作者简介：

　　1948 年 4 月生于四川成都，毕业后在四川省博物馆考古队工作，1981 年以后在四川省文物管理委员会办公室、四川省文物考古研究所工作，副研究馆员。1984 年以来先后担任省文物考古所考古队副队长、队长，管理委员会办公室副主任、主任，省文物考古所副所长、所长等职务。30 余年来一直从事文物考古调查和发掘工作，在《考古学报》、《考古》、《中华文化论坛》等期刊上发表简报、报告、论文 30 多篇。

的角、翅之上。底部圈足侧面饰一圈以凸圆点填充的窃曲纹。其上面向外站立四人,头戴敞口方斗形帽,帽沿前方呈 V 型,帽箍上有一周几何纹纹饰。立人身穿短袖对襟衫,下裙至膝上。腰间系带两周。在前腹正中结袢。袢中插一物,可能是觿。衣裳的前后上下各有两组炯纹。腿上和脚上饰目形纹。两臂手抬于胸前,双手呈抱握状,手中各握一藤状枝条。枝条上端残断,下端弯曲并有钩状分权。帽顶上生出扁平的侧面人头像,长眉、大眼、直鼻、阔口,下颌突出,长颈,头顶有弯钩状饰物,饰物已残断。山形座置于立人的帽顶上,底部圈足侧面有一周凹槽,其上饰一周下凹的圆圈纹,上部呈四山相连状,各山均置倒置的兽面纹,边沿饰云目纹和窃曲纹。盝顶建筑叠于四山的顶部,呈方斗形……,每面中间的部分镂空……。内铸一排大小、造型相同的跪坐人像。人像头顶承托着建筑的上额,均大眼、直鼻、大耳、阔口,耳垂上有穿孔。头戴帽,身着裙,腰间系带,两臂平抬,双手呈环状,作执握状。镂空下槛饰一排云雷纹。上额两侧饰羽纹,正中铸一鸟身人面像。鸟翅羽尖歧开如歧羽纹。坡顶鸟羽状纹饰与目纹相间排列。顶部四角各立一鸟,夔龙状冠饰,钩喙、喙中有小穿孔。双翅上扬,尾下垂,利爪,身上有羽状纹饰。器物顶部正中有一凸起,原来应有饰物。兽形座底部圈足直径 22.1 厘米……。全部残高 53.4 厘米"[1](图一)。

图一　铜神坛

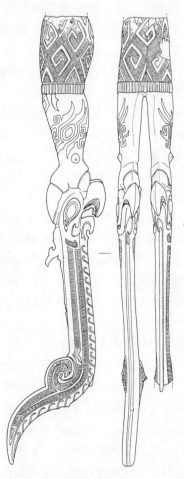

图二　铜鸟爪足人像

《三星堆祭祀坑》一书认为此器是"神坛"。坛，《说文·土部》解释："坛，祭场也"。是专为祭祀而筑的土台。当然后来为示郑重，会盟封拜也都设坛。最初的坛上是没有建筑的，后来逐渐发展为在坛上或坛的附近增设建筑。如"高"字，古写为"高"，显示在台上已筑有房屋。又如以后的北京天坛，在坛附近设有华丽的建筑群。但像三星堆祭祀坑出土的"神坛"那样，兽上有立人，立人头上有山，山上有建筑的现象却是极为罕见的。这种兽、人、山、屋层层相叠的现象，其最上面的建筑物倒示则有空中阁楼之感。据此，笔者怀疑，此器物所表示的功能不像是专为祭祀而设的坛，倒像是以山为界（天地间的阶梯）的天、地两个世界的思维表现。

集天、地两个世界于一器，那该铜器最终要表达一个什么样的主题思想呢？这还要从圈足上的两只兽说起。

圈足上的两只兽，从外形上看可以说是两只怪兽。身体像虎，但却长着四只带蹄的腿，不仅头上有角，身上还有翅膀。这种长相奇特的怪兽曾在《山海经》神话传说中提到过。《山海经·中次八经》载："纶山……其兽多……象。"郭璞注："象似菟而鹿脚，青色，音绰"。郝懿行云："象，俗字也，当为虎"。据《左传·宣公四年》载，古代楚人称虎为"菟"。在虎中，有一种称为"虎"的。《广韵·支韵》说："虎，似虎有角，能行水中"。而鹿又为偶蹄类动物，可见铜器底层圈足上的怪兽极有可能就是《山海经》中提到的这种不仅能上天、下地，还能入水的灵兽。这种灵兽的作用在《左传·定公三年》中记载得非常清楚："昔夏之方有德也，远方图物，贡金九牧，铸鼎象物……，用功协于上下以承天休"。看来虎这种灵兽是巫师用来"协于上下"天地的中间载体。宝鸡菇家庄西周强国墓一号车马坑中出土 1 件呈立体造像的青铜饰[2]，河南洛阳西郊一号战国墓出土的"伏兽玉人[3]，以及长沙砂子塘西汉木墩墓，墓中木墩外棺足档漆绘的"羽人乘虎图"[4]表达的都应为巫师乘灵兽上下于天地的意义。《道藏·太上登真三矫灵应经》中记载有道家运用虎矫的具体方法：通过一系列宗教仪式，"自有虎一只来于胯下，更不用别物持之，天赐全矣，自然成就，不觉身轻离地百余丈，勿得惊怖游太空及洞天福地……"。这不能不使我们联想到三星堆文化时期巫祝乘虎上下于天地的情况。虎是长有龙角、虎身、鹿足的一种灵兽，它集龙、虎、鹿的特点于一身，有可能是道教《道藏·太上登真三矫灵应经》中讲到的，能助修道之士"上天入地，穿山入水"的龙、虎、鹿的三矫的最初原型。

三星堆祭祀坑出土铜器中有十件蛇、三十多件龙饰以及虎形器，怪兽残件等，有可能这些器物都是巫祝们借以沟通天与地、人与神的中介灵物。

巫师要上天下地，沟通天与地、人与神，上达民意、下传神旨、预知吉凶祝福，除了借助于灵物外，还要借助于大树或高山。处于天地中心的"建木"就是沟通天与地、人与神的天梯。《淮南子·地形训》载："建木在都广，众帝所自上下，日中无影，呼之无响，盖天地之中也"。《山海经·海内经》也说建木是"太暤爰进，黄帝所为"的天梯。闻名于世的三星堆大铜树（K2②：94）（图五：1），高耸挺拔，一条苍龙沿树干而下，正是体现了借助灵物通过大树沟通天与地、人与神的意义。

昆仑山也是上天的阶梯。《淮南子·坠形训》说："昆仑山邱，或上倍之，是谓凉风之山，登之而不死；或上倍之，是谓悬圃，登之乃灵，能使风雨；或上倍之，乃维上天，登之乃神，是谓太帝之居"。三星堆祭祀坑出土了三件铜"龙柱形器"（K1：36）（图六：1）。该器作一条龙张口露齿趴于柱顶之上，身尾下垂于柱侧，与身尾相对的柱的另一侧有抽象的

168

云团。这个铜柱，可能就是郭璞《山海经图赞》中所说的高耸入云的昆仑柱。郭璞说："昆仑月精，水之灵府，惟帝下都，西老之宇，嶵然中峙，号为天桂"（按郝懿行《笺疏》，桂为柱之误）。这件器物体现了借助灵物通过高山沟通天与地、人与神的意义。

如果说"龙柱形器"表达的是借助龙通过昆仑山而上下于天地间的表现手法过于抽象的话，那"神坛"所表达的借助于臬，通过昆仑山上下于天地，沟通天与地，人与神的思维场景则要详尽具体得多。

三星堆祭祀坑出土的"神坛"分为上下四层。由下而上第一层为巫祝用来"协于上下"天地的灵兽——臬。第三层"山形座"可能就是天地间的阶梯——昆仑山。第二层"立人座"，可能表达的是昆仑山下的人间，群巫正在举行祭祀仪式进行献祭和祈祷，希望神灵降临，祈求神灵的保佑或祈求神灵降福于民。民族学资料告诉我们，巫师与神灵交往有两种方法：一种是请神附体，由巫师代神灵下传神旨；一种是巫师过阴，由巫师的灵魂去找神灵，以上达民意[5]。巫师的"帽顶上生出扁平的侧面人像"，这些头顶上生出的人像，有可能就是巫祝通过咒语祈求神灵附体的一种思维表现，因为巫师是代神传话，所以他们不用下跪而作站立状。第四层"盝顶建筑"表达的是天上。巫师的灵魂暂时和肉体分离，在灵兽的协助下经昆仑山天梯来到天上，他们在天神的面前下跪并上达民意，从附体的天神及天宫建筑物上所铸的天神外貌看，均与三星堆祭祀坑出土的"铜人面具"极相似，附体的天神，应为三星堆文化古蜀人的祖先神。以上是"神坛"所表达的主题思想。是古蜀人上天下地，沟通天与地、人与神的具有卓越超群想像力的真实写照，这一想像力思维可能就是后来道教升天成仙的思维根源。

二　铜"人身鸟爪形足人像"

该像（K2③：327）的"人像上半身及鸟的尾端残断无存，出土时裙裾及鸟身纹饰上均涂有朱砂。人像鸟爪形足以嵌铸法与鸟的头部铸造在一起。人像下身着紧身短裙，裙前后中间开缝，饰几何形云雷纹。下摆宽厚，上有竖形条纹。两腿健壮，胫部饰阴刻花纹，花纹中填以黑影。双足鸟爪突出，攫二鸟首而立。鸟形颇为抽象，大眼鹰喙、颈细长，分尾。鸟两侧各饰双列云雷纹。颈、腹前有一列长扉直达尾尖，扉上饰有羽纹。"[6]鸟通宽10.8、高51.4厘米，人残高30厘米，通高81.4厘米（图二）。

该器物因上部人身残缺，进而引起人们一连串的遐想：上部残断的是什么人？为什么会长有鸟爪形足？这件器物的寓意是什么？

该器物下部的两只鸟应是凤鸟，这一点看来是没有什么问题的。关键是要弄清上部残缺的人身。据《海内经》载："有赢民，鸟足"，是说在众多的古代族群中，赢姓一族的族民其足为鸟爪形。又据《史记·秦本纪》载："秦之先，颛顼之苗裔孙曰女修。女修织，玄鸟陨卵，女修吞之，生子大业。大业取少典之子，曰女华。女华生大费，与禹平水土。已成，帝赐玄圭。禹受曰：'非予所能，亦大费为辅'。帝舜曰：'咨尔费，赞禹功，其赐尔皂游，尔后嗣将大出。'乃妻之姚姓之玉女。大费拜受，佐舜调训鸟兽，鸟兽多驯服，是为柏翳。舜赐姓赢氏"。可见赢姓族民的先祖是柏翳。《玉篇·羽部》说："翳，鸟名也，凤属也"。翳原来是凤的一种称号。所以汉司马相如在《上林赋》中有"拂翳鸟，梢凤凰"之说。《山海经·南次三经》载："丹穴之时，有鸟焉，其状如鸡，五采而文，名曰凤凰"。《乐雅·释地》解释"丹穴"时说，其"距齐州以南，戴日为丹穴"。由此可知，凤凰是太阳的象征。

根据上述文献记载，我们是否可得出这样的结论：铜器上的鸟爪形足人应为太阳神。

笔者曾在拙文《鱼凫考——也谈三星堆遗址》[7]中论及：三星堆遗址时期的主导民族鱼凫氏应分别为以鱼和凫为始祖神崇拜的两个民族的结合。鱼凫氏蜀国，是以凫为主的联盟式统治。其中凫来源于东方的少昊凤族。少昊是他们最初的祖神。"昊"字从日从天，天与大字在古文字中通用，而大与人字又是同字。"昊"字意为头顶太阳的人。三星堆二号祭祀坑出土的大型青铜立人像（K2②：149.150）和谐、威严而庄重，头戴花状高冠，冠顶中间有似盛开的花纹，两侧似叶……。按高诱注《淮南子·地形训》说："若木上有十日，状如莲花。这尊铜像头戴花状高冠，犹如一人头顶太阳，所以这尊铜像应为"昊"的神像。少昊也为嬴姓，又为凤族。"人身鸟爪形足人像"可能是少昊神的一种表现手法。

屈原在《离骚》中写到："驷玉虬以乘鷖兮，溘埃风余上征。"显而易见，龙、凤是天神出行的脚力。《毛诗陆疏广要》有"龙乘云，凤乘风"之说。句中的风可为太阳，风可为凤。由此可知太阳出行载于凤是有一定道理的。三星堆祭祀坑出土的"鸟爪形足人像"，作鸟爪形足人以双腿踏双凤为飞行状，正是《山海经·大荒东经》所载的"汤谷上有扶木，一日方至，皆载于乌"的最好实证。

三星堆祭祀坑出土的"圆形铜挂饰（K2③：115—7）（图三：3），该饰件上部呈圆形，圆的下缘有两只抽象凤鸟。这个"圆"所代表的就是太阳，是上面论及的"鸟爪形足"人应为太阳神的绝佳旁证。类似"太阳运行"内容的器物还有祭祀坑出土的"箕形挂饰"（K2②：30—6）（图三：2），该"箕形挂饰"的上部呈隆起的圆形，这个隆起的圆形，亦是太阳的象征。《三星堆祭祀坑》一书说，其下部有"两平脊呈梯形布局"，这个呈梯形布局的两平脊实际上是高度抽象化的凤鸟。"箕形挂饰"的真实意义应与"圆形铜挂饰"及"鸟爪形足人像"相同，反映的主题思想都是运行中的太阳。

三 "人身形铜牌饰"

三星堆祭祀坑出土了两件"人身形牌饰"。其中牌饰（K2③：103—27）"器物似人的背部，中部有一浅脊棱。下有双腿。背部有两组相同的纹饰，似为倒置的变形鹳鸟纹。上组为

图三　1. 铜喇叭足顶尊跪坐人像　2. 箕形铜饰　3. 圆形铜挂件

两鹳鸟，下组为三鹳鸟，鹳鸟间有两两相背的勾状纹……。腿前内凹，凹陷处有五条平行线，腿下端有四周凸弦纹。牌饰背部上宽17、下宽71.6、高34、通高46.4厘米"[8]（图四）。

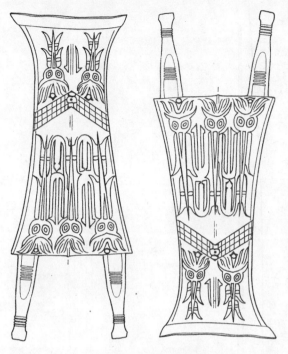

图四　人身形铜牌饰

这件器物粗看似人形，细看总觉得不对劲，特别是器物"背部"倒置的"两组变形鹳鸟纹"，总给人以别扭的感觉。试按纹饰顺置方向将牌饰上下掉头一放，其中的秘密也就显露了出来。该器物的主体部分即原认为似人的背部的那一部分，整体形态呈平视的瓢形，瓢形柱体应是山体的一种抽象表示手法。后来的祭坛也用这种手法表示。常见于战国时期巴蜀兵器上的纹饰符号"🏺"[9]，过去有学者识为蜀人的王冠。其实该符号中的"凵"应为祭坛，坛上为"所宜之树"。社旁为献祭、祈祷之巫。兵器上出现的这种社的纹饰已具有军社性质，即《周礼·大宗伯》所载："若大师，则帅有司而立军社"。社神在此已摇身一变而成了战神。

在山东省沂南县北寨村东汉晚期的画像石墓中，在墓室入口的左右门柱上刻有西王母与东王公的画像石，可以说是将山抽象成瓢形柱体的最好实例。画像中，西王母与东王公端坐在呈瓢形体的山上，其左右各有一形状相似的山体，山体的顶端分别刻有跪着捣药的玉兔和仙人。三个刻划有山峦图案的山体下部相连接而成为今天的"山"字图。《大荒西经》载："西海之南，流沙之滨，赤水之后，黑水之前，有大山，名曰昆仑之丘。有神，人面虎身，有文有尾、皆白处之。其下有弱水之渊环之，其外有炎火之山，投物辄然。有人戴胜，虎齿，豹尾、穴处，名曰西王母……"。看来西王母所处的昆仑山在古人的抽象思维中不仅可以为直插九霄的昆仑柱，柱体还可抽象呈瓢形体。西王母端坐于呈瓢形体的昆仑山上这一表现手法亦见于四川西昌马道出土的摇钱树上。可见用瓢形柱体表示山或祭坛的手法是有典可据的。

又据《海内经》载："河水出（昆仑山）东北隅以行其北"，《大荒西经》说："若木生昆仑西"，而《海内经》曰："黑水，青水之间有木，名曰若木，若水出焉。"若水指今天的雅砻江，位于黄河以南；雅砻江以东的昆仑山当指岷山。岷山是蜀人的故地，"人身形铜牌饰"出于三星堆遗址，牌饰的抽象瓢形山体应指岷山。

牌饰上的两根柱，可能是若木的抽象形态。《山海经·大荒东经》载："大荒之中有山，名曰孽摇頵羝。上有扶木，柱三百里，其叶如芥，有谷曰温源谷"。高诱注《淮南子·坠形训》说，扶木为扶桑。东方的扶桑为太阳升起的地方，西方的若木是太阳归宿之处。扶桑和若木皆有十日，于是扶桑和若木又可互称。扶木为"柱三百里"，可谓高耸入云。不由不使我们联想到三星堆祭祀坑中出土的大"神树"——若木，其树干挺拔如柱直指苍穹，让

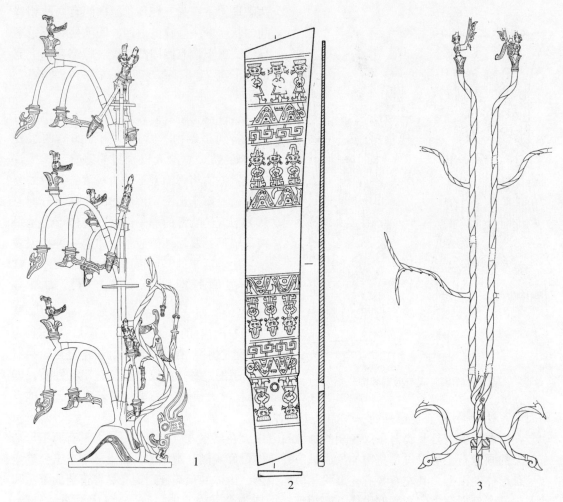

图五　1. 大型铜神树　2. 玉璋　3. 小型铜神树

人震撼。

扶桑有两种形态：一种如大"神树"，高耸的树干仅有一根；另一种则如《十洲记》所说："扶桑在碧海之中，……长者数千丈，大二千余围。树两两同根偶生，更相依倚，是以名为扶桑"。三星堆祭祀坑出土的小型"神树"（K2③204、261 和 K2③272）（图五：3）即为这种有两根"长者数千丈，大二千余围"主干的扶桑。牌饰上的两根柱，可能就是这种"树两两同根偶生"的扶桑（若木）。

据《海内经》载，若木生于黑水、青水之间。黑水是指今天的雅砻江，青水是指今天的青衣江，两江之间就是岷山山脉，又知若木生长于岷山之上。

三星堆祭祀坑出土的"人身形铜牌饰"反映的表面意义是岷山上有若木。

《淮南子·天文训》载："（日）至于虞渊，是谓黄昏；至于蒙谷，是为定昏"。据《诗·小雅·十月之交》说："高岸为谷，深谷为陵"。则"谷"又有山的含意。蒙谷可理解成为蒙山。《水经·沫水注》说，蒙山即岷山。也就是说日落于岷山。四川人称岷山为西山，所以直至今日还有"日落西山"之说。《礼记·月令》载，（季冬之月）"是月也。日穷于次，月穷于纪，星回于天，数将几终"。宋王禹偁《中书试诏臣僚和制雪诗序》有"日

172

穷次而月穷纪，方及送寒"。可见"次"是特指太阳运行时的止宿之所。次，《说文》古字写作 ![字] ，像高山之上有树，太阳止宿于高山大树上。此正合太阳止宿于岷山若木上之意。就 ![字] 字的形体而言，也与铜牌饰相似，所以这个牌饰又可视为"次"字形牌饰。日落岷山而宿于若木则是该铜牌所附有的较深一层含意。

"次"字形牌饰，从土、从木，可引伸为"社"。我们说三星堆祭祀坑出土的大神树——若木是社。则"次"字形牌饰又为社的另一种抽象表示形态。

"次"字形牌饰上的"变形鹳鸟纹"，实际上应为头戴面具，身着羽衣的舞人。舞蹈源于劳动，是一种模拟式的艺术，是劳作之余借以自娱的一种艺术，然而在宗教观念产生以后，舞蹈也随之而染上了宗教的色彩，成为宗教活动中不可缺少的重要内容。古时巫师为了便于与鬼神打交道，达到与天、地、人、神相沟通的目的，往往借助于祖先的面具，装扮成祖先的形象，用咒语祈求祖先与之融为一体，以获得超自然的转变。三星堆文化时期的鱼凫氏，其凫的始祖为东方少昊。据《左传·昭公十七年》载："少皞挚之立也，凤鸟适至，故纪于鸟，为鸟师而鸟名"。少昊氏是以鸟为图腾崇拜的民族，所以巫师在祭祀活动中头戴鸟头面具，身穿用鸟羽做成的衣服，要扮成鸟的模样。边舞边祈祷并献上祭品，求神降临，祈神保佑。古时的祭祀仪式较复杂。根据不同的祭祀对象，所献的祭品及在仪式过程中所跳的舞也有所不同。据《周礼·春官·乐师》载："凡舞有帗舞、有羽舞、有皇舞、有旄舞、有干舞、有人舞。"郑司农注："帗舞者全羽，羽舞者析羽，皇舞者以羽冒覆头上，衣饰翡翠之羽。旄舞者，氂牛之尾，干舞者兵舞，人舞者手舞……人舞无所执，以手袖为威仪"。该铜牌饰上的舞人或两人一组，或三人一组，跳的是集体舞。从衣着上看，全身披羽，跳的应为帗舞。据《周礼·司徒教官之职·舞师》载："掌教兵舞，帅而舞山川之祭祀。教帗舞，帅而舞社稷之祭祀。教羽舞，帅而舞四方之祭祀。教皇舞，帅而舞旱暵之事"。帗舞是祭祀社稷时才跳的舞，将祭社仪式中所跳的帗舞刻于该铜牌饰上，亦证明该牌饰应为"次"字形牌，并进而引申为"社"的真实含义。

四 "扇贝形铜挂饰"

三星堆祭祀坑共出土了48件"扇贝形挂饰"。这些挂饰可以分为七种不同的形制。其基本特点是"器形隆起，前高后低。背部有放射状脊棱。前端有一圆环纽，圆环两侧有新月形凸起，如甲虫的触角"[10]（图六：2）。

笔者认为这些造型看似简单的挂饰也无不例外地包涵了古蜀人崇拜太阳的信息。以 G 型挂饰 K2②:30—7 为例，《三星堆祭祀坑》一书认为其"背部圆弧形脊棱呈昆虫羽翅状"。实际上这些"呈昆虫羽翅状"的圆弧形脊棱应该是山体的抽象形态。整个"背部"表述的是山的真实意义。挂饰的顶端如果仅仅只有圆环纽，我们说圆环纽代表太阳是否有点牵强，但结合圆环纽两侧的"新月形凸起"说圆环纽代表太阳就有一定的道理了。圆环纽两侧的"新月形凸起"应为太阳两侧及下方的云气，是日晕的一种形式。日晕的这种表现手法见于大汶口文化陶器上。这种形式的日晕在《晋书·天文志》中记作"承"，即所谓"气如半晕，在日下为承"。这种天象出现得比较频繁，古人对之观察得比较仔细。"朱"字在甲骨文中写作 ![字] ，取意阳光下的树呈红色。在这里，大树顶端的太阳及太阳底部和两侧的云气所用的表示手法与"扇贝形铜挂饰"上的圆环及其"新月形凸起"所施用的手法如出一

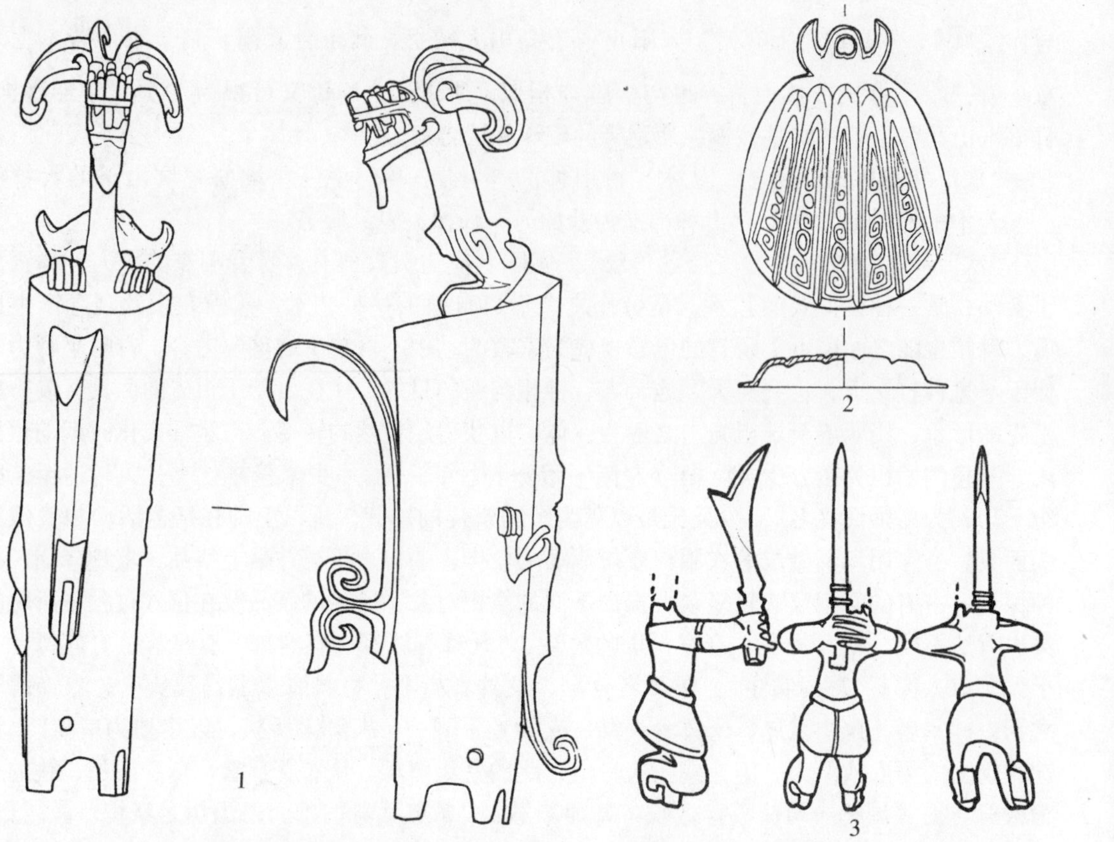

图六　1. 铜龙柱形器　2. G型扇贝形铜挂饰　3. 铜持璋小人像

辙，说明“扇贝形挂饰”顶端的圆环及“新月形凸起”应为带“承”形日晕的太阳。

前面，我们曾经谈到鱼凫的凫是东夷少昊族的一支，少昊族最早主要活动在黄河下游的山东省泰山周围地区。少昊族在山东活动时期所对应的考古学文化极有可能是山东大汶口文化。山东莒县陵阳河曾出土了一件属大汶口文化时期的陶尊，陶尊上的刻文呈“[illegible]”形。有学者认为刻文内容为：日、火焰、山，也有学者认为是日与火焰。不过我们认为这个刻文与三星堆祭祀坑出土的“扇贝形挂饰”所表述的内容应该是一致的，是太阳与山。崇山峻岭不仅山色壮观而且形象多变，所以古人往往以山为大地的象征。“扇贝形挂饰”作山顶上有太阳，表达的是光照大地的意义。一号祭祀坑出土了一件玉璋（K1：235—5），其邸宽5.3、长6.5、射宽8.2、通长38.2厘米（图五：2），该璋的射端向中间斜收，顶端镂刻有一鸟形图案。璋应该是山体呈柱形的抽象表示形态，射顶端的鸟实应代表太阳。该璋表达的意义应与上述挂饰相同。汉字中有个“昷”字，在《广韵·蒸韵》中是这样说的：“昷，日光照也。”“昷”字应该是诸如“扇贝形挂饰”这一类事与物的文字表现形式。

五　铜“眼形器”

三星堆祭祀坑出土“眼形器”71件，有菱形、钝三角形、直角三角形等形制。“整器似为菱形、钝三角形器需由两件拼合成菱形，直角三角形器须由四件拼合成菱形”。中部眼球呈圆形凸起，周围下凹[11]（图七），左右两侧有三角形凸起，大量"眼形器"的出现可能与宗教潜意识有关。这种类似眼球和眼角的图形，极有可能是又一种日晕的抽象表示手法，即中间的"眼球"应代表太阳，太阳两侧的三角形凸起可能代表云气。这种形式的日晕在古文献中称之为"珥"。据《释名·释天》记载："珥，所在日两旁之名也；珥，耳也，言似人耳在两旁也"。这种日晕的表示手法最早见于吴兴龙南出土的良渚文化早期的陶器上。关于日晕的问题，日本学者林巳奈夫在《中国古代的日晕与神话图像》一文中的考释极有见地，笔者从其说[12]。三星堆遗址出土了大量的"眼形器"、"扇贝形挂饰"等，这类日晕现象的形象器物，不仅表明早在三四千年前古蜀人对天象已观察之细，也进一步说明三星堆蜀人对太阳的崇敬。

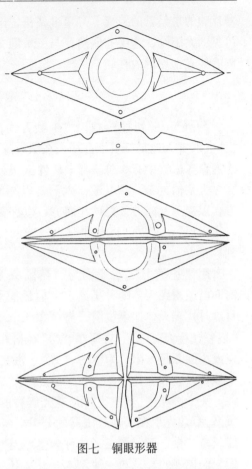

图七　铜眼形器

六　"喇叭座顶尊跪坐人像"

该人像（K2③∶48）的"喇叭形座，周围花纹镂空，并饰有三行距的扉棱。座底圈下有三个等距的小支钉，座顶平，边沿有一周凹弦纹。座顶上用补铸法铸有一头顶尊的跪坐小像，长刀眉、大眼直鼻、阔口、圆耳、上身裸露、乳头凸出。下身着裙，腰间系带，结纽于腹前，纽套中插觿。人像头顶圈足尊，两手上举捧尊，尊口上有一喇叭形盖，盖纽残断……。底座直径10……通高15.6厘米"[13]（图三∶1）。

"喇叭座顶尊跪坐人像"反映的是献祭场景。所献祭品，尊中盛的应是酒。献祭的对象则是本文试图加以说明的。

《大戴礼记》载："单居离问于曾子曰，天圆而地方者，诚有之乎？曾子曰，天之所生上首，地之所生下首，上首之谓圆，下首之为方，如诚天圆而地方，则是四角之不揜也"。可见远古的人们在不能正确认识自然界的时候认为天是圆的，而地是方的。从《周礼·春官·大宗伯》所记，因"璧圆象天"，故"以苍璧礼天"的记载看，古人有象物以事物的习俗。正因为如此，因地是方的，所以筑"方丘祭地"。因天是圆的，则筑"圆丘祀天"。贾天彦在给《周礼·春官·大司乐》作疏时说："因高以事天，因下以事地……"。"喇叭座顶尊跪坐人像"的喇叭座是圆丘的象征，顶尊人跪坐于圆丘之上，与"圆丘祀天"，"因高以事天"的记载是吻合的，所以该铜像是祭天场景的写实。

天体的种类繁多，在繁多的垂象中，即以日、月最为显著，所以古人往往以日、月为天体的代表，那顶尊人祭的是日神还是月神呢？《礼记·祭义》载："日出于东，月沉于西，阴阳长短，终始相巡"。又说："祭日于坛，祭月于坎，以别幽明，以制上下。祭日于东，祭月于西，以别内外，以端其位。"顶尊祭祀人在坛顶，而不在坎，结合上述记载看，该铜器反映的是祭日的意义。三星堆祭祀坑出土了许多太阳形器及与太阳有关的器物,包括举目可见的太阳纹,这绝非偶然,与三星堆文化的主导民族鱼凫氏之凫源于东方崇拜太阳的少昊族有极其密切的内在联系。

七 璧、瑗、环、琮、璋

《礼记·郊特牲》载:"地载万物,天垂象。取材于地,取法于天,是以尊天而亲地也"。尊奉天地是三星堆古蜀人在宗教意识形态方面的一个重要内容。在三星堆祭祀坑中出土的众多祀器中有 5 件玉璧,9 件玉瑗,1 件玉环,1 件玉琮和 57 件玉璋。据《礼记·春官·大宗伯》载:"以玉作六器,以礼天地四方:以苍璧礼天,以黄琮礼地,以青圭礼东方,以赤璋礼南方,以琥礼西方,以玄璜礼北方"。《周礼·春官·典瑞》又载:"璋邸射,以祀山川"。文中已将璧和琮以及璋的使用说得一清二楚。但关于瑗、环的使用却未曾提到。

用"苍璧礼天",是因为"璧圆象天"。用"黄琮礼地",是因为琮的外形是方形的。前面已经谈到天体的种类繁多,但最能引起人们注意的还是太阳和月亮,所以古人往往以日、月代表天,如果说因"璧圆象天",故"以苍璧礼天",我看还不如说因璧形象日,故"以苍璧礼天"。日,古写作"⊙"(拾八、八),还写作"⊙"(史颂篇)。古日字中的一点或小圆圈是太阳,为璧的"好"。古日字的外圈是日晕,为璧的"肉"。日为天的代表,璧像日,故以璧礼天。

关于瑗和环,《尔雅》是这样解释的:"肉倍好谓之璧,好倍肉谓之环,肉好若一谓之瑗"。夏鼐先生在《商代玉器的分类立名和用途》一文中说:"环和瑗,实际上便是璧",还建议将"璧、环、瑗三者总称为璧环类"[14],此说极有见地。从外形上看三者间虽有差异,但它们代表的却是同一种天体——太阳,所以在三星堆文化时期,环和瑗应该与璧一样,是人们用以祀天的祭品。

在三星堆文化时期,古蜀人用璋祭山川、祭社,是因为璋的形态如前面所述是山体的抽象形态,璋代表的是山,是大地,所以古蜀人不仅用琮,还用璋来作为祭地、祭山的祭品。三星堆二号祭祀坑出土了一件边璋(K2②:201—4)(图五:2),上面刻有祭山图,图中两座神山的外侧,各竖插一射前端有叉刃的璋,刃端向上,邸端朝下,射本部两侧的齿饰清晰可见。祭祀时将璋竖插于山侧。璋用来祭山,在这里已再清楚不过了。三星堆二号祭祀坑出土了 1 件"持璋小人像"(K2③:325),该像"头部残,上身赤裸,两臂平抬,双手执握一璋……,下身着裙,腰间系带,跌足跪坐……"[15](图六:3)。这个执璋跪坐的人应为正在祭社或祭山的巫师。

丰富多彩的三星堆祭祀坑出土文物,可以说是记录鱼凫氏蜀国的一部百科全书。这批造型奇特,气势宏大的祭祀活动用品,不仅反映出当时高超的冶铸工艺,玉器制作水平以及蜀人对天文、地理的认识,同时也反映出蜀人具有非凡的思维能力及特有的思维模式。这批非同凡响、让人感叹的祭祀用品,还勾画出古蜀人以青铜立人像(天神)、大神树(社神)、大青铜面具(祖先神)三大件为代表的崇敬天地,崇敬祖先的信仰习俗以及以宗教祭祀为最高形式的意识形态面貌。三星堆古蜀人正是通过这种宗教信仰来求得内部的团结和社会的发展。

神秘的鱼凫氏古蜀国有自己的政治、经济、文化、艺术特点,有自己的发展道路和文化轨迹，它与中原地区的商王朝因在面貌上不尽相同而成为我国西南地区的又一文化中心。三星堆文化能在辉煌灿烂的中华民族文化大花园中，以其别具一格的风彩争奇斗妍，不愧为百花丛中的一朵奇葩。

[注释]

[1] 四川省文物考古研究所：《三星堆祭祀坑》第 231 页，文物出版社 1999 年 4 月。

[2] 卢连成、胡智生：《宝鸡强国墓》，文物出版社 1988 年。

[3] 考古研究所洛阳发掘队：《洛阳西郊一号战国墓发掘记》，《考古》1959 年第 12 期。

[4] 王世襄：《中国古代漆器》图 21，文物出版社 1987 年。

[5] 宋兆麟：《巫与巫术》，四川民族出版社 1989 年。

[6] 同注〔1〕第 169 页。

[7] 胡昌钰、蔡革著：《四川文物》三星堆古文化研究专辑，1992 年。

[8] 同注〔1〕第 182 页。

[9] 刘瑛：《巴蜀兵器及文饰等号》，《文物资料丛刊》第 7 辑，文物出版社。

[10] 同注〔1〕第 307 页。

[11] 同注〔1〕第 207 页。

[12] 见《三星堆与巴蜀文化》，巴蜀书社 1993 年。

[13] 同注〔1〕第 169 页。

[14] 夏鼐《商代玉器的分类立名和用途》，《考古》1983 年第 5 期。

[15] 同注〔1〕第 232 页。

重庆市涪陵区石沱遗址发掘的简单收获

袁进京

石沱遗址发现于 1992 年四川省的文物大普查时。其地原属于四川省涪陵市，现隶属于重庆市涪陵区，镇名依旧为石沱。遗址在发现之初未用所在村命名而是冠以镇名。我们后来的工作也就顺理成章地沿用原来的命名。为配合三峡工程建设，1993 年 11 月 ~1994 年上半年，北京市文物研究所三峡考古队曾对涪陵地区沿江范围内的遗址进行了复查，并重点对石沱遗址进行了钻探及试掘。

石沱镇位于涪陵区西部，距涪陵区直线距离约 24 公里。长江自其西面的重庆市长寿县进入涪陵区，在此呈西北—东南流向。石沱遗址即位于此处长江的西岸（南岸）。中心地理坐标为北纬 29°42′15″，东经 107°8′42″（图一）。遗址的西南部边缘是一条天然溪沟，自山坡流入长江，当地称之为大溪口或小河，也是一、二社和三社的天然分界。遗址范围为石沱镇团结村一、二社，主要分布于一、二社临近长江的台地上，海拔在 170 ~182 米。总面积约十万平方米，是涪陵地区发现的大型遗址之一。

1998 年 2 月、1999 年 2 月、2000 年 10 月、2001 年 10 月为配合三峡水库建设，我们对该遗址进行了四次大规模地钻探和大面积发掘，总钻探面积八万平方米，总发掘面积 4000余平方米。1998 年发掘之初我们首先测绘了遗址总平面图，并对遗址进行了分区。以遗址东部的长江，南部的大溪口为界，由东向西以 200 米等距离划分了 A、B、C、D 四个大区，每个大区又划分为 4 个 200 米×200 米的小区，编号：A1 ~A4、B1 ~B4、C1 ~C4、D1 ~D4（图二）。

1998 年第一次发掘共清理宋代单人石室墓 2 座，宋元时期陶窑 4 座、灰坑 27 个、灰沟13 条。发掘面积 1034 平方米，钻探 3 万平方米[1]。1999 年春季，根据上年度钻探情况进行了第二次较大规模的发掘。此次发掘位于遗址的东部地区，海拔 170 米处的 A2 区中部偏北。共清理宋代墓葬 1 座，灰坑 8 个，灰沟 8 条，石筑基址 6 座。发掘面积 500 平方米[2]。在前两个年度工作的基础上，2000 年 10 月 ~12 月，我们有计划、有选择性地对遗址进行了又一次较大规模的钻探和发掘。在 A2、B2、B3、C3 四个发掘区内我们选择了九个发掘地点进行布方或布探沟，共清理墓葬 3 座，灰坑 6 个，灰沟 2 条，烧灶 1 个。总发掘面积 1000

作者简介：
1951 年生于河北。毕业后分配到北京市文物管理处（今北京市文物局前身）工作。现在北京市文物研究所，研究员。多年来一直从事考古发掘工作。发表了论文、发掘简报多篇。

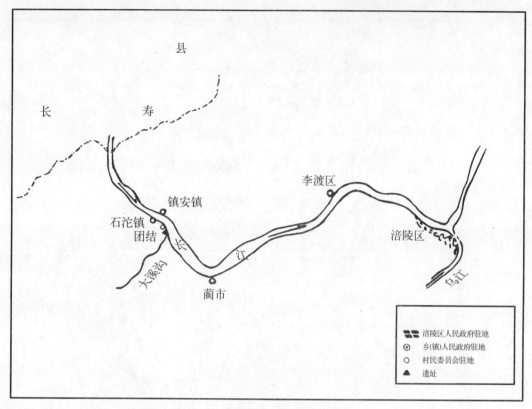

图一　涪陵石沱遗址位置示意图

余平方米，钻探 5 万平方米[3]。2001 年 10 月至 12 月，我们根据前三次的发掘及钻探有目的有针对性地对石沱遗址进行了又一次较大规模地发掘。这是在 1998、1999、2000 年度大规模发掘基础上的第四次。本次布设的探方主要分布在遗址的东南部，即长江与大溪口交汇处，在 A1、A2、B1、B2 四个区内布方，共清理灰坑 10 个，灰沟 6 条，烧灶 2 个，墓葬 1 座。总发掘面积 1500 余平方米[4]。四次发掘面积共 4000 多平方米。

通过多次大规模普探与发掘，我们对石沱遗址的地层堆积、文化内涵及时代等情况有了较全面的认识和了解，基本确定了遗址各文化遗存的年代。根据发掘及钻探的资料，我们将遗址的早期文化遗存（此特指商周文化）分为了一、二两段，晚期文化遗存（宋～元）分为了四段[5]。其他时期的文化遗存因材料零碎只是稍加提及。

石沱遗址早期文化遗存的年代，因遗址中未发掘到可用作碳十四测年数据的材料，所以我们只能通过同周边地区有确切年代的遗址的比较来确定。通过我们对早期文化的分析可以得出以下结论：

商周～战国时期的文化，从巫山（这里只就重庆市的峡江地区而言，实际还包括湖北的一些地区）到重庆沿江一带是巴、蜀与楚文化地区。巴文化、蜀文化与楚文化有一定的承继与发展关系，这里之所以说承继而非继承从根本上说他们属于两个不同的文化系统，但又相互影响，此消彼长，而最终也未形成一种文化的混合体。自忠县以下沿江地区巴文化与楚文化的关系比涪陵地区要密切一些。而涪陵地区的巴文化与蜀文化的关系比楚文化关系要密切些。特别是在战国之前，涪陵地区应是中间环节，是连接巴、蜀、楚三种文化的重要地

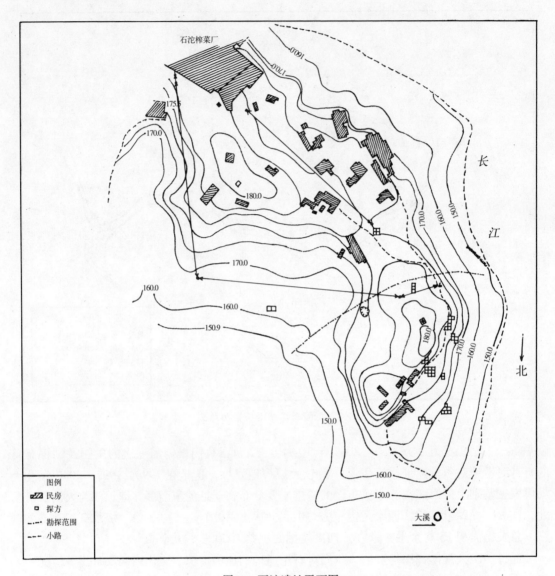

图二　石沱遗址平面图

区，起着承上连接成都盆地，启下与峡江地区相通的枢纽作用。

　　石沱遗址商周时期的遗物相对较为丰富。根据地层关系可分为上、下两层，将其分为1、2两段。由器物的共存关系及形制变化分析，两段的文化面貌基本相同，没有明显的时代间隔，二者是紧密相连的。陶器组合为尖底杯、尖底盏、高领壶、小平底盆、折沿盆、绳纹罐、素面罐、豆形器、器盖等。其陶器特征，如杯、Aa型Ⅱ式盏、Ab型Ⅱ式盏、B型Ⅱ式盏、Cb型盏、"8"字形器纽的Ab型器盖分别和成都十二桥商代建筑遗址出土的Ⅰ型1式尖底杯（为原报告名，下同）、Ⅲ型1式尖底杯、Ⅲ型2式尖底杯、Ⅲ型3式尖底杯、2式尖底盏、2式器盖纽相似[6]。

　　陶质以夹砂陶为主，泥质陶次之。陶色以褐陶为主，其次有红陶、灰陶和黑陶。纹饰以素面为主，其次有绳纹、弦纹和方格纹等。成都十二桥文化分为两期和若干小的阶段，其范围在公元前 1200 ~ 前 900 年[7]。石沱遗址商周时期的文化面貌与成都十二桥文化偏早的阶段相近，年代大约在公元前 1200 ~ 前 1000 年间。这些文化特征与川西成都抚琴小区的第④层比较接近[8]，孙华先生将其定为成都十二桥遗址群的第一期第 3 段[9]，年代相当于殷墟第四期或稍晚。与本期文化相近的还有忠县眢井沟遗址群、哨棚嘴遗址第三期[10]，如器盖均是高柄、覆盘状，敞口；尖底杯均是敛口，尖底似经旋削。王鑫先生将其定为殷墟第四期至西周中期。石沱遗址的早期文化遗存与上述两处文化遗存的年代大体相当，将 1、2 两段分别定在相当于殷墟第四期至西周中期的早晚两个发展阶段。

通过多次发掘，我们认为石沱遗址商周时期的遗存略早于成都抚琴小区第④层，也早于忠县眢井沟遗址群、哨棚嘴遗址第三期。与隔江相望的镇安第一期年代接近或略早（笔者主持发掘的另一遗址）[11]唇内抹的"子母口"尖底盏在镇安遗址内很少见到或几乎没有，而石沱则大量存在，我们推断是这种尖底盏年代要稍早。因此镇安略比石沱晚，与忠县哨棚嘴遗址第二期相比要略晚或较接近。由此，石沱遗址的早期文化遗存的年代应在"十二桥文化"偏早阶段。"十二桥文化"的年代范围在公元前 1200 ~ 前 900 年间，石沱遗址早期文化遗存的年代也应在这个范围之内。成都抚琴小区第④层，哨棚嘴二、三期和石沱遗址早期文化虽均属"十二桥文化"的范畴，但它们之间存在的某些差异不仅仅是地域上的，而且还有年代上的差异。如成都抚琴小区第④层的高领壶数量极多，忠县眢井沟、哨棚嘴第三期的尖底杯数量极多。而石沱遗址的早期文化遗存的尖底盏、高领壶、小平底罐数量较多，其他较少，没有某类器物极多的现象。石沱遗址出土的早期陶器，无论陶质、陶色，还是器物形态等方面都显示出较早的特征。

通过发掘，我们了解到石沱遗址的早期文化遗存主要分布于遗址的东南部 A 区，这一区域内不仅有层状堆积（地层），而且还有坑状堆积（遗迹）。而遗址的西北部 B3、C3 区，无层状堆积，仅发现有极少的零星坑状堆积（灰坑）。

应该注意的是，石沱遗址与镇安遗址隔江相望，二者在早期文化的面貌上基本一致，或者说属一个文化。早期巴人曾一度建都于"江州"（今重庆），而其先王墓又多在"枳"（今涪陵）[12]，因此这两个遗址就有可能成为上奉都城、下祀先王的要塞，扼守于长江两岸。

在石沱遗址的东南部 A1 区内分布着一层六朝—隋唐时期文化堆积，其堆积成因及特点与隔江相望的镇安遗址六朝时期文化堆积相类。包含物除了有少量的六朝时期遗物（大约属南朝早期）外，并伴有较多的商周时期遗物和少量的两汉时期的墓砖等遗物，这说明石沱遗址在六朝时期（可能在南朝早期稍后）有可能遭受过一次较大的洪水袭击。该层堆积中的包含物还提供了一个重要的线索，这就是在石沱遗址的东南部范围内曾分布着两汉时期的墓葬。历年来的四次发掘之所以未曾挖掘到两汉时期的墓葬，这很有可能是因为墓葬埋葬相对较浅，被六朝时期的那次洪水冲刷殆尽或毁于六朝时期的人类活动。

石沱遗址宋元时代遗存的发掘使我们获得了一大批完整或可复原的器物标本，达数百件之多。这些器物的出土为我们了解涪陵地区乃至整个峡江地区宋元时代考古学文化的排序与器物的型式研究提供了翔实的实物资料。这些出土遗物虽然绝大多数属生活用品，却足以说明了石沱遗址在宋代的繁荣景象。尤其是在遗址西北部发现的两座石室墓和一座土坑墓，虽随葬品极少或无，但给石沱遗址宋、元时期的墓葬分布提供了线索。从发掘情况看，遗址的东南部宋代文化层堆积厚，遗迹、遗物丰富，并有与房址相关的下水道发现，而遗址西北部却反之。据此，遗址东南部很有可能是居住区，遗址西北部很有可能是墓葬区，但由于墓葬埋藏较浅，时至今日大多已无踪迹。

石沱遗址在元、明、清时期属衰落期，虽没有完全凋零，但这里已不属于居住址的中心区域了。植被的破坏，人类活动的加剧，引起江水向西（南）较为剧烈的摆动，渐渐吞蚀了遗址靠近江岸地区的大面积黄土地带，使岩石裸露，无法农作和居住，其居住的中心区域很有可能就在那时已迁移到了位于遗址上游不远的现石沱老镇一带了。

石沱遗址的隋朝文化遗存仅在发掘区的 A1 区，即遗址的东南部有少量的发现，很有可能就分布在遗址的东南部。其瓷器的胎质灰白粗糙而坚硬，器壁较厚。碗均为方圆唇，直口，深腹较直，饼形足微凹，一般施青黄色釉，内满釉，外釉不到底。其形制特征很显然属于隋代和唐初的风格。

据文献记载[13]，迟至宋代，涪陵地区仍有夏、巴、蛮、夷四种民族，夏即华夏，汉人；巴为廪君之后；蛮是盘瓠之后；夷为白虎之后（也是板盾蛮之后）。夏、巴居城镇，蛮、夷居山谷。后两种人应与巴有着千丝万缕的联系，或是由巴分化而来的民族。

唐宋时期沿长江的中小城镇大都是以贸易为主发展起来的，很少有军事上的目的。石沱在宋代无疑也应是个这样的小镇。据文献记载，巴是个很注重保持本民族传统的民族[14]。虽然此时的夏、巴居住在城镇，然而由此我们也看到巴族已经有了同汉族（夏）融合的迹象。而由其分化出来的另两支蛮、夷却较之落后。尽管如此，在宋代巴族还是没有彻底同汉族及其他民族融合。所谓"涪俗四种"当是宋元时期峡江地区的具体状况[15]。

宋代，可以说是我国陶瓷烧造业的高峰。特别是在沿江地区，有丰富的水利陶瓷土资源及茂密的森林植被，这是陶瓷业的基础。考古发掘证实了这一点。我们发掘出土的兔毫盏，釉色润泽鲜亮；瓷碗胎薄如纸，玲珑剔透；还有类似龙泉及钧窑系统的器物。这些器物制作精美规整，工艺水平很高。它们中有些可能是舶来品，但我们发现的垫饼、垫圈、废品瓷器、碗坯等，恰恰说明石沱遗址或其附近应有窑场存在。大量的日常生活器皿应出自于本地。

值得一提的是我们还发现了省油灯。宋代大诗人陆游曾对此有详细的描述："书灯勿用铜盏，惟瓷盏最省油。蜀中有夹瓷盏，注水于盏唇窍中，可省油之半。""今汉嘉有之，盖夹灯盏也。一端做小窍，注清冷水于其中。每夕一易之。寻常盏为火所灼而燥，故速干；此独不然，省油几半。"[16]省油灯大约出现于唐代，到宋时，我们从陆游对它的评价不难看出这种器具仍颇受欢迎，特别是对那些习惯于挑灯熬夜的文人墨客来说尤为重要。显然省油灯并不像我们现在北方语言中的贬义，在当时应是一种很先进的节能工具。也许受制作和烧造技术的限制，中空如两个小碟摞在一起密封，四周仅留一小圆孔（即陆游所说的唇窍，注水用。），因膨胀系数难以掌握，故而未能像碟形灯盏那样普及。我们发现大量的碟形灯盏，而省油灯仅发现两件。

我们共发现了四座窑（Y1—Y4），年代上均属于宋元时期。Y2、Y3、Y4 形制与结构基本相同，仅大小有别，均用于烧瓦。Y1 同上述三窑的形制与结构不同，加之破坏严重，我们很难断定其烧制何物。在我们的四次大规模发掘中，探方文化层中最多的遗物也是碎瓦残片，只是在地层中偶见汉墓残砖碎片。宋元时期的砖尚无发现，也未发现砖窑。唐宋时期这一地区仍然沿用"干栏"式建筑，这同史书的记载是吻合的。《魏书》、《新唐书》等有载，陆游"人家避水半危楼"[17]，应是"干栏"式建筑的生动描述。

瓦卜或瓦兆是一种古老的占卜方法。据唐宋时期的文献记载，这一地区仍存在用瓦进行占卜的巫术。杜甫"瓦卜传神语",元缜"巫占瓦作龟"[18],陆游"况凭瓦兆占归日"[19],即是对这种占卜的生动描写。发掘中我们发现印有阳文"大吉"两字的残瓦数片或同这种巫术有关。

石沱遗址的宋元文化遗存为遗址的主要文化堆积,也是遗址的最繁荣时期,大致可分为四段,即从北宋早期到元代初。器物的形式变化尤以瓷碗最为明显。第1段碗一般制作精致,器壁较薄,胎质较细,内外壁多施青白釉,足底无釉,其釉色莹润细腻,色泽纯正。腹壁大多为斜直壁,仅少部分略有弧线。足有高深圈足、高浅圈足、饼足之分。内底及足径一般较小,足壁较薄。碗的整体为大口小底,形似一个倒着的斗笠。一般无纹饰,少量饰刻划花纹。其形制特征很显然属于北宋早中期的风格,因此第1段的年代当属北宋中期,上限可到北宋早期的稍晚些时候。第2段瓷碗相对于第1段来说制作较第1段粗糙。器壁较厚,施青白釉,一般略泛黄,釉色不太纯正。外壁为半釉或多半釉。这一段的弧线壁碗较第1段弧度变大。足径较大,足壁较厚,足普遍变矮,内底一般较大,多有压印圆圈或涩圈。一般无纹饰,少量饰压印花纹或彩绘等。在属于这一阶段的M2和T0104⑥层中分别出有"元丰通宝"和"元祐通宝"钱币,因此第2段的年代大致为北宋晚期,下限年代可到南宋初期。第3段的瓷碗较第2段更粗糙,釉色基本同第2段。腹壁普遍为弧线壁。内底及足径更大,腹壁及足壁更厚,饼足很少见。因此第3段的年代当属南宋中期,下限年代可到南宋末期。第4段瓷碗一个显著特点是器壁厚,足壁也较厚,整体厚重。内外壁一般施青色釉,内底及足底无釉,青白釉少见。其形制特征很显然属于元代的风格,因此,第4段年代当属于元代早期[20]。

由以上瓷碗的分期特征可以看出,本遗址北宋及南宋的瓷器均以青白釉为主,其器物形制特征与川西彭县瓷峰窑的同类型器物有很多相似之处[21],与中原地区的同类型瓷器也大同小异。元代瓷器则以青釉为主,较前期粗糙厚重,表明这里的居民在元代无论是瓷器的生产还是使用都发生了较大的变化。

宋代文化遗存中出土的饼足瓷碗均施米黄色釉,内满釉,外半釉,此类型碗很有可能承袭本遗址隋朝碗的一些特征演变而来。另外,还出土了少量的黑釉瓷器,其形制特征与重庆涂山窑小湾瓷窑同类型器物特别相似[22],这些黑釉瓷器有可能来自重庆涂山一带,但根据我们的发掘情况并不排除其为本地所生产。

宋代遗存中出土了一些垫圈、垫饼等窑具,其中五个支钉的垫圈与内底有五个支钉印痕的缸胎或釉陶碗痕迹相互吻合。我们还发现了碗坯以及废品瓷器,表明当时这里的居民已有了自己的陶瓷窑场,多数的生活用具当为本地所生产。我们虽然未发现瓷窑,但可以肯定遗址附近应有瓷窑存在。另外,在宋元文化遗存中还出土了少量的陶范,表明当时这里的居民有简单的铸造业手工作坊。另外发现的残陶砚、石砚等纯文化用品也从侧面说明了这一地区文化的相对发达。

就目前我们所掌握的资料看,不可能从考古学的角度将夏、巴、蛮、夷这四个民族的不同文化区别开来。我们所发掘的一些日常生活用品同中原地区基本无异,但有一种陶质三足柱状直把釜和圜底红陶釜几乎每个探方宋代文化层中都有发现,但很难复原(图三)。这种三足釜为红陶质,敞口,圜底,底部布满烟炙,口沿以下施细绳纹,两柱状足分别在腹部,另一足在横柱状把手近根部。仅就其形制而言,与其他器物是格格不入的。然而它确确实实存在于石沱遗址的宋代文化堆积中,尤其是带把三足釜更为普遍。据有关考古研究成果表明,早在夏商时期在鄂西至川东的峡江沿岸地区分布着一支罐釜类型文化遗存[23]。其主要

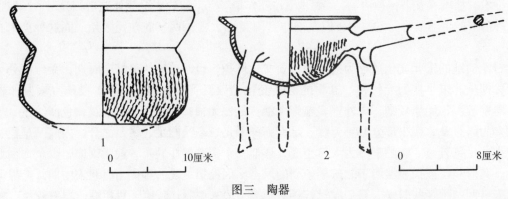

图三　陶器
1. 釜（T0104⑤：5）　2. 直柄三足釜（H13：15）

炊器都是陶釜。根据文献记载和已有的考古发现，这一带当属巴人的活动区域。在本遗址的早期文化遗存中也出土了一些陶釜口沿残片，或许石沱遗址早期和晚期的先民都有可能是巴人。他们在接受华夏文明的同时，仍然顽强地保持着自己固有的文化传统，直至宋代。

[注释]

[1] [5] [20] 北京市文物研究所三峡考古队、涪陵区博物馆：《石沱遗址第一次勘探与发掘》，《重庆库区考古报告集》，1997 卷，科学出版社 2001 年。

[2] 北京市文物研究所三峡考古队、涪陵区博物馆：《涪陵石沱遗址 1999 年度发掘简报》，《重庆库区考古报告集》1998 卷，科学出版社 2003 年。

[3] 北京市文物研究所三峡考古队、涪陵区博物馆：《涪陵石沱遗址 2000 年度发掘简报》，《重庆库区考古报告集》1999 卷，待刊。

[4] 北京市文物研究所三峡考古队、涪陵区博物馆：《涪陵石沱遗址 2001 年度发掘报告》，《重庆库区考古报告集》2000 卷，待刊。

[6] [8] 王毅：《成都市巴蜀文化遗址的新发现》，《巴蜀历史·民族·文化》，巴蜀书社 1991 年。

[7] [9] 孙华：《成都十二桥遗址群分期初论》，《四川考古论文集》，文物出版社 1996 年。

[10] 王鑫：《忠县㽏井沟遗址群哨棚嘴遗址分析》，《四川考古论文集》，文物出版社 1996 年。

[11] 北京市文物研究所三峡考古队、涪陵区博物馆：《涪陵镇安遗址 1999 年度发掘报告》，《重庆库区考古报告集》1998 卷，科学出版社 2003 年。

[12]《华阳国志·巴志》。

[13] [14] [15]《文献通考·舆地考·涪州》、《宋史·蛮夷传》。

[16]《陆文公全集》、《老学庵笔记》卷十。

[17] 同 [16]。又《魏书·僚传》《新唐书·南蛮传》。

[18]《全唐诗》卷二百三十一，杜甫十六《戏作徘谐体遣闷之二》，《全唐诗》卷四百五，元缜十，酬翰林白学士代书一百韵。中华书局。

[19] 陆游：《剑南诗稿》二八《古别离》。

[21] 陈丽琼：《四川彭县瓷峰窑的调查与试掘的收获》，《四川古代陶瓷》重庆出版社，1987 年。

[22] 重庆市博物馆：《重庆涂山窑小湾瓷窑发掘报告》，《四川考古报告集》，文物出版社 1998 年。

[23] 王劲：《鄂西峡江沿岸夏商时期文化与巴蜀文化关系》，《三星堆与巴蜀文化》，巴蜀书社 1993 年。

晋国始封地与早期晋都

刘　绪

晋国始封于何地，文献有记载，近人有研究。由于晋侯墓地的发现，这一问题再度引起学术界的关注。

最早提到晋国始封地的文献是《左传》，共有两处。一是昭公元年郑子产的一段话："迁实沈于大夏，唐人是因，以服事夏商。其季世曰唐叔虞。……及成王灭唐，而封大叔焉，故参为晋星。"指出晋的始封地曾是夏商时期唐人之地，亦即大夏之地。一是定公四年卫子鱼的一段话："昔武王克商，成王定之，……分唐叔以大路、密须之鼓、阙巩、沽洗，怀姓九宗，职官五正。命以《唐诰》而封于夏墟，启以夏政，疆以戎索"。认为晋始封地唐即夏墟之地。

很明显，《左传》所言叔虞之封地是唐，其所在地又称大夏、夏墟。唐是夏商时期一方国，商代武丁时期的甲骨文有唐，与邛方相临[1]，一直存在到周初成王之时才被灭，因而唐是有一定范围的地域名。上述两条记载还看不出唐是指叔虞的都邑。

次早提到晋国始封地的文献是《史记》，《史记·郑世家》云："周武王克纣后，成王封叔虞于唐，其地阻险"。《晋世家》也说："武王崩，成王立，唐有乱，周公灭唐。……遂封叔虞于唐。唐在河汾之东，方百里，故曰唐叔虞"[2]，所言更为明确。唐是叔虞的封地，位于"河汾之东"，范围约"方百里"。"其地阻险"，而不是"其都阻险"。也看不出唐一定是指叔虞的都邑。

再往以后的文献是东汉班固的《汉书·地理志》，班氏最先把晋始封地缩小在一县之内，具体地点在汉代太原郡晋阳县。他在该县下注云："故《诗》唐国，周成王灭唐，封弟叔虞，龙山在西北，有盐官。晋水所出，东入汾"。自班固以来，唐由大的地域名变为小的地点名，再后进而变为叔虞的都邑名。直到现在，一提到晋的始封地唐，不少人便把它理解为晋国最早的都城。

无论大的地域，还是小的地点，唐为叔虞的封地在文献记载中是一致的。此点也得到了

作者简介：

　　1949 年 2 月生于山西广灵，1975 年从北京大学历史系考古专业毕业后到山西省文物工作委员会工作。1980 年再次入北京大学历史系考古专业学习，1983 年研究生毕业并获历史学硕士学位，同年留校任教。现为北京大学考古文博学院教授。主要从事夏商周考古和田野考古的教学与研究。

东周金文材料的证明，如晋公纛铭文记晋公之皇祖为"唐公"，曾"左右武王"；出自晋宗的栾叔称其皇祖为"虞"（栾叔缶铭文）。可知叔虞即唐公。与西周初年其他多数封国一样，唐公之唐，应缘自封地之名。

那么唐地究竟在何处？对此，后人的研究颇多分歧。基于文献由早到晚将大地域之唐变为小地点之唐的过程，我们应该首先确定早期文献（这里指西汉及先秦文献）所言之唐地，即大地域范围之唐，也就是"大夏"、"夏墟"及"河汾之东方百里"的位置。这是解决问题的前提。至于东汉以来文献所记的唐地，则应纳入这一前提之下。

大夏：先秦文献除上引《左传·昭公元年》提到外，还见于《管子》等书。《管子·小匡》记齐桓公"西征攘白狄之地，遂至于西河，方舟投柎，乘桴济河，至于石沈。悬马束车，踰太行与卑耳之貉（谿），拘泰夏，西服流沙西虞"，泰夏即大夏。类似的记载还见于《国语·齐语》。

由齐西征至河，济河踰太行、卑耳之山而至大夏可知，此大夏显在山西南部。《左传·僖公九年》记齐桓公曾伐晋到过晋邑高梁[3]，应与《管子》、《国语》所言为同一件事。依《左传》所记，高梁地近著名的晋邑曲沃，其地确在今山西南部。如《左传·僖公二十四年》记重耳返国云"丙午，入于曲沃。丁未，朝于武宫。戊申，使杀怀公于高梁"。由于曲沃的地望除在今闻喜县或今曲沃县两种说法外，别无他说，故距曲沃仅一日之程的高梁必在距闻喜或曲沃不远之处。杜预就认为"高梁在平阳杨县西南"，即现在临汾市附近。可知先秦文献所记齐桓公西征所到的大夏在山西南部包括今临汾一带。

关于齐桓公西征大夏及入晋之事，《史记·晋世家》和《封禅书》也都有记载[4]，内容与《管子》和《左传》所记相似。

此外，《吕氏春秋·本味》也提到"大夏"，云"和之美者：阳朴之姜，……大夏之盐"，此"大夏之盐"被多数学者解释为今山西南部运城市解州盐池之盐，地近有夏都之说的安邑。可知今运城一带也有大夏之称。

总之，西汉与先秦文献中的大夏，不超出今晋南临汾和运城两地区，唐地当在此求之。

夏墟：除上举《左传·定公四年》提到外，也见于《史记·吴太伯世家》："周武王克殷，……乃封周章弟虞仲于周之北故夏墟"。这两条有关夏墟的记载，前者未言具体位置，后者明言是"周章弟虞仲"的封地，即位于"周之北"的虞国所在地。虞国的地望，文献与后人的研究均认为在今山西南端的平陆县一带，史称大阳，其北与安邑相邻，这与上述"大夏"运城之说亦相符合。既然虞和晋均封于夏墟，而虞在运城平陆，那么晋之封地唐只能在平陆以北。

河汾之东方百里：既言"河汾之东"，则当在汾水以东，应以汾水南端与河水之交处为其南至，汾水之源为其北至。汾水源自晋北忻州管涔山，南流经太原、霍州、临汾至侯马而向西注入河水。因此，河汾之东的南至不逾侯马之南的峨眉岭与绛山东西一线，即河汾之东不包括此二山之南的运城地区；其北至不过忻州地区。当然，由侯马至忻州远不止百里，但"方百里"的唐地必居其中。到底唐地处在哪一地段，需要进一步确定。对此，依先秦文献也可求之。《国语·晋语二》记晋献公末年晋国疆域情状时云："景、霍以为城，而汾、河、涑、浍以为渠，戎、狄之民实环之"。往南到了涑水流域，往北到了霍山一带。这与献公大举灭国拓疆的记载相合，其国土远远超出周初晋国"方百里"的范围。虽如此，其北界也仅限于霍地，再往北就属戎狄之地了。由此可推知，西周初年晋"方百里"的始封地唐应在汾水之东侯马至霍州之间的地段内。由于霍州一带是周初霍国的封地，到晋献公时才灭而属晋，故晋之"方百里"的北至在霍山之南。

总之，晋始封地唐应在南起侯马，北止霍山，即今临汾地区。由于该地区古称平阳，故可谓临汾平阳唐地说。

以上是由西汉与先秦文献所推定的唐地所在大致位置，至于与晋国有关，也有大夏、夏墟之称的今运城地区，是因晋献公灭掉耿、魏、虢、虞等国，把疆土拓展到该地之故。前述齐桓公入晋之年就在献公去世不久。

东汉以来，唐地所在位置反而复杂起来，除临汾平阳说外，又滋生出太原晋阳说。两说都有不少赞同者，而且还出现更多的把唐理解为小地名或都邑名的说法。

如上所述，太原晋阳说为班固首创，之后被不少人袭用，如郑玄[5]、杜预[6]、郦道元[7]、李泰[8]、顾祖禹[9]等。其主要依据是太原有晋水，而且东周赵之晋阳城确在太原。至于大夏、夏墟，则与此地毫无关系。

临汾平阳说在司马迁之后亦有不少相类看法，如服虔[10]、张守节[11]、李泰[12]、顾炎武[13]等。不过此说也有把唐地理解为都邑之名的，《括地志》就认为唐在翼城，云："故唐城在绛州翼城县西二十里"[14]。《元和郡县图志》翼城县下亦云："故唐城在县西二十里，尧裔子所封也"。

比较晋阳与平阳二说，前者显然与西汉及先秦文献所言叔虞始封地相左，因太原远在霍山以北。因此，叔虞始封地不可能远在太原晋阳。故在两说的文献中，晋阳说曾遭遇平阳说的否定[15]。

自东汉班固以来，把唐或叔虞封地解释为都邑名的记载主要还有以下三种说法。

一种认为唐在永安，即今霍州。如臣瓒在反对班固唐在晋阳之说时云："所谓唐，今河东永安是也，去晋四百里"。颜师古认同云："瓒说是也"[16]。《水经·汾水注》于（汾水）"又南过永安县西"之下云："故彘县也，周厉王流于彘，即此城也。王莽更名黄城，汉顺帝阳嘉三年，改曰永安县，霍伯之都也。历唐城东，瓒注《汉书》云'尧所都也'"。霍州为周初霍叔封地，叔虞所封之唐自然不可能在此。

一种认为唐在安邑。如《括地志》引《城记》云："唐氏在大夏之墟，属河东安（邑）县。今在绛城西北一百里有唐城者，以为唐旧国"[17]。安邑属夏县，远在汾水之南，不属汾水之东，与叔虞所封之唐也无关系。霍和安邑之地属晋是春秋晋献公以来的事。

另一种即"鄂"地乡宁说。此说出自《史记·晋世家》"故曰唐叔虞"一句下《集解》所引《世本》"居鄂"之记，故后人理解为唐叔虞居鄂。实际上仅是裴骃的一种看法。除此之外再无其他记载可以证明鄂为叔虞之居。黄盛璋先生引《左传·隐公六年》"翼九宗、五正，顷父之子嘉父逆晋侯于随，纳诸鄂。晋人谓之鄂侯"之说，以为"鄂曾为晋侯所居，《世本》所云'居鄂'，或当指此"[18]。黄说颇有可能，但此居鄂的晋侯属春秋，上距叔虞甚远。至于鄂地的确切地点，宋忠以为在大夏[19]，太过笼统。《括地志》以为"故鄂城在慈州昌宁县东二里"。昌宁即今乡宁，地在汾水之西，与汾水之东不合，对此张守节早有怀疑[20]。故叔虞始封地也不可能在汾水之西的乡宁。

总之，以上三种东汉以来与叔虞有关的都邑之说也都难以成立。

至此可知，晋之始封地唐只有汾水之东临汾地区平阳说一种选择，若探寻叔虞之都城，即晋国最初的都城，只能在这一范围内进行。

叔虞封于唐，并称唐公，文献与金文互证无误。然从其子燮父开始，不称唐而称晋，文献记载如此，大量的金文材料，特别是晋侯墓的材料也说明燮父时确已称晋了。

为什么由称唐改为称晋呢？现今不少学者以为是燮父迁都于晋水旁之故。实际在文献记载中，燮父开始称晋的原因有两种说法。徙都晋水旁之说仅其中之一，此说较早的文献如《括地志》所引徐才《宗国都城记》："唐叔虞之子燮父徙居晋水傍"，但接下来又说"今并理（州）故唐城，唐者，即燮父所徙之处"。所徙处又叫唐，唐、晋一地了。正如李伯谦先生指出，前后所言相互矛盾[21]。表明徐才本人在强调燮父迁居时，也未搞清唐与晋为同地，还是异地的关系。另一种说法认为燮父并未迁都，其所以称晋是因唐地有晋水，故改称晋。此说比迁都说出现更早，如郑玄《毛诗·唐谱》云："成王封母弟叔虞于尧之故墟，曰唐侯。南有晋水，至子燮改为晋侯"。明确说是因唐地有晋水故改唐为晋，并未迁都。同样的说法又如郑樵《通志·都邑略》云："晋都唐，谓之夏墟，大名也，本尧所都，谓之平阳，成王封母弟于此，其子燮父立，始改为晋，以有晋水出焉"。

因此，由称唐改为称晋的原因未必一定是因为迁都，原地改名的可能似乎更大，燮父或未迁都。唯文献中所记平阳之晋水亦在汾水之西，与汾水之东不合。燮父因以改名的晋水应在汾水之东，惜已无从查考了。

燮父之后，景公迁新田之前的晋国早期都城还有以下几处尚在疑是之间，需要探讨。

成侯迁曲沃：出自郑玄《毛诗·唐谱》"至曾孙成侯南徙，居曲沃，近平阳焉"。在先秦文献中，未见成侯居曲沃的记载，曲沃为桓叔封地。具体地点史有二说，一在今闻喜，一在今曲沃。

穆侯迁绛：亦出自上引郑玄《毛诗·唐谱》，郑氏在称成侯居曲沃后又说晋僖侯之孙"穆侯又徙于绛"。绛地，在《左传》、《国语》等先秦文献中多有记载，春秋早、中期时已为晋都，直到晋景公迁都新田，即新绛后，称之为故绛。故绛之地，史亦有二说，一在今翼城境，一在今襄汾南。

晋君都邑——翼：《史记·晋世家》在言及晋昭侯封成师于曲沃时云："曲沃邑大于翼，翼，晋君都邑也"。《左传》与《古本竹书纪年》等文献亦称晋都为翼，称晋君为翼侯。其地多以为在今翼城县。晋都称翼的时间，据《晋世家》和《古本竹书纪年》可知昭侯时已有此名，武公时仍然如是称。自郑玄"穆侯又徙于绛"之说出现后，绛与翼年代重叠，故东汉以来文献中又有绛和翼同地异名和异地异名两种说法。

由以上概述可以看出，晋国早期都城的记载颇为复杂，若就文献论文献，要括清晋都之地实非易事。有些史事早在汉代就已说不清楚，出现歧义了。如叔虞始封之地，班固和郑玄认为在今太原，而与郑玄同时的服虔则认为在汾、浍之间的侯马、曲沃、翼城一带。后世学者在探讨晋都时，多据汉以来文献，其结论的可信程度也就可想而知。问题的有望解决，当有赖考古材料的发现。20世纪80年代以来，由于天马—曲村遗址大规模考古发掘工作的开展，特别是晋侯墓地的发掘，将晋都问题重新唤起，已有不少学者发表了很好的见解，基本都是围绕天马—曲村遗址是否为晋都，是何晋都展开的。

最初论述这一问题的是邹衡先生，他根据1979年在翼城、曲沃两县进行考古调查的材料，结合以往其他地区的考古发现以及相关文献记载，对晋始封地和相关古城遗址的性质作出了推断，认为"霍山以南，绛山以北，这一方圆约百里左右的范围，很有可能就是晋之始封地"，并认为翼和绛并非一地，翼城县之故城村遗址"有更大的可能就是翼地"，"则天马—曲村作为故绛，可能性似乎更大一些"[22]。稍后，随着天马—曲村遗址发掘工作的开展，他把晋之始封地的范围缩小在"翼城、曲沃二县境内"，认为"天马—曲村遗址应该就是叔虞的封地——唐"[23]。晋侯墓地发现之后，他对已有的认识更加深信不疑，明确指出天马—曲村遗址是"自叔虞封唐，至孝侯徙翼十二侯，又武公代晋至景公迁新田九公，历时共370余年"的晋国早期都城，初称唐，后称绛（故绛，亦即燮父所徙之晋水旁），其间曾一度都翼。认为绛和翼并非一地，翼在今翼城县东南之故城村[24]。

李伯谦先生对早期晋都也作了较系统的研究，认为晋侯墓地及整个天马—曲村遗址所处的地理位置、起始年代及其涵盖的年代范围都表明该遗址既不是"唐迁于晋"之晋，也不是"成侯迁曲沃"之曲沃，更不是"穆侯迁绛"之绛，"而只能是西周初年叔虞封唐之唐"，同时，他还根据该遗址从西周早期至春秋早期连续发展的事实进一步推断"在晋献公八年（前668年）'始都绛'以前晋国并未迁都。叔虞封唐之唐，也就是春秋时期屡见于传的晋都翼"[25]。

可以看出，邹、李二先生的看法既有相同之处，又有相异之点。近些年来，针对邹、李的看法有几位先生发表了不同的见解。

田建文先生认为天马—曲村遗址既不是唐，也不是故绛，"因为周之唐（晋）是对于殷商之唐的取代"，该遗址没有发现殷墟时期遗存，故不当为唐。又由于天马—曲村遗址未发现大型夯土（宫殿）建筑，两周文化遗存分布范围不太大，西周早期者更小，而且城址中部不当有大型墓葬。故该遗址为故绛之说"仍可再作商议"，唐和故绛应在他地探寻，其中翼城县苇沟—北寿城遗址可能与故绛有关[26]。

谢尧亭先生据文献提出晋国从始至终至少有三都，最多不过五都，其中公元前745年～前678年（昭侯元年至武公都晋）晋都为翼；公元前678年～前585年（武公都晋至景公迁新田）晋都为故绛。昭侯都翼之前的晋都，都名不详。至于叔虞之封，应有都城，可能是唐故都。以此为标准，与晋侯墓的年代相对比，仅有少部分晋侯与翼吻合，大部分更早。因而认为天马—曲村遗址"非故绛明矣"。目前"还难以将北赵晋侯墓地为代表的遗址定为某都，但成侯徙曲沃与穆侯徙绛之说可能是不成立的"[27]。

王立新先生"觉得天马—曲村遗址不是邹衡先生所说的唐和故绛，也不是李伯谦先生所说的唐和翼，而最有可能是燮父所徙之处"。主要理由分别是：该遗址未见商代晚期遗存，故与唐不合；该遗址也未见春秋时城址，故无法满足故绛的条件。又因该遗址规模大于可能是曲沃故城的闻喜县西南（按：应为东南）古城，与"（曲沃）邑大于翼"的记载不符，因此也不会是翼。至于唐、故绛与翼在何处，他分别提出了推测[28]。

到底如何理解文献中的早期晋都，如何认识天马—曲村等遗址的性质，论者见仁见智。我以为在探讨这些问题时，有以下几点需要首先澄清。

1. 对唐的理解。如前所述，在西汉与先秦文献中，唐乃商代旧称，是地名，也是方国名或族名。作为地名是指大范围地域而言的，并非专指都城之名。叔虞封于唐应指唐地，而不是仅指一处都邑。周初不少封国与之相类，如召公封于北燕、周公封于鲁、康叔封于卫、微子封于宋，等等。燕、鲁、卫、宋均非都城之名，而是国名或地域之称。当然，无论何者被封于何地，他都有自己的居处之所，即都城。这些都城之名未必与国名相同，当另有专名，在文献中有的保留下来，有的则无从查考。保留下来的如鲁、齐等国，鲁的最初都城名曲阜，齐的最初都城名营丘。都名无从查考者如燕、卫、霍等国，他们最初的都城已不知叫什么名字了。晋国始封时的都城与燕、卫、霍等同类。唐不是晋国最初都城的专名，不能一提到叔虞所封的唐，就理解为叔虞之都名唐。

2. 对燮父以来称晋不称唐的理解。晋为国名，也非都城专名。至于为什么改唐为晋，先秦与西汉文献未提及。上文已指出，自东汉以来始有两种解说，一是燮父因唐地有晋水，故改名称晋，属原地改名，并未迁都。一是燮父由唐迁到晋水旁，因而改称晋。后者比前者出现更晚，而且是在把唐理解为都城的前提下的一种说法。虽两种说法出现都不早，然不能轻易否定，只能说两种解说都有可能，但比较而言，以原地更名之说可能性更大。因此，不能一提到燮父以来称晋就理解为燮父一定迁过都，与叔虞之都不在一地。

3. 对翼和绛（故绛）的理解。在《古本竹书纪年》、《左传》和《史记》等较早的文献中，晋都一度称为翼，晋侯亦称翼侯。但这些文献都未讲翼是由哪位晋侯（公）始迁或始都。依其内容排比得知，文献中翼作为晋国都城之称，最早是晋昭侯元年（公元前745年）[29]。至武公时，翼侯伐曲沃，大捷，武公请成于翼"（《古本竹书纪年》），翼乃为晋都。依《左传·桓公七年》云："冬，曲沃伯诱晋小子侯杀之"，次年（公元前704年）春"灭翼"。可知从昭侯元年到小子侯被杀的次年这段时间，晋都为翼，时当春秋早期。在此前后晋都是否称翼，不得而知。

关于绛都（故绛），先秦文献和《史记》也都有记载。《左传·庄公二十六年》（公元前668年）云："夏，士蔿城绛，以深其宫"。此事亦见《史记·晋世家》，言晋献公八年"而城聚都之，命曰绛，始都绛"。与《左传》所言稍有出入，但他们都是最早的有关最初绛都的记载。献公以后，晋公都绛的内容在文献中还有一些。此绛为故绛，其作为晋都直到晋景公迁新田（新绛）为止。

文献中又有晋穆侯迁绛之说，前文已指出，此为东汉末郑玄所言，没有更早的记载证明。在郑玄一连串论晋都的言论中，有些明显是错误的，如叔虞之唐在太原，成侯迁曲沃（详后）等。所以穆侯迁绛之说是否可信亦值得斟酌。即使相信郑玄之说，则绛为晋都的起始时间也不能早于西周末年晋穆侯之时，此前晋都之名是何，仍然不明。但这样一来，绛与翼在年代上便重叠或交错了，又引起了二者为同地或异地之分歧。

若依《史记·晋世家》和先秦有关文献的记载，可把晋国都城与其可考之年代复原如下表。

晋君	叔虞至文侯	昭侯至小子侯	缗	桓叔至武公			献公	景公
公元前	岁在大火 | 746	745 | 704	704 | 679 ？	桓叔 | 679	679 | 677 始都	676 | 668	668 始都	585 迁
都名	不明	翼	？	曲沃	（晋国）	？	绛（故绛）	新田

从表中看出，可以明确的晋都，最早者称为翼，时当春秋早期，此前不明。在翼和故绛之间，晋都在何处，也难确定。

首先是晋侯缗之都。《左传·鲁桓公七年》说该年冬武公杀小子侯，鲁桓公八年云："春，灭翼"。《史记·晋世家》说武公杀小子侯而立晋侯缗，缗在位28年被灭。既已"灭翼"，则晋侯缗的 28 年不知都于何地。

其次是武公灭晋侯缗之后与献公八年城绛之前的都城。依《史记》所言，武公伐晋侯缗，灭之，以其宝器厚赂周王而被批准为晋君，称晋公并"始都晋国"。说明武公灭晋后未以曲沃为都，但"始都晋国"之都城叫什么，不清楚。献公在位的前七年，都城应与武公"始都晋国"之都城同地。若分析《左传》"士蒍城绛，以深其宫"这句话，似有对绛都扩建之意，也许此前绛都已存在了，郑玄之穆侯迁绛说并非乌有。但这仍不能说明武公"始都晋国"之都就是绛，而且《史记》明确讲是献公始都绛。倘若绛早已存在，那也是嫡系晋国时期的绛，武公是否都之，无法查究。所以，献公八年之前仍有几年时间不知以何地为都。

澄清了以上几个有关早期晋都的问题，下面再分析天马—曲村遗址与晋都的关系。

天马—曲村遗址被邹衡先生最初定为晋都的主要理由是规模大，周代文化遗存丰富。与全国已知周代遗址相比，这些方面都是少见的。晋侯墓地发现后，为这种判断提供了更加有力的证据。

查周代封国的考古材料，大片墓地近旁一般都有居住址，普通村落如此，封国都城亦如此。就西周时期而言，有城垣的封国都城发现二处，一是燕国早期都城琉璃河遗址，除城内有少量零星西周墓葬外，大量的墓葬，包括燕侯的墓葬则在城外东、南近旁[30]；一是鲁国都城曲阜，鲁侯墓虽未发现，但在鲁城内发现至少 4 片中小墓墓区[31]，相信鲁侯墓也在鲁城附近不远处。春秋时期的情况与西周相似，如虢国和郑国，虢国国君之墓位于其都城（今李家窑古城）城北不远处[32]。郑国国君之墓则位于其都城城内[33]。战国时期也大体如此，不必一一列举。其实，城内及其近旁开设墓地是先秦时期的普遍现象，也是先秦城址的主要特征之一。天马—曲村遗址范围很大，以往的工作毕竟有限，有无城垣需今后继续探寻。即使没有城垣也不能说不是都城，西周首都丰、镐遗址，晚商首都殷墟遗址都没有城垣发现。

至于大型建筑基址，有迹象表明在天马—曲村遗址是存在的，20 世纪 80 年代发掘中就出土过筒瓦，有筒瓦必然还有板瓦，能够使用瓦的建筑当然不是小型建筑，符合"作宫而美"的条件。

那么天马—曲村遗址又是何时之晋都？

晋侯墓地共有九组晋侯夫妇墓，多数学者认为最早一组（M114、M113）是燮父夫妇，最晚一组是文侯夫妇。说明最迟从燮父开始，天马—曲村一带已经是晋都了。上文已指出，燮父改唐为晋，东汉以来有两种说法，可能性大的是原地改名之说，因此，该遗址可能从叔虞时就为晋都了。至于叔虞之墓为何不葬在此处晋侯墓地，或许另葬他处而未发现，或许如齐国最初的几位齐侯那样"反葬于周"。

有学者强调天马—曲村遗址若为叔虞之唐都，则应有商代晚期考古学文化即有商代"唐文化"才能成立，可该遗址至今未发现商代考古学文化，故不当为叔虞之唐都。对此，上文澄清的第一个问题已论及，西汉及先秦文献中的唐并非一定指叔虞之都名，而是指商代方国——唐，约有方百里的范围。天马—曲村遗址没有商代文化遗存不等于在方百里的唐地没有商代文化遗存。

晋侯墓地止于文侯，其后的晋君不知葬于何处，联系上述文献有关翼和故绛的年代，止于文侯的现象似乎并非偶然：文侯之父穆侯有迁绛之说；文侯之子昭侯之都有称翼之说。看来，穆侯迁绛和昭侯都翼均有可能。倘穆侯迁绛，穆侯及其子文侯归葬先祖旧茔亦符合情理；倘昭侯都翼，另在翼旁卜取新的兆域亦于理可通。数年前，本人曾以穆侯迁绛说对晋侯墓地终止原因作过推测[34]，现在看来，这种推测尚不能完全排除。至于昭侯都翼另择新墓地的可能也有，而且可信度更大。

总而言之，若天马—曲村遗址不存在另一处晚于文侯的晋侯墓地，则放宽而言，该遗址作为晋都应始于叔虞或燮父，终于穆侯或文侯，是晋国最早的都城，其名非绛，也非翼，叫什么名字已无法得知了。称唐或称晋都较勉强，不够确切。在这较宽泛的条件下，我更倾向于始于叔虞，终于穆侯的判断。

[注释]

[1] 陈梦家：《殷墟卜辞综述》第 276 页，中华书局，1988 年。

[2] 西周初年其他封国的范围，文献中也往往言"方百里"，"土不过同"等等，可知这是一个理想中的约数。

[3]《左传·僖公九年》："齐侯以诸侯之师伐晋，及高梁而还，讨晋乱也"。

[4]《史记·封禅书》："（齐）桓公曰'寡人北伐山戎，过孤竹；西伐大夏，涉流沙，束马悬车，上卑耳之山'"。《史记·晋世家》："齐桓公闻晋内乱，亦率诸侯如晋，……齐桓公至晋之高梁而还归"。

[5]《毛诗·唐谱》："成王封母弟叔虞于尧之故墟，曰唐侯，南有晋水，至子燮改为晋侯"。

[6]《左传·昭公元年》杜预集解："大夏，今晋阳县"，"太原，晋阳也"。又定公四年杜预集解："夏墟、大夏，今太原晋阳也"。

[7]《水经·晋水注》于晋阳县下云"故唐国也。……有晋水，后改名为晋"。

[8]《史记·晋世家》《正义》引《括地志》云："故唐城在并州晋阳县北二里，《城记》云尧筑也。（徐才）《宗国都城记》云'唐叔虞之子燮徙居晋水傍。今并理（州）故唐城。唐者，即燮父所徙之处，其城南半入州城，中削为坊，城墙北半见在'"。

[9]《读史方舆纪要》太原府下云："府控带山河，踞天下之肩背，为河东之根本。诚古今必争之地也。周封叔虞于此，其国日以盛强，……迨后赵有晋阳，犹足拒塞秦人，为七国雄"。

[10]《史记·郑世家》《集解》引服虔曰："大夏在汾、浍之间，主祀参星"。

[11]《史记·晋世家》《正义》按："（唐）与绛州、夏县相近。禹都安邑，故城在县东北十五里，故云'在大夏'也。然封于河、汾二水之东，方百里，正合在晋州平阳县，不合在鄂"。

[12] [14]《史记·郑世家》《正义》引《括地志》云："故唐城在绛州翼城县西二十里"。张守节也认为"叔虞之封即此地也"。

[13]《日知录》卷三十一："窃疑唐叔之封，以至侯缗之灭，并在于翼。《史记》屡言禹凿龙门，通大夏。……则所谓大夏者，正今晋、绛、吉、隰之间。……大夏之在平阳明矣"。

[15] 平阳说否定晋阳说之论，以顾炎武最具代表，见《日知录》卷三十一。

[16]《汉书·地理志》太原郡晋阳县注文。

[17] A.《史记·郑世家》《正义》引。B. 陈梦家认为商代晚期甲骨文之唐在安邑，见注 [1]。

[18] 黄盛璋：《夏虚、唐国与晋都之历史地理研究》，《中华文史论丛》1984 年第一辑，上海古籍出版社，1984 年。

[19]《史记·晋世家》《集解》宋忠曰："鄂地今在大夏"。

[20]《史记·晋世家》《正义》"……然封于河、汾二水之东，方百里，正合在晋州平阳县，不合在鄂，未详也"。

[21] 李伯谦：《天马—曲村遗址发掘与晋国始封地的推定》，《中国青铜文化结构体系研究》，科学出版社，1998 年。

［22］A. 北京大学考古专业商周组等：《晋豫鄂三省考古调查简报》，《文物》1982 年第 7 期。B. 北京大学历史系考古专业山西实习组、山西省文物工作委员会：《翼城曲沃考古勘察记》，《考古学研究》（一），文物出版社，1992 年。

［23］邹衡：《晋始封地考略》，《尽心集——张政烺先生八十庆寿论文集》，中国社会科学出版社，1996 年。

［24］A. 邹衡：《论早期晋都》，《文物》1994 年第 1 期。B. 邹衡：《论故绛与唐》，《国学研究》第十二卷，北京大学出版社，2003 年。

［25］同注［20］，又见李伯谦：《晋国始封地考略》，《中国文物报》1993 年 12 月 12 日第 3 版。

［26］田建文：《晋国早期都邑探索》，《三晋考古》第一辑，山西人民出版社，1994 年。

［27］谢尧亭：《北赵晋侯墓地初识》，《文物季刊》1998 年第 3 期。

［28］王立新：《关于天马—曲村遗址性质的几个问题》，《中原文物》2003 年第 1 期。

［29］《史记·晋世家》。

［30］A. 北京市文物研究所：《琉璃河西周燕国墓地》，文物出版社，1995 年。B. 中国社会科学院考古研究所、北京市文物研究所琉璃河考古队：《北京琉璃河 1193 号大墓发掘简报》，《考古》1990 年第 1 期。

［31］山东省文物考古研究所等：《曲阜鲁国故城》，齐鲁书社，1982 年。该城始建年代是否早到西周，尚有争议。

［32］A. 中国科学院考古研究所编著：《上村岭虢国墓地》，科学出版社，1959 年。B. 河南省文物考古研究所、三门峡市文物工作队：《三门峡虢国墓》第一卷，文物出版社，1999 年。

［33］1923 年在新郑李家楼发现的郑公大墓即位于郑韩故城西城内，近年又有大墓发现于东城内。见马俊才、衡云花：《郑国君王的车马奇观》，《文物天地》2002 年第 2 期。

［34］北京大学考古系、山西省考古研究所：《天马—曲村遗址晋侯墓地及相关问题》，《三晋考古》第一辑，山西人民出版社，1994 年。

山西洪洞永凝堡西周墓葬再析

张素琳

有关山西洪洞永凝堡西周墓葬的两批发掘资料已于 1987 年和 1994 年先后发表，对学界研究和探讨山西晋南地区西周文化面貌和埋葬习俗提供了比较重要的实物资料[1]。因当时的发掘资料是由不同单位分别进行整理和发表的，所以资料相对分散，不利于学界对该墓地总体面貌的了解和认识。笔者作为当时省考古研究所的主要发掘人员和简报执笔者，近期对永凝堡西周墓葬的两部分资料重新进行了分析和研究，并对此提出一些新的看法和认识。

一 永凝堡西周墓葬的基本情况

永凝堡村位于洪洞县城东北约 6 公里处，东邻坊堆村、南接南秦村、西是西永凝村、北为北秦村。永凝堡遗址所处的地势较周围村子都高，因而当地人称之为"堡子"。其东与霍山相望，其余三面被四季长流不断的磨河环绕，水源较充足，自然环境较好。村子所在的黄土台地因受周围河流下切和侵蚀等方面的作用，形成部分阶梯地带及一些弯弯曲曲、深浅不一的沟壑，调查中在沟壑的断崖边上发现许多暴露出来的墓葬。1980 年山西省考古研究所（原为山西省文物工作委员会考古队）两次派员赴洪洞县永凝堡村进行大范围考古勘察，并于当年秋、冬季在该遗址进行抢救性发掘工作。钻探共发现近 60 座周代墓葬及 20 余个零散分布的不同时期的灰坑。经发掘清理的 22 座西周墓葬中，12 座由山西省考古研究所负责清理，其余 10 座由临汾地区文化局组织的文物培训班负责清理。这批墓葬中除 9 座未被盗外，其余大多数墓葬被盗或由于其他原因被破坏。永凝堡西周墓葬出土的随葬品较为丰富，各类器物共 7000 余件，其中包括铜鼎、簋、鬲、壶、盘、匜、甗、甬钟等礼器 30 余件（其中 5 件有铭文）；铜戈及铜车马器约 300 件；小铜铃和铜鱼等近 500 件。出土玉、石、骨、贝、

作者简介：

1975 年毕业于北京大学历史系考古专业，曾经在山西省博物馆和山西省考古研究所工作，1981 年调入中国历史博物馆考古部。中国国家博物馆研究员。毕业后曾参加山西沁水下川旧石器时代遗址和洪洞永凝堡西周墓葬的发掘工作。1982 年起参加山西垣曲古城东关遗址的调查、发掘和报告编写工作，参加过垣曲商城的发掘工作。发表论文多篇，并与他人合著《垣曲古城东关》。参加了"山西垣曲盆地聚落考古研究"和"垣曲商城的发掘研究"，主攻方向为中国史前考古学。

蚌器及各类饰珠 6000 余件，另外还复原了 40 余件各类陶器。陶器中鬲的数量最多，几乎每座墓中出土一件，其他还有罐、盆、豆、簋、钵、大口尊和三足瓮等器形。

永凝堡已探明的数十座西周墓葬比较分散，为了便于发掘工作，我们以洪洞县城通向广胜寺、并穿越整个村子的一条东西向公路为界，将这些墓葬分为三个发掘区，并统一编号：公路以北的墓葬区编为北区，在南北长 70、东西宽 50 米、面积 3500 平方米的范围内探明 14 座西周墓葬，编号为 SHYBM1 ~ BM14。公路以南的西周墓分为两个区，其中位于村子南部的墓葬区编为南区，在南北长 117、东西宽 60 米、面积 7000 余平方米的范围内共探明 11 座墓葬，编号为 SHYNM1 ~ NM11。路南村东口的墓葬区编为东南区，在南北长 60、东西宽 38 米、面积约 2200 平方米的范围内共探明 14 座墓葬，编号为 SHYNDM1 ~ NDM14。其余十几座墓葬虽然已探明位置，但由于各种特殊原因，未对这部分墓葬进行编号和清理。三个墓葬区的情况大致如下：

北区：

位于公路北侧的小台地上，原为较开阔、较平坦的农田，发掘前已被村子规划为农民盖新房的宅基地。此区地势略高，比其南边公路的路面高出 1.5 ~ 2 米左右。探明并已编号的西周墓葬共 14 座，经清理的墓葬 13 座（BM13 由于多半在灌溉渠之下，故未清理）。其中的 SHYBM5、BM6 和 BM14 等 3 座墓葬由省考古所清理（其中 BM14 的南半部压在公路之下，只清理了北半部）。其余 10 座墓葬均由临汾地区文物培训班清理。路北发掘区的地层关系比较简单：

第一层：耕土层，黄褐色，松软，厚约 0.4 米。

第二层：近代扰土层，黄色，厚约 0.6 ~ 1 米。

以下为黄白色生土，厚 4 ~ 5 米；此层以下为厚约 1 米的红色土，再下边为料礓石层。已清理的墓葬均打破生土，此区一般在距地表深 8 米之处可见地下水。

北区的十几座西周墓葬位置相对集中，分布比较密集。除 BM3、BM4、BM5、BM7、BM9 和 BM12 等 6 座墓葬未被盗掘外，其余均遭到不同程度的破坏。墓葬均为长方形竖穴土坑式，多数墓葬口、底的面积基本相同，其次为口略小于底部的袋状；仅有 1 座墓的墓口大于底部，呈斗形。墓向均为南北向，其中绝大多数方向为北略偏东，只有 3 座为正南北方向，还有 1 座墓为北略

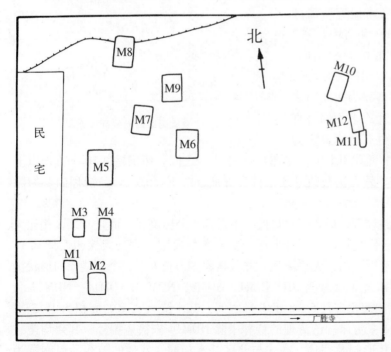

图一　永凝堡北区西周墓葬位置图

偏西方向。除了 M12 打破 M11 的西北角之外，其余墓葬之间均无打破关系（图一）。葬具多为一椁一棺，个别为一椁二棺，13 座墓葬中除 5 座面积超过 12 平方米，其余多为面积 3～8 平方米之间的中小型墓，最大的墓葬面积近 20 平方米，而最小的墓葬面积仅有 2.3 平方米，面积相差极为悬殊。绝大多数墓中都有熟土或生土二层台，少数墓底可见腰坑。面积较大、规格较高的墓葬的椁室是用数量不等的较厚的长木板对接而成的。葬式均为仰身直肢，头向北，双手交叉置于腹部。随葬品的种类、数量和规格不等，面积较大的墓里多随葬数件鼎、簋等青铜礼器，数量较多的车马器、兵器、陶器和各类玉器，小墓中仅随葬少量陶器及个别小型玉器、蚌器（表一）。

南区：路南墓葬区与公路相距较远，地势较北区略低，位于一块较平坦的台地上，原为农田，其南部为现代村民住宅区。该区共探明西周墓 11 座，墓葬分布较为稀疏，相邻墓葬的间距较大，钻探出的各期灰坑均分布在此区（图二）。山西省考古研究所清理了其中编号为 SHYNM3、NM9 和 NM11 等 3 座墓，墓穴均为直壁，口和底的面积相同。发掘区的地层关系与北区基本相同，墓葬形制多数与北区相同，除一座墓葬为南北向之外，其余墓葬均为南北向。葬式多为仰身直肢，双手交叉置于腹部，但也有个别墓主为

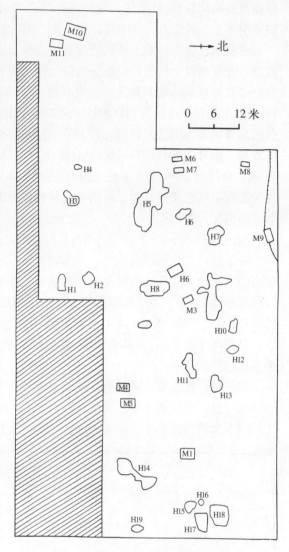

图二　永凝堡南区西周墓葬位置图

仰身屈肢。南区经清理的墓葬面积不太大，多在 4～6 平方米之间，面积超过 10 平方米以上的墓葬很少，而且出土的随葬品无论在数量还是种类方面，似不及北区。已清理的墓中除 NM11 被盗掘外，其余 2 座墓葬未遭破坏（表二）。

东南区：该墓葬区距公路较近，地势相对最低，不仅低于公路路面，而且与北区相比大约低 2～3 米。该区原为比较平坦的农田，后来逐渐被密集的民宅占据。共探明西周墓 14 座，其中多数墓葬地处民宅范围之内，无法清理。此区墓葬多为长方形，个别墓葬的形状接近正方形。由省考古所人员清理了编号为 SHYNDM4、NDM8、NDM9、NDM11、NDM12 和 NDM14 等 6 座墓。这些墓葬的面积多在 6～8 平方米之间，其中最大一座的面积是 15.3 平方米，最小一座的面积不足 6 平方米。已清理的墓葬中除 NDM14 未被盗掘外，其余均遭破坏。发掘区的地层关系、墓葬形制及葬具、葬式与北区基本相同，发现的随葬品以陶器为主，铜器较少，还有少量玉器、蚌器和各类装饰品等（表三）。

表一 洪洞永凝堡（北区）西周墓葬登记表

墓号	方向	形制	墓口尺寸（米）长×宽-深	葬具	葬式	随葬品	分期	性别	备注
BM1	0°	竖穴土坑	2.6×2.25-4.9	不明	不明	铜鼎1、陶鬲、陶罐、玉饰片、蚌饰、贝币等	晚期	男	被盗
BM2	0°	同上	3×2.2-6.5	不明	不明	铜球1、玉璜1、蚌饰等	晚期	女	被盗
BM3	5°	同上	2.8×1.66-4.65	一椁一棺	仰身直肢	陶鬲、陶罐、石饰、玉片、蚌饰、红玛瑙等	晚期	女	未盗
BM4	5°	同上	2.62×1.35-4.5	一椁一棺	仰身直肢	陶鬲、陶罐、骨饰、贝饰、玛瑙串珠等	晚期	男	未盗
BM5	6°	同上	5×3.7-8.5	一椁二棺	仰身直肢	铜鼎3、铜簋2、铜瓿1、铜戈2、铜铃16、铜车马器、陶鬲、陶罐、玉器、石、木、骨饰、煤雕珠、串珠等	晚期	男	未盗
BM6	12°	同上	5×3.4-4.8	一椁一棺	仰身直肢	铜器残片、铜鱼、陶鬲、陶簋、陶豆、陶珠、玉器、石饰、骨饰、蚌饰、玛瑙串珠等	晚期	女	被盗
BM7	345°	同上	4.3×3.15-5.5	一椁？棺	不明	铜鼎3、铜簋4、铜壶、盘、匜各1、铜戈1、铜铃14、铜车马器、铜鱼、陶鬲、玉器、蚌、贝饰等	晚期	男	未盗
BM8	11°	同上	4.5×2.8-6.4	一椁一棺	不明	铜鼎1、铜簋2、铜鉴1、铜戈1、铜铃3、铜车马器、铜鱼、陶鬲、玉器、蚌、贝饰等	晚期	男	被盗
BM9	0°	同上	4×3.1-4.7	一椁二棺	仰身直肢	铜鼎1、铜簋2、铜匜1、铜鱼、陶鬲、陶罐、陶鬶、玉器、蚌、贝饰、串珠等	晚期	女	未盗
BM10	10°	同上	3.5×2.3-4.1	一椁一棺	仰身直肢	陶鬲、陶罐、玉器、蚌鱼、蚌饰、贝饰、玛瑙串珠等	晚期	女	被盗
BM11	0°	同上	2.3×1-2.48	不明	不明	陶鬲1、玉戈2	早期	男	打破
BM12	6°	同上	2.9×1.7-7.76	一椁一棺	仰身直肢	铜鼎2、铜簋1、甬钟1、铜戈2、铜铃1、铜车马器、铜鱼、陶鬲、玉圭、玉器、蚌饰等	晚期	男	未盗
BM14	24°	同上	？×2.7-3	不明	不明	铜器残片、铜鱼、陶鬲、陶大口尊、玉器、石饰、骨饰、蚌饰、饰珠等	晚期	不明	被盗

表二　洪洞永凝堡（南区）西周墓葬登记表

墓号	方向	形制	墓口尺寸（米）长×宽－深	葬具	葬式	随葬品	分期	性别	备注
NM3	336°	竖穴土坑	2.5×1.6－7	一椁一棺	仰身屈肢	石圭1、玉玦3	不明	女	未盗
NM9	258°	竖穴土坑	3.3×1.8－5.2	一椁一棺	仰身直肢	铜鼎1、铜簋1、木胎铜壶1、铜戈3、铜车马器较多、陶鬲、玉鸮、玉片、蚌饰、贝饰等	早期	男	未盗
NM11	8°	竖穴土坑	3.3×1.9－4.7	一椁一棺	仰身直肢	陶鬲残片、灰色素面陶片、玉玦2、石片、石珠等	不明	不明	被盗

表三　洪洞永凝堡（东南区）西周墓葬登记表

墓号	方向	形制	墓口尺寸（米）长×宽－深	葬具	葬式	随葬品	分期	性别	备注
NDM4	8°	竖穴土坑	3.7×2.2－7	一椁一棺	仰身直肢	铜簋1、铜车马器、陶鬲1、陶罐3、玉璜、玉饰、石条饰、骨珠、蚌饰、贝饰、玛瑙串珠等	中期	男	被盗
NDM8	7°	同上	3.1×1.9－1.2	一椁一棺	仰身直肢	陶鬲2、陶罐1、蚌圆片、贝饰等	晚期	女	被盗
NDM9	0°	同上	3.6×2.4－4.4	一椁一棺	仰身直肢	陶鬲1、陶罐1、陶钵1、铜鱼、玉片、骨管、贝饰、料珠等	晚期	男	被盗
NDM11	12°	同上	4.5×3.4－4.4	一椁一棺	仰身直肢	铜簋2、甬钟1、铜车马器、陶鬲1、陶钵2、玉片、骨管、蚌片等	中期	男	被盗
NDM12	10°	同上	2.8×1.7－0.85	一棺	不明	蚌圆片、骨圆片、蚌壳、海贝等	不明	不明	被盗
NDM14	0°	同上	3.5×1.9－3	一椁一棺	仰身直肢	铜簋1、铜鬲1、铜车马器、陶鬲2、罐、盆、豆、蛋形瓮、器盖各1，玉器、石饰、骨饰、贝饰、玛瑙串珠等	中期	女？	未盗

二　相关遗迹的分析研究

1. 关于墓葬的分期。在已发表的两批资料中，均将已清理的西周墓葬分为早、中、晚三期，原分期情况如下：

早期　3座：BM11、BM12和NM9

中期　9座：BM1、BM2、BM3、BM4、BM10、BM14、NDM4、NDM11和NDM14

晚期　7座：BM5、BM6、BM7、BM8、BM9、NDM8和NDM9

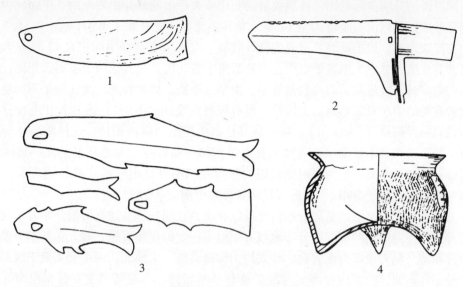

图三　永凝堡北区 BM12 出土器物
1. 蚌鱼（BM12：27）　2. 铜戈（BM12：4）　3. 铜鱼　4. 陶鬲（BM12：23）

还有 NM3、NM11 和 NDM12 等 3 座墓，由于未发现可分期的随葬品，所以未进行分期。通过对这些墓葬中随葬品的进一步分析，笔者发现过去在这批墓葬的分期方面存在一些误差，如不加以纠正，势必影响我们对西周时期丧葬制度和墓葬分布特点的正确认识。最为明显的是被原发掘者定为西周早期的 BM12，实际上这座墓葬的时代最早也不过西周中期，更不可能属于西周早期之列。如此结论的主要依据是：此墓随葬品中的一件陶鬲（BM12：23），袋足外侧带扉子，体较矮，与晚期墓葬 BM7、BM9 出土的陶鬲基本相同，而西周早期则不见此种陶鬲形制。另外，此墓出土的一件铜戈（BM12：4），体扁平且薄，锋部略呈等腰三角形，长胡三穿，具备这种特征的铜戈在西周晚期墓中常见，而在早期墓中不见。再者，此墓中还出土 30 余枚小铜鱼和数十枚蚌鱼，更显示出西周晚期墓葬的埋葬风格和随葬品的时代特征（图三），因为在永凝堡的西周早期墓中从未发现过此类小铜鱼，相反在确凿属于晚期的 BM5、BM6、BM7、BM8 和 BM9 等墓葬中都出土大量同类随葬品。不可否认，此墓出土的饕餮纹铜簋和一件短胡一穿的铜戈在形制上确有西周较早时期的特征，而柱形足的弦纹铜鼎则具有中期典型铜器的风格。但我们在确定每一座墓葬的时代和期别时，只能以年代最晚的器物作为分期的标准和依据。所以尽管该墓出土几件年代较早的铜器（可能是传世品），该墓的时代也只能依据一部分具有明显晚期特征的随葬品，将其划定为西周晚期。另外，经认真分析这批资料后还发现，北区十几座墓葬中，大多数都出土部分具有晚期特征的陶器或其他遗物，但并没有分在晚期，证实原来的分期确实存在一些误差，因此对永凝堡的西周墓葬重新进行分期很有必要。现将不具备分期条件的 3 座墓葬除外，其余墓葬重新分期如下：

早期　1 座：NM9

中期　4 座：BM11、NDM4、NDM11、NDM14

晚期　14 座：BM1、BM2、BM3、BM4、BM5、BM6、BM7、BM8、BM9、BM10、BM12、BM14、NDM8、NDM9

同原来的分期进行对比，各期数量的变化较大：中期墓葬由原来的 9 座缩减为 4 座，而晚期墓葬的数量则由 7 座增加至 14 座，尤其是北区，现在除了 BM11 这一座墓葬之外，其余均在晚期之列。根据墓葬登记表的统计数据，发现所有墓葬中面积在 12 平方米以上的中型墓共有 6 座，其中 5 座属于晚期，而且都集中在北区。与其他两个发掘区相比较，北区墓葬中的随葬品等级最高，而且数量最多，类型最丰富。如此看来，北区应是西周晚期当地一处比较重要的中小贵族墓地。北区惟一没有被列在晚期的 BM11，因具有参考和分期意义的器物仅有一件陶鬲（BM11：1）。与北区其他墓中出土的陶鬲相比，这件陶鬲体形略高，口略直，袋足略长且不带扉子，其形制具有早期的一些特点。加之此墓是惟一被同区晚期墓（BM12）打破的墓葬，而西周时期同期的墓葬之间不可能出现相互打破的现象，所以该墓的相对年代肯定早于 BM12，据此暂且将其分在中期。

通过重新划分期别的墓葬分布情况可以看出，在同一片墓地有可能分布着早晚不同期别的墓葬，但不同时期的墓葬在分布地域方面似有一定的规律可循：如北区基本为晚期墓葬的集中分布地，墓穴全部为南北向，葬式均为仰身直肢，头向北，两手交叉置于腹部。中期墓葬多分布在东南区，墓向和葬式与晚期墓葬基本相同。早期墓葬主要分布在南区，数量极少。在已清理过的墓葬中，只有一座墓葬的墓向和葬式均与中、晚期墓相同，其余两座有所不同。其中一座墓穴呈东西向，头向东部。另一座墓葬的葬式为仰身屈肢。上述现象反映出永凝堡西周墓葬在分布方面所具有的一些特点。引起我们注意的是，位于永凝堡村东部不足 2.5 公里之处的坊堆村西周墓地，1954 年考古人员曾在这里清理过 18 座西周墓葬。这些墓葬均为长方形竖穴土坑式，仰身直肢的占绝大多数，墓主两手交叉放在腹部，还有少数葬式为仰身屈肢和俯身葬。令人关注的是，这批墓葬的方向全部为东西向，而且发掘者根据随葬品的特征，认为这些墓葬均属于西周早期[2]。笔者认为，坊堆西周墓葬中除个别出土小铜鱼等晚期特征随葬品的应排除在早期之外，其余大多数墓葬属早期无疑。联想到永凝堡发现的西周早期墓葬数量极少，而目前惟一可以确认的一座西周早期墓 NM9 恰好与坊堆的西周早期墓同为东西向，所以笔者认为，挖掘东西向的墓穴，可能是西周早期当地的埋葬习俗之一。永凝堡遗址鲜见西周早期墓，而附近不远之处就有较大规模的西周早期墓地，坊堆村也许就是一处西周早期的墓葬区。坊堆西周墓地还有一个墓主上身仰卧，下肢向上弯曲，这种葬式与永凝堡南区西周墓 NM3 基本相同，而且在晚期墓中不见。NM3 中除了小玉玦和小石圭之外，未见其他随葬品，所以该墓的期别暂未予确认。如果参照坊堆西周早期墓的葬式特点，或许 NM3 也属于早期墓葬。

2. 关于墓葬中的夫妻异穴合葬墓（俗称对子墓）。通过发掘和分析墓葬的分布规律，笔者认为永凝堡西周墓葬中的"对子墓"有如下几座：

北区：BM1 和 BM2、BM3 和 BM4、BM5 和 BM6、BM7 和 BM9

南区：NM2 和 NM3、NM4 和 NM5、NM6 和 NM7、NM10 和 NM11

东南区由于地势较低，距现代住宅区太近，受到自然与人为的破坏相对严重，发现的墓葬分布较为零散，规律性不强，所以不易确认哪些墓葬属于夫妻异穴合葬墓。

根据发掘资料得知，上述墓中北区已清理的 BM1、BM5 和 BM7 的墓主人均为男性，而位于这几座墓的右侧、与其大体平行且方向基本一致的 BM2、BM6、BM9 墓主人均为女性。南区经发掘的墓葬不多，但位于 NM2 右侧的 NM3 已清理，墓主人呈女性特点。由此看来，墓葬中夫妻异穴合葬墓的数量较多，男左女右是墓葬排列的基本规律。但是也有例外，如经过清理的 BM3 虽然位于 BM4 左边，但发掘者根据墓主人头骨和肢骨纤细的特征，认为其是女性，排列位置正好相反。女左男右的排列形式在山西天马—曲村西周墓地也曾发现，如1980 年发掘的可能是夫妻异穴并列合葬的一对铜器墓，位于左边的 M5150 是女性墓，而位于其右边、相距 3 米的 M5189 却是男性墓[3]。除个别墓葬外，一般左边男性墓的面积略大于右边的女性墓，例如 BM5 和 BM6 的面积分别为 18.5 和 17 平方米；BM7 和 BM9 的面积分别为 13.5 和 12.4 平方米，NM2 和 NM3 的面积分别为 7.7 和 4 平方米。情况较特殊的是BM3 和 BM4，女性墓的面积略大于男性墓，面积分别为 4.6 和 3.5 平方米。另外，男女因性别不同，随葬品各具特点，种类亦有所不同：除了墓中较为普遍的随葬陶鬲和陶罐之外，随葬铜车马器和兵器类物品的基本为男性墓，女性墓中则鲜见此类器物。反之，女性墓中出土的玉、骨和蚌质等各类装饰品较男性墓葬突出，而且装饰品在全部随葬品中所占的比例也明显高于男性墓。如果在一对夫妻异穴合葬墓中随葬有鼎、簋等铜礼器，一般男性墓中铜礼器的数量超过女性墓，而且随葬品的总数也是男性多于女性。

3. 关于永凝堡西周墓葬的族属。西周时期实行严格的宗法制度，所以人死后也要按宗法关系同族而葬，也就是典籍中记载的"族坟墓"制度。永凝堡西周墓葬的随葬品中共有 5件铜器有铭文，其中 BM12 中出土一件铜簋（BM12：3），器内底部铭文为："屯鼄作宝簋其万年子子孙孙永宝"。虽然此铜器可能为时代较早的传世品，但其随葬在北区的晚期男性墓中，肯定与这片墓地及墓主人有密切关系，因此推测公路以北的北区很有可能属于西周时期的"屯鼄"族墓地。公路以南的南区和东南区各有一件出土铜器，铭文分别为："恒父作旅簋"（NM9：20）和"恒父作宝彝"（NDM14：10）；前者出在早期墓中，后者出在中期墓中，由此推测南区和东南区可能为西周时期的"恒父"族墓地。至于为什么永凝堡村西周不同时期、不同族属的族坟墓，正好以现代公路为界分布在南北不同的地域？笔者认为，现代公路所在位置处于非常便捷的交通要道上，因此这里很有可能是原来早已存在的一条古道。西周时期有非常严格的礼制，当时的埋葬制度也十分严格，墓地由专门的官员掌管，并且负责划分茔墓的地域，因此不会发生不同宗族的墓地混合安置在同一地域的情况。恐怕当时不同族属的墓地就是以位于该处的东西向道路为界划分的，所以才会出现今日这种巧合。除此之外，BM12 出土的一件铜鼎（BM12：1），其口沿内壁铭文为："辛又"；NDM14 出土的鼎形鬲（NDM14：11），口沿内壁铭文为："叔作鼎"。另外，在 NDM9 出土的一件陶钵近底部也刻着一个字符（图四）。以上所见的铭文和字符肯定也有所指，与墓主的族属应有一定关系，但其究竟能说明什么问题，目前还不清楚。

洪洞永凝堡西周墓地未见面积在 20 平方米以上的较大型墓葬，已发现的墓葬少数属中型和小型墓，绝大多数属于中小型墓葬。至于洪洞永凝堡西周墓葬的级别和墓主的身份，北区许多铜器墓中随葬有 1 个鼎和 1~2 个簋，还有 2 座墓葬随葬 3 个鼎和 2~4 个簋，墓主的身份应为士或大夫，这些墓无疑为贵族墓。那些不见铜礼器、只随葬陶器和玉、石器的应属于普通平民的墓葬。南区和东南区发现的贵族墓葬数量都较北区少，大多数墓葬或仅随葬陶器，或随葬品寥寥无几，说明这里以平民墓葬为主。据此，我们认为分布在永凝堡一带（包括坊堆村在内）的几处西周墓地均属于邦墓性质。

4. 关于墓葬中出现的一些特殊现象。我们在南区发掘中遇到一些令人不解的问题，例如 NM3 是南区最小的一个墓，面积仅有 4 平方米，距地表 7 米深，墓穴内有生土二层台和一椁一棺，葬具齐全。只是除了墓主的耳边发现 3 个玉玦，另外还有 1 件石圭之外，不见其

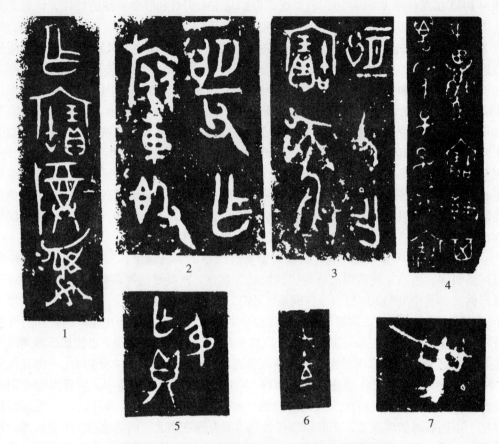

图四　永凝堡西周墓葬铜器铭文及陶器上的刻划符号

1、2. 铜簋（NM9：20）　　3. 铜簋（NDM14：10）　　4. 铜簋（BM12：3）

5. 铜鬲（NDM14：11）　　6. 铜鼎（BM12：1）　　7. 陶钵（NDM9：13）

他随葬品。此墓没有被盗，墓内随葬品较匮乏，墓主人是一般平民无疑。这座墓葬有一些与众不同之处，如绝大多数墓葬的墓向为北略偏东或者是正北方向，而此墓的墓向为北偏西；其葬式也较特殊：墓主上身仰卧，下肢膝盖却向上弯曲（图五）。NM3 墓主人的头骨及肢骨纤细、光滑，具有女性特征。其头骨完整，没有人为损伤的痕迹，上、下颌骨也很完整，但奇怪的是口腔内竟然不见一颗臼齿，牙床上相对应的位置也无齿洞。根据该墓主保存较完好的头骨和肢骨特征，显示其年龄不大，大约也就十几岁，入葬时身高只有 1.5 米左右。不知是其因先天有疾而未长出臼齿？还是曾经出过臼齿，后来又被拔掉了？或许与当时当地的埋葬习俗有什么关系？这些问题令人疑惑，还有待今后继续分析探讨。

　　另一座较为特殊的墓葬是 NM9，该墓也未发现被盗痕迹，不但棺、椁俱全，而且随葬品也比较丰富，除了随葬铜鼎、铜簋和铜壶等礼器外，还有成套的车马器和铜戈等兵器。特殊之处在于，清理该墓时发现墓主人的肢骨不全：其下臂、手和足骨都不见踪迹。另外，不知何故，此墓的墓向也与其他墓截然不同，别的墓葬均为南北向，只有该墓为东西向。根据该墓随葬品中有大量车马器和兵器的特征，我们可以确认该墓主系男性；随葬品中的铜礼器表明其应该是身份较高、有一定地位的武将。笔者认为该墓主不是死后被人故意伤残下葬

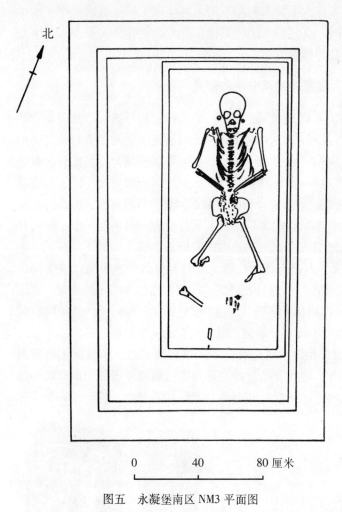

北

0   40   80 厘米

图五　永凝堡南区 NM3 平面图

的，按照该墓主军人的身份，较为合理的解释应是，他生前已在战斗中负伤致残，所以死后人们只好将其残缺不全的尸体入葬。也因其生前在战斗中立有军功，故死后为他随葬数量较多且贵重的铜礼器和车马器等。至于墓葬朝向不同的问题，可能与西周早、晚不同时期的埋葬习俗有关。

发掘过程中考古人员还发现一个非常反常的现象：在未被盗掘破坏的 BM7 中，该墓墓主的尸骨本应停放在位于墓穴中间的棺木里。但是此墓的棺木不见了踪影，而且整个骨架肢体不全，散落在墓穴的西南角[4]。笔者对这种现象分析后认为，在排除后期人为扰动尸骨的情况下，出现这种非正常的现象肯定是外力在起作用，而且只能是遭到较强的水流冲击后才会造成这种结果。这种可能性也确实存在，因为当时发掘人员揭开椁盖板后就已发现，由于有较厚的淤土层覆盖，他们甚至很难搞清楚木板排列的形状、数量和尺寸。墓底的淤土也较厚，以至于将这层淤土清理完之后，才看到底部铺着的那层木板。墓底积蓄着淤泥的现象在 BM5、BM6、BM9 和 BM11 等墓中也有发现，只不过棺椁被水流冲击和浸泡的程度远没有 BM7 那么严重。按说北区墓葬所在位置与其他墓区相比，其地势是最高的，一般在距地表 8 米左右的深度才能见到地下水。这几座发现被水冲击和浸泡过的墓葬距地表的深度不一，其中 BM5 最深，墓底距地表 8.5 米，底部被地下水冲泡不足奇怪；但是被冲泡最为严重的 BM7 墓底距地表只有 5.5 米，而 BM9 墓底距地表才 4.7 米，与出地下水的层位尚有一段距离，为何也会遭到水流的冲击呢？笔者分析，除了当时地下水的水位较现在要高是其中一个原因之外，另外也有可能因为这几座墓葬的面积相对较大，墓穴中的空间较多，在自然降雨过程中墓穴内存积的水量过多，但向外排泄的渠道不畅，所以随着时间的推延，墓底的水越积越多。当墓穴内的水积储到一定程度时，就会将棺木泡朽腐烂，并将墓主尸骨和一部分较轻的随葬品冲离原来的位置。再者，由于墓穴内的土被泡软造成部分坍塌，于是逐渐形成厚厚的淤泥层。BM7 是北区乃至整个已清理墓葬中级别最高、墓主身份最高的一座贵族墓，因为该墓随葬品中不但有代表墓主身份地位的三鼎四簋和壶、盘、匜等青铜礼器，还有大量车马器和玉、蚌质装饰品。在 3 个墓葬区中，没有任何墓葬能与之相比。该墓的结构与其他墓葬相比也要复杂得多，椁室全部由多件大型圆木和厚重的木板堆砌、拼接组成，椁室的体积最大。正是由于该墓的结构与众不同，墓穴的空间较其他墓葬大，更容易大量积水，因此遭到水的冲击和破坏程度最严重也是自然而然的了。

三　相关随葬品的再分析和研究

1. 关于 NM9 出土的铜簋。该墓出土的铜簋（NM9：20）的形状比较特殊，与我国北方西周早期墓中出土的大多数簋在造型风格方面有较大的差异。根据以往发表的有关资料，北方出土的西周早期铜簋一般都是敞口、体宽略矮，呈盂形，无盖，器表饰饕餮纹，而且洪洞永凝堡和坊堆西周墓地出土的大多数早期铜簋也不例外；但是 NM9 出土的铜簋却与众不同，其形状为子母口，口较小且直，腹部圆鼓，有盖，器盖上有喇叭形握手，整个器形浑圆，略高，此器内底部及其盖内均有铭文（图六）。此种形状的铜簋与陕西宝鸡竹园沟西周早期墓出土的一件铜簋（M13：22）相似[5]，与南方湖北随县安居出土的一件西周铜簋也较为接近[6]。可见，由于洪洞永凝堡所在的晋南地处中原地区，自新石器时代以来就与黄河西岸的陕西以及黄河以南、长江以南地区的文化交流不但没有中断，反而日益频繁。西周时期已有统一的国家，晋南与周边地区的文化交流更加广泛，相互作用和影响明显加强，文化面貌逐渐趋于一致。NM9 出土的这件铜簋应是晋南与周边地区在文化方面相互渗透、频繁交流的一个见证。

2. 关于 NM9 出土的木胎铜壶。铜壶是西周时期礼器中的重要物品之一，贵族墓里普遍可见。NM9 出土的这件器物（NM9：17）形状非常奇特，是我国目前已发现的西周墓随葬品中极为罕见的、由两种材料合制而成的特殊铜壶。其壶盖、带贯耳的壶口、腹下部外圈及壶

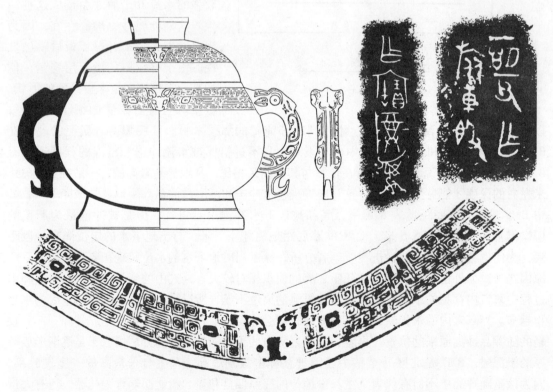

图六　永凝堡南区 NM9 出土的铜簋及纹饰、铭文拓片（NM9：20）

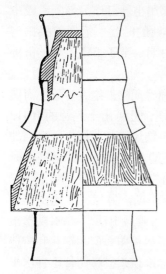

图七　永凝堡南区 NM9
出土的木胎铜壶（NM9：17）

底圈足均为青铜所制，全部为素面；而盖内的塞子、腹中部及腹与底部的结合处则由木料制成。匠人根据铜壶不同部位的不同需要，把木料加工成直径不等的圆筒形，并将其外表和内壁打磨光滑。木胎的厚度不等，多在 1～1.8 厘米之间，盖内圆木塞最厚处达 3 厘米。为使木构件与青铜构件能够紧密衔接，匠人在木质构件上加工出合适的凸棱或沟槽，在铜构件相应的位置上加工出所需要的折棱，使二者之间环环相扣，严丝合缝。由于此器物埋在地下的时间久远，加之墓室和棺木塌陷，所以当时我们见到的壶盖、壶身与壶底的铜、木构件全部叠压、堆砌在一起，木胎已被挤压得七零八碎，看不出原貌。后来我们只能将零散的木块先进行拼接，然后再依据铜、木构件上遗留的比较清晰的一些制作和安装痕迹，将此器大体复原，复原后的木胎铜壶通高 30 多厘米（图七）。壶的整体形状与陕西扶风一件西周早期的铜壶（父丁壶）比较相似：同为长颈，子母口，喇叭形握手器盖，鼓腹，最大腹径靠下部，圈足。二者不同之处在于，永凝堡这件铜壶为贯耳，通体素面；而"父丁壶"为半环状桥形耳，带提梁，器表面饰有雷纹和回首夔纹等[7]。贯耳铜壶其实在商代晚期就已出现，但不见器盖[8]，曲村西周早期墓葬 M6076 中出土一件无盖的贯耳陶壶，M6136 中出土一件有盖的陶壶，双耳外表与贯耳相似，但未穿孔[9]。至西周中期时有器盖的贯耳铜壶已比较常见，但最大腹径上移，而且纹饰较繁缛，有构图较复杂的云雷纹地鸟纹或是如意状云纹等[10]。与西周中期同类贯耳壶相比，永凝堡这件铜壶显得既古朴、又简洁，腹部下垂，形制明显更接近早期。永凝堡这件铜壶虽然形状奇特，但其出现并不奇怪，它是西周匠人在商代晚期桥形耳铜壶和西周时期贯耳陶壶的基础上发明并制作出来的。经中国林业科学研究院分析中心的专家测定，此壶的木胎系楸木。楸木是一种较古老的树种，也被称为梓木，在我国冀、豫、陕、晋、鲁、皖、苏等地域广泛分布。鉴定报告单指出：楸木"轴向薄壁组织较多，环管束状、环管状及傍换状管带孔，后者常在晚材带边缘形成断续弦向带状。木纤维壁薄，具缘纹孔少而小"。这种木材生长快，材质好，易于加工，利用这种木材加工出来的物品尺寸较稳定，干缩性很小，而且耐腐性比较强。西周时期的能工巧匠们正是充分掌握了楸木的这些特性和优点，才能将其加工成结实耐用的铜壶木胎芯。另外，清理过程中发现在大小不同的木块内壁上均粘附薄薄一层已干裂的黑灰色物质，在原简报中笔者认为这可能是一层漆皮。经仔细观察，感觉这层附着物也有可能是液体蒸发后形成的一种物质，由于时间久远和干燥而出现开裂和卷皮的现象。总之，这两种可能都存在。究竟是何种物质，还有待于以后检测的结果。

3. 关于出土的铜甬钟。永凝堡西周墓葬中出土了两件青铜甬钟，分别出自不同的墓葬区，一件出自北区的 BM12，另一件出自东南区的 NDM11。两件青铜甬钟（BM12：5 和 NDM11：16）造型基本相同，而且甬、干、旋和枚样样俱全，圆甬下部为旋及环纽，钲部每面都有六组凸枚，器形古朴凝重。但二者体形大小不一，前者通高 36.3、铣间 18.3 厘米；后者通高 27.2、铣间 14 厘米，前者较后者体形略大。另外，钟表面纹饰的差异也比较显著：NDM11 出土钟之舞部和钲部为线条流畅的阴线云雷纹或卷云纹，鼓部饰鸾鸟纹，纹饰比较繁杂。而 BM12 出土钟之表面的纹饰相对简洁，除了钟体各部用小乳钉作为界隔、鼓中部饰简体凤鸟纹外，其余部位均为素面（图八）。关于这两件甬钟的时代，笔者曾根据与 NDM11 的铜甬钟同出的其他随葬品的特征，将该甬钟定为西周中期。至于 BM12 出土甬钟的时代，因被原发掘者认为出自早期墓中，所以将其定为西周早期。笔者对此有不同看法。首先是根据目前各地发现的西周时期甬钟的资料分析，属于中期和晚期的占绝大多数，而属于早期的甬钟可谓凤毛麟角。更何况笔者通过对这批墓葬重新分期，已将出土此钟的 BM12 划归于西周晚期，而且此钟的纹饰简洁，钲部饰几周小乳钉纹的装饰风格与西周中、晚期的钟较为接近，所以此钟的铸造年代无论如何也不可能早至西周早期。关于这两件甬钟的时代，还可以参考陕西茹家庄出土的西周编钟和咸阳出土的西周时期有确凿年代的"逆钟"的相关资料[12]。根据铭文记载，得知这些钟铸造的年代均为西周中期。另外，在同位于晋南地区的曲村 M7092 中也出土一件铜甬钟（M7092：32），时代亦为西周中期[12]。永凝堡出土的两件甬钟与上述几件甬钟相比较，虽然体形大小不一，纹饰不尽相同，但在形状和铸造方法方面有许多相似之处，应该是同一时代的作品，因此我们更加确信永凝堡两件甬钟出土的时代绝不会早于西周中期。反之，BM12 出土的甬钟非但不可能属于早期，而且还不能排除其为西周晚期的可能性。

　　4. 关于随葬品中的龙纹图案。永凝堡西周墓葬的随葬品中，有不少器物上都有形态各异的龙纹图案，如 BM5 出土的玉握管上，旋转刻画出线条流畅、栩栩如生的一条张着大嘴、尾巴卷曲的龙；BM8 出土的 5 件青铜带饰，直径 4～5.4 厘米，虽然大小不一，但形制完全相同，表面均有凸起的首尾衔接的蜷体双龙纹。还有 BM5、BM7、BM8、BM9 等墓中也出土各式各样雕刻着龙纹、龙凤纹或夔龙纹的精美玉璜、玉玦、玉璧和盘龙纹玉圆饰、盘龙纹圆形铜饰件等。另外，出土的部分铜簋等器物上也发现有回首夔龙纹图案（图九）。这些器物上的龙的形状千姿百态，有的纹饰构图复杂，有的线条简化变体，其中有些龙的造型很夸张，充满想像力，使人感到有一种说不出来的神秘气氛。众所周知，中国人自古以来就崇尚龙，而华夏民族的图腾就是龙[13]。龙是中国古代神话的题材之一，龙和水有着密切的联系，而且夏禹治水的故事与神话传说有更为直接的关系。远古时期的人们遭遇洪水袭击时，在肆虐的洪水面前束手无策，无力与之抗争，于是寄希望于龙这类现实中并不存在的虚拟神物，期盼天降神龙帮助他们制服洪水，战胜自然灾害。反之，在干旱缺雨的季节，人们同样也会祈求神龙降水，帮助农作物顺利生长。因此，在漫长的岁月里，龙就一直被人们当作水神来崇拜。考古发掘中也屡次发现与龙有关的遗迹和遗物，不论是河南濮阳西水坡仰韶文化时期用蚌堆砌的龙纹图案，还是辽宁红山文化中的玉猪龙，或是山西陶寺龙山大墓中出土的龙纹陶盘，无不显示出华夏民族曾将龙视为神的化身，因而对其无比崇拜的一种思想意识。永凝堡西周墓葬随葬品中的这些有龙纹的器物，一方面印证了西周时期人类一如既往地对龙的迷信和崇拜，另一方面也反映出西周时期的艺术匠师们在雕琢玉器和铸铜等工艺技术方面取得的进步。西周是礼制规范化的社会，在永凝堡西周墓葬的随葬品中无论是玉握，玉璜、玉玦、玉璧和玉圆饰等，还是铜车马饰，不仅具有装饰性质，而且更具有礼仪性质。在这些被当时的达官贵人所占有、用以显示其特权和身份的玉器，以及在部分铜礼器和车马饰物上均发现了龙纹图案，充分证实西周时期不论是贵族阶层，还是平民百姓，对龙的神化及崇拜不但有增无减，而且达到了一个新的高度。

　　总之，洪洞永凝堡及其附近的坊堆等西周墓地的发现、发掘和研究，对学界认识西周时

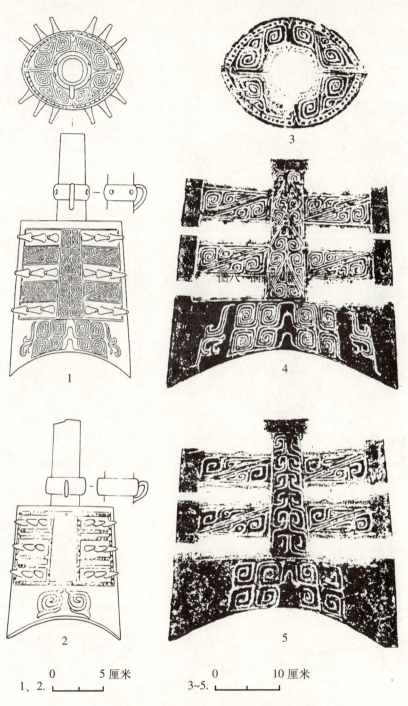

0   5 厘米
1、2.

0   10 厘米
3~5.

图八　永凝堡西周墓葬中出土的铜甬钟
1. 铜甬钟（NDM11:6）　2. 铜甬钟（BM12:5）
3~5. 甬钟纹饰拓片（NDM11:6）

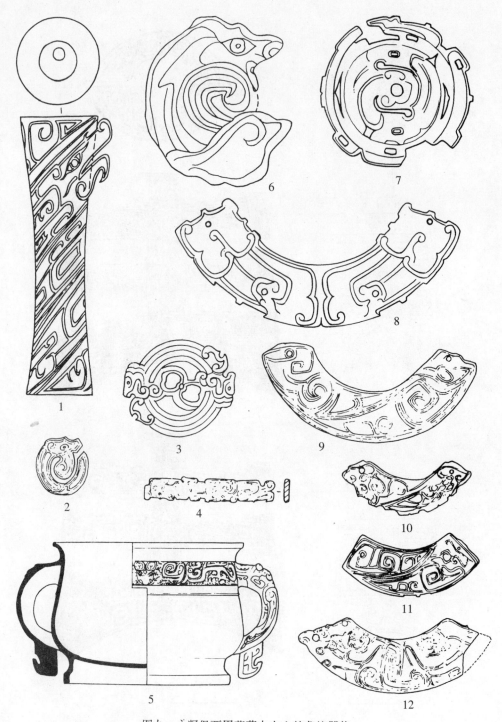

图九　永凝堡西周墓葬中出土的龙纹器物

1. 玉管（BM：8）　　2. 玉玦（BM7：34）　　3. 铜带饰（BM8：7）　　4. 玉佩
（BM8：16）　5. 铜簋（BM12：3）　6. 铜圆饰（BM5：6）　7. 玉圆饰（BM5：14）
8～12. 玉璜（BM5：11、BM10：7、BM10：41、BM9：8、BM8：14）

期一些地方小国的文化面貌、丧葬和礼仪制度以及埋葬习俗等，具有重要的学术意义。晋南是晋文化的发展中心，而洪洞永凝堡和坊堆等西周墓地恰好处于这一范围之内，其文化面貌和特征基本属于晋文化的范畴。虽然在这些地点的发掘工作已过去数十年，但是仍有不少问题至今未得到圆满解决。因此，我们希望通过对晋南地区西周墓葬相关问题的继续探讨和研究，不断解决遗留问题，进而推动山西的西周文化及晋文化的深入研究，并期望获得新的成果。

[注释]

[1] 山西省文物工作委员会等：《山西洪洞永凝堡西周墓葬》，《文物》1987 年第 2 期；临汾地区文化局：《洪洞永凝堡西周墓葬发掘报告》，《三晋考古》第 1 辑，山西人民出版社 1994 年。

[2] 山西省文物管理委员会：《山西洪赵县坊堆村古遗址墓葬清理简报》，《文物参考资料》1955 年第 4 期。

[3][9][12] 北京大学考古学系商周组、山西省考古研究所编著，邹衡主编：《天马—曲村》(1980~1989)，第二册，科学出版社 2000 年。

[4] 临汾地区文化局：《洪洞永凝堡西周墓葬发掘报告》，《三晋考古》第 1 辑，山西人民出版社 1994 年。

[5] 彭裕商：《西周铜簋年代研究》，《考古学报》2001 年第 1 期。

[6] 随州市博物馆：《湖北随县安居出土青铜器》，《文物》1982 年第 12 期。

[7] 陕西省考古研究所等：《陕西出土商周青铜器》(三)，图版三三，文物出版社 1980 年。

[8] 陕西省考古研究所等：《陕西出土商周青铜器》(一)，图版七五，文物出版社 1980 年。

[10] 陕西省考古研究所等：《陕西出土商周青铜器》(二)，图版八一、图版一〇九，文物出版社 1980 年。

[11] 陕西省考古研究所等：《陕西出土商周青铜器》(四)，图版六八、图版一八六，文物出版社 1980 年。

[13] 王克林：《龙图腾与夏族的起源》，《文物》1986 年第 6 期。

近些年先秦货币的重要发现与研究

黄锡全

近些年来，中国的先秦货币有不少重要发现，对其研究也相当深入，有一些重要成果问世[1]。现侧重个人的一些认识，分别作些简要介绍。

一 重要发现

1. 1990 年秋，山西曲沃县曲村镇东邻近翼城县天马村的路旁断崖上的窖穴内出土两枚特大型布，形制相同，銎呈六棱形，平肩微耸，弧裆尖足，面背均有三竖线，但两边竖线下端不至裆部或足部。其中一件，通长 15、肩距 7、足距 7.8 厘米，重 70.2 克。另一件，通长 15.2、肩距 7.1、足距 7.6 厘米，重 84.5 克[2]。

2. 1994 年 9 月，在侯马工作站发现有两件特大型肩微耸弧足空首布，系 1982 年出土于新绛县横桥乡宋村（采集）[3]。三晋地区流行的耸肩尖足空首布明显就是由这种布形演变而来，是由原始空首布发展到耸肩尖足空首布的过渡形态，所以弥足珍贵[4]。另外，河南嵩县近年出有类似的特大型肩微耸足弧较深的空首布十余枚，首呈六棱形，可惜实物流散。其中一件通长 15.8、肩宽 6.3、足宽 7.3 厘米，重 56 克。另一件通长 14.4、肩宽 6.6、足宽 7.6 厘米，重 49 克。这种布与大型耸肩弧裆尖足空首布已非常接近[5]。

3. 1995 年 6 月，山西稷山出土了 549 枚耸肩尖足空首布，形制一致，均为小型平裆，有面文者 103 枚，其中单字者 38 枚，二字者 47 枚，多字者 18 枚。这是出土耸肩尖足空首布种类最多的一次，有不少是首次新发现[6]。另外，中国钱币博物馆也征集到不少新的品种[7]。

4. 1997～1998 年，在河南新郑"郑韩故城"东城中部偏南郑国祭祀遗址区域内发现了一批春秋时期的郑国和战国时期韩国的钱范，种类有特大型平肩弧足空首布范、桥足布范、

作者简介：

黄锡全　1950 年 12 月生于湖北荆州。1978 年考入吉林大学历史系考古专业攻读硕士、博士学位。先后在湖北省博物馆、武汉大学、中国钱币博物馆工作。与人共同主持过江陵楚郢都纪南城遗址和随州曾侯乙大墓的田野发掘，任过武汉大学考古文博专业教研室副主任、教授、研究生导师。现为中国钱币博物馆馆长，中国钱币学会秘书长，《中国钱币》杂志编委会主任，国家文物鉴定委员会委员，国际钱币与银行博物馆委员会执委（ICOMON），及中国博物馆学会理事，中国古文字研究会与中国殷商文化学会理事，续修《四库全书》经部特邀编委等。先后撰写学术论文百余篇，专著 5 部，合著 3 部，与人主编 3 部。

锐角布范、方足布范和直刀范等。其中以特大型平肩弧足空首布范最为重要。因为过去只知道在洛阳一带经常发现平肩弧足空首布，其他地方罕见，推测当时的郑国、卫国也可能同东周王室，流通过特大型平肩弧足空首布，但苦无直接证据。这次发现弥补了这一缺憾。此范仅发现一件，为背范，裂为五块，泥质灰陶，近长方体。范体长16.7、上宽8.1、下宽9.5、厚4厘米左右。背底略小，四立面底部刻有宽1.1厘米左右、深0.6厘米的绳槽，槽内捆绳痕迹明显。范面平整，有一层灰色泥浆涂料层。范面右上角有合范记号。测量平面钱痕，所铸空首布通高14、身高9.7、足宽约7.2厘米。这一发现为进一步探讨平肩弧足空首布的分布有重要意义，弥足珍贵。另外，所出25块桥足布"梁正币百当寽"范（还有一件可能是戏铸的"涅"字桥形范）、5件（块）"公"字锐角布范、2块"平阳"方足布范、一件"甘丹"直刀范，以及璜形范等，为研究韩地的铸币及有关问题又提供了新的资料[8]。

5.1995年元月，在洛阳市政府西家属院的西南隅铺设下水管道时，意外地发现两块基本完整的平肩弧足空首布陶范，十分珍贵。这两块范面、背各一，均呈长方体，灰褐色，质地细密坚硬，两范皆从中间横向断裂。两范皆经浇铸使用，分型面及范腔，内有层灰色涂料。范面上身有浇槽，两范合拢后呈漏斗状，芯座和钱型间没有明显的分界[9]。

6.1996年11月，在洛阳西工东周王城遗址内的一座墓葬中发现有平足空首布。以前发现者多为弧足，几乎变成平足者极为少见。完整的一枚，通长7、足宽3.8厘米，连范芯重12.6克。墓葬年代为战国早期晚段。另外，1995年9月，在东周王城内东北部一座不晚于战国中期墓中出土一枚平肩平足平首布。此布锈蚀较重，残缺，较轻薄，正面有阳文三字，背面正中一竖线。长5.5、身长3.7、残宽3.3厘米，残重6.5克。洛阳发现的平足空首布、平首平足布似可看出两个问题：一是平肩弧足空首布的弧足的弧度，发展到后来逐渐变小，

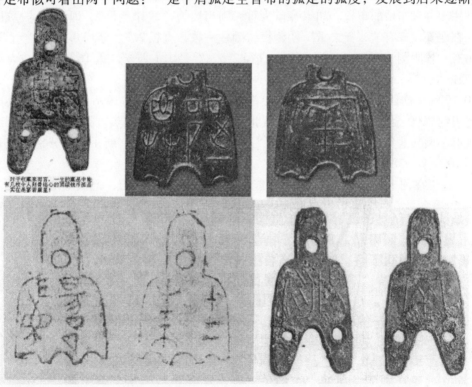

211

甚至趋于平直。王城墓葬出土的这枚接近平足的空首布就是物证。以前发掘及传世品中应该有所发现，可能未引起大家注意。这对研究空首布的晚期形制有参考价值。二是平首平肩平足布属首次发现，遗憾的是布币残缺，而且文字不够清晰。从照片及拓本看，此布制作粗疏，文字拙劣，如果不是出自墓葬，很可能会误认为赝品。我估计此品不一定是官方成批铸作，有可能是民间随意所为。但不能轻视此品的发现，要引起我们的注意[10]。

7. 近年，山西不断有平首尖足布出土，其中有一些新品，如繁寺、娄番、善往、焞等[11]。

8. 新发现有"大西"小型三孔布，大酉即扶柳，在河北冀县西北。另外，有一种"武阳"三孔布，属大型布，背首穿孔上铸有数字"十五"，近期面世[12]。"武阳"先属燕，后属赵。在《开元泉社》网站（http：//main. kaiyuanquanshe. com）中还见有一枚三孔布，为"顺天斋"藏品，文字当释为古（鼓或顾）。近期见有大型"邔与"三孔布，疑读为"夷舆"。西汉置夷舆县，隶《汉书·地理志》上谷郡，其地在今北京市延庆县东北，其名当沿袭战国。此地战国晚期当属赵。又见有小型"阳郾"三孔布，当释读为"阳原"，在今河北阳原县西南。近在《中藏网》（http：//www. chcollection. com）"古钱币论坛·先秦四大货币"栏目内看到潘迪发布一枚大型"阳湔"三孔布，生坑兰锈，品相很好，因为过去还没有发现"阳湔"三孔布大型，所以非常珍贵。"阳湔"过去或释为"阳原"，可能有误，当改释为"阳晋"，当指山东郓城之西的"阳晋"，本属卫，后属齐，又属赵[13]。

9. 1999 年，在山西发现一枚类似桥足布的权钱。通长 4.6、肩距 2.7、足距 2.9 厘米，重 26 克[14]。面部有一字，背部有四字，均为刻铭，比较清晰。背部四字似可释为"灋聿韦癰"，读为"法律卫权"，或者"法律范权"，即法定的卫国权，或者法定的规范权，也就是法定的用于称量布币的布权。如果癰借为重，则当读为"法律范重"，即法定的标准重量。另外，在西安发现有"半釿之重"阴刻模铸圜钱一枚，直径 2.5、穿径 0.75 厘米，重 11.8 克；另有一枚阴刻"百宜（？）"二字，直径 2.5、穿径 1.1 厘米，重 16.4 克。也有可能为战国权钱[15]。

10. 1996 年山西盂县发现一批狄式尖首刀，约 200 余枚[16]。1996 年河北灵寿县出土狄式尖首刀约 2000 余枚[17]。1996 年在山西北部定襄出土小型狄式尖首刀[18]。1999 年山西北部发现有小型狄式尖首刀，有的有铭文[19]。在河北迁西、阜平、新乐等县分别发现有狄式尖首刀 1000 多、38 和 30 多枚[20]。

11. 近年在河北易县发现一枚有可能是燕国的早期尖首刀，通长 18.3 厘米，重 28 克[21]。1998 年秋在河北满城发现有燕国早期明刀（约六七百枚，多散失），"明"字有圆折、方折两种。1999 年在辽宁凌源发现早期明刀，"明"字有圆折、方折两种。1998 年，在河北容城发现燕国早期明刀约 30 多枚，在密云也发现 50 多枚，"明"字作圆折。1999 年在北京延庆发现有早期类明刀 15 枚[22]。最近，在北京、河北陆续见有类明刀[23]。

12. 1993 年，在淄博市周村出土有铅质齐明刀一二百枚左右，大部分已朽烂成碎片，仅存较完整者 11 枚。铅刀锈色灰白，落地无声，锈蚀较严重，有的刀环已烂掉。面皆为方折"明"字，背无文。刀通长 13.7、首宽约 1.7、柄宽约 1、厚约 0.2 厘米，重 25 克左右。成批出土这种铅质齐明刀，尚属首次，是冥币，还是流通币，值得研究[24]。

13. 2000 年 7 月，在山东临淄齐故城附近发现数十块燕明刀范，对于研究燕伐齐及齐明刀有重要意义[25]。

14. 2001 年 12 月，据悉陕西神木东南于山西境内的桥岔滩的河边（一说在内蒙南部的清水河）发现一罐小刀币。据了解，共有 60～70 枚，保存较好。大部分为所谓"西刀"，有两个字和四个字的（两个字居多），也有部分无字；还有几枚"蔺"字刀和几枚刃部上方较宽的无字小刀。部分已归中国钱币博物馆收藏。生坑，铁青色，锈起层。

15. 安徽固镇新发现有一种形体、铭文与众不同的楚式方足布。形体比一般的楚小方足布要高。面文为"梁比𦈗四"，背文为"一镇三𦈗镇"[26]。新发现有"阳"字楚铜贝[27]。

16. 2000 年《上海博物馆集刊》第八期，公布了上博新获铜器——亢鼎。此鼎于 1998 年得于香港古玩市场，立耳三足，分档，器外表无纹饰，通高 28.5、口径 25.8 厘米，重 1800 克。器内壁有铭文 8 行 49 字，其中合文 6 字。器物年代为西周早期。铭文记有西周早期用贝作为货币进行交易的最早最直接的文字记录，对于确定海贝是西周货币有重要意义，其交换价值也是研究西周货币购买力的重要依据[28]。

17. 最近在湖北大冶杆儒桥茅陈埫村一商周时期的遗址内发现有铸成长舌形的青铜锭 280 多件，每件长 18 厘米左右，重 400 克左右，很可能就是西周时期的称量货币[29]。

18. 1993 年初，河南平顶山应国墓地 M242 中出土一件西周中期的柞伯簋（昭王），铭文中有"王则畀柞伯赤金十反（钣）"。其中的"赤金十反（钣）"，或主张是铜，或主张是金饼[30]。如的确是黄金，这是目前发现最早的金版（钣）。

19. 绍兴发现了数以千计的仿青铜戈铸件，或主张为越国货币[31]。如 1995 年的一次，就多达 11 公斤。这种戈形体轻小，形制基本类似，一般均有五穿（胡三穿、援后一穿、内一穿），一见便知非实用武器。根据形状，可分大、中、小三型。目前学术界主要有两种意见：一是认为这些铜戈是冥器；一是推断这类铜戈就是越国的铸币。

重要发现还有不少，限于篇幅，在此不能一一介绍。

二 重要研究

近年来的重要研究成果，以何琳仪著《古币丛考》、黄锡全著《先秦货币通论》与《先秦货币研究》[32]等著作作为代表，还有一些学者的专题研究和学术讨论。这些研究成果，具有一定的代表性[33]。有一些新意者，主要表现在货币起源问题讨论、空首布研究、尖足布研究、平首布研究、三孔布研究、刀币研究、楚币研究、圜钱研究、货币文字研究等方面。

《货币起源问题座谈会纪要》[34]，记述了有关货币起源的论点问题、货币与商品经济问题、贝的货币职能问题等涉及货币起源讨论的概况，有一些截然不同的看法。如有学者主张货币的概念不能扩大，不能把货币的起源提得过早。但有学者赞成货币概念扩大，认为"只要在一定时期一定范围内起价值尺度和流通手段作用的商品就是货币。货币的起源不一定只是贝，还可以扩大，货币并不神秘。由国家发行的是货币；不是由国家发行，但大家都用的也是货币。贝是货币，但不是唯一的原始货币"。有学者主张海贝是商代的货币，也有学者认为"说商代的贝用作货币恐怕还比较困难"。周卫荣《试论中国青铜货币的起源》[35]，认为中国的青铜货币是随着青铜器鼎盛时代的到来而诞生的，它给中国社会带来了青铜的价值观。首先是青铜称量货币，此时青铜就是货币，而不在乎其形态，以后青铜铸币在此基础上发展起来，其产生的基本思想，即赋于一定的重量和一定的形态，以便于使用。

蔡运章等著《洛阳钱币发现与研究》的第一章第二节《空首布》，对洛阳地区出土的空首布的地点、种类、铸行区域、铸行年代及货币单位等方面作了比较全面的介绍、总结与研究。[36]拙著《先秦货币通论》第三章，又对上述诸问题作了进一步的分析与研究，在前人研究的基础上，进一步明确"主张耸肩尖足空首布主要是晋国、卫国的货币，而后来很可能主要属于晋国赵氏的铸币。其耸肩尖足的形制是有别于韩氏斜肩弧足的重要标志。春秋魏氏的铸币，很可能与周王室形制相同，通行的是平肩弧足空首布。韩赵魏'三家'空首布币的区别可能主要在于肩部，赵为耸肩，韩为斜肩，魏为平肩。""估计中原的其他国家如郑、宋等国通行的大部分货币可能是平肩弧足空首布，同周保持一致"的看法，得到郑韩故城春秋地层出土实物的证实。拙著《先秦货币研究》中的"空首布、尖足布研究"部分，对新发现有铭文的空首布作了分析研究；根据侯马和天马—曲村以及河南嵩县近年发现的大型肩微耸弧足、耸肩弧足、耸肩尖足空首布，判定耸肩尖足空首布是由大型平肩弧足空首布演变而来，其肩部耸起特征的出现，可能始于春秋中晚期；统计出耸肩尖足空首布及近年发现的新品种已达50余种（包括数字），为进一步研究晋国、赵国的历史及尖足空首布的分布范围提供了新的资料；根据目前的材料，得知尖足空首布上的地名分布，大抵在山西句注以南之黄河圈以内。何琳仪《古币丛考》对有的空首布铭文作了考证，如释墙、释贡、释注、释首阳等[37]。

关于平首尖足布的研究，拙文《平首尖足布新品数种考述——兼述这类布的种类、分布与年代》[38]，在何琳仪《尖足布币考》研究的基础上[39]，对新发现的繁寺、娄番、善往、椁等尖足布作了考证，搜集到平首尖足布50余种。根据铭文，知平首尖足布的分布范围，最东已达河北武平，最西达陕西推邪，最南达山西的皮氏或河南的濮阳一带，最北达内蒙古的平城和河北的怀来一带，比较集中在太原周围。这就为进一步研究赵国的历史及赵与相邻国家的关系等问题提供了难得的资料。大者多为尖肩，小者或为微肩或平肩。根据地名，这些应是赵国的货币。燕下都等地曾发现有大尖足布的残陶范[40]，推测与郑韩故城出有它国地名的陶范类同[41]，是燕国曾仿铸过赵国的布钱。所谓类方足布、类圆足布，是尖足布向方足布过渡的中间形态，属于尖足布范畴。50余种平首尖足布，根据可考之地名，大多集中在太行山两麓。其中：在太原以南的有20多种，在太原以北的有8种，在河北的有10余种，在河南的有2种，在陕西的有2种，在山东的有1种。根据平首尖足布乃由空首尖足布演变而来的实际情况，以及诸地入秦的年代，推断平首尖足布的铸行年代应在战国早中期。

拙文《锐角布国别漫议》[42]，提出小型锐角布的所谓"公"应该释读"允"，即浚，在河南浚县，当时属魏或卫，赞成大型锐角布当属韩，小型锐角布当属魏或卫的意见；何琳仪《锐角布币考》[43]，将过去释为"涅金"、或"金涅"（即"金匕［化］"）的二字改释为"百涅"，读为"百盈"。《集韵》"涅，通流也"。其义与盈、赢同，似与后世"百宝大盈库"（《旧唐书·食货志》）有关，应是货币流通的吉语。唐友波则主张这二字应释读为"金（釿）涅（梟）"，即标准（布）币的意思[44]。拙文《新见布权试析》[45]，对新见的钱权"澶律韦癰"作了有益的探索，认为这枚罕见的布权可能应读为"澶律韦（卫或范）癰（权）"，是当时魏或卫国行使釿布的钱权；通过比较相关布币的重量，进一步论证当时"釿"的重量问题，认为战国时期的二釿可能只相当于春秋时期的一釿；拙文《三晋两周小方足布的国别及有关问题初论》[46]，对品种较多、难度较大的小方足布作了全面深入的探索，统计到各种小方足布已达160余种，对其中的疑难文字或品种作了重点分析与研究，重新确定每一种铭文的释读及国别的归属，提出了一些需要进一步研究的问题，为研究韩、赵、魏三国的历史、经济、地理等方面提供了重要的参考依据。

　　圆足布、三孔布的国别和年代是学术界争议较大的问题，拙文《圆足布新议》[47]、《三孔布奥秘试探》[48]，进一步提出了一些新的看法。即圆足布的铸行年代或有可能与魏釿布同时，会迟于魏灭中山之年，即公元前406年，其始铸年代很可能早到始铸魏釿布的魏文侯时期（公元前445年~前396年）。根据三孔布的地名主要为中山，又有魏、赵、燕的地名，以及其重量要大于战国中晚期的布币而与魏釿布相当的情况，结合战国时期中原的历史面貌，又提出，三孔布或有可能为公元前406年魏借道赵国灭亡中山国后统治中山地区时期铸行的货币。新披露三孔布新品种"大酉"、"邬"，倾向有争议的"武阳"三孔布不是赝品。最近，李学勤先生撰文肯定了这枚三孔布[49]。

　　尖首刀币是先秦货币中的重要部分，刀币样式多种多样，情况比较复杂。除鲜虞、中山国遗址和墓葬出土的刀币可以确定国别和大致年代外，其余大多属于窖藏。有关其分布、年代、国别或族属不是很清楚，以往的研究推断成分很多，需要进一步研究。张弛《中国刀币汇考》[50]，对各种刀币的渊源、种类、国属及年代作了全面的考证和论述，图文并茂。其中对尖首刀的基本观点，已见于1993年《中国钱币》第3期《尖首刀若干问题初探》。拙文《尖首刀币的发现与研究》[51]，从大型刀铭找到突破口，考证"非邑"刀，就是古地名中的"肥"（即肥子国），亦即《汉书·地理志》中的"肥累"。肥本春秋小国，为白狄，属鲜虞，其地在今河北藁城西南。这一认定，不仅揭示了尖首刀上有的铭文就是地名或国名，而且为确定这类刀币为白狄所铸之刀第一次找到了直接而宝贵的证据。由此，又推断这类刀铭中的另一字很可能应该释读为"鼓"，即与肥邻近的鼓国，亦为白狄。同时，进一步考证出这类刀上的其他地名数种，首次揭示出地点多在河北保定、满城以南，邢台以北之石家庄地区以及以东之山东与河北交界地带，而这一地带，正是当时白狄人活动的主要地区。根据目前的材料，又在诸家研究成果的基础上，重新对其形制作了划分，提出限定的尖首刀可能大多属于"狄人"铸行的观点，尖首刀中的不同样式，应当分属鲜虞、肥、鼓、仇由、中山等狄人国家及周围少数民族所铸。从近年发现的特小的尖首刀中搜集到15枚刀上有铭文，说明类似的小刀可能不是用于随葬，而是实用刀币。推断燕国统一铸行刀币可能始于"类明刀"。其前燕国是否铸行过限定的"大尖首刀"，目前还没有充分的证据，因为在早期燕都蓟（今北京市）目前还没有在燕人的文化遗迹内发现大尖首刀和刀范，燕下都也只是发现有"类明刀"刀范。

　　燕明刀、齐明刀也有不少问题需要研究。如燕明刀的"明"字就是一个难解之谜，过去有多种释读，如何确定，学术界感到无所适从。拙文《燕刀"明"字新解》[52]，在比较诸说的基础上，重新对这个明字作了探讨，倾向于将此字释为"明"，根据徐锴《说文》明有"月"声一读及古文字中存在一字两读、一国异名的现象，首次提出明字或许可以读如眼、借为燕的观点。这样解读，于形、于义及与该刀的有关问题都能说通，可供学术界讨论。根据近年在满城、凌源、容城、密云等地发现的材料，可进一步肯定所谓早期方折"明"刀只是燕明刀的一种，其出现的年代大致在战国中期早段。所谓齐明刀的方折明字，只是受到燕明刀明字作方折这种写法的影响[53]。齐明刀的国别与年代，学术界意见不一。根据刀上铭文，结合当时的历史，我们推断其可能是莒国或齐境莒地的铸币，铸行时间大致在公元前390年~前280年这百年左右之内，包括乐毅伐齐[54]。李学勤《重论博山刀》，认为博山刀确是方折明刀的一种类型，是齐人受到燕国货币的影响自铸的，时代与乐毅伐齐相当[55]。李家浩《战国䣫刀新考》，考证所谓的"覃邦刀"或"莒邦刀"的第一字，应为

215

"𰀭"字，很可能是柜邑，地处今山东胶南县北[56]。裘锡圭《谈谈"成白"刀》，主张刀文"成白"是中山国在仿照赵国直刀铸币时，将离自己两个较近的城邑名"城"和"柏人"用作面文[57]。对此，我们也曾提出疑问，认为从"城白"刀的造型、重量等方面观察，"城白"刀很可能会早于赵甘丹、白人刀，不一定是仿赵国刀币所铸。说不定赵刀倒是受了中山国刀的影响。如果真是这样，则"成白"二字就未必与赵地城、柏有关[58]。

齐大刀是齐国的主要流通货币，很多问题还需要深入研究。山东省钱币学会编辑《齐币图释》全面收集了有关齐国货币的材料，并就相关问题作了分析讨论。该书"注意到古代钱币的嬗变与文化间存在的关系，由货币文化入手，探索大的文化背景，其所着眼是深远宽广的"[59]。我们通过考证"齐六字刀"中的第二字为突破口，主张该字应该释从"逆"，隶定作"逜"，即近，义为开拓，不能释读为返、造、建等，推断有可能在齐灭宋时所铸行。由此进一步分别推定各种齐大刀的年代。估计齐大刀的始铸年代应在春秋的齐桓公时期，很可能与任用管仲为相有关[60]。但也有一些学者仍主张齐大刀均为战国时期铸币[61]。最近，王辉同意将"六字刀"的第二字隶定为逜，读为拓，主张为田齐开国纪念币[62]。

赵德馨《楚国的货币》[63]，比较全面地综合了有关楚币的材料及研究成果，极便学术界参考利用。河南"郑韩故城"内出土有楚布的陶范引起了对楚布的热烈讨论。我们仍主张过去所称呼的楚大布、连布、方足小布是楚布，而非越、郑、宋、韩等国的货币。郑韩故城出土的陶范，很可能是楚国进攻韩国时遗留的，或者是韩国仿铸过楚国的货币[64]。传世和近年出土的铜钱牌，由于对其铭文释读不一而存在不同说法。我们根据郭店楚简，考定铜钱牌上的"见金"应读"视金"，即视同黄金一铢、二铢、四铢。这样释读，文从字顺，可成定论[65]。蔡运章《见金钱牌研究》，对其形制特征、年代与国别、性质、兑换比值及铸行的社会背景等方面分别作了有益的分析与研究，认为这种钱牌是战国中晚期楚国铸行的一种地方货币，是楚国青铜资源丰富的产物，首开南宋钱牌之先河，但又与南宋钱牌有着本质的区别[66]。

安徽固镇新见楚布面文"桡（桡）比（币）𫲢（釿）四"，可理解为"桡比（币）四𫲢（釿）"，即这样的"桡币四个当一釿"，与普通的楚国小布"四比（币）堂（当）十斤（釿）"之义相同。背文"一偈三𫲢（釿）偈"的"釿偈"，当是"偈"的下一级重量单位（即取其上两级名称为名）。四釿偈相当于一偈。"一偈三釿偈"，即"一偈又四分之三偈"，亦即 1.75 偈。

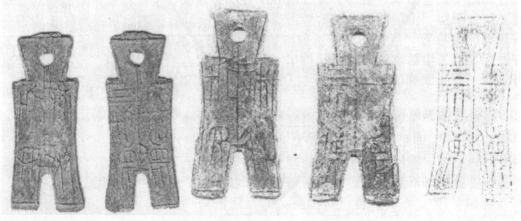

见《开元泉社》网页"顺天斋"藏品　　　　中国钱币博物馆藏品　　　　背面拓片

这种铭文的布币，有可能是一种标准小布，是战国中期以后楚国一度整治流通货币的真实反映。但究竟稳定在一种什么样的标准范围之内，需要结合此枚重量讨论[67]。最近，中国钱币博物馆征集到一枚这种铭文的布，可能出自同地，通高4.9、足距2.4、肩距2.1、首宽1.5厘米，重6.48克。依此枚重量可推算出：

一傎三忻傎 =6.48 克

1 忻傎 =6.48÷7 =0.926 克

1 傎 =4 忻傎 =4×0.926 克≈3.7 克

1 忻 =4×6.48 克 =25.92 克≈26 克 =7 傎

这是楚国方足小布中目前新见面背文字与众不同者，并首次得悉"傎"下还有"忻傎"一级重量单位名称，对于进一步研究楚国布币及相关问题具有重要价值。

通过统计楚国铜贝，发现铜贝中的"巽"字贝占整个铜贝的百分之九十九以上，其次是"釜朱"贝，其余几种很少。由此，我们提出"釜朱"及其他数种可能均为点缀品。通过分析楚铜贝上的铭文，认为如果以绝大多数巽字贝为主体，其字可释为巽、读如钱的话，其余数种贝文的含义，则是对"钱"的补充说明，或名其来源（如贝），或名其形体轻便（釜朱），或名其作用和功能等（如君、行、安），当与地名、重量名等没有直接的关系[68]。

湖北荆门包山楚简中发现有涉及楚国黄金货币称量单位镒与两间的单位，我们将铭文释读为"简镒"，即"间镒"，根据重量断定为"半镒"。由此进一步确定当时楚国实行的是镒、两制，而不是斤、两制。推断楚国当时使用的砝码可能是两种：一种是依次递增；一种是"分细镒"，即在半镒以下的砝码中增加可进一步细分的砝码，以便称量时操作方便[69]。李学勤先生对有关问题又作了进一步的研究[70]。

我们重新对秦、三晋两周、齐燕圜钱作了比较系统的分析归纳，对年代问题作了讨论。倾向学术界将秦始行圆形圆孔钱定在秦孝公十二年（公元前350年），圆形方孔"半两"钱定在秦惠文王二年（公元前336年）"初行钱"时的观点，认为秦占领的地区推行的是方孔圜钱"半两"或"两锱"，三晋圜钱是秦占领这些地方以前的货币。倾向齐国圜钱可能铸行于齐襄王复国（公元前279年）以后，燕国圜钱可能作于燕王喜（前254～前222年）徙居辽东以后[71]。

拙著《先秦货币研究》，比较集中考证了不少先秦货币中的疑难文字或相关地名。如释耸肩尖足空首布的"下虖"、"句注"、"董泽"；释平首尖足布的"娄烦"、"善无"、"崞"等；释小方足布的"沙毛"即"沙泽"或"瑑泽"，读"平于"为"平舒"，释"冠阳"即"原阳"；释"干关"为"捍关"，即"挺关"和"廮关"等等。以考释文字为突破口，进一步解决先秦货币中的一些疑难问题，以及相关的古文字与古地理等方面研究中的疑难问题，是近些年先秦货币研究的一大特色，也是取得某些突破所采取的手段和重要方面[72]。上列裘锡圭、李学勤、何琳仪、李家浩、蔡运章等学者在其论著中也多有新见，限于篇幅，不一一列举。

我们通过综合先秦货币铭文，举例归纳了一些货币文字的基本特点。如形体简省，文字变形，借笔，笔画穿出与收缩等，为研究或解决疑难货币文字及某些战国文字提供了借鉴[73]。通过比较三星堆与夏商周海贝孔式的特点，从货币的角度推断三星堆1号祭祀坑埋藏于商代晚期，2号祭祀坑埋藏于西周初年，可能与周灭商有关。分析统计出先秦货币上的地名约有400种左右（包括一地而见诸不同的品类，其实，还要大大超出此数），这笔相当可观的材料，可供研究历史、地理的学者运用等等[74]。

吴良宝《从考古资料看先秦货币中的仿铸现象》[75]，将"仿铸"一词分为广狭二义。认为广义的仿铸是指在相邻国家的影响下，仿铸其货币形制而铸行本国的货币，如燕国仿铸赵国方足小布的形式铸行自己的方足布币。狭义的仿铸是指完全按照别国货币的形式铸造别国的货币，而它本身并不通行这种形式的货币，如韩国仿铸楚国的燕尾布与长布、仿铸赵国的圆足布，中山国仿铸赵国的尖足布与圆足布。并以这种划分来分析货币出土地的一些不好解释的地方，有一些新意。他的硕士学位论文《先秦布币出土地整理及相关问题探讨》（1998 年印），除上面介绍谈"仿铸"现象一章外，还对建国以来先秦货币出土资料作了一次系统的整理并就相关问题作了一些分析研究。最近，他完成的博士论文《中国东周时期金属货币研究》（2003 年吉林大学），对先秦金属铸币的有关问题又作了进一步的深入研究。

中国钱币学会于 2001 年 6 月在山西省太原市举行首届中国先秦货币学术研讨会，总结、交流中国先秦货币的研究成果和各地的考古发现，探讨其中的疑难问题，推动了先秦货币研究的不断深入[76]。其中的重要论文和学术观点，将刊载于《中国钱币论文集》第四辑[77]。另外，张文芳、吴良宝《20 世纪先秦货币研究述评》，对 20 世纪以来的先秦货币研究成果进行了概括评述[78]。读者可以参考。

三　重要著作

著　作：

中国钱币大辞典编纂委员会编：《中国钱币大辞典·先秦编》，中华书局，1995 年。

蔡运章、李运新、赵振华、程永建、霍宏伟著：《洛阳钱币发现与研究》，中华书局，1998 年。

山东省钱币学会编：《齐币图释》，齐鲁书社，1996 年。

石永士、石磊：《燕下都东周货币聚珍》，文物出版社，1996 年。

何琳仪：《古币丛考》，台北文史哲出版社，1996 年。安徽大学出版社 2002 年增订本。

赵德馨：《楚国的货币》，湖北教育出版社，1996 年。

张弛：《中国刀币汇考》，河北人民出版社，1997 年。

蒋若是：《秦汉钱币研究》，中华书局，1997 年。

李如森：《中国古代铸币》，吉林大学出版社，1998 年。

高英民、张金乾：《中国古代钱币略说》，地质出版社，1996 年。

中国钱币学会编：《中国钱币论文集》第三辑，中国金融出版社，1998 年。

黄锡全：《先秦货币通论》，紫禁城出版社，2001 年。

黄锡全：《先秦货币研究》，中华书局，2001 年。

论　文

周卫荣：《试论中国青铜货币的起源》，《中国钱币论文集》第三辑，中国金融出版社，1998 年。

罗西章：《黄堆老堡西周墓葬出土货币的初步研究》，《中国钱币论文集》第三辑，中国金融出版社，1998 年。

朱华：《山西稷山县出土空首布》，《中国钱币》1997 年第 2 期。

焦智勤：《耸肩尖足空首布考辨》，《华夏考古》1996 年第 1 期。

何琳仪：《锐角布币考》，《中国钱币》1996 年第 2 期。

张文芳、田光：《内蒙古凉城"安阳"、"戈邑"布铜范铁范及相关问题探论》，《中国钱币论文集》第三辑，中国金融出版社，1998 年。

蔡全法、马俊才：《新郑郑韩故城出土的战国钱范、有关遗址及反映的铸钱工艺》，《中国钱币论文集》第三辑，中国金融出版社，1998 年。

吴良宝：《从考古资料看先秦货币中的仿铸现象》，《安徽钱币》1998 年第 2、3 期；又见其硕士学位论文《先秦布币出土地整理及相关问题探讨》，吉林大学，1998 年印本。

唐晋源：《山西盂县发现一批尖首刀》，《中国钱币》1998 年第 2 期。

裘锡圭：《谈谈"成白"刀》，《中国钱币论文集》第三辑，中国金融出版社，1998 年。

韩嘉谷：《燕国境内诸考古学文化的族属探索》，载《北京建城 3040 年暨燕文明国际学术研讨会会议专辑》，北京燕山出版社，1997 年。

李学勤：《重论博山刀》，《中国钱币论文集》第三辑，中国金融出版社，1998 年。

周卫荣：《再论"齐"明刀》，《中国钱币》1996 年第 2 期。

李家浩：《战国沮鄗刀新考》，《中国钱币论文集》第三辑，中国金融出版社，1998 年。

张光明：贺传芬《齐明刀考古发现与研究》，《中国钱币论文集》第三辑，中国金融出版社，1998 年。

于中航：《论齐国钱范》，《中国钱币》1998 年第 2 期。

关汉亨：《六字齐刀出土流传及收藏小记》，《中国钱币》1997 年第 1 期。

孙敬明：《齐鲁货币文化比较研究》，《中国钱币》1998 年第 2 期。

汪庆正：《三孔布为战国中山国货币考》，《中国钱币论文集》第二辑，中国金融出版社，1992 年。

何琳仪：《三孔布币考》，《中国钱币论文集》第三辑，中国金融出版社，1998 年。

关汉亨：《三孔布币及其拓本流传小考》，《中国钱币》1997 年第 2 期。

何清谷：《秦币辨疑》，《中国钱币》1996 年第 2 期。

蔡万进等：《建国以来两甾钱的发现和研究》，《中国钱币》1998 年第 2 期。

吴兴汉：《楚国爰金冥币研究》，《中国钱币》1997 年第 2 期。

魏航空：方勋《楚国贝币思考》，《中国钱币》1997 年第 1 期。

罗运环、杨枫：《蚁鼻钱发微》，《中国钱币》1997 年第 1 期。

汪昌桥等：《楚铜币出土调查及其合金成分的分析研究》，《中国钱币论文集》第三辑，中国金融出版社，1998 年。

后德俊：《关于楚国黄金货币称量的补充研究》，《中国钱币》1997 年第 1 期。

蔡运章：《见金钱牌初探》，《中国钱币论文集》第三辑，中国金融出版社，1998 年。

朱伟峰：《苏州真山九号墩吴国国君墓出土贝币》，《中国钱币》1996 年第 2 期。

潘荣祥、黄兴南：《宜兴出土吴越货币称量工具——铜环权》，《中国钱币》1996 年第 2 期。

边光华：《绍兴发现越国青铜铸币——戈币》，《中国钱币》1996 年第 4 期。

陈浩：《试论越国的仿戈青铜铸币》，《中国钱币》1996 年第 4 期。

岳洪彬：《我国古代铜桥形饰及相关问题》，《考古求知集》，中国社会科学出版社，

1997 年。

樊祥熹等：《燕国货币合金成分研究》，《中国钱币》1997 年第 2 期。

[注释]

[1] 文中涉及材料主要是 1995～2001 年这六年间的成果，个别方面有超出这一时间段的。

[2] 赵云峰：《记山西曲沃县出土的春秋布币——兼谈布币的渊源问题》，《中国钱币》1996 年第 2 期。

[3] 王金平、范文谦：《山西新绛、侯马发现空首布》，《中国钱币》1995 年第 2 期。

[4] 黄锡全：《侯马、新绛新发现空首布的价值及有关问题略述》，《舟山钱币》1995 年第 4 期。

[5] 黄锡全：《先秦货币通论》94 页，紫禁城出版社，2001 年。

[6] 朱华：《山西稷山县出土空首布》，《中国钱币》1997 年第 2 期。

[7] 黄锡全：《先秦货币研究》31～56 页，中华书局，2001 年。

[8] 马俊才：《新郑"郑韩故城"新出土东周钱范》，《中国钱币论文集》第四辑，中国金融出版社，2002 年。

[9] 蔡运章、张书良：《洛阳发现的空首布钱范及相关问题》，《中原文物》1998 年第 3 期。

[10] 程永建：《洛阳东周王畿出土奇特的东周布币》，《中国钱币》2002 年第 2 期。

[11] 同注 [7] 67 页。

[12] 此品 1998 年 3 月在陕西省博物馆公开展出，并印有宣传图册《中国历代货币》，其中有"武阳"三孔布彩图，现藏西安金泉钱币博物馆。

[13] 黄锡全：《新见三孔布简释》，《中国钱币》2005 年第 2 期。

[14] 此布已归中国钱币博物馆收藏，见黄锡全：《先秦货币研究》162 页。

[15] 党顺民：《战国"权钱"考》，《内蒙古金融研究》1999 年增刊第 1 期。黄锡全《先秦货币通论》76 页。

[16] 唐晋源：《山西盂县发现一批尖首刀》，《中国钱币》1998 年第 2 期。

[17] 同注 [5] 202 页。

[18] 唐晋源：《山西定襄出土异形刀币》，《中国钱币》1997 年第 2 期。

[19] 同注 [7] 289、310～311 页。

[20] 见《中国钱币》2000 年第 2 期，2001 年第 2 期黄锡全、周卫荣、赵仁久文。

[21] 同注 [7] 289、309 页。

[22] 同注 [20]。

[23] 同注 [20]。最近又有发现。

[24] 陈旭：《淄博发现铅"明"字刀币》，《中国钱币》1996 年第 2 期。

[25] 陈旭：《山东临淄出土燕明刀范》，《中国钱币》2001 年第 2 期。

[26] 孙仲汇：《安徽发现新的楚布》，《安徽钱币》2003 年第 2 期。黄锡全：《关于安徽固镇新见楚布的一点意见》，《安徽钱币》2003 年第 3 期。

[27] 杨凤翔：《前所未见的"阳"字蚁鼻钱》，《文物》2001 年第 9 期。

[28] 马承源：《夨鼎铭文——西周早期用贝币交易玉器的记录》，《上海博物馆集刊》第 8 期，上海书画出版社，2000 年 12 月。

[29] 同注 [5] 60 页。

[30] 王龙正等：《新发现的柞伯簋及其铭文考释》，《文物》1998 年第 9 期。李学勤：《柞伯簋铭考释》，《文物》1998 年第 11 期。

[31] 边光华：《绍兴发现越国青铜铸币——戈币》，陈浩：《试论越国的仿戈青铜铸币》，《中国钱币》1996 年第 4 期。

［32］何琳仪：《古币丛考》，台北文史哲出版社，1996 年。增订版于 2002 年由安徽大学出版社出版。黄锡全：《先秦货币通论》，紫禁城出版社，2001 年；《先秦货币研究》，中华书局，2001 年。

［33］张琰：《〈先秦货币通论〉简评》，《中国文物报》2001 年 10 月 26 日。吴良宝：《钱币学姊妹新篇——简评〈先秦货币研究〉与〈先秦货币通论〉》，《中国钱币》2002 年第 1 期。张文芳、吴良宝：《20 世纪先秦货币研究述评》，《内蒙古金融研究》2000 年增刊；又见《中国钱币论文集》第四辑，中国金融出版社，2002 年。

［34］见《中国钱币》2001 年第 4 期。

［35］见《中国钱币论文集》第三辑，中国金融出版社，1998 年。

［36］蔡运章等：《洛阳钱币发现与研究》，中华书局，1998 年。

［37］何琳仪：《古币丛考》，台北文史哲出版社，1996 年。

［38］同注［7］书。

［39］原载《陕西金融·钱币专辑》（16），1991 年，收入其著《古币丛考》，台北文史哲出版社，1996 年。

［40］见《中国钱币论文集》（二）61 页。

［41］见《中国钱币》1995 年第 2 期。

［42］黄锡全：《锐角布国别漫议》，《中国钱币》1997 年第 2 期。

［43］何琳仪：《战国文字通论》109 页，中华书局，1989 年。

［44］唐友波《山西稷山新出空首布与"金涅"新探》，《中国钱币》2000 年第 2 期。

［45］同注［7］书。

［46］黄锡全：《三晋两周小方足布的国别及有关问题初论》，《中国钱币论文集》第三辑，中国金融出版社，1998 年。

［47］载上海《钱币博览》2000 年第 3 期，收入《先秦货币研究》，中华书局，2001 年。

［48］载《安徽钱币》2000 年第 2 期，收入《先秦货币研究》，中华书局，2001 年。

［49］李学勤：《谈"武阳"三孔布》，《收藏》月刊 2003 年第 4 期（总 124 期）。

［50］张弛：《中国刀币汇考》，河北人民出版社，1997 年。

［51］见《广州文物考古论集》，文物出版社，1998 年。

［52］载《安徽钱币》1996 年第 1 期，《北京建城 3040 年暨燕文明国际学术研讨会会议专辑》，北京燕山出版社，1997 年。

［53］《满城、迁西出土的明刀、尖首刀》，《中国钱币》2000 年第 2 期；《近年出土的早期明刀、尖首刀》，《中国钱币》2001 年第 2 期。

［54］同注［5］。

［55］同注［35］。

［56］同注［35］。

［57］同注［35］。

［58］同注［5］。

［59］《齐币图释》，齐鲁书社，1996 年。

［60］黄锡全：《齐"六字刀"铭文释读及相关问题》，《吉林大学古籍整理研究所建所十五周年纪念文集》，吉林大学出版社，1998 年。

［61］同注［50］。

［62］王辉：《也谈齐"六字刀"的年代》，《中国钱币》2003 年第 2 期。

［63］赵德馨：《楚国的货币》，湖北教育出版社，1996 年。

［64］黄锡全：《"枕比当忻"布应是楚布》，《中国钱币》1995 年第 2 期。

［65］黄锡全：《楚铜钱牌"见金"应读"视金"》，《安徽钱币》1998 年第 3 期，《中国钱币》1999 年

第 2 期。

[66] 同注 [35]

[67] 黄锡全：《关于安徽固镇新见楚布的一点意见》，《安徽钱币》2003 年第 3 期。

[68] 黄锡全：《楚铜贝贝文释义新探》，《钱币研究》1999 年第 1 期。

[69] 黄锡全：《试说楚国黄金货币称量单位"半镒"》，《江汉考古》2000 年第 1 期。

[70] 李学勤：《楚简所见黄金货币及其计量》，《中国钱币论文集》第四辑，中国金融出版社，2002 年。

[71] 同注 [5] 书。

[72] 同注 [7] [37] 书。

[73] 黄锡全：《先秦货币文字形体特征举例》，《于省吾教授百年诞辰纪念文集》，吉林大学出版社，1996 年。

[74] 同注 [7] 书。其余的一些研究成果，可参见蔡运章：《甲骨金文与古史新探》，中国社会科学出版社，1996 年；何琳仪《古币丛考》，台北文史哲出版社 1996 年；张弛《中国刀币汇考》，河北人民出版社，1997 年：赵德馨：《楚国的货币》，湖北教育出版社，1996 年；蒋若是《秦汉钱币研究》，中华书局，1997 年。《中国钱币论文集》第三辑，中国金融出版社，1998 年，等等。

[75]《安徽钱币》1998 年第 2、3 期。

[76]《中国钱币》2001 年第 2 期。

[77] 此书将由中国金融出版社于 2002 年 9 月出版。

[78]《内蒙古金融研究》2000 年增刊第一期。

东江北岸先秦三大窑场的初步研究

古运泉

在20世纪60年代初及90年代，先后在广东省增城市和博罗县的东江北岸发现和发掘了三处西周至战国时期的大型窑场。这三处窑场均是以龙窑烧造几何印纹陶器和原始瓷器，其中时代最早的是博罗园洲梅花墩窑，其烧窑时间始于西周时期，延至春秋时期。博罗银岗窑的时间晚于梅花墩窑，始自春秋时期，延至战国时期，且以战国时期为主。增城西瓜岭窑属战国时期。这三处窑场都在东江的北岸，直线距离约15公里。与此同时，考古工作者在东江流域和珠江三角洲等地发现了大量与这三处窑场烧造器物有关的遗址和墓葬，特别是今年在博罗罗阳发掘的以两周时期为主的墓葬群，引起了考古学界的重视。本文将对这三处窑场的发现及其对广东地区，特别是东江流域和珠江三角洲先秦考古学文化所产生的重要影响作初步的分析研究，以期引起考古学界对岭南考古的重视，推动这一地区考古学研究的发展。

一 窑场的发现和发掘

1. 增城西瓜岭窑[1]

西瓜岭窑位于增城县西南约15公里的太平农场西瓜岭村东南约0.5公里的小土岗上，

作者简介：

1950年生于广东五华，1975年毕业于北京大学历史系考古专业，同年分配到广东省博物馆。文物考古专业研究馆员。近三十年来，先后参加石峡、南越王墓等遗址和墓葬的发掘，及广东不同时期陶瓷窑址的调查和一些窑址的发掘。获得国家文物局领队资格后，主持了广州光孝寺、高要广利蚬壳洲、珠海平沙棠下环、前锋沉船、博罗银岗等遗址，和封开乌骚岭、乐昌对面山、广惠高速公路博罗段横岭山等墓葬群的发掘。发表文博考古论文等学术论著20多万字，对广东先秦考古领域中关于夔纹、米字纹陶相对年代的研究取得重大突破，对陶瓷史、海外交通史等方面亦有一定的研究。最具代表性的成果有：（一）主持发掘珠海平沙棠下环沙丘遗址，出土两件铸青铜器石范，揭开广东境内早期青铜时代考古学文化的文化面貌和特征。（二）主持发掘博罗县银岗遗址，发现了战国时期以米字纹为典型代表的文化遗存叠压、打破西周晚至春秋时期以夔纹为典型代表的文化遗存的地层堆积，从而解决了广东考古学界争论了四十多年的重大课题。（三）主持发掘广惠高速公路博罗段横岭山两周时期的大型墓葬群，为研究岭南古城、古国及文明起源等重大学术问题提供了重要的资料。此项成果被誉为重写岭南先秦史的力作，并被国家文物局评为2000年全国考古十大发现之一。

1962 年 7 月，广东省文物管理委员会和中央美术学院组成的考古发掘队对其进行了发掘。遗物分布南北长 50、东西宽 30 米，除东段外，地层堆积大部分保存尚好。此次发掘面积共110 平方米，发现两座龙窑。一号窑平面呈长方形，斜坡式，窑门向窑身仅保留一段用耐火土板筑分层夯打而成的残壁，惜窑门、窑顶等部分已毁。窑身残长 9.8、残高 1.54、窑室宽1.4 米。正东西向，窑门向东，坡度 15 度。窑身约呈长方形，圆券顶，前端宽并高于后端，平地起建。火膛为低于窑床 0.54 米的一个深 2.2 米的方形坑。窑壁似经夯打，但夯筑并不牢固，夯土中含有少量陶片，内壁红烧土厚 0.02 米。窑内满堆红烧土、窑砖块、残陶器、制陶工具、砺石等；二号窑在一号窑的南面，仅残存一个长 1.72、宽 1.52、深 0.26 米的火膛，火膛的外壁及底部均有一层厚 0.6 米左右的坚硬的红烧土层，其余部分已毁坏无存。一号窑的南壁压在二号窑的火膛上，打破了二号窑，两窑中的出土物相同，故它们建造的时间不会相差过远。

当时发掘并没有认识到这是一座龙窑，后来在曾广亿先生的文章中多次提到这是一处龙窑，虽有的人当时并不认同，但在园洲梅花墩窑发掘后，再没有人提出异议。

2. 博罗梅花墩窑[2]

园洲梅花墩窑场东距博罗县城 35 公里，西距园洲镇 5 公里，南临东江。分布范围约10000 平方米。遗址周围为一片低洼的水田，这里原有拉尾墩、中间墩和梅花墩三个土墩，三墩呈南北排列，相距约 20 米。1973 年农田水利基本建设时，拉尾墩和中间墩被平整为农田，梅花墩亦遭破坏，但仍留下了墩址。1992 年 1 月，广东省文物考古研究所会同博罗县博物馆，对窑址进行了首次发掘，发掘面积 100 平方米。出土了大量的遗物，并发现了一座龙窑的后半部分。1995 年 1 月，在原探方的基础上扩方，清理出了龙窑的全部。

龙窑窑顶已坍塌，只存窑体下部，窑尾亦破坏严重。该窑建筑于垫土之上。窑床内出土有少量陶片、原始瓷片和动物塑像等。该窑为西南东北向，方向 35°。窑体呈长条形斜坡状，全长 15 米，由火膛、火道、窑床和窑尾等部分所组成。其中火膛长 1.95、宽 1.05 ～1.5、深 0.5 米；火道长 2.2、宽 1.05 ～ 1.45、残高 0.5 ～ 1.3 米；窑床长 6.5、宽 1.4 ～ 2、残高 0.4 ～ 1.1 米；窑尾长 2.75、宽 2 ～ 2.9、残高 0.5 ～ 0.9 米。火膛略呈椭圆形，内有厚约 0.30 米含大量炭屑和灰烬的黑色土。火道呈斜坡状，坡度约 20°，底部有在烧窑过程中用沙分隔开逐渐形成的三层烧结硬土面，由上至下厚度分别为 0.13、0.12 和 0.12 米。火膛与火道之间有一小平台，长 0.55、宽 1.05 米。窑床前窄后宽，呈斜坡状，坡度为 12°。窑床底部分三层，第①层是沙层，厚 0.12 ～ 0.14 米，沙质纯净，经火烧后呈红褐色；第②层系窑底的烧结硬面，厚 0.15 ～ 0.20 米，烧结程度较高，呈红褐色；第③层是第②层硬面下的垫沙层，厚 0.24 ～ 0.26 米，沙为灰色而较纯净，直接压铺在垫土层上。窑尾近圆形，破坏较严重，烟道已不存。底部比窑床后端低约 0.50 米，亦铺有一层沙子，厚约 0.5 ～ 0.25 米，并与窑床底部的垫砂层相连接。窑壁均用白色瓷土和灰色黏土混合夯筑而成，其上留有许多夯打的沟槽痕迹，并有青绿色的"窑汗"。窑壁边缘清晰，经火烧后白中泛红黑。

3. 博罗龙溪银岗窑[3]

银岗窑场位于博罗县龙溪镇银岗村南，东距县城 22 公里，东江于其南约 2 公里处流过。遗址由河谷平原上七个东西向相连的低矮岗丘组成，遗址周围地势平坦，水网密布，低洼处常积水成塘，在七个岗丘的北边有一口半月形的大鱼塘，当地俗称这里为"七星伴月"。除东西两个岗丘不见有陶器和原始瓷器的分布外，中间的五个都有大量的陶器和原始瓷器的碎片及窑渣等废弃物的堆积。五个山丘周围都是低洼的水田或鱼塘，从地理环境分析，应该是当时挖陶泥形成的。1996 年 11 ~ 12 月、1998 年初和 1999 年秋，广东省文物考古研究所先后对该遗址进行了三次发掘，发掘面积约 2000 多平方米。第一次发掘在松古岭和瓦片岭进行，发现了战国时期大量废弃的陶器和原始瓷器的堆积，重要的是发掘了一个大型灰坑，坑内的下层堆积是以夔纹陶为代表的文化遗存，上层堆积为战国时期以米字纹陶为代表的文化遗存。在松古岭的东北角还发现了一片排列整齐，很有规律的柱子洞，应该是陶器加工制造场遗迹。第二次发掘仍在松古岭。发现了大面积的以夔纹陶为代表的④层文化遗存为以米字纹陶为代表的③A、③B 层文化遗存所叠压的地层堆积，又出土了大量的陶器和原始瓷器的残件，同时发现有多条灰沟和炼陶泥的坑，有的平面或坑壁上仍有黄白色的白膏泥。第三次在松古岭、松毛岭两个岗丘上同时进行。松古岭的发掘仍揭露出大面积以米字纹陶为代表的③A、③B 层和以夔纹陶为代表的④层的地层叠压关系，并在③层发现有分别堆放罐、器盖等不同器物的堆放地。而在松毛岭的发掘则发现了四条龙窑，其中有两条进行了全面的清理，有两条因果树赔偿的原因尚未清理完，窑外和窑内的堆积是以米字纹陶为主的陶器制陶工具等废弃物。窑床是在平地或稍微下挖后起建，火膛在窑的下端，低于窑床约 40 厘米，窑床顺山而建。1 号窑残长 7、宽 1.8、窑壁残长约 5 米，厚 0.2 ~ 0.25 米、方向约 15°；2 号窑残长 10.1 米，其中窑床的长 6.2、宽 2.4 ~ 2.7、窑壁残高 0.4、厚 0.08 ~ 0.09 米，坡度 14°。火膛呈椭圆形，底部的长宽为 1.9 米，深 0.9 米。2 号窑下还压着一条早期的窑。窑壁先以 3 ~ 4 厘米粗的小树枝搭成拱券，再在树枝上抹上陶泥，烧结后即是窑壁，所以在窑的内壁上仍留有树枝深深的痕迹。

二 出土遗物

1. 增城西瓜岭窑[4]

西瓜岭窑所出土的陶器器类有瓮、罐、缶、釜、罍、盂、盆、盘、壶、罈、盒、盅、碗、杯、鼎等，其中瓮罐类最多，占 66.72%，其余依次为釜类占 9.59%，罍、盂类占 7.60%，缶类占 5.31%，碗类占 4.76%，盒类占 1.73%，其他均不够百分之一。陶器中灰红陶占 46.02%、灰褐陶占 21.44%、红陶占 22.64%。在一些陶器上施有黄绿、墨绿、黄褐和灰黑等色釉，但施釉不均匀，多露胎。陶器纹饰以米字纹为主，占 53.94%，次为方格纹，占 28.99%，还有云雷纹、席纹、米字方格组合纹、条纹、水波纹、篦点纹、划纹、镂孔、印纹等。

制陶工具有压锤、印模、角形垫、环形垫。压锤形如倒置的蘑菇状，印模呈椭圆形，中间微凹，体扁薄，上有方格纹印模，角形垫形如牛角形，底平，收腰，实心，环形垫数量最多，圆柱形半环体，手抓而成，上有较大的手指印模。

此外，还有算珠形的纺轮和陶鸡、陶马、陶祖等模型器和青铜刻刀、砺石、敲砸器等。

2. 博罗梅花墩窑[5]

出土遗物较为丰富，其中泥质硬陶占多数，还有一些原始瓷和釉陶，夹砂陶很少。遗物可分为生产工具、生活用具、动物模型等三类。

（1）生产工具

有陶拍、陶垫、纺轮、网坠等类。

陶拍用于拍印陶器表面的花纹，有的有把，有的无把，拍面满布方格纹、斜方格纹或夔纹，形状有蘑菇形、椭圆形或长方形等。陶垫主要用于垫在陶器的内壁，以便在陶器的外壁拍打纹饰。其形状为上有把，垫面有蘑菇形、梯形或椭圆形。在制造陶器的过程中，往往是陶垫和陶拍同时使用，里面垫，外面拍。这样既可使陶胎更加细密、坚实，又可使陶器增加美感。纺轮有中间穿孔，上下饰弦纹的鼓形纺轮，也有中间有圆形小穿孔，大小不同，质地有陶质和原始瓷之分的算珠形纺轮；网坠有圆柱形、方柱形、扁圆形三种，两端均有一道纵槽或凹槽；生产工具中还有砺石，表面有清晰的磨砺痕迹。

（2）生活用具

出土器物的种类较少，绝大多数是罐和豆类器。流行圜底和圜凹底器，亦见少量的平底器、圈足器和三足器。器类有罐、豆、瓮、盂、釜、碗、钵、杯、簋、盘、器盖、壶、鼎足、器把、支座等。陶质主要是泥质硬陶器，灰陶居多，次为红褐陶；夹砂陶器和釉陶器很少。器物均较破碎。陶器的纹饰最常见的有方格纹、夔纹、菱格纹、篦点纹和重圈纹等，菱格凸块纹、方格凸点纹、篦划线纹、云雷纹、圆圈纹、弦纹等也较多见，此外，还有少量编织纹、曲折纹、水波纹、指甲纹等，其中，常见夔纹与方格纹、菱格纹、篦点纹与弦纹、水波纹、篦划线纹、夔纹与重圈纹、方格纹等构成组合纹样，有的甚至是四种纹样的组合，单一花纹的则很少见。施纹方法有拍印、压印、刻划和戳刺等。釉陶器的纹饰有夔纹、重圈纹和菱格凸块纹等。原始瓷器多为豆类，也有少量的罐、盂、三足器等，纹饰以弦纹和篦点纹为主，少数有篦划线纹、重圈纹方格纹和圆圈纹等，大部分器物在圈足内有刻划符号。

陶器的制法以手制为主，已普遍使用轮修，口沿处轮修痕迹明显，但器身以泥条盘筑并显得粗糙，内壁常见凹凸不平和垫窝的痕迹，把、耳、柄、足、流口等部位基本为手制。

（3）动物模型

种类有牛、羊为主，还有鹿、狗、鸡、鸟、鼠等动物模型。以泥质陶为主，原始瓷和夹砂陶很少。大部分动物模型素面无纹，少数见有圆圈纹、附加圆圈凸点纹、羽状纹、刻划纹、篦点纹和刻划符号。

窑内出土的陶器和原始瓷器，普遍发现刻划符号或文字，经初步统计达 30 余种。这些刻划符号或文字大多见于器物的口沿、肩部、底部或动物模型上，是在器物成坯后入窑烧造前有意识地刻划或戳刺而成。

3. 博罗银岗窑[6]

出土遗物有生活用具、生产工具、建筑材料。

（1）生活用具

主要是陶器，分泥质和夹砂两类，以泥质为主，夹砂陶的比例战国比春秋多，泥质陶以硬陶为多，春秋时期泥质陶一般都是火候较高、胎质坚硬的薄胎硬陶，但战国时期陶器的火候较春秋时期为低，厚壁的软陶数量战国较春秋时期增多。灰陶数量最多，其次为红衣、橙黄、红褐陶，也有橙红、米黄和釉陶等。战国时期红衣陶和釉陶的比例较春秋时期有较大的增长，红衣陶一般为橙黄、米黄色胎，红衣易褪落；釉陶施酱釉或青绿釉，釉层厚薄不匀，多薄釉，剥落严重。器类有罐、碗、杯、盒、豆、钵、鼎、盂、瓿、器盖等。

春秋时期陶器的纹饰以网格纹、方格纹、夔纹、菱格凸点纹、曲折纹和篦点纹，此外，还有勾连云雷纹、旋涡纹、席纹、水波纹及少量刻划符号。其中夔纹常与弦纹、方格纹或网格纹等两种或三种构成组合纹饰，菱格凸点纹常与方格纹、网格纹组合。施纹方法有压印、拍印、戳印、刻划等。饰印纹的陶器内壁多有麻点状垫痕。陶器为手制、轮制并存，并以手制为主，轮制成型者较少，慢轮常用于修口。战国时期陶器的纹饰主要以方格纹、方格斜线纹、网格纹、米字纹，有少量的菱格凸点纹、勾连云雷纹、弦纹、水波纹、篦点纹和夔纹等。组合纹饰不多，常见弦纹与水波纹、篦点纹组合。刻划符号的种类和数量均较春秋时显著增加。施纹方法以拍印、压印为主。制陶方法以轮制为主兼有手制。陶器内壁及底部常有明显的轮制痕迹。器类有罐、釜、盒、碗、杯、器盖以及钵、鼎、盂、瓿等。

（2）生产工具

有陶器、铁器、铜器、石器。

陶器有陶纺轮、陶拍、陶垫、陶印模、陶环、网坠等。其中陶纺轮是用于纺纱的；陶拍、陶垫、陶印模是用于制造陶器的。陶环只是用泥条搓成一长条后捏成圆形，非常粗糙，难作装饰品，很可能用于测试窑温的；陶网坠应是为适应东江流域和珠江三角洲地区捕鱼用的。

铁器有铁锸、铁斧。均锈蚀较为严重。铜器有斧，形体小，似钺。石器只有1件砺石。

（3）动物模型发现不多，有陶马、陶狗及四足器。

（4）建筑材料发现有板瓦、筒瓦和瓦当。板瓦和筒瓦的一面均饰方格纹，瓦当饰卷云纹。

三　窑场的年代

1. 增城西瓜岭窑[7]

在东江流域的三处窑场中，增城西瓜岭窑发现最早。在此之前，广东省文物管理委员会文物工作队的莫稚先生等于1961年在始兴白石坪发掘了一座战国时期的馒头窑。后又发掘了增城西瓜岭窑。增城西瓜岭窑址的发现和发掘，是广东考古工作取得的一个重要成果，一是发现了战国时期的龙窑；二是首次提出了以"夔形印纹"为重要特征的遗存，其时代相当于西周至春秋前后，以"米字印纹"为重要特征的遗存属于战国时期的论点。并在与周边地区同类型的考古学文化作比较之后指出，增城西瓜岭和始兴白石坪两处窑址是属于战国时期。

2. 博罗梅花墩窑[8]

梅花墩窑址是一处以夔纹陶作为主要装饰特征的文化遗存。窑址的面积大，堆积厚，出土遗物丰富。器物以罐、豆为主，纹饰以夔纹、方格纹、菱格纹、篦点纹或重圈纹等作为器物的主要装饰。几何印纹陶达到相当高的水平，纹饰品种繁多，花纹清晰规整，图案艺术性强，单一花纹少见，普遍使用组合纹饰。

该窑制陶工具、动物模型和刻划符号的大量发现，是广东同时期文化遗存中罕见的。发现的一座龙窑，是目前时代最早的龙窑。其优点是能达到较高的温度，同时可以维持还原气氛，升降温快，生产规模大。其生产的大量陶瓷器，除本地使用外，还有大量销售到其他地区。在东江流域及珠江三角洲的许多地方发现的同类产品，有部分应是梅花墩窑生产的。

梅花墩窑址出土的陶片和原始瓷片，经重烧膨胀曲线方法测定的烧成温度都超过了1200°。这些情况与采用龙窑生产陶、瓷器的情况是一致的。从升焰式圆穴窑发展到平焰式斜坡龙窑，是陶瓷史上的一次重要的变革。

结合华南理工大学材料学院无机材料系和运用化学系有关专家对梅花墩窑址第3层和第4层文化堆积中出土陶片和原始瓷片所做的热释光年代测定，所测定数据分别为2920±230年B.P.、2790±220年B.P.、2680±210年B.P.和2850±220年B.P.。即梅花墩窑址出土陶片和原始瓷片的平均年代为距今 2800 年左右。或可进一步推断，梅花墩窑址的年代不晚于春秋早期。

3. 博罗银岗窑[9]

博罗银岗遗址是继始兴白石坪、增城西瓜岭、博罗圆洲三处窑址发现和发掘之后所发现的又一处广东青铜时期的窑址。通过发掘，初步明确了银岗遗址的性质和文化内涵，特别对遗址早晚两期遗存的确认、划分，为建立和完善广东先秦考古编年提供了可靠的依据。

银岗窑春秋时期的遗存，陶器以烧造火候很高的泥质硬陶为主，兼有少量釉陶、红衣陶。器表纹饰盛行组合花纹，器物内壁多有麻点状垫痕，口沿和器底偶见有刻划符号。陶器造型流行环底器、圈足器和平底器，亦有三足器。典型器物为施夔纹与方格纹、篦点纹、刻划纹组合纹饰的折沿环底罐、敞口折腹豆、浅腹平底钵和鸟形纽器盖等。此外，还发现有个别青铜器。在已见的考古材料中，文化内涵与银岗遗址春秋遗存相似的主要有曲江马坝石峡上文化层、五华华城屋背岭遗址、深圳大梅沙遗址 II 区、博罗梅花墩窑址等处。石峡遗址的层位关系表明，这类遗存要晚于以石峡遗址中文化层为代表的夏商时期遗存。同时，在近年发掘的五华狮雄山遗址发现这类遗存被西汉早期建筑遗址叠压的层位关系，表明其年代要早于汉代。比照邻近省区考古发掘资料，银岗遗址春秋时期的与赣江、鄱阳湖地区和江浙地区西周、春秋时期的遗址、墓葬在文化特征上有许多相似的因素。比如，两者都流行"印纹硬陶"、釉陶和原始瓷，器形、纹饰作风也多有相同之处。银岗这时期的折腹豆，与江西九江磨盘墩遗址、浙江江山南区古遗址和墓葬及江苏句容浮山果园墓葬所出的原始青瓷豆都颇为相似。根据上述分析，这类遗存的年代约在西周晚至春秋时期。

③A、③B 两个文化层出土的器物基本相同，可以作为一期。与④层相比，相同的是陶器亦以泥质"硬陶"为大宗，但釉陶和红衣陶数量明显增加。陶器纹饰以方格纹、方格斜线、菱格纹和米字纹为主，组合纹饰已不多见。刻划符号较流行，除见于口沿和器底之外，还常施于器耳。陶器内壁基本不见麻点状垫痕。盛行平底器、三足器，少见圈底器。典型器物有饰米字纹或方格纹、网格纹的卷沿平底罐、方格纹陶釜、盒、直腹平底红衣陶碗、敛口平底釉陶盉、双耳陶瓿和宽沿釜（罐）形鼎等。此外，还出有青铜器和铁器。与这一期的遗存内涵相似的遗存，有增城西瓜岭、始兴白石坪等。这类遗存的文化特征既明显有别于广州地区西汉早期墓葬、五华狮雄山西汉早期遗存，同时在陶器器形、纹饰方面又表现出某些相同的因素。在广东先秦考古编年中，其年代一般认为属于战国时期。

从以上的分析中可以看出，这三处窑场的年代系列是，园洲梅花墩遗址的年代最早，约相当于西周中期到春秋时期。因水灾或不敌银岗窑场的规模生产等原因，于春秋时期废弃后转移到了相邻的银岗窑场。银岗窑场早期虽还在烧造以夔纹陶为代表的器物，但从银岗的地层堆积中可以看到，此窑在春秋晚期烧造的时间不长即进入了战国，这时，另一组从器物造型到花纹装饰都不同的陶器取代了自西周至春秋时期的器物群。随着人口的增加，生产力的发展及生活水平的提高，陶器生产得到迅速的发展，在银岗大量烧造陶器的同时，增城西瓜岭窑场也开始生产陶器。

四　窑场发现的重要意义

1. 对于东江流域和珠江三角洲的影响

目前调查、发掘的资料显示，东江北岸的这三处窑场对于东江流域和珠江三角洲青铜时代的考古学文化产生了重要的影响。2000 年，为配合广（州）惠（州）高速公路的建设，广东省文物考古研究所在博罗横岭山发掘了一处广东省迄今最大的墓葬群，在已发掘的 8000 平方米范围内共清理两周时期的墓葬 296 座（主要是西周和春秋，还有 10 座属商时期、7 座属战国时期），发现了大量的陶器和原始瓷器，而西周、春秋时期的墓葬随葬的陶器和原始瓷器，包括大型的夔纹陶瓮、罐、小的夔纹陶罐，方格纹罐和陶豆、折腹陶豆、折腹瓷豆等，与博罗园洲梅花墩窑所出的遗物完全相同。7 座战国时期的墓葬随葬的陶器则与银岗二期的陶器相同[10]；西距横岭山墓地约 200 米处的岭嘴头和 250 米处的沙岭山两处遗址，有战国时期和西汉的遗物，其中沙岭山遗址还发现了战国时期的地层为西汉早期的地层所叠压的层位关系，而战国时期的地层所出的陶器较为单纯，主要是方格纹陶罐、方格纹双耳钵，小杯、碗等与银岗二期的遗物完全相同[11]；1999 年为配合广惠高速公路的建设在增城乌石岭、围岭遗址发掘的陶器与增城西瓜岭窑所生产的陶器一样[12]；在博罗田心遗址发掘了 5 座战国时期的墓葬，出土的陶罐、盒、杯、碗等器物与增城西瓜岭窑所生产的陶器一样[13]；深圳大梅沙发现有 10 座墓葬，其中 8 座有随葬品，所随葬的原始瓷豆与博罗园洲梅花墩窑所出的相同[14]；深圳叠石山遗址以夔纹陶为主，也发现有米字纹陶片。该遗址出土的折腹豆、双耳罐、夔纹陶瓮等与梅花墩窑所生产的同类产品相同[15]；在深圳鹤地山遗址上层、大梅沙、西丽湖水库西北区、追树岭、西丽湖九祥岭、罗田铁公坑等遗址发掘采集的夔纹陶瓮、折腹豆等也与梅花墩窑相同[16]；1994 年发掘的珠海平沙棠下环遗址的上文化层亦出土有与园洲梅花墩窑相同的夔纹陶瓮残片[17]；1986 年，在和平县的龙嘴上清理过 1 座墓葬，所出的原始瓷豆、圜底罐等也与梅花墩窑所出的一样[18]；河源市的兰口镇发现 2 座墓，所出遗物与园洲梅花墩窑的产品一样[19]；1996 年配合京九铁路的建设，在龙川县境内发掘 2 座墓葬，出土的陶碗与银岗二期的器物相同[20]；同类的遗物在惠阳、惠东和珠江三角洲的东莞、中山、香港等地都可见到……。说明东江北岸的三大窑场对于东江流域和珠江三角洲青铜时代的考古学文化确实产生了非常大的影响。

2. 对先秦考古学编年的贡献

在广东先秦考古研究中，和银岗遗址松古岭④层堆积及 H7 的文化内涵相似的遗存，由于其陶器群中普遍发现夔纹陶罐这一典型器物；而与银岗遗址③A、③B 层堆积的文化内涵相似的遗存，其陶器群中则常见米字纹陶罐这一具有特征的器物，因而不少研究者曾将之分别称之为"夔纹陶类型"遗存和"米字纹陶类型"遗存。但由于田野工作的局限，许多学者曾就这两类遗存孰早孰晚的问题进行过长期的争论。银岗遗址的发现和发掘，不仅从地层关系上明确了上述两类遗存在年代上的早晚关系，而且对两者之间在文化内涵上的传承关系也有了更进一步的认识。我去年在文物报上发表的文章中将银岗以夔纹陶为代表的文化遗存定为银岗一期文化，时间在西周中期至春秋时期；将以米字纹陶为代表的文化遗存定为银岗二期文化，时间在战国时期[21]。当然，从横岭山墓地的发掘可以看到，在目前定为一期文化的遗存中，仍可将其分为早期和晚期，这就必须以园洲梅花墩窑的遗存为基础。早期以横岭山出青铜鼎的 M221 为代表，该墓出土的青铜鼎大耳、垂腹、圜底，腹部饰圆涡纹与夔纹相间，具有西周时期的特征，应属西周时期。同出的陶豆，敞口，尖唇，收腹，喇叭形圈足，与梅花墩窑所出的 V 形豆相同。因此，与这类陶豆相同或同类的应该都是西周时期的产品，可将其定为银岗一期早期，而与折腹豆相同的定为春秋时期，为银岗一期的晚期。这样，就将广东先秦考古学的编年不断细化，从而可以有更为具体的分期标准。

3. 中国南方陶瓷的发源地之一

目前调查、发掘所知，西瓜岭窑场有两条窑；梅花墩原有拉尾墩、中间墩和梅花墩三个墩，三个墩都有窑，从梅花墩窑址的龙窑分析，其他两个墩的窑亦应是龙窑；银岗窑场的五个小岗丘都有较厚的窑场废弃品堆积，其中单在松毛岭已发现五座窑。从这三处窑场的规模和大量的废弃品可以看到窑场规模之大。

三处窑场最早的是梅花墩窑，烧造时间自西周至春秋时期，银岗窑场在梅花墩之后，烧造的时间在春秋至战国时期，西瓜岭窑场的时间最后，时间在战国时期。有特点的是这三处窑场都是用龙窑烧造以印纹硬陶和原始瓷器的大型窑场。广东所发现西周时期以前的陶窑都是以横穴窑或是以馒头窑烧造陶器，春秋时期起，出现以龙窑烧造陶器和原始瓷器，这对于陶瓷烧造水平和产量的提高都无疑提供了非常重要的条件。

从地理环境分析，他们都在东江北岸，三处窑场除西瓜岭窑离东江稍远一点外，梅花墩窑和银岗窑离东江都较近，而三处窑场附近都有小河通东江。我们在离银岗窑场西约 200 米处的小溪旁发现了很多与银岗窑场完全一样的陶器碎片，这说明银岗窑场的产品是用船通过这里运往东江，再从东江运往东江流域和珠江三角洲。虽然我们目前还不能完全证明东江流域和珠江三角洲所发现的陶器和原始瓷器都是这三处窑场所产，也可能在这一地区还有其他的窑，但从形态上看，这些印纹硬陶或原始瓷器与这三处窑场的关系非常密切。

从以往发现和发掘的同时期的墓葬资料中可以看到，岭南地区青铜时代的墓葬所随葬的青铜器很少，而印纹硬陶器或原始瓷器却很丰富，质量很高。相反中原地区同时期的墓葬所随葬的青铜器非常丰富，但能随葬原始瓷器的墓葬却很少，在众多的墓葬中显得很珍贵。这从一个侧面说明岭南地区青铜时代的先民充分地利用本地资源优势，发展陶器和原始瓷器，使陶瓷的生产水平发展迅速。这就形成了同一时期不同考古学文化的差异。但从文化现象分析，他们之间的交流又促进了不同时空范围内考古学文化的发展。

此时东江流域的先民们，十分注意陶瓷生产工艺的改进和窑炉结构的改造，使陶瓷生产水平得到迅速的提高。梅花墩窑仍主要以泥条盘筑法生产陶瓷器，而到银岗窑场时，轮制已成为主要的生产手段。而大量生产显然是受到市场的影响。从银岗窑场陶瓷生产和销售的情况看，应是产供销一条龙，这里的产品在小河边的码头装船后，通过水运迅速销售到东江流域和珠江三角洲各个地区。在这三处窑场中我们还发现，当时烧造陶器的陶土都是就地取材，窑的旁边就有丰富的陶土。银岗窑场五个岗丘的周围至今仍比附近的农田低，无疑这是挖陶泥形成的。这些有利的条件，为东江地区青铜时代陶瓷的发展提供了非常优越的条件。反过来，东江流域和珠江三角洲广大地区经济的发展和人口的增加，也为陶瓷的销售提供了广阔的市场……。

综合以上的资料分析，广东先秦时期的青铜时代在陶瓷生产方面达到了很高的水平。不管是陶瓷生产的工艺，陶瓷品种的多样化，窑炉的改造和提高，产品的销售等都达到了很高的水平。可以说，东江流域的增城、博罗段应该是中国南方陶瓷生产的发源地之一。

[注释]

[1] [4] [7] 广东省文物管理委员会、中央美术学院美术史—美术理论系：《广东增城始兴的战国遗址》，《考古》1964 年第 3 期。

[2] [5] [8] 广东省文物考古研究所等：《广东博罗县园洲梅花墩窑址的发掘》，《考古》1998 年第

7 期。

　　[3]［6]［9］广东省文物考古研究所等：《广东博罗银岗遗址发掘简报》，《文物》1998 年第 7 期。

　　[10]［11]［12]［13］据广东省文物考古研究所 2000 年初发掘资料。

　　[14]叶阳：《深圳大梅沙抢救清理春秋古墓葬》，《中国文物报》1993 年 5 月 30 日。

　　[15]深圳博物馆：《深圳市叠石山遗址发掘简报》，《文物》1990 年第 11 期。

　　[16]广东省文物考古研究所等：《珠海平沙棠下环遗址发掘简报》，《文物》1998 年第 7 期。

　　[17]杨耀林等：《深圳市先秦遗址的调查与试掘》，深圳博物馆编：《深圳考古发现与研究》，文物出版社 1994 年 6 月。

　　[18]［19]［20]据广东省文物考古研究所配合京九铁路建设的发掘资料。

　　[21]古运泉：《银岗窑场对广东先秦考古编年的贡献》，《中国文物报》1999 年 9 月 15 日。

齐国贵族墓出土战国银器与饰银器研究

贾振国

在我国已出土的先秦文物中，银器是出土数量较少的一类，与此有关的研究亦鲜有人问津，迟至20世纪90年代，才有学者对中国早期银器进行专门研究[1]，但囿于银器资料的匮乏，有关研究仍期待银器资料的不断发现而逐步深入。近二十年来，在临淄周围的齐国贵族墓中，多次发现先秦银器及附有银器工艺的饰银器，为研究我国早期银器及相关工艺提供了重要资料，同时对研究与早期银器相关的社会历史问题亦具有一定的参考价值。

一 银器及饰银器的发现与分类

齐国贵族墓发现较多，经考古发掘的近百座，其中多数墓历经盗扰，随葬品保留较少，但仍有少数保存较好的墓葬，出土了一批珍贵的银器资料。较重要的考古发掘地点有临淄商王墓地[2]、临淄勇士区战国墓[3]和临淄西汉齐王墓随葬器物坑[4]等，其中临淄商王墓地两座战国墓出土了银盘、匜、耳杯、勺、匕等生活用具共计10件，还出土饰银铜构件8件、饰银漆盘2件和饰银漆樽5件；临淄勇士区战国墓出土银盒、匕等计3件；临淄西汉齐王墓随葬器物坑出土战国银盘1件。分类叙述如下：

（一）银器

银器系指用冶铸或锤镍方法制成的可独立成器的纯银器物。齐国贵族墓出土的战国银器计14件，均为生活用具。

1. 盘 2件。铸制，形制略有不同，分二型。

Ⅰ型，1件。出土于临淄商王墓地一号战国墓。敞口，折腹，平底。口沿和内、外腹刻划"X"形卷云纹，内腹部上、下各刻两周弦纹，上部弦纹内饰一周绳索纹，在上、下弦纹带之间，饰四组云龙纹。内底边缘饰两周弦纹，弦纹之间饰斜线纹、弧线纹和圆点纹，弦纹之内刻云龙纹。口径37、底径20、高6厘米（图一）。

作者简介：

1950年9月生于山东淄博。毕业后在山东淄博市博物馆工作，现任副馆长、研究馆员。主持过淄博历代古陶瓷窑址、西汉齐王墓随葬器物坑、临淄商王村战国两汉墓地的发掘工作。先后在《文物》、《中国古代窑址调查发掘报告集》、《考古学报》、台湾《故宫文物月刊》等刊物上发表考古报告和论文多篇，著有《临淄商王墓地》。

图一　I型银盘

Ⅱ型，1件。出土于临淄西汉齐王墓随葬器物坑。直口，平折沿，折腹，外底微凹。口沿及内、外腹各饰六组龙凤纹图案。内底饰盘龙三条。线条流畅，疏密适宜。口径37、高5.5厘米（图二）。外底刻"容二斗重六斤十三两　御差I"；口沿底面刻"卅三年左工□名吉七重六斤十二两廿一朱奇　千三百廿釿　中府　六斤十三两　二斗　名东"（图二：下）。实测重1705克，每斤合250克；水测容积4100毫升，每升合201毫升。

2. 耳杯　2件。出土于临淄商王墓地一号战国墓。形制相同，大小相近。椭圆形，口微敛，曲腹，平底。口沿处饰一对新月形耳，耳底面刻有纤细铭文。其中一件高5.2、口长径17.8、短径14厘米。实测重347.34克，容水495毫升（图三：1）。一耳底面刻"四十一年工右□一斤六两六朱（铢）　寅（图三：3）。另一件高5.1、口长径17.9、短径14厘米。实测重432.86克，容水500毫升，两耳底面均有刻铭，其中一耳刻"四十年左工重一斤十二两十四朱　名曰三"（图三：5）；另一耳刻"王"（图三：4）。

3. 匜　3件。出土于临淄商王墓地一号战国墓，形制各异，分三型。

I型，1件。口略呈椭圆形，口沿一侧有流，曲腹，内底部微凸。外底部刻划"平"符号。口长径12、短径11.1、高4.1厘米。实测重150.7克，容水230毫升（图三：6）。

Ⅱ型，1件。口微侈，略呈椭圆形。曲腹，腹下部内折，平底。外腹竖刻"莬陵夫人"。口长径12、短径11.3、高4.5厘米，重157.42克，容水240毫升（图三：7）。

Ⅲ型，1件。口微侈，略呈椭圆形。口沿一侧有流，另一侧饰云纹长方形鋬耳，曲腹，内底微凹。口长径9.4、短径8.5、高3.2厘米。重64.2克，容水100毫升（图三：2）。

4. 盒　1件。出土于临淄勇士区战国墓。圆形，直壁，底微外弧，器盖形制与盒体相同，紧密相扣，口径27、高9.3厘米。

5. 提勺　1件。出土于临淄商王墓地一号战国墓。心形勺体，口微敛，圜底，长条形柄。通长21.5、勺口长5.2、宽4.5厘米。重59.59克，容水30毫升（图四：1）。

6. 匕　5件。分三型。

I型，1件。出土于临淄商王墓地一号战国墓。匕体略呈圆形，匕面微凹，圆柄细长，后端饰三周弦纹。通长30.6、匕宽5.7厘米（图四：2）。

Ⅱ型，2件。分别出土于临淄商王墓地一、二号战国墓，形制与Ⅰ型略同，唯匕面饰镂孔卷云纹。通长28、匕宽5.7厘米（图四：3）。

Ⅲ型，2件。出土于临淄勇士区战国墓。匕体略呈椭圆形，片状，前端略尖，扁平长柄。通长26.3、匕体宽4.5厘米。

（二）饰银器

饰银器系指器表附有饰银装饰工艺和附加银构件的各类器物，如错银、银平脱和漆器附加饰银构件等等。错银工艺是战国时期比较流行的一种装饰工艺。齐国的错银工艺曾见于临淄商王村出土的铜牺尊[5]；银平脱则是用锤镍的方法，将白银加工成薄片，按照器物装饰部位的图样需要，将银片雕凿、剪裁出所需纹饰，贴于器物的表面，从而达到相互辉映的艺术效果；漆器附加银构件具有加固与装饰双重作用。齐国贵族墓出土的饰银器见于资料报道的仅有临淄商王墓地。

1. 器座 1件。属漆木器的下部构件。器表饰错银三角云纹。足径7.2、高2.5厘米（图五：1）。

2. 饰银铜构件 8件。属编钟、编磬木架上的饰物，分三型。

Ⅰ型，2件。长方形，一端有长方形銎，另一端饰蝴蝶形卷云纹，其余四面有三面饰卷云纹，另一面刻"莤陵夫人"铭文。构件长14.2、宽10.3、高6.2厘米（图五：2）。

Ⅱ型，4件。长方体，四面饰"X"形卷云纹。其中较大的一件长8.7、宽7、高7厘米（图五：3）。

图二 Ⅱ型银盘

Ⅲ型，2件。长方形，一件有榫，另一件有卯，扣合后纹饰连贯统一，表面饰变体卷曲龙纹、卷云纹和圆点纹。无纹饰的一面刻"莤陵夫人"。有榫的一件长17、宽6、高10.5厘米（图五：4）。

3. 饰银漆盘 2件。大小、形制和纹饰相同。木胎，已朽。口部镶嵌银扣，内腹及内底

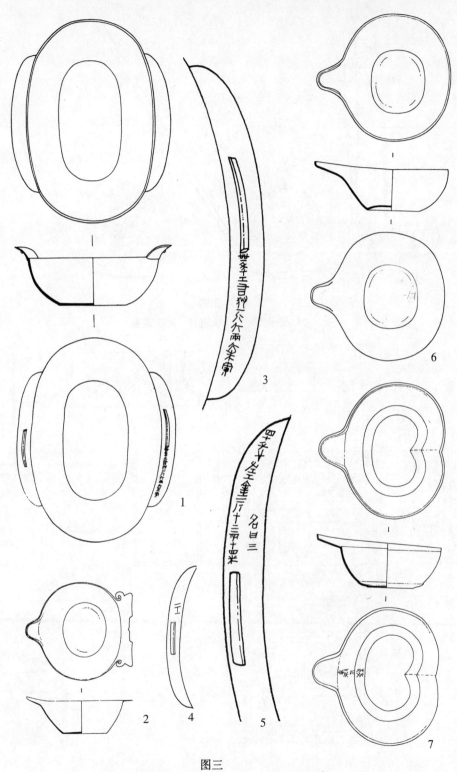

图三

1、3～5. 银耳杯及铭文　2、6、7. 银匜及铭文

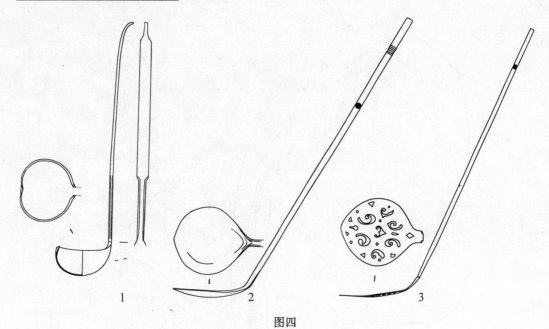

图四

1. 银提勺　2. Ⅰ式银匕　3. Ⅱ式银匕

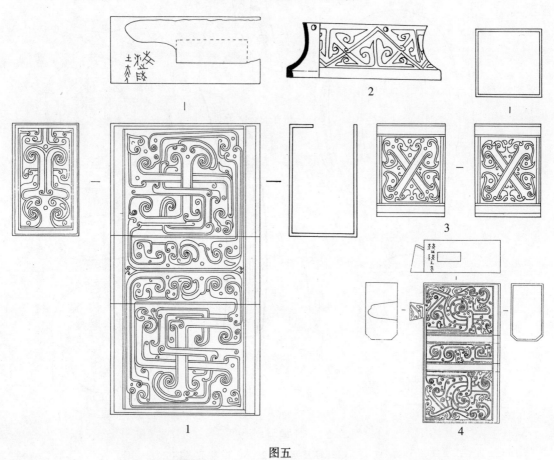

图五

1. 器座　2. Ⅰ型饰银铜构件　3. Ⅱ型饰银铜构件　4. Ⅲ型饰银铜构件

饰平脱纹饰。纹饰有银片割制而成的垂叶纹、龙纹和云纹等，布局匀称。口径约 33 厘米（图六：1）。

4. 饰银漆樽　5 件。夹纻胎，已朽，仅剩金属附件，根据金属盖纽和錾耳的差异分为四型：

Ⅰ型，1 件。口饰银扣，器身中部饰一周带状银箍和一兽面纹环状錾耳，器底周缘镶铜扣，下联三个蹄形铜足，弧面盖，饰三个云纹铜扣和三个圆形蓝色玻璃饰。口径 12、银箍高 1.6、器足高 4 厘米（图六：2）。

Ⅱ型，1 件。木胎已朽，口镶铜扣，器身中部饰一周银箍，上面镶嵌一件环纽形铜錾耳，底部镶银箍一周，下附三个蹄形铜足。盖缘镶银扣，盖顶镶柿蒂形银饰，其周围嵌一周环带状银饰。银饰上有三个长方形小孔，镶嵌三个"S"形铜纽。口径 11.8、盖高 4.9、蹄足高 3.3 厘米（图六：3）。

Ⅲ型，1 件。口饰银扣，器身中部饰一银环形錾耳，器底镶铜扣，下联三个蹄足。盖顶饰一圆环纽。口径 11.2、足高 2.5 厘米（图六：4）。

Ⅳ型，2 件。口镶银扣，器身中部饰一周银箍，镶嵌一环状錾手，器底为铜钮，下附三个蹄形铜足。口径 7、蹄足高 2.3 厘米（图六：5）。

二　银器及饰银器铭文考释

齐国贵族墓出土的银器及饰银器中，刻有铭文的有 9 件，器种有盘、耳杯、匜和饰银铜构件等，根据器型和铭文内容分类作如下考释。

1. 银盘铭文考释：

Ⅱ型银盘刻有铭文，内容较为复杂，已有学者进行过考释[6]，并根据铭文字体的差异将铭文分为三组。

第一组铭文字体为战国古文"千三百廿釿，中府"。其"廿"下标合文符。"釿"是周和三晋等的重量单位和货币单位。"中府"二字虽经刮去，但仍可辨识，同例见于洛阳金村发现的银铫、银盒和银俑[7]。据《汉书·田叔传》注为"王之财物藏也"，由此可证这件银盘曾为战国时周王所有。

第二组铭文字体为秦隶"卅三年，左工□。名吉七，重六斤十二两廿一朱（铢）。奇。御羞。容二斗。"字体同战国末到秦代的竹简、兵器铭文等近似。其中"卅三年"应为秦昭王三十三年；"左工"为造器机构；"名吉七"为器物编号，同例多见于汉代金文；"奇"可能是置用地点的省称；"御羞"见于《汉书·百官公卿表》，属于武帝时所置水衡都尉，在其以前疑属上林，或与上林同有所属。陈直先生认为御羞为御馐省文，所管为膳馐原料[8]，推测御羞本为苑名，因盛产膳馐物品得名，后成为专设机构，盘上所刻御羞即指该苑而言，地点应在关中。

第三组铭文"六斤十三两，二斗，名东；二斗，重六斤十三两　工"属两次校刻，其中"名东"亦为器物编号。

上述三组刻铭的内容有以下两种可能的解释：

第一种解释认为第二组年代最早，主要依据是刻铭中有"左工"，系作器机构。作成后器归御羞，有编号及置用处所。后转至周王之手，藏于中府，且刻有价格。同例还有洛阳金村出土的两件漆樽银足，分别作于卅七年和四十年，制作者铭文为秦人字体，加刻"中府"

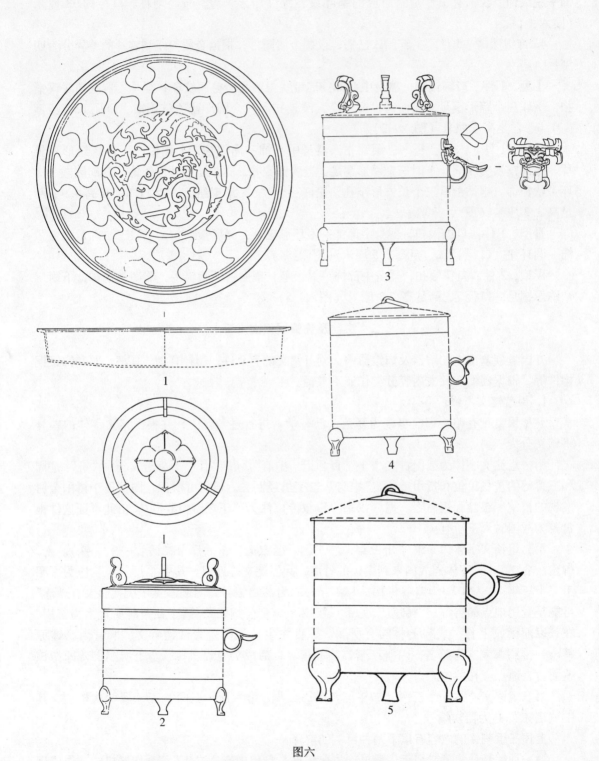

图六

1. 饰银漆盘　2. Ⅰ型饰银漆樽　图 3. Ⅱ型饰银漆樽　图 3. Ⅱ型饰银漆樽
4. Ⅲ型饰银漆樽　5. Ⅳ型饰银漆樽

等字，则为周人字体，正与这件银盘相若[9]，最后，盘又转归汉初齐王之处。若此说成立，那么盘上刻铭"卅三年"只能是秦昭王卅三年（公元前274年）。

第二种解释认为第一组年代最早，盘是周人所作，和洛阳金村出土的不少银器相同。大约秦灭周时入秦，秦始皇卅三年（公元前214年）加刻铭文，交御羞使用。秦亡后辗转入于汉初齐王之手。

上述两种解释都不无道理，但据现有资料尚难以定论，从银盘铭文字体及鎏金龙凤纹图案特点分析，可确定银盘的制作年代为战国晚期无疑。

2. 银耳杯铭文考释：

两件银耳杯铭文字体与陕西咸阳塔尔坡出土的"私官"鼎[10]和洛阳金村出土的漆樽银足[11]等器物上的铭文字体相类，均为秦人书体。铭文中纪年分别为秦昭王四十年（公元前267年）和秦昭王四十一年（公元前266年）。"左工"疑为"左工室"的省文。秦国的作器机构分为"左工室"、"右工室"，汉初仍沿用[12]。"工右"见于洛阳金村发现的漆樽银足铭文，疑为"右工室"的代名。"工右"之后有一字，字迹不清，难以辨识。两件耳杯均刻有重量，其中一件实测重432.86克，与自铭"重一斤十二两十四朱"换算，一斤重约242.3克，一两重15.14克，一铢重0.63克。另一件耳杯实测重347.3克，与自铭"一斤六两六朱"换算，一斤重249.8克，一两重15.6克，一铢重0.65克。两件耳杯的换算值与秦国衡制的平均量值，即一斤重约250克，一两重15.6克，一铢重约0.65克基本吻合[13]。"名曰三"为器物编号。"王"字形体见于河北中山国国王之墓出土的铜方壶铭文[14]，在此可能表示银耳杯为国王或王室专用。"寅"字形体与山西侯马盟书"寅"字形体结构相近[15]，疑为同字，可能为工匠名的省称。在器物上刻工匠名，为战国中期以来普遍流行的制度，即所谓"物勒工名，以考其诚"。

3. 银匜铭文考释：

Ⅰ型银匜外底部所刻铭文符号较费解，似为器物编号。Ⅱ型银匜的流下外腹部竖刻"趑陵夫人"，其中"趑"字不见于金文资料，其左侧偏旁与湖北云梦睡虎地出土秦简文字"起"的左侧偏旁相同[16]，应为齐国的区域文字。"陵"和"夫人"的铭文形体多见于金文资料[17]，其中"陵"字的写法与战国时期齐国著名量器"陈纯铜釜"铭文中的"陵"字形体相同[18]，亦为齐国的区域文字。"趑陵"二字并用不见于先秦及两汉文献记载，应为人名。

"夫人"应是居有较高地位的贵族之妻。周人称诸侯之妻为夫人。《礼记·曲礼下》："天子之妃曰后，诸侯曰夫人"。秦汉时期皇帝的妾称夫人。《汉书·外戚传》："汉兴因秦之号……嫡称皇后，妾皆称夫人"。汉代列侯之妻也称夫人[19]，一般人之妻则不能称夫人。由此可见，"趑陵"社会地位较高，其身份当是战国晚期卿大夫以上的官职。

4. 饰银铜构件铭文考释：

饰银铜构件中有4件底面刻"趑陵夫人"，字形相同，其中3件铭文四字纵列一行，另一件四字纵列两行，"陵"下面的"土"字部首刻于另一行[20]，此类情况在战国文字资料中尚无先例。这4件饰银铜构件的刻铭释义与上述银匜相同，兹不赘述。

三　银器所反映的有关问题

因受银矿冶炼技术的制约，我国先秦时期的银器出土数量较铜器显著偏少。已出土的先秦银器以河北中山国国王之墓[21]和四川成都羊子山战国墓[22]出土数量最多，但多为车马器，存世的银容器尤为稀少，除了齐国贵族墓出土的银容器外，见于资料刊布的银容器仅有5件，其中安徽寿县楚王墓出土银匜1件[23]；洛阳金村出土甘斿银耳杯[24]和甘斿银匜[25]各1件；湖南长沙出土银皿1件[26]；北京故宫现存"少府"银器1件，仅存口部，横刻"少府胸（容）二益"，已有学者根据"少府"官制与"胸"字写法考定为韩国器[27]。由此观之，齐国贵族墓出土的先秦银器是一批重要的考古资料，它的发现对研究我国的先秦银器及相关问题，无疑具有极为重要的价值。

（一）银器的年代与国别

齐国贵族墓出土的银器中有两件银耳杯和一件Ⅱ型银盘刻有纪年铭文，为断代提供了可靠依据。两件银耳杯分别刻有"四十年"和"四十一年"纪年铭文，铭文字体如前所述为战国秦人书体。查阅秦国世系年表，秦王在位四十年以上者唯有秦昭王，其在位五十六年，由是言之，这两件银耳杯的制作和使用年代可大致确定为秦昭王四十年（公元前267年）和秦昭王四十一年（公元前266年）。

Ⅱ型银盘刻有"卅三年"铭文。查秦世系年表，自战国中期以来至秦亡为止，在位三十三年以上者仅有秦昭王和秦始皇。但是银盘铭文中第一组铭文字体是战国古文，其中"钅斤"是周及三晋的重量单位，亦是货币单位，秦汉并不使用[28]。由此断言，这件银盘的制作年代属战国无疑，而铭文中的"卅三年"亦只能是秦昭王三十三年（公元前274年）。

Ⅱ型银匜及四件饰银铜构件上刻有"越陵夫人"，字体为战国古文，虽不能从字体上断定其具体年代，但银匜的造型与洛阳金村出土的战国晚期"甘斿"银匜造型一致，与饰银铜构件同出的铜编钟造型亦具有显著的战国晚期特征，因而可以推断，刻有"越陵夫人"铭文的银匜和饰银铜构件的年代，可大致确定为战国晚期。

除上述银器及饰银器外，余皆无刻铭，不易确定其具体年代，但无刻铭的所有银器及饰银器均出于战国齐墓，从而为断代提供了重要依据。

银盒与Ⅰ型银匕出土于临淄勇士区战国墓，该墓所出铜耳杯[29]，其两耳为月牙形，是为战国晚期新出现的器形[30]。此墓所出的全部铜器均为素面，亦具有战国晚期铜器的典型特征，故可将银盒与银匕的年代定为战国晚期。

临淄商王墓地一号战国墓出土的无刻铭饰银器，其年代亦主要根据该墓的年代断定。该墓出土的刻有纪年的银耳杯已为墓葬的断代确定了年代上限，即该墓的下葬年代不会早于公元前266年。其余所有刻铭铜器和银器亦均具有战国晚期的特点，因而可以基本确定该墓的年代大致为战国晚期或战国末期，墓中所出的所有饰银器亦基本属于这一阶段。

关于银器及饰银器的国别，前文已有涉及，其中Ⅱ型银盘和两件银耳杯，根据其铭文形体和内容，可确定为战国晚期秦国制造，其余皆为齐国所制。刻有齐国地域文字"越陵夫人"铭文的银匜和饰银铜构件便是重要例证。该墓同出的无刻铭的银盘、银匜、银勺和银匕等，与齐国贵族墓出土的同类铜器形制相同，亦应为齐国所制。至于漆器饰银构件的国别，应与漆器的国别一致。

齐国是漆器制作较为发达的地区。《史记·货殖列传》记载："山东多鱼、盐、漆、丝……"。自春秋以降，齐国贵族墓中随葬漆器的现象较为普遍可与之印证。因而即可推断，齐国贵族墓中出土的漆器饰银构件应为齐国所制。

（二）银器的使用等级：

如前所述，银器是比较珍贵的金属之一。银器制造一向为官府手工业所垄断，其产品为上层贵族所占有，并用于赏赐和贡奉等。从考古发现和传世的先秦银器中，我们不难发现，现存世的先秦银器都与上层贵族的生活有关，而且大都出土于上层贵族墓中。早年出土于洛阳金村的"甘斿"银耳杯和"甘斿"银匜，形制分别与临淄商王墓地一号战国墓出土的银耳杯和Ⅱ型银匜相似，唯形体略小，应为贵族墓的随葬品。安徽寿县楚王墓出土的银匜，形制亦与临淄商王墓地出土的Ⅱ型银匜相同，腹外刻"楚王室客为之"六字；外底刻"室客十"三字，笔划纤细娟秀。所谓"室"系指楚王接待宾客之处，亦即"国宾馆"。铭文记述证明，这件银匜是楚王为室客所制造，这在楚文物中尚属首例[30]。临淄商王墓地一号战国墓出土的Ⅱ型银匜，外腹刻"越陵夫人"，说明这件银匜为齐国上层贵族"越陵夫人"的生活专用品。同墓出土的两件银耳杯亦曾为"越陵夫人"专用，其中一件耳杯刻有"王"字，说明早在"越陵夫人"享用之前，似曾是秦王室的专用品。Ⅱ型银盘的出土及流传经过更具传奇色彩，虽然根据银盘刻铭尚不能确切定论，但这件银盘的制造与流传，曾与秦王宫、周王府及西汉齐王等上层贵族集团相关联，则是有据可察。概而言之，齐国贵族墓出土的银器，都是少数上层贵族使用的生活奢侈品。他们在日常生活、礼仪宾客、车马出行和丧葬喜事中，不仅占有大量的青铜器、玉器、漆器等贵重器物，而且还占用了金银器等稀贵的金属制品，从而充分显示出他们的豪华财富和高贵的等级地位。

（文物绘图　王滨）

[注释]

[1] 黄盛璋《论中国早期（铜铁以外）的金属工艺》，《考古学报》1996年第2期。

[2] 淄博市博物馆、齐故城博物馆《临淄商王墓地》，齐鲁书社，1997年5月。

[3] 1992年，山东省文物考古研究所发掘资料待发。

[4] 淄博市博物馆《西汉齐王墓随葬器物坑》，《考古学报》1985年第2期。

[5] 贾振国《齐国金器工艺赏探》，台湾《故宫文物月刊》第168期。

[6] [28] 李学勤《齐王墓器物坑铭文试析》，《海岱考古》，山东大学出版社，1989年9月。

[7] 梅原末治《洛阳金村古墓聚英》。

[8] 陈直《汉书新证》，1979年版第116页。

[9] 李学勤《考古发现与东周王都》，《欧华学报》第1期，1983年。《河洛春秋》1984年第1期转载，题为《东周王都与金村古墓》。

[10] 咸阳市博物馆：《陕西咸阳塔儿坡出土的铜器》，《文物》1975年第6期。

[11] 平凡社《书道全集》第一卷插图五八。

[12] 陈直《汉书新证》1979年版第107页。直按：《再续封泥考略》卷一第12页，有"左工室"封泥；第13页有"右工室丞"封泥。疑为考工室在汉初亦分左右。

[13] 丘光明《试论战国衡制》，《考古》1982年第5期。

[14] [21] 河北省文物研究所《譬墓——战国中山国国王之墓》第161页，文物出版社1996年2月。

[15] 山西省文物工作委员会《侯马盟书》第105页，文物出版社1976年。

[16] 《睡虎地秦简文字编》第174页。

[17] 高明《古文字类编》，中华书局1980年11月。

[18] 《中国古代度量衡图集》，文物出版社1984年12月。

[19] 《汉书·外戚传》颜师古注引如淳曰："列侯之妻称夫人，列侯死，子复为列侯，乃得称太夫人"。

［20］参阅本文图一五。

［22］四川省文物管理委员会《成都羊子山第 172 号墓发掘报告》，《考古学报》1956 年第 4 期。

［23］［24］［31］杜金鹏等《中国古代酒具》，上海文化出版社 1995 年 12 月。

［25］中国历史博物馆《中国通史陈列》第 69 页，朝华出版社 1998 年。

［26］日本平凡社《书道》第一册。

［27］黄盛璋《三晋铜器的国别、年代与相关制度》，《古文字研究》第 17 集。

［29］日本大阪府立弥生文化博物馆《中国仙人のよるさと・山东省文物展》，1996 年 10 月。

［30］马承源主编《中国青铜器》第 303 页。

福建光泽先秦陶器群的研究

——兼论"白主段类型"

林公务

　　光泽县地处福建西北部，是一个山区县，东邻武夷山、建阳两市，南为邵武市，西北隔武夷山脉与江西省的黎川、资溪等接壤。这里是闽江上游三大支流之一——富屯溪的发源地。富屯溪上源的北溪、西溪是光泽境内的主要河流。自 20 世纪 50 年代以来，本省的文物考古工作者，沿着两溪水系的考古调查，已在这里发现先秦时代古遗址或古文化遗存点 80 余处[1]。特别是在北溪水系，这些遗存点的分布则更为密集。北溪又称大乾河，大乾河两岸是连绵起伏的低缓山丘，组成溪岸窄长的低缓丘陵，1954～1955 年的考古调查中，就发现 30 余处[2]。1981～1982 年的考古调查中，又新发现 20 处，还清理了一批墓葬[3]。获得了一大批实物资料，尤其重要的是有了一批由成组陶器资料构成的、文化内涵又相对单纯的遗存单位。这些重要的资料已经为探索闽北地区先秦古文化的发展，区分不同时代、不同的文化类型，建构福建先秦古文化区系类型框架，以及探索福建沿海地区同内陆周邻地区的文化关系等等的学术问题，提供了极具价值的素材。连同闽北地区其他考古资料，这一地区的先秦考古已经取得了一些初步的研究成果，并初步建立了该地区从新石器时代晚期到青铜时代的文化发展序列：牛鼻山文化→马岭类型文化→白主段类型文化[4]。1995 年秋季，福建省博物馆又在光泽大乾河东岸的池湖一带进行了科学考古发掘，共清理了 10 座先秦古墓葬[5]。根据闽北地区的考古编年，均属于青铜时代的"白主段类型"文化时期。其中有两座是目前我省所发现的该时期最大的墓葬，出土了一批门类齐全、形态繁杂的陶瓷器，这些都将有助于对

作者简介：

　　1951 年 10 月出生，籍贯福建。1975 年毕业于北京大学考古专业，毕业后在福建省博物馆（2000 年改为福建博物院）从事考古工作。历任省福建省博物馆文物组副组长、考古部副主任、主任、副院长、副院长兼昙石山遗址博物馆馆长。工作期间，先后主持了福建省三明万寿岩旧石器时代遗址和闽侯县石山、溪头、庄边山、平潭壳丘头、霞浦黄瓜山、武夷山梅溪岗、邵武斗米山、东山大帽山、光泽积谷山等新石器时代遗址及青铜时代古墓群的发掘工作。撰写田野考古简报、报告，论文等近 50 篇。其中 4 篇分获福建省首届、二届、三届的文博考古优秀成果。1998 年被评为全国文博系统先进个人，2001 年被评为全国十大考古新发现领队。

上述学术问题研究的深入。本文将以这次发掘资料为主，结合以往发现的材料和研究成果，试从陶器群的类型学考察入手，进行陶器分类、分期，并通过同邻近周边地区古文化的比较分析，从而逐步完善闽北地区的白主段类型文化。

一 池湖墓葬出土陶器的分类分期

1. 陶器的类、型、式

1995 年的秋季发掘，在池湖的积谷山、外罩山、粮库后山三个地点，发掘清理了十座墓葬。这十座墓葬的随葬器物均以陶瓷器为主，几近 200 件。尤其是 M1 和 M9，两墓随葬的陶瓷器分别为 73 件和 63 件，且门类相当齐全，形态亦较繁杂。在资料整理过程中，由于 M1 和 M9 分别是十分明确的有着共存关系的遗存单位，其间出土同类器的不同形态，一般多是型的不同，而少有式的差异。对这批共存关系十分明确的陶器群体，如果仅用以往的型、式来进行分类是难以概括的，特别是罐类器，如果不在型、式之上作大类的区分，就很难对整个陶器群进行类型学的把握。对考古资料进行整理、分析、归纳等的实践过程，正是为了逐步接近对考古遗存的准确认识。根据类型学的原则，类、型一般反映陶瓷器群体横向的共存关系，而式则一般反映某一陶瓷器个体纵向的发展演变关系。因此，在发掘报告中，对出土的陶瓷器所进行的分类，已是尽可能地遵循了这一原则。例如对罐类器，则分为折肩、圆腹、长腹、单鋬、单把、双耳、盖罐等八大类，而每一大类之下还可分为 A、B、C 等诸型，均以反映该阶段横向共存关系的器物群类别。而型之下又区分为不同式，以反映某一类别器物纵向发展关系的形态变化。杯类器亦如此。这是这批墓葬随葬陶器中数量最多及形态最繁杂的两大类器物。现将该发掘报告对墓葬随葬陶瓷器群所进行的分类情况，总结如下（参见表一）。

从下表所划分的陶器类型中，其相对稳定的横向共存关系的器物群类、型达 50 种，而其中可进行分式的（即存在着纵向变化发展关系的）器物种类也近 20 种。有如此众多相对稳定，又具平行发展关系的陶器群类，是运用类型学原理把握陶器群演变规律的基础，而对于确定某一文化类型文化的陶器群体特征则更是十分有利的。

2. 陶器的初步分期

池湖发现的十座墓葬中，随葬陶器除 M8 仅有一件陶釜外，余均有较多的发现，尤以 M1 和 M9 出土的数量最多。下表中所列不同器类、型中的不同式及式的变化，并比照其在不同墓葬中的反映，大体可以将这十座墓葬区分为三期。第一期以 M1 为代表，M2 的 I 式瓿形器、AIII 圆腹罐同于 M1 同类器，可视为同一期。第二期以 M9 为代表，M9 尽管也有一些器物的基本形态见于 M1 的出土物中，如II式尊，BI式单鋬罐，AII、AIII式、BII式圆腹罐，AI式单把杯等。但却出现了更多的新的器物形态，与 M1 存在对应并有发展变化关系的，就有II式瓿形器，III式尊，AII、AIII式、BII、BIII式、CII式单鋬罐，AIV式、BIII、BIV式圆腹罐，AII、AIII式长腹罐，BII式盆，III式盂，BII、BIII式平底杯，BII圈足杯，AII单鋬杯，AII、AIII式单把杯，II式鼎等，这是作为分期的主要依据。M4 的 CII式单鋬罐见于 M9。M5 的 CI式钵见于 M1，但出现了 CII钵和II式瓮。M6 的 BIV式圆腹罐见于 M9。因此 M4、M5、M6 亦可归入第二期。第三期以 M10 为代表，其中亦有一些与第二期具相同形态的器物，如 BI钵、C 型盆等，但也出现了一些存在对应并有发展变化关系的器物，如III式瓿形器、AII式折肩大罐、II式盖罐等。M3 的 AII折肩大罐基本同于 M10，但出现了 IV式瓿形器。M7 的 BIII式折肩大罐及 BII式钵，都是新

表一　池湖墓葬出土陶器分类表（其中 M8 仅出陶釜 1 件，未列入）

墓号	瓶	尊	折肩大罐	单錾罐	单把罐	圆腹罐	长腹罐	瓮	壶	钵	盖罐	盆	盂	平底杯	圈足杯	单錾杯	单把杯	鼎	双耳罐	豆	碗	三足盘	折肩小罐	其他
M1	I	I、II	AI、BI、BII	AI、BI、CI、D	A、BI、CI、CII	AI～AIII、BI、BII、CI、CII、D	AI、C、D	I	AI、AII、CI、C			BII	II	AI、AII、BI	BI	AI	AI、B、D	I	AI、AII、B、C	BI、BII	I、II	I、II		釜A
M2	I			E		AIII	BI																	A	
M9	II	II、III		AII、AIII、BI、BII、BIII、CII	BII	AII～AIV、BII～BIV	AII、AIII、BII、BIII、E		B、AII、BI	AI、AII、BI	I	BII	III	BII、BIII	BII、AI、AII、AIII	AII	AI、AII、AIII	II					B	瓿B
M4				CII	D	BIV		II				AII、C												盘
M5										CI、CII														
M6			AII													B								
M10	III		AII							BI	II	C					B						C	
M7			BIII							BII														三盅盘
M3	IV		AII																					

出现的器物形态。可以看出，M3 和 M7 要相对晚于 M10，本来亦可加以区分，但限于其共存器类太少，发掘报告中一并归入第三期。

发掘报告中对池湖墓葬随葬陶器的分类，可作为分期依据的陶器型式列表如下：

池湖墓葬划分的三期中，以第一、二期的陶器材料相对较丰富，陶器类别相对较齐全。而第三期的陶器材料则相对较单薄，器类明显不足，需要作进一步的补充。但这毕竟为进一步的分期构筑了一个框架。根据这个框架，使我们较容易地在比照以往积累的资料中，增加更多的有共存组合关系的遗存单位，进一步扩充排序其典型器的数量，从而充实各期的内涵，逐步掌握不同时期陶器群体的主要特征和演变规律，并在此基础上完善作为一个类型文化中的陶器分期（参见表二）。

表二

器类分期	甑	尊	折肩大罐	单鋬罐	单把罐	圆腹罐	长腹罐	瓮	钵	盖罐	盆	盂	平底杯	圈足杯	单鋬杯	单把杯	鼎
Ⅰ	Ⅰ	Ⅰ Ⅱ	AⅠ BⅠ BⅡ	AⅠ BⅠ CⅠ	BⅠ	AⅠ- AⅢ BⅠ BⅡ	AⅠ BⅠ	Ⅰ	CⅠ		BⅠ	Ⅱ	BⅠ	BⅠ	AⅠ	AⅠ	Ⅰ
Ⅱ	Ⅱ	Ⅱ Ⅲ	AⅡ- AⅢ BⅠ- BⅢ CⅡ	AⅡ- AⅣ BⅠ- BⅣ	BⅡ	AⅡ- AⅣ BⅡ- BⅣ	AⅡ AⅢ BⅡ BⅢ	Ⅱ	BⅠ CⅠ CⅡ	Ⅰ	BⅡ	Ⅲ	BⅡ BⅢ	BⅡ	AⅡ	AⅠ- AⅢ	Ⅱ
Ⅲ	Ⅲ Ⅳ		AⅡ BⅢ						BⅠ BⅡ	Ⅱ							

二 "白主段类型"的提出及陶器分期

1. 以往的认识与陶器分期

最初提出"白主段类型"文化，是在 20 世纪 80 年代末。当时为了闽台古文化学术讨论会，在综合福建新石器时代晚期到青铜时代的考古资料中，感觉到在闽西北这个区域内，考古调查和有限的考古发掘中所发现的陶器，与闽江下游及东部沿海地区有一定的差异，其中最明显的有两点：一是前者在陶生活用器的炊器中常见三足鼎，而后者则多为圜底釜。二是陶器的形态特征，前者更接近于周邻的内陆地区，在新石器时代遗存中发现有袋足鬶等，而与后者比较中异更大于同，后者绝不见袋足器等。基于以上认识，在福建境内首先划分为东南与西北两大块，即闽江下游及东部沿海地区与闽西北内陆山地地区的两大区系[6]。同时，闽北地区所积累的考古资料中，也明显地看出存在着时间和文化内涵不尽相同的几类遗存：即多为软陶的新石器时代遗存，如浦城牛鼻山下层的一批墓葬；在时间上处于新石器时代与青铜时代之间，文化内涵中又有别于牛鼻山遗存，硬陶数量增多，并有一批颇具特色的施黑衣的陶器群的遗存，如光泽马岭的一批墓葬；在时间上晚于马岭墓葬，文化内涵中以印纹硬陶为主，出现少量原始瓷的遗存，如光泽白主段等地发现的一批遗址和墓葬。牛鼻山文化→马岭类型文化→白主段类型文化，代表的正是闽西北区域内新石器时代晚期文化→青铜时代文化的发展序列和考古编年。不过当时限于资料，对闽西北地区先秦古文化发展序列所进行的类型划分和年代推断，都只是粗线条式的，其中也还存在着学术上各有见智见仁的地方。林忠干同志提出"四期八段"：第一期相当于新石器时代晚期，称为牛鼻山类型；第二期相当于夏代至商代中期，称为马岭类型；第三期相当于商代晚期至西周，称为白主段类型；第四期相当于西周晚期至战国早期，称为杨山类型。每一期又分为前后两段[7]。本人对闽北新石器时代晚期至青铜时代的类型划分，虽然同忠干同志的上述划分略有不同，时间刻度也略有差别，但在文化内涵的总体把握上应当说是基本趋于一致的[8]。

任何一种考古学文化的最初提出到最后的普遍确认，都需要有一个认识和再认识的过程。需要在进一步的考古实践和不断增多的考古资料中，逐步得以充实、修正和完善。关于"白主段类型文化"，我在最初提出的时候，还仅仅是对区域性青铜文化的一种基本认识，在某种意义上，这里的"白主段类型文化"无异于"闽北地区的青铜文化"。因此，时间跨度较大，把时间的尺度卡在大约商代中期偏晚至春秋晚期（公元前1300~前500年）的八百年间，其间分为前后两段四期。林忠干同志则将其细分为"白主段"和"杨山"两个类型的二期四段，时间尺度卡在商代晚期至战国早期。二者间在类型划分、年代推断等方面所存在的不同看法，恰恰说明对闽北地区的青铜文化还需要作继续深入的探索，力求在深化认识中更上一个台阶。

现将二者对闽北地区青铜时代文化的类型划分及陶器分期总结如下（参见表三）：

表三

林公务:《…类型学考察》1990年			忠干:《…初步线索》1990年			
类型	分期		年代推断	类型	分期		年代推断
白主段类型	后段	四期	春秋	杨山类型	四期	后段	春秋中–战国早
		三期	西周			前段	西周晚–春秋早
	前段	二期	商晚	白主段类型	三期	后段	商末–西周中
		一期	商中			前段	商晚或略早

需要说明的是，上述二者的分期都还基于有限的陶器资料上，所以在各自所列的陶器分期图表中，作为考古学文化类型确立的重要标志之一——存在着显著特征的、有着相对稳定组合关系的、并呈现相应的形制演变序列关系的陶器群体，还未能得以充分反映。在所有作为分期的陶器类别中，能体现上述原则并可明显看出的只限于甗形器（亦称束腰甗）、长腹罐（亦称筒罐或筒腹罐）两类，其余如豆、单耳罐、钵、圆肩尊（亦称侈口尊）等，还难以形成相应的形制系列。或者说，所例举的这些器类并不一定都在同一条的演化轨迹线上。这正是需要进一步充实、修正和完善的。

2. 进一步的分类及分期

这次在池湖积谷山等地发现的十座墓葬资料，结合上述对以往考古发现材料的综合研究成果，对于我们重新认识闽北地区的青铜时代文化，进一步充实以往提出的"白主段类型文化"的内容，修正并完善以往的分期成果，从而达到能较准确地界定该类型文化的时空关系，是极为重要的。我在《光泽古墓葬出土陶器的类型学考察——兼论闽北地区史前文化发展序列》一文中，已将闽北地区以往考古发现的成组材料，特别是在光泽境内发现的墓葬材料，通过对各个遗存单位出土陶器的类型学排比，进行了大致的分期排队，同这次发掘报告中对出土陶器的分类与分期比照，原作为一期代表的白主段 M5，其中瓿形器、长腹罐的主要形制特点同于外罩山 M1，故可视为同时期。原作为二期的白主段 M1～M4 及香炉山、虎形山、汀菊排等墓葬，其出土的折肩尊、长腹罐、圆腹罐、单耳罐、折肩尊、圆肩尊、钵等亦见于积谷山 M9 中，亦属同时期。原作为三期代表的杨山 M2，其中瓿形器的形制特点与粮库后山 M3 的类同，故亦可为同时期。这样，可把作为分期的代表性遗存单位作如下总结：

第一期：外罩山 M1、M2，白主段 M5。

第二期：积谷山 M9、M8，粮库后山 M4、M5、M6，白主段 M1～M4，
　　　　香炉山 M1～M3，虎形山 M1、汀菊排 M1。

第三期：粮库后山 M10、M3，外罩山 M7、杨山 M2。

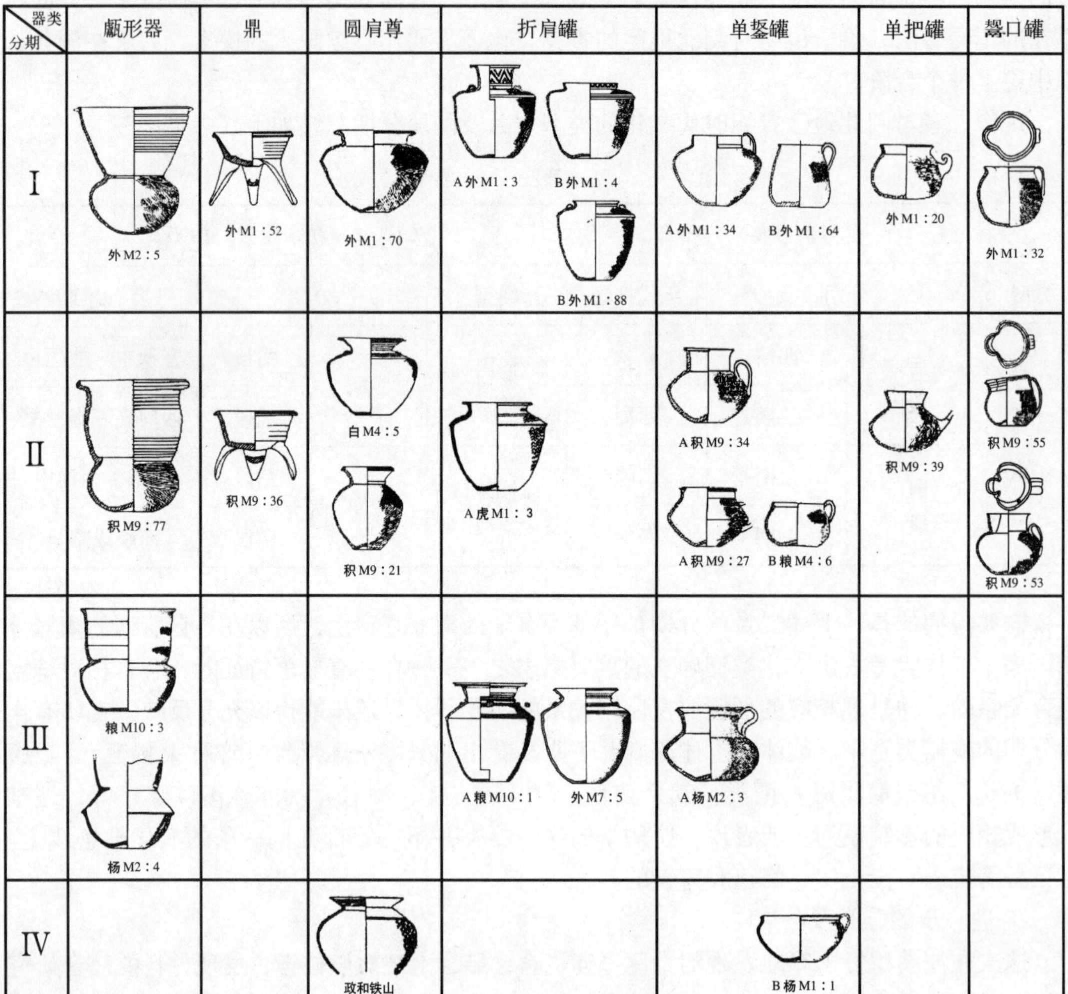

图一　"白主段类型"陶器分期图（一）

第四期：杨山 M1，油家垅（1954 年一组）。

上述遗存单位中，共出土陶器约 250 件（以下引用上述各墓出土的陶器标本号，其墓葬地点均只标其首字），可作为类、型、式划分的主要有：

瓿形器　分四式：

Ⅰ式，箅承以上为敞口，口沿外侈，箅承以下为鼓腹圜底（外 M2：5 及白 M5：3）。

Ⅱ式，箅承以上口沿侈而内收，箅承以下鼓腹凹底（积 M9：77）。

Ⅲ式，箅承以上口沿外侈，箅承以下起肩（小斜肩）、斜弧腹平底（粮 M10：3）。

Ⅳ式，箅承以上口沿残，箅承以下折肩起棱、圜凹底（杨 M2：4 及粮 M3：1）。

盆形鼎　分二式：

Ⅰ式，鼎身为敞口浅斜壁弧底，唇缘外凸，下附三扁足，足截面呈凹状（外 M1：52）。

Ⅱ式，鼎身同上，但唇缘外折，下附三扁足，足截面呈弧状（积 M9：36）。

圆肩尊　分四式：

Ⅰ式，侈口短颈溜肩斜弧腹小凹底，器宽略大或等于器高（外 M1：70）。

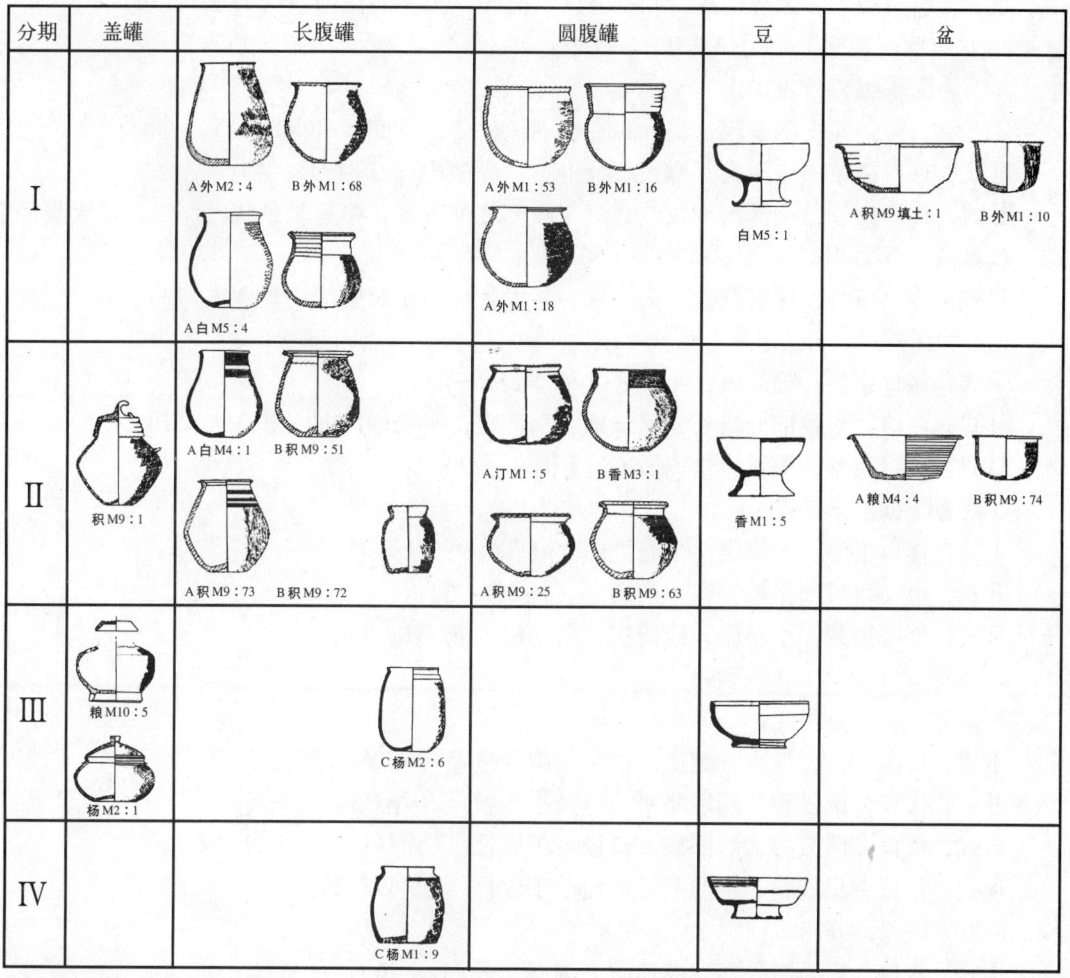

分期	盖罐	长腹罐		圆腹罐		豆	盆	
Ⅰ		A 外 M2：4　B 外 M1：68　　A 白 M5：4		A 外 M1：53　B 外 M1：16　　A 外 M1：18		白 M5：1	A 积 M9 填土：1	B 外 M1：10
Ⅱ	积 M9：1	A 白 M4：1　B 积 M9：51　　A 积 M9：73　B 积 M9：72		A 汀 M1：5　B 香 M3：1　　A 积 M9：25　B 积 M9：63		香 M1：5	A 粮 M4：4	B 积 M9：74
Ⅲ	粮 M10：5　杨 M2：1	C 杨 M2：6						
Ⅳ		C 杨 M1：9						

图二　"白主段类型"陶器分期图（二）

Ⅱ式，敞口束颈溜肩斜弧腹平底，器宽高略等（白 M4：5 及汀 M1：2）。

Ⅲ式，侈口束颈溜肩深弧腹凹底，器宽小于器高（积 M9：21）。

Ⅳ式，侈口束颈溜肩圆鼓腹，底残，器宽小于器高（政和铁山）。

罐类器　数量最多，可分以下几大类：

1. 折肩罐　分 A、B 两型：

A 型为长颈，分三式：

Ⅰ式，直口平折沿，平折肩，深弧腹，平底微内收（外 M1：3）。

Ⅱ式，直口平折沿，斜折肩，深弧腹，内凹底（虎 M1：3 及白 M1：1）。

Ⅲ式，直口折平沿，沿面宽而上折如盘，斜折肩，内口缘及颈肩交界处起突棱，斜深腹平底（粮 M10：1）。

B 型为短颈或束颈，分三式：

Ⅰ式，口微侈短颈，平折肩，深弧腹，平底微内收（外 M1：4）。

Ⅱ式，侈口短颈，弧肩，深弧腹，平底微内凹（外 M1：88）。

Ⅲ式，侈口束颈，颈部起棱，斜折肩，深弧腹，小平底微内收（外 M7：5）。

2. 长腹罐（筒罐）　分 A、B、C 三型：

A 型为深垂腹，分四式：

Ⅰ式，口微外侈，深垂腹，最大腹径在器近底处，平底（外 M2：4）。

Ⅱ式，侈口微束颈，深腹，最大腹径上移，底微内凹（白 M5：4）。

Ⅲ式，侈口束颈，颈部出现弦纹数组与腹部装饰分界，略呈长颈状，深腹，最大腹径上移，底微内凹（香 M2：2 及白 M4：1）。

Ⅳ式，侈口束颈，深腹微折，内凹底，最大腹径位于腹中部（积 M9：73）。

B 型为深鼓腹，分三式：

Ⅰ式，侈口束颈，圆鼓腹，小平底（外 M1：68）。

Ⅱ式，侈口，束颈部分略长，呈长颈，扁鼓腹，平底微内凹（积 M9：51）。

Ⅲ式，侈口束颈，深弧腹，内凹底（积 M9：72）。

C 型为筒腹，分三式：

Ⅰ式，侈口束颈，长筒腹，平底微内收（积 M9：61）。

Ⅱ式，小侈口束颈，长筒腹，内凹底（杨 M2：6）。

Ⅲ式，侈口束颈，小斜肩，短筒腹，内凹底（杨 M1：9）。

3. 圆腹罐　分 A、B 两型：

A 型为束颈，分四式：

Ⅰ式，口微侈，圆弧腹，圜底。口径与腹径略等（外 M1：53）。

Ⅱ式，侈口，圆鼓腹，圜底略平。口径小于腹径（外 M1：18）。

Ⅲ式，侈口，圆鼓腹，圜凹底。口径小于腹径（白 M1：2 及汀 M1：5）。

Ⅳ式，侈口，扁鼓腹，小凹底。口径小于腹径（积 M9：25）。

B 型为短颈，分三式：

Ⅰ式，直口，口缘微外侈，圆弧腹，圜底（外 M1：16）。

Ⅱ式，直口，圆鼓腹，圜底微内凹（香 M3：1）。

Ⅲ式，口缘外侈，直口呈短颈，小溜肩斜腹，内凹底（积 M9：63）。

4. 鬶口罐　分三式：

Ⅰ式，侈口，流部微收缩，束颈圆鼓腹，圜底（外 M1：32）。

Ⅱ式，侈口，流部收缩较Ⅰ式甚，短颈圆鼓腹，凹底（积 M9：55）。

Ⅲ式，侈口，流部收缩更甚，长颈扁鼓腹，凹底（积 M9：53）。

5. 单耳（宽鋬）罐　分 A、B 二型：

A 型为短颈，分四式：

Ⅰ式，直口，圆肩深弧腹，小平底微内收（外 M1：34）。

Ⅱ式，侈口，颈略长，扁鼓腹，内凹底（积 M9：34）。

Ⅲ式，口微敛，唇沿外凸，扁折腹，小凹底（积 M9：27）。

Ⅳ式，侈口，短颈，扁鼓腹，内凹底（杨 M2：3）。

B 型为束颈，分三式：

Ⅰ式，侈口，深垂腹，平底（外 M1：64）。

Ⅱ式，侈口，扁鼓腹，凹底（粮 M4：6）。

Ⅲ式，侈口，小圆肩，斜浅腹，小凹底（杨 M1：1）。

6. 单把罐　分二式：

Ⅰ式，直口微侈，短颈，扁弧腹，最大腹径位于近底处，圜底略平（外 M1：20）。

Ⅱ式，侈口，颈略长，扁鼓腹，最大腹径居腹中部，圜底（积 M9：39）。

7. 盖罐　分三式：

Ⅰ式，盖为圆形，平顶斜边，顶周附有尖突，角状把纽。罐身直口微内敛，近折腹，小凹底（积 M9：1）。

Ⅱ式，盖为方形，平顶斜边，顶周起棱。罐身口残，小弧肩，浅弧腹平底，下附矮圈足（粮 M10：5）。

Ⅲ式，盖为圆形，弧顶圆纽。罐身直口，外沿起棱，扁鼓腹，大凹底（杨 M2：1）。

豆　分四式：

Ⅰ式，敞口，斜弧腹平底，下附喇叭状圈足，足根外卷（白 M5：1）。

Ⅱ式，敞口，斜腹平底，下附喇叭状圈足，足根外撇（香 M1：5）。

Ⅲ式，敞口，口内外缘均有凹弦纹，浅弧腹平底，下附矮圈足（杨 M2：5）。

Ⅳ式，敞口，口内壁有多道凹弦纹，斜浅腹平底微内收，下附矮圈足（杨 M1：7）。

盆　分 A、B 二型：

A 型为平底，分二式：

Ⅰ式，大敞口，口缘外侈，浅弧腹平底，内壁隐约可见轮旋纹（积 M9 填土：1）。

Ⅱ式，大敞口，口缘外折，斜壁平底，外壁可见轮旋纹（粮 M4：4）。

B 型为圜底，器形略小，分二式：

Ⅰ式，敞口，口缘微外侈，近直腹圜底（外 M1：10）。

Ⅱ式，敞口，口缘外折，弧腹圜底微内收（积 M9：74）（以上参见图一、二）。

钵　分 A、B、C 三型：

A 型为圆鼓腹，分二式：

Ⅰ式，敛口，圆鼓腹，平底（白 M5：2）。

Ⅱ式，敛口，扁鼓腹，内凹底（粮 M5：1）。

B 型为近直腹，分二式：

Ⅰ式，直口，口缘微内外凸，近直腹圜底（积 M9：28）。

Ⅱ式，直口，口内缘微收，外缘起棱呈斜沿，近直腹，圜底内凹（积 M9：13）。

C 型为浅弧腹，分二式：

Ⅰ式，直口，浅弧腹平底（积 M9：60）。

Ⅱ式，直口微内收，浅弧腹凹底（外 M7：6）。

盂　分三式：

Ⅰ式，敛口，浅折腹大平底（积 T0709④：4）。

Ⅱ式，敛口，唇微外卷，浅折腹平底微内收（外 M1：69）。

Ⅲ式，敛口外卷沿，深折腹小平底微内凹（积 M9：18）。

杯　分 A、B、C 三型：

A 型为垂腹，分三式：

Ⅰ式，侈口，下腹垂折，平底内收（外 M1：93）。

Ⅱ式，侈口，微束颈，下腹垂弧，平底内收（积 M9：26）。

Ⅲ式，侈口，束颈，下腹垂弧，平底（积 M9：41）。

B 型为单耳筒腹，分二式：

Ⅰ式，口微外侈，深直腹微垂，平底内收（外 M1：7）。

Ⅱ式，侈口斜沿，深直腹内收，略呈圜底（积 M9：38）。

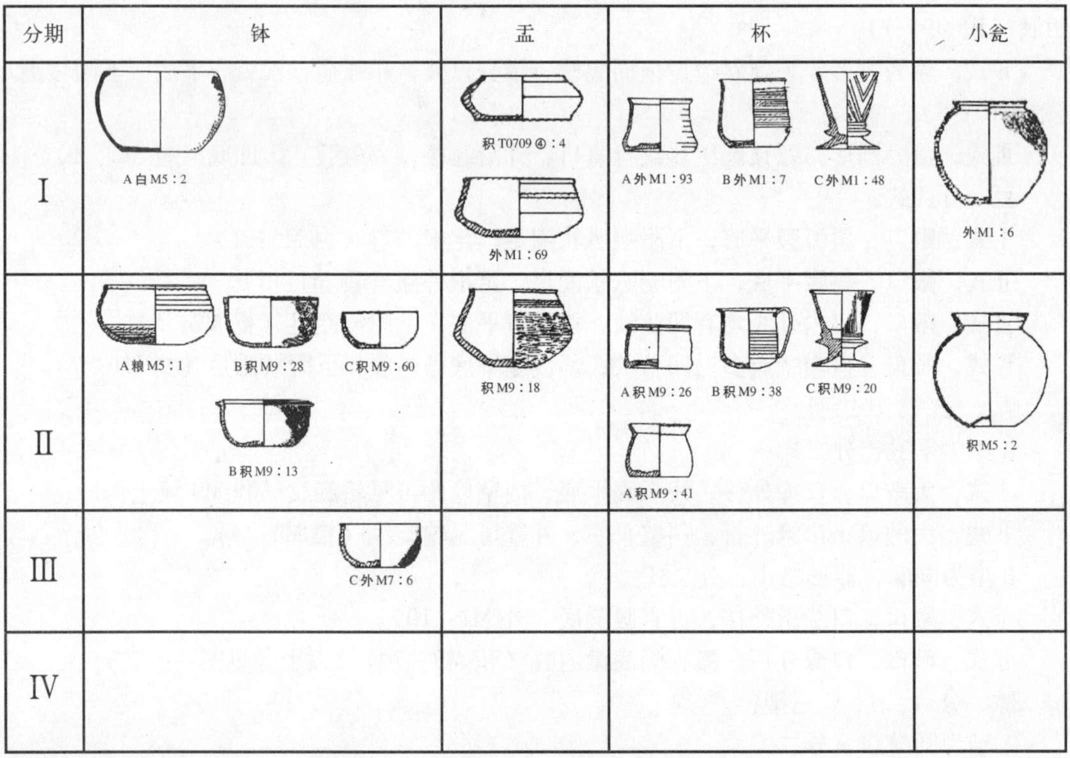

分期	钵	盂	杯	小瓮
Ⅰ	A 白 M5：2	积 T0709④：4 外 M1：69	A 外 M1：93　　B 外 M1：7　　C 外 M1：48	外 M1：6
Ⅱ	A 粮 M5：1　B 积 M9：28　C 积 M9：60 B 积 M9：13	积 M9：18	A 积 M9：26　B 积 M9：38　C 积 M9：20 A 积 M9：41	积 M5：2
Ⅲ		C 外 M7：6		
Ⅳ				

图三　"白主段类型"陶器分期图（三）

C型为圈足直腹，分二式：

Ⅰ式，斜直口，深腹平底，腹底处外凸起棱，下附矮圈足呈喇叭状外撇（外M1：48）。

Ⅱ式，斜直口，口缘外敞，斜深腹平底，腹底处外凸起棱如Ⅰ式，下附短柄圈足，圈足足根外撇更甚（积M9：20）。

小瓮　分二式：

Ⅰ式，小侈口，束颈，深鼓腹平底（外M1：6）。

Ⅱ式，侈口，束颈，深鼓腹大凹底（粮M5：2）（以上参见图三）。

以上陶器分类中的不同式别在所分各期中的体现总结如下（参见表四）。

表四

分期	瓿形器	盆形鼎	圆肩尊	折肩罐	单鋬罐	单把罐	蒿口罐	盖罐	长腹罐
Ⅰ	Ⅰ	Ⅰ	Ⅰ	AⅠ BⅠ BⅡ	AⅠ BⅠ	Ⅰ	Ⅰ	AⅠ BⅠ AⅡ
Ⅱ	Ⅱ	Ⅱ	Ⅱ Ⅲ	AⅡ	AⅡ AⅢ BⅡ	Ⅱ	Ⅱ Ⅲ	Ⅰ	AⅢ BⅡ AⅣ BⅢ CⅠ
Ⅲ	Ⅲ Ⅳ			AⅢ BⅢ	AⅣ			Ⅱ Ⅲ	CⅡ
Ⅳ			Ⅳ		BⅢ				CⅢ

分期	圆腹罐	豆	盆	钵	盂	杯	小瓮
Ⅰ	AⅠ BⅠ AⅡ	Ⅰ	AⅠ BⅠ	AⅠ	Ⅰ Ⅱ	AⅠ BⅠ CⅠ	Ⅰ
Ⅱ	AⅢ BⅡ AⅣ BⅢ	Ⅱ	AⅡ BⅡ	AⅡ BⅠ CⅠ BⅡ	Ⅲ	AⅡ BⅡ CⅡ AⅢ	Ⅱ
Ⅲ		Ⅲ		CⅡ			
Ⅳ		Ⅳ					

上述陶器分类、分期所提供的材料中，一个明显的缺陷在于三、四期的材料还十分薄弱，在分期图中留下了太多的空白。除了第一、二期之间所呈现的典型器，有相应的演变序列关系，亦可捕捉到其演变规律和共存组合关系的稳定程度。二期同三期、四期间还不十分明确。因此，第一、二期和第三、四期之间，是因为材料的不足而产生的分期上的缺环，或者尚可区分为两个文化类型（如忠干的"白主段"和"杨山"两类型）。至少目前还不可能比较充分地回答这个问题。因为它们之间在文化发展演变过程中，其器物形制和组合的变化，是否可界定为文化内涵中量和质的区别？我们还没有十分的把握。故本文暂仍将其统归于"白主段类型"中，一、二期作为该类型的前段，三、四期作为该类型的后段。

三　比较与界定

在福建境内的青铜时代文化物质遗存中，以陶器和石器占绝大多数，青铜器数量极少，且多限于斧、锛等小型的工具。石器数量虽多，但在反映时代、地域特征上并不敏感，亦难以把握。在时空上比较和断定不同阶段、不同区域文化的共性与差异等方面，陶器资料无疑仍是最主要的线索和依据。因此，据已发现的陶器资料，试作如下比较和界定。需要说明的是，由于"白主段类型"文化中的陶器资料，大多限于早期阶段（前段～商周时期），以下比较中可能得到的结论，显然也只能限于该类型的前段时期。

1. 同闽江下游及沿海地区的比较

在光泽发现的"白主段类型"陶器群中，上述有相对稳定的组合关系、相对数量较多并可用于陶器分期的器物，绝大部分应是该文化类型中的主流陶器群，它反映了这时期本地文化的本质特征，可称为甲组器物。这也是将其确立为区域文化类型的最主要依据。还有一部分相对数量较少的非主流的陶器，可称为乙组器物。乙组器物曾较多地见于或类同于闽江下游及东部沿海地区的"黄土仑类型"。如：外罩山 M1：34 的 B I 式单鋬罐—黄土仑 M5：2 的 VI 式圆腹罐；外 M1：50 的 D 型圆腹罐及外 M1：49 的 D 型单鋬罐—黄土仑 M8：4 的 I 式钵；外 M1：33 的 C 型双耳罐、外 M1：57 的 B 型双耳罐—黄土仑 M1：7 的双耳杯、M3：4 的 I 式单耳杯及 M6：1 的 V 式单耳杯；积 M9：50 的 B 型壶—黄土仑 M3：10 的曡形器；外 M1：56 II 式豆—黄土仑 M1：6 的簋；外 M1：30 的 I 式豆—黄土仑 M10：2 的圈足杯；外 M1：48 的 B I 式和积 M9：20 的 B II 式杯—黄土仑 M4：5、M5：4、M3：8 的 I、II 式觚形杯；香炉山 M1：8 的单鋬罐—黄土仑 M7：8 的 III 式单耳环等等[9]。这些相同或相似的文化因素，在"黄土仑类型"的陶器群中反映得尤其突出，可视为文化传播和影响的物化表现。表明该时期"白主段类型"文化同沿海地区的"黄土仑类型"文化的关系相当密切，频繁交往而形成的文化互动在这里得到了相当充分的呈现（图四）。

2. 同赣、浙、沪等内陆邻近地区的比较

"白主段类型"的陶器群中，也还有一小部分非主流的陶器，可称为丙组器物，曾见于或类同于周邻的江西、浙江以及上海等地的同时期文化遗存中。如：虎形山 M1：3 的折肩罐—江西吴城 T7⑤：47 的三期尊，积谷山 M9：63 的圆腹罐—吴城 M2：6 的三期罐，外罩山 M1：62 的 C 型长腹罐—吴城 H11：18 的三期罐，积谷山 M9：1 盖罐的盖—吴城 T7⑤：72 的一期盖，积谷山 M9 填土：1 的盆—吴城 T9③：399 的二期盆[10]。外罩山 M1：22 的 A II 式壶—江西鹰潭板栗山采集的壶，外罩山 M1：65 的三足盘—鹰潭角山窑址 A：41 的三足盘，积谷山 T0709④：3 的 A 型豆—角山 H3：70 的豆，积谷山 M9：29 的圆腹罐、积 M9：72 的长腹罐—角山 H1：6 和 A：88 的罐，积谷山 M9：62 的觚—板栗山 H1：26 的觚，积谷山 M9：74 的小盆—板栗山 H1：2 的盆等[11]。外罩山 M1：7 的 II 式三足盘—江西临川横山的釉鼎形器[12]。白主段 M3：1、积谷山 M9：63 的圆肩罐—上海马桥四层（T111：4）的 II 式罐，积 M9：62 的觚—马桥四层（T13：10）的 II 式觚，积 M9：74 的小盆—马桥四层（B11：52）的 IV 碗，外罩山 M1：57 的双耳罐—马桥 E11：6 的 I 式碗，积谷山 M9：18 的盂—马桥 D13：5 的 III 式罐，积谷山 M9 填土：1 的盆—马桥 C12：20 的 IV 式碗，粮库后山 M4：4 的 A II 式盆—马桥 T19：1 的 III 式盆，积谷山 M8：1 的 II 式釜—马桥 T111：8 的 I 式釜等等[13]。这些同内陆地区相似或相同因素的存在，同样可以看作是文化互动使然。因此也表明在"白主段类型"文化时期，同内陆地区同时期诸考古学文化的交往联系也相当频繁，其中部分文化因素显然存在着相互传播影响并相互吸收的文化互动关系（图五）。

3. 溯源——同马岭类型遗存的比较

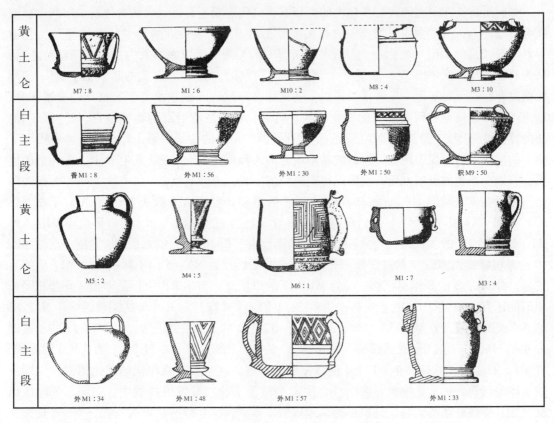

图四 "白主段类型"与黄土仑陶器比较图

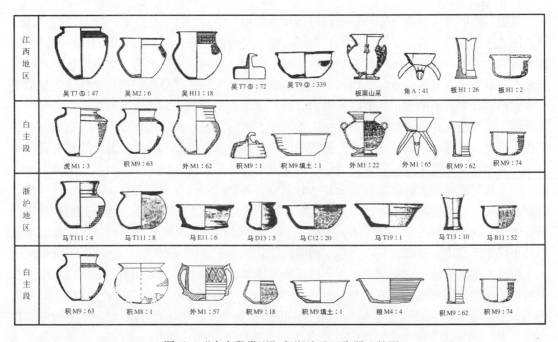

图五 "白主段类型"与浙沪地区陶器比较图

如前所述，在闽北地区初步建构的由新石器时代晚期至青铜时代的文化发展序列中，或在考古编年上，与"白主段类型"文化关系最密切、编年最接近的是"马岭类型"文化遗存。关于"马岭类型"文化（自从首先在光泽马岭发现一批以施黑衣为特色的陶器群之后，又先后在光泽的汉坪山[14]、油溪[15]、武夷山的葫芦山下层[16]、邵武的斗米山上层[17]等地相继发现，这无疑更进一步丰富了该类型文化的内容）与"白主段类型"文化的类型区分，这里不作详述（诸如两类型间的文化面貌、内涵、特征及陶器群的器物组合、器物形制的质的差异性等等）。但二者间存在着的千丝万缕的文化上的传承关系，却在陶器群中得到了应有的反映。这不仅表现在陶器群的基本组合形式和某些装饰手法上，存在着某些相近的迹象，特别在器物的形制方面，也可以得到充分的反映。也就是说，"白主段类型"的某些陶器，可以在"马岭类型"的陶器群中找到它的祖型。如：白主段类型中的 A I（外 M1：32）、A Ⅲ式（积 M9：53）鬶口单銴罐—马岭 M1：6 的单銴壶，B I、B Ⅱ式圆腹罐（外 M1：16、积 T0609③：6）—马岭 M1：11 的高领罐，积 M9：34 的 B Ⅱ式单銴罐—马岭 M2：10 的单銴罐，白 M5：2 的鼓形钵—马岭 M1：19 的钵，香 M3：6 的小钵—马岭 M1：9 的 I 式盂，外 M1：8 的 B 型单把杯—马岭 M1：17 的单把罐。与斗米山上层墓葬出土陶器相同或相似的还有：积 M9：64 的 Ⅱ式尊—斗 M33：1 的 A I 式尊，白 M1：2 的圆腹罐—斗 M12：6 的 A I 式圆腹罐，外 M1：37 的 C I 式钵—斗 M27：2 的 B Ⅲ式曲腹盆，白 M4：11 的长腹罐—斗 T1116④：7 的 B Ⅲ式圆腹罐，外 M1：63 的 C I 式圆腹罐—斗 M27：1 的 A Ⅱ式圆腹罐，外 M1：93 的 B I 式杯—斗 M12：4 的 A I 式杯等等。这些相似或相同的文化因素，无疑反映了本地区传统的文化物象。表明"白主段类型"文化在其发展过程中，在同周邻地区诸文化相互交往联系的同时，也根深蒂固地保留了本地区文化故有传统的特色，"马岭类型文化"无疑是它的最重要的源头（图六）。

4. 时空界定

根据以往的考古调查及部分发掘资料所显示的信息中，"白主段类型"的陶器群，其分布范围大体是：东南部以浙西南及闽北的洞宫山、鹫峰山为界，以闽江上游的建溪和富屯溪流域为其主要分布的中心区。即在福建的建瓯、建阳、政和、松溪全境及以西地区，浙江的庆元、龙泉境内及其西南地区。西北部主要以武夷山脉为界，部分可能已达到闽赣边界的武夷山脉西侧，如江西的黎川、资溪、铅山、广丰等地。面南部为闽江上游的另一支流——沙溪流域，这些地方经过科学的考古发掘工作较少，考古调查中发现的陶器资料表明，南可达宁化、清流、明溪、永安等地。在上述区域内，就福建省 20 世记 80 年代的文物普查资料中显示，其遗存点几近千处，分布区域约广达 5 万平方公里。

在上述对光泽陶器群所进行的分类、分期中，各期的年代界定，可作为参考的科学测年数据还较少，就福建境内而言，与此有关联的仅有黄土仑遗址及黄瓜山遗址下层的碳测年代可资参考。黄土仑遗址为木炭标本，经树轮校正年代为距今 3470 ± 220 年[18]。黄瓜山下层相对年代早于黄土仑遗存，其贝壳标本的碳测年代为距今 3915 ± 60 年[19]。这两个数据同闽江下游及东部沿海地区的史前考古编年的推断基本吻合。据此与闽北相对应，闽江下游及东部沿海地区的"黄瓜山类型（亦称庄边山上层类型）"与闽北地区的"马岭类型"，其年代相当，约距今 4000～3500 年，即约相当于中原的夏及商代早期。而"黄土仑类型"与"白主段类型"的年代亦相当，其年代上限应当接近于距今 3500 年左右。以黄土仑墓葬为代表的遗存，是属于"黄土仑类型"文化的前段，过去曾将其年代断为商末周初。从上述同内

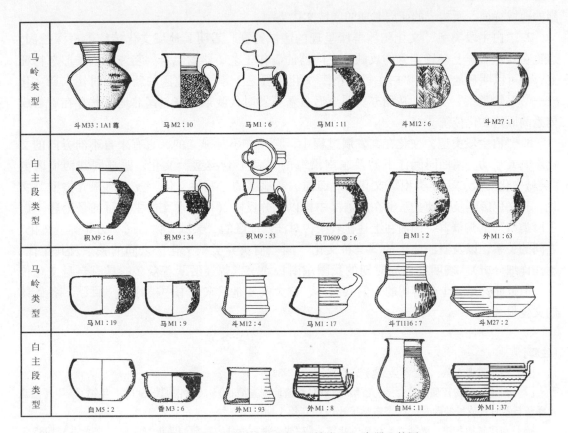

图六　"白主段类型"同"马岭类型"陶器比较图

陆地区诸文化相比较的材料中，现在看来其年代当不晚至西周。再参照周邻地区同行对"吴城文化"和"马桥文化"的年代推断结论，本人仍然倾向于将"白主段类型"的前段时间（即上述分期中第一、二期），断在商代中期～商代晚期。"白主段类型"的后段，经过科学发掘的材料还相当有限，由成批成组的陶器资料组成的文化内涵相对单纯的遗存单位更显欠缺，目前在一定程度上还难以进行系统的比较研究，对文化类型及年代上的准确界定，还有待于考古新资料量的积累。只有在获得较系统可供比较研究的素材中，才可能有足够的把握。不过就现有资料所显露的信息中，还是可以进行大致的年代界定。比如"白主段类型"后段第三期的杨山 M2，以及第四期的杨山 M1（还有在政和铁山出土的一批资料[20]），其出土的几种原始瓷豆，就具有强烈的时代特征，这些原始瓷豆广见于江浙地区的西周和春秋时期的土墩墓葬中[21]。因此，"白主段类型"第三期、第四期的年代，据此也可以分别断定为西周时期和春秋时期。

四　小　结

1. 根据考古学文化的理论，在特定的时空领域中，有相对稳定的组合关系、并可窥见其发展演变轨迹、同时呈现出显著文化特征的器物群，可以反映这一特定的时空领域内一个相对稳定的人们共同体的存在，可以构成这一特定的时空领域内的一个考古学文化。"白主段类型"文化，就是根据以闽北地区为中心的地域内，所发现的陶器群资料中呈现出的强烈的地域特征，所构成的商周时期的区域文化类型。

2. "白主段类型"文化陶器群所呈现的区域特征，表明其地域文化传统的根深蒂固。这也在其陶器群上有较充分的反映，在陶器的制作工艺、器物组合、装饰手法及形态特征上，也可以明显地看到，"白主段类型"文化主要是上承了本地区的新石器时代末期文化——"马岭类型"文化。从而亦表明至迟自新石器时代晚期以来，闽北地区就存在着自成体系的原始文化传统。

3. "白主段类型"文化在其发展过程中，自然亦不是孤立的，它有来自不同方向的文化影响或互动。南面同闽江下游及东南沿海的"黄土仑类型"文化，西部同江西境内的"吴城文化"及"万年类型"文化，北面同沪浙地区的"马桥文化"及"肩头弄类型"文化，其文化影响及互动关系也在陶器群中得以充分反映（由于本文的主要目的是论述"白主段类型"的陶器群，因而在上述比较中，对江西地区的"吴城文化"同"万年类型文化"之间的关系，以及浙沪地区的"马桥文化"同"肩头弄类型文化"之间的关系及其年代，不作详细分析）。表明在商周时期的我国东南板块上，曾经活跃着众多的具有自身文化传统、但彼此关系又十分密切的人们共同体，这大概就是后来史书中被称作"百越"各族体的文化根基。

[注释]

[1] 福建省考古队：《光泽县文物普查一览表》1988年。

[2] 福建省文物管理委员会：《光泽新石器时代遗址调查简报》，《考古通讯》1955年第6期；《福建光泽新石器时代遗址的调查》，《考古学报》1957年第1期。

[3] 福建省博物馆、光泽县文化局文化馆：《福建光泽古遗址古墓葬的调查与清理》，《考古》1985年第12期。

[4][7][8] 林忠干：《闽北先秦古文化发展初步探索》，《福建文博》1990年第2期；林公务：《光泽古墓葬出土陶器的类型学考察》，《福建文博》1990年第2期。

[5] 福建省博物馆：《福建光泽池湖积谷山遗址及墓葬》，《东南考古研究》第三辑，厦大出版社2003年。

[6] 林公务：《福建史前文化概论》，《福建文博》1990年增刊。

[9] 福建省博物馆：《闽侯黄土仑遗址发掘简报》，《文物》1984年第4期及《福建文博》1984年第1期。

[10] 江西省博物馆等：《江西清江吴城商代遗址发掘简报》，《文物》1975年第7期；《江西清江吴城商代遗址第四次发掘的主要收获》，《文物资料丛刊》第2辑，文物出版社1978年。

[11] 江西省文物工作队等：《鹰潭角山商代窑址试掘简报》，《江西历史文物》1987年第2期。

[12] 江西省文物管理委员会：《江西临川新石器时代遗址调查简报》，《考古》1964年第4期。

[13] 上海文物管理委员会：《上海马桥遗址第一、二次发掘》，《考古学报》1978年第1期。

[14] 黄富莲：《光泽县汉坪山古墓清理简报》，《福建文博》1990年第2期。

[15] 福建省博物馆、光泽县文化局文化馆：《福建光泽古遗址古墓葬的调查与清理》，《考古》1985年第12期。文中只将83油溪M1列入表中，并未记述，且断为周代。其出土的黑衣鱼篓罐、黑衣长颈瓶、黑衣曲腹盆等与邵武斗米山上层墓葬的随葬陶器相同，应予改正。

[16] 福建省博物馆1991年发掘资料，待发表。

[17] 福建省博物馆：《福建邵武斗米山遗址发掘报告》，《福建文博》2001年第2期。

[18] 中国社会科学院考古研究所编：《中国考古学中碳十四年代数据集1965～1981》，文物出版社

1983 年。

　[19] 福建省博物馆:《福建霞浦黄瓜山遗址发掘报告》,《福建文博》1994 年第 1 期。

　[20] 福建省博物馆:《福建政和县发现春秋时期青铜兵器和印纹硬陶器》,《考古》1979 年第 6 期。

　[21] 土墩墓资料见《文物资料丛刊》第 6 辑,文物出版社 1982 年及《东南文化》1989 年 4～5 期中的有关资料。

龙虎山千年悬棺之谜

刘诗中

龙虎山位于江西省鹰潭市郊西南约 20 公里处，源远流长的道教文化、独具特色的碧水丹山和历史悠久的崖墓构成了龙虎山风景旅游区自然景观和人文景观的壮丽画卷。

我国古典名著《水浒传》开卷第一回，用全部篇幅绘声绘色、惟妙惟肖地描绘了龙虎山的优美景色。"远观磨断乱云痕，近看平吞明月魄。……虎啸时风生谷口，猿啼时月坠山腰。恰似青黛染成千块玉，碧纱笼罩万堆烟。"施耐庵的妙笔把龙虎山描绘得出神入化，令人叹为观止。

龙虎山系武夷山余脉，肖子开《建安记》一书谓"武夷山其高五百仞，岩石若红紫二色，望之若朝霞，有壁峭拔数百仞于烟岚之中，其石间有木碓、砻、簸箕、箩箸，什器物靡不有之。顾野王谓之地仙之宅。半崖有悬棺数千，传云皆有神人居此，故得名。"南朝人顾野王在建安（今建安）地区任职期间游武夷山后，记述了武夷山悬棺葬的壮观场面"地仙之宅，半崖有悬棺数千。"然而，历经千年风霜浩劫后，武夷山今存崖墓不足十处，且葬物所剩无几。庆幸的是龙虎山虽经历代劫难，至今仍保存崖墓 200 余处，通过科学发掘获取了一批研究中国悬棺葬的重要文物资料，研究结果表明：龙虎山所处的武夷山脉悬棺年代最早，是流行于东南亚一带悬棺葬的发祥地，其悬崖洞穴中的珍藏物是探寻古越族历史的文物宝库。

一 语焉不详的文献

龙虎山以其诗情画意般的景色，吸引着历代文人骚客前来浏览观光，颇为感叹地写下了大量诗文，这之中对龙虎山最著名的风景区仙水岩洞穴情况也作过绘声绘色的描写，给龙虎山增添了更为神秘的色彩。

最早的要算唐代的王贞白，他游仙岩后写了一首六言诗："白云昼起丹灶，红叶秋书篆文，二十四岩天上，鸡啼破青云。"他看到了"丹灶"、"篆文"，认为这是另外一个在青山

作者简介：

1950 年 10 月生于江西吉安。1975 年毕业于北京大学历史系考古专业。30 年来一直从事考古发掘与研究工作，曾任龙虎山崖墓考古发掘队领队。现任江西省文物考古研究所副所长，研究员，学术委员会主任。享受国务院政府津贴。

之外的神仙世界。

宋代晁补之在《鸡肋集》中记载："出游龙虎山，舟中望仙岩，壁立千仞者不可上，其高处穴中往往如困仓棺椁云，盖仙人所居也。"他的《游仙岩》诗云："稽天巨浸洗南荒，上有千峰骨立僵，民末降邱应宅此，举头天壁有困仓。"他看到了洞中有棺椁之类。

宋代诗人王文卿《仙棺岩》（外三首）云："昔人骑鹤上天去，不向人间有蜕蝉；千载玉棺飞不动，空江斜月照寒烟。"

宋代文人易性中《龙虎山》诗中云："云气蓬莱近，山阴草树香；御风不知远，仙骨已清凉。"

元代张伯远有诗云："路绝传仙处，舟行仰迹存。悬崖时见有，邃洞独知门。"

元代徐敏父诗云："天鸡三叫白云中，知有仙家住半空。尘土恍然惊梦觉，碧桃花落自春风。""泛泛轻舟溯碧溪，苍崖万仞有鸣鸡。可惜吾侪不同往，便当著屐上丹梯。"

明代诗人黄应元《香炉岩》（外四首）中的《仙蜕岩》云："仙人真隐紫芙蓉，窈窕凝眸定几重；吹彻洞箫何处去，千秋遗蜕白云封。"《仙仓岩》云："岩下江流泻玉长，岩头瑶草檀春光；仙家尽道休粮得，云壑如何亦有仓？"

明人张守初《游仙岩诗》序记有："仙岩……而穴其嵌空礴晬者，疱瘦垒牖机杼梁堵，皆具其间。"

明人朱维京有诗云："龙虎山岩寺，蓬莱兜率天，何来青玉杖，曾叩翠微巅。岩有千年骨，梯悬万仞船，夜间仙乐动，缥渺五云边。"

上述几位古代文人墨客对仙岩洞穴作过一些描述，但观察最细致、描写最具体的要算明代文人徐学谟。他在《游仙岩记》中记述："出贵溪龙虎山一里，南庭大溪……明日始访仙岩……扁木横列，差若具齿，或启或闭，或整或坠，数以时变，农家欲以验岁者，曰仙仓岩，自仙仓岩而下者为酒瓮岩，有陶罂散贮岩中。岩头岩古冢，囊一棺而暴其半者，为仙棺岩，棺白色，材如今人所用。他岩棺尤累累，有规形而锐者，稍异。其次曰药笼岩，有石磨一，旁施清笋，即今药肆中所陈，其次曰丹灶岩，岩之古灶仿佛颓废，惟败堙雍之，尚有水淋火炼之色。……曰马厩岩，两柱间悬一柄，若将趋而标者。曰鹰架岩，一木衡之，鹰已飞去，而溲泻常积。又其次曰杂具、杵臼二岩，其架轴舂碓之器，宛然森列。……为辘轳岩，世传其岩尝突出其榍，岩外悬吸器，以便敛纵之，后押于武人，绠木遂泛，而仅露其半，今并其半不可睹，而辘轳之名不废。有土炉一具，旁罗诸铁器者，曰铁炉岩。杂委诸工料，狼籍不除，似将管室者，曰泥料岩。又有壑而舟横者，窦而床列者，虽去人远甚，俨有形似，其名曰仙船岩，曰仙床岩。"

徐学谟所看到的以及判定的物件与考古发掘时看到的有些相似，例如酒瓮岩、仙棺岩、仙船岩、鹰架岩、杵臼岩、杂具岩、辘轳岩、药笼岩等等，出土文物中就有陶瓷、独木棺等。有的则是远望外形而定名的。例如仙仓岩，就是看到用木板封门的洞穴，犹如乡村的仓房。泥料岩，则是当时封洞垫平洞口的草拌泥墙，因而命名的。至于丹灶岩、铁炉岩，那是他从远处看到洞中似乎有丹灶和铁炉而命名的。他还进一步指出："今诸岩所示幻迹，皆生人养生、养死必需之具，彼其巉岩峭拔，下令不测，那猿猴不可攀附，岂人力能所致，而其具皆金、石、土、木、陶瓦为之，至今与岩俱在。而自有岩以来，不知几千岁。"他不明白这是怎么一回事，认为这是"幻迹"，是岂真有阿护（仙人）为之者耶？"

查阅《龙虎山志》和《贵溪县志》及其他地方文献，也可以找到龙虎山洞穴的记载。

仙岩，在贵溪县南七十里，去龙虎山二里。峰峦削立，高出云表。岩石嵌空，多为洞穴，房屋，窗牖床榻、仓廪、棺椁、鸡犬、禽鸟之状。

《舆地纪胜》卷二十一·信州景物

龙虎山，县西南八十里，在象山之西北。……出龙虎山而西一二里，南迫大溪，溪水滢滢可鉴毛发，则仙岩列焉。其岩峰峦削立，高出云表，岩石嵌空，多为洞穴、房室、窗牖、床榻、仓廪之状，其二十有四岩，而总之曰仙岩。

《读史方舆纪要》卷八五·江西三

仙人城，在安仁（今余江）监溪。悬岩多大穴，中有铁冶、盐敖、仓廪、棺椁之属；皆去人数千尺，世传武夷仙人归藏于此。

《舆地纪胜》卷二十一·饶州景物

云原山，云壹山在县南仙源乡……又西十里许为云原山，石壁削立，两旁如门，山椒有壁鲁洞，世为神仙之窟宅。

《读史方舆纪要》卷八五·江西三

碣石峰，在县南七十里与仙岩相近，平地屹立，高逼云霄，山腰有岩窦，中有机车，杵臼之类，特可望而不可即云。

同治《安仁县志》卷四

《龙虎山志》载："仙岩，上清溪西二十里，与龙虎山相去二里，其岩峰峦峭立，高出云表，岩石嵌空，洞穴内备窗牖、床榻、仓廪及诸器，共有二十四岩，而总名之曰仙岩，与饶州府（今鄱阳）、安仁县（今余江）接界。……仙岩下临深渊，上嵌空碧，洞穴中通石窦如井，缘窦，仰眺流丹耸翠，延冲纳夹，苍茫空外，径路断绝，玉乳乍浑，绣花久佁，严霜烈日，竦风瘦雨，岩贮四具。"

以上方志所载洞穴中的"房屋"、"窗牖"、"仓廪"即指以"房形"和"仓形"的棺木。"床榻"有可能指倒塌的门板，而"鸡犬"、"禽鸟"当指棺木的雕刻装饰，这种装饰性的雕刻，在广西崖棺中也有发现。雕刻纹饰不仅限于棺木，还见于木质用具。

千百年来，历代文人对处于风景如画的崖葬区，只觉其悬棺奇妙，而并不了解其葬俗内涵，从而将它加以神化，把悬棺称之为"仙人葬处"，或云神仙来此换骨的"仙灵"、"仙骨"等等，致使悬棺葬迷雾重重，形成千古之谜。

二 洞天福地

人生一世，都免不了生老病死，这是客观的规律，完全不以人们的意志为转移。人死了，其遗体需要加以处置，也是件极其自然的事。丧葬，正是各民族人民在长期发展过程中逐步形成的一种习俗。

悬棺葬，这是一种奇特葬俗。这种埋葬方式主要分布在中国的南部及西南部，另在太平洋岛屿也见有这种安葬方式。将葬具放入峭壁高岩洞穴内；或在绝壁上凿孔安桩，将棺木横架于纵向桩上，上下层层叠落。

居住在武夷山脉一带的先民在某个历史时期，曾选择悬崖峭壁的洞穴作为安葬先人的墓穴。这些高岩上的自然洞穴，野兽不及，人迹不到，是保护祖先不受凌辱的好地方。岩高防潮，棺木易长久保存。这种向阳、干燥、通风、险绝的洞穴，在龙虎山就有近200余座，显然这是一处被古人选中的得天独厚的天然葬场。

龙虎山崖墓选择的地理位置标准有二：一是江河溪水之旁；二是绝壁高崖洞穴，葬地多选择30~70米不等的洞穴，这些洞穴下临深渊，上接星斗，人迹所不到，猿猱所不能攀的特点。

在远古时代，人们感觉到的是一种二重世界，以为现实世界不仅是人的世界，同时也是神灵的世界。神灵具有无限的力量，统治着天地与人间。先民们认为，人不能为所欲为，还有神在主宰他们，众多神灵与他们一起生活在这个世界上，才能求得神灵的护佑。

在万物有灵观念的支配下，一切自然力与自然物，上自天体，下到大地，所有与人类相关的事物，都可以成为崇拜的对象。人们认为它们各自都有神灵主宰，都具有人类无法超越的力量。自然崇拜由于崇拜对象的不同，可以区分为山石崇拜、水火崇拜、动植物崇拜、天体崇拜、大地崇拜等几大类。

悬棺葬反映了"升天"说的宗教观念。《珙县县志》记"珙县（今属四川）多僰人……相传有罗因者，以僰火常灭其宗，乃教化悬棺崖上，子孙高显，于是争挂高岩以趋吉。"《朝野佥载》卷十四："五溪蛮，父母死，于村外搁其尸，三年不葬，打鼓路歌，亲属饮宴舞戏一月余日，尽产为棺。于临江高山半肋，凿龛以葬之，自山下悬索下柩，弥高者以为至孝，即终身不复祭，初遭丧，三年不食盐。"生活在悬棺葬区的先民，他们的生活环境大都处在奇峰耸立的山区，他们世代都把高耸云霄的大山视为生活的依托，对它产生了崇敬的心理，甚至幻想为他们崇敬的"天神上帝"而崇拜它，向往它，并企望自己也能和天神居住其间，故死后也将尸体安葬在高不可攀的悬崖绝壁的崖洞之中。还有人认为当时生活在高山僻壤之中的先民，由于在长期处在原始生活状态中，对高山险峰有着令人难以接近的神秘感，长久以来，他们常视为神灵之居所或通天之捷径备加崇拜，故需要把死者的灵柩置于高山崖穴之间，这样不但使死魂接近神仙天国，而且更重要的使之易于皈附于神仙天国。

日本学者在探讨现代印度尼西亚苏拉威西岛中部托拉贾人的悬棺葬反映的宗教意识之时认为，托拉贾人之所以将棺木置于陡峭的悬崖绝壁是因为托拉贾人把巴姆巴蒂安山看作是神仙所居住的灵山，人死以后，他的灵魂会回到天上或灵山去，托拉贾人隆重的葬礼就是把死者送往天堂的祭典。

选择高地置棺，实际上是古代民族的一种特殊葬制，而葬地则是一定的人类群体在一定的历史环境下对死亡者采取的处理方式。悬棺葬选择的葬地，特点明显，高崖绝壁，临水。这种依山傍水的地理环境是悬棺葬文化内涵的特点之一。

福建崇安县武夷山悬棺葬分布在闽江支流九曲溪两岸。

江西鹰潭龙虎山悬棺葬分布在信江支流的上清河畔。上饶、横丰、弋阳、铅山、余江、南城等县亦在信江及其支流沿岸。

浙江遂昌县的悬棺葬则在瓯江支流松阴溪畔。

台湾新竹巴马来山崖的悬棺葬在上坪溪沿岸，兰屿雅美人的悬棺葬地选在临海的悬崖峭壁上。

湘西地区的龙山、花垣、保靖、永顺、泸溪等县和辰溪、沅陵、桃源、常德等地的悬棺葬均分布在沅江及其支流和酉水两旁。慈利县澧水流域的悬棺葬分布在澧水及其支流西溪、里耳溪和龙溪河两岸的悬崖峭壁。

长江三峡地区宜昌、秭归、巴东等县的悬棺葬分布在长江支流的黄柏河、九湾溪、龙船河、罗坪河沿岸的悬崖绝壁。

鄂西土家族苗族自治区清江流域恩施、建始、咸宁、利川等地的悬棺葬分布在清江及其支流马水河、盛竹河、大茨河、龙潭河南岸。

四川珙县的僰人悬棺分布在南广河及其支流螃蟹溪、邓家河、德胜河、玉秀河、宋江河、龙潭河、镇州河、巡司河两岸的悬崖峭壁。

贵州遵义和铜仁地区、松桃、岑巩等地的悬棺葬分布在乌江和沅江支流松桃河、酉水和龙江河畔。

云南镇雄、威信、盐津等地的悬棺葬分布在金沙江支流横江和牛寨河两岸。

广西北部全州的悬棺葬在湘江河畔，桂西南大新、崇左、龙州、扶绥和田东、隆安、平果等地的悬棺葬大多分布在左右江两岸。

这种埋葬制度与中国古代葬地选择注重风水有关。"风水"一词最早见于晋代郭璞《葬书》："葬者，乘生气也，气乘则风散，界水则止，古人聚之使不散，行之使有止，故谓之'风水'"。意思是一处吉穴，必须一是能藏风，以免气乘风而散；二是要有水界气。这样就可达到葬者来生气的目的，这就是"风水"的本义。

藏风得水，这是古人选择阴宅地最重要的标准之一。《葬书》认为，无论葬者的气还是地中的气，都有两个特点，一是遇风则飘散；二是逢水则界止。因此，在选择葬地时，就要考察该地能否挡风，是否有水环绕，这就是藏风得水的含义。王敄莹《地理直指原真大全》卷四《阳空精义》记："藏风纳气，或竹木遮拦，周密犹人身多穿衣服，不怕风寒。"藏风得水中，又以得水为上，藏风次之，这是因为水是由气凝结而成的，得不到水，就意味着没有生气，没有生气，就谈不上藏风了。明人陈献忠《水品》记云："然行龙小于小枝龙多，每结于溪涧之间，溪涧不可不察，其水曲时弯环避聚深洼为佳，若直而太急溜而有声殊为不吉"文中对葬地水系选择十分讲究。

龙虎山悬崖峭壁上自然形成的洞穴，就是安置死者的阴宅。岩洞大小不等，形状各异，有单洞、联洞之分，洞穴口处均采用木板封闭，形成墓门。

由于自然洞穴口是敞开的，难以藏风和隐蔽。为了使死者在洞穴内有安全感，同时不让他人看到洞内的情况，以防止野兽和盗者进入洞穴，绝大部分岩墓特制封闭门，封门板有的至今还立着，但大部分由于自然收缩率作用而倒塌。从现场分析，当时封门板的主要构件是预制件，安装时有专门工匠先行进入洞穴，最后构筑墓门。洞穴内还出土有筑墙打桩用的桩锤，桩锤是将自然生长的茶树叉砍去，桩锤头和把手为一体，这种桩锤也可能用于敲打封门板，使之与崖洞底结合更为紧密。同时还发现有大量木屑和被锯断的封门板块，当是由于洞口顶部极不平，很难按尺寸全部加工好，只能将棺木放置后，再在洞内作进一步加工，使墓门牢固。

木板封门大体上有两种形式：一种是夹板式的封门法，大部分洞穴都是采用这种方法，即在洞口横卧一长方形的地梁，木地梁两端嵌入洞穴底部边壁内，中间有一道嵌板凹槽，木板厚约5~6厘米，材质坚硬，板上端依洞顶走势加工成不规则形状，以便顶住上部结合处。

木板下端平齐，顺地梁槽推板嵌入，木板之间还立有方形柱，柱侧有竖槽，将两块封门板相嵌，为使封门木墙更好地连成一体，又在两块封门板间的上部结合处挖一个边长约 10 厘米的方孔，方孔安插 T 字形方帽头的木榫，使方头向外，榫杆朝内，而内面则用一根木条横穿榫杆，在榫杆末端又凿一方孔，方孔内插入楔子，一道坚固的封门墙就这样形成了。封门墙竖立后很像后代的宫门，在宫门外满布乳钉状纹，宫门的门钉纯起代表皇权的装饰作用，而岩洞封门的帽头则具实用性。这种构筑十分奇特，它对于了解死者生前住宅墙体的结构提供了很好的资料。这类封门的遗风一直延续到近现代，直到 20 世纪 80 年代前在中国南方小城市、乡间店铺，还常见有置地梁、顺槽推板封闭店门的做法。二是横穿式封洞法，这种方法使用较少，只是在最大的洞穴使用过这种方法，M12 的洞口宽近 59 米，在这样大的跨度下，要将洞口封闭确实不容易，在现场人们看到的是另一种办法，用厚实的木板穿杠封闭，即将厚约 10～12 厘米、宽约 30～35 厘米的木板排列于洞口，上下端分别顶紧洞穴，木板中上部有一道长约 20、宽 6～7、高 5～6 厘米的突脊，中凿有一长方形孔，用几根穿木条穿于孔中，形成横杠，使板块连为一体，形成一道竖立墙体，考察人员粗略计算，光封闭该洞的木材就需要 8 立方米。

用封板封闭洞口的做法，除使阴地幽静，保护棺木和葬品外，还把当时的传统建筑技术与藏尸洞穴地形相结合，营造了一个风格独特的阴宅，这种结构建筑是阳宅和阴宅相结合的产物，也正是采取了连今人也难以想象出来的坚固封门法，才使龙虎山崖墓至今可见门板竖立，尚有部分墓葬和葬品在历代盗贼的洗劫下得以保存，使它今天能成为中华古文化宝库中的一颗明珠，这不能不让人赞叹古人的远见卓识。

棺木是直接用来盛殓死者的葬具，材质的好坏，直接取决于尸体保存的时间。经江西农业大学林学系鉴定，棺木材质为楠木。华南一带气候温和，雨量充沛，适宜楠木大量生长，且材质坚致耐用，有利于对尸体的保护，因而历代都把楠木作为制作葬具的上等材料。

龙虎山清理发掘的 18 座崖墓中，共出棺木 41 具，形制多样，可分为圆筒形、长方形、房屋形、椭圆形等式样。所有型式的棺木，均分盖、身两部，分别用整木刳成。四壁光滑，棺内底留有金属工具挖凿的痕迹。棺盖与身之间均为子母口套合，封闭严密。

为了保持死尸的干燥，棺内还铺垫有竹席或垫尸板和尸床。M6 一号棺的棺身近底处约 10 厘米处，内侧壁凿有对称条状的凸台，台宽 2 厘米，台面上平铺一层薄板，其长度与棺身内长相等，形成二层台式，板与板间以凹形相拼，这应是出气孔。尸体置于其上。另一种是尸床架，如 M13 中的 1 号棺，架面为长条，长 209、厚 1、宽 7 厘米的长条板排列而成，中间留有出气间隙，两边缘的殓尸板刻有花纹，一侧刻云雷纹，另一侧刻交股绳索纹，其内两端及中间刻云雷纹，余为细线条纹。中间的 7 块殓尸板亦刻有纹饰，板间以方块花板相连，架底有四根长方形木条横向托底，木长 51、宽 7、厚 2 厘米，三面刻有精细的云雷纹。这种架尸板应是中国古代流行的七星板。七星，古称七曜（yào），古人指日、月与金、木、水、火、土五大行星。"曜"也作"耀"。范宁《穀梁传序》："七耀为之盈缩"。杨士勋疏："谓之七曜者，日月五星皆照天下，故谓之七曜"。

直接用于保护尸体的是纺织品。纺织品主要有麻、绢两种质料。服料为绢料，垫尸用的则是大麻布、苎麻布。苎布，今俗称"夏布"，有"去汗离体"之功效。死者所穿的绢衣，有的多达 12 件。

《墨子·节葬》下说："棺三寸足以朽骨，衣三领足以朽肉"。以上所列的葬具，都是为了让死者的肉体在崖洞中渐渐消失。

丧葬习俗反映的是人类关于肉体死亡和灵魂不灭的极其矛盾而又复杂的思想。人死后灵魂要继续生活。从这种观念出发，人们尽可能将死者亡魂的生活安排得如同生前一样，悬棺葬地的选择几乎均在景色迷人、临江面水的悬崖绝壁，真可谓"洞天福地"。它表现出行悬棺葬的民族具有"水行山处"的特点。他们生活在水边，祖先死后，鬼魂虽然到了人鬼相隔的世界，却未曾离开生产和生活所依山傍水的自然地理环境，仍将与自己的亲人和子孙后代长相厮守，以便保佑他们的渔猎、捕捞丰收，使之繁荣兴旺。因此，棺木放置得越高越悬，越是人踪罕至，便越加符合人们长久保存祖先遗骸的愿望。因为人们深信尸骸在洞中保存的时间越长，死者的灵魂就越容易步入另一世界，死者的灵魂即得到了最大的满足和安慰。那么对子孙后代的福佑、安康也就更加有了保障。因此，用悬棺葬的先民，从上古至近代都不惜倾家荡产，争相将殓尸棺木悬葬在险峻的高岩绝壁的风水宝地。

三、越人葬地

1978～1979 年，考古工作者对龙虎山崖葬连续作了两年度的科学考察，崖洞中的棺木 ^{14}C 测定年代分别为距今 2695±80 年，树轮校正年代距今 2780±130 年和距今 2750±150 年，树轮校正年代距今 2850±280 年。它和福建武夷山船棺的年代大体相近，为春秋战国时期，是中国悬棺葬年代最早的地区。

龙虎山崖墓的主人是谁，后代对它一直困惑不解。文献多称之为"仙人"，更有直接表述为"武夷仙人"。20 世纪末的科学考察揭开了武夷山脉悬棺葬主人的神秘面纱。

据文献记载和古史传说。早在四千多年前，亚洲的东大陆分布着许多不同的部族共同体，分属三个大的集团：华夏（又称河洛）、东夷（又称海岱）和三苗（又称江汉）。三苗，据说出自颛顼，是广泛分布在南方的一支大的氏族部落，《战国策·魏策》引吴起的话说："昔者三苗之居，左有彭蠡之波，右有洞庭之水，文山在其南，而衡山在其北。"从记载中可看出三苗在南方，主要在洞庭湖和鄱阳湖之间，即今湖北、湖南、安徽的部分地区和江西的鄱阳湖—赣江一带。

华夏对三苗征服的高潮是在禹帝的时候。《墨子·非攻下》："昔者有三苗大乱，天命殛之。日妖宵出，雨血三朝，龙生于庙，犬哭于市，厦冰地坼及泉，五谷变化，民乃大振。高阳乃命元宫禹，亲把天之瑞令，以征有苗。风电诱祇，有神人面鸟身，若瑾以侍，益失有苗之详，苗师大乱，后乃遂几。"这次战争的结果是夏禹大获全胜，而三苗自此逐渐衰亡下去，史称"人夷其宗庙，而火焚其彝器，子孙为隶，不夷于民。"自夏禹讨灭三苗之后，史籍上"三苗"的名称不见了，有可能在夏王朝衰落之际，三苗的一支后裔——越，在我国东南地区开始崛起。

西周时期，有关越族活动的记载最多，如《左传》记，周成王二十四年"于越来宾"。周穆王三十七年"伐越，大起九师，东至于九江"。

关于越国的地望，据李亚农《西周与东周》一书考证：春秋战国时期的越国，其疆域，经今山东省的琅琊台起，沿海而南，包括今江苏苏北以东地区和全部苏南地区，安徽的皖南地区，江西东境的一部分，兼有今浙江省的北半部。春秋时期，越王允常曾建都会稽（今浙江绍兴）达 145 年之久，为越国的政治、经济、文化的中心。《史记·越王勾践世家》："越王勾践，其先禹之苗裔，而夏后帝少康之庶子也，封于会稽，以奉守禹之祀。"这段文献说明了越与三苗的关系。《汉书·地理志》引臣瓒说："自交趾至会稽七八千里，百越杂处，各有种姓"。这说明当时居住在东南、华南的广大地区都为古越人活动区域，由于他们各有一定的活动范围，故号称"百越"。

跨越闽浙赣三省的武夷山地区，尤为越人活动时间早而长的中心地区，武夷山脉的中段、北段崖墓密集，流行同一葬俗，墓主人同属越人是完全有可能的。那么龙虎山中仙人城崖墓主人究竟属于越人哪一支呢？

龙虎山区原属贵溪县管辖，如今划归鹰潭市管辖。唐代以前贵溪县属余干县所辖。史载："干越之地置余干（汗）县属九江。有葛兴、葛阳等处，时为晋兴乡。"《贵溪县志》记载："晋兴为今贵溪也，唐永泰元年割弋阳之西乡及余干之东北乡置贵溪县"。余干按《大明一统志》记载："本越之西境为越余地"。《太平御览·州·郡部》引韦昭汉书注："干越，今余干（汗县）之别名"。汉以前余干辖地广，包括现今上饶、弋阳、横峰、贵溪、余江、德兴、南城、黎川、南丰等县的一部分地段，在这一地域内大都有崖墓记载和遗存。同治《余干县志》卷二，就明确记载有"越女墓"，"在县东北一里，鄱阳记云：越王女葬此。"

翻阅史书，可以看到一些古地名以"干越"命名。《大明一统志》载："余水、汉水合陈塘港水入珠湖，一为西津水经余干县南'干越渡'。"《太平寰宇记》载"干越渡"在县西南二十步，置津史主守，四时不绝，有浮桥。《读史方舆纪要》则提到唐代的张俊彦在余干县的东南建有"干越亭"。

《大清一统志》载：余干县本"春秋时越西境干越地"，故城在今江西余干县东北。这样看来春秋干越在"句越"国的西边，荆楚的东南边，活动于今安徽、江西及江苏相邻地区，也就是在淮海之间巢湖、震泽、彭蠡湖滨，与吴国接壤。《墨书·兼爱》亦云："禹治天下，南为江汉淮南，东流之注，五湖之处，以利荆楚、干越、南夷之民。"

《汉书·严助传》记载，淮南王刘安上疏谏伐闽越，云："臣窃闻之，与中国异，限以高山，人迹所绝，车道不通，天地所以隔外内也。其入中国必下领水，领水之山峭峻，漂石破舟，不可以大船载食粮下也。……越人欲为变，必先田余干界中，积食粮，乃入伐材治船，边城守侯城谨，越人入伐材者，辄收捕，焚其积聚，岂百越，奈边城何！"这里明确记载闽越与"中国"有高山阻隔，不能行车，山间溪水也无法行船，打仗所需粮食等军需无法运送。越人为了排除上述困难，越过边界进入余干县境内一侧屯田积聚粮食。这足以证明余干原不在闽越管辖之内，而属于越领地。

四　厚礼安魂

古越人认为，人死后"灵魂存在"，因而把死者葬在绝壁高岩之中，就是让死者尽快离开人间变为鬼神，好造福于活着的人。他们认为，人必有家，鬼也要有家，岩洞就是鬼的家；人必穿衣，鬼也要穿衣，故随葬器物"衣衾之多，文绣必繁"；人必有酒食，鬼也要有酒食，故随葬大量日常器皿，这之中有温酒的陶盉，饮酒的青瓷杯，陶甑、木案等食器，鼎等炊煮器，木杯、匜、盥盘等水器，罎、瓮、罐等储器，这都是给鬼预备的食具。人必出行，鬼也要出游，所以给鬼预备了漂洋过海的舟（指独木棺类）。人必娱乐，鬼也要有娱乐，所以随葬品有木瑟、扁鼓之类乐器。

那么如何把死者的灵魂送上天呢？武夷山地区崖洞墓随葬品很值得注意。即龙虎山崖墓木器上刻的云纹，龙首形木器和崇安出土的龟头形木盘。这些应视作行悬棺葬的人们把它当作中介物，用它们"引导祖先灵魂升天"。

龙虎山崖墓长方形雕花木盒上刻有精制的云纹，尸床板上也镌刻云纹，甚至棺木也特地挖取一块用来雕刻卷云纹，雕刻瓦状板又镶嵌在原挖取部分，这是一种什么思想意识呢？

云，系天上云彩，即指天也。中国古代祭神之尊器多饰云纹。

《史记·五帝本纪》记："官名皆以云命，为云师"。

《集解》引应劭语："黄帝受命，有云端，故以云纪事也。春官为青云，夏官为缙云，秋官为白云，冬官为黑云，中官为黄云"。

先民们对云气的尊崇，还来源于他们长期对天空云气的观察。《周礼·保章氏》记："以五云之物辨吉凶水旱降丰荒之象"。郑玄注："物，色也。视日旁云气之色"。所以古代宫殿之侧常设有"灵台"、"以望云物。"（《后汉书·祭祀·中》）

龙虎山崖墓中出了一件龙首形雕刻木器，其形头部如龙，身卷曲如勾，背部有鳞。

龙的实体究竟是什么？我们还是从古代神话中来观察了解。《说文》说："龙，鳞虫之长，能幽能明，能细能巨，能短能长。春分而登天，秋分而潜渊。"《洪范·五行纬》记："龙，虫子生于渊，行无形，游于天者也。"《管子·水地》记云："欲小则化为蚕蠋，欲大则藏于天下。欲上则凌于云气，欲下则入于深泉。变化无日，上下无时。"

龙虎山崖墓出土的那件龙首形木器并非实用品，它真正的文化内涵应是一件神器，是沟通人鬼之间、天地之间人们想象的神物。

武夷山白岩岩洞船棺外发现一件龟状木盘，其形为龟首、短尾，椭圆形器身，外底附四个知方柱形足。这件木质器皿亦有着深刻的文化内涵。

从很早开始，人们就觉察到龟有其天赋的异能，因此加以崇拜，尤其是它的长寿，更是人们渴望的，因此常以龟取名，如龟年、龟龄之类。只是到了近代，它却一变而成为人们普遍取笑的对象。

龟在商代的最大用途是作为占卜的神器，司马迁《史记》立有龟策列传，可惜其文未传，由褚少孙补叙。《尚书》记"宁王遗我太宝龟"，《禹贡》记荆州"九江纳锡大龟"，龟不仅成为占卜之器，而且经常用于进贡或赏赐。

龟之所以如此被尊重，显然与其生活习性有关。龟很像一个隐居的高士，除了求偶或交配，从不吱声，它不具备强力的攻击能力，幸好负有坚硬的甲壳，可以将身躯缩入壳中以逃避攻击。它的肺可以贮存大量的空气。由于它不必经常从事激烈的行动以觅食或逃命，所以可以慢慢地呼吸，消耗极少的体能，而且其体内贮有充分的水分和养料，可以长久不饮、不食、不动地活着。《史记·龟策列传》记："南方老人用龟支床足，行廿余岁，老人死，移床，龟尚生不死。"

在国外，人们认为海龟是一个非常古老的神的形象，因为它的头颈与阴茎相像，所以，它成了阴茎的象征，成了次于最高神的造物主和实际的造物主，事物的起源和保护者。在印度的宇宙起源学说中，大地是放置在四头象的背上，而四头象又由一个海龟的背来支撑，海龟像金鱼缸里的金鱼一样，在拱托着太阳、月亮和星星的水晶般的天体中游动。

中外文化观念的碰撞和交融都表明，龟在世人眼中是个大力神，它是长寿的，故两千余年前武夷山的古越人用龟状神器借助龟的生命力强，能导引人灵魂升天。龙虎山的古越人同样用类似的鳖来代替龟，这种将鳖置于棺旁的墓就有 5 座，其葬品非模型，而是直接用实物来随葬，这正说明当时人们对龟类动物的尊崇，并希望这种灵物能沟通与先人的关系。这种遗风至今还流行于闽南地区，凡是敬祖、祭祖，或是活人做生日，都需用糯米或面粉制成龟状的"寿盘"以表心愿，它代表长寿与吉祥。

古越人习俗很具有代表性的是"断发文身"。《墨子·公孟》云："越王勾践，剪发文身。"《淮南子·齐俗训》云："中国冠笄，越人短发文身，无用之。"所谓断发，即"剪发使短，冒首代冠，而不束加冠之意。"他们不同于华夏族的装束习俗。《史记·周本纪》集解引应劭曰："越人常在水中，故断其发，文其身，以象龙子，故不见伤害者。"这种断发文身习俗在以往的考古资料中未见到过例证。龙虎山仙人城 M2 中的四号棺木为一中年男性死者，其骨架保存完好，在其头骨右侧发现有一束长 5 厘米头发，两端齐整，这束头发应是死者安息时剪下来的，尔后有意识地放入棺内，头发置于一块边长约 8 厘米的方形绢布上，这应是古越人断发的真实反映。

古越人信奉蛇图腾，文献上屡有记载。《吴越春秋·阖闾内传》在谈到吴国蛇门一事时写道："越在巳位，其位蛇也，或南大门，上有木蛇，北向首内，示越属于吴地。"这是越人以蛇作为其民族和国家的象征之例证。又如《吴越春秋·勾践阴谋外传》载，越王勾践降吴后，曾使工雕神木，"状类龙蛇"，作为珍宝献于吴王，这是越人以龙蛇形为器物装饰的例证。许慎《说文》记云："闽，东越蛇种也"。所谓"蛇种"，就是指信奉蛇图腾。

龙虎山崖墓出土的一件最大印纹硬陶罐，通高 56 厘米、肩宽 44 厘米，通体拍印清晰的米筛纹，似南方使用的圆形竹筛，似蛇身鳞片状，以鳞片为器件画面底纹，然后在其肩部另塑一曲状泥条，泥条满布鳞片，曲状泥条一头大，一头小，大端塑出圆孔，似蛇眼，全器高大，在其显著部位突出蛇形堆塑，由于其堆塑不起器耳的功能，故应视为尚习蛇图腾神器。另外，在仙水岩出土的数十件陶瓷器皿中十分流行横向 S 纹，这些纹样都堆塑在器物显眼的肩部位置，这也是简化了的蛇形。

《越绝书》卷八记载，越王勾践说越人"水行而山处"。水上作业的首要条件，必须要有水上交通工具。《淮南子·齐俗训》记载："胡人便于马，越人便于舟"。善于架船和造船是古越人的文化特征之一。

武夷山崇安白岩崖墓的棺木就是船棺，分底盖两部分，棺盖的头部较棺底伸出一段，底如梭形，其中部为长方形，尸枢系棺之主体部分，盖呈半圆形，内空，并有弧形篷盖。《武夷山志》记载，架壑船是"船长约二丈许，中阔，首尾渐狭，类梭形，传为圆木刳成，且具棹楫，然远望之，弗能详也。"

江西境地也有船棺，仙岩就有"壑而舟横者——其名曰仙船岩"的记载，龙虎山已发现崖墓中的棺木，大部分为独木棺，体内掏空，这应是将船形移至棺形加以改造而成。江西南丰县崖墓，民国十五年《南丰县志》卷一·山川记"仙人岩，凡三岩，中岩、下岩干尸，上岩兑尸。下岩在山半，中存屋，有窦，有仙床，坚墨若沉香。又有石函、七星剑、木匙、五色锁子骨、小木船、桅竿，其灶犹存。"

越人大多居住在山区，房子亦建在山地，水崖山麓，地多潮湿，亦多兽害虫害。为了适应自然环境，避免疾病和保障人生安全，必需要楼居。《旧唐书》卷七九七南平僚传记有南平僚"之气多瘴疠，山有毒草及地虱蝮蛇，人并楼居，登梯而上，号为'干栏'的说法"。

一般认为干栏式建筑有三个特点：一是底部悬空；二是屋脊两头翘起，并长于屋檐；三是屋顶结构作两面坡式。龙虎山发现的屋脊形大棺，除了表明墓主人地位高外，还与生前居住形式有关。这种屋脊形棺基本上具备干栏式的三个特点，它的底部悬空，由六足支撑，棺盖两头翘起，盖面呈两面坡状，棺盖挑檐出外，棺底向内收缩。

崖墓中葬品中的陶瓷器十分精美，仿造的陶质礼器，其造型奇特，纹饰镂刻精美，器表打磨光亮，堪为珍品。其中的兽首鼎，作蛙形嘴，无鼻，嘴角双须。眼珠外突，顶部横立火焰形冠，尾作扁棱状，兽蹄形三足。盥盘的外侧浮雕对称纹饰，浮雕图案面目狰狞。提梁盉塑有眼球外突的兽嘴，卷尾，前后呼应，给人以超凡脱俗的感觉。黑陶器皿中的嘴、尾、耳、把手这些附件多雕刻成野兽怪状，显示其墓主人的威严，在器物的显眼部位多刻出似蛇卷曲状的 S 纹，反映制作工匠对其崇拜对象的心态。

印纹陶是古越人对中华陶瓷文化的一大贡献。它是商周时期一种胎质坚硬、拍印纹样精细、美观耐用的高质量陶器。龙虎山崖墓中的印纹硬陶质地坚硬，扣之有声。在器表的拍印几何纹中，回纹、折线纹、方格纹、麻布纹、菱形填线纹、细方格纹、米字纹、席纹、蕉叶纹等比较普遍。除单种纹样外，还有两种以上的组合纹样，如席纹与蕉叶纹组合、菱形填线纹组合。多种多样有条不紊地拍印组合在陶器的画面上，丰富了拍印纹样的内容，打破了单一纹样统一天下的格局，朝着装饰纹样的多样化发展，一改原有的纹样线条刻板、密排拍印、纹样单位面积小的传统工艺，而渐变为单位面积加大、组合纹样增多，装饰工艺粗犷，化繁为简，主体明显突出，更趋于写实的新颖手法，这一制陶工艺的流变，与春秋战国时期社会处于大变革，各种流派在中国历史舞台上第一次出现的社会原因有很大关系。

龙虎山崖墓的原始瓷烧成温度达到 1200℃ 左右，它们都带有一层 CaO 含量较高和含有一定量的 FeO_2 的青釉。它们胎、釉的显微结构和物理性能都接近瓷器，与吴城商代遗址出土的原始瓷相比，它的烧造技术显然进步多了，即使是与数百年后的六朝青瓷相比，也只是胎土的纯白度稍逊和釉较薄罢了。

春秋战国时期，青铜剑不仅是进攻与防卫的重要武器，而且也是上层人士标志身份的重要信记。《史记·吴太伯世家》记载："季札之初使，北过徐君。徐君好季札剑，口弗敢言。季札心知之，为使上国，未献。还至徐，徐君已死，于是乃解其宝剑，系之徐君冢树而去。"

湖南发现的越族风格的扇形钺和靴形钺上的图案中，有腰间佩剑的人物形象。《汉书·地理志》载："吴粤之君皆好勇，故其民至今好用剑，轻死易发。"

龙虎山崖墓中在成年男性死者腰侧发现有仿铜木剑，这种木剑制作十分精工，剑身薄而锋利，古铜色，给人以寒光闪闪的感觉。它证实了武夷山地区越人喜持剑，把它当作防身武器，死后还要按照生前佩挂的位置陈放在棺木中。

龙虎山崖墓出土的乐器有木琴和木扁鼓，这是古越族使用的民族乐器，它反映当时已有丰富多样的娱乐活动。

木琴式样为长扁体，长 166～180 厘米，系用桐木刳制而成。琴头翘起，琴尾呈 T 形，宽 15.5～17.5 厘米，尾端横轸孔十三眼。琴底有厚 0.2 厘米的共鸣板。

琴为拨弦乐器，古属八音之一丝类。《史记·司马相如列传》："是时卓王孙有女文君新寡，好音，故相如缪与令相重，而以琴心挑之。""琴心"，以琴声转达心音，用以指爱情的表达。《诗经·周南·关雎》："窈窕淑女，琴瑟友之"。琴在周代已十分流行。由于琴身以桐木制最好，所以常用"丝桐"作为代表。"丝桐感人情，为我发悲音"。

据文献记载，越国的音乐同中原也不一样。《吕氏春秋·遇合》载："客有以吹籁见于越王者，羽角宫征商不谬，越王不善，以野音反善之。"这里的"野音"可能就是扁鼓、木琴之属。龙虎山崖墓出土的古琴和木鼓式样与马王堆汉墓、曾侯乙战国墓、信阳战国楚墓出土的不一样，应是具有更多的越人乐器本身的特征。

考察龙虎山崖墓的一个重要收获，就是发现了一批精美的纺织品和成套的纺织工具，它是中国纺织科学技术研究史上的重要发现。从这批出土物可知，居住在武夷山地区的古越人善于纺织，他们早已掌握了进步的纺织技术。

纺织品有大麻布、土黄苎麻布、绢和印花织物等类。据上海纺织科学研究学专家鉴定，麻的品种主要是江西盛产的大麻和苎麻，绢的原料是家蚕丝，印花织物则是目前已发现的较早期的一种。

对于织造技术的高低，一方面要看纺织成品，另一方面要看当时的纺织工具如何。龙虎山崖墓不仅发现了多种纺织成品，而且出土了一套比较完整的纺织器材，这些都是研究当时织造技术水平的珍贵资料。

这批纺织器材，大体分为二类：

第一类工具有刮麻具、刮浆板、纺塼、绕线框、绕线板、结纱钉杆等。

第二类属于织机上的构件和织造时使用的必备工具。这些器材有打纬刀、挑经刀、引纬杆、夹布棍、分绞棒、经纱导辊、撑杆、滕子、榎、梭、吊棕杆、撑经杆等，上海纺织科学研究所专家认为，这类工具属于早期斜织机的部件。

我国的纺织史专家推断，完成从原始锯织机向斜织机改革的时间，至少是在春秋战国时代，其依据是汉代画像石所刻的斜织机图。

斜织机应用杠杆原理，用两块踏脚板分别带动两片棕。当用脚踏动踏板时，被踏板牵动的绳索牵拉"马头"前俯后仰，从而使得两片棕上下交替升降。斜织机改用脚踏提综，手就可以更快地引纬、打纬，织布速度和质量都有提高。

脚踏织机，是中国的伟大发明，后来通过丝绸之路逐渐输到中亚、西亚和欧洲。欧洲是公元第6世纪开始出现，13世纪才广泛应用。从汉代画像石上的"织机"图可以看到古老斜织机的概貌，机架内部的构件则是模糊不清的。龙虎山崖墓这批纺织工具正好填补了这方面的空白。

龙虎山崖墓随葬有纺织品和纺织工具的墓葬在已发掘的墓中都见有，不少成年男性墓中都有随葬纺织工具。由此我们可以推想到当年武夷山地区的古越人一定勤于纺织，可能家家都种桑栽麻，纺织是其家庭手工业的主要项目，不但是农家妇，就连男子也都要从事这项生产。《史记·越王勾践世家》记载，越王勾践准备伐吴，雪会稽之耻，曾经"身自耕作，夫人自织，食不加肉，衣不重采，折节下贤人，厚遇宾客，赈贫吊死，与百姓同劳"。可谓全民动员，万众一心，为复国事业艰苦奋斗。作为越王臣民，武夷山地区的越人可能参与了这场复国大业，利用山区种植条件，大力发展纺织业。如此众多的纺织品和工具的发现不能说与中国历史上这一重大历史事件不无关系。

五　千古吊棺之谜

先民们是如何把棺木放进葬位高达数十米以至上百米的悬崖峭壁的洞穴中去的呢？这是所有参观中国悬棺葬区的人都会提出的问题，千百年来人们对于这个问题一直困惑不解。

有人推测，当初放置棺木的时候，仙水岩一带地势很低，很容易把棺木放进洞中，以后发生了剧烈的地壳抬升活动，才形成了今日巍峨峻峭的地形，使棺木高悬在峭壁之上。龙虎山地壳构造运动发生不平衡的抬升沉降，形成今日的地势，距今已有几百万年历史，而距今几千年，这里的地貌变化极其微小，并没有发生剧烈的升降运动。

还有人推测，古代龙虎山一带出现过洪水期，由于洪水泛滥，水道不通，于是人们将死者安置在水边的岩洞里，以后洪水退去，岩洞离现在的水面就高了。宋代晁补之就有这种认识，他在《鸡肋集》中记载："余意大水，入宅山上所作。"清代许瓒曾《东述记行》中记，湖南常德崖葬送棺木入洞的情景："土人去，水涨时，键而疆而上，棺朽，遗骸尚存。"但是，我们考察仙岩地貌变化，第四纪以来没有发生海浸，也没有发现数十米的洪水痕迹，更何况人们每遇洪水，都疲于奔命，根本无法顾及安葬事宜，再则先人也不可能都在洪水季节去世。

也有人认为是筑土台将棺木置进洞内的。刘锡蕃在《岭表纪蛮·徭山异闻》中记："然悬棺山半，事迹罕闻，意者，当日土酋威尊无上，殚民之力，筑土架台，置棺其中，事后台御土撤，而棺乃独立岩际。"龙虎山崖墓穴壁下即是常年流动的泸溪河，土抛入水中即被送走，无法搭土台。陆地上的崖墓，要将土台升至数十米高的岩穴，起码要筑起达百余米长的坡道，如此巨大工程，在当时生产力水平不可想象。另外即使搭成土台还要拆除，又不知花费多少人力。

另有人推测，当时峭壁上凿了栈道，人顺着崖壁边弯曲盘旋而上。在龙虎山的崖壁上我们没有看到古代栈道横木插孔，更何况峭壁下收，无法开凿栈道。

人们还推测当时在崖壁前搭有脚手架来运送棺木。乾隆《贵州通志》卷七苗蛮志记，"克孟牯羊苗，在顺金箔司。择悬凿蔽而居，不设床第，构竹梯上下，高者或至百仞。"搭脚手架方法也不可取。这种工程竹木材料耗费很大，加之技术原因，因为我们还尚未见到先秦时期数十米的建筑的考古资料。

古代是如何将这些笨重的棺木送到悬崖上去的，这个问题是悬棺葬研究中最热门的话题。千百年来，人们百思不解，提出了各种各样的想法，充分反映了人们要弄清这个问题的热切愿望，这也是悬棺葬迷人之所在。人们的种种猜测未能有圆满答案，有的说法不切实际，缺乏说服力，有的说法过于简单，大量的传说却是荒诞之极或夹杂着迷信说法。

为了探索吊棺之迹，现代学者作了不懈努力，尤以付诸实践的同济大学和美国加州大学在这方面做了艰辛的探索。以我国著名的机械史学家同济大学的陆敬严教授、美国加州大学圣地亚哥分校陈贞一教授为首的中国悬棺葬研究小组，从1987年6月开始，经过两年的精心准备，最后选择中国悬棺葬的发源地仙水岩作为仿古模拟吊棺试验场。他们积累了大量资料，深入分析已有的各种说法，并对研究人员推测的十余种提升方案，在实验室进行模拟实验，还对升置过程中的动力问题进行了重点分析。它们认为提升法可能性最大，这是因为提升法较其他方法所费力最小，最为简便，适用范围广。于是课题组继续对此法作分析比较，深入论证。认为当时科技水平已具备了提升棺木的条件，如使用简单机械工具滑轮。西周时文献记有滑轮使用，更何况江西瑞昌商周铜矿就已有木滑车，用于提升矿井中深达数十米的铜矿物至地表，多人使用绞车也在湖北铜绿山战国矿山发现。这些早期木制机械，在数千年前已用于矿山井下提升，这类工具同样也能用于地面牵引棺木入高岩。

1989年6月13日是正式举行仿古吊棺的日子，人们闻讯后从四面八方赶来观看这一历史性场面。吊装由当地请来的几位采药的攀岩高手操作。他们中有的人从山背后爬上山顶，用两根麻绳系住一棵树桩，绳的一端系着滑轮，将滑轮置于崖壁突出部，另一绳索系住攀岩者，当攀岩者将滑轮固定后，将另一根绳索穿于轮轴凹弧部，形成上下转动的绳索，崖底则有多人配合用力的绞车，棺木用船运至洞口水面，随着地面绞车机械的转动，百余斤的古代棺木缓缓上升，当棺木悬吊至洞口前方时，由于崖壁突出，尚有七八米的距离，这时全凭山腰上的药农，凭着高超的攀岩技巧，晃动绳索，准确地荡入洞内，然后由入洞者用绳索拉动棺木入洞，中央和地方新闻单位实地拍摄了这一历史性的场面。

同年9月5日，国家机械电子工业部在上海召开关于"悬棺研究的科学技术成果鉴定会"。专家们认为吊棺实验的成功，一举揭开了这个千古之谜。为此，这项研究获上海市科技成果三等奖。

陆教授的仿古吊棺课题虽然通过了有关方面的鉴定和认可，但也有学者认为"千古悬棺之谜"并未解开，就仿古吊装而言，并不能完全代替古代的方法，陆教授选择仙水岩试吊的洞高仅26米，而且下为陆地，又有安装绞车的位置，而龙虎山大部分崖墓高度均已超过试吊高度，下又临水，无法放置绞车，更何况陆教授使用的仿古吊装机械，尤其是滑轮，并不是古代式样，与瑞昌铜矿出土的商周滑轮形制差异很大，况且这种滑轮必须有一根定轴才能转动，定轴的固定是相当难的，在光秃的崖壁上将横向定轴穿于滑车后，无法固定在空中，不像矿井滑轮能将支架放置四壁井沿。

陆教授的仿古试吊并未完全解开千古之谜，反而引起人们对这一问题探索的更大兴趣。为了广开思路，破解悬棺葬吊棺之谜，近年龙虎山风景旅游管理局决定悬赏40万元人民币破解千古吊棺之谜，目前已收到海内外数十种吊棺的方法的书面材料，直到如今还未见到一份比较令人信服的破解答案。

半个世纪以来，许多中外学者为了解开"中国悬棺葬之谜"付出了艰巨的劳动，但由于这种葬俗是世界上最为神秘的葬法之一，它跨越的时空又很长，因而它需要历史学、考古学、民族学、民俗学、宗教学、人类学、工艺学、科技史学家们作多学科的综合研究，共同努力才能逐步破解千年悬棺之谜。

[注释]

武夷山脉悬棺葬考古报告主要见于以下两篇：

[1] 福建省博物馆、崇安县文化馆《福建崇安武夷山白岩崖洞墓清理简报》，《文物》1980年第8期。

[2] 江西省历史博物馆、贵溪县文化馆《江西贵溪崖墓发掘简报》，《文物》1980年第11期。

滇国青铜器中的力学现象

黄德荣

滇国青铜器的铸造技术是云南古代文明发达的标志之一，水平非常高超，众多青铜器造型奇特，铸工精湛，构思巧妙，纹饰精美，仿佛是鬼斧神工，观后令人赞叹不已。围绕上述题材，学术界常有文章论及，本文不再赘述。笔者想换一个角度，即从力学原理来谈一谈，这方面研究的学者较少，文章也鲜见。

符合力学原理、省料是青铜器制造首先要考虑的两个因素，滇国青铜器十分讲究力学原理，这种实例颇多，如贮贝器、铜鼎多为三足，三足构成等边三角形，三点成一面，重心通过等边三角形的中心。铜鼓一般做成足大面小的形状，增大底面积，稳定性强。各种人物塑像、杖头饰的重心都通过中轴线，即重力作用线。器物讲究左右对称，即左右平衡。这些都是力学中的基本原理。

一

云南曾出土过大量青铜生产工具，大部分是实用器，如锄、斧、凿等。楚雄万家坝 M1 曾出土 28 套生产工具，每套由斧 1、方形锄 1、条形锄 1 组成。M23 出土锄 14 件[1]，数量之多在国内实属罕见。工具属着力极强的器具，柄与銎部的接合，讲究牢固，耐用。銎部的形状不同与牢固与否关系甚大。早期锄銎部短，多为椭圆形，以后逐步发展成半圆形、三角形，銎部加长，直达刃部。楚雄万家坝的铜锄銎部多为半圆形[2]，江川李家山第一次发掘的 5 件铜锄銎部[3]、昆明羊甫头出土的铜锄銎部[4]都为三角形。

斧、凿的变化也相仿，早期半圆形，中、晚期正方形，甚至变为正六边形、梯形，如江川李家山第一次发掘的 II 型、异型斧（銎部为正六边形）、V 型凿（銎部为梯形）[5]。方形銎部承受力最大，器身不容易脱落，古人从生产实践中很好地掌握了这一力学原理。

剑、戈是兵器中的最常见器物，作战中除了锋利外，剑要握得稳，戈与木柲连接要牢是制造过程中的基本要求。剑柄部早期为素面，中晚期发展成螺旋纹，继而米点纹，再用麻绳

作者简介：

1948 年生于云南昆明。毕业后分配到云南省博物馆工作，研究员，云南省文物局专家组成员，云南大学客座教授。长期从事云南考古发掘和研究工作，主持、参加过楚雄万家坝、曲靖珠街、巍山岇圩山等墓地、遗址的发掘，侧重云南青铜时代、铁器时代方面的研究。发表发掘报告、论文、考古译文数十篇。

或藤缠牢剑柄。某些剑柄做成蛇形状，如江川李家山鎏金蛇头形铜剑柄[6]（图一：1）。目的是增大摩擦力，防止滑脱。

戈有两种带浓厚地方色彩的形式，多见于滇池地区，是滇国青铜文化中的典型器物。一种是晋宁石寨山的Ⅳ、Ⅴ式戈[7]、江川李家山的Ⅱ型戈[8]，其特点是援中段弯曲，或直援，长胡，援与内之间铸有两翼。

另一种是晋宁石寨山的Ⅵ、Ⅶ、Ⅷ、Ⅸ式戈[9]，江川李家山的Ⅲ型戈[10]，将阑改成椭圆形銎，銎长短不一，一端封闭，与援成直角，部分斧、凿也采用这种銎。这两种戈显然区别于通常的戈，为什么会产生上述变化呢？无论是援与内之间增铸双翼，用双翼夹住木柲，还是将阑改成椭圆形，以其受木柲，都比通常以戈身直接插入木柲中要稳固。目的都是使戈身与木柲的接合更牢固，不易脱落，这是滇人在总结了许多实践经验后，将戈做了上述改进，从力学角度视之更加科学。

铜镇是生活用具，起压、镇作用，器物讲究底平、体重，重心低。晋宁石寨山出土过鸳鸯形铜镇（M20：5）[11]，实心，甚重。而江川李家山出土的铜孔雀镇[12]，身做得大，体内铸满铅，该件显然比上一件更重，重心更低（图一：2）。

下面通过几个实例做进一步剖析。

一

江川李家山第一次发掘M24出土的牛虎铜案（M24：5）[13]，高43、宽76厘米，是云南青铜器中的杰作，堪称国宝，用今天的审美观点来视之也不失为一件独具匠心、令人叫绝的精美艺术品（图一：3）。

案是中原地区常见的器物，变化较少，传到云南后，古滇国的工匠们付予它新的生命，以牛为雏形，牛背为案。从力学角度来看，制造过程中会碰到几个问题：第一，牛头大、牛角长而前伸，重心朝前，有前倾欲坠之感，单靠牛尾来平衡，明显不行。而工匠们巧妙地用虎来代替牛尾，虎口咬住牛的尾端，四爪蹬在牛后身上，虎的重量显然大于牛尾，与牛头形成左右对称，避免了前倾之弊。第二，虽然解决了牛头重的问题，随之而来是整个器身的重心过高，下面仅有牛四足着地，四足重量小，与牛头、虎身不相称，整个器物头重脚轻。为了解决这一矛盾，工匠们又在大牛四足之间铸了两条横梁，横梁功能有二：其一，在横梁上铸一小牛，降低了整个器物的重心。其二，横梁本身有重量，也起到降低重心的作用，克服了头重脚轻的缺陷，整个器物就相对稳定多了。

除了以上大家都注意到的两个力学现象外，还有一个力学现象不为人们所察觉，即大牛腹下铸一小牛，虽然降低了重心，但小牛的牛头大且角长，与牛尾不相称，正面重，背面轻，存在前倾的可能。怎样解决这一矛盾呢？仔细观察，奥妙在虎身上，照常理虎身应在纵向中轴线上，但实际上却不然，虎身朝一侧偏离，也就是向小牛尾部一侧倾斜，等于增加了小牛尾部的重量。工匠们在人们不注意之处机敏地解决了上述难题，充分体现了他们的聪明才智。

综上所述，从牛虎铜案这件器物上，我们看到三个力学现象，即大牛头与虎的平衡；小牛、横梁降低重心；虎身偏向小牛尾部一侧，前后平衡，于是牛虎铜案就成了一件体现两千多年前滇人合理利用力学原理的典范。

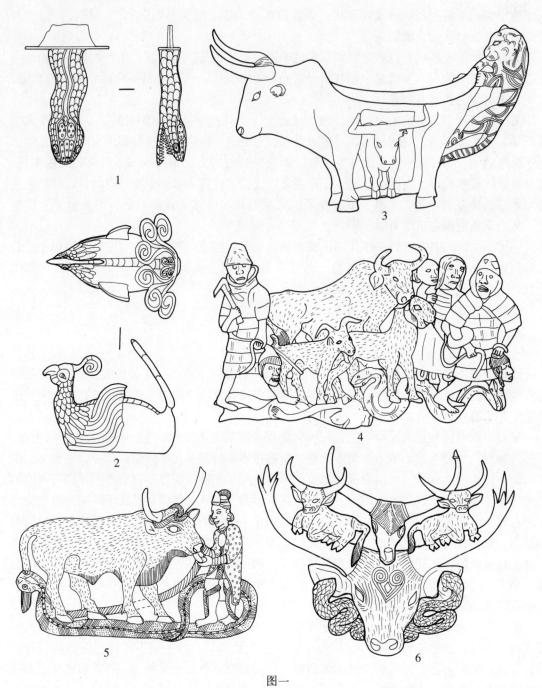

图一
1. 鎏金蛇头形铜剑柄　2. 铜孔雀镇　3. 牛虎铜案　4. 鎏金献俘铜扣饰
5. 喂牛铜扣饰　6. 牛头铜扣饰

二

　　蛇是滇国青铜器上的常见动物之一，从数量上说，仅次于牛。蛇在青铜器中频繁出现，屡见不鲜，令人关注。

滇国青铜器上的蛇依照形状大致分为三类：

圆雕的，如滇王之印上的蛇纽、杀人祭铜柱贮贝器缠绕在铜柱上的蛇、孔雀衔蛇、蛇首杖头饰、铜鸳鸯身上盘绕的四条蛇、蛇形网状器、蛇头形剑柄、铜斧、铜戈圆銎上之蛇、蛇头形铜叉等。

浮雕的，以动物博斗扣饰为主，其他还有狩猎、献俘、乐舞、同类动物扣饰，常见于扣饰底部。此类扣饰数量众多，仅以晋宁石寨山第二次发掘为例，十座墓葬中就出土53件[14]。

平面的，即装饰在各种器物上的蛇纹，常与其他几何形纹饰组合成一完整图案，如剑鞘、贮贝器、背甲、锥、铜枕、铜戈、铜斧圆銎、剑柄及人物腿上的文身蛇纹。除了青铜器上的蛇纹外，昆明羊甫头还发现大量漆木器，在漆木柲上彩绘着不少蛇纹[15]。

上面三类带蛇青铜器以圆雕的、浮雕的最具特点，造型生动、逼真，栩栩如生，是滇国青铜器中的典型器物，除滇王之印外，这些器物应当是本地铸造的，带有浓厚的地方色彩。为其他地区青铜文化（如中原商周文化、巴蜀文化、夜郎文化、东山文化）所罕见。

蛇代表什么涵义，起什么作用？归纳前人的研究成果，目前有三种说法：

1. 图腾说，《云南晋宁石寨山古墓群发掘报告》一书持这种看法，认为："蛇在当时滇池区域很可能是普遍存在的一种动物，它对人们的生命财产有着直接的危害性，因此人们对它便产生了畏惧的心理，由畏而敬，以致把它作为图腾来崇拜。"[16]

2. 土地说，冯汉骥持这种观点，他认为："从各种图像中对于蛇的表现来看，蛇在滇族中，大概系'土地'的象征的动物。"[17]

3. 水神说，这是近年来新提出的一种说法，"我们把蛇图像摆到整个'滇文化'中来分析研究，水神的含义似乎已居于更重要的地位。"[18]

三种说法目前无定论，前二种说法较为流行。纵观三种说法有一个共同点，即蛇是滇人的崇拜物，无论图腾、土地象征、水神说，说到底都是一种崇拜，是一种滇民族思想中神圣的、不可亵渎的东西。既然这样，蛇的地位理应相当高，实际情况并非如此。比如在晋宁石寨山鎏金献俘铜扣饰（M13：109）[19]上，胜方俘虏了败方的妇女、儿童、牛羊，足下还有一具无头尸体，蛇与这具无头尸体并列，被胜利与战败双方的人、牛羊踩着（图一：4），很难想象假如蛇是图腾、土地、水神的话，它的地位会如此低下。

类似的器物还有多件，并非孤例，又如江川李家山第一次发掘出土的剽牛铜扣饰（M24：90）[20]，表现数人正准备剽牛，牛及人踩在二条盘绕的蛇身上。江川李家山第二次发掘出土喂牛铜扣饰（M71：38）[21]，牛为病牛，一人持药喂牛，病牛及人踩着蛇（图一：5）。

蛇常被孔雀等鸟用口咬着，晋宁石寨山出土的孔雀衔蛇杖头饰（M19：4）[22]，孔雀立于鼓形座上，口中咬住蛇，蛇反咬住孔雀左翅。与此件相同的还有江川李家山出土的鸟衔蛇杖头饰（M69：160）[23]，鸟口中衔蛇，蛇反咬鸟颈。晋宁石寨山诅盟贮贝器（M12：26）[24]上铸有一女子持蛇喂孔雀的形象，蛇都成了它们的口中物。

蛇也被用于滇国农具、兵器的銎部，江川李家山出土的2件农具：1件是蛇形网状器（M47：86）[25]，整体为网箩状，一端为狰狞蛇头，蛇身伸至网箩底部，蛇尾缠绕在另一端銎部上。另一件铜铲的銎部做成蛇形[26]。

晋宁石寨山出土过蛇头形柄铜剑（Ⅷ式[27]）、江川李家山出土过蛇头纹铜叉[28]。这些农具、兵器都是实用器，在使用过程中会被损坏，古人是不会用被视为图腾、土地、水神的蛇来做实用器的。

纹饰上也有类似蛇的形象，江川李家山出土的铜锥（M24：43—4）[29]，在椭圆形球状体上线刻着孔雀衔蛇图案。晋宁石寨山 M71 号墓出土 1 件叠鼓形贮贝器（M71：142）[30]，器身遍布生动的线刻花纹，内含蛇噬鸡、蛇与蜈蚣博斗、孔雀衔蛇等纹饰，蛇与其他动物在一起，毫无特殊之处。

凡此种种，说明蛇的地位并不高。再说，动物博斗扣饰的主题是动物相互间的博斗、狩猎等内容，蛇均处于陪衬、附属地位，至少无法说明它是滇国的图腾和神。那么青铜器上的众多蛇究竟起什么作用呢？笔者认为具体情况要具体分析，某些只起装饰作用，如众多涉及蛇的纹饰。蛇纹与其他纹饰一样，主要作用是装饰，此观点学术界无异议。

圆雕状蛇的功能比较多，如滇王之印上的蛇即为其一，它是滇国生活基础的象征。而孔雀衔蛇、蛇首杖头饰、蛇头形铜叉、蛇形网状器、铜戈圆銎上的蛇主要是起装饰作用。

蛇头形剑柄的功能是增大摩擦力，防止滑脱。剑柄做成蛇首状，显然比一般的剑柄握得更稳，力学上的作用大于装饰上的作用。

铜鸳鸯为铜镇，该件铜鸳鸯为实心，重量大。令人奇怪的是鸳鸯身上带四条蛇，这种器物仅此一件，蛇的作用是为了增加铜鸳鸯的重量，压、镇效果更好。

对于大多数动物博斗、狩猎、乐舞扣饰底部的蛇来说，作用并不复杂，主要是实用，也就是制造技术上的需要，多数与力学相关。从力学角度分析，大致可以分为三种：1. 连接，增大底部接触面，降低重心；2. 左右平衡的需要；3. 支撑作用。

1. 连接，增大底部接触面，降低重心

这种作用的扣饰最多，比比皆是。根据不同内容需要分别由动物与动物、人与动物、人与人等组合成各种扣饰，绝大多数扣饰的底部均为蛇。如果没有蛇，人与动物的脚（足）将悬空，上面重，下面轻，重心高，这样的扣饰存在两个缺陷：即由于扣饰底部都是脚（足）类，支撑面小，布局不美观、不合理。另一是头重脚轻，显得不稳重，极易翻滚。虽然扣饰背面均有矩形扣，可以挂起来，但是如果上面两个缺陷不克服，挂起来也不稳定、不美观。

为了克服以上两个缺陷，古人想到了蛇，蛇是动物界中体型瘦长的一种爬行动物，与其他动物区别甚大，最适合用于制造此类扣饰，其作用是其他动物无法取代的。蛇置于扣饰下面，它可以把各种人、动物脚（足）有机地连接在一起。如著名的盘舞扣饰（M13：38）[31]，二人仅以脚后跟相连，这样很不牢固，极易散架。底部加上蛇，二人四足踏在蛇上，组合成一整体（图二：1）。相似的例子颇多，例如晋宁石寨山出土的骑士猎鹿铜扣饰（M13：162）[32]，江川李家山出土的二牛铜扣饰[33]、喂牛铜扣饰等也如此。

另外，蛇还可以扩大支撑面，增大底面积，起到稳定作用。本身蛇也有重量，可以降低重心，解决此类扣饰普遍存在的头重脚轻的毛病。对于某些上身较重的扣饰，还采用双蛇来增加底部重量，扩大接触面积，降低重心，同时也增加了艺术感。如江川李家山剽牛祭祀铜扣饰、立豹铜扣饰[34]、二牛铜扣饰……

一些扣饰下面蛇的头、尾显得小而短，身长而粗，看上去不合比例，带有夸张成分。如江川李家山第二次发掘出土的三人猎豹扣饰[35]、三人猎虎扣饰[36]、二虎噬鹿扣饰[37]，其目的也是为了增大底部接触面积和重量，起到降低重心、稳定的作用。

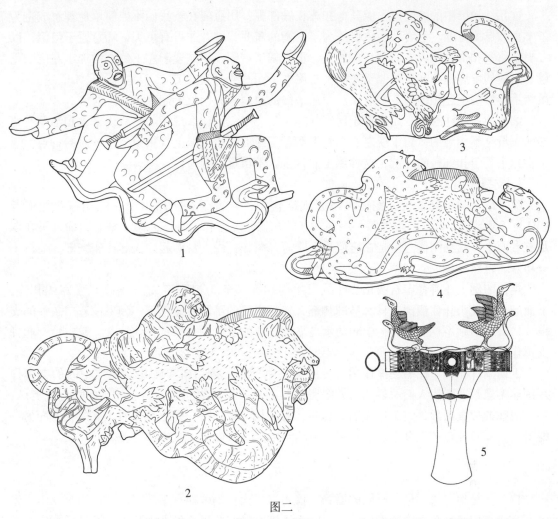

图二

1. 盘舞扣饰　2. 二虎噬猪铜扣饰　3. 豹狼争鹿铜扣饰　4. 二豹噬猪铜扣饰　5. 孔雀践蛇铜斧

晋宁石寨山还出土 1 件牛头铜扣饰（M13：254）[38]，高 9、宽 11.2 厘米，大牛头牛角上各卧二小牛，额上铸一小牛头，大牛头两耳被盘绕的双蛇咬住（图一：6）。蛇的位置不同于上述扣饰，为仅见的一件，但作用也一样。如果仅仅从美学角度出发，没有蛇，也不影响该件牛头的美观，如晋宁石寨山出土 1 件三牛头扣饰（M6：17）[39]，与此件相似，唯少了额上的小牛和双蛇。在该件牛头双耳下铸双蛇有其原因：由于大牛头额上有一小牛头，牛角上有二小牛，上面重，下面轻，重心高，加上双蛇重心就低多了，蛇在这件扣饰中起到了降低重心的作用。

2. 左右平衡的需要

如果稍微留心的话，少数扣饰中蛇的位置并非都在底部，而是偏朝左下侧，或右下侧。显然不是上面的功能，如晋宁石寨山二虎噬猪铜扣饰（M3：67）[40]，蛇位于左下侧，显弯曲状，蛇口咬住虎尾，底部为一虎（图二：2）。石寨山的虎牛搏斗铜扣饰（M10：5）[41]，蛇也在左下侧，弯曲程度不如上一件，口咬住牛腿。而晋宁石寨山狼豹争鹿铜扣饰（M3：65）[42]，蛇却在扣饰的右侧，口咬住豹尾，最下面为一鹿（图二：3）。

这几件扣饰中的蛇为何不像其他扣饰在底部呢？用意何在？我们不能简单地理解成是为了丰富和点缀主题。笔者认为主要是为了平衡的需要，蛇并非可有可无，随意置于何侧，以二虎噬猪铜扣饰为例：右面重，左面轻，重心偏于右侧，把蛇置于左下侧，增加了左侧的重量。而狼豹争鹿铜扣饰重心偏于左侧，右侧加上一蛇正好能使重心不偏离。假如把蛇去掉，虽然不会影响上述扣饰的艺术效果。但从平衡的角度来看，就不能缺少。

细心的人会注意到，蛇头置于何端并非杂乱无序，无什么规律。一般说来，扣饰左右两端的重量是不相等的，为了使左右达到平衡，工匠们利用蛇的上身重量大于下身的特点，通常将蛇头置于扣饰轻的一端，这种例子非常多，不再逐一列举。

3. 支撑作用

除了以上两个功能外，蛇还可以起支撑作用，如晋宁石寨山出土一件孔雀践蛇铜斧（M13：235）[43]，圆銎二端各铸一展翅欲飞的孔雀，二只孔雀身体前倾，重心朝前，不在双足支点面上，容易倒伏。但是在它们足下踏着二条蛇，蛇上身仰起，托起孔雀胸部，显得十分巧妙、自然（图二：5）。

类似的例子还有晋宁石寨山出土的三水鸟扣饰（M13：10）[44]，三只水鸟全靠蛇相连，下面的二条蛇头托住侧面二只水鸟的胸部，二只水鸟的足踩着蛇颈部，如果没有二条蛇的支撑，二只水鸟站不稳。同样，中间的水鸟靠倒立在蛇身上的二条鱼托住翅膀，蛇、鱼都起到支撑作用。

上面2件扣饰中蛇的支撑作用十分明显，而二豹噬猪扣饰（M10：4）[45]中蛇的支撑作用则非常隐蔽，不为人们所察觉。如图所示（图二：4），野猪腹下铸一蛇，此蛇位置特殊，与一般蛇的位置迥异，蛇头托住豹的后腿，身托住野猪前胸，蛇上身弯曲，支撑在下面另一蛇身上，靠着此蛇的三个支点，克服了野猪与豹腹下跨度大，欲塌陷之毛病。

三

执伞俑是地方色彩极其鲜明的器物，仅出自滇国青铜墓地晋宁石寨山、江川李家山大型墓葬之中，中小型墓葬中未发现。而呈贡天子庙、昆明羊甫头等大地大墓中也不见。晋宁石寨山、江川李家山二墓地出土过不少执伞俑，据统计石寨山第一次发掘M1出土女执伞俑1件[46]，置于铜鼓上，双手持杖。第二次发掘七座墓葬中出土8件（M3：2、M6：3、121、M12：3、M13：7[47]、M17：5、M18：1、M20：2）[48]，其中女执伞俑4件，男执伞俑4件，大的高度为40~50厘米，小的为20~30厘米。7件呈跪坐状，1件（M18：1）女执伞俑与其他稍微不同，呈蹲坐状。出2件的有一墓，即M6，都为男性。它们出土时置于铜鼓或贮贝器上，手中或持一长柄椭圆形伞盖，或做持伞状，多数伞盖已失。1996年第五次发掘M71出土1件男执伞俑（M71：154）[49]，高57.4厘米，跪坐，束腰，出土时置于墓底，而不是跪在器物上。石寨山三次发掘共出土10件执伞俑，五女，五男。

江川李家山第一次发掘出土7件伞盖，未见执伞俑[50]。第二次发掘出土8件执伞俑，M47、M51、M57、M69四墓各出2件执伞俑，均出自棺两端，男女都有，性别为6男2女，具体是M69为2女，其余3墓各为2男，有的跪在铜鼓上，有的置于地上。如M51出土2件男执伞俑，都跪在铜鼓上。其中1件（M51：260）通高65.4厘米[51]（图三：3）。

执伞俑的位置通常葬于墓中棺的一端，如果出2件则为两端各1件，分开置放。从石寨山、李家山部分墓葬出土现场视之，执伞俑的头向面对棺内，若是2件，2件都面向棺内主

图三
1. 铜执伞男俑　2. 俑玉管　3. 铜执伞女俑

人，执伞俑的周围都有伞盖发现。

执伞俑无论男女都是中空，呈跪坐状，双手合抱作执伞状，右手在上，左手在下，跣足，多数伞盖已脱落。男性头发梳成椎髻，部分耳戴环，颈戴项链，着披肩，袖及肘，腰束带，腰左侧佩短剑，背下部有一包。女性头发在后背梳成银锭形，耳戴环，身着对襟长衫，宽袖。男女执伞俑的区别甚大，非常容易识别。这些执伞俑的尺寸较大，远远超过贮贝器盖上的人俑，因而显得格外醒目，是滇国青铜器中所发现的最大俑像。

此外，在江川李家山第二次发掘出土的 2 件贮贝器上盖，各铸一执伞俑，均是女性，唯尺寸要小得多，与上述执伞俑无法相比。但是他们形状完整，为研究执伞俑的具体作用提供了一份实物资料。一件是纺织贮贝器（M69：139）[52]，盖上有 10 女子，其中一女子执伞，跪坐状，正在为中央鎏金贵族妇女执伞，伞柄极长。另一件是祭祀贮贝器[53]，盖上铸 35 人，其中一人，女性，站立状，也在为肩舆内的鎏金妇女执伞遮荫。站立状的执伞俑仅此 1 件。江川李家山共出土 10 件执伞俑（含 2 件贮贝器上的执伞俑）。

通观二墓地的 20 件执伞俑（男 11、女 9），有一明显的特点，凡是男性都着披肩，束腰，背下部都有一空心大包，十分奇特。女性执伞俑都无此现象。

同时，需要提及的是江川李家山第二次发掘 M68 出土过 1 件俑玉管（M68：270）[54]，形状为一男性跪坐在一圆形玉管上，着短披肩，束腰，双手放在腿上，俑高 6.7 厘米，玉管直径 1.1、长 8.6 厘米，背下部也有一包，而且更突出。不同的是他未执伞，并非执伞俑。像这样的男俑只发现 1 件（图三：2）。

由此可见，背上带大包的俑有二种情况，即男执伞俑和男俑玉管。

此大包起什么作用？为什么只存在于男执伞俑及男俑玉管上？同为执伞俑，女俑为什么没有？对上述问题存在不同看法：其一，认为是背部束衣形成的袋囊。其二，为了保持铜俑的平衡[55]。

以上两种观点，笔者认为第二种看法比较合乎实际，主要是铸造时力学上的需要，即为了保持平衡，防止跌落。与他们从事的活动及服饰、发型、姿势有关。

凡是男执伞俑都束腰，发束于头顶上为椎髻，着短披肩，披肩仅到腰部，腰带以下就不见了。以这样的姿势执伞，伞向前上方伸出较远，加之伞盖为青铜做的，俑本身为空心，自身重量显然不够，重心肯定不在跪坐的底面上，而是偏离朝前。虽然一些男执伞俑跪坐在铜鼓和贮贝器上，二者之间有小孔可以连接，能起到一些平衡作用，但铜鼓和贮贝器也是空心的，可移动的，不能根本解决重心的偏离，势必造成俑向前倾斜、跌落。如何解决此问题呢？滇国古代工匠们在男执伞俑背部下方加一空心包，增加了与伞相反方向的后坠力，于是便产生了男俑背部有一大包的奇怪现象。

至于男俑玉管，虽然没有执伞，服饰与执伞男俑一致，束腰，由于他是跪坐在圆形玉管上，玉管的底面积相当小，更不容易掌握重心。从侧面视之，俑的头和双腿稍为前倾，重心偏离中轴线，于是采取同样手法，在俑背部加一包来解决。

二者功能虽不一样，但采用同样的手法，达到相同的目的，大有异曲同工之妙。

那么，为什么女俑无此大包呢？笔者认为主要原因是女俑与男俑的服饰、发型不同造成的，女俑都穿宽袖对襟长衫，衣服既宽大又长，长及足部，未束腰，本身长衫的重量都比男俑的短披肩重多了，加之未束腰，自身重量明显比男俑重。另外女俑的发型为银锭形，实心，梳于背部，相对男俑头发梳在头顶上，也起到平衡作用。因此女俑的重心在跪坐面上，不会前倾，故无需做一包，这是女俑背部没有包的主要原因（图三：1）。

此大包会不会是背部衣服形成的袋囊呢？笔者认为可能性不大，理由如下：如果是由背部衣服束成的，那么它应该是滇族男子的一种着装习俗，相应地在其他场面中也应该带普遍性。可是遍查贮贝器、扣饰、纹饰中的滇族男子，都无此现象。唯出现在男执伞俑、俑玉管上，故必有其特殊原因。更重要的是，从俑玉管的侧面图可以清楚地看出，披肩很短，未能全部遮住背上的包，明显分成二层，衣服与包无直接关系，因而不是背部衣服束成的。

还有，有人或许会提出男俑背上的包是不是袋子？按照生活常识，如果是袋子，只能是在衣服的外面，不会在衣服的里面。但是如果仔细观察，这些男俑背部上的包都有清楚的横向纹饰，表明衣服在外。并且袋子要有背带，从肩上也看不出背带的存在，因此，可以排除是袋子之类的可能性。

[注释]

[1] [2] 云南省文物工作队：《楚雄万家坝古墓群发掘报告》，《考古学报》1983年第3期。

[3] [5] [8] [10] [13] [20] [29] [50] 云南省博物馆：《云南江川李家山古墓群发掘报告》，《考古学报》1975年第2期。

[4] [15] 云南省文物考古研究所等：《云南昆明羊甫头墓地发掘简报》，《文物》2001年第4期。

[6] [35] [36] [37] 玉溪地区行政公署编：《云南李家山青铜器》，云南人民出版社，1995年8月。

[7] [9] [11] [14] [16] [19] [22] [24] [27] [31] [32] [38] [39] [40] [41] [42] [43] [44] [45] [48] 云南省博物馆：《云南晋宁石寨山古墓群发掘报告》，文物出版社，1959年。

[12] [28] [33] [34] [53] 张增祺主编：《滇国青铜艺术》，云南人民出版社、云南美术出版社，

2002 年 12 月。

　［17］　冯汉骥：《云南晋宁石寨山出土铜器研究——若干主要人物活动图像试释》，《考古》1963 年第 6 期。

　［18］　黄美椿：《云南晋宁石寨山出土青铜器上蛇图像试释》，《云南青铜文化论集》，1991 年 3 月。

　［21］［23］［25］［26］［51］［52］云南省考古研究所、玉溪市文物管理所、江川县文化局：《云南江川县李家山古墓群第二次发掘》，《考古》2001 年第 12 期。

　［30］［49］云南省文物考古研究所等：《云南晋宁石寨山第五次抢救性清理发掘简报》，《文物》1998 年第 6 期。

　［46］云南省博物馆考古发掘工作组：《云南晋宁石寨山古遗址及墓葬》，《考古学报》1956 年第 1 期。

　［47］M13 在《发掘报告》的文字部分"乐器、舞俑及大铜俑"一节中出土数为 2 件，但在该报告墓葬登记表中只有 1 件，二者不统一。为了稳妥起见，本文只采用 1 件说，即 M13 出土 1 件男执伞俑，特此说明。

　［54］此材料系张新宁同志提供的，特此致谢。

　［55］张增祺：《云南冶金史》，云南美术出版社，2000 年 7 月。

中国小型青铜器

高青山

中国青铜文化是中国古代文化中最突出、最具代表性、甚至可以称其为中国古代文化文明的象征，而受到全世界的瞩目。

中国青铜文化发展历史之长，是世界上独有的。从它 6000 多年前诞生开始，历经了原始社会、奴隶社会，直到封建社会的末期，才彻底的退出历史舞台。在这漫长的历史时期中，青铜器经历了产生、发展、鼎盛、衰落的发展过程，但它的衰落过程经历了漫长的2000 多年。其中没有间隔，发展变化持续不断。这给我们研究这支文化的发展序列和变化，提供了一个广阔的空间。

对中国青铜器的研究鉴赏，早在 2000 多年前就开始了，如《孔子家语》记载：孔子曾到后稷庙研究铜铸的人像。《荀子》也讲孔子去太庙研究欹器，到北宋时期对青铜器的研究鉴赏达到了一个高潮，清代对青铜器的鉴赏又远远超过宋代，解放后对青铜器的研究又进入了一个全新的时期。除了科学发掘的大量发现以外，对其他研究的深度和广度都达到了最高水平。随着对青铜器不断深入、全面的研究，笔者感到，在整个中国青铜器的研究中，对小型青铜器的系统研究，还一直是个较弱的环节。所以提出这个题目，是想将中国青铜器的研究再开拓一个新的研究领域。为青铜器所承载的历史文化的研究再添新内涵，为中国灿烂的青铜文化再添新光彩。

中国小型青铜器专题研究的提出，有以下几个客观条件和意义。

1. 小型青铜器的产生和消亡是伴随了整个中国青铜文化的全过程。

2. 小型青铜器发现的数量大，涉及面广，所以它在整个中国青铜文化中应占有较重要的地位。

3. 小型青铜器虽小，但它体现了青铜文化的一个方面，或可以更多地反映了当时历史时期广大平民阶层的习俗、铸造工艺水平及其生产力水平的发展情况，加深了对当时社会广大平民文化的研究和了解。

4. 将中国青铜文化的研究推向更深入、更细化、更全面。

中国小型青铜器的提法，许多学者专家很早就提出过。俞伟超先生在《长江流域青铜

作者简介：

1949 年生于辽宁。毕业后分配到辽宁省博物馆工作，曾担任辽宁省近现代史博物馆书记兼副馆长。

文化发展背景的新思考》[1]一文中指出"在黄河流域，近四五十年来随着马家窑、马厂、齐家和各地龙山阶段（含山西、河北、河南、山东等）及岳石等遗存中，小型铜器的陆续发现（如小刀、锥、小凿、小斧、锛、小铃及小型饰物等），在距今 5000~4000 年间，黄河流域已经出现数量并不多的人工制造的铜器，已被肯定下来。这些小型铜器，或为红铜，或为青铜，而且如同所属文化的关系联系起来……"。著者的心愿是如能把它作为一个专题进行系统、全面的研究，以达到促进对中国青铜文化更深入的研究和得到更多的重视，也就达到目的了。

一　小型青铜器及其种类

小型青铜器是相对形体较大的青铜器而言。即针对当时上层统治阶级日常使用的礼器、兵器、乐器及日常生活使用的器具。大型建筑构件，车马器具等相比较而提起的。人们习惯把其形体较小，但又是一种起独立作用的器物，称为小型青铜器。

小型青铜器初分为以下几类：

1. 小型工具、用具类（包括手工工具、渔猎工具、农业工具、日常生活用具等）；

2. 装饰品类（包含附属器物上的装饰物）：

3. 仿实用品的小型器物类；

4. 小型武器类；

5. 民俗信仰类；

6. 钱币类；

7. 医用器具类。

二　小型青铜器的产生与发展

1. 小型青铜器的产生

中国青铜器的起源，是从小型青铜器开始的。

西安半坡的仰韶文化遗址、陕西临潼姜寨仰韶文化遗址中都出了青铜片（距今约 6000 年）[2]，在甘肃的马厂类型遗址，马家窑类型遗址，齐家文化基地出土青铜刀、镜；在山东二里河龙山文化遗址出土两件锥形器。

1976 年甘肃玉门齐家文化墓葬出土了 200 多件小型红铜和青铜器。青铜器出现初期，无论是冶炼技术还是工艺水平还都比较简单，青铜器种类也较少，仅有制造的小型工具和装饰品等，后来逐步出现了武器类、生产工具等青铜器。

2. 夏商周时期的小型青铜器。

当中国进入奴隶制社会后，青铜铸造业进入了突飞猛进的发展阶段，达到了青铜文化发展的鼎盛时期，这个时期青铜器出现了大量的容器，而且门类齐全，有酒器、饪食器、水器等，并且形成了礼器制度，青铜器的使用成为身份地位的象征，成为等级制度的表现。

这个时期，小型青铜器比初期阶段也有了很大发展，基本还是小型手工工具及生产工具类、武器类。较多出现了铃、戈、刀、剑、斧、凿、镞、鱼钩等。鱼钩体弯成半圆形，钩尖尖锐，钩体末端有一凹槽，以系钩线。同时出现许多大型青铜器上起装饰作用的小型器物、车马饰件及盔甲（青铜甲片）。这件盔甲的甲片共发现了 60 多片，每片长 2.6 厘米，宽 0.9 厘米，厚 0.5 厘米，正面饰有垂瓦纹，背面有双鼻，用皮条竖穿起来，然后再缀在皮甲上，形成青铜盔甲。另外还发现一种甲片，长 3.2、宽 2.1 厘米，正面有三道半圆状凸棱，顺着半圆凸棱背面有可穿皮条的穿孔。

龙是华夏创造的特有的动物形象，征集到的小型青铜龙，形体还属于早期卷体状，散尾。三件小型青铜卷体龙，应和早期或同期的玉龙，作用是相同的。据了解这几件青铜小龙是北方地区出土的器物。

青铜弩收集到两件，其中间支杆两侧的弩弓，是合铸而成的。其中一件支杆前端突出于弩弓之外的大角羊头，与商周时期其他器物所饰羊头相似。

小型戈式斧，通长 9.8 厘米，空銎上口直径 1.5、下口直径 1.7 厘米。銎身中部有相对的两个洞，应是固定插进銎身的木柄使用的，銎前身长 4.8、宽 1.4 厘米，后身比前身短宽，后身长 2.8、宽 1.6 厘米。这件戈式斧是早期的实用斧，后逐步演变成武器戈，武器的前身，应都是从实用生产工具演变来的。

动物首刀，这把青铜刀是典型商代实用的短身刀。通长 17 厘米，柄长 4.2 厘米。此刀一面刃，背厚，刀柄为空心，并铸成蜈蚣卷绕身型柄。在柄与刀背相连处，铸出镂孔双眼及双眉、鼻、嘴。刀背和刀柄有机地结合成一兽面形象，与刀柄的蜈蚣身组成一个完整、生动的拟人的兽神。这把刀的刀柄，作成毒蜈蚣形，也是工匠有意的创作。

青铜仿贝币，海贝形，残长 2 厘米，一面有一长条铸痕，是有意仿海贝形状而特意铸成的。

3. 春秋战国时期

春秋战国时期，是中国奴隶制社会向封建社会转制变革时期，这个时期由于奴隶主一统天下的瓦解，新生的封建贵族地主阶级的兴起，青铜礼器所代表的礼制遭到彻底破坏。大奴隶主所垄断的青铜制造业也由各地封建贵族地主阶级掌握，并冲破原有束缚，铸造的器物出现了新的装饰性，增加了描写现实生活的新内容。

小型青铜器在这时出现了形式多样的发展，数量激增，许多生活装饰物品大量增加，尤其是用青铜制造的小巧精致、人们喜欢的各种动物形象的装饰物大量出现。如：鹿、兔、马、牛、羊、飞鸟等等，多种多样。铸造出的各种小型动物形象极其生动，活灵活现，栩栩如生。显示出这些极其匠心的铸造工们精湛的技艺，和灵巧高超的工艺水平。

中华民族自古以来以农为本，对农业生产极其重视。在青铜饰件中发现了许多麦穗的小型挂件，人们把这些麦穗饰件挂在身上，是祈求丰收心愿的体现。

还有一些小型工具的仿制品挂件，如剪刀等，还有类似乐器琴的小挂件等，种类丰富多彩。

这时期除了这些动物、麦穗饰件外，小型工具也大量增加，多种样式的青铜凿、锛、青铜斧，都制造得极其精巧实用。

这个时期也出现了用青铜制造的印章和铜镜。

青铜武器出土的数量也很多，短剑、匕首，还出土了许多起防护和装饰作用的铜泡，以及多种多样的盔甲。

在出土的小型青铜器中，还出有一种小型两头尖的，或一头尖另一头为扁平刀形的器具。这种锥形器具或为雕刻工具，有的也可能是医疗上用的针灸用具。

青铜深腹酒水匋，腹壁轻薄，在腹壁外有一蜥蜴附在表面，中空把手与腹壁相连，是生活中实用器物。

各地铸造的钱币开始大量出现。

这个时期的小型青铜器大量增加，是原来大型礼器衰落、整个青铜制造业发生变革的直接反应。是新兴的贵族地主阶级在宗法礼制逐步被破坏而转向追求实用性、美观性、现实性的结果。

4. 秦、汉时期

经过了几百年的战乱，到秦、汉时期，社会进入了稳定发展时期，由于社会制度的改变和出现了铁器，青铜器的制造，向实用、造型美观、轻、薄方向发展。

在小型铜器中更多的增加了印章，车马器上的装饰有各种马具，铃、钉、泡，建筑上的装饰品，武器类如空心镞，制造得更加锋利、精致，另有各式短剑、匕首，短剑有铜首铁剑的合铸器型。民间工具大量的出现，如：剪、刀、勺等日常生活用具比较普遍，也出现了过去大型器物的小型仿品，如：炉、鼎等。人们日常装饰品中出现了大量头簪、项链、指环、手镯、耳坠等，项链上有细小的铜管和片状的铜饰件连串一起。铜镜及带钩、挂钩不仅数量较大，而且工艺水平也很高。带钩也做成许多动物形象，动物形象极其生动，有大象、带翅膀的飞兽及各种吉祥动物形象。铜镜的背面纹饰更是丰富多彩，多为吉祥花鸟，多种几何图案，有些还加上一圈吉祥祝福词。

这个时期铜钱，已是商业发展和国家的经济命脉。

青铜器的使用，此时已深入到人们日常生活中的所有方面。

5. 隋、唐时期

隋、唐时期，小型青铜器有日常生活用具、铜镜，以及各种建筑、家具上的各式装饰品，还有医药用具。从魏、晋开始，又有了新的领域，即宗教造像。到隋、唐时，宗教造像及与宗教有关的器具盛行。

此时期，收集到了一套花瓣形带流的调药盘和一件与其配套的调药勺。在勺的背面和盘的背面都各刻有相同的"井"形符号。说明这两件器物为一套，因怕与别的盘勺混淆，才刻上相同的符号。

这个时期的小型青铜器的门类，依然与秦汉时期相近，只是数量相对减少，有许多器物被其他材质所替代，如：瓷器、铁器等。但很多器物是铁器代替不了的（因其易锈），所以依旧使用铜器制作。

6. 辽、金、元时期

由于辽、金、元都是北方草原马上民族，所以这个时期出现的小型青铜器，表现北方民族的特征比较突出。有大量的车马器，马具上的装饰等。盔甲也大量出现，有头盔和各式甲片，现收集到的甲片呈长方形、方形形制很多，但铜甲片的穿制方法基本相同。最上面铜甲挂件是一个上面有一圆环，此环下有一横条，此条下又有三个或四个圆环，铸连在一起，上面一个环是用来拴挂在肩部铜件上用的，下面的几个环是挂甲片的。第一件甲片，上部有三个或四个和甲片相连的挂钩，这个挂钩是挂在前面环上的，这个甲片下部铸出二个串皮条的孔洞，再以下的甲片，都有四个孔洞，自上而下用皮条串连起来，组成甲衣。这种甲衣横向结合方法还不清楚，中间应有一道或几道横向皮条连接，以后在研究新发现的甲片时，还需要寻找证据。

生活用具上，铜镜仍盛行。各种官印、私印、押都使用青铜器制造。

妇女的装饰品种类较多，如：动物形头簪，各式耳环有大有小，耳坠都做成吉祥花、鸟、鱼等。男人的带扣和牌饰上多铸出虎、鹿等动物形象，以示男人的勇猛。

7. 明、清时期

明、清时期，青铜器的使用，已进入了尾声。大型铜器除宫廷使用祭祀、建筑装饰及少见的家庭仿古装饰器以外，其他器类已少见了。

但此时，民俗类装饰却大量出现，用来求福、免灾、辟邪类民俗挂件大量流行，如：小马镫、小铜锁、"福到眼前"铜牌及各种小法器等挂件；还有民间用的各种小工具，如锉刀、剪刀、锥子；文房用具，如水盂、笔架等妇女头饰，如发簪等；生活用具如水壶、勺、温酒器具等。

还有镶宝石戒指、衣服上的纽扣等。

中国青铜器的诞生是从小型实用器发展起来的，后被统治阶级利用成为政权和权力的表现。当它从权力表象物的地位降下来以后，又恢复到民间生活实用器的地位，但它由此却更多地承载了人们思想文化的内涵，承载了民风、民俗的寄托，直至延续到几千年青铜文化的尾声。

由于所收集的文物资料限制，对此研究尚不够深入，有不当和缺陷之处，敬请指正和充实。但随着人们对小型青铜器的重视和发现，将来对小型青铜器的研究一定会有很大的进展，甚至会对许多民俗文化，起到追根溯源的作用。

佉卢文书[1]

长泽和俊（日本早稻田大学教授）
何芳译

尼雅遗址—中亚的"庞培" 东西长达 900 公里的楼兰王国境内有许多遗址，其中出土遗物最丰富的是东边的楼兰一带和西边的尼雅遗址。尼雅遗址位于今尼雅绿洲以北 110 公里的沙漠之中。大概自从公元前 3 世纪的幻影般的居民消失以后，那里再也没有人居住，完全荒废了。因此这个遗址直至发现之时基本没有遭到后世的破坏。斯坦因对尼雅遗址进行了三次调查，了解了它的全貌。遗址为长条形，东西宽约 4 公里，南北长约 6.5 公里，上有大面积果园所围绕的居址、水渠、蓄水池和大木桥等遗址。这个遗址保护得完好，出土物极为丰富，可以说是中亚的"庞培"。

1901 年 1 月 22 日，斯坦因在第一次中亚考察中从西面进入尼雅，一个队员偶然从村民中得到了两枚从未见过的木牍，立即报告斯坦因，斯坦因仔细一看，无疑是写有佉卢文字的木牍。经调查得知，这些木牍是该村年轻的面粉师伊伯拉辛从北面的尼雅遗址拾来的。斯坦因立刻雇用伊伯拉辛作向导，向北行进了五天，于 1 月 29 日到达尼雅遗址。他们用了两周时间对尼雅遗址进行了细致的调查，发掘出了大量珍贵的遗址。万没想到，同年 3 月初赫定与之遥遥相对，在东面对楼兰遗址进行了发掘，过去千百年间一直沉睡在塔里木盆地黄沙下的幻影般的王国——楼兰，却在同一年内不约而同地在世界上两大探险家手中甦醒了。

佉卢文书之发现 斯坦因在这次考察发现了一批佉卢文简牍，计 524 枚，另外还发掘出家具、家庭用品、日用品、织物、货币、装饰品等丰富的遗物。精通梵文的斯坦因对佉卢文书异常关心，他一看就知道这些是纪年文书，内容除天头的一句相同外，其他全然不同。

紧张的发掘工作结束以后，斯坦因回到帐篷里，凝视着冻僵的双手捧着的文书，心情无比激动"我现在是索没阇迦证书的持有者，证书上记录着全部土地和财产。然而几个世纪来，土地已静静地掩埋在沙丘之下，颁发证书的法庭又在何处呢?"

佉卢文书的发现意义极为重大，位于塔里木盆地深处的尼雅不仅有外来的印度文化，而且出土了如此之多完整的当地文书，在整个中亚还是第一次。这个发现对欧洲的东方学界、

作者简介:

又名何铁军。1947 年生于上海，1975 年 8 月毕业于北京大学历史系考古专业。毕业后分配到内蒙古自治区博物馆工作，1978 年调入中国社会科学院考古研究所。1980 年赴美留学，遂定居美国。

语言学界冲击颇大，拉普逊、塞纳等立即着手研究文书。著名的阿育王碑文的研究，解开了用西北印度佉卢文所表达的普拉克利特语（梵语的方言）之谜，但尼雅出土的文书却不是容易解读的。它的语言不是纯粹的普拉克利特语，而是受了楼兰土著语言和伊兰系诸语言的影响，变得十分复杂。然而拉普逊等人经过近 30 年的努力，终于编纂出一部三卷本的《斯坦因先生在中国突厥斯坦发现的佉卢文书》。这部书对斯坦因第二、第三两次考察时发掘的以及亨廷顿蒐集的共计七百六十四枚简牍进行了解读。

佉卢文书的形态　以下谈谈这些佉卢文书是什么样子，上面写的是什么。

书写文书的材料大部分是木材，这种文书叫做木牍。其他还有皮革文书、纸文书、绢文书等，这几种数量都较少。木牍按形状可分为楔形、矩形、长条形、棒形、椭圆形等等。这些形状是按大致的用途来定的，如大王的命令和通告用楔形，买卖契约和信件用矩形。这些木牍除了人名簿和征税簿是大型的以外，其他的木牍一般长 18～40 厘米，宽 3.8～5.6 厘米。如图所示，把两枚同型的木牍重合在一起使用……中间束有三道麻绳，结扣处用黏土封住，把发信人的印盖在上面，干了以后如果不把黏土弄碎或不剪断绳子就不能开封，这块盖了印的黏土叫封泥。一般在函封［起信封的作用］的表面写上姓名，打开函封，在相当于便笺的木牍本体上写着："大王陛下敕谕：都伯（地方长官）索没阇迦……"。一般用这样的惯用语开始，然后叙述大王的命令和传达事情。若是书文较长，木牍本体写不下就在函封背面接着写。佉卢文是顺着木牍（长边）从右向左书写的。在本体的背面，往往用一句话简要地概括该文书的整个内容。

封泥上刻着精美的巴罗拉斯、阿特纳等希腊神像，并刻有"鄯善郡（都?）尉"一类的汉字，封泥本身就反映出东西文化的交流。……皮革文书共发现 25 件，都是大王的谕书，其材料大概是羊皮。

佉卢文书的年代　关于这批佉卢文书的年代问题，在发现之初就有各种议论。这些文书多数出土于 N. V.（NO. N. XV）遗址，与带有"晋泰始五年（269 年——译者注）纪年的汉文文书（N. XV. NO. 326）出于同一层位，因此发现文书的斯坦因断定其为 3 世纪的东西，由于这是"著名的考古学家斯坦因"的观点，赞同者很多，编写佉卢文书文法和抄译佉卢文书的巴罗也采取"3 世纪"之说。

随着文书解读工作的开展，后来出现了文书的年代应推迟到 6～7 世纪的观点，其根据有以下三点：

一．文书 NO. 661 中所见到的于阗王尉迟信与《旧唐书·西域传》中所记的于阗王伏阇信当是同一人；

二．佉卢文书里多次出现 Supis 的名字，当是《旧唐书·西域传》中所记的苏毗。

三．文书 NO. 571、590、640 的封泥印上都印有"鄯善都尉"四字，在鄯善设郡的只有隋代。

但是如果将这三点深入推敲，哪一条都站不住脚。关于佉卢文书的年代需要进行极为复杂的论证，因此应该参阅其他已发表的论文。以下将有关文章的要点摘出：

著名的玄奘在《大唐西域记》里记载，7 世纪中叶他从印度回国途经西域，从尼雅到楼兰一带是渺无人烟的荒漠，因此不可设想在 7 世纪之时，这里会有楼兰王国。

近年，伦敦大学的 J. 布拉夫教授提出一个新论点：阿没克伐迦王十七年相当于公元 263 年。他认为贵霜王朝在大王的名称之前加上一连串形容词的特点在佉卢文书里屡屡可见并极为相似。例如阿没克伐迦王第九年的文书 NO.579 中是这样形容王的称号:"大王、众王之王、伟大的人、胜利的人、公正的人、正确执法的国王陛下、天子阿没克伐迦……"。但是阿没克伐迦王十七年以后的文书——摩希利王和伐色摩那王的文书里只简略地记为:"国王陛下、大王夷都伽、天子阿没克伐迦",这里面增加了一个新的称号——夷都伽。

夷都伽当为"侍中"的音译,应与尼雅五~十五号遗址出土的木简"晋守侍中大都尉奉晋鄯善焉耆龟兹疏勒"中的"侍中"联系起来考虑。[以下译文从略]

根据以上推测,布拉夫教授把 2~4 世纪的楼兰王国分为以下三期:第一期始于 2 世纪末叶(公元 175 年以后),当时的楼兰处于贵霜王国的管辖之下,犍陀罗语[2]和佉卢文传入;第二期始于 3 世纪前叶,贵霜帝国被萨珊王朝所灭,鄯善获得了独立并有自已的统治者;第三期西晋进入西域,征服了鄯善王国,鄯善王承认中国宗主权。

由此看来,从公元前 77 年西汉在楼兰设立傀儡政权到 445 年北魏进入这里,并不是延续的,必须考虑到 2 世纪末叶贵霜王朝向这里派遣了印度移民团,当时楼兰的统治阶层是由贵霜人组成的。

佉卢文书有各种内容,如国王的命令、通告,各种契约,征税名簿等。应当认识到,2~4 世纪的楼兰王国是贵霜王朝的殖民王国,它的公文用仿照普拉克利特语的佉卢文字记录,在法律和习俗上都具有印度的风格。

楼兰王国早在公元前 12 世纪就已存在,公元前 77 年改名为鄯善王国。鄯善王国于 2 世纪末叶发生了巨大的变化,可将其划分为鄯善第一王朝和第二王朝。鄯善第一王朝始于公元前 77 年,2 世纪末叶被贵霜移民团所灭,后在贵霜王朝的管辖下以移民团为核心成立了鄯善第二王朝。贵霜王朝于公元 230 年被萨珊王朝所灭,因此鄯善第二王朝先是受贵霜的统治,终于在一个暂短的时期里成为独立王国,只是沿用贵霜王朝时期的名称。阿没克伐迦王十七年,西晋入西城,楼兰被纳入西晋的统治之下,并承认了中国的宗主权。五胡十六国时代,楼兰成为统治河西地区的边境王国,这种状况一直持续到 445 年鄯善第二王朝被北魏所灭之时。

佉卢文书的内容　佉卢文书的内容大致分为以下四种:

一．国王的命令、通告(判决、训令、征税等);

二．个人间的通信(公用或私用);

三．各种契约(关于土地、奴隶、养子、买卖、借贷等);

四．各种名簿(人名、家畜、农作物、征税表、部分账簿等)。

通过对这些文书的综合比较考证,可以了解古代楼兰王国的实际情况。

佉卢文书曾经广泛地存在于楼兰王国的旧有领域内,但在后世的公路上是几乎找不到佉卢文书的。应该注意到,文书大部分出土于尼雅遗址。现将已解读的 764 枚文书的出土地点列述如下:

一．尼雅遗址　709 枚;

二．楼兰遗址　48 枚;

三．安得悦遗址　6 枚;

四．敦煌　1 枚。

总之,上述文书的 93% 出土于尼雅遗址。这些文书的大部分是楼兰王的书记记录的,把它们联系起来,可以了解楼兰王国的整个面貌。

楼兰大王的权力和世系 全盛期楼兰王国的统治者对自己的绝对专制君主地位及至高无上的权力甚感自豪。统治两万以上人口、据有广袤 900 公里领土的大王享有如此堂皇的称号：

"大王、众王之王、伟大的人、胜利的人、公正的人、正确执法的人、天子阿没克伐迦大王陛下"（文书 579 号，以下略记为 NO. 579。文书编号根据拉普逊的《佉卢文书集》）。

简直就像波斯阿契美尼德王朝的大流士王碑文上写的一样，还有比这更得意洋洋的称号么！楼兰大王掌握着一整套中央官僚机构，向各地派遣他亲自任命的地方长官，他的命令在国内畅通无阻。然而，细读文书却可体味到一个弱小国家的悲哀——国内征税迟迟收不上来，某个小小外蛮的入侵便使他们心惊胆战。一想到不毛沙漠里的这个国土辽阔然而孤独的楼兰国的国王卖弄着如此堂皇的称号，不禁使人感到十分滑稽。

有 77 枚佉卢文书都同时记载着国王名称和年月，整理后，明确了各代楼兰王的顺序。这些研究工作是拉普逊等人进行的，目前可得出如下表所示的结论：

王 名	最大在位年数（年）	先后在位时间（第？年）	绝对年代（年）	
			J·布拉夫说	榎一雄说
裴皮亚	3 ~ 8	1 ~ 8	236 ~ 243	256 ~ 263
塔夏迦	3	8 ~ 11	244 ~ 246	264 ~ 266
阿没克伐迦	5 ~ 38（或 36）~ 46	12 ~ 49（或 47）~ 57	247 ~ 282	267 ~ 302/304
摩希利	4 ~ 28	50/58 ~ 77/85	283 ~ 310	303/5 ~ 330/2
瓦斯玛纳	3 ~ 11	78/86 ~ 88/96	311 ~ 321	331/3 ~ 341/3
计		88 或 96	以 86 为最大基数换算	以 86 或 88 为最大基数换算

这是根据契约中所记的纪年以及书记和证人的父子关系推算出来的。众所周知，在古代社会里书记是世袭贵族的重要高级官职，因此当他们签署自己的名字时必然以父名自豪而同时签上，根据这些承续关系便可确定王位的顺序。通过研究，可知使用佉卢文书的时间（相对年代）大至为 96（或 88）年。但必须注意，这个数字是根据所发现的纪年文书累计的，毕竟是最小数值，实际时间应比此数多几年甚至几十年。另外，从语言学角度来看，这批文书在语言上具有一致性，经过这么长的时间，音韵没有发生变化，进一步证明了这个数字是可靠的。

楼兰王国的疆域 至高无上的楼兰国王的领土包括哪些地方？从下面的驿传文书里可以找到答案：

"国王陛下敕谕，对都伯（地方长官）和索达摩迦（征税官）训令如下：舍米迦向朕报告，彼出使于阗，彼等（且末人）由且末派护卫送彼至舍凯，彼等（舍凯人）由舍凯派护卫送彼至尼攘；自尼攘至于阗的护卫应由凯度多准备。到于阗［以下缺字］。当汝接到此泥封楔形文书时，按旧例支付自尼攘至于阗一段护卫的报酬及其他诸费用。决定应依法作出。"（NO. 14）

这里见到几个地名，且末在现在的车尔成，舍凯在安得悦，凯度多现在定为尼雅遗址。《汉书·西域传》里见到的"精绝国"大概就是这个凯度多的音译［以下用精绝］。尼攘与现在的尼雅绿洲（在扞弥国）有别，它当是精绝与于阗之间的废墟——丹丹乌里克。

据文书记载，国王命令精绝的地方长官准备自楼兰国至于阗的最后一段路线的护卫，可见精绝位于楼兰国的西境。楼兰国的疆土包括以王都库罗来纳［音译，即楼兰，下同］为中心的且末、舍凯、精绝等绿洲。

王都库罗来纳的位置　国王的首都库罗来纳的所在位置由于佉卢文书的解读而得以确定。有人认为当这个国家由楼兰改名为鄯善时其首都已向南移，这是非常错误的。榎一雄博士明确地论证，在几世纪中楼兰的首都无疑一直在 LA 遗址，其论证的根据实际就是对文书研究的结果。

在佉卢文书里，对楼兰王国首都有下面三种称法：

一　库罗来纳（库罗来拇纳）［音译］

二　马哈拇塔·纳加拉［音译］

三　库瓦尼或库哈尼［音译］

其中，"库罗来纳"是迁移到此地居住的人们带来的、表示"土地"的词，原名产生于遥远的印度；马哈拇塔·纳加拉是"大城镇"之意；库瓦尼或库哈尼为"城"之意。《汉书·西域传》里将鄯善国的原名记为楼兰，其都城记为扞泥域，楼兰当为库罗米纳的音译、扞泥城当为库瓦尼的音译。晋袁宏的《后汉纪》里记为"驒尼城"，因此"扞泥"为"扞泥"之讹。在佉卢文书里，库瓦尼常常作为库罗来纳或大都的同义词而出现，这是证明扞泥城在二、三世纪还是楼兰王国的首都的一个证据。另外，从楼兰遗址出土的土地买卖契约里有卖掉库罗来纳的即马哈拇塔·纳加拉的南侧土地这一记录（NO. 674），这表明此文书的出土地（L. A. Ⅲ. ⅱ）显然就是库罗来纳。

《北魏书·西域传》［《北史·西域传》］里记："鄯善国，都扞泥城，古楼兰国也"。这决不是仅仅因袭前史的记载，它还表明了北风凛烈的罗布湖畔的 LA 遗址曾是几世纪繁荣昌盛的古代楼兰王国的首都。

完备的驿传制　横跨九百里疆土、东西贸易繁盛的楼兰王国有着良好的驿传制度。例如关于派往于阗的使节，NO. 135 中是这样记述的：

"大王陛下敕谕，对征税官里贝雅训令如下：现弗摩犀伐出使于阗，当汝接此泥封楔形文书时，立即派阿必多为使者与弗摩犀伐同行，给弗摩犀伐快速骆驼一头，给阿必多一头。同时派一合适之人作为他们的向导，在他们前面行走。该向导应骑自己之骆驼。使者之粮秣和用水由你们供给，立即发给这些使者。"

参照前面的驿传文书 NO. 14 可以了解到当时的驿传制度。即在精绝和其他各绿洲里，置有常设护卫领路人，王令一下，他们便各自执行己任。根据国法规定，他们的报酬从国库支付。王国内整个路程的向导不只一个，从库罗来纳到且末，从且末到舍凯，从舍凯到于阗，由各个绿洲的向导连续传送。《汉书·西域传》里提到接应汉使很辛苦就是指这些向导而言。支付给护卫和向导的报酬有谷物（NO. 25）、小麦粉和紫苜蓿（NO. 214）等。按照原则，借给使者骆驼，这些骆驼常在中途的各绿洲调换（NO. 64）。文书上记载着一个人由于收到双重报酬而交还给征税官的事情（NO. 142）。有家室的使者出使时家眷留在精绝，在使者归来以前，精绝和长官必须照料其家眷。

官僚制度　《汉书·西域传》里记，鄯善国有"辅国侯、邵胡侯、鄯善都尉、击车师都尉、左右且渠、击车师君各一人，译长两人"，据此推测官制如下：

$$
鄯善王国 \left\{
\begin{array}{l}
辅国侯——左右且渠——译长 \\
邵胡侯——鄯善都尉——击车师都尉——击车师君
\end{array}
\right.
$$

但在佉卢文书里出现了许多很复杂的官名。首先，在中央政府里，大王以下设有吉查依查、卡拉、奥古、古斯拉、凯瓦莱那、科里等，其职位高低及职掌尚不十分清楚，但从各种契约文书末尾署名的顺序上可以大体了解其相对地位。根据文书来看"吉查依查"最高，他对各种事件和诉讼给予判决，在所有的文书里总是最先署名；"卡拉"也是高官，根据NO.622、634等条来看似乎是王子担任此职，或许它就是王子的称号；"奥古"、"古斯拉"是次于"卡拉"的高官，在邻国于阗好像也有"古斯拉"（NO.413）；"凯瓦莱那"低于"古斯拉"而高于地方长官"都伯"；"科里"是管理国王畜群的人。

楼兰出土的汉文文书里同样反映出这种复杂的官制，所见文官有：丞相、功曹（上级书记?）、郎中（书记）、都伯、都水（治水官）、督田掾（农业监督官）、监仓史、监食掾、监量掾、仓曹掾（以上是主计官）、主簿、录事掾（以上是书记）、行书（飞脚）等；武官有将军、军谋（参谋）、安西和戎从事（镇抚西域的官吏）、督战车（车辆队长）、兵曹史（军曹）、医曹（军医）等。从这些职称来看，这种官制是晋郡国官制里最晚的。

地方官僚　这样颇为复杂的官制也涉及到地方行政。在精绝，地方长官以都伯为首，下设各种官吏，即托拇加、阿普斯，征税官有索达姆加、阿盖达、亚多马等，小官吏有达斯恰、乌鲁加、恰拇克拉〔以上皆为音译〕等。所有这些都由国王直接任命，例如国王给都伯索没阇迦的文书NO.272中记：

"大王陛下敕谕：大王命令都伯索没阇迦，汝必知悉朕谕：当朕下令处理国事之时，汝必日夜关心国事，加强警备，不惜用汝之生命护守（国土）。（中略）

"又闻汝处自名门之人拒不服从都伯索没阇迦，彼等不正，朕已将国土精绝交索没阇迦一人管理，国事不须由每人来干涉，今后不容再不服从；凡不服从索没阇迦者带至朝廷，在此将受处罚。"

从上文得知，国王任命索没阇迦为精绝的长官，将该地方全权交给了他。国王的官吏任命权至村长一级，如NO.16记：

"大王陛下敕谕，对都伯舍摩雅那训令如下：朕现委任迦摩克拉·阿尤那管理比多村……"。

官吏之叹　除以上提到的以外，楼兰王国还有许多官职，文书中记录着若干官名。在人口稀少的小国里官职总是重复兼任的，如NO.520里记载：

"大王陛下敕谕，对都伯索没阇迦训令如下；据苏祇耶述说，他是征税官，又是国王的书记，同时还要和舍囉吠一起执行边境警备兵任务，舍囉吠不兼有其他任何公务。此泥封楔形文书到汝处时，汝立即亲自调查彼是否确实身兼两职并执行边境警备兵任务。决定应根据国家法律作出。"

这段文书记述了在三种公务负担中挣扎的苏祇那的哀叹。如此身兼数任的事情屡见不鲜，如兼任五项公务的鸠恩吉和奥伽那的上诉（NO.562）和从事多种公务的苾摩犀那的记录（NO.430）。

另外，还有因正当理由而免除重复公务的记述，如：

"大王陛下敕谕，对都伯索没阇迦训令如下：莱比诉说彼为比多村的库拉耶摩契［职称］而并非向导，若彼确实（代代）不是向导，则汝接到本泥封楔形文书时必须依法把彼（从公务中）解放出来。"（NO. 10）

从这些文书里可以看到官职是世袭的，因而如果有非世袭之官吏，即使是都伯任命的也能凭王的权威而免除，据 NO. 438 记载，一个叫苾摩犀那的人被都伯任命为向导，他家非世袭向导，便被王免职。

征税问题　诸如精绝一类的绿洲叫做拉亚（王国），各拉亚下设纳加拉（镇）和阿瓦纳（村），这些是征税的最小行政单位。征税是官吏们一项重要的工作，文书中大量记载着征收课税的方法，以下为其中一例：

"大王陛下敕谕，对都伯伊达伽和托摩郭克特训令如下：比多村今年收税额如前，去年之税已交斯达塔［专有名词，大概是表示一官吏等级］。汝接到此泥封楔形文书时，立即询问瓦苏莱比耶此项税收，并速将其全部交阿盖达僧伽比耶手中送来。如昔，比多村之年税加税骆驼一峰，该骆驼必口岁小并肥壮，并随同上述之税一并送来。若有任何欠税亦全部送来，税内的酥油应迅速留心送来。"（NO. 42）

征税官吏有索达姆加、阿盖达、亚多马、扎拇尼纳、萨达维达等。索达姆加是地方征税主任，监督摊派和收纳税物；阿盖达、亚多马负责征收谷物；萨达维达负责把收来的税物向库罗来纳输送。

税收是纳物不纳金，所纳之物有谷物、粗制酥油、葡萄酒、毛毯、毛毡、织物、粗毛、骆驼、牛、羊、茜草、石榴等。收税不是每次都顺利，因而催促纳税的命令频频发出。所收税物一部分留给地方，大部分上缴库罗来纳。文书 NO. 291 中记录道："收上谷物三百五十米里马，其中三分之一用四十头骆驼送交，另用十五头骆驼运送葡萄酒。税物拖欠事情屡有发生，征税官侵占、隐匿财物亦非罕事。如征税官苏祇耶嗜酒成性，四年间侵占葡萄酒一百五十米里马，被免除税吏之职。"（NO. 567）

楼兰与外国的关系　这批文书缺少关于对外关系和政治事件的记录，使人们对楼兰王国的政治变化以及外国施加予楼兰王国的政治力量不能全部了解。文书中对外方面只见到一些零零星星的地名，其中大部分是于阗和苏毗，另外一些是关于贩卖丝绸的中国商人（NO. 35）、卖骆驼的疏勒人（NO. 661）以及发生私奔、逃亡事件的龟兹人（NO. 621）的记录。

限于这批文书大部分出土于精绝，因此文书中所记是与之关系最密切的于阗。驿传文书里提到的使者几乎都是派往于阗的；摩希利国王的王妃似乎是出自于阗王室；文书 NO. 637 是王妃和王子到于阗旅行时支用物资的记录：

"天子夷都伽·摩希利大王陛下在位之十一年六月一日，王后到于阗旅行，卡拉［王子］基特耶曾来精绝这里，于都伯索没阇迦之时，彼曾在山里作 Vasdniga（？）［原文即如此］。当时曾用去下列开支……［中略］。卡拉［王子］基特耶出使于阗时又领去谷物十二米里马作为食粮，另又领去谷物四米里马、绵羊四只。"

两国关系时而密切时而恶化，例如：

"［前文略］钵祇那现正试图向莫遮钵梨耶索取边境被劫以前所借金债。此处法律规定，国境被于阗人抢劫之前借贷之物不能成为法律之上争执对象。"（NO. 494）从文书中可见到于阗人侵入楼兰王国的迹象。某些文书还记载着两国间的纠纷、掠夺、通商贸易、互派使节和书简往来的情况。

苏毗的入侵　给予楼兰打击最重的是苏毗。苏毗的侵扰对于沉侵在和平生活中的楼兰是最大的恐怖。例如有的文书说，"有种种理由提防苏毗人，汝不得疏忽，舍凯应继续保持警戒"（NO.578）；"且末报来消息：有来自苏毗之危险"（NO.722）。这类记录屡见不鲜，针对这种情况他们派遣了侦察兵（NO.119、126等）。苏毗时常侵袭精绝、舍凯、且末等地，各绿洲的居民慌忙逃入沙漠，被害的情况在文书里出现的并不多，想必人们是恐于掠夺和耕地被破坏吧。文书NO.324里记录了苏毗掠夺少数奴隶和若干马匹的情景：

"天子摩希利大王陛下在位之四年三月三日，苏毗攻且末，彼等侵扰国土，掠夺居民财产，捕去一名叫萨木尔正纳的男子及奴隶瓦斯·瑜纽，以此为礼品送给支那人史家西。史家西在当地给其两枚金币和两枚银币为报酬，那男子便属于史家西所有。"

针对这种情况，楼兰王国在要塞配置了乘骑军用骆驼、佩带弓箭的国境警备兵，其数目尚未搞清，据《汉书·西域传》记载总计达3932名。尼雅附近的卜托盖守备队由145名人员组成（NO.701）。

这个苏毗（Supiya）据传是6～7世纪活跃在西藏东北部的苏毗（So-byi），在《新唐书·西域传》里出现有苏毗的名称。西汉时期昆仑山脉中的藏族被统称为婼羌。苏毗族从那时起就已活跃在山中，佉卢文书比汉文史籍早几世纪，它记下了苏毗的行迹。

"诸行无常"［佛语］的钟声　当时在楼兰王国，佛教已达到全盛期，因此在佉卢文书里记载了佛教东传史的一个片断，或者说保存了关于初期佛教僧团实况的有趣记录。

每个绿洲都设有僧侣集团（僧团），尼雅遗址的僧侣属于"精绝僧团"。各绿洲的僧团由库罗来纳的僧团统管，这种状况恰似日本奈良时代东大寺与各地的国分寺的关系。精绝僧团不大遵守规矩，从下面的记录中可见到初期僧团的一个侧面：

"天子夷都伽·摩哈吉利（摩希利）大王陛下十年十二月十日（缺字）库巴尼（库罗来纳）之僧团制定了精绝僧团之规章。

"据闻沙弥对长老不敬，对老僧人不顺从，对此现由国王陛下在僧团前宣布规定：长老尸囉钵囉婆和布没那犀应该管理僧团，二人必须管理僧团的一切活动。（异端者）依法裁判。一切僧团之活动均由该二人管理并保证僧团平安。不服从僧团活动之僧人罚绢一匹；不参加Posatha仪式之僧人罚绢一匹；身着俗服参加posatha仪式之僧人罚绢一匹；殴打他僧人之僧人轻者罚绢五匹，一般者罚绢十匹，重者罚绢十五匹。……"（NO.489）

僧侣的生活　当时的楼兰王国有多少僧侣，不大清楚，4世纪末（399年）访问该地的渡天僧法显说：

"其国王奉法。可有四千余僧，悉小乘学。诸国俗人及沙门尽行天竺法，但有精麁。……唯国国胡语不同，然出家人皆习天竺书、天竺语。"（《法显传》）

4世纪的楼兰已是日薄西山，估计二三世纪的僧侣数目应超过四千。

这些僧侣兼有各种官职，带妻室，占有土地和奴隶，过着富裕的生活。关于僧侣的婚姻，文书里是这样说的：

"天子夷都没伽·阿没克伐迦大王陛下三十六年三月二十一日，僧人菩达伐摩申诉，僧人舍利布多罗曾领登纽伽·阿没托之女尸舍特耶作养女。僧人舍利布多罗将女嫁给僧人菩达伐摩为合法妻。该妇女尸舍特耶之女儿布没那伐提耶被嫁与僧人夷伐洛·阿塔摩为妻。"（以下略，NO.418）僧侣们不仅有自己的土地，还能进行土地买卖。例如NO.562是僧人达摩囉陀向司书莱钵多伽出卖土地的契约，NO.655是僧人菩达尸囉向僧人出卖旱田和葡萄园的契约等。

僧侣们大量从事交易和放债，现已发现的该类文书有"僧人吉伐迷多罗与卡拉（王子）进行交易"（NO.425）、"尼攘的那罗沙迦从僧人莫遮钵梨耶处借 2800 马萨（masa）"（NO.500）等。

浴佛仪式的法悦[3]　　在精绝的佛寺遗址发现了一座已毁坏的塔，里面没有任何壁画和经典。另外，佉卢文书所记载的既不是呪文也不是经典，而是当时信徒们在浴佛仪式中热烈宣讲的法悦境：

"一切参加'迦诺达摩'（Ganottama）浴佛仪式的人都会变得眼目清明，手足强健，心地善良纯正。一切参加迦诺达摩浴佛式的人都不会生肿疡、脓疮、象皮病（？）[似应为瘰癞]和湿疹[似应为疥癣]，体质洁白芬芳。一切参加迦诺达摩浴佛式的人都会变得目大眼明，手足为金色，姿容美丽。

"在浴佛式中奉供系最好最美之献礼，奉供系吉祥之标志。赞美乐于为人类行善、崇敬高尚之佛和佛徒。

"追求孤独、独居山洞自修苦行，献身于自己之行愿、乐于自制、乐于行善之隐士们内在之德甚为荣光。

"敬爱降临之佛之弟子亦应受人敬爱。来自科登纽家族者为最早之弟子，须跋陀家族者为最后之弟子。

"当有权势之国王、长老、中年僧侣、少年僧侣尚未到达之时，让那些奉供之人享受其应得之酬报；当彼等到达之时，让奉供之人永生得到教化。

"让那些云集于佛会，在加姆达卡浴佛式中浴佛之僧人、热爱其先师并引以为荣之僧人解脱憎恨（失败），忠于现有职责。在此次浴佛式中供奉除秽物之人、供奉敷抹佛身之油以及为佛行干式沐浴之人们皆可解脱失败及罪孽。

"余献身于伽蓝，献身于如来之法及其善行，由于污秽之消除使彼等心地宁静，受到人类佛理之保护。一切从地狱之底升至天堂之生物皆入佛教之法而脱离生死轮回。时刻祈祷丰衣足食吧，经管圣雨的释天呵，增多雨水，五谷丰登，王道昌盛。愿彼在神之法中永生。"（NO.511）此文书深刻地表现出虔诚的佛教徒们的形象。最后一段文字中的一句值得注意，在这里被高声赞扬的吠陀时代以后的释天，在沙漠围困的绿洲是被当作雨神来供奉的。

[注释]

[1] 佉卢文系古代印度的一种文字，公元前后数世纪通行于古代印度西北部及阿富汗一带。由于中西经济文化的交流，公元前后几十年内佉卢文曾一度成为西域一些地方的通用文字，在于阗、鄯善（即楼兰）一带流行时间更久，到公元 3 世纪后半叶，成为该地区政府文书、铸币、私人信件、买卖土地和奴隶的契约等方面日常使用的文字。

在翻译本文中的佉卢文引文时，参考了中国科学院新疆分院民族研究所油印本《新疆出土佉卢文残卷译文集》（王广智根据伦敦英国皇家亚洲协会 1940 年英译本译），并采用了其中的一些人名译法。

[2] 原文为ガンダリー语，根据前后文之意估计原文有误，似应为ガンダーゥ语，即犍陀罗语。犍陀罗为古代印度西北部一国名。

[3] 法悦：佛语，意为听到佛法之后，经过思维、行动而产生的无上喜悦。

（选译自 1967 年日文版《楼兰王国》第四章）

南京市博物馆藏六朝墓志

易家胜

　　墓志做为汉以后墓葬中出现的特殊文物，具有独到的史料价值和书法艺术价值。它记述了墓主人的祖籍生平、官职谥号及家族、姻缘等，有印证史籍、弥补文献阙漏的作用，同时这些刻石为识、藏于墓中的墓志又是我们研究这一时期书法的重要资料。南京市博物馆馆藏有三十多方六朝时期墓志，其中该馆考古人员于20世纪60年代中期发掘出《谢鲲墓志》、《王兴之夫妇墓志》时，曾轰动国内外，引起众多专家、学者的极大兴趣。郭沫若先生率先发表了《由王谢墓志的出土论到兰亭序的真伪》[1]，发起兰亭论辩。20世纪80年代初，该馆在栖霞山附近又获南朝《梁桂阳王萧融墓志》、《梁桂阳王妃王慕韶墓志》，再度受到中外书法界专家学者的高度重视，推动了书法理论研究的深入和发展。

　　现将市博物馆藏有的六朝墓志介绍如下：

　　谢鲲墓志　1964年南京中华门外戚家山出土。石质，长条形，长60、宽16.8、厚10.8厘米。文凡四行，每行十七字，第四行十六字，共六十七字。志文隶书，字体扁方，运笔劲挺，笔画舒展，波磔分明，每字大小相近，方整平正，谨严而不呆板，承早期汉隶遗意，是全国发现六朝墓志中最早的一方（图四）。

　　谢鲲，字幼兴，陈国阳夏（河南太康）人，生于西晋太康元年（公元280年），卒于东晋泰宁元年（公元323年），官至豫章内史，为东晋丞相谢安之伯，其子谢尚是中国钟石之乐的创始人。

　　王兴之夫妇墓志　1965年南京新民门外象山出土。石质，长方形，长37.4、宽28.5、厚1.2厘米。两面镌刻文字，用细线分格，文凡十三行，每行十字，正面为王兴之墓志，一一五字，反面为兴之妇宋和之墓志，八十八字，共二〇三字，志文楷书，字体方正遒劲，规正而不刻板，凝重而有韵致，笔画挺拔，行气疏朗，以方整匀称见长，尽古拙朴质之气。字休虽已楷化，但多用方笔，点画之间和间架结构中仍带有隶意，波磔不明显，是隶书向楷书过渡发展的书迹（图一）。

作者简介：

　　1951年1月生于江苏省南京市。1975年从北京大学历史系考古专业毕业，同年分配到南京市文物管理委员会从事考古工作。南京市博物馆建立后，即在市博考古部工作，1985年担任副馆长，分管考古、文物征集工作，1987年担任法人代表，主持市博全面工作。1995年调太平天国历史博物馆担任馆长至今。研究馆员。曾先后参与和主持十多处重要遗址、数百座古代墓葬的发掘工作，鉴定、征集文物数千件。参加了南京人化石地点的考古发掘、整理、研究全过程，撰写了十多篇考古简报和论文，主编了《南京文物与古迹》、《南京山水城》、《太平天国史研究新论》、《天国春秋》、《太平天国王府》等论著。

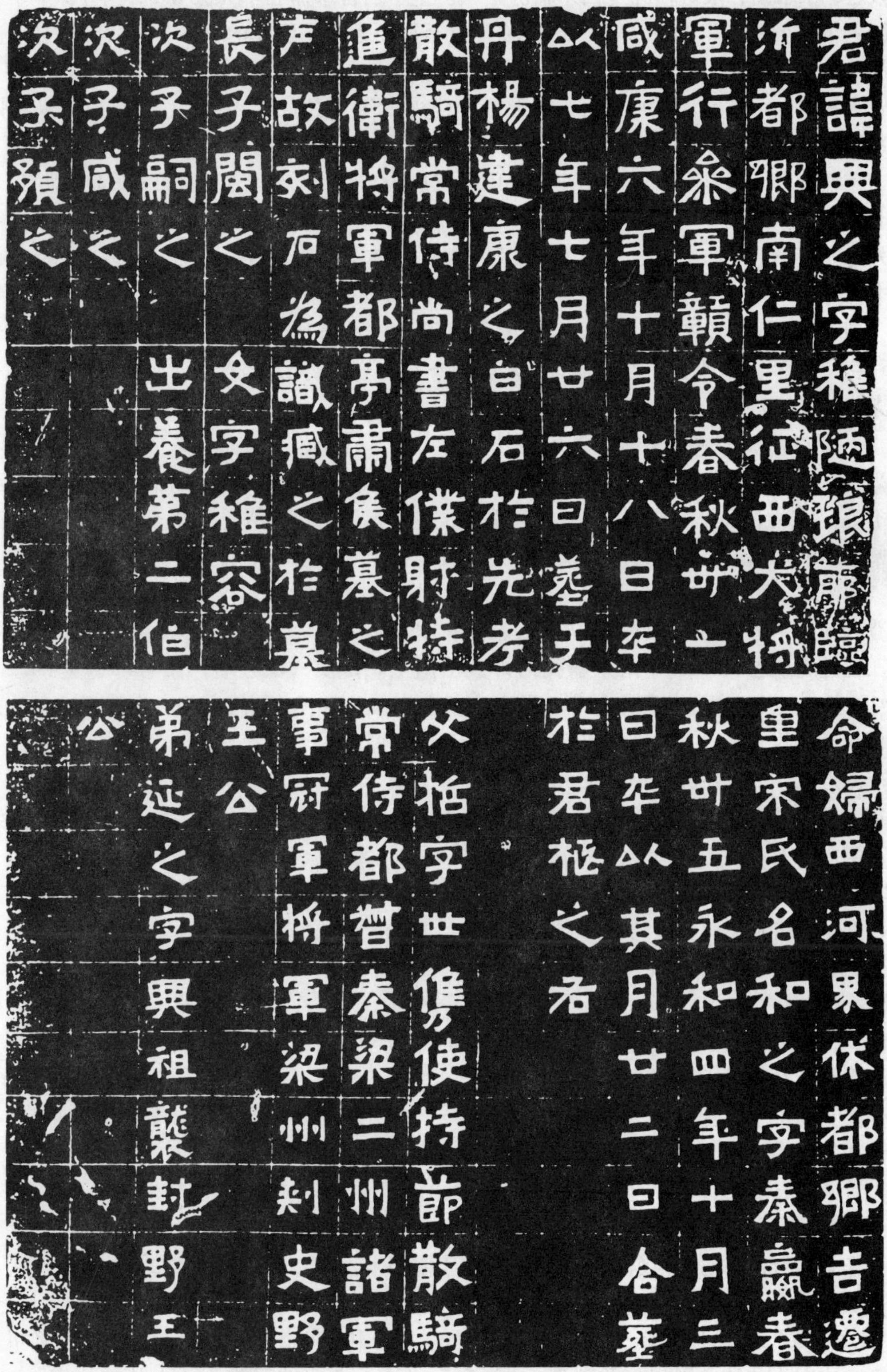

君諱興之字稚陋琅耶臨
沂都鄉南仁里征西大將
軍行參軍贛令春秋卅一
咸康六年十月十八日卒
以七年七月廿六日葬于
丹楊建康之白石於先考
散騎常侍尚書左僕射特
進衛將軍都亭肅侯墓之
左故刻石為識藏之於墓
長子閩之女字稚容
次子嗣之出養第二伯
次子咸之
次子預之

命婦西河界休都鄉吉遷
里宋氏名和之字秦嬴春
秋卅五永和四年十月三
日卒以其月廿二日合葬
於君柩之右
父哲字世儁使持節散騎
常侍都督秦梁二州諸軍
事冠軍將軍梁州刺史野
王公
弟延之字興祖襲封野王
公

图一　王兴之夫妇墓志（上：正，下：反）

王兴之，字稚陋，琅玡临沂（山东临沂）人。生于西晋永嘉三年（公元 309 年），卒于东晋咸康六年（公元 340 年），享年三十一岁。官至征西大将军庾亮的行参军，后为赣县令。王导从孙，王彬之子，与"书圣"王羲之为从兄弟。

宋和之，字秦嬴，西河界人。生于西晋建兴二年（公元 314 年），卒于东晋永和四年（公元 348 年），享年三十五岁。东晋梁州刺史、野王公宋哲之女，王兴之之妻。

颜谦妇刘氏墓志　1958 年南京中央门外老虎山出土。砖质，长方形，长 33、宽 15、厚 14 厘米。文凡三行，每行七至九字不等，共二十四字。志文楷书，无细线分格，因而字体排列有大有小，不如王兴之夫妇墓志排列工整，字体结构比较自由，用笔峻拔，用此墓志志文书体与唐"颜体"书法仔细对照，似乎颜真卿书法是有其家法传统的。

刘氏，琅玡（山东人）。生于西晋永嘉五年（公元 311 年）。卒于东晋永和元年（公元 345 年），享年二十四岁。为东晋安成太守颜谦之妻。颜谦是东晋西平县侯颜含第二子。《建康志》卷四十八载，颜含为"唐颜真卿十四世祖也"。

王闽之墓志　1965 年南京新民门外象山出土。砖质，长方形，长 42.5、宽 19.9、厚 6.2 厘米。两面均镌刻文字，用细线分格，正面五行，每行十二字，反面三行，每行七至九字不等，共八十四字。志文楷书，排列整齐，字迹方正遒劲，结构严谨。书体风格与王兴之夫妇墓志书体相近，字里行间有汉隶遗意，细察其用笔又略有差别，当更为苍劲。

王闽之，字洽民，琅玡临沂（山东临沂）人。生于东晋咸和六年（公元 331 年），卒于东晋升平二年（公元 358 年），享年二十八岁。官职不详，为王彬之孙，兴之之长子。

王丹虎墓志　1965 年南京新民门外象山出土。砖质，长方形，长 48.2、宽 24.2、厚 5.4 厘米，文凡五行，每行十四字，共六十五字。志文楷书，细线分格，字体工整，排列整齐，与王氏两方墓志书体风格相近，但更为苍劲浑厚。

王丹虎，琅玡临沂（山东临沂）人。生于西晋永宁二年（公元 302 年），卒于东晋升平三年（公元 359 年），享年五十八岁。王彬之长女，王兴之的姐姐，未嫁，死后葬于祖坟。

卞氏王夫人墓志　1955 年南京光华门外赵士冈出土。砖质，长方形，长 31、宽 7、厚 4.5 厘米。志文六字，单行排列，墓志侧面有"太和元年"（公元 366 年）纪年。字体为楷书，但字形略扁，尚有隶意。因志文太简单，故生平考证困难。

夏金虎墓志　1966 年南京新民门外象山出土。砖质，长方形，长 50.8、宽 23.7、厚 5.8 厘米。文凡六行，每行十三至十九字不等，共八十六字。志文楷书，虽刻工潦草，间有误缺，横竖失致，不书而刻，却于楷书中带有行书意味，毫不藻饰，别具一格，比较真实地反映了东晋时民间通行的书体。

夏金虎生于西晋永嘉二年（公元 308 年），卒于东晋太元十七年（公元 392 年），享年八十四岁，为王彬继室夫人，王兴之之继母。

晋恭帝石碣[2]，1960 年出土于南京富贵山。石质，长方柱形，长 123、宽 31、厚 31 厘米，文凡三行，每行八至九字，共二十六字，字体为隶书，略带楷意。

东晋恭帝司马德文为东晋末代皇帝，卒于南朝宋永初二年（公元 422 年）。

黄天墓志　1966 年南京中华门外油坊桥磨盘山南朝早期墓葬中出土。砖质，长方形，长 34.4、宽 20、厚 5 厘米，文凡二行，共九字。楷书浑厚苍劲，运笔自然，疏放姿纵，有隶意。志文为"陈留周叔宣母黄天（夫）墓"，"夫"下可能漏刻一"人"字，此人尚不可考。

蔡冰墓志 1966 年南京栖霞区摄山南朝早期墓葬中出土。两方,一方残断,一方完整,志文相同。砖质,长方形,长 48.5、宽 24.8、厚 6.9 厘米。文凡二行,每行四字,共八字。书体与黄夫墓志为同一体势,以楷书为主,有隶书遗意,与东晋王氏墓志用笔方整谨严不同,与梁代《天监十五年井栏题字》和镇江焦山《瘗鹤铭》字体相似。

明昙憘墓志 1972 年南京太平门外尧辰果木场出土。石质,矩形,长 65、宽 48.5、厚 7 厘米。文凡三十行,满行二十二字,共五四七字。志文楷书,稳健清秀,脱尽汉隶之窠臼,风格娴雅沉静。该墓志华丽的文采与秀丽的文字和谐统一,令人耳目一新。

明昙憘,字永源,平原鬲人。生于南朝宋元嘉二十二年(公元 445 年),卒于南朝宋元徽二年(公元 474 年),享年三十岁。曾任宁朔将军,武阮县令,员外散骑郎。

梁桂阳王萧融墓志 1980 年南京太平门外张家库出土。石质,正方形,长 60、宽 60、厚 9 厘米。文凡二十八行,满行二十八字。志文楷书,技法熟练,用笔多侧锋起笔,重起轻收,轻起重收,点画潇洒,转折自然,朴拙凝重,沉雄遒劲,无矫揉造作之感。但字体的某些方面却略见隶书之遗意。

萧融,梁太祖第五子,梁武帝萧衍之弟。卒于梁天监元年(公元 502 年)。墓志撰写者任昉,官吏部郎中,齐梁之际著名的的文学家。与梁武帝交游甚密,为"文学八友"之一。

梁桂阳王妃王慕韶墓志 与其夫萧融墓志同时同地出土。石质,矩形,长 49、宽 64、厚 7.5 厘米。文凡二十一行,满行二十三字。志文楷书,结构严谨,典雅清劲,颇富新意,用笔亦多侧锋起笔,字体于严谨中求潇洒,用笔于圆润中求雄健。其艺术风格与同时的《梁南平王萧伟墓志》,贝义渊所书《梁始兴忠武王萧憺碑》等气息相近,是梁朝书法艺术的重要流派。

王慕韶,琅玡王氏之后裔,东晋丞相王导七世孙女,卒于梁天监十三年(公元 514 年)。墓志撰写者王暕,为王慕韶从兄,官吏部尚书。

辅国将军佚名墓志 1978 年南京中央门外燕子矶出土。石质,矩形,长 100、宽 80、厚 8 厘米。文凡六十五行,满行五十七字。由于长期水蚀风化,大部分文字已漫漶不清。志文楷书,工整谨严,端庄秀丽,虽部分文字漶失,但仍不失为珍贵的书法实物资料。

墓主姓名已无法看清,仅见官职为"辅国将军"等。卒于普通二年(公元 521 年)。死者的曾祖、祖父及父亲的名字和官职尚能辨认:"曾祖汉,魏尚书左丞、司徒左长史、冀州大□□□□□太字。""祖赜,冀州刺史,律定侯。""父斌本州别驾"。说明墓主人的上辈世代都曾在北魏政权中据有一定的职位。

王仙之墓志,1998 年南京象山东晋王氏家族墓地 8 号墓出土。石质,长条形,长 51、宽 26、厚 7 厘米。较一般墓砖大,文凡八行,每行字数不等,多者十六字,少者三字,共八十八字。志文楷书带隶意,较为率意潇洒,具有行书韵味。

王仙之,晋"前丹阳令骑都尉","字少及春秋卅九泰和二年(公元 367 年)十二月二十一日卒"。

王建之墓志,1998 年南京象山东晋王氏家族墓地 9 号墓出土。石质,长条形,长 47、宽 28、厚 5 厘米。正反两面刻文,文凡二十九行,其中二十二行为五字,二十六行为八字,最末一行为二字,共二百七十五字。志文楷书方笔兼有隶意,端正谨严,厚重典雅,沉雄遒劲,技法娴熟,无矫揉造作之感,篆刻绝佳(图二)。

王建之,晋"振威将军鄱阳太守都亭侯","字荣妣","散骑常侍特进卫将军尚书左仆

正：

晉故振威將軍鄱陽太守
都亭侯琅邪臨沂縣都鄉
南仁里王建之字榮妣處故
散騎常侍特進衞將軍尚
書左僕射都亭侯彬之
監尚書中書侍郎丙寅朔
州別駕不行娶征虜將軍
主薄建不行娶之長山遂尉
曹不行娶之長子太學博士
侯壹之給事黃門侍郎都
弨書故給事黃門侍郎都亭
軍左僕射都亭侯彬之孫
泰和六年太守太和五歲十五
二年先連之
人南陽涅陽劉氏
半年曬涅陽二年三月
干朝十四日丁未遷神其甲

反：

年□月癸亥朔廿六日戊
子合葬審基在丹楊
之白石丹楊令君墓□東康
故剋石為識不言大
二男未諡並二嗣上小女
次女顧道適濟陰
張小男紀之字元萬陵太守
伯之小男之安弟耞之前太宰
守小弟耞之見盧陵太守後事
中即

图二　王建之墓（上：正，下：反）

射都亭肃侯彬之孙"，"给事黄门侍郎都亭侯彭之之长子"，"春秋五十五泰和六年（公元371年）闰月丙寅朔十二日丁丑薨于郡官舍"。

刘媚子墓志二方，与王健之同墓，石质一方，长条形，长45、宽35、厚2.5厘米，单面刻字，文凡十三行，满行十三字，最末一行二字，共一百五十八字。志文楷书隶意，端正谨严，细劲秀美，刻工亦佳。砖质一方，长条形，比墓砖大一点。文凡十四行，末行二字，共一百三十二字。志文内容基本一致，楷书隶意。朴拙凝重，沉雄遒劲。因是砖质，固志面易漫沥，呈古朴浑厚之状，细察之，其篆刻者应与王健之墓志篆刻同属一人（图三）。

刘媚子，晋振威将军鄱阳太守都亭侯王健之夫人。"春秋五十三泰和六年（公元371年）六月十四日薨于郡官舍"。

李缉墓志，1999年南京吕家山东晋李氏家族墓一号墓出土。砖质，长条形，长31.4、宽14.5～14.9、厚5～5.4厘米，正面及一侧面刻志文。正面志文凡四行，每行八字，共三十二字，隶书带行意，较为率意。侧面志文类似落款，不满行，为小字，隶书带行意，更为率意。

李缉，"晋故平南参军湘南乡侯广平郡广平县李府君讳缉字方熙"。"升平元年（公元357年）十二月二十日丙午"薨。

李纂墓志　1999年南京吕家山东晋李氏家族墓地2号墓出土。砖质，长29.7、宽14.5、厚4.8厘米。志文凡三行，二十一字，志文隶书楷意，古朴率真，较为率意疏朗。

李纂"晋故宜都太守魏郡肥乡"人，"宁康三年（公元375年）十月二十六日"薨。

李纂妻武氏墓志，1999年南京吕家山东晋李氏家族墓地2号墓出土。砖质，五面打磨（背面未经打磨）光滑后，刷一层黑色漆状物，长30.7、宽15.1、厚5.1厘米。正面志文凡三行二十三字，隶书，结构谨严，端庄厚实，古朴遒劲，圆润疏朗。侧面志文，一行十一字，字体较小，类似落款，仅记死亡年、月、日、时，志文隶书楷意，较为率意。

李武氏"晋抚军参军广平郡广平县李慕故妻颍川郡长社县"人，"升平元年（公元357年）十二月二十日丙午"薨。

李慕墓志，1999年南京吕家山东晋李氏家族墓地3号墓出土。有志盖，均为砖质。志盖在上，长31.2、宽15.1、厚5.3～5.6厘米，正面中央刻两"晋"字，上下相对，字体一大一小，隶书，较为率意。志砖在下，长31.1、宽14.8、厚5.3～5.6厘米。正面及一侧面刻有志文。正面文凡三行十七字，隶书，潇洒俊秀，典雅清劲，率意而不失法度。侧面文凡半行，十一字，字体较小，类似落款，隶书，细劲有力，较为率意。

李慕，"晋故中军参军广平郡广平县"人，"字仙山"。"升平元年（公元357年）十二月二十日丙午"薨。

谢珫墓志　1984年南京司家山谢氏家族墓地六号墓出土。砖质，共六方，形制相同，长33、宽17、厚4.5厘米。每方砖志文凡八行，满行十五字，第一方一〇六字，第二方一二〇字，第三方一二〇字，第四方一二〇字，第五方一〇九字，第六方一〇六字。六方砖志合拼成一篇完整的志文，全文六八一字。志文为率意楷书间带隶意，虽刻工潦草，横竖失致，不书而刻，却质朴古拙，毫不藻饰，带有行书意味。与夏金虎墓志有诸多相似之处，同样反映了东晋时民间通行的字体。

谢珫，"字景玫"，"宋故海陵太守散骑常侍"，"永初三年"（公元421年）卒，"祖父讳奕字无奕使持节都督司豫幽并五州扬州六淮南府"，"镇西将军豫州刺史袭封万寿子"。

"父讳攸字叔诗散骑侍郎"。祖籍"豫州陈郡阳夏县都乡吉迁里"。

谢球墓志 1984年南京司家山谢氏家族墓地4号墓出土。砖质，长45、宽23、厚6厘米。平面及右侧面刻字，文凡九行，每行字数不等，最多一行为二十八字，共二〇三字，字体较小，率意楷书，楷有隶意，虽刻工潦草，不书而刻，横竖失致，却潇洒率意，质朴无饰。与谢琰墓志有诸多相似之处。侧面文字较大，满行十八字，隶意更为显著。

谢球，"晋故辅国参军豫州陈郡阳夏县都乡吉迁里"人，"字景璋年 一义熙三年（公元407年）三月二十六日亡其年七月二十四日安厝丹阳郡秣陵县赖乡石泉里牛头山祖奕侍中使持节镇西将军豫州刺史"。

王德光墓志，"谢球妻王德光以义熙（公元416年）六月四日以其年七月二十五日合葬球墓"。墓志为砖质，长30、宽15、厚4厘米。文凡三行，满行十四字，共二十九字。志文较为草率，介于楷隶之间。球妻王德

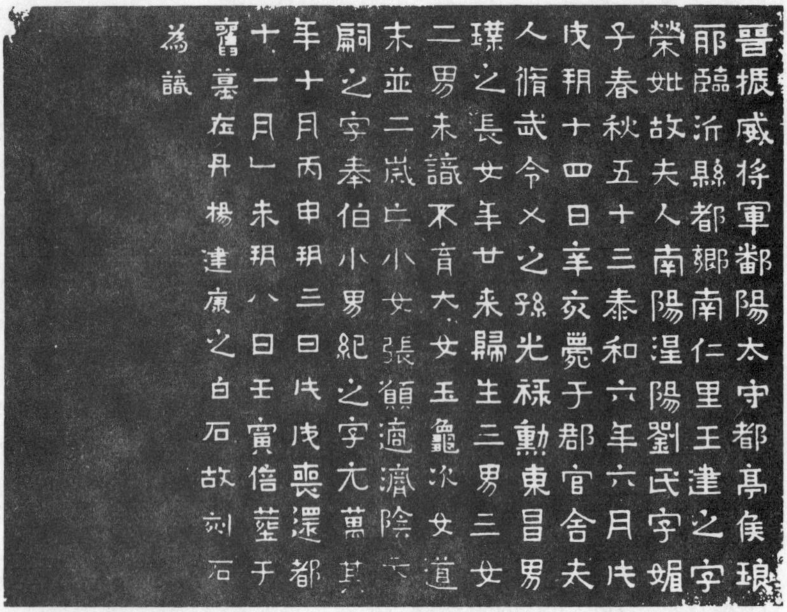

304

图三　刘媚子墓志（石质）

图四　谢鲲墓志

图五　高松墓志

光"祖羲之右军将军会稽内史父焕之海盐令"。

谢温墓志 南京司家山谢氏家族墓地出土。砖质,长46.4、宽20.3、厚6.5厘米。文凡八行,可辨文字九十八字。志文楷书隶意,较为潦草,加之风化破损,已看不到书法上较好的用笔和体。虽亦为不书不刻,与其伯父谢琰、叔父谢球之墓志相比大为逊色。

谢温,"字长仁","义熙二年(公元406年)丙午岁九月"卒。"十一月二十八日"葬"丹扬郡江宁县牛头山"。

高松夫妇墓志 1998年南京仙鹤观六朝墓群二号墓出土。均为砖质,高松墓志长48.1、宽24.8、厚5.7厘米。志文四行三十一字。志文皆为楷书。谢氏墓志长50.5、宽25.2、厚6厘米。志文四行四十字。志文为楷书,隶意明显。端正厚重,疏朗大方,较为圆润,应同出一人之手笔(图五)。

高松,"晋故侍中骑都尉建昌伯广陵"人,"泰和元年(公元376年)八月二十二日薨十一月十二日窆""高松夫人会稽谢氏","永和十一年(公元355年)十二月七日薨,十二年三月二十四日窆"。

王康之墓志 2000年南京象山王氏家族墓地十一号墓出土。砖质,长50、宽25、厚7厘米。志文四行,每行十一字,共四十四字,楷书,厚重沉稳,疏朗大方,圆润典雅,较为率意。

王康之,"字承叔年二十二","永和十二年(公元356年)十月十七日卒","其年十一月十日葬于白石","琅玡临沂"人。

何法登墓志 与其夫王康之墓同出。砖质,长49、宽23.5、厚7厘米。志文七行,每行志文不等,共八十字,楷书有行意,自由率朴。

何法登,"晋故处士琅玡监沂王康之妻庐江潜何氏侍中司空父穆公女","年五十一泰元十四年(公元389年)正月二十五日卒其年三月六日附葬处士君墓于白石"。

温峤墓志 2001年,南京北郊郭家山墓地九号墓出土。砖质,基本呈方形,长45、宽44、厚6厘米。志文十行,满行十三字,共一百零四字,楷书方笔,无波磔,端正谨严,典雅俊秀,疏朗大方。

温峤,官居"使持节侍中大将军始安忠武公"。"字泰真年册二"卒,(志文参见《文物》2002年第7期)《晋书·成帝纪》载温峤卒于咸和四年(公元327年)。

上述这些六朝墓志,为研究三国两晋南北朝的书法艺术提供了珍贵的实物资料。

三国两晋南北朝时期是我国书法艺术发展的又一个兴盛时期,真行草隶,百家争妍,书法理论有所发展。在这一时期,汉字完成了由隶书向楷书的转变。我馆所藏六朝墓志若按时代排列先后,似可发现其发展的轨迹。

谢鲲墓志是馆藏很早的六朝墓志,其时代为东晋王朝刚建立两三年,书体为正宗隶书且汉隶风味较浓。目前我们尚未发现吴、西晋墓志,但砖、铅等质地的地券却有所发现,其上所刻文字多属隶书类。可见吴、西晋时期南方铭石书法主流与汉代相比差距不大,都属隶书范畴。

西晋末年东晋初年,随着八王之乱,大批北方居民,特别是大量世家大族,文人墨客都纷纷南徙,给南方的社会发展,包括书法艺术的发展增添了新的活力。馆藏墓志自王兴之夫妇墓志始到晋恭帝石碣止,已出现楷书雏形,这些楷书多用方笔,且隶意尚存。王兴之夫妇墓志的字迹与《爨宝子》、《爨龙颜》都极为相似，可见东晋时代无论在都城还是较偏远的地方，文字结构和北朝的碑刻都有较多的类似。这类带方笔有隶意的楷书在南方出现延续的时间并不长，大约至东晋晚期或到刘宋初年已消失。东晋是书法史上一个隶楷交替演变的重要时期，这一时期的铭石书法说明，我们现在所说的楷书未真正成熟。

因为黄夫墓志、蔡冰墓志并无绝对年代，我们只是根据墓葬结构，随葬器物等初步断定两方墓志的相对年代属南朝早期，且这两方墓志较为粗糙，均为砖刻，文字也少，尽管如此，我们也可以看出它们所处的时代似乎真正的铭石楷书还未出现。

明昙憘墓志是刘宋王朝末期的作品，在隶书向楷书转变的过程中，虽尚略见隶书遗风，但已看出楷书已达到更为成熟的阶段。文字间架结构紧密，用笔含蓄浑厚，其后的梁朝墓志就更是如此了，萧融、王慕韶及辅国将军佚名墓志等都充分证明了这一点。

司家山谢氏家族墓地出土的谢琰、谢球、谢温墓志，时代都属东晋晚期，均为砖志。谢琰墓志多达六方砖，志文共六八一字。三墓志文皆为不书而刻，信笔草就，横竖失致，却也率意质扑，毫不藻饰，带有较强的行书意味，与夏金虎墓志有诸多相似之处，不仅反映了东晋时期民间通行的书法字体，而且也反映了东晋时期政局动荡，战事频繁，民心不安，文人雅士，豪门大族也都惶惶不可终日，无心于陶冶情操，修身养性，也无意于追求艺术的高度和法度了。书法是反映人的感情的，他们的墓志，从一个侧面反映了当时文人士大夫当时的情感。

上述有关汉字书体演变和发展的论点，仅是就馆藏六朝墓志而言，馆藏六朝墓志的书体可能仅仅是各个时代特定的"铭石"书体，一般来说，在同一历史时期，不同书体同时并行的现象是客观存在的，各种书体是由社会的不同需要而确定的，墓志碑刻多用体制较古、郑重庄严的书体，公牍多用各时期上层最流行的书体，文稿等就较为随意。至于馆藏王谢墓志曾引起的书法界大论战，充分说明了这些墓志的特殊价值。论战持续至今二十余载尚未结束，可见其学术价值与书法价值之大。

（文中所引用墓志拓片绝大多数已发表。由于篇幅限制，本文仅选数幅示例。）

[注释]

[1] 参见《文物》1965 年第 6 期。

[2] 山东曲阜东汉孔君碑额题［孔君之墓］四字，叶昌炽《语石·卷四》中认为此非墓碑，应为墓志，或即是后世墓志之始。笔者同意这一说法，故将晋恭帝石刻列入墓志一并介绍。

笔者曾供职于南京市博物馆 20 年，这篇文章发表于《书法丛刊》1995 年第 2 期。近十年来，南京又陆续出土一批六朝墓志，作者在作了初步研究后，对原文作了大幅增补，一并发表。

略谈宋代地图上的长城以及"古北口"问题

唐晓峰

长城是中国地图上的一项特别的内容，它不是自然物，却具有类似自然物的永恒性。长城仅仅是一项历史人文遗迹，但在地图上出现的频率之高，几乎与名山大川无异。长城的符号差不多是专用的，落在地图上，是一道稳定的、绵延甚远的标志。今天我们已经习惯地认定：中国的地图上就应当有长城，长城已经成为中国"底图"上的一样东西。

中国人从什么时候开始在地图上画长城，现在已经无法确知，或许在最初修筑长城的年代就开始了。我们今天可以看到的最早标有长城的地图是宋代的，宋代的全国性舆图大多画长城，如：《历代地理指掌图》、《华夷图》、《地理图》、《禹贡导山川之图》、《十五国风地理之图》、《古今华夷区域总要图》、《诸国今所属图》、《晋献契丹全燕之图》、《契丹地理之图》、《陕西五路之图》、《历代舆图》、《禹贡九州及今州郡之图》等[1]。

我们知道宋代并不是一个修筑长城和利用长城进行军事防御的朝代，有的研究者从实际使用的角度，指出宋图画长城是与实际情况不符的，认为一些宋代地图上"东起辽东半岛，西至河州、洮州一带，都绘着一条大致呈东北一西南向连成一体的长城。这实际上是不存在的，显然与实际情况不符。"[2] 若以实际使用与否作为上图的标准，宋代的地图当然不必画长城。但宋人认真地在许多全国性舆图上都画上了长城，这件事需要我们做认真的正面考虑。宋人画长城，可能有两方面的原因，一方面因为过去的长城遗址还在，还容易识别，在人们的北方地理知识中，长城遗迹是一项重要内容。在宋人留下的文字中，长城是不难见到的东西，如金德淑《望江南》中有："春睡起，积雪满燕山，万里长城横玉带……"。又金妙淑《望江南》中有："独立望长城，……渐近芦沟桥畔路"。既然对长城都很了解，作图时将其画上，是很自然的。另一方面，也是比较重要的方面，长城遗迹在宋代的边界事务，在与契丹、女真族的关系中，尚有现实地理意义，需要在地图中表示。长城在宋代的现实意

作者简介：

1948 年生，辽宁海城人。1975 年毕业于北京大学历史系考古专业，后在内蒙古大学蒙古史研究室工作。1978 年为北京大学地理系历史地理研究生，1981 年获历史地理硕士学位。后留校工作。1986 年秋赴美国希拉丘兹大学（Syracuse University）地理系留学。1992 年曾在汗米尔顿学院（Hamilton College）任教。1994 年获地理学博士学位。现为北京大学环境学院历史地理研究所教授。主要研究领域为地市历史地理、先秦历史地理、地理学史等。在研究中注重利用考古材料。

义可举沈括进行边界谈判一事。

> 辽萧禧来理河东黄嵬地，留馆不肯辞，曰："必得请而后反。"帝遣括往聘。括诣枢密院阅故牍，得顷岁所议疆地书，指古长城为境，今所争盖三十里远，表论之。帝以休日开天章阁召对，僖曰："大臣殊不究本末，几误国事。"命以画图示禧，禧议始屈。赐括白金千两使行。至契丹庭，契丹相杨益戒来就议，……（《宋史》卷331列传第九〇）

据"得顷岁所议疆地书，指古长城为境"之语，可知宋初曾议定疆地，并参考古长城以为边境，后将所议结果写入官牍，保存于枢密院。显然，长城在边境地带是一个重要政治地理坐标，很容易作为政治疆界表述的参照物。长城遗迹在宋代的这一现实意义是相当重要的。

不过，在宋代的大多数时间中，长城一线是在契丹或女真的疆域之内，宋朝北界的实际位置远不及长城，宋代舆图上的画法，更重要的是表达了一种观念意义，表明宋人在观念上并没有放弃长城。在许多宋图上，并没有"实事求是"地画出宋辽或宋金的边界，说明他们认可的还是古时传下的华夷之限的法统观念，现实的边界却是他们不想承认的。

以《华夷图》与《禹迹图》为例。《华夷图》是刻在一块石板上（现藏西安碑林博物馆），石板的另一面还刻有一幅《禹迹图》，两幅图为同一年（1136年）所刻，《禹迹图》先刻，在石板正面，《华夷图》晚刻三个月，在背面。《禹迹图》与《华夷图》虽然大体上是同时刻上石板的，但《禹迹图》上面没有长城，而《华夷图》上则十分醒目地标出长城的走向，符号取城墙上的垛口状，一看就明白。《禹迹图》与《华夷图》表现的地域范围差不多，但比较两图的名称，还是可以感到二者的区别。《禹迹图》要表现的是"禹迹"，也就是华夏地域，注重的是华夏世界的山川郡县。而《华夷图》则画了"华"（华夏），也画了"夷"（外夷），要表现华夏加外夷两个概念，于是，长城出现了。在长城以内，地名罗列甚详，而长城以外则十分简略，仅仅写上几个"外夷"的名称而已，在方位上也全然不求准确。《华夷图》上长城内外判然有别的表示方法，说明了当时人们的一种观念：画地图时重华夏，轻外夷，而长城正是华夷之间的一个象征性分界。说它是象征性分界，是因为宋代"华"、"夷"之间，也就是宋朝与契丹、女真之间的实际分界并不在古长城一线。

有学者推测，《华夷图》很可能是根据唐代贾耽的《海内华夷图》绘制的，但贾耽的《海内华夷图》早已失传，上面有没有长城，已无法确知。不过推断起来，有长城的可能性是比较大的。宋代的华、夷关系比唐代更为吃紧，宋人有词曰："胡马长驱三犯阙，谁作长城坚壁。万国奔腾，两宫幽陷，此恨何时雪"（黄中辅《念奴娇》）。宋人是希望长城"活"起来，以限胡马而雪破国之恨，想象宋人在观看地图上的长城时，心情一定是不平静的。

今苏州保留有一块宋代图碑，上刻《地理图》一幅，图中也有长城。值得注意的是图下部的跋文，其中说道："中原土壤北属幽燕以长城为境，旧矣。至五代时，石敬塘弃十六州之地以赂契丹，而幽蓟朔易之境不复为吾有者三百余年。"跋文的意思是，旧时中原北部是以长城为境，后来石敬塘以幽、蓟、朔、易等十六州之地贿赂契丹，致使北方失去大片土地，长城也不复为边境了。不过，长城虽不是边境，但长城的意义本是阻抗北方民族的南下，所以图的编制者仍画上实际上不起作用的长城，以求理念上的不败。此幅地图的编制，有当年的时代意义，如跋文的最后一句话所言："庶几观者亦有所感发焉"。所谓观者的

"感发",就是感怀华夏北方领土的失弃。如有宋朝的政治性情人士在观地图上的长城时而落泪,也是说不定的。据说南宋选德殿御座后金漆大屏的背上也有一幅《华夷图》,这幅《华夷图》上如果也绘有长城,则其意义之大就更加可观了。

宋图上所画的长城,是前代的遗存。这为我们研究宋以前的长城史,无疑提供了重要线索。尽管古人作图只求其大略,但图上长城的某些段落与一些地名的方位关系,可能提供了某些重要的历史地理研究证据。如华北一带的长城与"古北口"的直接关系,就值得注意,在这一带,即今北京密云一带,宋人所绘的长城,依据的很可能是北齐的长城基础,而不是更早的燕秦长城遗迹。更远在北方的燕秦长城遗迹在宋代已经被人们忽略。

北齐修筑过长城,文献中有明确记载。如"冬十月乙未,(帝)至黄栌岭,仍起长城,北至社干戍四百余里,立三十六戍。""十二月庚申,帝北巡至达速岭,览山川险要,将起长城。""发夫一百八十万人筑长城,自幽州北夏口至恒州九百余里。""自西河总秦戍筑长城东至于海,前后所筑东西凡三千余里,率十里一戍,其要害置州镇,凡二十五所。"[3]

从文献记载来看,北齐长城应经过今河北北部地区。而这一带随之出现了一些与长城有关的新地名。"北口"就是其中之一。《新唐书·地理三》记载:"檀州密云郡,……县二。……密云,中。有隗山。燕乐。中。东北百八十五里有东军、北口二守捉。北口,长城口也。"唐代所称的"北口,长城口也",应指谓的是唐以前的长城遗址,因为唐代并没有在这里修筑过长城。而唐代以前的长城遗址,则北齐长城遗址的可能最大。"北口"到五代时已称作"古北口"。如《旧五代史》卷一〇九列传六记载:"开运元年秋,加北面行营招讨使。二年,领大军下新州、满城、遂城。契丹主自古北口回军,追蹑王师,重威等狼狈而旋,至阳城,为契丹所困。"

到了宋辽金时期,因地处南北要扼,"古北口"更成为南北政治两方屡屡提及的地方。如《宋史》卷三二六列传第八十五:"契丹之地,自瓦桥至古北口,地狭民少。自古北口至中原,属奚、契丹,自中原至庆州,道旁才七百余家。"在《辽史》记载中,古北口一带发生的战事不在少数。《谷山笔麈》卷十二称:

> 《金虏节要》曰:"燕山之地,易州西北乃金坡关,昌平县之西乃居庸关,顺州之北乃古北口,景州之东北乃松亭关,平州之东乃榆关,榆关之东即金人来路也。"此数关,皆天造地设,以为华夷之限,今皆在京师之背,若负扆然,可谓天险矣。金坡关即紫荆关,榆关即山海关,松亭不知所在。

正因为古北口与旧长城的直接关系以及其重要的政治军事地理意义,所以宋代地图在画出长城的同时,也标出"古北口"这个地名。

《宋朝事实》卷二〇记载:"古北口有旧石垒基堞。"这指的正是前朝长城遗迹。这些遗迹历经辽宋金元直保存到明朝。明将戚继光在此修筑长城时,曾利用了这些遗址,在它们基址上改筑新的长城。而有些没有利用的遗址则一直保存到今天。

据白天著、王德舟审定的《古北口史考》(文津出版社,1993年)一书,北齐长城为古北口最早长城,"古北口北齐长城历经北周、隋、唐、五代和明朝的修缮,直到清朝中、后期,高墙仍在,还能起防御作用,以后逐渐自然塌毁。而今,北齐长城大部只剩石灰渣子和墙基以及少数残存的石墙了。今天所见的古北口的石砌长城是明长城。在个别史料中把古北口北齐长城,当作明长城的基础了。这种说法是不完全对的。因为我研究了有关古北口长城的历史资料，对照地形地貌多次寻找北齐长城的走向。终于发现古北口仍存有近 20 公里的北齐长城的遗迹，自野猪岭小高楼至西沟口一段，20 年前，还能见到两米高的残墙，修沙通线铁路时残墙拆毁，现在沿城是一条约 2 公里石堆。"

据古北口当地同志及有关考古学者介绍，北齐长城从古北口西山野猪岭的小高楼起与明长城分道，向东南延伸，经潮河关关城，沿山脊到小花楼。自小花楼到大花楼，因山北面是悬崖，下有潮河，故未建长城。自大花楼线东到蟠龙山，石盆峪东山，向南经大西沟到五里坨南山、大岭抄梁子、砖朵子、窟窿山、丫髻山、司马台北山，到司马台关口与明代长城汇合，全长 20 多公里。在城墙南面，有驻兵寨城，如潮河关西沟的怀古城寨子、石岔峪寨子、丫髻山寨子、司马台北山寨子、下窝铺寨子等。这些寨城的长和宽均在 100 ~ 60 米左右，坐落在山坡台地上，周围有 3 米左右宽的围墙。这段长城的主要关口自西向东为潮河关、北口、红门口、窖子、丫髻山口和司马台口。潮河关在潮河边，是过去中原与北方往来通过古北口的唯一车行大道。其他关口只能通人马。目前，这段北齐长城和寨子仅存遗址，有碎石堆、残墙基址。潮河关关城在明代城堡叠压之下。

古北口的例子说明，宋代地图上的长城既有观念象征意义，又提供了可作一些有历史价值的具体研究的线索。

自宋代以后，在地图上画长城的越来越多，当然意义各有不同。到今天，地图上的长城纯粹是一项历史遗产，它绵延甚远，跨越巨大空间，地理表现直观而强烈，绘制地图的人几乎无法回避它。

[注释]

[1] 见曹婉如等：《中国古代地图集：战国—元》，文物出版社 1990 年。

[2] 见曹婉如等：《中国古代地图集：战国—元》，文物出版社 1990 年，第 82 页。

[3] 均见《北齐书》卷四帝纪第四。

试析宋元时期的制瓷手工业

权奎山

宋元时期是中国制瓷手工业发展史上的一个重要阶段。这时期以农业为主体的社会经济有了进一步发展，商品市场活跃，对外贸易活动广泛展开，拉动了各类手工业的发展。瓷器这时期已经是普通百姓必备的生活用具，并大量被社会上层和宫廷所使用，同时也是对外贸易的重要物品之一。需求量急剧增加，质量要求也越来越高。所以，宋元时期全国各地制瓷手工业迅速发展。为了满足社会的需要，原有的有发展前途的瓷窑扩大了规模；同时又新开办了一批窑场，尤其是在原来没有制瓷历史的辽宁、内蒙古、宁夏、甘肃、云南这些边远地区相继建立瓷窑烧造瓷器；为了适应对外贸易的需要，还在交通方便的沿海地区大量开辟新的窑场。值得注意的是，为了满足宫廷的需要，专门设立了官窑。宋元时期窑场遍布于二十多个省、市、自治区，其中以浙江、福建、河南省分布最为密集，逐渐形成了不同于隋唐五代时期的新的制瓷手工业格局。与此同时，由于制瓷手工业技术的进步、文化艺术的发展和人们审美观念的变化，其产品也逐渐形成了不同于以往的新的风格。总之，宋元时期制瓷手工业进入了新的发展时期。

一　宋代制瓷手工业的繁荣

入宋后，唐代的一些名窑，如岳州窑、长沙窑、洪州窑、寿州窑、巩县窑等，渐渐湮没无闻，成为了历史的陈迹；越窑、邢窑等虽然入宋后还生产了一阵子，但也没能逃脱衰败乃至停烧的命运。与此同时，逐渐产生了具有宋代自己特色的名窑。宋代名窑遍布各地，风格迥然不同，主要有汝窑、北宋官窑、钧窑、定窑、耀州窑、南宋官窑、龙泉窑、建窑、吉州窑和景德镇窑等。烧造的瓷器品种非常丰富，主要有青釉瓷器、白釉瓷器、黑釉瓷器、青白釉瓷器和白地黑花瓷器等。

作者简介：

北京大学考古文博学院教授、博士研究生导师。1948 年 6 月出生，1975 年 8 月毕业于北京大学历史学系考古专业。毕业后即在北京大学考古专业（1983 年扩建为考古学系，2002 年又扩建为考古文博学院）任教，主要从事隋唐考古、陶瓷考古的教学和研究工作。发表考古发掘报告和论文多篇，代表作有《中国南方隋唐墓的分区分期》、《试论南方古代名窑中心区域移动》、《论洪州窑的装烧工艺》、《试论越窑的衰落》和《寺龙口越窑址》（考古发掘报告，与他人合著）等。

（一）青釉瓷器

青釉瓷器是宋代的大宗产品，烧造量相当大。烧造青釉瓷器的窑主要有河南汝窑、北宋官窑、钧窑，陕西耀州窑，浙江龙泉窑、南宋修内司官窑、郊坛下官窑等。烧造的器类繁多，有罐、壶等贮藏器，碗、盘、杯、盏等饮食器，唾盂、盒、灯、枕等生活用器，砚台、水盂等文房用器，腰鼓等乐器，人物、动物形玩具，谷仓罐等随葬明器等。在器类中，值得注意的是，还有专门用于陈设和祭祀的瓷器，陈设瓷主要有瓶、尊、花盆、盆托等，祭祀瓷主要有炉、觚、钟等。瓷器的用途扩大，已进入生活的各个方面。青釉瓷器的制作工艺纯熟，造型端庄大方，有的仿金银器，有的仿玻璃器，有的则仿商周时期的青铜礼器，可谓是兼收并蓄。更引人注目的是，一种器物的式样不拘一格，如瓶、炉类器物，据初步统计各有20余种式样，这是隋唐五代时期无法比拟的新情况。

胎料选择比较严格，淘洗加工也较为精细，质地一般比较细腻、坚硬，尤其是名窑的产品。胎的主体颜色应为灰色，由于各地原料和各窑烧成技术的不同，在具体色调上也有深浅之差别，如汝官窑的产品胎呈香灰色，龙泉窑的青瓷胎一部分呈浅灰色，一部分呈黑色，南宋官窑青瓷的胎有一部分也呈黑色等。釉的配制技术较前代也有了显著的提高，北宋晚期钧窑创造了乳浊釉（二液相分相釉）；约从南宋中期开始，龙泉窑使用了石灰碱釉。乳浊釉的特点是 Al_2O_3 含量低，SiO_2 含量较高，另还含有少量的 P_2O_5，烧成后不透明。石灰碱釉的特点是，CaO 的含量降低，K_2O 的含量增加，高温下黏度比度、熔融范围增大，不易流动，釉可以施得厚一些，使釉面饱满、柔和。乳浊釉和石灰碱釉的发明，打破了瓷器出现以来石灰釉"一统天下"的局面，为制瓷手工业的持续发展拓宽了道路。釉色也突破了以青绿和青黄色为主的传统的单一色调，经过精心配制，烧出了多种色调，越窑虽仍以青绿、青泛黄色最为常见，但出现了数量较多的青泛灰色；耀州窑多呈深绿色，色调深沉；汝窑青瓷中最有影响的是汝官窑烧造的御用瓷器，釉色呈淡淡的天青色，略有深浅之差别，据宋代周辉《清波杂志》卷第五"定器"载，其是在釉料中掺入了玛瑙末[1]；钧窑青瓷（钧釉瓷器）的色调多近于天蓝色，浓淡不一，具有莹光般幽雅的蓝色光泽，是一种蓝色乳光釉，其有的还在釉料中掺入少量的铜料，烧出来的色泽是蓝中带红，十分高雅、美丽；官窑，北宋官窑窑址尚未发现，青釉的色调不详，南宋修内司官窑、郊坛下官窑青釉的色调多为灰青、粉青、米黄色；龙泉窑青瓷的色调，北宋、南宋早期多为青绿、青灰色，同越窑大体相同，南宋中期成功烧制出了淡粉青和梅子青色，精美如玉，令人惊叹。宋代青瓷的釉层均匀，厚度有明显的差别，越窑、耀州窑及普通瓷窑烧造的青瓷，釉层较薄，透明度较高；汝官窑青瓷的釉层比越窑要厚些，透明度较差；钧窑的钧釉瓷器的釉层较一般的青瓷要厚一些，呈失透状；官窑的釉层有薄、厚之别，薄釉也较普通青瓷要厚，透明，厚釉有的竟厚于胎壁，不透明；龙泉窑的淡粉青色和梅子青色均属于厚釉，不透明。这时期青釉的釉面光净莹润，厚釉更为柔和、玉质感更强一些。还要说及的是，钧釉瓷器、官窑青瓷和龙泉窑淡粉青、梅子青色瓷器的胎都经过低温素烧，素烧之后再施釉，其中官窑的厚釉瓷器、龙泉窑的淡粉青釉瓷器等都是多次施釉，有的可达五六次之多。

花纹装饰仍然是宋代美化青釉瓷器的重要手段。越窑、耀州窑、龙泉窑的非厚釉青瓷和普通瓷窑烧造的青瓷，普通采用装饰花纹。汝官窑、钧窑、官窑和龙泉窑的厚釉青瓷，因主要是追求釉的效果，以达到美感，所以一般无花纹装饰。宋代青瓷的装饰技法有刻花、划花、印花、贴花、镂花等多种，刻花、印花以耀州窑最佳，细线划花则以越窑最为精细。花纹题材非常丰富，有植物花卉、禽鸟游鱼、瑞兽龙凤、水波云气、婴戏等。花纹内容都是人们喜闻乐见的，具有浓郁的生活气息。花纹制作技法娴熟，线条流畅自然，布局合理，结构严谨，与秀美的造型、漂亮的青釉相搭配，构成了一美丽而和谐的艺术品，充分体现出了青釉瓷器的艺术价值和深厚的文化内涵。

（二）白釉瓷器

宋代白釉瓷器的生产有了较大的发展，窑场增加，中原北方的瓷窑基本都烧造白釉瓷器，已经很普及了。在众多烧造白釉瓷器的瓷窑中，以定窑的产品最好，代表了当时白瓷生产的最好水平。

定窑在唐代晚期、五代时期烧造的白釉瓷器就已达到一定的水准，入宋后有了进一步发展，种类也很丰富，器类也很多。在器类中引人注目的是净瓶，净瓶是宗教用器，在宋代其他品种瓷器中极为少见，是定窑白瓷的代表作之一。定窑白瓷胎体轻薄，胎白质细。釉色，北宋早期一般是白中闪青，北宋中期及其以后大约是因以煤为燃料的缘故，釉色多是白中泛黄。釉面光润亮泽。花纹装饰讲究，装饰技法以刻花、印花为主，花纹题材以植物花卉、禽鸟云龙最为常见，花纹内容丰富多彩。花纹的制作较精细，纹样清晰，艺术效果颇佳。

定窑白釉瓷器在宋代颇有影响，曾是定州地方的著名土产[2]，据《宋会要辑稿·食货》（五二之三七）记载，北宋早期在京城的瓷器库中就贮存有定窑白瓷器[3]。至少在北宋前期，宫廷用瓷主要是定窑烧造的白釉瓷器，后来嫌其"有芒，不堪用"[4]，才被弃之不用了。与此同时，北宋中央官府有关机构也向定窑订烧白瓷，现今在定窑白釉瓷器上发现的"官"、"新官"、"尚食局"、"尚药局"等字款，即是这种情况的真实反映。定窑白瓷深受人们喜爱，大约从北宋中期开始，其周围的河北磁州窑、山西平定窑乃至地处四川的彭县磁峰窑等都仿烧定窑白瓷，于是就逐渐形成了一个以定窑为主体的白瓷窑系。定窑为中国制瓷手工业尤其是为白瓷手工业的发展做出了重大贡献。

（三）黑釉瓷器

黑釉瓷器历史悠久，早在东汉晚期就能烧造出质量较好的黑釉瓷器了。唐代有了较大发展，质量大幅度提高。宋代进入了兴盛期，烧造的地域扩展，产量剧增，工艺水平大大提高，几乎获得了与青瓷、白瓷相同的地位。在诸多瓷窑烧造的黑瓷中，以建窑、吉州窑、磁州窑的产品最受欢迎。

黑釉瓷器的种类以贮藏品和饮食器为主，另有少量的炉和人物、动物形玩具。其中饮食器中的茶盏备受青睐，数量多，质量好，制作较为精细。这与宋代饮茶尤其是斗茶喜用黑釉瓷盏的习惯有关。北宋蔡襄《茶录》茶盏条记载："茶色白，宜黑盏。……其青白盏，斗试家自不用"[5]。宋徽宗《大观茶论》盏条也载："盏色贵青黑"[6]。在众多的黑釉茶盏中，最受推崇的是建窑烧造的。北宋蔡襄《茶录》茶盏条记载："建安所造者，绀黑，纹如兔毫。其坯微厚，燔之久热难冷，最为要用。出他处者，或薄或色紫，皆不及也。"[7]值得注意的是，在建窑遗址中出土的黑釉茶盏中，有的底外侧刻有"进琖"、"供御"字款，表明它还曾做为贡品进奉给皇帝，深受皇室、贵戚和社会上层人士的喜爱。

黑釉瓷器的造型朴素大方、实用。胎料一般较细，质地坚硬或比较坚硬。胎的颜色各窑却有较大的不同，建窑为黑色；吉州窑一般为灰色、灰黄色；磁州窑比较复杂，有浅灰、灰、灰褐、棕褐色等；定窑则为白色。黑瓷的釉色，以往多追求黑度和光泽，缺少变化。宋代除继续保持黑度和光泽这一基本要求外，有些釉料经过精心配制和改进烧成技术之后，烧出了变幻莫测、别具特色、富有装饰意义的结晶纹样，有的釉面上散布着银灰色的圆形结晶斑，类似水面上洒满油珠的油滴釉；有的釉色中透显出美丽的褐黄、蓝灰、铁锈色的细长细长的流纹状结晶，酷似兔毛的兔毫釉；有的则在不规则的油滴结晶斑周围出现蓝色，这就是通常所说的窑变釉。还有的在黑釉上点涂块状或条状黄褐色釉，烧成后，有的呈现出龟背色调，即玳瑁釉；有的则像菊瓣状；有的则没有任何规律可循。均具有良好的装饰效果。黑釉瓷器除了釉装饰之外，其他方面的装饰也颇有特色。吉州窑流行白色彩绘、剪纸贴花和剔花等技法，花纹内容比较丰富，主要有梅花、折枝花、鸾凤、飞鸟等，还有"长命富贵"等吉祥语。令人瞩目的是，还有将树叶经过工艺处理后贴于碗或盏的内壁，施黑釉后入窑以高温焙烧，树叶的形状及脉络便清晰地留存在器壁上，具有独特的装饰效果。磁州窑等北方的一些瓷窑的黑瓷也流行剔花的技法，不过由于其花纹较密集，制作时是把花纹区域的花纹以外的部分剔掉，与吉州窑将花纹部分剔掉是有明显区别的。黑釉瓷器是诸瓷器品种中最难进行装饰的，宋代的制瓷艺匠们发挥了他们的聪明才智，创造了许多适合于黑釉瓷器的装饰技术，将黑釉瓷的装饰艺术提高到了一个新水平。

（四）青白釉瓷器

青白釉瓷器是南方宋代兴起并迅速发展起来的一个瓷器新品种。所谓青白釉瓷器，是因其釉色介于青、白两色之间，青中有白或白中有青，故得名。其也称之为"影青瓷"。据现有的资料看，青白釉瓷器出现于北宋早期的景德镇窑。青白釉瓷器的问世，给长期使用青釉瓷器、白釉瓷器的人们一个新鲜感，深受人们的喜爱。因此发展很快，南方各地窑场纷纷烧造，遂在北宋中晚期，在江南地区形成了以景德镇窑为中心的颇具规模的青白瓷窑系。在数量众多的青白瓷窑中，以景德镇窑和繁昌窑的产品为最好。

青白釉瓷器的种类较多，器类也十分丰富，应有尽有，其中贮藏器中的梅瓶、饮食器中的带温碗的执壶和盏托、生活用器中的动物形座的枕、祭祀用器中的香炉、随葬明器中的长颈堆塑瓶等都颇有特色。器物的造型多较清秀，器皿的胎体多较轻薄，景德镇窑的产品有"南定"之美誉。胎、釉以景德镇窑和繁昌窑为佳，胎质细腻，呈白色；釉的色调适中，恰到好处，釉层均匀，釉面晶莹、润泽、明快、和谐。湖北武昌窑、广东潮州窑、福建德化窑等，胎质多较粗，多呈灰白、灰色；釉的色调多偏青，有些甚至与青瓷很难区分。青白釉瓷器也很注重花纹装饰，常以刻花、划花、印花等技法做出各种花纹，花纹题材多为植物花卉、禽鸟、莲荷游鱼、水波流云、婴戏纹等。纹样清晰，布局严谨，具有良好的艺术效果。

（五）白地黑花瓷器

白地黑花瓷器是指在白地上、釉下以黑彩绘制花纹的瓷器。约创烧于北宋晚期的磁州窑[8]。北宋末年"靖康之变"，金兵大举南下，迫使磁州窑等北方的窑工南迁，将烧造白地黑花瓷器的技术带到了南方。大约在南宋早期江西吉州窑开始烧造白地黑花瓷器。由于地域、文化传统的差异，南北方烧造的白地黑花瓷器的特征也有所不同。磁州窑、吉州窑烧造的白地黑花瓷器分别代表了宋代南北方的水平。磁州窑北宋晚期白地黑花瓷器的器类仅发现有瓶、钵、盆、枕等，数量也少；胎呈黄灰或灰褐色，施白化妆土；釉呈直白或乳白色；花纹很简单，仅有草叶、牡丹、折枝牡丹纹等；花纹的色泽较深，一般均呈漆黑色。吉州窑南宋时期白地黑花瓷器的器类有罐、瓶、炉、枕等，数量也不是很多，造型秀丽；胎的白度不高，质地较细，不施化妆土，直接在胎表绘画花纹；釉一般呈乳白色；花纹内容较磁州窑丰富，主要有缠枝、蔓草、草叶、兰花、荷花、奔鹿、花鸟、鸳鸯戏水纹等，有的采用开光布局法，主体花纹格外醒目、突出；花纹的色泽一般都呈褐色或褐黑色，不像磁州窑那样黑。在瓷器胎表彩绘的装饰技法至迟在西晋时期就出现了，南京雨花台长岗村东吴末西晋初期墓葬出土的一件褐彩绘盘口壶即是一个确凿的实例[9]。但这种装饰技法此后长期未被采用，直至唐代四川邛崃窑、湖南长沙窑才充分重视和利用这种技法，并取得了引人注目的成就，尤其是长沙窑彩绘瓷器还大量销往国外。宋代白地黑花瓷器的兴起和发展，再一次显示了彩绘技法在瓷器的诸多装饰技法中的优势和良好的发展前景。此后尤其是明清时期彩绘技法被广泛应用，逐渐成为瓷器装饰技法的主流。

（六）烧成技术

宋代的窑炉、窑具和装烧方法有了重大的改进，控制烧成温度和烧成气氛的能力提高，烧成技术较唐代有了明显进步。

宋代烧造瓷器的窑炉有龙窑和馒头窑二种。长江流域及其以南广大地区一般均使用龙窑，以柴为燃料。龙窑普遍加长，福建建窑遗址出土的斜长竟达 135.6 米[10]。龙窑越长自然抽力就越大，为了减少抽力，有效控制烧成温度和烧成气氛，同时也可能是为了建筑方便，有的将窑床砌制成台阶状，有的则将窑身砌成弯曲状。这样就较好地克服了由于窑炉增长而带来的各类问题。黄河流域及其以北广大地区均使用馒头窑，北宋早中期仍以柴为燃料，北宋晚期磁州窑、定窑、耀州窑等均以煤为燃料。以煤为燃料的窑炉，在形制结构方面发生了变化，首先是加强了通风设施，在火膛内增设了炉栅，炉栅下设落灰坑；其次是由于煤的火焰没有柴的火焰长，窑身相对缩短。

窑具和装烧方法更加合理。窑具制作多较讲究、实用。匣钵形制多样化，较普遍流行一个匣钵装烧一件器物的作法，形制特殊的器物，如枕等，还有了专门的匣钵来装烧。北宋后期汝官窑瓷器通体内外均施釉，使用圆环三足或五足支钉支烧，支钉的端部相当尖小，烧成后在瓷器的釉面上仅留下很小的支点痕迹。在宋代影响比较大，使用较为普遍的是定窑北宋中期发明创造的支圈覆烧工艺。定窑及北方的支圈覆烧工艺大体是这样的，首先以瓷土做一壁较薄的圈，圈壁中部以下内折，内侧略呈角状，使用时先将一个支圈平放在筒形或钵形匣钵内，在其上扣置一个碗或盘等器物，然后在这个支圈上再叠放一支圈，再在这个支圈上扣置一件相同形制的器物，依次而作，最上置一也由瓷土制作的盖。支圈覆烧方法，可以增加装烧密度，充分利用窑炉内的空间，提高产量。据有人推算，如以同样的窑内空间和燃料，用支圈覆烧方法比用其他方法的产量多四五倍，大大降低了成本。所以，这种装烧方法很快被定窑周围的一些窑，如磁州窑等所采用。大约在南宋早期以后影响到了长江流域，南宋中期景德镇窑普遍使用了支圈覆烧方法。景德镇窑的支圈形制和器物的扣置方法与定窑相同，所不同的是它有一个由瓷土制成、与支圈直径相同的底，使用时把底放平，将支圈放在其上，装完器物后盖上盖，之后在这个由底、支圈、盖组成的柱形体的外侧抹一层瓷泥，以密封支圈之间缝隙，同时也起到了加固柱形体的作用。最后将这个抹了泥的柱形体直接放在窑炉里进行焙烧，外面不用再套匣钵了[11]。支圈覆烧方法对于保证成品率、提高产量、降低成本无疑具有重要的作用，但它也有无法避免的缺点，首先是使用这种方法烧出来的瓷器口沿无釉，即"芒口"，影响美观，使用起来很不方便；其次是支圈对原料要求高，一般都应与所支烧的瓷器胎的原料相近或相同，以求收缩和膨胀系数一致或基本一致，并都是一次性使用，用量又大，对原料耗损严重。所以到元代这种方法就很少用了，元代以后就不见了。

此外，为了更好地掌握烧造时窑炉内的温度和气氛，宋代普遍使用了"火照"。"火照"多用碗坯作成，呈三角形、梯形、不规则四边形等，上部或中部穿一圆孔。"火照"的普遍使用，对提高瓷器烧成质量起到了一定的作用。

宋代制瓷手工业的繁荣得益于制瓷技术的创新。从上面的叙述可看出，在器物造型、胎、釉、装饰、烧成等方面都有重大的改革或是创新，这是前代所无法比拟的。

二 辽代、西夏制瓷手工业的兴起与特色

辽、西夏分别是中国契丹族在北方、党项族在西北地区建立的地方政权。辽与北宋，西夏与金、南宋，长期并存。辽、西夏的制瓷手工业均是在中原、华北地区制瓷手工业的影响下出现、发展起来的，在工艺技术上与中原、华北地区一脉相承，在产品上既有中原、华北地区流行的器型，又有本民族特色的器型。

辽代陶瓷手工业兴起的时间没见直接的文献记载，据辽代墓葬出土的陶瓷器资料分析，辽设窑烧造陶瓷器约在辽代初期，此后逐渐发展，遂成为辽代手工业中的一个重要门类。辽代的瓷窑集中分布在辽境中部的南部、多与北宋临近的一些地区。已发现的有：辽宁辽阳江官屯窑、抚顺大官屯官，内蒙古巴林左旗林东窑、赤峰缸瓦窑，北京门头沟龙泉务窑等，其中已知缸瓦窑和龙泉务窑产品质量较好。

辽代陶瓷手工业工匠多来自于中原、华北的北宋境内，基本上是靠战争劫掠来的。所以，辽代陶瓷手工业的产品，一部分是按中原、华北的样式烧造的，即所谓的"中原形式"，器形主要有瓶、壶、罐、盆、碗、盘、杯、盂、香炉等，这类形式的器物受定窑的影响较大，特别是龙泉务窑尤为突出；一部分是仿照契丹族传统使用的皮制、木制容器烧造的，即通常所说的"契丹形式"，器形主要有鸡冠壶、穿带壶、凤首瓶、长颈瓶、鸡腿瓶等，这类形式的器物具有鲜明的契丹民族的独特风格，如长颈瓶等直接脱胎于契丹族传统陶器的形制，鸡冠壶是摹仿各种皮囊容器烧造的，是辽代陶瓷中最具特色的器物。辽代陶瓷器的装饰纹样也与众不同，最喜欢用牡丹、芍药花。

西夏制瓷手工业在 20 世纪 80 年代中期以前鲜为人知。80 年代中期对原西夏境内的宁夏灵武窑遗址进行了考古调查和发掘，获得了一大批西夏时期的窑业遗迹和遗物，才使湮没已久的西夏制瓷手工业重现于世。据现知的考古资料分析，西夏制瓷手工业大约出现并兴盛于西夏崇宗、仁宗时期（1087 ~ 1193 年）。从这个时期的产品"多与南宋、金代的相同"的情况来看，其出现的具体时间约在"靖康之变"后的金代初年。这有可能是宋金战争，宋地窑工为避难逃到了西夏后重操旧业，开创了西夏制瓷手工业的先河。

西夏瓷器品种较复杂，有白釉瓷器、黑釉瓷器、青釉瓷器、茶叶釉瓷器等，种类丰富，器类器形大多是中原、华北地区常见的。也有少量的具有本民族特色的器物，如扁壶、铃、钩等，尤其是扁壶造型端庄大方，制作较精细，是同时期其他瓷窑所不见的。胎色一般较深，白釉瓷器普遍施白色化妆土。装饰技法以刻花、剔花为主，纹样以牡丹纹最为常见，另有少量的鹿衔花、鱼纹等。花纹布局多采用腹部开光的方法，主体花纹突出，装饰效果颇佳。从总体上看，西夏瓷器风格粗犷、实用。其制作工艺主要是受河北磁州窑和山西个别瓷窑的影响。

辽代、西夏制瓷手工业是中国古代制瓷手工业的重要组成部分，其产品具有本民族传统文化的特色，在中国陶瓷发展史上占有一定的地位。

三 金代制瓷手工业的恢复和发展

金代是北宋徽宗政和五年（1115 年）中国女真族在东北建立的地方政权。北宋徽宗宣和七年（1125 年）灭辽，之后大举南下，于靖康二年（1127 年）颠覆了北宋政权，迫使宋王朝迁都临安（杭州），控制了淮河以北的北方和东北地区。南宋理宗端平元年（1234 年）在蒙古和南宋夹击下灭亡。与南宋对峙，并存了 107 年。金兵南下，一度使北方地区的社会生产力遭到严重破坏，迫使从事制瓷手工业的工匠、窑工大量逃亡，给北方制瓷手工业带来了不可估量的损失。但北方、东北地区制瓷手工业有良好的基础，瓷器又是人们生活中不可须臾离开的日用品，这样随着战争的平息、社会的逐步稳定、社会经济的恢复和发展，制瓷手工业开始复苏。各瓷窑相继恢复生产，逐渐进入正常状态。其中有的窑，如磁州窑的状况还超过了北宋，进入了兴盛繁荣时期。值得注意的是，也有一些北宋时期的名窑，如汝窑、定窑、耀州窑等，尽管也不乏精品问世，但工艺缺乏创新，产品平平，多无昔日的光彩，一直没有恢复到北宋时期的水平。

金代烧造的瓷器品种十分复杂，基本沿袭了北宋，原辽管辖的地区也延续了辽的部分品种。其中钧釉瓷器、白地黑花瓷器、红绿彩瓷器发展较大、较快，代表了金代制瓷手工业水平。

钧釉瓷器入金后发展较快，烧造地点逐渐扩展到整个豫西地区，金代晚期黄河以北的河南鹤壁集窑等也开始烧造。器类以碗、盘为主，另有少量的炉等。器壁较北宋略厚一些，胎呈灰或深灰色，质地细密。碗、盘等饮食器内满施釉，外侧施至圈足部或近足部，釉一般均呈天蓝色，少数的可能是由于温度过高天蓝色调变弱，呈深青泛蓝色。在天蓝釉上往往涂点铜红釉斑块或斑点，在高温还原气氛下烧成后，其呈紫红色，极为醒目，具有良好的艺术效果。

白地黑花瓷器入金后逐渐发展到鼎盛，烧造地点遍及中原、华北地区。仍以河北磁州窑为中心，其产品的质量也最好，深受人们欢迎。白地黑花瓷器的器类器形较多，主要有梅瓶、瓶、壶、罐、钵、碗、盘、盆、盒、枕等，造型大方。胎质一般较细，呈灰、深灰色，色调普遍较深，多施一层白色化妆土。釉呈直白色或白泛黄色，有较好的光泽。这类瓷器引人注目的是花纹装饰，花纹内容相当丰富，主要缠枝花卉、牡丹花、莲花、团花、花草、芦雁、鱼藻、山水、禽鸟、婴戏、人物等，有的还题写诗句，花纹色调多呈漆黑色，构图简洁，绘画笔法流畅、自然，点到为止，具有浓郁的民间生活气息。尤其是瓷枕，因其是多面体，给绘画创作提供了方便，所以枕的花纹的笔法更是挥洒自如，缠枝花卉、山水、花鸟、人物、诗句等尽绘其上，是白地黑花瓷器中花纹内容最为丰富者。

红绿彩瓷器是金代较普遍烧造的一种釉上彩绘瓷器。它是在以高温烧成的白釉瓷器的釉上，用红彩、绿彩绘画或填涂纹样，然后再入窑以低温烘烧一次，使彩贴固在釉面上。器类以碗、盘、罐最为常见。胎质较细，呈深灰或灰色，施白色化妆土。白釉的光泽较好。花纹内容有折枝花卉、莲花、牡丹、朵花、草叶、鱼藻、芦雁、禽鸟、彩道等，彩色多较鲜艳，笔绘线条自然不呆板，具有独特的艺术风格。红绿瓷器的装饰技法对后来釉上彩绘瓷器的发展应有一定的影响。

此外，黑釉瓷器在金代也有一定的发展，尤其是在花纹装饰上还是有所成就的，如剔刻花装饰效果就非常好，白线纹装饰就很有特点，增强了黑釉瓷器的艺术价值。

金代制瓷手工业尽管没有宋代繁荣，产品也不如宋代精细，但在长期的生产中，还是逐渐形成了自己的一些风格，例如，器物的造型简洁实用；装饰花纹结构简练，不拘谨，自如奔放，特别是注重追求颜色的反差、对比效果，像天蓝色釉面上涂点红斑、白地上绘黑花、白釉上加红绿彩、黑釉剔刻出白色化妆土、黑釉上作出白线纹等，都是这种追求的具体反映。所以，金代制瓷手工业仍然或多或少、或快或慢地向前发展，是中国陶瓷艺苑中的重要一员。

四 元代制瓷手工业的发展与创新

蒙古铁木真于南宋开禧二年（1206 年）统一了蒙古草原及其周围的各部落，建立了蒙古政权。之后，蒙古于南宋宝庆三年（1227 年）、端平元年（1234 年）先后灭掉了西夏、金，在南宋咸淳七年（1271 年）定国号为元，建立元朝，南宋祥兴二年（1279 年）攻占南宋都城临安（杭州），灭南宋，统一了全国，使南北方长期对峙的局面结束。元代的统一，对稳定社会和经济发展有积极作用，使各地区的农业、手工业生产逐步恢复和发展起来了。制瓷手工业在前代的基础上，也有了不同程度的发展和创新。

元代各地区制瓷手工业的发展很不平衡。

北方地区基本是承袭了金代，代表性的产品仍然是钧釉瓷器和白地黑花瓷器。钧釉瓷器的生产进一步发展，烧造地点已扩展了山西、河北和内蒙古地区，形成了一个以钧窑为主体的庞大的钧釉瓷系。与此同时，也影响到了南方，浙江金华铁店窑元代也仿烧钧釉瓷器[12]。北方元代钧釉瓷器以碗、盘为主，另有少量的瓶、炉等。饶有兴趣的是，各窑烧造的碗的形制与钧窑的非常相似，表明各窑不但仿钧窑的釉，对形制也认真仿制，可见钧窑的钧釉瓷器在当时影响之大。瓶、炉造型较高大，胎体厚重。北京元大都遗址出土的花口、长颈、双耳、长圆腹带座瓶，通体施天蓝色釉，釉上洒涂紫红斑，雄伟、艳丽，是元代钧釉瓷器的代表作[13]。内蒙古呼和浩特白塔村元代瓷器窖藏中出土的一件侈口、高领、双附耳、鼓腹、三足钧釉香炉也是难得之珍品[14]，尤其是其上刻有"己酉年九月十五小宋自造香炉一个"铭文。考己酉年为元至大二年（1309 年），这是目前所知元代钧釉瓷器中唯一刻有烧造年款的器物，为元代钧釉瓷器的断代提供了可靠的依据。白地黑花瓷器入元后又有较大的发展，陕西耀州窑、山西的有关瓷窑在元代也开始烧造白地黑花瓷器。白地黑花瓷器的发源地磁州窑，元代的烧造中心区域已由磁县观台镇转移到了彭城镇，继续烧造白地黑花瓷器，产量和质量仍名列前茅。元代白地黑花瓷器的器类颇多，主要有碗、高足杯、罐、玉壶春瓶、瓶、盆、枕等，胎体较厚重，罐、瓶、盆等造型多较高大。花纹装饰仍是元代白地黑花瓷器的令人瞩目之处，花纹内容丰富，其中以龙、凤、鱼、人物纹最为显眼。枕是最能体现白地黑花装饰水平的器物之一，元代枕为六面长方体，作画的面积较大，条件相对较好，花纹内容较为广泛，常常采用开光的布局方式，开光内的主体花纹多是山水、花卉、人物和戏曲故事，并有的以黑彩书写长篇诗文，充分反映了元代深厚的文化底蕴。

元代南方制瓷手工业是承袭南宋发展而来的，基础好，起点高，所以要比北方发达得多，创新之处也主要是在南方。入元后，宋代的一些名窑—龙泉窑、建窑、德化窑、吉州窑等继续烧造传统的品种。龙泉窑烧造的青瓷在国内外市场上备受欢迎，需要量剧增，为了适应这一需求形势，龙泉窑窑场规模扩大，同时仿烧龙泉窑青瓷的窑场急剧增多，进而逐渐在南方地区形成了一个规模颇大的以龙泉窑为中心的龙泉窑系。值得注意的是景德镇窑，元代它在胎原料配制方面发明了瓷石加高岭土的所谓"二元配方"法[15]。此法增高了胎料内 Al_2O_3 的含量，提高了烧成温度，减少了器物在烧成时的变形率，对提高瓷器的质量和成品率有显著的效果。景德镇窑在继续烧造青白釉瓷器的同时，批量生产成熟的青花瓷器，发展了高温铜红釉瓷器；创烧了洁净润泽的卵白釉瓷器，高温钴蓝釉瓷器和釉里红瓷器。为明清时期景德镇制瓷手工业的高度发展，成为全国制瓷手工业的中心，赢得"瓷都"的桂冠，奠定了坚实的基础。

元代南方仍以烧造青釉瓷器、青白釉瓷器和黑釉瓷器为多，龙泉窑、景德镇窑、建窑的产品分别是它们的代表。同时富有时代风格的作品频频出现。吉州窑的白地黑花瓷器仍有较大的影响，器类以瓶、罐、炉为主，常见的纹样有缠枝、奔鹿、鸳鸯、海涛纹等，很有本地特色。青花瓷器是以钴料在未经素烧的坯体表面绘画花纹，之后施一层透明釉，放入窑炉中以高温一次烧成，釉下便呈现出蓝色花纹的瓷器。青花瓷器出现于唐代[16]，宋代有零星发现，元代尤其是在元代晚期批量生产、制作工艺成熟。景德镇窑是元代青花瓷器的重要产地，器类颇丰，胎细质密，呈白色。釉白中泛青，光莹透明。青花所用钴料有进口料和国产料两种，进口料的特点是含锰量低，含铁量较高，青花色泽浓艳，且有铁黑色斑点；国产料则相反，含锰量较高，而含铁量低，青花色泽较淡，也未有铁黑色斑点。青花瓷器的青花是用毛笔蘸钴料直接在器物胎体表面绘画，不受像刻花、划花、印花那样制约，可以尽性充分发挥。所以，题材更加广泛，花纹内容更多，主要有缠枝花卉、植物花卉、禽鸟游鱼、瑞兽龙凤、人物故事等，用笔自如，线条流畅，布局设计合理，主次分明，幽雅脱俗，具有鲜明的时代特征。高温铜红釉瓷器是元代景德镇窑初步发展起来的一个瓷器品种。它是将铜料掺入釉中作呈色剂，在高温下烧成的瓷器。高温铜红釉瓷器早在唐代晚期长沙窑就有极少量的烧造[17]。大约是由于铜在高温下容易挥发，烧成技术难度大等原因，唐以后的宋代、金代均不见这种瓷器，仅仅是在钧釉瓷器的天蓝釉中加入少许铜料或在釉面上洒涂上铜红釉斑块、点。元代景德镇窑的工匠们较好掌握了铜红的呈色机理和烧成技术，将铜红釉瓷器的生产推向了一个新阶段。元代景德镇窑高温铜红釉瓷器的烧造量还不大，发现的数量和器类很少，所见的有碗、盘、壶等，胎白质细；釉多呈暗红色，看来烧成技术还有待进一步提高；装饰也很简单，常以刻花或印花的技法做出云龙纹等。

元代南方各类瓷器在继承前代的基础上有所发展、提高，特别是青花瓷器和高温铜红釉瓷器的兴起具有划时代的意义。更值得一提的是，元代景德镇窑创烧的卵白釉瓷器、高温钴蓝釉瓷器、釉里红瓷器三个新品种。卵白釉瓷器因其釉色颇似鹅蛋皮的色调而得名。器类以高足碗、碗、盘为多，胎白质细密；釉面莹润不透明，这是元代以前白釉瓷器不曾有过的新情况，为明代白釉瓷器的提高和创新准备了条件。卵白釉瓷器的装饰技法以印花为主，花纹内容有缠枝花卉、双龙纹等，在花纹间往往印有对称的"枢府"两字，故也将这类瓷器称之为"枢府瓷器"。有的还印有"太禧"等字款。卵白釉瓷器是元代枢密院等官府机构在景德镇窑订烧的瓷器，胎釉俱佳，制作工艺精良，是元代瓷器中的皎皎者之一。高温钴蓝釉瓷器独树一帜，它是将钴料掺入釉中作呈色剂，在高温下烧成的瓷器。以钴料入釉作呈色剂，在唐三彩器上就已出现，但那是低温釉[18]。高温钴蓝釉乃是元代景德镇窑的首创，其烧成技术比较容易掌握，发现的数量和器类也较多一些，器形有梅瓶、高足碗、碗、盘、匜等，胎质白细，釉光润。其装饰技法颇有特点，一是蓝釉上施金彩，即是在烧成的蓝釉瓷器上以金彩描绘花纹，尚需入窑进行烘烤；二是蓝釉白花，即是在制作时将花纹部分施上透明釉，花纹以外部分施蓝釉, 入窑高温一次烧成。花纹内容主要有龙纹、梅花纹等, 装饰效果颇佳。釉里红瓷器是继白地黑花、青花瓷器之后出现的又一颇有影响的釉下彩瓷器。它是以铜料在未经素烧的坯体表面绘画花纹, 然后施上透明釉, 入窑经高温一次烧成, 釉下便呈现出红色花纹, 故称"釉里红瓷器"。釉里红瓷器烧成时, 花纹对窑内气氛、温度要求严格, 烧成技术难度大, 在元代产量不高, 传世和出土的数量、器类都不多, 见到的器类有罐、玉壶春瓶、高足杯、匜、谷仓等。胎呈白色, 质地细腻。釉层均匀, 釉面莹润, 呈白泛青或青白色。花纹题材、内容不及青花瓷器那样丰富多彩, 主要有植物花卉、山石灵芝、松竹仙鹤、芦雁双凤等。色调普遍偏暗, 花纹边缘多模糊不齐, 表明元代尚未完全掌握它的烧成技术和呈色规律。此外, 釉里红还往往与刻花、划花技法配合使用, 增强了艺术效果。

元代南方制瓷手工业的发展和进步, 也得益于烧成技术的提高。此时期在继续使用龙窑的同时, 福建德化窑出现了分室龙窑, 景德镇窑发明了葫芦形窑。这二种窑炉都是在龙窑的基础上改进、发展而来的, 吸收了馒头窑的一些优点, 比普通的龙窑要进步, 更容易掌握、控制窑内的烧成温度和气氛, 适合于烧造胎、釉尤其是釉中 K_2O 含量较高的瓷器。在装烧方面, 流行了一个匣钵装置一件的作法, 大凡精品均是使用这种装烧方法烧造出来的。

元代制瓷手工业从总体上观察, 北方地区发展平平, 趋于衰落; 南方地区发展势头仍较为强劲, 尤其是景德镇窑更为突出, 它着力发展的青花瓷器、高温铜红釉瓷器和创烧的卵白釉瓷器、高温钴蓝釉瓷器、釉里红瓷器, 对明清时期制瓷手工业的进一步发展起到了重要的作用。

宋元时期制瓷手工业空前发展, 瓷器品种繁多, 器类丰富, 总体质量好, 深受广大使用者的青睐。不但深得国内人们的喜爱, 也颇受世界人们的欢迎, 外销的市场较唐代扩大, 行销的国家和地区更加广泛, 数量、品种大幅度增长。据南宋赵汝适《诸蕃志》[19]、元代汪大渊《岛夷志略》[20]记载和世界各地古遗址出土的宋元瓷器 (片) 表明, 宋元时期外销瓷器的品种有: 越窑、龙泉窑、耀州窑的青釉瓷器, 定窑的白釉瓷器, 景德镇窑的青白釉瓷器、卵白釉瓷器、青花瓷器, 磁州窑、吉州窑的白地黑花瓷器, 建窑、吉州窑的黑釉瓷器等。除上述之外, 还有沿海一些瓷窑烧造或仿烧以上有关瓷窑的青瓷、白瓷、青白瓷等。当时除官窑外颇有名气或较有名气甚至没有名气的小窑产品或记录在册或在国外古遗址内有发现。外销的国家和地区遍及亚、非两大洲。此外, 有的国家不但大量购买中国宋元时期的瓷器, 而且还仿烧, 对有关国家的陶瓷手工业发展也产生了积极的作用。为世界文明的发展做出了贡献。

[注释]

[1] 宋·周辉:《清波杂志》卷第五《定器》载:"汝窑, 宫中禁烧, 内有玛瑙为油, 唯供御, 拣退方许出卖, 近尤难得"(刘永翔校注本, 中华书局, 1994 年)。

[2] 北宋·乐史:《太平寰宇记》卷六二《河北道》定州条载:定州"土产……瓷器"(清光绪八年(1882 年)金陵书局刻本)。

[3]《宋会要辑稿·食货》(五二之三七)载:"瓷器库在建隆坊, 掌受明、越、饶州、定州、青州白瓷器及漆器, 以给用"(中华书局影印本, 1957 年)。

[4] 宋·叶寘:《坦斋笔衡》载:"本朝以定州白瓷器有芒不堪用, 遂命汝州造青窑器"(元陶宗仪:《辍耕录》卷二十九《窑器》条引, 见 1959 年中华书局重印本)。

[5] [7] 宋·左圭:《百川学海》本, 1927 年武进陶氏景刊本。

［6］元·陶宗仪：《说郛》本，1927 年上海商务印书馆排印本。

［8］秦大树：《磁州窑白地黑花装饰的产生与发展》，《文物》1994 年第 10 期。

［9］易家胜：《南京出土的六朝早期青瓷釉下彩盘口壶》，《文物》1988 年第 6 期。

［10］中国社会科学院考古研究所、福建省博物馆建窑考古队：《福建建阳县水吉北宋建窑遗址发掘简报》，《考古》1990 年第 12 期。

［11］刘新园：《景德镇宋元芒口瓷器与覆烧工艺初步研究》，《考古》1974 年第 6 期。

［12］贡昌：《浙江金华铁店村瓷窑的调查》，《文物》1984 年第 12 期。

［13］首都博物馆：《首都博物馆藏瓷选》图版 82，文物出版社，1991 年。

［14］李作智：《呼和浩特市东郊出土的几件元代瓷器》，《文物》1977 年第 5 期。

［15］刘新园、白焜：《高岭土史考——兼论瓷石、高岭与景德镇十至十九世纪的制瓷业》，《中国陶瓷》（《古陶瓷研究专辑》）1982 年第 7 期（增刊）。

［16］南京博物院、扬州博物馆、扬州师范学院发掘工作组：《扬州唐城遗址 1975 年考古工作简报》，《文物》1977 年第 9 期。

［17］长沙窑课题组：《长沙窑》，紫禁城出版社，1996 年。

［18］洛阳博物馆：《洛阳唐三彩》，文物出版社，1980 年。

［19］南宋·赵汝适《诸蕃志》，杨博文校释本，中华书局，1996 年。

［20］元·汪大渊《岛夷志略》，苏继庼校释本，中华书局，1981 年。

参考文献：

中国硅酸盐学会：《中国陶瓷史》，文物出版社，1982 年；李家治主编：《中国科学技术史·陶瓷卷》，科学出版社，1998 年；浙江省文物考古研究所等：《寺龙口越窑址》，文物出版社，2002 年；汪庆正等：《汝窑的发现》，上海人民美术出版社，1987 年；中国社会科学院考古研究所等：《南宋官窑》，中国大百科全书出版社，1996 年；杭州市文物考古所：《杭州老虎洞窑址瓷器精选》，文物出版社，2002 年；浙江省轻工业厅：《龙泉青瓷研究》，文物出版社，1989 年；陕西省考古研究所：《陕西铜川耀州窑》，科学出版社，1965 年；陕西省考古研究所等：《宋代耀州窑址》，文物出版社，1998 年；《中国陶瓷》编辑委员会：《中国陶瓷·定窑》，上海人民美术出版社，1983 年；北京大学考古学系等：《观台磁州窑址》，文物出版社，1997 年；陈定荣：《影青瓷说》，紫禁城出版社，1991 年；广东省博物馆：《潮州笔架山宋代窑址发掘报告》，文物出版社，1981 年；福建省博物馆：《德化窑》，文物出版社，1990 年；北京市文物研究所：《北京龙泉务窑发掘报告》，文物出版社，2002 年；中国社会科学院考古研究所：《宁夏灵武窑发掘报告》，中国大百科全书出版社，1995 年。

金代肇州考

何 明

金代肇州为太祖神武隆兴之地，是金代东北重镇之一[1]。因此，对金代肇州故址考证的学者甚多。其说法归纳起来，大致有以下几种：1. 曹廷杰先生认为即今逊扎堡站东北珠赫城（朱家城子）[2]。2. 金毓绂先生认为在今嫩江和松花江汇流处的某一古城[3]。3. 日本学者池内宏、津田左右吉认为在第二松花江南岸，宁江州的南方[4]。4. 屠寄认为即今肇源茂兴站以南的吐什吐古城[5]。5. 李健才先生认为在黑龙江省肇东县八里城[6]。6. 张英先生认为应在吉林省扶余县（现称松源市宁江区）伯都讷古城[7]。然而，根据自己多年的实地踏察、考古试掘并对照有关史料记载，本人认为金代肇州的治所，应在吉林省前郭县西北约50公里处的塔虎城古城。

塔虎城是吉林省西北部地区的一座较大古城，古城平面呈正方形，周长5213米，城墙系夯筑，高 6 ~ 6.5、基宽 20 ~ 25、顶宽 1.5 ~ 2 米，有门址四处，且都筑瓮城，有角楼4处，马面64个。城外有两道护城河，城内有八处明显凸起的建筑址。该城在近百年来经多次调查，城内出土文物近千件，绝大多数应为金代遗物。该城地处松嫩平原，交通便利，近临嫩江与第二松花江，与史料中所载金代肇州位置基本相符，主要根据如下。

一 金代肇州为辽代的出河店

《金史·地理志·肇州条》记载："旧出河店也，天会八年，以太祖兵胜辽，肇基王绩于此，遂建为州。天眷元年十月，置防御使，隶会宁府"。这段记载说明金代肇州即辽代出河店，因此，首先应考定出河店的位置，这一点可以在女真军与辽军对垒作战中，获取一些资料。

据《契丹国志》载："天庆四年，秋八月，女真阿骨打始叛"。"九月，阿骨打征集女真

作者简介：

1949 年 7 月生于长春，1975 年 8 月毕业于北京大学历史系考古专业。毕业后先后在吉林省博物馆、吉林省文物工作队、吉林省文物考古研究所任职，研究员。30 年来一直从事考古田野调查、发掘和研究工作，曾参加、主持考古遗址、墓葬发掘 30 余次，发表考古发掘简报、报告、论文数十篇。

兵二千五百人，首犯混同江之东，名宁江州"。十月朔，"及金兵东侵，战于宁江州，其孙移敌塞死之，兀纳退走入城，留官属守御，自以三百骑渡混同江而西，城遂陷[7]"。

女真军首战攻克宁江州后，便攻打出河店。据《契丹国志》卷十《天祚帝纪上》记载：十月，肖嗣先充东北路都统率兵七千，"屯出河店，临白江，与宁江州女真对垒"；"女真军潜渡混同江，掩其不备，未阵击之，嗣先军溃"。关于出河店战役，《金史·太祖纪》的记载较为详尽："太祖自将出之，未至鸭子河，即夜。太祖方就枕，若有扶其首者三，寤而起，曰：'神明警我也'，即鸣鼓举燧而行。黎明及河，辽兵方坏凌道，选壮士十辈击走之，大军继进，遂登岸，甲士三千七百。至者才三之一。俄与敌遇于出河店，会大风起尘埃蔽天，乘风势击之，辽兵溃，逐至斡论泺，杀获首虏及车马甲兵珍玩，不可胜计。"

这些资料表明，辽代出河店与宁江州隔混同江相对，宁江州在混同江东岸。混同江即今第二松花江，宁江州在第二松花江之东，当为今扶余县石头城子古城。出河店位于混同江之西，出河店的位置，只能在第二松花江之西进行寻找。前郭塔虎城正位于第二松花江西侧、北侧不远即为嫩江，应为辽代出河店，即金代肇州治所。

二 金代肇州应距鸭子河、黑龙江相去不远

《金史·地理志》卷二十四载："肇州下，防御史。……县一，始兴，倚与州同时，有鸭子河、黑龙江"。"肇州围急，食且尽，有粮三百船在鸭子河，去州五里不能至[8]"。这两处记载可看出，金代肇州与鸭子河、黑龙江相距不远，那么鸭子河与黑龙江究竟为哪条河流，对确定金代肇州的位置，显然很有必要。

鸭子河以多鸭雁得名，据《武经总要》前集卷二十二，蕃界有名山川条记载："鸭子河在大水泊之东，黄龙府之西，是雁鸭生育之处"。又载："大水泊周围三百里"。黄龙府之西，当在今农安、扶余的西部。水面周围三百里的大水泊，唯有今前郭县的查干泡。查干泡之东即今嫩江下游和嫩江口以下的一段松花江，这里至今仍是鸭雁集聚之处。辽代皇帝有四时行"捺钵"，其"春捺钵曰鸭子河泺"，鸭子河泺即今大安县西北处的月亮泡，月亮泡即是鸭子河泺。《辽史》载："统和十七年，迁兀惹户，置刺史于鸭子、混同二水之间"；"（清宁）四年，城鸭子，混同二水间"。这里所称的混同江指粟末水，即今第二松花江，而鸭子河则是嫩江下游。

关于黑龙江为哪条河流，史料也有多处记载。《金史》卷一，本纪云："生女直地有混同江，长白山，混同江亦号黑龙江，所谓白山、黑水是也。"《契丹国志》卷二十七，长白山条："黑水发源于此，旧粟末河，太宗破晋，改为混同江"。《大金国志》卷十八："长白山，黑水发源于此，旧名粟末河，契丹目为混同江"。从这些文献可知，所谓黑龙江并不是今日的黑龙江，而发源于长白山。屠寄《蒙古儿史记》卷63，洪福源传注云："今吉林伯都讷城北，嫩江、松花江会流之三叉口以下一段之江，土人尚称黑龙江。又据《满洲实录》卷一载："辉发国本姓益克得哩，原系萨哈连乌拉江尼马察部人"，原注云"萨哈连即混同江，一说黑龙江是也，此源从长白山发出"。由此可知，黑龙江应指第二松花江与第一松花江中的部分流段。

塔虎城近临鸭子江及黑龙江，与史料记载金代肇州的位置相吻合。

三 金代肇州应在金上京之西、金泰州之东

《金史》中有两处较为明确记载了金肇州的四至方位和道里。

第一，《金史·地理志》卷二十四载："会宁府，下，初为会宁州，太宗以建都，升为府，天眷元年置上京，留守司。以留守带本府尹，兼本路兵马都总管，后置上京、曷懒等路，提刑司，户三万一千二百七十。东至胡里六百三十里，西至肇州五百五十里，北至蒲与路七百里，东南至恤品路一千六百里，至曷懒路一千八百里"。

第二，《金史·地理志》泰州条载："泰州，昌德军节度使，辽时本契丹二十部族牧地。海陵正隆间置德昌军，隶上京。大定二十五年罢之，承安二年（当为三年之误）复置于长春县，以旧泰州为金安县隶焉。北至边四百里，南至懿州八百里，东至肇州三百五十里"。这里明确记载了金代会宁府西至肇州五百五十里，金代泰州东至肇州三百五十里。

那么，会宁府即金上京，城址在黑龙江省阿城县白城。从阿城县白城向西五百五十里，正达松、嫩合流处的塔虎城一带。

金代泰州，金初沿辽之旧治，"大定二十五年罢之，承安三年复置于长春县，以旧泰州为金安县，隶焉"。长春县为辽长春州的附郭县，承安三年在长春县复置的泰州，就是新泰州，亦即辽长春州旧治。《辽史·地理志》载："长春州，韶阳军下节度，本鸭子河春猎之地"。"有挞鲁古河、鸭子河"。挞鲁古河又称挞鲁河，即今洮儿河。城四家子古城位于洮儿河畔，古城中出土了刻有"泰州"款的铜风铃和刻有"泰州主"字款的残铜镜。"泰州主"后当残一"簿"字。金代县有主簿，为县佐贰，专司刑狱。但是在金代铜器上，常见有某州主簿的刻文，似州亦有主簿之官。铜风铃上的"八十二"为人名，余款不识，当为花押。这两件遗物应为金代遗物。洮南城四家子古城即金代泰州，向东三百五十里正为塔虎城所在地，即金代肇州。

另外，泰州"北至边四百里"，应是西北至边四百里。金代的西北边界应是大兴安岭。从洮南城四家子古城西北到大兴安岭三四百里，与泰州西北至边四百里的记载相合。金代懿州是沿用辽代懿州旧治，其故址为今阜新县塔营子古城。洮南城四家子古城南到塔营子古城恰好八百里，与泰州南至懿州的里距相合。金代肇州为塔虎城古城，在洮南城四家子古城正东，里程也基本相符。

四 塔虎城为金代泰州说质疑

塔虎城为金代泰州（即辽代长春州）之说，目前被大多数学者认同。此说最早是清末曹廷杰提出来的，认为他（塔）虎城即挞鲁古城，亦即辽之长春州韶阳军治，金复置之泰州昌德军长春县治所在地。后来金毓绂亦先同其说，其根据为《辽史·地理志》长春州载："本鸭子河春猎之地，本混同江"，又据《辽史·圣宗纪》太平四年二月，"己未，猎挞鲁河。诏改鸭子河曰混同江，挞鲁河曰长春河"。所以，混同江即松花江，长春州自然在松花江附近，这也就是将塔虎城误定为辽代长春州、金代泰州的主要原因。

然而，长春州早在上述二河改名之前就已经设置。《辽史·圣宗纪》太平二年"三月甲戌，如长春州"。挞鲁古河改长春河，是根据城名而更改的，城与河二者相去不远，长春州不在长春河之侧，而在鸭子河之西，似于理不通。挞鲁河（长春河）即今洮儿河。所以将位于洮儿河附近的城四家子古城，定为辽代长春州、即金代泰州较为符合实际。

另外，从天庆五年，天祚帝征金败绩的经过可以看出，辽代长春州也不应在塔虎城。据《契丹国志》载："天祚下诏亲征女真，率蕃汉兵十余万出长春路。命枢密使萧奉先为御营都统，耶律章奴副之，以精兵二万为先锋，余分五路为正兵……"。"分南北两路向东进发，北路出骆驼口，南出宁江州路，自箕人州分路而进……天祚亲督诸军进战，少顷军马左旋三转，已横尸满野，望天祚御旗向西南出，众军随而败溃……天祚一日一夜走五百里，退保长春州"。辽军"进至剌离水，与金兵战败，大军亦退"。剌离水即今拉林河，天祚帝西南退走五百里至长春州，说明长春州在拉林河下游西岸五百里处。而塔虎城与拉林河下游约二百余里，显然不符。洮南城四家子古城恰在拉林河西南方，相距约四百余里，其方位和里程与长春州大致相合。

据《金史·食货志四》载："上京、东北二路食肇州盐"，"蒲与、胡里改等路，食肇州盐"，这说明肇州产盐。肇州之盐，不仅本州食用，还供应上京、东北、蒲与、胡里改等路。从塔虎城向西南一带，多数湖泊是咸水产盐。而且其中有以盐命名的湖泊，如大布苏泡，蒙古语即盐泡。现在这一带仍是产盐之地，因此，这也是区别于其他各州之处。毫无疑问，为塔虎城是金代肇州治所，提供了佐证，而不应是金代泰州。

五　金代肇州与元代肇州非一地

有人认为，金、元肇州同治肇东八里城，其根据是出河店之战，辽兵集结于出河店。"辽都统肖糺里，副都统挞不野，将步骑十万，会于鸭子河北"。意思是出河店当在鸭子河之北。然而，肇东八里城虽然在河北，但已经超出了鸭子河、混同江的河段。我们认为塔虎城的地理环境与金肇州相符，而肇东八里城应是元代的肇州。

据《元一统志》载：肇州等古城，"皆渤海、辽、金所建，元废，城址犹存"。这一记载可以看出金代肇州与元代肇州不在一处。又据《元史·地理志》："肇州，按哈喇八都鲁传，至元三十年世祖谓哈喇巴都鲁曰：'乃颜故地曰阿八剌忽者产鱼，吾今立城，而以兀速憨，哈纳思，乞吉思三部人居之，名其城曰肇州，汝往为宣慰使。既至定市里安民居，得鱼九尾，皆千斤来献'。《元史·成宗纪》："元贞元年立肇州屯田万户府，以辽阳行省左丞阿散领其事"。据上述可知，元之肇州非金代之旧，乃颜故地立新城。元代肇州屯田万户府，阿八喇忽实皆一地。元世祖至元三十年（1293年）始有肇州城之设。成宗元贞元年（1295年）更于元肇州之地置屯田万户府。《元史·兵志》："肇州蒙古屯田万户府。成宗元贞元年七月，以乃颜不鲁古赤及打鱼水达达女真等户，于肇州旁近地开耕为户，续增渐丁五十二户"。置于肇州的"打鱼水达达女真等户"显然是沿江河居住，事耕捕鱼。肇东八里城距江十五里，符合文献记载。上引："阿八喇忽者产鱼"，今肇东八里城近松花江故道沼泽，往昔盛产鱼类。据知松花江、嫩江鱼一尾至千斤者唯鳇鱼一种，查辽金文献屡有记载。今八里城之东有一地，旧名"鳇鱼圈"，足证八里城附近过去盛产鳇鱼，可为元代肇州地示以旁证。

据《元史·兵志》云："蒲峪路屯田万户府。世祖至元二十九年十月，以蛮军三百户，女真一百九十户，于咸平府屯种。三十年命本府万户和鲁古觖领其事，仍于茶剌罕、剌怜等处立屯。三十一年罢万户府屯田。成宗大德二年，拨蛮军三百户属肇州蒙古万户府，止存女真一百九十户，依旧立屯，为田四百顷"。由此可知，元蒲峪路在北，咸平府在南，二地辖境毗邻。将蛮军三百户拨归肇州蒙古万户府，可证元肇州在蒲峪路、咸平府之间。元代蒲峪路本依金旧，金蒲峪路在金上京之北，其南境不得过松花江，元代咸乎府依金咸平路之旧，府治开元，其北境亦当不过松花江。故地处蒲峪路、咸平府之元肇州，必然在二地区间之近江处，今肇东八里城所在正合其地。上述诸点表明，肇东八里城应为元代肇州，绝非金肇州。

[注释]

[1]《东三省舆地图说》。

[2]《东北通史》。

[3]《满鲜地理历史研究报告》第二册。

[4]《蒙古儿史记》。

[5]《吉、黑两省西部地区四座辽金古城考》，《东北历史与地理》第二册。

[6]《金肇州故城》，《博物馆研究》1984 年第二期。

[7]《辽史·肖兀纳传》。

[8]《金史·纥石烈德传》卷一百二十八。

关于早期蒙古汗国的盟誓

张承志

　　《元朝秘史》（以下简称《秘史》卷三第一二三节保存了帖木只（成吉思汗）第一次即蒙古本部汗位时，蒙古诸部贵族向他立下的誓辞。这个誓辞在《秘史》第一七九节被再次重复。同一记载也见于波斯史料《史集》。此外，《秘史》中尚保存着大量可以被认为属于誓辞的资料。在蒙古人收服了中亚和波斯以后，这种誓辞又以变化了的（因文字使用而更完善的）形式在有关畏兀儿史料和波斯史料中屡屡出现。经过分析，应当承认在 13 世纪的蒙古汗国中存在着某种盟誓制度；这种盟誓实质上是汗国的共同契约或基本法，它维持发挥了蒙古汗国的政治军事机能。对于《秘史》中记载的盟誓的研究，或许有益于探讨蒙古汗国拥有的文化水平，以及作为一个国家的蒙古汗国的独特道路。

一

　　本文以《秘史》第一二三节为中心资料进行分析。对该书的转写、翻译、注释至今已有很多，本文基于这些研究先提出此节的新译文，有关的探讨写入注释。

　　阿勒坛、忽察儿、撒察·别乞一块商量着对帖木只说："把你立为汗吧！我们[1]若是把帖木只立为汗的话：

　　（以下为誓辞，本文转写主要以李盖提的转写为基础，有关词汇分析加注，译文以译出词义为原则，不加汉文润饰）

olon dayin-tur alginči qa'ulju	［百战[2]之中做头哨奔驰。］
öngge sayin ökin qatun	［颜色好的姑娘贵妇、］
ordo ger[3]	［宫帐毡房，］
qari irgen-ü	［外邦百姓的，］
qačar qo'a qatun öki	［脸颊美的贵妇姑娘、］
qarqam sayin aqta	［臀节好的骟马、］

作者简介：

　　1948 年 9 月生于北京。1978 年考入中国社会科学院研究生院历史与语言系攻读硕士学位。大学毕业后先后在中国历史博物馆考古部、中国社会科学院民族研究所、海军政治部创作室、日本爱知大学等处供职。现为中国作家协会全国委员，自由撰稿人。

qatara' ulju abčiraju öksü ba	［赶得大步跑着，我们拿来给（你）。］
oro'a görö' esün abala' sau	［若是围猎惯逃[4]的野兽啊，］
uturaju[5] öksü ba	［我们给（你）当（队列）尖头，］
ke'er-ün görö'esün-ü	［把旷野上的野兽，］
ke'ēli inu niketere šiqaju öksü[6]	［（赶得）它们肚皮挤在一处，（我们）给（你），］
qun-u görö'esün-ü	［把山崖上的野兽，］
quya inu niketele siqaju öksü ba	［（赶得）它们腿挤在一处，我们给（你），］
qatqulduqui üdür：	［在厮杀的日子里，］
qala činu busi bolqa'asu	［若是违反了你的号令，］
qari širi-deče	［从家里、从财产那里、］
qatun eme-deče manu qaqačaulju	［从贵姬妻子那里，把我单独分开；］
qara teri'ümanu	［把我的黑头[7]，］
qajar kösör-tür gejü ot	［扔到地面上去。］
engke üdür：	［在太平的日子里，］
eye činu ebde'ĕsü	［若是破坏了你的定议[8]，］
eres harad-ača	［从家人、从人民那里、］
eme kö'üd-eče manu hiriče'üljü	［从妻儿那里，把我离散开，］
eje ügei qajar-a geju ot	［扔到没有主人的地方去。］

他们议定了这些词句，照这样宣了誓，使帖木只名以成吉思合罕（的名号），使他当了汗。

上举的这一段译文，据笔者看乃是《秘史》中保留的最为正式、重要的誓辞。它的被宣诵年代，像所谓成吉思汗即位问题一样仍需考察。大约与后来的 1206 年丙寅称成吉思汗并列，《秘史》在此又叙述了一次继汗位之举。此事不见于《圣武亲征录》；年代据《蒙古源流）卷三为"岁次己酉"，为 1189 年。一般史界认为此次应是第一次即蒙古本部汗位。从本节史料列举的参与盟誓的贵族来看，阿勒坛是忽图拉合罕第三子；撒察·别乞是合不勒合罕长子斡勤巴儿合黑的孙子；忽察儿和帖木只本人则都是同一世系斡勤巴儿黑兄弟、把儿坛把阿秃儿的孙子。可以清楚地看出举行这次盟誓的四支间血统之近，所以应当承认蒙古本部中确实曾有过一次推举帖木只为本部汗的事件。

这节由三名蒙古部贵族"议定"的盟誓，实质上是蒙古贵族与他们推举的汗之间严格订立的共同契约。贵族们以宣誓的形式正式承认汗的君权。这种君权规定无论在战争时期还是在和平时期，各部贵族都将绝对服从汗的命令，如违背誓言则甘愿被剥夺财产，沦作奴隶，以至处死。承认汗的国家统治者的绝对权力——这是盟誓时贵族们与汗之间最基本的契约。

盟誓也是具体的。13 世纪蒙古汗国的共同行动主要有战争与围猎两项。或者说在以阿寅勒（户）为生产单位的蒙古游牧社会中，社会性集团性的行动只有两项：战争与围猎。《秘史》第一二三节誓辞在战争和围猎这两大社会行动中，都规定了汗对战利品的占有的优先权。

二

这个用盟誓形式决定下来的契约所以重要，主要在于这并非一个随便可以发的誓，更不是一种由于《秘史》的史诗体裁而导致的文学性表现。第一二三节的誓辞是一个一经盟誓便固定化、法律化的具体契约的条文。《秘史》中另外一处，即第一七九节的记载以及波斯史料《史集》的记载证明了这一点。

一七九节再次重复的誓辞，虽然在文字上有所差异，但内容与前引第一二三节是一致的。中心仍只有两点：在战争与围猎这两大共同社会性行动中，承认汗将拥有绝对的君主权。但此处史料在主语方面存在着问题[9]，因此本文仅就誓辞内容分析。先看《秘史》第一七九节（转写略）：

> 百战之中教我作头哨奔驰，
> 被天庇护着，
> 在掳掠敌人的时候，
> 把脸颊好的姑娘贵妇女人、
> 臀节好的骟马，
> 拿来给（你），——我曾这样说过。

以上是誓辞的第一项内容，立誓者将承认汗在战争中的一切权力。以下是关于围猎[10]：

> 若让我围猎惯逃的野兽啊，
> 巉岩上的野物，
> 我（赶得）它前腿挤在一处（给）你。
> 山崖上的野物，
> 我（赶得）它后腿挤在一处（给）你。
> 旷野里的野兽，
> 我（赶得）它肚皮挤在一处（给）你。

与《秘史》第一七九节相呼应的是《史集》的资料。如前所叙，《史集》此节记事在一些方面与《秘史》不同；但在基本内容上，即在誓辞对于战争围猎两项事业的约束方面，却与《秘史》完全一致。这说明在帖木只继汗位时，盟誓行为的存在和誓辞本身，都是可靠的。据《史集》：

> 如果我成了汗，成了众邦军队的领导者的话，我将有（这样的）义务：我将从人们那里把马群，把毡帐，把女人和儿童夺来，并且送给你（们）。（我将）为了你（们）把草原上的野兽，领先围捕。把山地的野兽朝你（们）的一侧赶过去。你们，阿勒坛和忽察儿两人，不要让外人在三河之地自由驻营！[11]

综上，尽管史料中还存在一些可以进一步商讨的问题，但已经可以肯定：在蒙古汗即位之际，他与贵族们之间有着一种特殊的仪式；在经过了这种特殊的形式之后，汗与蒙古诸部贵族之间规定了彼此的义务以及汗的权力。

值得注意的是：在前13世纪蒙古汗国尚未使用文字以前，这种重要的仪式或行为，是通过口头盟誓的形式来进行的。

《秘史》中使用的盟誓一词是"阿蛮阿勒答周"（amanalda-ju）。阿蛮（aman）即口、嘴，是一个常用词；"阿勒答－"（al da-）的含义，在蒙古语中主要含义是"丢失、掷下、抛出"等。《秘史》中 alda－出现共九次，均使用同样的汉字转写。其中，一次指刀脱落于地，旁译"脱了"（卷九，页十四上）；一次指流下眼泪，旁译"坠了"（卷十，页三十七下）；三次指逃跑、跑失，旁译"脱"（卷二，页十八上、页二十上等）；还有一次指"断送"，旁译"险了"（卷二，页二十五下）——其余几次均意为"宣誓"，旁译及汉字原文分别如下：

1. 阿蛮 阿勒答罢 者
   口　 开了　 也者　　　（aman aldabaje，卷八，页四十三上）

2. 阿蛮 客连 阿勒答周
   口　 舌　 放着　　　　（aman kelen aldaju，卷八，页十上）

3. 阿蛮 阿勒答周
   盟　 誓着　　　　　　（aman aldaju，卷三，页四十四上，即第一二三节）

在这个蒙古语词组的字义里，包含有郑重的、一言既出无可反悔的内容与语感。这个词组与普通的"说话"（üge kel-）完全不同。在蒙古人的观念中[12]，aman aldaju 的人自己已知话语掷地有声，自己意识到讲这句话的严重责任。上引诸例即使用于其他语义也不难看出，它们都包涵严肃的内容和语感。

直至进入 13 世纪初年，蒙古平定乃蛮以后，蔑儿乞人纳牙阿献美女忽阑给成吉思汗时，还曾引用过这一誓辞以表忠诚：

　　曾说过，如果遇见外邦百姓的脸颊好的姑娘贵妇，臀节好的骟马，（给）合罕本人。（卷七，页四十八上）

这说明，帖木只即蒙古汗位时贵族们对他立下的盟誓是有效的、词句是固定的。《秘史》使用的诗体韵文文体，其实正是为了更准确地记录史实。或许《秘史》的诗体或韵文体记录方式，正是由于当时蒙古汗国在尚没有文字的条件下，一切必须通过口头的话语来约束；并使用易于强记的民歌语言处理公共事务的体现。

三

这种盟誓还不仅仅用于汗的即位。《秘史》记载最多的盟誓大约还是诸部之间的结盟。

《秘史》卷五所载成吉思汗与客列亦惕的王罕按照两族缘分的道理（约速 yüsü）结为父子之盟时，誓词为：

　　向众多的敌人出征时，
　　一块（像）一个人去出征。
　　朝惯逃的野兽围猎时，
　　（像）一个人一块去围猎。

同时，为了重修旧好，两人还就不受挑拨、永远和睦立了誓。《秘史》特别注明"帖因兀格把（舌）剌（勒）都周"（teyin üge baralduju，议定了那样的词句）。如前所述，誓辞是经过商定的、固定而不能改动的。蒙古部与客列亦惕部的结盟事关重大，《秘史》不仅记载了盟誓的辞句，还细致记叙了两部间关系的由来；复述和往事重提的现象的本质在于无文字的时代特点。王罕再次愿意结盟时，誓辞很简单："现在我若再看见儿子（指帖木只）起坏心，像这样使我的血流掉！"[13]但这里却记下了关于盟誓时的部分仪式：刺破手指，把血盛在桦皮筒里。《秘史》另一处有关盟誓仪式的记载是卷四第一四一节，众部共推札木合为汗（"中合"，旁译"皇帝"）时，札木合继汗位时曾杀一种马一骒马（阿只儿合 ajrga，格骟 ge'ün）为礼。但那种仪式应仅用于大汗（不同于一部几部之汗）[14]即位时。就这种仪式本身，《史集》记为杀"种马、公牛、公羊、公狗"，[15]《元史·耶律留哥传》记为"刑白马白牛"。对其他盟誓场合的仪式，秘史记载不多；显然秘史重视的只是"话"。

诸部在联合实行军事行动前也盟誓。《秘史》一○八节有札木合谴责诸部违誓迟到三日的记载中，也提及了誓辞：

（即使）是风雪，而约会，

（即使）是下雨，而聚会，

我们都不能落后。

——不是（这样）说过么？

我们蒙古人（说了）行，

不就是宣了誓了么？

除开诸部之间的盟誓，蒙古本部或成吉思汗的国家中也以誓约来管束军队、官员，以及各项事务。本文叙及的帖木只第一次即蒙古汗位以后，曾经委派豁儿臣（豁儿赤，火儿赤，qorči，即弓箭手）、保兀儿臣（巴兀儿赤、博尔赤，baureči，即掌膳者，司厨）、豁纫惕（赤）（qoniči，羊倌）、帖儿格赤（tergeči，掌车者）等职。《秘史》卷三第一二四节中，分别就任上述各职的官员们对帖木只表示的话，实际上属于就职的誓辞。

在没有文字的早期蒙古汗国，盟誓的约束力来源于社会对这种盟誓的需要，来源于诸部人对誓言的绝对重视的观念。《秘史》的大量记录说明，尊重自己说过的话（兀格，üge）；遵守共同商定的决议（额耶，eye）；按照立过的誓（阿蛮 阿勒答－，aman alda-）行动并违誓认罚，乃是 13 世纪诸部人们的一个基本的道德观念和行动准则。

札木合在与成吉思汗敌对失败后，尽管成吉思汗表示尽释前嫌，然而札木合的观念是：

不能消化的饭食，已经一块吃了；

不能忘记的话，已经一块说了。

札木合这篇悲剧性自白中关键的词汇是"兀格思"（üges），即言语、话（复数）。使他不能再苟活下去的原因，就在于当初盟誓时那些严厉而不允许忘记的誓辞的压力。此事见于《秘史》卷八第二○一节：

坚硬结实的话已经说了，

就像我黑黑的脸皮被剥了一样，

——已经不能再见我汗兄温和的面容了。

不能忘记的话已经说了，

就像我红红的脸皮被剥了一样，

——已经不能再见我汗兄本人的面容了。

这种违誓者耻、违誓者死的观念极为普及深入。本文主要依据的帖木只即位盟誓时,立誓者三贵族之一撒察·别乞在后日被杀时,成吉思汗问他的话是:"以前的日子咱们说了什么来着?"而撒察·别乞和泰出(他作为撒察·别乞的兄弟;据此节和第一七九节史料看,也参加了推立帖木只的盟誓)的回答是:

> 我们说过的话,
>
> 我们没有做到,
>
> 按照我们的话办吧。

此事见于《秘史》卷四页二十。显然指导双方的共同伦理观念仍然是"兀格昔颜 üges-iyen",即自己的话。札木合、撒察·别乞兄弟的结局均是死于成吉思汗之手;但是在《秘史》的观念中,在仪式上,他们被杀均出于情愿,杀他们是按他们自己的话办事。

相同的观念表现在《秘史》中不胜枚举。誓言同样约束着蒙古汗本人。成吉思汗即位前,豁儿赤制造天命舆论,约定事成后要封万户(秃绵)、选三十美女、言听计从三事;后来成吉思汗果然践约。此事不应理解为成吉思汗贤明云云,应当认识支配事件的观念以及习惯法的原因。又:在蒙古兴起过程中,畏兀儿亦都护举国来附是最重要的历史事件;而仔细研究亦都护归附前与成吉思汗的交涉,应当认为其中也存在着某种盟誓的意味。对于此事,《元史》、《世界征服者史》、危素《西宁王忻都公神道碑》、欧阳玄《高昌偰氏家传》、赵孟頫《全公神道碑铭》等诸种史源不一的资料中均有特笔。《史集》尚讲到此次交涉是蒙古方面首先派出使节的。而交涉中亦都护的条件是:

> 使臣得与陛下四子之末

四子之末决非谦词,而是相当高的条件,正因此日后畏兀儿高昌王世代尚公主为制。在《秘史》中相对应的是"按他的话,成吉思汗说……"也是以亦都护的"话"为基本原则。

总之,前十三世纪或者蒙古兴起之初,在草原诸部和汗国的事务中,盟誓行为是广泛使用的一种保护国家机能的手段。誓言本身由于社会的需要而更显得严峻,从而也深入到了人们的意识之中。这样,盟誓因它的约束力和被信守而常常成为一种法的雏形——一种社会的共同契约。这种誓言从一种特殊的话("兀格",üge),随着历史条件的变化和需要也渐渐演化着它的形式和内涵。而在观念中,有时"话"已经被写为"道理,规矩"("约速",yosu),如成吉思汗在向王罕历数两家友谊时,一再讲到"依着共同说了的道理"(客额(勒)都(克)先 约速阿(舌)儿,ke'eldüksen yosu-qar);这更证明盟誓已经具有共同法或契约的性质。同样,如下文所述,它在形式上的演变还意味着更深刻的内容。

四

《秘史》中所见的这种盟誓是一种文明尚未发达的历史条件下的产物,与它关系最密切的现象即是蒙古汗国的无文字状况。由于游牧经济本身寓有的军事能力(尤其在骑兵为决胜兵种的时代)以及自匈奴、突厥以来的军事汗国传统,13 世纪的蒙古汗国(或称诸汗国)存在着政治军事活动与自身文化水平不协调的矛盾。

在蒙古汗国因畏兀儿亦都护国归附而最终实现的文化质变以前，蒙古汗国的早期特点非常醒目。倚仗口头传达的盟誓制度或盟誓习惯，就是这种早期性的一个特征。

关于前十三世纪，尤其帖木只第一次继蒙古本部汗位时的蒙古国家性质和君主性质，以及 13 世纪最初十年蒙古社会、国家和君主的性质问题，不在本文讨论范围。但本文认为：帖木只第一次即汗位时的汗（秘史中有"罕"、"(中)合罕"、中"合惕"几种汉字转写形式）乃是游牧部族军事联盟的君主；此时的蒙古"兀(古)鲁思"，乃是一种典型的早期游牧汗国类型的国家。

文化水平低下的蒙古汗国，在 1209 年前后已经征服了客烈亦惕汗国和乃蛮汗国，并全面与以东部天山为中心的畏兀儿文明相融合，在 13 世纪初叶终于完成了以拥有畏兀儿体蒙古文字为象征的文化飞跃。以前在早期汗国阶段曾以口头表述为形式的盟誓，自此以后又以变化了、进步了的形式有所出现。很多在这以后见于波斯伊儿汗国的记事和中亚记事，都带有口头盟誓传统的痕迹。

本田实信氏曾整理了波斯文献中的蒙古誓辞。在波斯文献中的 mūčalgā 一词源于蒙古词语 möčelge，有"契约、证书"的含义，本田氏根据内容释为"誓辞"；并分析了拉施特丁《史集》中出现的十三条带有誓辞（读为 mujalkā/mūčalka/mūčalgā 诸形式，波斯语形为 MUJLKA/MUČLKA 等形式）的史料。[16] 这种波斯化了的誓辞显然已经与《秘史》中的现象有所不同。它用于书写，署有签名，主要用于皇帝即位、任命官职，使用上也存在区别。但是，无疑它根源于前述的口头盟誓。这种波斯化的誓辞的另一种形式是 Xatt，志费尼《世界征服者史》中记载的有关窝阔台汗即大汗位的誓辞（Xatt），是书面誓辞的最早记录。在波斯文的蒙古史料中，上述 MUJLKA/MUČLKA 与 Xatt 两种形式，就是盟誓在波斯—伊儿汗国书写以后的形式；也就是说，它是 amanalda 的文字形式或称文书形式。

中亚地区也同样如此。众所周知，蒙古人自征服乃蛮后便普及畏兀儿体蒙古文字，从其时起，有关保证文书的记载开始见于史料。如志费尼书载，畏兀儿亦都护萨仑的斤（sarintegin）被杀前后，别失八里的畏兀儿上层曾经"立下文字保证书，表明自己无罪；帖格迷失也立下保状以证明所说为真。别的畏兀儿贵族照样立下文字证书"。[17]

显然，在获得文字以后，口头盟誓在中亚已变为保证文书。虽然至今尚无这种文书的原件发现，但可以推定它一定是用畏兀儿体蒙古文或者回鹘文（畏兀儿文）书写的。以后的历史时期里，口头盟誓渐次消失于史籍，保证文书代表的观念意识也在书写普及的同时，与诸先进文明（波斯、畏兀儿、中国）融会混合。曾经支配蒙古人盟誓的伦理观念逐渐不再那么醒目。

[注释]

[1] 我们：《秘史》汉文原文作"巴"，旁译作"俺"，为第一人称代词复数。但是，在盟誓资料中，第一人称复数主语均为后置主语；这个形式乃是此节誓辞资料形式上的特点之一。使用"巴"（ba）的排列后置，首先造成了韵律的齐整和谐，使誓辞同时成为韵文（与诗、散文均不同）。这除了是一种艺术形式，更是一种便于记忆的文体形式。此外，主语的排列后置，强调了立誓者本人以及心甘情愿的语感，具有着内容的意义。此外，本文引用的《秘史》资料，均为《四部丛刊》本。

[2] 战：《秘史》原文"答因"；旁译"敌"。小泽重男《关于（中）忽难》（耕文，1961.10），认为这个词是 dayisun（敌人）的复数形式。据此蒙古语"战争（day in）"即应为"敌人（dayisun）"的复数形式。此节此处更应译为"战争"，因为《秘史》卷七第一七九节有"歹亦孙古古温（daisungü'n），敌人"，才

是"敌人"一词在《秘史》中的形式。

[3] 在此句后面，白鸟库吉转写本补入如下一句："秃^(舌)里－颜　斡罗周　斡^(勒)周　阿卜赤^(舌)剌周　斡^(克)速
自的　　行　入着　　得　　将来　着　与"。但不知此处校补依据。如果为了读通则不必，原文即可读通。"汪格（önge，颜色）""斡儿朵（ordo，宫殿）"都是圆唇元音，在韵文中排比为宾语；如此类推。总之，《秘史》此处原文并不存在读不通而必须补入句子成分的必要。

[4] oro'a：《秘史》原文作"斡^(舌)罗阿"，旁译作"狡"。这是一个游牧术语。oro'a专指虽未必性烈，但在围捕它时，有出圈离群逃走的癖习的马或动物；这个形容词包含了一种牧民对远逃不归、鞭长莫及的马或野兽无可奈何的态度。远逃不归是这种动物的恶癖，并非属狡猾的本性。有些研究者，若札奇斯钦译本就根本没有解释这个语汇。

[5]《秘史》原文"兀秃^(舌)剌周"，旁译"首先出去围着"。对这个词的理解需要对蒙古围猎方式的了解。这个词讲的是分两翼包围猎场的两队中的先头骑手。因队伍出发后，以两队先头骑手的动作为号行动，所以这种先头对于围猎非常重要。

[6] 此句按本节韵律形式即句型来看，缺少后置主语 ba（"巴"，我们）。此处排比句中使用了四个并列的"……öksü ba"（我们给）。这一形式是规定严格的，因为后第一七九节有同样的句型重复。

[7] （qara teri'ü），此词真正含义是奴隶。试比较回鹘文书中的 qarabaš（如：USp. NO. 73、81）。所以这里包括有立誓的贵族保证，若违誓则贬为奴隶的内容。qarabaš，字面亦读为"黑头"。

[8] eye，《秘史》原文"额耶"，旁译"商量"；小泽重男词典："商量"；这个词指一种重要的讨论以及意见。对于汗的 ere 来说，就是一种定议。

[9] 关于此处誓辞的主语，史料中存在着矛盾。据《秘史》第一二三节，立誓者为三名贵族。而在一七九节回顾这次盟誓时，《秘史》中主语为"必"（bi），即"我"。文中不易判断誓言是引语还是成吉思汗本人的话。谢再善在翻译蒙古达木丁苏荣的简写蒙文本《秘史》时，添补"你们曾对我说过："一句，使誓辞成为成吉思汗回数往事时的引语；则立誓者和后置主语 bi 仍为三贵族。但《元朝秘史》原文（以及达木丁苏荣蒙文本）没有这样明确。《史集》的记载相去更远，《史集》中立誓的主体不仅是成吉思汗，誓言内容也被写成汗对贵族将负的义务或责任。根据《秘史》原典，这个后置主语 bi 仍被看成成吉思汗本人。因为这个后置主语是单数，有别于第一二三节的"巴"的复数性质；此外一七九节立誓主体对汗的称呼是复数："塔泥^(中)，合惕字鲁（黑）三字额速"（tan-iqatboluqsan bö'esü），译"你们若是当了汗"；这个复数的汗〔^(中)合惕〕与前句明确指撒察（sača）、台出（taiču）二人时所用的汗〔^(中)合惕〕都是复数（见《秘史》卷六，一七九节）。

[10] 关于《秘史》中记载的围猎，前人研究很多。吉田顺一氏还分析"旷野"（ke'er）应为草原，"（中）合答"（qada）为山地；并与《史集》这节记事联系，以为围猎在这里分为草原围猎与山地围猎两种（《东洋史研究》，40—3，p. 110～111）。

[11]《史集》，俄文版第1卷，第2分册，p130，参照波斯文校过。

[12] 在今锡盟东乌珠穆沁地区的蒙古人中，这个词更具有着严重、认真的语感。

[13] 此处"宣誓"一词使用了另一个蒙语词"安答^(中)合周"，（andaqaju），旁译为"说誓着"。这个词还见于卷四页三十上，诸部共举札木合为汗时。〔安答^(中)合^(勒)都周，andaqalduju，相互态〕；下文卷三札木合谴责会兵误期时，"做誓"也为此词〔安答^(中)合儿坛，andaqartan，形动词做名词用，立誓者〕。

[14] 刘荣焌中译本《蒙古社会制度史》为表达弗拉基米尔佐夫观点区别两种汗的汉泽，将大汗以汉字"合罕"，一部或几部之汗以汉字"汗"分译。中国社会科学出版社，第101～102页。有关 qan 与 qa'an 两个词的年代和内涵的研究不在本文范围。但弗拉基米尔佐夫对 qan（汗）的分析有些过低。"汗"显然不仅是首领而是君主。

[15] 见村上正二《蒙古秘史》卷一，p. 323页。

［16］本田实信：《蒙古的誓词》，《北大史学》10，28～40页。这篇论文据波斯文原典集录了全部十三条有关誓辞，并着重分析了太宗即位前后的蒙古上层观念。成吉思汗在与诸子约定以窝阔台为继后，曾讲了阿勒坛、忽察儿等三贵族背誓旧事，并要求他们立下保证文书。盟誓的内容变成了新的套语，中心是对血统的承认。参考本田的研究，这一问题就可以更为系统地认识了。

［17］《世界征服者史》，中译本上，第56页。

读文物札记（二）

于炳文

元代青花瓷器中的人物故事

品类纷繁的元代瓷器中，青花瓷器以鲜活、艳丽、明快独树一帜。青花瓷器中，又以人物故事为装饰题材的最具特点。它的数量虽少，但绘画技法高超，特别是画面小中见大，且多表现元代杂剧的故事场景，开创了全新的视觉领域。

一

目前所见到的元代青花人物故事瓷器不过几十件，而且相当一部分流失海外，国内所见者区区可数，据我所知，主要有以下这些。

现藏于江苏省南京市博物馆的"萧何月下追韩信"梅瓶，出土于江宁县牛首山的洪武二十五年（1392年）沐英墓中。画面在梅瓶的腹部，占据主要位置。上下饰西蕃莲、杂宝、变形莲瓣纹、垂珠纹等。主题鲜明突出。画面中，主要人物萧何头戴展脚幞头，着袍束带，五绺须髯。左手控缰，右手挥鞭，策马飞奔。画面的另一侧，韩信头裹软巾，身着长袍，手牵战马在溪边饮水。空白处衬以苍松、梅竹、山石，错落有致。

广西壮族自治区横县农科所出土一件青花瓷罐。出土时口沿稍有残损，盆已破碎。罐腹绘"征战图"，据考证，内容为《尉迟恭单骑救主图》。画面中头戴束发冠，身着战袍，手持长柄叉，已露败迹的骑马战将为唐将段志玄。紧随其后，驱马追杀者头戴凤翅盔，着甲束袍，双手持矛，为单雄信。隔山石一人头戴交脚幞头，着长袍，右手持鞭端坐马上，身微侧，似与后面的人对语。此人为秦王李世民，后为尉迟恭，右手举钢鞭，左手握缰，策马疾驰而至。他头戴直角幞头，满脸须髯，铠甲外罩战袍，一望便知是员骁勇骠悍的猛将。山崖间，旗幡猎猎，隐现三名手持长矛的兵士。空隙处绘怪石、云朵、杨柳、双凤和灵芝（图一）。同一题材的青花盖罐，美国波士顿博物馆也收藏了一件。画面一侧单雄信双手持矛，

作者简介：

1948年11月生于北京，1975年8月毕业于北京大学历史考古专业。毕业后在国家文物局文物出版社工作。曾任《文物》杂志副主编，现任第六编辑部主任，编审。对文物、考古学术课题广泛涉猎、研究。勤于笔耕，在海内外发表论文、文章、著述百余万字。

纵马前冲。另一侧有身着团花锦袍，骑在马上的秦王李世民和手持钢鞭的尉迟恭。两人并辔而行。李世民头微侧转，尉迟恭左手指点，两人似在交谈。尉迟恭身后，一卒双手擎旗。大旗上直书"唐太宗"三字。相比较而言，广西横山出土的瓷盖罐上所绘，少擎旗武士而多一战败的唐将，更显得生动传神。

"蒙恬将军"玉壶春梅瓶出土于湖南常德市，现藏于湖南省博物馆。画面中蒙恬顶盔贯甲，面相威严，端坐在椅上。其后一武士披甲悬剑，双手握一杆大旗，旗上直行书"蒙恬将军"四大字。蒙恬的前方一名高鼻深目，手持弯弓的武士前来禀告。武士的身后一头戴毡笠，短衣束带的士卒右手按一抓来的官吏，此人戴高冠，着花袍，作汉人装束，跪伏于地。整个画面绘蒙恬将军审讯战俘的场景。蒙恬满面钢髯，端然稳坐的姿态，以及背后高高树起的大旗，展示了巍然肃杀之气。

湖北武汉市文物管理处收藏一件瓷瓶，瓶腹绘出四个莲瓣菱形开光，开光内分别绘有"王羲之爱兰"、"周敦颐爱莲"、"孟浩然爱梅"、"林和靖爱梅鹤"四个画面。画中人物或坐或立，或拱手，或曳杖，或在柳阴下品幽兰飘香，或在梅树下观白鹤起舞。四个不同的画面表现了一个共同的高雅闲逸的主题。

流失在海外的，以现藏于日本出光美术馆的"昭君出塞"图青花盖罐最为出色。这件盖罐的形制、构图形式与广西横县出土的"单骑救主"图盖罐极为相似。罐腹绘九个人物，七匹乘骑（另外两骑当隐在山石后面）。九个人物中有男有女，有老有少，或骑在马上，或

图一　"尉迟恭单骑救主"画面展开图（广西横县出土青花盖罐）

摇鞭步行。马上驮着弓弢、行囊。观人物相貌、服饰有差别。其中骑在一匹白马之上，怀抱琵琶，梳高髻的汉装女子是王昭君，前后各有一胡服女子随行。六名男子中，有的头戴貂冠，髡发驾鹰，着胡服；有的戴毡笠，着汉装。当是迎亲的匈奴使节和汉朝送亲的官员。画面中山石掩映，苍松、翠柳、修竹、芭蕉杂衬其间。疏密有致，布局匀当。

1994 年香港苏富比拍品中有一件"三顾茅庐"青花盖罐也很精致。罐腹的一侧，诸葛孔明头包软巾，身穿长袍，坐在苍松下的山石之上。头梳双髻的童子手捧书箧侍立一旁，左前方一双髻童子正倾身禀告。画面的另一侧，有一枝繁叶茂的垂柳。树下刘玄德戴交脚幞头，着长袍，躬身拜谒。关云长和张翼德在一边窃窃私语。诸葛亮的高逸潇洒，刘备的求贤若渴，以及关、张二人的焦急烦躁刻画得淋漓尽致。美国波士顿博物馆收藏有同一题材的青花带盖梅瓶，画面有所变化。诸葛孔明箕坐在茅庐之内，正在悠闲地观书。茅庐旁植松柏、篱笆，一名头梳双髻的童子挥彗打扫庭院。另一边是刘、关、张三兄弟，刘备居前，躬身施礼。

其他还有流于英国，现藏于伦敦维多利亚和阿尔伯特博物馆的"西厢记"青花梅瓶；1996 年苏富比拍品"西厢记"青花盖罐；日本出光美术馆收藏的"吕洞宾"青花玉壶春瓶；广东省博物馆收藏的"陶渊明访友"青花玉壶春瓶；1985 年日本大阪《元代瓷器展》图册所收录的"周亚夫军细柳"青花盖罐、"百花亭"青花盖罐等。及上述各件现在尚未对内容作出考订的人物故事瓷器，无论哪件都称得上是精品。

二

这些人物故事青花瓷器，相似的特点有：载体都是体型较大的器物，诸如盖罐、梅瓶、玉壶春瓶等。盖罐高度多在 25～30 厘米之间（有的盖已失，现在统计的只是罐体的高度）；梅瓶高度为 40 厘米左右，最高的一件 44.1 厘米（只有一件带盖）；玉壶春瓶高 30 厘米左右。三种瓷器的画面相互比较，盖罐、梅瓶腹径较粗，作画面积大，多用来表现场面宏阔的题体。前述"单骑救主"、"三顾茅庐"、"昭君出塞"是为例证。而玉壶瓶颈肩纤细，硕腹下垂，一般选择人物少、场画小的画面。

第二，人物故事画面多置于器物中段的主体部位，视觉突出，给人以强烈的冲击力。玉壶春瓶绘画面积较小，需要表现大的场面时，往往以全器作画。如"蒙恬将军"玉壶春瓶，武士所擎的大旗直达瓶口，独具一种磅礴大气之势。

第三，凡绘有人物故事的青花瓷器质地细腻，釉色白而匀称，着色所用的氧化钴料，不论国产的青料，还是进口的苏泥勃青料，都很纯正。

第四，画工的绘画技艺高超。同时具备这些条件的瓷窑甚少，恐怕这也是人物故事青花瓷器较少的原因，若有，多数出于当时瓷艺水平最高的景德镇瓷窑。

这些绘于青花瓷器上的图画，无一不具极强的艺术感染力。以广西横县盖罐上的"单骑救主"图为例，抓住单雄信杀败段志贤，欲追秦王李世民，尉迟敬德策马持钢鞭赶来救驾的场景。一边二将挺枪驰马，杀气腾空。另一边秦王李世民徐鞭缓辔，回首顾盼。前面还有两只飞翔在云际的凤凰，有一种动静持衡、相得益彰之妙。在细部刻画上，单雄信的勇猛，尉迟恭的刚毅，李世民的镇定自若，无一不跃然而出。从使用的兵器上看，单雄信所用的稍作矛的形式，与后来文字作品所描述的大不相同，更符合历史的真实（矛长丈八曰稍，马上所持）。史书记载，不单单雄信用稍，尉迟恭也用稍，而且善避稍，还能空手夺稍。画面上尉迟恭用钢鞭，是后世演绎的结果。因为钢鞭最早出现于五代，隋末唐初还没有这种兵器。段志玄所用的三股叉也是金元才出现的兵器，唐代没有。

与广西横县"单骑救主"盖罐相比肩的是藏于日本出光美术馆的"昭君出塞"图盖罐，两者构图、画风几乎一致。在高 10 厘米左右，长宽约 30 厘米的画面上勾画了九个人物，以及山石树木等，小中见大。表现一行人马行进在路途之中，本是个单调乏味的主题，但作画者在构图上疏密错落，间以松柏山石。人物三两簇聚，有老有少，或骑在马上，或徒步行走，或持鞭，或驾鹰。既有护送的汉人，又有前来迎接匈奴的胡人。而着汉装的王昭君以怀抱琵琶为特征，丽质卓然。整体画面热烈而壮阔，不见丝毫呆板之气，称得上为上乘之作，与藏于吉林省博物馆，金代张瑀所绘《文姬归汉图》、流失在日本传宫素然画的《明妃出塞图》有异曲同工之妙。

绘画技法上，这些人物故事瓷器也有独到之处。如画面人物比例得当，注重人物表情、情格的刻划。轮廓、衣纹线条流畅，山石、树木，乃至人物衣饰有平涂，有皴擦。与纸、绢不同，用青料在瓷胎上作画，当更具难度，更显功力。可惜的是，这些画师多为民间艺人，未留下自己的姓名。

三

元代是杂剧兴盛的时代，关汉卿、王实甫、白朴、马致远等创作了《窦娥冤》、《西厢记》、《汉宫秋》等一批可传之百代的作品。同时这也是杂剧普及的时代，流行于市井茶肆，植根于平民百姓之中，这一点从元代人物故事瓷器上得到了证明。

《萧何月下追韩信》故事见于正史。《史记·淮阴侯列传》、《汉书·韩信传》都有记载。秦末楚汉战争时期，韩信先投项羽，未得重用。又改投刘邦，仍未得重用，于是愤然离汉而去。萧何闻此消息，贪夜追回韩信，并劝刘邦委以重任。印证于历史，韩信确为难得的帅才，几年征战之后，围楚军于垓下，迫项羽自刎于乌江，助刘邦成其汉统。萧何慧眼识英雄被后世传为佳话，至宋元被编为杂剧。钟嗣成《录鬼簿》记载，金仁杰作《追韩信》杂剧，后收入《元刻古今杂剧三十种》之中。南京出土的梅瓶上所表现的就是这个题材。但"追韩信"故事，以画面形式表现在陶瓷器具上，南京梅瓶不是最早的。1980 年北京房山区出土过一件宋代三彩枕，枕面用绿、白、黄三彩绘"追韩信"图。画面上人物、服饰与南京梅瓶相近，但远不如梅瓶所绘精细。

唐开国元勋尉迟敬德"单骑救主"叙述隋灭后，各路反王争立为帝，相互混战，洛阳王世充在榆窠与唐军对阵，世充麾下骁将单雄信率军直向秦王李世民杀来。危急时刻，尉迟恭单骑冲出，持矟横刺，雄信落马。此事《新唐书》中有载。其后历经演绎，敷衍成故事，至宋元编为杂剧。《尉迟恭单鞭夺矟》杂剧共四折，另有一个楔子，明代赵琦美编《脉望馆钞校古今杂剧》、《古名家杂剧》、《元曲选》中均有收录。但所云作者不同，赵琦美题关汉卿所作，《古今名字杂剧》、《元曲选》记为尚仲贤作。据查，在《录鬼簿》（曹本）中，尚仲贤所作杂剧为"齐元吉两争锋，尉迟恭三夺矟"，演尉迟恭与齐王李元吉比武，徒手三夺其矟"之事，收在《元刊杂剧三十种》之中，杂剧后段也有"单骑救主"一折。但就单本而言，应依赵说，定《单鞭夺矟》为关汉卿所作更妥。

日本出光美术馆藏青花盖罐上所绘"昭君出塞"图，表现的是西汉元帝时期，胡汉和亲，王嫱（昭君）下嫁呼韩邪单于事，《汉书》"元帝纪"、"匈奴传"中都以寥寥数十字做了简单的记载。晋人葛洪《西京杂记》中，加入了王嫱不行贿赂，画工毛延寿画美为丑，欺瞒帝王的情节。到了元代，关汉卿作《汉元帝哭昭君》，马志远作《破幽梦孤雁汉宫秋》，张时起作《昭君出塞》等，对这一题材以戏曲、杂剧的形式进行了再创造，铺衍成了感人的爱情故事。盖罐所画正是"出塞"漫漫旅途中的一个场景，王昭君怀抱琵琶，点明了主题。

英国伦敦维多利亚和阿尔伯特博物馆所藏青花梅瓶所绘《西厢记》，是中国传之久远的爱情故事。红娘的泼辣果断，莺莺对爱情执著的追求为后人传颂。其故事源于唐代元稹《莺莺传》，又名《会真记》。宋金时期，有宋官本《莺莺六幺》。金董解元将其改为《西厢记挡谈词》进行演唱，全剧有一九一套曲调和两支单曲。元代李景作《崔莺莺西厢记》，王实甫作《崔莺莺待月西厢记》等，尤以王氏《西厢记》为佳，推为"北曲第一"。全剧二十折，分为五本。该剧大大丰富了红娘的形象。维多利亚和阿尔伯特博物馆的梅瓶，画面上一女子右手持杖，左手点指，另一女子掩面而泣。表现的该是"拷红"的场景。1994年苏富比拍品中有一青花瓷盖罐，画面正中，几上设一香炉，旁边一女子躬身祭拜。两侧衬以雕栏、假山、花树，表现的应为崔莺莺"焚香拜月"的一幕。

目前所见，其他元代青花人物故事瓷器的画面，与宋元杂剧相关的亦不少。如美国波士顿博物馆藏青花梅瓶、1994年苏富比拍品盖罐所绘"三顾茅庐"图，表现刘玄德三次赴卧龙冈，请诸葛孔明出山故事。元杂剧有王晔作《卧龙冈》，记载见《录鬼簿》（曹本），又有《刘玄德三顾草庐记》。日本大阪《元代瓷器展》图册所收盖罐所绘《周亚夫军细柳》，表周亚治军严整，执法如山。元代王廷秀曾作过《周亚夫屯细柳营》杂剧，记载同见于《录鬼簿》。《元代瓷器展》所收的另一件青花瓷盖罐画的《百花亭》故事，有曹元用所作的戏文。至于八仙吕洞宾故事，在元杂剧中有马致远所作的《吕洞宾三醉岳阳楼》，岳伯川作的《吕洞宾度铁拐李岳》。看日本出光美术馆藏青花人物故事玉壶春瓶的画面，吕洞宾道冠长袍，身背宝剑，侧视一株繁花，大朵复瓣似牡丹，可能表现的是"吕洞宾三戏白牡丹"故事。还有些青花人物故事瓷器，因未见画面全貌，或尚未仔细研究，一时找不到故事所本，或许正是今后探讨的对象，识别"庐山真面目"只是时间早晚的问题。

元代青花人物瓷器的出现，是在宋元文学的通俗普及，特别是在杂剧的广泛传播的前提之下产生的。当时瓷器只是其中的载体之一。更早一些的金朝，就在砖雕上表现戏剧人物，山西侯马、稷山金墓中屡屡见到，其中就有"单骑救主"故事。到了元代，铜镜背纹有"柳毅传书"、"洛神"图；螺钿器有"三顾茅庐"长方案、"高力士脱靴"盒、"瑶池仙庆"盒等；江苏吴县出土过"姜太公垂钓金带扣"。但是，在这些器物上，无论人物刻画、动作表情，还是山石皴擦，都比不上青花瓷器所画的酣畅、流利。

还有一个问题，仔细揣摹元青花瓷器上的人物故事画面，特别是题材相同者，当存在某种内在的联系。比如"单骑救主"图，不论是广西横县出土的，还是美国波士顿博物馆藏品，单雄信纵马的身姿，用的稍，以及神态衣饰都很相似；秦王李世民都戴交脚幞头，身着长袍；尉迟敬德戴直脚幞头，长须髯，手持钢鞭。波士顿博物馆藏梅瓶、苏富比拍品盖罐所绘"三顾茅庐"图中，刘玄德都作躬身施礼的姿势，诸葛孔明都头裹软巾，童子都头梳双髻。伦敦维多利亚和阿尔伯特博物馆、1996年苏富比拍品等两件青花瓷器上的"西厢记"画面中，仕女都梳高髻等等。从这些画面分析，当时作画应该有蓝本，或者依据了当时杂剧唱本中的插图。不同题材的画面，如广西横县盖罐的"单骑救主"图，与日本出光美术馆盖罐上的"昭君出塞"图，在总体构图形式上，绘画技法上，甚至填衬的花纹都很相似。两件同为景德镇窑烧制，或许出自同一位画师之手，或许师传相因。这些恐怕只有静下心来，仔细比较，认真推敲，才能领略其中奥妙。

[注释]

[1] 南京市博物馆编：《南京市博物馆》，文物出版社 1987 年。

[2] 胡闻、雷秋江：《广西横县出土元青花人物故事图罐》，《文物》1993 年第 11 期。

[3][7][10][13][14] 叶佩兰：《元代瓷器》，九洲出版社 1998 年出版。

[4] 高至喜：《元代青花人物故事玉壶春瓶》，《文物》1976 年第 9 期。

[5]《中国文物精华》编辑委员会：《中国文物精华》（1993），文物出版社 1993 年出版。

[6][8][9][11]《世界美术大全集·东洋编》（元），日本小学馆 1999 年出版。

[12]《中国文物精华》编辑委员会：《中国文物精华》（1990），文物出版社 1990 年出版。

[15] 参见钟嗣成《录鬼簿》，上海古籍出版社 1978 年；庄一拂《古典戏曲存目汇考》，上海古籍出版社 1982 年版，等等。

[16] 赵福生：《北京房山县出土宋三彩枕》，《文物》1981 年第 1 期。

[17] 山西省考古研究所侯马工作站：《侯马 102 号金墓》，《文物季刊》1997 年第 4 期。

[18] 孔祥星、刘一曼：《中国古代铜镜》，文物出版社，1984 年出版。

[19] 均参见《世界美术大全集·东洋编》（元），日本小学馆 1990 年出版。

[20] 江苏省文物管理委员会：《江苏吴县元墓清理简报》，《文物》1959 年第 11 期。

枕中自有乾坤

瓷枕是中国古代瓷器的重要品种，又以式样繁多，造型精美享誉古今。论造型，有虎形枕、盘龙枕、卧女枕、孩儿枕、云头枕、银锭枕……论装饰手法，或堆塑，或雕镂，或绘画，或题诗；论窑口，有磁州窑、定窑、吉州窑、耀州窑、景德镇窑……可以说瑞彩纷呈，各具千秋。如果综合考察，品评高下的话，我个人认为，还是以元代景德镇窑造烧的几件透雕人物故事瓷枕为冠。无论制作技巧、装饰艺术，还是社会学、美学价值，都为上上之选。

这种透雕人物故事瓷枕数量很少，目前全国只发现数件，且出于不同省份。

一件 1973 年出土于山西大同，枕面呈云头形，上面模印卍字纹。下面枕座透雕屋宇、人物，俨然一座殿堂，四面表现四组人物故事。前面中间辟门，门两侧透雕三交球纹菱花窗，檐下悬串珠纹组成的如意头挂饰。屋宇外有勾栏环绕，惜左侧勾栏残破。

门内有五层踏步通向圆月形龛台，踏步两侧有栏杆与门框相连。龛台上一美妇人端坐。她头戴凤冠，着右衽衣裙。头微微右侧，右手持镜，左手握粉扑，似在整妆匀面。美妇人的左右各有一侍女，或头梳双髻，或垂髻。前面一蟾蜍伏卧，一玉兔执杵捣药。龛台外，踏步的两侧，两侍女相对站立，一个捧奁盒，一个抱团扇。

据考证，这组雕塑所表现的是广寒宫故事，龛台中端坐梳妆的美妇人就是嫦娥仙子。她背后的球形透雕宛若圆月，龛前的云朵衬托了桂宫仙馆的缥缈幻境。

瓷枕的左侧似为洞府，正中一身着长袍，团脸短须髯，面目慈祥的老者，站在山石之上。他双手曲拱于胸前，似在拜祭。左侧一童子侍立，前面山石之上，有一三足炉。这组画面为老子炼丹图。右侧也是一座洞府，洞中塑两个人物。一头戴华冠，身着右衽长袍者站在山石之上，是为观音菩萨。山石下，一童子捧物拜立。身旁石峰突兀，下面波涛汹涌。还有一口倾倒的水缸。考其内容，当为童子拜观音故事。瓷枕的背后，殿堂内堆塑五个人物。正中一案，主人端坐案后。前面有踏步，四侍者分立左右。画面所表现的也应是一个历史故事，但内容一时尚难考定。

一件1981年出土于安徽省岳西县，整体造型与大同广寒宫瓷枕极为相似。模印卍字纹如意云头形枕面。下面地台之上堆塑殿堂一座。面阔三楹，分前后两面。殿堂之外有勾栏环绕，栏板镂菱形孔，望柱上塑莲花形柱头。

瓷枕前面，檐下悬串珠如意云头纹挂饰，正中明间大门敞开，左右次间设古钱纹花窗。明间内有五层踏步通向高台，台上端坐一人，头戴高冠，身着右衽窄袖长袍。右臂曲于胸前，左臂下垂，似在与人叙话。他的左右各有一属官拱手侍立。从衣冠相貌看，视为男性。台下踏步的两侧，各立一侍者。右侧者戴幞头，双手捧盘，当为男性。左侧者头绾高髻，身上彩带飘飞，当为女性，惜小臂残断。左次间塑两人，似在交谈。其中一人头戴荷叶冠，右臂屈曲，手托葫芦。另一人身微侧，袒右臂。据考，为八仙中铁拐李和韩湘子。右侧次间内也塑两人，一戴巾帻，右臂前曲。另一人身略矮，右手似持物。此两人是八仙中的吕洞宾与何仙姑。

瓷枕的后面，檐下珠帘半垂，门框上悬串珠连成的花形挂饰，次间边侧设三交球纹明窗。正中明间内有五层踏步通至高台。踏步两侧有栏杆，前面塑束腰三足几案，几上放置枝叶俱全的三枚仙桃，似为供品。高台上坐一人，头戴华冠，着右衽窄袖长袍，披彩带。右臂半举，手已残，左臂下垂，似在说法。据考证，此人为地藏王菩萨。地藏王菩萨左右有童男童女侍立。高台之下，踏步的左侧，一人身微微前倾，拱手站立，当为判官。右侧一人跪伏，面目狰狞，头戴筒形高帽，是为鬼卒。右次间塑两人像。其中一人面相苍老，头梳双髻，短须髯，右手持板状物。此人应为汉钟离。另一人戴冠披巾帛彩带，团面无须，左手握一筒状物（似笛，又太粗），应为蓝采和。两人相对，似在交谈。左次间也塑两人，惜一人腿部以上残失。存者似头带幞头，着长袍，双臂拱于胸前，捧托一条形物，似阴阳板。此人应为曹国舅。缺失者按序列，应为八仙中的张果老。

还有一件是1981年在江西丰城县征集的，同样为景德镇窑烧制，整体结构与前述两枕相近。模印卍字纹枕面，枕面下的建筑面阔三楹，檐下悬串珠组成的如意头挂饰，地台之上起勾栏，两侧次间雕三出球纹明窗。不同的是这座建筑似为戏台彩棚，四面四个场景表现了《白蛇传》故事。前面明间内正中雕一座四级台阶有护栏的平台。台上站男女二人，男子头戴幞头，肩背包袱，躬身曲臂作行礼状。女子着长裙，手擎一柄雨伞。惜头已缺失。表现的是许宣、白娘子游西湖不期而遇，遇雨借伞的场景。右侧是第二幕，男女二人站在柳阴之下，其装备与第一场景相同。此时雨伞已背在了男子背上，女子双手捧一包袱，探身正准备交给男子。其情节为白娘子还伞，两人订亲，白娘子赠银以备迎娶的场景。瓷枕的左侧次间内，翠柳依然。但下面却是洪水滔天，波翻浪涌。一女子半跪在水中，衣衫敞开，腹部微微隆起，似已怀有身孕。她的头略仰，正在诉说什么，左上角一女子站在云朵之上。她头绾双髻，娇躯倾侧，两臂半伸，神情凄楚缠绵，颔首与水中的女子应答。所表现的当是水漫金山的场景。白娘子、小青因法力斗不过高僧法海，只得满含悲愤，依依惜别。

瓷枕的背面是第四个场景，殿堂内，四层踏步的高台之上共雕塑4个人物，两男两女。右边一女子头戴凤冠，着长袍，披帛带，右臂上举，面露笑靥。她身旁一头绾双髻的少女，倾身曲臂，欣喜之情溢然而现。左方前首站着一位翩翩美少年，他头戴折角幞头，身穿长袍，腰束博带，满面春风，鼓掌欢悦。他身旁站立一中年男子，也是满面欣喜之色。这个场景表现苦尽甘来，许宣、白娘子的儿子许梦蛟长大成人，科考及第，得中状元后，祭塔救母，全家得以团聚的喜剧大结局。

这3件瓷枕就像3个孪生姊妹，体现了基本一致的整体风格，展示了元代景德镇窑高超的造型艺术。

就尺寸大小而言，三者略有差异。以安徽岳西瓷枕最高大，长32、高18.2厘米。大同广寒宫瓷枕次之，长度与岳西瓷枕相同，高为15.3厘米。江西丰城《白蛇传》故事瓷枕最小，长22、高15厘米。

它们都是青白釉镂雕堆塑作品，以人物多、做工细、釉色匀称见长。大同广寒宫瓷枕四面共堆塑人物14个，还有1只蟾蜍和1只捣药的玉兔。岳西瓷枕四面堆塑人物18个，仙佛人鬼俱有。丰城《白蛇传》故事瓷枕堆塑人物10个。整体格局该疏则疏，该密则密，不拘一格。人物相貌表情各异，衣冠服饰很少雷同。而且大到山石树木、勾栏窗牖，小至衣纹带饰、珠帘、挂饰上的串珠，都雕琢得一丝不苟。大有方寸千里，融天地于一炉之神韵。如果把这件瓷枕再细加比较的话，在制作工艺上，当以安徽岳西瓷枕为最佳。

正是由于这种透雕人物故事瓷枕制作工艺十分复杂。还要求施釉匀称，焙烧火候恰到好处。无论哪一项技术掌握不好，就会成为废品。所以在元代，只有景德镇技术高超的窑口才能烧造，其他窑口不敢问津。这恐怕也是这种类型的瓷枕数量稀少的主要原因之一。据我所知，目前国内外仅此3件。

与其相似者，湖北黄陂元墓曾出土1件，也是由景德镇窑烧制的，施青白釉，有细小开片。云头形枕面之下，镂雕一座山石洞府，四面辟拱形府门。外面山石间鲜花朵朵，瓜果杂生，地台上置酒葫芦。洞府之中有一围棋盘。四老者围绕棋盘，盘膝席地而坐。其中二人对弈，二人观棋。对弈者中，一人成竹在胸，伸手准备落子。另一人则双目专注棋盘，思索对策。观棋者不动声色，静观其变。四老者均高巾长袍，却尘脱俗。而且能在山石洞府中对弈者，渴饮美酒，饥食瓜果，当非寻常凡夫俗子。考其内容，可能也与仙佛故事相关。如果把它和前述三枕相比，只是大略相似，实难望其项背。

如果再向前追根溯源，上海博物馆收藏有1件宋代定窑烧造的殿堂式白瓷枕或可作为参考。该枕的枕座完全仿塑殿宇之形。前后各有一门。前门紧闭，后门半启，一儒者依门而立。这件瓷枕的台阶、立柱、门窗、斗栱，乃至基座上的花纹，样样雕塑得非常精细，初具透雕人物故事瓷枕的风格。至于它们之间有无关系，还需要细加考察。

3件元代透雕人物故事瓷枕不但制作工艺高超，而且是研究中国文学史和戏曲史的重要资料。

山西大同出土的广寒宫瓷枕，实际是以瓷枕前面的一组雕塑命名的。在古史传说中，广寒宫是嫦娥居住的地方，月宫的别名。最早的记载见《锦绣万花谷》引东方朔《十洲记》："冬至后，月养魄于广寒宫。"后来《龙城录》记载，开元六年八月望夜。唐明皇游月宫，榜题"广寒清虚之府"。见素娥乘鸾起舞，归来作《霓裳羽衣》之曲。传说中，月宫中有蟾蜍、玉兔，有枝叶繁茂的桂树。两千多年前，楚国诗人屈原作《天问》，云："夜光何德，死则又育？厥利维何，而顾菟在腹？"闻一多先生考证，顾菟就是蟾蜍。在各地汉画像石中，日轮刻金乌，月轮中刻蟾蜍极为常见。而且在早期神话传说中，这个蟾蜍就是嫦娥，是她奔月后的化身。

嫦娥奔月是中国古代极为凄美的神话故事。嫦娥本名姮娥，避汉文帝刘恒讳，改为嫦娥，乃羿之妻。唐尧命羿下界为民除害，嫦娥随之来到了人间。羿射九日，缴大风，断修蛇，擒封豨，诛凿齿、九婴，深得黎民拥戴。羿又以西王母那里求得了不死之药，嫦娥偷食灵药，飞往月宫。其记载见于《淮南子》、《艺文类聚》等书。《礼学记》引古书《淮南子》中，还有嫦娥"托身于月，是为蟾蜍"的记载。长沙马王堆一号墓帛画和南阳汉画像石都有嫦娥奔月的图像。在南阳画像石上，嫦娥倾身飞向月轮。她头绾高髻，身穿宽袖袍。身后还拖着长长的尾巴。魏晋以后，出于对其孤寂清冷的同情，又把她恢复了美女的形象。唐代诗仙李白正是基于这种心理，在《把酒问月》诗中发出了"白兔捣药秋复春，姮娥孤楼谁与邻"的感叹。李商隐诗云："嫦娥应悔偷灵药，碧海青天夜夜心。"

但不知是什么原因，在宋元杂剧兴盛发展时期，却找不到嫦娥、月宫剧目的踪影。直到明末清初，周游《开辟衍绎通俗志传》、钟惺《有夏志传》等小说中才有所演绎。大同广寒宫瓷枕刻画了嫦娥在广寒宫中生活的一个场景。20世纪70年代，北京后英房元代居住遗址出土过螺钿平脱广寒宫漆盘残片。虽然盘上没有人物，只见祥云缭绕的楼阁、桂树。它们或许都为探讨嫦娥故事在元代的流传提供了线索。

瓷枕左右两侧的"童子拜观音"、"老子炼金丹"为佛道故事。波涛汹涌、峰峦突兀的背景当为观音菩萨的道场南海普陀洛珈山。塑山石、丹炉的或为老子的洞府——兜率宫。分析大同瓷枕的四个场景，尚看不出内容上的相互关联。当为表现神话传说、佛道故事的集大成的作品。

安徽岳西县瓷枕塑造的场面最为宏阔。前面一组内容难以考订。后面一组为地藏王菩萨故事。地藏王菩萨为佛教人物，与观音菩萨齐名，道场在安徽九华山。他在释迦佛灭至弥勒佛出世前这一段时间度世。传说中，观音普渡众生。地藏救拔鬼魂。所以在岳西县瓷枕中，地藏王菩萨的墀台下站判官、跪鬼卒。《元刊古今杂剧》，钟嗣成《录鬼簿》收有《地藏王证东窗事犯》杂剧，演绎宋代奸臣秦桧陷害岳飞，在地府受审事。瓷枕所塑当与此无关。从踏步前立几案，置仙桃分析，可能与拜祭庆贺相联系。

瓷枕两侧的八仙雕塑得非常生动。不但相貌各有特征，而且手中大多持代表本人身份的道具。他们两两为一组，似在谈话。八仙故事在唐宋以降民间流传甚广。一个个性情豪放，善饮酒，爱度化苍生、为民除害。唐人《独异志》有"张果老"的记载，张读《宣室志》收有"张果"一则，其记载甚详。二书皆言张果老长寿，无所不知，且善幻化。但未言有八仙之列。到了金代，院本中有《八仙会》、《白牡丹》。元代杂剧有《汉钟离度脱蓝采和》，脉望馆钞校本收《争玉板八仙过海》，明末有《八仙庆寿》杂剧等等。小说中，明代冯梦龙话本集《醒世恒言》收有《吕洞宾飞剑斩黄龙》等。另有吴元泰《八仙出处东游记》二卷五十六回，完整地演绎八仙故事。在元代，八仙故事也是瓷器上常见的题材，如故宫博物院收藏的一件龙泉窑烧制的八角瓶上，开光内浮雕八仙形象。

仔细考察安徽岳西瓷枕（其他二枕也是这样），枕面向前倾斜，所以后面比前面更为高敞，更适于展示大的场景。就雕饰而言，珠帘、挂饰、内部雕塑也比前面精细。我认为后面当为主要场景。由墀台前放置供几仙桃，和八仙环列殿宇周围的情况分析，岳西县瓷枕四面雕塑的场景当属于同一个内容，即与八仙庆寿密切相关题材相关的故事。

江西丰城瓷枕四面雕塑的是《白蛇传》中借伞、还伞、水漫金山、祭塔团圆四个场景。

为探讨《白蛇传》故事的流传提供了新的资料。

目前所知，在文学作品中较完整演绎《白蛇传》故事的，是冯梦龙《警世通言》卷二八《白娘子永镇雷峰塔》。故事叙述许宣清明超度祖先，途中遭雨巧遇白娘子，遂借伞于她。还伞时遂生爱意，相约成婚。婚后许宣识破白娘子形迹，渐生疑心。一日，去金山寺进香，僧人法海欲擒白娘子。白娘子和小青弄翻船只，潜水逃脱。许宣省悟，请法海捉妖。法海用金钵将二怪捉住，一化为白蛇，一化为青鱼。被压在雷峰寺砖石之下。后来许宣化缘造七级宝塔，镇二怪永不得出世。类似记载见《湖埂杂记》、《西湖游览书》等书。

冯氏《警世通言》成书约在明天启年间，在此之前，无论文学作品，还是宋元杂剧，均未见有关《白蛇传》的资料。其后，清康熙年间《西湖佳话》卷十五《雷峰怪迹》，故事大致与冯氏所说相似。直到清嘉庆十一年（1806年）玉花堂主人校订《雷峰塔奇传》（又名《白蛇精记雷峰塔》、《雷峰梦史》、《义妖全传》、《白娘子出世》等），故事情节有了很大变化，增加了重阳节饮雄黄酒、昆仑盗仙草、水漫金山，以及白蛇产子、祭塔团聚等情节。书中爱情的色彩明显加重。

明代钱塘人洪楩编刻的话本小说集《清平山堂话本》卷一《西湖三塔记》，也讲叙了一白娘子的故事，情节与冯氏《永镇雷峰塔》大不相同。书中男主人公奚宣赞，其父已故，生前曾在岳飞帐下任统制之职。他还有一个叔父在龙虎山学道，号奚道人。女主人公白娘子是白蛇精，她的女儿卯奴是乌鸡精，还有个婆子是獭精。清明时节，宣赞游西湖，逢迷途少女卯奴，送其回家。白娘子设宴酬谢，酒席间取食生人心肝，至晚留宣赞歇宿，夜间二人效鱼水之欢。半月后又有生人来到，白娘子欲害宣赞，被卯奴救出。第二年，宣赞外出射鸟，又被变成乌鸦的婆子擒住，得卯奴相助再次脱逃。后宣赞的叔父奚道人请神捉妖，置西湖中。又造其三座石塔，镇三怪于塔下。

《清平山堂话本》大概成书于明嘉靖年间，比冯氏《警世通言》早不过百十年，但中国古典小说研究者普遍认为，该书所收集的许多作品为宋元话本的原始形态。至于其中的《西湖三塔记》，则确认为宋人作品。郑振铎先生《西谛书话》谈及《警世通言》中《白娘子永镇雷峰塔》时说："清平山堂所收宋人话本《西湖三塔记》亦叙此事。"胡士莹先生《话本小说概论》云："白蛇故事内容相当复杂，而《三塔记》则极为幼稚，显然是两个系统的传说。"他赞同张珍、张慧剑把小说中的地名、官职乃至物产、语言习惯与宋代文献对比分析，断定冯氏本白娘子故事，"基本可以肯定为宋人作品。"

由《西湖三塔记》所叙宣赞的父亲在岳飞帐下任职等情况分析，故事盖产生于南宋中期以后。与冯氏《白娘子永镇雷峰塔》比较，故事都发生在杭州西子湖畔，女主人公都是白蛇白娘子，男主人公奚宣赞、许宣读音接近等等，说明两者的关系不能断然割裂，但其故事情节毕竟相差很远。而且一个充满了残酷与血腥，另一个尚存人理人情。所以更大的可能是同源殊流的关系。

考察江西丰城元代《白蛇传》故事瓷枕，在时代上与《西湖三塔记》接近或略晚。但内容情节却有质的不同，而与冯氏《白娘子永镇雷峰塔》有几分相似。时间却至少提早了200年以上。因为一个故事传奇从形成到戏剧，再把戏剧的主要桥段场景用雕塑的形式表现在瓷枕上需要时间。

如果细考其结构情节。江西丰城瓷所表现的比《永镇雷峰塔》丰富许多，与清嘉庆年间的《雷峰塔奇传》更为贴近。《雷峰塔奇传》中游湖借伞、水漫金山、祭塔救母等情节在丰城瓷枕中找到了源头。而两者的时代竟相差了 400 多年，这不能说不是奇迹。从戏曲史方面探讨，庄一拂先生《古典戏曲存目汇考》载，乾隆年间，黄图珌《看山阁》本有《雷峰塔》，此戏剧"凡二卷二十二出，演白娘子事，自《慈音》到《塔圆》止。"才具有比较完整又复杂的剧情。此后，又有扬州名艺人陈嘉言父女"所改之黄图珌本，""凡三十六出，为当时梨园演出脚本。"（同见《古典戏曲存目汇考》）说到这里，我们是否可以做个大胆的推想，《雷峰塔奇传》话本和《雷峰塔》剧本，当有一个与冯氏《白娘子永镇雷峰塔》不同的，而且更复杂、更符合中国人传统心理意识的故事版本，江西丰城瓷枕为此提供了重要的依据，同时也反映出在元代，杂剧艺术的兴盛，并且也深深地植根在寻常百姓之中。

3 件透雕青白釉瓷枕各具特色，无论在陶瓷史、文学史、艺术史上都有重要的地位。但这类瓷枕的数量实在太少了，难以作更广泛、更深入的研究，我们期盼着同类其他瓷枕尽早的发现。

广西合浦上窑瓷烟斗的
绝对年代及烟草问题别议

蓝日勇

继《广西合浦上窑窑址发掘简报》提出"在明万历年间由菲律宾传入我国福建、广东一带烟草之前，很可能葡萄牙人已将烟草带进两广一带"的推论之后[1]，《广西合浦明代窑址内发现瓷烟斗谈及烟草传入我国的时间》一文进而确认"烟草最早是在广西合浦沿海上岸栽培"，然后"很快就传遍广西境内"，并由"两广士兵把烟草带到东北、华北"，等等[2]。这一观点既刷新了关于烟草传入我国时间的历史旧见，又具体了烟草传入我国的地点以及最早传入华北、东北的途径，自然让海内外史学界，特别是研究烟草的学者欣喜。但同时也有存疑者。笔者就认为，支持上述观点的依据不充分。因此提出别议。

一

合浦上窑的烧造年代，《简报》是以一件背面刻有"嘉靖二十八年四月二十四日造"的铭文年款的瓷压槌来确定的。对于这件瓷压槌，《简报》写"是在废品堆的最上面一层出土"。后经调查得知，它是当地一村民早于窑堡发掘前在窑址地面上拾得，发掘队来到后才捐献出来。由是，这件瓷压槌属于采集品，它的科学价值不能与有地层关系的文物等同。上窑窑址发掘的这个窑室，原来全长约50米，由于1934年国民党桂系部队一连人驻扎在此，他们为了寻宝，将窑口与烟道全部挖毁，致发掘对象仅是余下的中间一段11米长的窑床。由此而来，发掘的这座窑室，原貌丧失，遗物层位关系不可避免的发生部分混乱。即使不被扰乱，这件压槌也不太可能在废品堆的最上面一层堆积中。首先，发掘结果显示，窑室是因在烧时倒塌而荒废，属意外事故造成，不是窑主有意终烧。因此，这时烧造刻上年月日标记产品的可能性极小，而它原是开窑纪念物的可能性极大，开张志喜，古往今来人俗皆然。其

作者简介：

　　1949年12月生于广西都安。毕业后在广西自治区博物馆工作。现任广西壮族自治区博物馆办公室主任，研究馆员。三十年来一直从事文物考古、博物馆工作，主持了广西贵县罗泊湾2号汉墓、隆安县大石铲遗址等重大考古发掘，致力于先秦两汉考古及青铜器研究与鉴定。合作出版《广西贵县罗泊湾汉墓》等专著，发表论文数十篇。

次，这件压槌烧结程度很好，表面光滑，显然不是半成品，更不能视为废品，原先当为窑工制坯用具，说不定是散落于制坯场后被人移动。因此，"嘉靖二十八年"铭文应当指示上窑窑址开窑时间，如果将其相对年代"再向前推算二十年左右"，是在"嘉靖初甚至正德年间"，愚以为则离史实过远。

窑址烧造年代上限的框定，为我们探讨窑址遗物瓷烟斗的绝对年代打开了道路。据《简报》，该窑室内堆积厚 2.7 米，分 22 层，每层厚 6～15 厘米。I 式烟斗在窑室内 1.8 米深处的堆积中发现。则这式烟斗出土的文化层下尚有厚 90 厘米的文化堆积。烟斗属于第几层的遗物，简报没有写明，以最保险的数据，即每个文化层都按 15 厘米的厚度来划分，这式烟斗出土的地层至少当在倒数第 6 层，就是说它至晚也是上窑开窑后第 6 次烧造的产品。"烧这样的窑，从挖泥、浆水、制坯到晒干，入窑烧造，如果全凭手工操作，需三年时间才能烧造两次。"[3] 按照这个方法计，I 式烟斗最晚也在上窑开窑后第九年烧制，其绝对年代应不早于嘉靖三十七年。而实际上，每次烧成后所形成的文化堆积不可能绝对平均厚度，因而 I 式烟斗的绝对年代还应略晚。至于 II、III 式瓷烟斗，它们不仅造型与 I 式相异，而且是在窑室以外的废品堆中出土，缺乏层位依据，无法推考，从上窑只有三十余年的烧造历史考虑，如果不出什么意外，它们烧制的时间约在隆庆末年以前。

二

全世界研究烟草的学者都认同，茄科植物烟草，原生长于南美洲的厄瓜多尔及附近地区。起初是当地印第安人吸用。烟草从美洲走向世界，功归哥伦布。1492 年西班牙航海家和探险家哥伦布在寻找通往印度的新航线时，无意之中到达南美，在圣萨尔瓦多登陆。10 月 12 日水手陶利斯和杰里斯第一次看到印第安人吸烟。10 月 25 日哥伦布接受印第安人赠送礼品，内中便有烟草此物[4]。1519 年西班牙人在墨西哥尤卡坦试种烟草，1559 年烟草种子传入西班牙。1530 年葡萄牙人在巴西种植烟草，1558 年烟草种子由葡萄牙水手高斯传入葡萄牙，并将种子种植于里斯本。1560 年法国驻葡大使让·尼古特将烟草带到法国巴黎，1585 年英国冒险家沃尔特·雷利将烟斗带回英国，烟斗迅速传开，烟草种植与加工业也应运而生[5]。

当烟草种植与吸烟在欧洲逐渐流行之时，欧洲的海员与商人也将烟草种植与吸烟传到亚洲。明隆庆五年（1571 年），西班牙殖民主义者强占菲律宾后，开始雇用大批华侨垦殖该地，其种植的主要作物中，烟草已占有重要地位。至于烟草何时传入中国，限于古人并无准确和系统的记载，故自 20 世纪 30 年代以来，研究者皆依据自己掌握的文献资料，形成多种说法。最早的认为在明万历三年（1575 年）。但多数人从明人姚旅写于万历末年的《露书》、明末名医张介实的《景岳全书》和明末清初人方以智的《物理小识》等著作所记，主张烟草于明万历末年传入我国。广西合浦上窑窑址出土了年代明确的瓷烟斗，打破了这种僵局。新近有学者在清代描绘吸烟的文学作品中，发现一篇王露所写的《烟筒传赞》中有"前明嘉靖间有烟者，本粤东夷产，以医术游中华，善治瘴疠，驱寒疾，消膈胀，屡试辄效，中土人争延致之"句[6]。这就使我们于中得知，明嘉靖时，烟草已传入我国，"有烟者"使用的烟叶，为粤东之"夷产"，而且当时烟叶作药用。有了瓷烟斗和文献依据，则烟草何时传入我国的时间悬案得以了结。由于明嘉靖时是外国烟叶传入的时期，还不达到烟草种子传入和开始种值的阶段，知者甚少，是李时珍于万历六年（1578 年）完成的巨著《本草纲目》没有收入烟草条目的原因，由此明了。

但是，说烟草最早是在广西合浦沿海上岸栽培传播等等，就很难肯定了。主要原因是除了瓷烟斗之外尚缺乏更多具有说服力的证据。

烟草在我国，名称确实众多。然而刚传入时称谈把菰、淡巴姑，是据西班牙文"Tabaco"译写的结果。"Tabaco"这一语音原是印第安人对他们手中吸入烟气的一种"丫"形植物空管——即烟管或烟竿的称呼。西班牙人跟着印度安人发音，把这种管与烟管所吸入的烟草都叫成这种名称。后来英文写作"Tabacco"。就目前所知，"淡巴菰"等名称没有与所谓葡萄牙语"Tabacum"有联系。不过，对烟草传入我国，从葡萄牙人对我国沿海的侵略行径看，他们可能与西班牙人一样，曾经发挥过主要作用。明正德八年（1513年）若干葡萄牙商人驾驶的海船首次抵达广东广州湾东莞县附近的屯门岛，从此开始了中国与欧洲海上直接贸易，后来的葡萄牙殖民者竟以进贡为名，公然在广东南头营造栅屋，武装自卫，强住下来。对于葡萄牙的朝贡，明王朝初时不受，将其使臣"驱之出境"，并实行海禁，直到世宗时广东巡抚林富上言力陈与佛郎机互市可"助国裕民，两有所赖"，世宗"从之，自是佛郎机得入香山澳为市，而其徒又越境商于福建，往来不绝"[7]。嘉靖二十六年，"海禁复弛，佛郎机遂纵横海上无所忌"，"万历中，破灭吕宗，尽檀闽、粤海上之利，势益炽"[8]。葡萄牙人在得到合法贸易之前，主要在海上与渔民进行私下交易，"两广奸民，私通番货，勾引外夷，与进贡者混以图利"[9]，其中会有与葡萄牙人进行交易。合浦南濒北部湾，特殊的地理位置使其从汉代起成为海上"丝绸之路"的重要港口之一，渔民在海上与番商交易货物不可避免，接受使用烟草不为臆想。问题是葡萄牙人当时是带来烟叶还是烟草种子给合浦沿海渔民，愚认为是前者而不是后者。尽管葡萄牙人于公元1530年便在巴西试种烟草，然而烟草种子却迟到1558年才传到葡萄牙，种植后由于获利的目的驱使，他们向中国推销，应首先是烟叶，尔后才有可能出售烟草种子。实际上，如上引的目前所知记载烟草最早传入我国时间的王露《烟筒传赞》已言明，明嘉靖年间吸用烟草习俗传入我国之初，使用的烟叶是"本粤东夷产"，即来自异国他域。明、清时人都认为烟草是"夷"产，如清初人董潮《东皋杂钞》记"烟草本夷种，嗜之始于明季"可证。合浦上窑窑场烧造陶瓷品的时间主要是嘉靖年间，正值烟草传入我国的初期，因此，对该窑址出土的瓷烟斗在烟草问题上比较合理的解释是，当时合浦福成沿海渔民于海上与番客包括葡萄牙人在内交易得来烟叶，并学会了吸烟，因而造烧烟具使用。

三

我们认为烟草不是最早在广西合浦沿海上岸栽培，还出于下面两种情况考虑。一是正如《广西合浦上窑窑址发掘简报》执笔者所说，此窑址"出土的器物底部一般都厚重、平、大，口沿多为子母口，腹部较深，整个器物造型重心向下，给人一种稳定感"，这诸多适应海上作业使用的特点，说明上窑窑场当时烧造瓷器是为了供应渔民海上生活之需。瓷烟斗自然不能除外。吸烟之初，只作药用，治瘴疠，驱寒疾等。而渔民海上作业，外出日长，风冷水寒，身体需要保健，吸烟既有治病驱寒的功能，又有机会与番客交易得来烟草，供需天成，渔民率先吸烟极易理解。而吸烟者范围的窄小，正好证明此时尚是吸烟习俗传入的初期。初始之时，所花费的烟叶，为舶来现品的可能性最大，自种自销的可能性极小。二是地方志书没有提供合浦于明代种烟的文献依据。烟草是明代传入我国的四大栽培植物之一，与甘薯、花生、玉米同属新鲜事物，官府文人对它的来源种植作用都非常敏感，如果"嘉靖年间烟草的栽培与烧吸风气已经在广西合浦沿海相当盛行了"，则州、府、县志在这方面理应有所反映。可惜的是，直到民国二十六年的《合浦县志》也没有"烟草"二字出现于物产类中，这恐怕不能说是历史的疏忽，而是没有存在事实。现代研究成果表明，适宜种植烟草的赤红壤、红壤、黄红壤、石灰岩土和水稻土（潴育杂砂田、潴育杂砂泥田、潴育黄泥田、沙质黄泥田、棕泥田、砾质棕泥土）等土类，主要的分布区中没有合浦县的地位。就是现代，合浦县也不是广西烟草种植区划[10]。

随着烟草最早是在广西合浦沿海上岸栽培这一观点难以成立，则万历二十六年，"两广士兵把吸烟风气带去，东北、华北人民对烟草始有初步了解"的说法就需要重新审度了。因为，万历二十六年两广士兵携烟到北方的事，明史中了无痕迹，未有一条直接的文字依据。言明烟传东北一事的，寻来只有杨士聪的《玉堂荟记》，该书称"烟草，古不经见。辽左有事，调用广兵，乃渐有之，自天启中始也。二十年来，北土亦多种之"。杨士聪为明崇祯进士，对烟草传入北土，没有使用诸如"则闻"等类词句，而是直言，证明他对此事的来龙去脉十分清楚。所谓"辽左有事"，"指当时辽东与满洲的战事"，万历四十六年（1618年），努尔哈赤举兵向明朝进犯，攻克了抚顺、清河等地。次年，明廷征集福建、浙江、四川、山东、山西、陕西、甘肃等省兵马发动萨尔浒之战，"这些士兵更有可能是烟草传入东北的最初携带者"[11]。再以吸烟方式观察，说两广士兵特别是说广西士兵将吸烟习俗传到北方也言之勉强。烟草原产美洲，吸之始于印第安人，印第安人吸烟的方式有四种，其中最普遍的一种，是直接将烟叶卷成烟卷或用玉米叶卷烟叶成为烟卷，插入空心植物管（如芦苇）之后，手持一点燃的木棒，一手执烟管，对着火红的木棒吸食[12]。东北地区人们吸烟，是将烟叶"细截而盛之竹筒，或以银、锡作筒，火吸之"[13]。方以智记"淡把姑，烟草，为万历末携至漳、泉者，马氏造之，言淡肉果，渐传至九边（明代北方边境九处军事要镇的总称，指辽东、宣府、大同、延绥、宁夏、甘肃、蓟州、偏关、固原），而衔长管而火点吞吐之，有醉仆者"[14]。可见与印第安人的较为相似。以上窑窑址资料为据，明代广西甚及广东人吸烟，看来一般用烟斗，即用陶瓷之类耐火材料制成烟锅，接以某种质料的长管，将烟叶切细，或弄碎放入烟斗内，燃火吸之。这种方式，有斗烟的味道。所以，笔者同意东北烟草史研究者关于东北地区烟草的传入者，是南方和中原赴辽参战的士兵的结论。

总而言之，广西合浦上窑烧制年代上限在嘉靖二十八年，不可能推前到嘉靖初甚至正德年间。I式瓷烟斗，其绝对年代不早于嘉靖三十七年，以稍晚为宜。此时，是烟草传入我国的初期，传入初期理当是烟叶的输入，而且有文献依据，因而不是烟草种子的入境及其种植。由此，瓷烟斗的出土，只能说明吸烟习俗的存在，无法进言广西合浦沿海为我国最早种植烟草之地，更不能证明华北、东北地区始有烟草是两广甚或是广西士兵带去的结果。

[注释]

[1] 广西壮族自治区文物工作队：《广西合浦上窑窑址发掘简报》，《考古》1986年第12期。

[2][3] 郑超雄：《广西合浦明代窑址内发现瓷烟斗谈及烟草传入我国的时间问题》，《农业考古》1986年第2期。

[3]~[6][12] 袁庭栋：《中国吸烟史话》，商务印书馆国际有限公司1995年。

［7］［8］《明史·佛郎机传》。

［9］《明实录》。

［10］周恩肖：《广西烟草》，广西科学技术出版社 1992 年。

［11］［15］谢景芳：《明末烟草传人东北史事刍议》，《北方文物》1995 年第 1 期。

［13］吴晗辑：《朝鲜李朝实录中的中国史料》第九册。

［14］方以智：《物理小识》。

由编写《中国文物古迹保护准则》所想到的

张　柏

　　最近，由国际古迹遗址理事会（ICOMOS）中国国家委员会制定公布的《中国文物古迹保护准则》（以下简称《准则》），被评为国家文物局文物保护科学和技术创新奖一等奖。《准则》不是国家颁布的法规，而是文物保护行业的行规。作为中国文物保护的最高行业规则，在我国文物保护历史上，它是史无前例的。《准则》在世界文物界受到普遍关注和高度的评价。这两年多的时间里，在我参加过的所有的，不管是政府间的，还是民间的各种国际会议上，没有一次不谈到《准则》，而且每一次都有许多国家的会议代表，向我要《准则》文本，和我交谈《准则》的内容，了解《准则》的形成过程和有关情况。这充分反映了，国际社会十分关注中国的文物保护事业和《准则》的影响及其重要性。

　　前几天，《中国文物报》一位记者采访我，问了我一些关于《准则》的问题。对这些问题我作了简要的回答。我想把这些问题告诉给大家，或许会引起对文物保护工作的一些思考。记者（以下简称"记"），张柏（以下简称"张"）。

　　记：首先，请您谈一下制定《准则》的背景。

　　张：中国当代的文物保护事业始于20世纪30年代。当时，在专业文物保护建筑师的主持下，整修了一批古建筑。20世纪50年代至90年代，文物保护、整修的项目大量增加，积累了丰富的实践经验，提出了若干值得探讨的保护理论。90年代末，一些专家提出应该总结五六十年来我国在文物保护方面的经验，然后形成自己的规范性文件或者形成新时期文物古迹保护有特点的理论。同时，中国的文物保护工作，包括管理、科研、人才培养等方面都有全面的、质的进步，形成了以《中华人民共和国文物保护法》为核心，行政法规、部

作者简介：

　　1975年毕业于北京大学考古专业。曾在黑龙江省博物馆、黑龙江省考古研究所、北京故宫博物院从事考古、古文献研究和基层管理工作。1982年至今一直在国家文物局从事全国文物管理工作，现任副局长、局党组副书记、直属机关党委书记。1993年至2005年10月任联合国教科文组织国际古迹遗址理事会（ICOMOC）执行委员会执行委员；现任中国ICOMOC委员会主席，联合国教科文组织国际古迹遗址理事会第15届大会主席。国际博物馆协会会员。参加了中国文物协会（顾问）、考古学会（常委理事）、博物馆学会、古陶瓷学会（理事）、古代建筑协会（副会长）、收藏家学会、同泽书画会（名誉会长）、历史文化名城委员会等专家组织，被中山大学、安徽考古研究所等单位聘为教授或研究员。发表过《三峡文物与文物保护》、《中国古代陶瓷文饰》等学术论文和专著。

门规章及地方法规相互配套的文物保护法律体系；中央和地方普遍建立了从事文物保护工作的行政管理和研究机构，初步形成了一支具有较高业务素质的专业队伍和较为完整的文物保护管理体系；国家和各级政府较大幅度地提高了文物保护投入，大批文物得到了保护维修；考古以及与文物保护相关的科学研究取得了长足的进步；全国人民代表大会还在 1985 年批准加入了《保护世界文化和自然遗产公约》，长城、故宫、敦煌莫高窟等 31 处文化和自然遗产被列入《世界遗产名录》。中国的文物保护事业开始与世界接轨。正是在这样丰厚的基础上，国际古迹遗址理事会中国国家委员会决定编撰一部《准则》。

记：请简单介绍一下《准则》的编撰过程。

张：《准则》的编撰工作由国际古迹遗址理事会中国国家委员会主持，编写组由文物建筑保护、考古、文物保护科技、法律、管理等方面的专家 8 人组成，我担任编撰组组长，由王世仁先生执笔，晋宏逵、黄克忠等同志在小组里都作了许多工作。为使这部《准则》更全面地反映中国文物保护的实际情况，更具有指导性和权威性，国际古迹遗址理事会中国国家委员会特聘了以张文彬同志为主任、30 多位文物建筑、考古、规划、博物馆、文物保护科技、管理等方面的资深专家组成的专门顾问委员会，负责对《准则》稿件进行审议。从 1997 年开始编撰，至 2001 年 10 月，ICOMOS 中国国家委员会在河北承德召开大会，予以通过。《准则》是十易其稿，反复斟酌。最先编的是第一部分——《准则》条文，在编撰过程中觉得不够，又考虑编写一个阐释《准则》条文的《阐释》。这就形成了《准则》的第二部分。有了这两部分后觉得还是有所欠缺，于是又决定编写一部《实例》。这样，《准则》就由三部分组成，头两部分内容已经完成，《实例》部分由 100 个古迹维修的实例组成，已经委托清华大学在编辑，争取今年或明年上半年完成。

《准则》也是一项国际合作的成果。合作方是国际古迹遗址理事会中国国家委员会、美国盖蒂保护所和澳大利亚遗产委员会。这项合作首先是基于在美国洛杉矶的盖蒂保护所与中国国家文物局有着长期良好的合作关系。十多年来，美国盖蒂保护所通过与国家文物局合作的形式在山西省云冈石窟、甘肃省莫高窟做了很多科学研究、文物保护和人员培训工作。1997 年 5 月，国际古迹遗址理事会中国国家委员会向美国盖蒂保护所提出对中国编写文物保护方面的宪章提供协助问题。同时，也提到《巴拉宪章》在澳大利亚文化遗产保护方面起到的重要作用，《巴拉宪章》的编写经验将会对中国的工作起到有益的借鉴作用等。这样，在 1997 年 10 月，国际古迹遗址理事会中国国家委员会、美国盖蒂保护所和澳大利亚遗产委员会在北京专门开会，开始了三方的合作。

记：《准则》总的精神是什么，制定《准则》遵循了哪些原则？

张：《准则》总的精神是总结中国文物保护的经验，同时吸收国外的先进经验，形成一个有时代特点的、有中国特色的行业规则。

制定《准则》遵循了以下原则：第一，《准则》完全遵循我国的《文物保护法》和文物工作方针。这是根本的原则；第二，遵循以我为主，为我所用的原则。《准则》的内容主要是总结我们自己的经验，同时也吸收澳大利亚、美国等国关于文物保护的先进经验，《准则》的目的是为我国的文物保护服务。当时，合作方美国、澳大利亚希望《准则》编成后能管理东方国家的文物保护工作。我们认为，一方面每个国家都有自己的特殊情况，另一方面我们没有相应的条件，所以不同意那样做，坚持制定适合于中国文物保护的《准则》。"以我为主，为我所用"，就是说，不是以外国为主的，不是为东方国家服务的；第三，遵循以主流意见为主，在《实例》部分体现其他学术意见的原则。在文物保护方面，有很多不同的学术观点，我们认为在《准则》上应以主流的意见为主，不表达各种学术观点，但在《实例》上将其他的学术观点有所体现。这就保证《准则》的编制既有一个基本框架，同时又体现学术民主；第四，遵循充分依靠专家、充分听取各级文物行政主管部门意见的原则。《准则》编制要讲求科学性，为此，我们成立了专家委员会，召开了若干专家座谈会，请专家把关；《准则》是一个行业规则，是对过去文物保护经验的总结，为了使《准则》具有更强的指导作用和操作性，我们多次召开了各地从事文物行政管理领导的座谈会，以充分听取下面的意见。

记：和《威尼斯宪章》、《巴拉宪章》相比，《准则》有何异同？

张：我们的《准则》和《巴拉宪章》、《威尼斯宪章》都不同，具有我们自己鲜明的特点。

第一个特点，对于文物建筑维修中的最主要程序、重大问题上，如勘察、规划、设计、施工等，《准则》既规定了原则内容又一项一项地作了具体规定，具有较强的可操作性，业内人士看后更加容易明白应该怎样执行这个行规。而《威尼斯宪章》和《巴拉宪章》中虽然内容都有，但只很原则地说了一句，没有规定具体操作程序，操作性方面不如《准则》。例如，文物保护工程类别的划分和管理、"四有"工作等等。在《威尼斯宪章》、《巴拉宪章》中，对文物的修缮被笼统地概括为保存、修复等。而《准则》则根据文物保护工程的性质、程度、对象的不同，将其系统地分为日常保养、防护加固、现状修整、重点修复、原址重建、环境整治等六类。并对每一类工程应该遵循的原则、处理手段做出了明确规定，具有很强的可操作性。这与上述两个国际宪章在相关规定方面很原则化有着明显的区别。"四有"是指对一处文物古迹而言，要有保护机构、保护范围、保护标志和记录档案。是对文物古迹进行全方位保护的重要措施。对于一处文物古迹来说，如果建立了专门的保护管理机构，对其依法进行专业保护管理，划定了具有法律效力的、不可侵犯的保护范围并通过醒目的标志向社会公示，那么这处文物古迹遭受破坏的可能性就会大大降低。而记录档案则是对一处文物古迹的全面记录，除了可供人们研究、了解以外，在发生意外灾害后，也会成为修复该处古迹的有力依据。"四有"是最基本的工作，在文物维修和文物保护中是非常重要的。这点在《巴拉宪章》和《威尼斯宪章》等国际宪章中是没有的，至少表述是不明确的。"四有"只有中国有，这是我们中国自己鲜明的特点。类似的例子还可以举出很多。因此，我们说这部《准则》是中国文物保护经验的总结，具有鲜明的中国特色。

第二个特点，《准则》是从特定的实际出发，是出于现实需要。我们结合实际，对过去学术上争论比较多的问题作了明确规定和阐释。比如，什么叫文物的原状？文物的原状如何保持，有哪些应该保留原状，哪些不应该保留原状，这都作了明确的规定。再如复建，在我们的日常生活中经常遇到，《文物保护法》规定，一般不得复建，但规定得很原则。《准则》中则规定了什么情况下不得复建，复建要注意哪些问题。

第三个特点，《准则》既有条文，又有具体阐释，还有实际例子。《巴拉宪章》、《威尼斯宪章》都只有几条，和它们相比，《准则》更完善，作为行规来讲，更全面，更好用。

第四个特点，《准则》是一种具体贯彻行为，是具体贯彻《文物保护法》和文物工作方针。

《准则》也吸收了国外的一些成功经验。如外国文物建筑维修特别是《巴拉宪章》和

《威尼斯宪章》强调评估。评估应该是第一步，因为评估是一个研究工程，只有研究做好了，设计才能做好，维修才能做好，将来利用也能利用好。评估在外国一做就是一两年。在我们过去的法规中没有明确评估，在实践工作中也很少执行。在这方面我们是欠缺的，我们是接到项目就修，以为评估似乎是费了时间。我们的方式好像省了时间，实际上，没有评估是保障不了质量的，而且不仅不能节省时间，倒浪费了时间。这次，我们就吸收了这个好的经验，在《准则》中就明确规定了要评估。第二，《巴拉宪章》和《威尼斯宪章》都强调文物维修的程序。我们吸收了它们的优点，而且发展了它，《准则》规定了文物维修的程序，并把它列成一个表，说明各步骤之间的关系，使大家更明了。

记：《准则》从哪些方面给予规范中国文物古迹的维修和保护？

张：从程序规定的六个方面都给予了规范，一是如何调查；二是如何评估，如何研究；三是如何进行"四有"，进行平时监测；四是如何制定规划；五是如何进行保护工程的设计，实施规划；六是如何总结、调整规划和项目实施计划，保证质量。

对特别需要注意的问题给予了规范，如怎么保护文物建筑的历史信息，什么情况下不得复建，复建时注意事项等。

记：如何推广和实践《准则》？

张：首先，将以国家文物局的名义正式发文，向社会推荐《准则》。其次，继续做好与美国盖蒂保护所和澳大利亚遗产委员会在敦煌莫高窟和承德避暑山庄、外八庙保护的试点项目。第三，在做好现有试点工作的同时，扩大试点范围。第四，在适当的时候举办贯彻《准则》的学术研讨会，对《准则》规定的重要问题进行学术研讨，从而，进一步完善《准则》，推广《准则》。在国际上，一些国际组织如 ICOMOS、美国盖蒂保护研究所、澳大利亚遗产委员会及一些欧洲国家的保护机构对《准则》都很重视，第一批印刷的《准则》已经发完，反响很好。今年美国准备再次印刷，向国际上的同行免费发放，这也是一种推广。另外将在 ICOMOS 第 15 届大会上，就《准则》发表一些论文和演讲，在国际大会上进行推广。

所有这一切，都是为了将《准则》的规定在更广泛的范围内推广，以应用到文物保护的实践中去，提高文物保护的质量，同时也进一步地完善《准则》。

以上是我回答记者的内容。不管回答的是否全面或者还有什么问题，请同学们指正和帮助，我都会认真研究和补充。但是我现在想到的是另外一些问题：

1. 文物保护理论问题

这些年来有不少专家谈到这个问题，他们认为，目前中国应当首先抓紧建立自己的文物保护理论体系。这个问题在此时提出来是很有道理的，首先建立中国的文物保护理论体系，对于发展中国的文物保护事业是十分有意义的，因为理论是指导实践的，没有文物保护理论的指导，文物保护的实践就会失去方向，文物保护的质量就得不到根本的保证，保护性破坏的问题就会出现得越来越多，那是很可怕的事情，因为文物不可再生；其次我们已经有了很好的基础，这么多年来许多专家和广大文物工作者，在文物保护的工作实践中不断地探索，形成许多符合中国实际的中国文物保护的基本理论。比如，"文物的定义"、"文物的价值"、"文物保护方针"、"不改变文物原状的原则"等等。这些理论在过去的文物保护工作中发挥了巨大的作用。也是今后进一步丰富文物保护理论，建立和完善中国文物保护理论体系的坚实基础；第三是现实的需要，当前，我国的经济、社会发展速度，如果用"迅猛"一词来形容并不过分。这个发展的大形势推动着文物事业向前发展。而且发展的速度，也大大地加快了。这就急需符合新时代要求的文物保护理论，来指导社会、经济、文化迅猛发展中的文物保护工作。

当前，在一些重要的文物保护理论问题上有不同的意见，这是正常的，在任何一个国家中，在任何的时间里，都会是这样的。但是，在实际工作中，在一些重大的理论问题上，必须以某种形式明确那些急需的、主流的意见，以使保护工作有所遵循。《准则》涉及到一些重要的理论问题，都是以这样的原则对待的。有不同意见，才能有讨论，甚至是争论；有讨论、争论，才能推动深入研究和文物保护理论的不断发展。从这个意义上讲，我们希望在文物保护理论方面能有更多的讨论。在讨论中，在深入研究和反复的实践中，使《准则》更加完善；使中国文物保护理论更加系统化，逐步形成完整的体系。这样才能使中国的文物保护质量和中国文物保护事业的发展方向有根本的保证。

如何推动这项十分重要的工作，专家们提出了许多好的建议。首先还是要充分认识这个问题的重要性、紧迫性和时代赋予我们的使命和责任。从保护好中华民族文化遗产和发展中国文物事业的大局出发，"百花齐放，百家争鸣"，结合实际、深入研讨，力求成果，指导实践；其次各级文物管理部门要高度重视，多作工作，正确引导，克服困难，保证条件；第三是制定规划，确立课题，适时组织各层次的调研和各种形式的研讨；第四是保证时间、人力和经费；第五要列入科研成果，好的要给予奖励，就像"准则"被评为一等奖。

一方面中国文物保护基础理论还有许多差距，另一方面基础理论工作又不能立即见效，而且基础理论工作要求质量比较高。因此这项工作往往被忽视。我们一定要充分认识到，这项工作既重要又急需，同时难度又很大，必须下大力气才能出成果。因此我们要扎扎实实地做好以上这些工作，争取在不长的时间内，使这项工作上一个新的台阶。当然最重要的是广大专家学者的参与和辛勤工作。"准则"的形成过程就充分地说明了这一点。

2. 文物保护的经验问题

人们在社会实践中所取得的经验是十分宝贵的。由于文物保护的特殊性，对以往的各种经验就更要充分重视。全国有许多老领导、老专家、老同志，他们在文物战线工作了一辈子，在保护管理、保护技术、科学研究等方面都有特别重要而非常丰富的经验，这些经验是他们用几十年，甚至是一生的辛勤劳动和心血换来的，这是文物保护事业的宝贵财富。这次在制定《准则》的过程中我深深地体会到了这一点。因此，我在上面谈到，《准则》是我国几十年来文物保护工作经验的总结。从这个意义上讲，《准则》是几代人共同劳动的结晶，是以我为主的成果。

我们一定要坚持和继承这些传统的好的经验，同时我们还要学习别人，包括外国的好经验，并且在继承和学习中创新。在文物保护方面，不管是东方还是西方，不管是国内还是国外的哪个国家，都会遵循这样的规律，否则就会出问题，甚至是走向反面。英国在战后曾经违背了这样的规律，致使他们在战后恢复家园的大规模建设中，破坏了许多文物，直到现在还后悔不已。当然，东方和西方，各国之间文物保护的客观情况有许多不同之处。但是，文物保护的总体规律是一样的。因此，我们一定要学习别人的、西方的、世界各国的先进的好经验。在《准则》的制定过程中，在美国盖蒂文物保护研究所和澳大利亚遗产委员会的支持和帮助下，我们两次考察了澳大利亚和美国南墨西哥州的许多文物点。在考察中我们结合实际及《准则》的有关条文进行了多次的座谈和反复的研讨。在这个过程中我们有许多收获，其中使我体会最深的是两个方面：一是东西方文化的差异和互相影响，以及这种差异和互相影响的必然性；二是由此而产生的东西方文物保护理念和方法的差异和互相影响，以及这种差异和互相影响的必然性。因此，《准则》和《威尼斯宪章》、《巴拉宪章》相比，不仅有差异，而且也有影响，这种影响就是学习。当然，这种影响不是《准则》的主流。《准则》的主流是我们自己几十年经验的总结。同时，这种学习绝不是机械的，而是密切结合实际，为我所用的。因此，我们要坚持自己的好经验，同时也要学习别人的好经验，这种坚持和学习的结合，就是继承和发扬，就是一种创新。

《准则》是从实践中来的，它还要回到实践中去，为文物保护事业服务，同时也进一步完善自己。《准则》是行业规则，不是法规，不能强令执行。但是，《准则》是几代人实践经验的总结，在文物行业中有深深的根基，文物保护非常需要《准则》的规范，这是一种自觉的行为。当然，《准则》还刚刚问世，要使它成为行业内的自觉行为，不仅需要一段时间和过程，而且还需要在这段时间和过程中积极地进行推广。同时我们也认识到，推广《准则》最核心的问题，是行内绝大多数人对它的认同。而这种认同不是强迫的，是自觉的；主要是在实践中反复地磨合，才能逐步趋向一致。我们相信会有这种认同，《准则》会在行内推广，因为有两个最根本的基础，就是以我为主，为我所用。也就是，《准则》是几十年文物保护实践经验的总结，它是为中国文物保护事业服务的。

3. 文物保护的立法问题

建国以来，党和政府高度重视文物保护的立法，相关政策法规不断健全，使文物保护工作逐渐步入法制化健康发展的轨道。建国之初，1950 年 7 月中央人民政府政务院就发布了《为保护古文物建筑办法》。此后，1960 年 11 月国务院又发布了《文物保护管理暂行条例》；就是在"文化大革命"这一非常时期，中共中央还于 1967 年专门发布了《在无产阶级文化大革命中保护文物图书的几点意见》。在文物保护理论不断发展和总结文物保护实践经验及立法经验的基础上，到 1982 年，国家正式颁布了《中华人民共和国文物保护法》。国务院随后依法制定了《中华人民共和国文物法实施细则》。十年之后，2002 年，全国人大对《文物保护法》进行修订，国务院随后颁布了《文物保护法实施条例》。在国家相关法规不断完善的大背景下，文物部门也颁布了一系列关于文物保护的部门规章。例如，文化部于 1963 年颁布了《革命纪念建筑、历史纪念建筑、古建筑、石窟寺修缮暂行管理办法》。1986 年修改、更名为《纪念建筑、古建筑、石窟寺修缮工程管理办法》；2003 年，文化部发布《文物保护工程管理办法》；国家文物局根据《文物保护法》、《文物保护法实施条例》和《文物保护工程管理办法》等法规，颁布了《文物保护工程勘察设计资质管理办法》和《文物保护工程施工资质管理办法》等规范性文件。各地人民政府也依据国家相关法规和当地实际，颁布了一系列的文物保护地方性法规。这些部门规章和地方性法规，对确保国家法律法规的实施起到了重要的作用；同时也由于它们与国家法规的成龙配套，使我国文物保护的法规体系形成了基本的框架。

但不可否认，文物保护法规体系仍有待进一步健全和完善。如，文物保护工程招投标、监理、取费标准等的具体管理规章还没有出台。特别是文物保护工程相关技术规范，除了今年已发布或即将发布的《文物保护单位保护规划编制规定》、《文物保护工程考察设计文件编制深度的规定》以外，对工程质量至关重要的材料、工艺、验收等文物保护工程技术标准基本处于空白状态。博物馆、文物科技、社会文物、人才队伍等方面的管理办法、技术指标、认证标准等还没有制订或刚刚制订。这些都严重制约了文物保护质量和管理水平的提高。因此，我国文物保护的立法，整体上还有较大的差距，需要大大加强。其中需要特别注意的是，专业技术方面的立法更显急需。对于这一点我们都认识到了，而且正在努力工作，不断取得新的成绩。但是，还有一个方面的建设工作，我们也许还没有认识得那么深刻。这就是像《准则》这样的行规方面的建设。行规虽然不是法规，但它是法规的重要的补充。而且行规更具自觉性，应当是完整的高质量的法规体系不可或缺的外延部分。

如何加强文物保护法规的建设，这些年的立法工作中，我们取得了不少好的经验。首先要明确文物保护立法工作的目标和方向。建立和完善有中国特色的社会主义的文物保护法规体系，是中国文物保护立法的总目标，是我们努力的方向。其次是要加强理论研究和实践经验的总结，这是立法工作的基础。在理论研究方面，一定要注意密切联系实际和各种理论的融会及联系；在总结实践经验方面，一定要注意对正反两个方面的经验都要深入分析，以及与创新的紧密结合；第三是制订切合实际的立法规划，并真正作到扎扎实实的分步实施；国家文物局已经将立法工作，列入"十一五"规划和每年的年度工作计划，力争用 3～5 年的时间，分轻重缓急陆续出台与当前文物保护密切相关的法规、规章、规范和技术标准等。比如，今年我们已安排了《文物保护单位保护规划编制规定》、《文物保护工程勘查设计文件编制深度的规定》、《文物保护优秀工程评奖管理办法》的起草工作，并将于近期陆续发布实施。同时，一批文物保护、考古、博物馆建设、社会文物管理、文物科技、队伍发展等方面的法规前期调研工作也已经开始，明年起将陆续起草、发布；第四是充分依靠各方面的专家，使每一个出台的文物法规都具有严密的科学性；第五是到实践中去经受检验和不断完善；第六是严格执法。对那些行规性的准则、宪章等一定要加强宣传，采取有效措施进行推广，这对依法、执法、提高管理水平，推动文物事业的发展具有十分重要的意义。

4. 文物保护的开放问题

文物保护必须开放，这是历史的结论。特别是开放改革以来的几十年，让我们更加体会到这种历史结论的正确性、重要性和迫切性。这些年来，我们在考古发掘、文物保护、文物展览、文物研究、科学管理和人才培养等方面，多门类全方位的与许多国家进行了全面的合作与交流。这些合作与交流使我们受益匪浅，不仅使世界更加了解了我们，也使我们更加了解了世界；我们引进了许多新的先进技术，外国也从我们这里学到了不少传统的好技术；我们增加了设备和资金，同时也培养和锻炼了人才；特别重要的是，使我们了解了许多新的理念，这些新的理念和我们的基本原则相结合，使许多方面都发生了深刻的变化。十几年前，国家文物局开始与美国盖蒂基金会进行文物保护方面的合作，到现在已经进行了五期。在合作中双方都有许多收获，取得了不少的成果。其中在我们编写《准则》的过程中，就有许多实实在在的并且非常有意义的合作与交流。而《准则》本身就是最好的收获和成果。目前，正在进行的第五期合作内容是，ICOMOS 中国国家委员会、敦煌研究院、承德文物局与盖蒂文物保护研究所，共同进行推广《准则》的试点工作。在对外的交流与合作中，我们逐步积累了不少的经验，形成了文物对外开放的一些基本原则，首先必须坚持文物对外开发的正确方向，要服从和服务于国家的外交大局和国家对外开放的方针与原则；其次要正确处理平等合作与以我为主为我所用的关系；第三是友谊第一，注重过程；第四在合作中要确保文物的安全；第五要采取多种形式，既要请进来也要走出去；第六目标明确，程序完备，成果共享；第七是力求出成果出人才。在对外开放的过程中，只要在主要方面把握好这些基本原则，文物对外开放就能健康发展，对新时期文物事业的进步与发展，起到巨大的推动作用。

5. 文物保护的人才问题

事业发展要靠人才。目前文物行业的人才问题，是到了应当引起我们高度重视的时候了。从我国文物事业整体上看，一是队伍小，全国只有 6 万余人，与文物保护事业的实际需要远远不适应；二是队伍的结构不合理，非专业人员比例过大；三是人才匮乏，缺管理人才，还缺研究人才，更缺技术人才。前不久我与部分中外专家讨论，如何推广《准则》问题。专家们一致认为，真正要把《准则》在全行业推广开来，落到实处，提高文物保护的质量，关键要有能推广《准则》的人才。因此，大家共同认为，贯彻《准则》还是要从培训开始。这几年，国家文物局将培训教育工作，作为四项重点基础工作之一，加大投入，加强工作，收到了较好的效果。但是，文物保护的人才缺乏问题，始终没有得到根本性的解决。特别是文物保护研究和文物保护技术方面的人才极其缺乏。文物保护工作中有许多难点问题，如铁质文物去锈防锈、漆木器脱水、土遗址防酥解、石质文物防风化、纸质和丝质文物防硬化等，多年来得不到解决；还有文物保护中的一些大课题，如文物环境的各项技术标准、文物保护材料的各项技术参数、现代化技术在文物保护中的应用规范等，都没有全面系统的进行。为什么会形成这样的局面，原因是多方面的，但是，最重要的原因是缺乏人才。那么文物保护人才为什么这样缺乏呢？当然，其原因也是多方面的，但是，人才没有来源是重要的原因。比如，这么多年来，全国这么多大学，就没有一个古建专业或文物科技保护专业。这方面人才的来源，主要是其他专业转行或在单位短期培训和师傅带徒弟。这是一种自然状态下，不科学的人才来源渠道。这就必然造成今天这种人才局面。应当特别注意的是，要加强文物保护技术工人的培养问题。目前，在全国具有一级资质的施工单位中，关键工种的技术工人青黄不接，严重断档。而全国没有一所文物技工学校，缺少的技工得不到从教育渠道的补充。其他级别的施工单位的状况就更可想而知了。这种文物保护施工单位，技术工人严重缺乏的状况，是在一些文物保护工程中，设计意图得不到很好的贯彻，施工质量差的重要原因。

因此，必须下大力气抓好人才培养和队伍建设工作。首先是列入国家的教育计划。在博士、硕士、大学本科和专科几个层次的教育计划中，除有考古、博物馆专业以外，还应当设立古建、文物科技保护、文物保护管理等专业。同时要分几个地区，办几所文物保护技工学校；其次是各级文物管理部门，像这几年国家文物局的做法一样，举办不同类型的短训班。这种短训班一定要有针对性，把住教学内容和教学方式两道关，紧密联系实际，务求实效；另外要制定政策，在文物保护技术单位和文物保护工程单位，广泛提倡师傅带徒弟，在工作实践中培养人才；还要注意在文物对外交流与合作中培养人才。把一些优秀的中青年专业人才送到国外去培养。在所有的人才培养工作中，都要特别注意德育。文物工作者首先要爱国家、爱人民、爱社会主义、爱文物事业。只有这样的人才，才是有培养前途的人才。

应当说，不仅仅是在记者采访我的时候，而是在编写《准则》的全过程中，使我们想了很多，认识了很多，以上是其中的一部分。当然，想的不一定全面，认识的也不一定完全到位。但是我想，把这些想法和认识记录下来，供大家在工作中参考，或许有一点益处。

2004 年 12 月 25 日于北京

我国文物保护科学发展及其特点

吴加安

文物保护科学是利用现代科学的理论、技术和方法，遵循文物保护原则，真实全面地保护和传承文物自身历史信息及价值的科学。文物保护科学的对象是文物，即无法再生的人类文化遗产，因而文物保护科学具有自身的特点。本文就我国文物保护科学的发展及其特点略抒己见，恳请方家指正。

一

20 世纪以来世界的社会经济的快速发展，人类文化遗产越来越受到重视，从而促进了文物保护科学的长足发展。1888 年德国皇家博物馆建立了第一个文物保护实验室，大英博物馆在 1921 年、法国卢浮宫在 1930 年也相继设立了文物保护实验室。意大利在 1939 年成立了罗马文物修复中心，科学技术在文物中的应用得到各国的普遍重视。在国际博物馆联合会下成立了文物保护科学专门委员会，国外一批知名大学组建了文物保护科学研究所，开展了文物保护科学的教学和研究，专门的文物保护科学研究所相继成立。世界上知名的博物馆都建设了专门的文物保护科学实验室，开展文物保护科学研究，从事馆藏文物的保护工作。

我国的文物保护科学起步于 20 世纪 30 年代，以营造学社为代表的专门研究中国古建筑工程学的学术团体，在著名的建筑学家梁思成、刘敦桢先生的指导下，将现代科学技术应用于中国古建筑的研究，为中国古代建筑的研究、保护和维修做出了杰出贡献。而以器具修复和字画装裱为特点的我国传统文物保护技术在文物的保护和保存上也发挥了重大作用，目前

作者简介：

1949 年 8 月出生于北京，1975 年 8 月毕业于北京大学历史系考古专业。毕业后先后在中国社会科学院考古研究所、中国文物研究所从事考古学研究，科技考古研究、文物保护科学研究。先后任考古研究所四川和安徽考古队队长，科研处副处长、科技考古研究中心主任，中国文物研究所副所长、所长，现任中国文物信息咨询中心书记、副主任，中国古迹遗址保护协会副主席。研究员。

参加过山西、陕西石器时代遗址发掘，主持四川大宁河考古调查，安徽早期新石器时代小山口和古台寺、大汶口晚期尉迟寺遗址发掘。在考古学研究、科技考古研究、文物保护科学研究方面，完成、发表数十篇论文，完成、出版学术著作三部。近年从事文物保护科技理论研究完成了《我国文物保护科学"十五"规划及未来十五年长远规划》，主持《我国文物保护科技发展战略和规划研究》和《中国珍贵文物数据库》研究等国家项目，取得成果。

为止这些科学成果还在继续发挥其独特的作用。

新中国成立以来，我国的文物保护科学逐步得以发展，古代建筑的保护和维修在梁思成研究成果基础上进行了成功的实践；传统的修复技术和工艺在文物修复上发挥了重大作用。20世纪60年代初，国家选送的文物保护科学留学生学成归来，同时一批国内重点高校的理工专业毕业生步入文物保护领域，我国文物保护科学开始了长足发展。

目前我国文物科研机构和主要力量分布在文物系统、中国科学院、社会科学院相关研究所以及有关高校。半个多世纪以来，我国文物保护科学研究取得了诸多成绩：如文物保护中的木构建筑防腐防虫和维修、化学灌浆、锚固加固、防风化、土遗址加固、漆木器脱水、纸张保护、壁画修复、青铜器保护等方面都取得了突破并获得科研成果。中国文物研究所是唯一国家级文物保护科研机构，经过"古代建筑修整所"、"文物博物馆研究所"、"文化部文物保护科学技术研究所"几度更名，1990年与"文化部古文献研究室"合并为中国文物研究所。每次更名都意味着它业务领域的扩大和国家对文物保护科学投入的增加。半个世纪的发展，已成为自然科学和社会科学两大门类、多学科的国家文物保护科研机构。在文物保护科学技术研究和文物保护工程技术研究中发挥了重大作用。从某种意义上讲，中国文物研究所发展历史也是中国文物保护科学发展的缩影。

二

文物保护科学（conservation science）研究的对象是文物，即绝对不可再生的人类历史文化遗产。文物保护中的任何失误对文化遗产来说都是不可逆转的损失。文物保护科学的特点是由文物的特殊性决定的，从这个意义上讲，文物保护科学技术研究、文物保护方案的制定与实施更具苛刻性和复杂性。

科学理论基础研究不仅更多地走在技术和生产的前面，而且为技术、生产的发展开辟着各种可能的途径。同样，文物保护科学的基础研究也关系到文物保护科学技术的发展和深化。文物保护科学基础研究，包括两方面内容：一是文物保护的基础研究，例如文物研究、文物价值评估、文物保护理念、文物保护原则、文物保护社会支撑系统、文物保护科学管理、文物保护法规研究等；一是文物保护应用技术的基础研究。它们是一个问题的两个方面，互为表里互为依存。

1. 文物保护科学的基础研究

长期以来，我们把文物保护原则与文物保护实践的完美结合作为孜孜以求的目标。这种结合的确需要高超的技术和方法，但重要的是用什么理念、原则指导科技手段和方法对文物实施科学保护，从这个意义上讲，文物保护的基础研究是现代科技在文物保护中应用和文物保护项目实施的先导。

历史价值、艺术价值和科学价值是文物的三大价值，其价值的外延还包括文物社会价值、收藏价值等等。文物价值的研究属于人文科学研究的范畴，也是考古学、历史学、建筑史学等诸多学科的研究内容。从某种程度上讲，文物保护科学的理论研究、文物保护理念的研究、文物保护法规的研究、文物保护原则的研究都是以文物价值研究为基础的。

文物保护原则在文物保护实施中全面落实不仅要靠保护科技人员的技术水平，重要的是科技人员对文物价值的理解、对文物保护理念的把握、对文物完整性和真实性的认识，以及在此基础上制定的保护方案的科学、合理与可行。没有这种研究作基础，很难在文物保护的具体实施中完整地保留文物真实的历史信息。例如编制古代遗址的保护规划，首要的任务是对遗址进行现状分析和价值评估，其研究成果是编制保护规划的科学依据，否则很难在规划中确定遗址的保护范围、保护方式、保护内容等，从这个意义上讲编制遗址保护规划也是一项综合研究的成果。

2. 文物保护科学技术的应用研究

文物保护技术应用研究是以文物保护的应用研究为基础的。文物保护技术应用的对象是文物，因此对文物价值、文物特性、保存环境与现状分析等研究是必需的。尤其是古代建筑、壁画、雕刻、彩绘等类文物，数百上千年中经历过多次维修，留下鲜明的时代特征和历史信息，因此准确地把握时代特征和历史信息，正确地理解文物的完整和真实的含义至关重要。同时文物保存现状、保存环境、病害机理等方面的研究，需要通过科技手段获取数据来解决，然而合理解释、分析这些数据，进而从理论、方法到实践进行综合研究，正是文物保护应用技术研究的基石。

开展文物保护科学技术的基础研究已成为文物保护界的共识。一般从文物病害产生的原因入手，然后"对症下药"，铲除造成病害的根源，以达到长期保护的目的。利用现代自然科学和技术的理论、手段、方法，对文物材质进行整体的、分子的、原子的结构分析，调查文物自然损坏的原因和全部过程，探索有效延缓和阻止文物损坏的方法以及最佳保存手段和途径。以这些研究为基础，从文物的基本属性和文物保护的基本原则出发，精心设计技术与工艺，在实验室反复进行时效和不同环境比对实验，筛选出相对最安全的材料、工艺和技术，然后才能对文物进行小规模的实际性的保护操作并进行跟踪研究，取得工艺和技术参数，再经过时效验证后方能成为具体文物的保护方法，并同时制定相应的操作规范和标准。

文物保护材料和保护性处理是文物保护的关键，也是文物保护技术应用研究的重点。在进行文物保护的同时，环境监测、测试分析、环境模拟、现场实验和标准化等方面的研究也在日益加强。对经过保护的文物进行跟踪监测，建立连续档案记录，是诊断文物病害产生原因的第一手资料，也是保护方案设计的基础和对保护结果进行评估的依据。

文物在文化、材质、地区、年代、环境、保存诸方面存在差别，即便是同类型、同材质、同地点出土的文物，在保存现状、损坏程度方面也会存在区别，因此不可能一种保护技术解决所有的问题。这就要求我们在研究每件文物的保护方案时都要进行科学的试验。

随着科学技术的迅猛发展和人类对文化遗产日益深切的关注，很多前沿科技成果和技术不断被尝试于文物保护实践。现代科学技术在文物保护中应用，应用的对象是文物，应用目的是保护，应用本身则是手段。文物的特殊性决定了对保护技术及其方案的苛刻和严格。任何技术、材料、方法在文物保护中运用必须开展应用研究。技术与方法的研究必须在模拟实验条件下进行，并反复筛选出最佳方案。因此加强文物保护应用技术研究，尤其在文物保存环境、文物保护材料、文物保护技术与方法等方面尤其重要。

半个多世纪来，我国文物保护科技工作者致力于文物保护工程技术和文物保护科技的应用研究。包括中国文物研究所、国家博物馆、上海博物馆、故宫博物院、敦煌博物院在内的文物系统的科研单位，在文物保护应用技术研究方面取得的诸多成果，成功地解决了文物保护中面临的重大问题，有效地保护了一批批重要的文化遗产。例如在古代壁画保护技术研究；石质文物（石窟寺、石雕刻）的保护、加固及防风化技术研究；竹木漆器脱水保护技术研究，金属文物保护技术研究；纸张与丝织品保护技术研究等不同材质的文物保护技术的应用研究方面都取得系列成果。

　　3. 传统技术的科学化

　　我国古代形成的保存技术是开展文物保护科技研究技术的重要研究领域，也是我国古代技术发明创造研究的重要内容。许多重要的考古发现往往与文物出土时保存完好而引人注目。古代优秀保存技术的实例不胜枚举，例如长沙马王堆汉墓保存完好的女尸、江汉平原战国时期楚墓的丝织品、漆器、青铜器，青海柳湾新石器时代墓葬的彩陶，定陵出土的金银器、丝织品，吐鲁番出土的帛书等，无疑与当时的保存技术、保存环境、保存方法密切相关。一些留传至今的、具有重要价值的经卷、字画无疑得益于传统的保存技术。

　　我国文物的修复历史悠久，宋代以收藏鉴赏为目的的青铜器修复技术，以至后来发展起来的古代字画、瓷器、木器等文物的保存、修复等技术，形成了具有中国文物特点的修复与保护的技术传统，这些传统技术在人们关注现代科技应用于文物保护的今天仍然继续在发挥着重要作用，传统修复技术仍然保持着其旺盛的生命力。事实上现代科学技术在文物保护中应用是有条件的，必须符合文物保护原则，文物保护应用技术研究要围绕保护文物的真实性和完整性展开，并非最先进的设备、最高精的技术是文物保护最理想的手段或方法。因此研究历史上文物保存的传统材料和传统方法，研究长期以来，针对中国文物特点形成的传统修复和保护技术、修复与保护材料、修复与保护工艺，用现代科学的理论和方法认真地进行总结，使之科学规范化从而进一步得到发展和传承。

三

　　文物种类繁多，生成与赋存环境极其复杂，文物及其保护科学具有跨人文与自然两大学科的特点。一系列自然科学前沿研究也往往有赖于对文物的科学技术研究而进行和推进。化学、物理学、工程技术等领域都与文物保护有不同程度的联系。文物的多样性，决定了保护方法的多样性，多种方法来源于多种学科。即便单件文物，从现场提取、资料记录，到室内成分分析、结构分析、清洗粘接、加固封护、文物研究等，其历史信息、学术信息和保护涉及的技术手段也非一个学科所能解决的，何况以群体为特征的遗迹或遗址。例如古建保护，除涉及了建筑学外，还要涉及木材防潮防虫，彩绘、壁画的保护等问题；石窟保护面对窟岩渗水、岩体加固、石刻防风化、壁画防脱落等问题；遗址保护规划所需的价值评估、现状评估、问题分析等内容，涉及历史学、考古学、环境分析、地质分析、气候水文分析、区域经济等多学科科研成果。总之任何文物保护项目，不管是文物本体保护还是文物群体保护都需要多学科的综合研究和多学科科研人员的共同努力。文物保护的科技含直也体现在各学科的配合。例如中国文物研究所承担的西藏布达拉宫二期维修项目、中国援助柬埔寨吴哥窟周萨神庙维修项目，都是多学科人员参加、在多学科科研成果基础上制定保护方案。吴哥窟保护维修项目参加人员来自考古学、历史学、地质学、岩土工程学、建筑学、工程测量等学科，保护维修设计方案吸收了考古发掘、结构勘察，地基钻探、现状测绘、力学分析等研究成果。

　　文物的特点体现在其类型、材质、制作工艺。赋存环境是各不相同的，仅从保护技术讲也非单一专业技术能完成如此复杂的问题。所以多学科的渗透、融合是文物保护科学的特点，也是文物保护技术发展的必然趋势。文物是不可再生的资源，任何保护方法和技术都必须确保文物的安全，因此文物保护多学科的特点，决定了从事文物保护科学研究人员要有良好的文物保护意识和广博的专业知识。从事文物保护科技研究人员大多毕业于理工科，对文物的认识、文物保护意识的培养和文物保护技术的研究，要有一个熟悉的过程；同样从事人文科学研究、尤其是从事考古学研究也需要有强烈的文物保护意识。文物保护与考古研究在文物保护科学发展中互为依托，缺一不可。

四

文物的特殊性决定了文物保护科学基础研究、应用研究、传统技术科学化研究、多学科综合研究的特点。

文物保存现状复杂（包括材料、性状等），所处环境千差万别（包括气温、湿度、大气、水体等），决定了文物保护工作的复杂性。换而言之。即使两处相同材质的文物，又遭到相同的危害，由于它们所处环境的差别，就不能简单地将此地成功的保护措施完全应用于另一地点。简单的生搬硬套和经验式的保护思想，往往造成文物的二次破坏。任何文物保护方案都要从文物本身理化性质出发，分析其破坏的机理及劣化过程，找到导致破坏的直接和间接原因，研究和制定科学的保护方案和相应的保护措施。在这一过程中需要各种检测、数据分析和模拟实验。以此为依据采取科学的工程技术手段实施保护，同时要实施质量检测和长期监测。开展文物保护的基础研究、应用技术研究，工程技术研究、传统技术研究是文物保护事业发展和深入的关键。文物保护技术应用研究及其保护实践是一完整的系统工程。

围绕文物保护科学的前沿课题组织攻关，建立符合中国文物特点的保护学科体系是新世纪我国文物保护科学的重要内容。在研究文物保护新方法和新技术同时，加强文物保护理论的研究，完善、深化科学、完整的文物保护理念。半个多世纪的探索，我国文物事业形成的"保护为主、抢救第一"的方针，符合中国文物事业和社会发展的现实，符合中国文物的特点。因此，如何贯彻和实施保护、抢救、利用和管理，进行理论到实践的研究，摸索与现代科学技术结合的文物保护、资料收集、整理利用和文物保护技术应用研究的途径，建立符合中国文物特点的文物保护科学体系是我们义不容辞的责任。

《北京市文物地图集》概述（节录）

赵福生

北京市位于华北平原西北端，"东环沧海，西拥太行，北枕居庸，南襟河济"，地理形胜优越。全市总面积 16807.8 平方公里，分为 16 区 2 县。

北京市地势西北高东南低，西、北、东北三面群山连绵，山地约占全市总面积的三分之二。中部、南部和东南部是华北大平原的西北隅，由河流的洪积冲积扇拼接叠压而成，人称"北京小平原"，占全市总面积的三分之一。北京市的主要河流有拒马河、永定河、温榆河、潮白河、泃河等，这些河流的干流及支流大都由西北流向东南，共同构成巨大的蘑菇状水系。北京市属暖温带半湿润大陆性季风气候区，气候的突出特点是四季分明，风向、气温、降雨有明显的季节变化，无霜期一般为 180 天，雨热同季有利于农业生产。在这样的地理环境中，几十万年来，历代先民在北京大地上生息繁衍，创造了灿烂的北京历史，留下了丰富的文化遗存。

传说历史时代，黄帝受命后"划野分州"，今北京地区称幽都、幽陵或幽州。夏时，北京地属冀州；商时属幽州。西周初年，蓟、燕两个诸侯国并存，后燕强而并蓟。战国时，燕为"七雄"之一。秦置广阳郡，西汉郡国并行，北京地区有广阳郡（前称燕国，后改称广阳国）、渔阳郡、上谷郡、涿郡。汉武帝元封五年（前 106 年），初置刺史部十三州，今北京地区置幽州，是监察区，无固定治所。东汉末，魏武省幽州入冀州。魏文帝复置幽州，治蓟。西晋时，幽州迁治范阳（今涿州市），于蓟城置燕国，属幽州。十六国时期，后赵、前燕、前秦、后燕先后占有幽州地区，前燕慕容儁于元玺元年（352 年）以蓟城为都，仅六年。余皆为燕郡，领县如前代。北魏幽州治蓟城。北齐于蓟城置东北道行台，北周仍曰幽州，又于潞县置渔阳郡。隋开皇中于蓟城置幽州总管府。大业三年（607 年）罢州为郡，幽州改为涿郡。唐代废涿郡，仍置幽州。"安史之乱"，建大燕国，都幽等。五代后梁初，刘守光自号大燕皇帝，以蓟为都，后晋天福元年（936 年），石敬瑭割幽蓟等十六州与契丹，地入于辽。辽会同元年（938 年）升幽州为南京，又称燕京，为陪都。开泰元年（1012 年）更名

作者简介：

　　1948 年生于北京，"文革"中在陕北插队，1975 年毕业于北京大学历史系考古专业，供职于北京市文物管理处、北京市文物工作队、北京市文物研究所。1989 年任副所长至今。研究员。曾兼任辽金城垣博物馆、西周燕都遗址博物馆馆长，现为中国考古学会理事，中国食品文化遗产委员会委员。

析津府。宋宣和四年（1122年）收回幽燕之地，于燕京置燕山府路。宋宣和七年（1125年），燕云之地陷入金人之手。金初于燕地置燕京路和燕京行台尚书省，海陵王贞元元年（1153年）迁都燕京，改名中都，燕京路更名中都路。元至元四年（1267年）始建新都城，九年（1272年）命名新城曰大都，大都路上统于中书省。明初，改大都名北平，置北平府，属北平行中书省，后改属北平承宣布政使司。永乐十九年（1421年）迁都北京后，北京为京师。清定鼎北京，仍称京师。

北京市的文物考古工作始于20世纪20年代，1921年，在中国供职的瑞典学者安特生与美国和奥地利的两名学者对周口店的龙骨山和鸡骨山进行了试掘。1926年，中国地质调查所与美属北京协和医学院合作，在周口店遗址进行连续十年的大规模发掘。后因日本侵略军占领，考古工作暂停。北京人头骨化石佚失。20世纪20~30年代，在房山周口店发现了多处重要的旧石器时代文化遗存。从1990年开始，又相继在平谷、密云、怀柔、延庆、门头沟等地区发现多处属于旧石器时代的石器出土地点或遗址。其中属于旧石器时代早期的有房山周口店的北京猿人遗址第1地点、第13地点和第13A地点，密云上甸子乡的黄土梁地点；属于旧石器时代中期的有房山周口店第15、第3、第4和第22地点，平谷马家坟，密云松树峪，怀柔帽山、四道穴、西府营、七道河、长哨营、宝山寺转年南梁和鸽子堂，延庆菜木沟、路家河、沙梁子、古家窑、辛栅子、三间房和河北村，门头沟王坪村。含文化遗物比较丰富的遗址是周口店第15地点、平谷马家坟和延庆的菜木沟等地点；属于旧石器时代晚期的有房山山顶洞、田园洞，密云东智，延庆佛峪口，怀柔杨树下和东帽湾，平谷罗汉石、马家屯、上堡子、刘家沟、海子、洙水、小岭、豹峪、甘营、马各庄和安固，门头沟西胡林和齐家庄，朝阳区双桥，东城区王府井的东方广场，西城区西单中银大厦遗存等。尤其是周口店遗址包含了旧石器时代早中晚三期，且遗迹、遗物丰富，1961年3月被国务院确定为国家重点文物保护单位，1987年北京猿人遗址被联合国教科文组织列入世界文化遗产清单。

北京地区的新石器时代遗址属于早期的有门头沟的东胡林遗址、怀柔转年遗址。东胡林遗址距今1万年左右，发现了轻度石化的人骨和装饰品，其二男一女合葬的埋葬制度，反映了氏族社会内家族组织的存在，其所处社会发展阶段应是母系氏族公社繁荣时期。转年遗址面积约5000平方米，第4层文化为新石器时代堆积，遗物多为石器，陶器以夹粗砂褐陶为主，数量众多的打制石器、细石器、磨制石器和陶、石容器共存，是转年遗址的突出特点。

距今7000年之前，北京地区同时生息着两个文化系统，即上宅文化和镇江营一期文化。上宅文化是以平谷上宅遗址的第二期遗存和北埝头遗址命名的，分布于北京的东北部和天津市、河北省的廊房保定和唐山地区，叠压在兴隆洼文化（上宅遗址第一期遗存）之上，后冈一期文化（上宅遗址第三期遗存）之下。上宅遗址的文化遗存，填补了北京地区新石器时代中期文化的空白，为建立北京地区新石器文化分期序列，奠定了基础。上宅文化陶器以夹砂和夹滑石的红褐陶为主，典型器物为直口深腹罐和敛口钵（圈足），纹饰为压印之字纹和篦点纹。镇江营一期文化是以房山区镇江营遗址的新石器时代最下层堆积命名的，分布区域自北京西南部达河北省中南部，叠压在后冈一期文化之下，陶器中红陶占绝对多数，以素面为主，圜底器居多，并大量使用打制的石片石器。

距今7000年以后，后冈一期文化、雪山一期文化、雪山二期文化相继覆盖了北京地区。后冈一期文化主要包括房山镇江营新石器第二期遗存、平谷上宅第三期遗存及密云燕落寨遗址等，陶器以泥质红陶为主，素面居多，圜底器稍多于平底器，钵碗类器物较多，基本使用磨制石器。雪山一期文化因首次发现于昌平雪山遗址的下层而得名，其后在房山镇江营遗址（新石器第三期遗存）乃至河北省的蔚县、易县均有发现，陶器以夹云母褐陶为主，素面，典型器物是高领双耳罐和筒形罐。雪山二期文化见于雪山遗址、镇江营遗址（新石器第四期遗存）、昌平县燕丹等，陶器以夹砂褐陶为主，器形以深腹罐为主，其次是平底盆、双腹盆，另外还有鬲、甗、鼎、器盖等。北京地区新石器时代的前期呈现出两种文化系统的割据状态，后期则是不同种文化系统的逐次更替局面，每个文化系统的中心区都不在北京，新石器时代的北京地区是不同系统文化圈的切合部位，各种文化如匆匆过客交替登台，始终没有形成相对稳定的区域，有自己显著特点的本土文化。

夏商周时期，从南、北文化的交融点，逐渐成为一个方国首都，进而形成一个稳定的燕文化圈，商代甲骨文之"晏"、西周铜器铭文之"匽"、东周铜器铭文之"郾"、西汉之"燕"，绵延数千年而成为北京的代称。

其中夏至商代早期，北京地区的考古学文化是夏家店下层文化，主要的遗址有昌平雪山、张各庄、张营，密云燕落寨、凤凰山，平谷刘家河、上宅、安固，房山塔照、琉璃河、镇江营、皇后台等地。典型的陶器为：筒腹鬲、折腹鬲、折肩罐、折腹盆等。墓葬均为东向，部分墓中随葬有喇叭口青铜耳环。

至商代中、晚期至西周初期，张家园上层文化或围坊三期文化覆盖了太行山东麓及燕山南麓的广大地区，房山镇江营、琉璃河、塔照、皇后台、焦庄，昌平张营、小北邵，平谷韩庄、刘家河、龙坡等处均有发现。房址均为圆形半地穴式，墓葬均为单人仰身直肢，头向东，基本无随葬品，几乎所有未成年儿童都葬在房屋附近的灰坑里。陶器高大而厚重，以夹云母褐陶为主，有筒腹鬲、鼓腹鬲、袋足鬲、甗、盆、甑、罐、簋及有特色的制陶模具、角制工具和陶印模。

西周早期的燕文化以周文化、商文化和土著文化（张家园上层文化）构成，此类遗存有房山琉璃河、镇江营、焦庄遗址，昌平白浮和小北邵遗址。镇江营遗址的民用陶器以夹砂灰陶为多，房屋基本平地起筑，遗址中有卜骨。琉璃河遗址在燕国的中心位置，1986年燕侯墓M1193出土随葬铜罍、铜盉上发现了有关封燕内容的铭文，该遗址作为燕国的始封地已无异议。1997年，该遗址的发掘与研究被列入夏商周断代工程重点课题，其文化堆积分为早、中、晚三期，分别相当于西周早、中、晚期。早期周文化、商文化、张家园上层文化共生。中期之后，后者逐渐消失殆尽。根据城中夯土台基西周中期已遭破坏的情况看，该城址西周中期已不再是都城。琉璃河遗址的考古成果使得西周燕国文化的研究达到了更高的层次。

东周时期，北京地区的燕国文化、经济空前发达，因此，该时期的遗址较为密集，以房山区分布较多，仅在房山张坊乡和南尚乐乡的山前高地上就发现了22处东周遗址。目前已知的东周燕国遗址和墓葬基本上均属于战国时期，春秋早期仅有顺义龙湾屯一墓。

东周燕上都蓟城的寻觅始于20世纪50年代。据《史记》及《战国策》的记载可知，直到战国末年，蓟城一直是燕国的中心。从发现的战国至汉代的陶井和小型墓葬推断，蓟城北墙在西长安街以南，南墙在法源寺以北。但是迄今为止，无进一步的资料和地面遗迹佐证此观点。自蓟城向西南至燕下都方向，在北京境内，顺序排列着广阳城、窦店城、长沟古城、蔡庄古城。基本是30余华里建有一城，城内基本是十字形街道。

自 1965 年起，延庆县军都山一带有十余处地点发现青铜短剑遗存；1975 年，西拨子村出土的一件青铜釜内装有 50 余件青铜器；1985~1990 年，在葫芦沟、西梁垙、玉皇庙三处山戎墓地进行大规模的发掘，清理了 500 余座墓葬。1994 年，在西梁垙又发现了 12 座墓，均无板灰和殉牲，大型墓有石椁，随葬青铜容器、金器和兵器、马具。此外，东周时期的遗存还有广安门外桥南遗址和怀柔城北墓、昌平半截塔村墓、昌平松园村墓、房山区刘李店东周墓，以及八里庄、中关园、葫芦沟等瓮棺墓。

汉唐时期，北京地区除沿用了战国时期的旧城，还新建了顺义狐奴城、怀柔渔阳城、密云厗奚、延庆居庸城、昌平军都等汉城。蓟城是西汉燕国、广阳国的首府，唐幽州、范阳郡的治所。1974 年在"蓟丘"进行发掘，发现呈西北转角状的夯土残墙基，下叠压着 3 座东汉砖室墓，说明这段城墙不会早于东汉，应为西晋蓟城。70 年代以来，根据近百块唐代墓志和唐代石经题记及辽代墓志的记载，大致确定了唐幽州城垣的方位。唐幽州城的复原对西晋蓟城乃至汉以前的蓟城的研究都有着重要的启示。

汉墓的发掘数量是各类墓葬中最多的，有怀柔城北 30 座，昌平白浮 46 座、史家桥 48 座、半截塔 21 座，平谷西柏店和唐庄子共 15 座，顺义临河热电厂 40 余座，海淀区上地村 523 座，密云提辖庄 7 座，其余零星发掘不一一列举。其中最重要墓葬为 1974 年发掘的大葆台汉墓，这是我国第一次发现"黄肠题凑"墓，由墓道、甬道、外回廊、"黄肠题凑"、前室、后室等部分组成。早年被盗，又遭火烧，剩余的陶、铜、铁、玉、漆器、丝织品等出土物仍近 400 件。大墓的规模迄今仍居"黄肠题凑"墓之首。2000 年发掘的老山汉墓亦有重要收获。

西晋墓葬较少，其中以华芳墓规模最大，墓志纪年为永嘉元年（307 年），该墓早年被盗，出土骨尺、漆盘、银铃等器物 8 件和 200 余枚铜钱，其墓志铭为迄今发现最早的墓志铭。对于确定蓟城的地理位置，提供了准确的依据。

已发掘的唐代墓葬初步统计约 65 座，还有分布在东城、西城、崇文、海淀、丰台、房山、昌平、延庆、大兴等区县的多处唐墓群（地下文物埋藏区）。唐墓出土的随葬品数量不多，残破者多，较重要的有史思明墓出土的残玉册，薛府君墓出土的石龙、鸡、羊、蛇等兽首人身俑。有壁画的唐墓较少，1991 年延庆县发现 1 座保存完好的唐代壁画墓，门券上绘四神，两侧绘守门武士、侍者，东壁绘太阳和十二生肖，北壁绘六幅画，表现墓主人饮酒吟诗的生活情景，用墨笔书写的砖墓志在北京属首次发现。1998 年陶然亭发现 1 座唐砖室墓，四壁绘有墓主人、侍女形象，北壁绘有马厩，墓门两侧墙上的小龛里有砖雕力士和菩萨。据初步统计，至今共有唐代墓志 40 多合，是研究幽州政治、经济、文化的珍贵资料。

936 年，契丹族建立的辽国改幽州为南京，又称燕京，根据出土墓志及实地勘察，辽南京城东垣在今法源寺以东，北垣在今复兴门南，南垣大致与今右安门城墙相近，西垣在今会城门东，皇城位于城内西南隅。城中卢龙、隗台、北罗等九坊的名称已见于辽代墓志和碑记。

建国五十多年来，调查发现、发掘辽墓近百座，均为汉人墓葬，主要集中在北京西部、南部、西南部、西北部。较重要的有南郊北平王赵德钧夫妇合袝墓、大兴马直温夫妇墓、八宝山韩氏墓地、门头沟斋堂壁画墓、顺义木林辽墓、丰台区永定路李熙墓等数十处。除赵德钧墓是辽中期的墓葬外，余皆为辽晚期的墓葬。绝大多数为砖室墓，约半数左右的墓葬墓壁绘有人物、花卉和仿木结构图案壁画，基本属汉人习俗。随葬品中鸡冠壶、鸡腿瓶为契丹风格。据初步统计，至今已发现辽代墓志约40余合，具有重要史料价值。

辽代是佛教盛行的时期，南京城内外庙宇相望，佛塔林立。目前已清理的辽代塔基有数座。20世纪50年代在房山云居寺的南塔塔基旁的洞穴中发掘出石经板10082块。1981年11月，在雷音洞修补地面时，发现佛舍利两颗，引起佛教界关注，认为是"国之重宝"。1976年在房山北郑村辽塔塔基地宫中发现镌刻年款的石函及石经幢。1990年房山岳各庄开天塔地宫，出土文物30余件，在石雕莲座上发现石函，内套铜函、银函，最里层的塔状水晶瓶内装5颗舍利，另外还有木桌椅，是北京最早的木器。顺义净光舍利塔地宫中出土的银盒内有盛舍利的琉璃葫芦，还出土一批带官款的罐、盒、壶等白瓷，有一件"童子诵经壶"堪称精品。1988年密云县城东北的冶仙塔，出土30余件陶质彩绘塔形经筒，有一件绿釉璎珞纹净瓶，釉质和造型极佳，白瓷圆碟、方碟均径轻薄莹润。

北京地区的考古调查中也发现了几处辽金窑址，如房山磁家务、门头沟龙泉务、密云小水峪、平谷刘家河等处，以龙泉务和磁家务较重要。1991～1994年对龙泉务窑址进行了发掘，揭露作坊2处、窑址13座。窑炉为马蹄形倒焰窑，以匣钵叠烧方式装烧。产品主要有碗、碟等白瓷，佛像、瓦当、吻兽等三彩器，釉色以白釉为主，酱釉、黑釉、三彩釉次之。龙泉务窑瓷器质地细腻，釉色光亮，制作精良，应为辽代官窑。特别值得一提的是，经过样品检验，发现琉璃含氧化硼10%～12%、氧化铜0.4%～1%，据证实，比国外类似釉质的出现早500多年。1981年调查发现的磁家务窑址采集标本有盘、盆、瓶、玩具等，釉色分青、白、黑、酱色，花纹有刻花、贴花等。从规模、器类、釉色方面看，此窑在北方古窑中占有相当重要地位。北京的辽代窑址一般都被金代延续使用，有的窑址甚至沿用到元代。

女真族建立的金国于1153年正式迁都至今北京，并改称中都，从此，北京成为中国半壁河山的中心。综合专家的调查考证和1966年社科院考古所的勘测，对金中都四至及城门有了一个大概的认识。1990年配合西厢工程，对金中都宫殿区进行了勘探、发掘，基本确定了大安殿的位置及鱼藻池的规模。1991年于右安门外的凉水河北岸又发现金中都南城垣水关遗址，被评为当年全国十大考古发现之一。这一发现不仅确定了南垣的一个出水口的具体位置，还可确定城内一条河流的走向。对于金中都的研究具有重要意义。丰台区郭公庄西南路的大葆台汉墓附近的辽金村庄居落遗址，出土器物有白瓷、青白瓷、钧釉、酱釉盘碗、鸡腿瓶、铁六鋬锅、马蹬、药碾等，以及象棋盘、建筑构件的板瓦、筒瓦、瓦当、鸱吻等。其中砖雕象棋盘由长40、宽35、厚6厘米的辽代沟纹砖雕刻而成。为迄今发现最早的象棋盘实物，是研究象棋历史的珍贵资料。

金代皇陵坐落在北京市西南房山境内层峦叠嶂的大房山下，17座王陵背靠青山，形成一个巨大的圆环形山谷。20世纪80年代以后对金陵的考古调查，发现了一段御道、金睿宗景陵碑及一些珍贵文物。

已发现和清理的金代墓葬有40余座（6座女真贵族墓），三分之二以上是石椁墓，绝大多数实行火葬，随葬品主要有瓷器、陶砚、金银器、玉饰件以及铜钱。出土的9盒墓志中有6盒是女真族的墓志，且多为金大定年间以后的，充分反映了金代政治中心真正转移到中都的史实。具有代表性的女真贵族墓有丰台区乌古论氏家族墓地、通县宣威将军夫妇墓、香山蒲察胡沙墓等。

元大都始建于世祖忽必烈至元四年（1267年），是当时世界著名的大城市，后为明清北京城所继承，直至今天北京的许多街道和胡同仍保留着元大都布局的旧迹。1964～1974年对元大都的城墙、街道、水系进行了全面的勘察，并发掘了十余处遗址，在此基础上，复原了元大都的平面布局。后英房元代居址是一所大型住宅，出土遗物多为瓷器，还有螺钿漆器、水晶石、紫端砚等。雍和宫后的居址是一处三合院，从出土的"内府公用"款漆器推测，可能是某衙府的院落。此外，北京的元代遗迹还有西绦胡同居住遗址、后桃园居住遗址、雍和宫居住遗址，尤其重要的是在西直门箭楼内发现的元代和义门瓮城残址，至今留有遗憾。

元代墓葬广布于宣武、朝阳、海淀、昌平、密云等区县，约近 60 座（包括元墓群），其中砖室墓 30 座，石椁木棺墓 6 座，土坑墓极少，其余均为和尚塔墓。多数墓葬破坏严重，结构多为单室、双室、三室，多室墓仅清理出 7 座。壁画墓 3 座（密云太子务元墓、疃里村壁画墓、门头沟壁画墓）。保存较好的元代墓葬有密云太子务村元墓、宪宗七年（1257 年）海云和尚墓、至元二十二年（1285 年）耶律铸夫妇墓、大德九年（1305 年）张弘纲墓、皇庆二年（1313 年）铁可父子墓、天历二年（1329 年）耿完者秃墓等。未能保存下来。

（明清略）

北平解放时，为保护城内古迹，中共北平军事接管委员会中特设文物部，从国民党手中接管了故宫博物院、皇家园林以及一些破败不堪的古建筑。1951 年 7 月，北京市文物调查组成立，北京的文物考古工作揭开了新篇章。金中都的调查、明万历帝定陵的发掘、董四墓村明代妃嫔墓的清理都是当年令考古界瞩目的事件。尤其是定陵，为建国后有计划发掘的第一座皇陵，1959 年开辟为博物馆。同年北京开始了全面的文物普查工作，11 个区县调查登记了 7445 项文物。多是地面文物，古墓葬和古遗址所占比例不及总数的十分之一。

"文化大革命"开始后，大批古建、长城、佛像遭毁，据统计，从炼钢厂熔炉前救出的金属文物有 117 吨，从造纸厂碎纸机下抢回的图书资料有 320 余万吨，从查抄物资集中点里拣选出的各类文物有 53.8 万件，但是仍有 700 多尊佛像和 121 通石碑被砸成碎块，54 公里的长城多处被拆毁。更令人遗憾的是，昔日宏伟壮观的北京城及大多数城楼，在 20 世纪 50 年代及 60 年代被拆除，使古都北京失去了风采。在 1984 年文物普查登记时，除了新发现 4772 项外，由 1959 年 11 个区县 7445 项文物锐减到 19 个区县共 1457 项，一个满目疮痍的数字！1972 年首次进行大规模发掘的琉璃河燕国都城遗址是从推土机前力保下来的。期间，元大都遗址、大葆台西汉墓的发掘在断续进行中。

1985 年北京市文物研究所成立，在此前后，国家文物局推出《田野考古工作规程（试行）》将考古发掘和整理的要点规范化，同时，国外学术思潮不断涌进，中国考古界呈现出活跃的态势，全方位的理论探讨展开，期望着田野资料的新信息为其注入新的活力，应运而生，北京市出现了有史以来最多的带着课题发掘的考古工地，基建考古也全面铺开，构成巨大的基建网络。其间大大小小的发掘和调查百余处，北部的旧石器遗址调查，东北的平谷上宅新石器遗址的发掘，西北的延庆玉皇庙春秋战国墓地的发掘，西南的房山镇江营先秦遗址、琉璃河燕国城址的发掘和金陵调查，西部的门头沟辽金时期龙泉务窑址以及金中都水关遗址、元代耶律铸墓的发掘尤为重要。西周燕都、辽金城垣等 4 个博物馆就是此时建立的。考古工作者用汗水营造着北京考古的黄金时代！

社会科学文献出版社出版的
历史考古类图书评述

傅文森

　　社会科学文献出版社是近年来发展比较快的专业出版社，隶属中国社会科学院，以出版发行古今中外哲学．人文社会科学文献图书著称，近年来出版了大量精品学术著作，被新闻出版总署颁布为"良好出版社"其中出版了部分历史考古类图书，这些书的出版受到了学术界和专业人员及广大读者的欢迎。本文对该社出版的几种重点历史考古类图书进行评述。

　　为了纪念中国社会科学院考古研究所成立 50 周年，中国杰出的考古学家夏鼐诞辰 90 周年，2000 年出版了《夏鼐文集》三卷本。夏鼐先生是我国考古学奠基人之一，是新中国考古工作的主要指导者和组织者，他学识渊博，视野广阔，治学严谨，生前曾长期任中国社会科学院考古研究所所长，为中国考古学的学科发展做出了极大的贡献，对中国考古学的诸多领域进行精湛的深入研究，取得享誉中外的突出成就。本书收录了夏鼐先生各个时期在考古学各研究领域的代表作品，从 1930 年至 1985 年历时 50 余年的学术论著 140 多篇，这些论著，绝大多数都是公开发表的，基本反映了夏鼐先生的学术生涯及主要学术成就。此外在全书首卷冠以夏鼐先生的传略，末尾附载先生学术活动年表。全书上、中、下三卷共六编，其中上卷二编，第一编为考古学通论与考古学史，第二编中国史前时期考古研究。中卷二编，第三编中国历史时期考古研究，第四编中国科技史的考古研究，下卷二编，第五编中外关系史的考古研究及外国考古研究，第六编历史学论著及其他文章。

　　该社还出版了由史金波、雅森·吾守尔主编的《中国活字印刷术的发明和早期传播——西夏和回鹘活字印刷术研究》该书被列入国家"九五"重点图书出版规划，曾获第二届郭沫若中国历史学奖二等奖。

　　印制术是我国四大发明之一，我国也是最早发明和使用活字印刷术的国家，但是有关活字印刷的历史资料流传下来的很少，中原早期汉字活字印刷品极为罕见，早期汉字活字实物至今还未发现。有关中国古代活字印刷的发明和使用只见于有关宋代毕昇发明泥活字的文字

作者简介：

　　1948 年 10 月生于北京，1975 年 8 月毕业于北京大学历史系考古专业。毕业后分配到国家出版事业管理局（现为新闻出版总署）工作。1999 年提前退休，现受聘于社会科学文献出版社。

记载，而缺乏有关活字实物。因此，许多研究者对中国活字印刷术的首创权存有怀疑。近年来，还有一些国家（韩国、德国等）对我国印刷术（包括雕版和活字版）的发明权提出挑战。《中国活字印刷术的发明和早期传播——西夏和回鹘活字印刷术研究》一书的出版不仅探讨了活字印刷在中国发明后向外传播的路线，认证了中华文明是中国各民族共同创造的，也是对国际舆论的回应，从根本上维护了我国活字版的发明权。

该书以丰富的西夏文活字印刷品和现存法国吉美亚洲艺术博物馆的敦煌出土回鹘文活字等古代文献文物为根据，对中国宋代在发明汉字活字后不久，活字印刷术在西夏和回鹘地区的传播和使用历史进行了研究，并再现了活字印刷术在上述两个与汉民族有不同文化、语言和文字的两个民族中，是如何得到应用并进一步根据语言和文字特点进行改进，创造出新类型活字的历史图景。西夏文活字印刷品是目前所见到的最早的印刷品，敦煌回鹘文木活字是现存世界上最早的含有以语音为单位的活字的活字实物。在书中作者还对中国印刷术如何沿着连接东西方的丝绸之路，传播到欧洲的途径进行了探讨，明确了西传的路线和时间范围。提出了中国活字印刷术在西传过程中发展衍生出的新的类型活字"中介类型活字"（即回鹘文活字）的存在，是活字印刷术西传中的重要环节。

书中使用的回鹘文活字印文材料，是敦煌回鹘活字发现80年以来，在世界上尚属第一次解读和刊布，现已发现的西夏和回鹘的活字印刷品以及活字实物都比欧洲活字印刷术的使用早约300年，揭示了为世界学术界长期以来瞩目的重要文物——敦煌回鹘文活字的真面目，对我国印刷史尤其是活字印刷术西传路线和方式的研究具有重要的科学价值。填补了世界科技和文化史研究方面的空白。

该社1999年出版的另一本考古类重点书《甲骨学一百年》是由中国社会科学院历史所研究员王宇信：杨升南先生主编的，本书以翔实的资料，全面总结了甲骨文发现一百年来收集、整理、保存、研究的全过程，论述了甲骨学的形成与发展、成就与不足，介绍了百年来甲骨文研究的重要成果和作出贡献的学者，并对21世纪的甲骨学研究进行展望，书中内容涉及语言文字学、历史学、考古学、民族学、天文学、地理学、古代科学技术史学。堪称甲骨学的百科全书。该书分为十五章，分别是绪论、百年出土甲骨文述要、甲骨学研究基础工作的不断认识和总结、商代社会结构和国家职能研究、商代社会经济研究、商代宗教祭祀及其规律的认识，关于商代气象、历法与医学传统的发掘与研究，新世纪甲骨学研究的展望，每一章下尚分为节，每一节目即是一个专题，书后附录甲骨学大事记。该书被台湾著名学者、古文字专家钟柏生盛赞为"全书将甲骨学各方面的领域成果几乎一网打尽，少有漏网之鱼。"

一百多年来的甲骨学研究，取得了辉煌的成就，近万种甲骨学论著和十万片甲骨一样，成为中华文化宝库中熠熠发光的瑰宝并交相辉映，是我们后世学人值得借鉴和应加以光大的宝贵文化财富。该书曾荣获第五届国家图书奖提名奖、第八届"五个一工程奖"、第二届郭沫若中国历史学奖。

与《甲骨学一百年》相辉映的该社于2003年又推出了由王宇信、宋镇豪主编的《夏商周文明研究之四·纪念殷墟甲骨文发现一百周年国际学术研讨会论文集》一书。1899年山东福山人王懿荣在河南安阳殷墟首次发现了甲骨文至1999年整整100年，为了总结百年来甲骨文的研究成果，推动甲骨文在下个世纪向纵深发展，来自中国内地、香港、台湾以及日本、韩国、美国、加拿大、法国、欧盟的近200位中外学者于1999年在甲骨文发现地河南省安阳市召开了"纪念甲骨文发现一百周年国际学术研讨会"。当时任中国社会科学院院长李铁映同志出席了大会开幕式并发表了题为《弘扬优秀文化传统，促进中华民族振兴》的开幕辞，强调甲骨文的发现在中国近代学术史上和国际文化交流方面的重大意义。甲骨文之乡——安阳人民举行了多种形式的纪念活动，推出了甲骨书法展，电视片《百年甲骨》，舞蹈《甲骨神韵》等活动，甲骨文走向民众，学者与市民共话甲骨，提高与普及把甲骨文研究推向了高潮。《夏商周文明研究之四·纪念殷墟甲骨文发现一百周年国际学术研讨会论文集》一书是这次活动的学术研讨会的结集，该书有百余篇论文，内容广泛，涉及甲骨的发现，甲骨文研究的历史，文字的考辨，对前人缺谬的匡正补充，殷商史和周代史研究，古代经济、社会、历法、宗教研究、古代文明的横向比较研究以及甲骨学的发展前瞻等。全书共十章，一．甲骨学研究的总结与展望，收入有王宇信先生的文章《甲骨学研究一百年》，台湾吴玛先生的《廿一世纪中国文字的走向与发》，谭步云先生的《回眸与展望：殷墟甲骨文和商代铜器铭文比较研究》等论文。二．甲骨文著录与释读，收录了中国社会科学院历史所彭邦炯、马季凡两位先生《甲骨文合集》的反顾与《甲骨文合集补编》的编纂。中国社会科学院考古研究所刘一曼、曹定云两位先生《论殷墟花园庄东地甲骨卜辞的"子"》一文中选释了部分花园庄东地甲骨文并介绍了卜辞内容，指出卜辞的最大特点是占卜的主体不是"王"而是"子"，因此它们属于"非王卜辞"。其文例与行款走向都出现了不同于以往卜辞的新形式，卜辞时代当在武丁前期。三．甲骨文分期断代研究。四．甲骨文语言研究，其中有西南师范大学汉语言文献研究所的喻遂生先生的《甲骨文动词介词的为动用法和祭祀对象的认定》中认为甲骨文中动词和介词都有为动用法，即动词介词的宾语不是动作的受事，而是动作服务的对象。所以"酒妇好"、"侑妇好"、"唯帝取妇好"等辞例，从语法角度看，妇好很可能是动词的为动宾语，即为妇好进行酒祭、侑祭，为妇好向上帝进行取祭的意思。五．文字考释，北京大学的裴锡圭教授在《释"厄"》一文中认为殷墟甲骨黄组卜辞中屡见的"兹 御"中的"御"不应释为"御"，而应释为"厄"，读为"果"。"兹果"可以称为果辞，表示此次占卜会应验。中国社会科学院历史所的齐文心先生认为"妇"字本义是一种贵妇发形的象征。香港中文大学的王人聪先生对以往诸家关于"奉""供"的解释做了取舍，认为二字同音同义，应系同字，其本义为奉或供奉。此类论文共收入 21 篇。六．商史与商文化研究，中国社会科学院历史所的宋镇豪先生认为商代社会是一个已有久远传承的以农业经济为主体的社会，分为农业生产礼俗和农业信仰礼俗，前者的重要特点是以商王为首的统治者经常参与农作的全过程，重视天象和农业气象观察，按农业生产时季，适时举行各类农作仪式。后者则主要表现在求年受年礼俗，御除农业灾殃礼俗，告秋与告麦礼俗，登尝礼俗等等。法国雷焕章先生认为卜辞中的"土"是商人所祭之神，而"方"乃商人敌对的族群，也有与商人维持友好关系的。日本松丸道雄先生通过对日本宇野氏收藏的一片刻有四方风和干支的甲骨的研究，发现商代存在有"典型法刻"，它是熟炼的契刻者给初学契刻者提供的契刻范例。美国许辉先生从历史年代、陶制品、玉器、宗教、文字符号及遗传基因等方面对太平洋两岸的史前文化做了对比分析，认为二者相似绝非偶然，这对世界文明交流史、中美洲文明起源等方面的研究有重要意义。七．商代地理和部族研究。中国殷商文化学会会长田昌五先生对汤居亳的若干问题重新做了审视，认为汤居亳之亳在今濮阳之南，长垣至封丘一带，而景亳在今曹州侯集乡梁固堆；另外郑亳、宋亳、杜亳、和燕亳均非汤居亳之亳。南开大学的朱彦民认为卜辞中"亳"即文献中的"景亳"，其地应在今安阳东南的浚县境内。郑州大学历史研究所的王蕴智先生认为在商代甲骨文、金文中"叶"字是族地之名，并对叶族的史迹做了考证，山东潍坊博物馆的孙敬明先生对商代山东的亚、逄、齐、纪、邓、冉等古国望族悠久的物质与精神文化以及他们与商王朝的关系做了探讨。八．天文历法研究。中国社会科学院历史所的常玉芝先生总结了100年以来中外学者对殷商历法中的历日、历月、历年的研究情况。中国社会科学院历史所的肖良琼先生在《刘朝阳与殷周天文历法研究》一文中肯定了天文史学家刘朝阳在殷历研究中的独到见解。美国的彭瓞钧先生对文献中夏代及甲骨文的日月食作了证认，并绘制成《三代年代与日月食断代校正曲线图》，韩国东义大学中文系的河永三先生在《甲骨文所见时间表现法之特征》一文中，通过研究纳西文、英语、韩语等语言里的不同的时间表达方式，探讨商人关于时间表现的原始思维特征。九．青铜器研究。中山大学的谭步云先生总结了商代铜器铭文与殷墟甲骨文的比较研究，日本的末房由美子女士考证出新干出土的卧虎大方鼎是在二里岗上层二期郑州式大方鼎的基础上，融合了其他因素形成的，其制作年代在殷末周初。山东大学的方辉先生在加拿大传教士明义士的商周青铜器藏品中特选了20余件做了介绍，还介绍了加拿大皇家安大博物馆收藏的两片"蚌片兽面"。一〇．其他。

新学问之起，大多由于新的发现。100年前甲骨文的发现，兴起了甲骨学和中国田野考古学。三星堆遗址的发现，形成了三星堆文化和蜀学研究的热潮，并逐步走向世界。2000年8月120多位海内外学者又走向四川广汉三星堆，去探索"三星堆文化与殷商文明"的奥秘，1929年一个农民从广汉月亮湾挖出了一大批玉器，使这个普通村落引起了海内外学术界的注意，从1931年至1986年期间先后进行了5次发掘，使得"三星堆遗址"名扬天下，其遗址丰富的文化内涵，犹如一座琳琅满目的地下博物馆，出土的遗迹有城址、台坛、村落居址、墓葬、祭祀坑或埋藏坑、铜器、玉器、石器、象牙器、骨器、漆器、陶器等。遗址是距今5000年至3000年的古城、古国、古蜀文化遗址，是人类最伟大的遗址之一，它的发现，将一个沉睡数千年的古文化唤醒，使一个消失的古文明再现，确凿而有力地证明了古蜀国的存在，使我们找到了古蜀的源头和中心，三星堆作为长江上游地区中华古代文明杰出代表又再次雄辩地证明中华文明起源的多元性，三星堆文物作为集群展现的人类上古史奇珍，在人类文明史上也占有相当重要的地位。可以和发现古埃及、巴比伦等古文明相提并论。《夏商周文明研究之五·殷商文明暨纪念三星堆遗址发现七十周年国际学术研讨会论文集》一书为2000年殷商文明暨遗址发现70周年国际学术研讨会部分论文的结集。

该书内容涉及三星堆文明与巴蜀古史，三星堆文明与中原文明联系，甲骨文及殷商史，三星堆一期文化性质及其三星堆文明关系的分析。通过对三星堆青铜原料与商代青铜器成分的比较分析，研究古族与商王国的接触往来，将三星堆祭祀坑出土的具有原夏商文化特征的器物进行比较分析，勾画出中原夏商文化入蜀的路线，以及甲骨文释读、甲骨文与相关商史研究、无字甲骨研究等。本书虽为国际学术会议的论文集，但编排得当，井然有序，形成了一个较为完整的体系。其内容广泛，资料翔实，论证严谨、叙述生动、屡有新见，填补了学术上的空白。对于深入研究夏商周三代历史与文明，中国古代中原地区与周边地区的政治、经济、文化的关系，有重要的参考价值和促进作用。随着时间的推移本书将会越来越显示出其重大的学术价值。

另外该社还出版了《天文考古学》，以考古发掘资料、古代器物和古文献资料为基础，综合考古学、古文献学、民族学和天文学研究，系统探讨了中国自新石器时代以降的天文考古学问题，揭示了古代先民在天文学领域所取得的突出成就，阐释了科学技术与传统文化的相互作用和影响，以及天文学起源与文明起源的相互关系，从理论与实践两方面初步建立了中国天文考古学体系，为研究中国文明的起源开辟了新途径。

　　该社出版了《中国古代文明——从商朝甲骨刻辞看中国上古史》，该书是意大利学者安东尼奥·阿马萨里博士在中国多年潜心研究的成果之结晶，中文初版时很受欢迎，现为中文第二版，作者从整个世界历史的大格局着眼，运用比较研究的方法，把中国古代文明和世界其他古代文明，特别是《圣经》里面所反映的古代以色列的文明和宗教做了比较研究。中国田野考古报告集《从胶东半岛贝丘遗址环境考古》由中国社会科学院考古研究所编著，本书是中国第一部史前时期地区性环境考古学专著，系统地论述了中国环境考古学研究的目标、理论和方法，详细地阐述了胶东半岛开展环境考古研究工作的技术路线，通过对分布在胶东半岛的 20 处贝丘遗址的调查试掘、整理和研究，具体归纳出胶东半岛距今 6000～4860 年左右的古代人类和自然环境的相互关系，并对辽宁、山东、福建、广西、广东等大陆沿海地区贝丘遗址进行综合比较、研究，又将中国与日本的贝丘遗址进行比较分析，探讨东亚沿海地区古人类与自然环境的相互关系，总结古代人类适应环境，影响环境的规律。此外还出版了《虢国墓地的发现与研究》、《黄河中下游地区的东周墓葬制度》，另有即将出版的《地中海考古》等书。综观社会科学文献出版社出版的历史考古类图书，不难看出文化是文明的果实，文明是社会的结晶，人类社会有文字以前的一切历史都必然和必须是经过考古佐证的文化与文明的产物。这些著作的出版无疑有力地证明我们中华民族的悠久而灿烂的历史。

后　记

1998 年北京大学百年华诞，我们考古专业 75 届毕业班同学，各自提交一篇论文汇集成《跋涉集》，作为献给母校的一份礼物。2005 年，是我们毕业 30 周年，为了纪念这难忘的时刻，大家商议再出版一本文集，作为《跋涉集》的续集，以表达我们 30 年所经风风雨雨、艰苦奋斗的心情，以及对母校的眷念和感激之情。

我们这一代人，一方面赶上了国家改革开放的大好时光，另一方面又承受着社会变革的历史重担，迫使我们从崎岖坎坷的路上拼杀出来，艰苦跋涉，去完成历史赋予的使命。德国哲学家尼采曾这样认为：一个人洞察自己和时代的深度是与他所受痛苦的强度成正比的。人只有通过痛苦磨炼与各种难题搏斗，才能发现他的生活意义。虽然我们的经历难免各式各样的挫折坎坷，可以说，我们基本达到了这种认识境界。

30 年过去，我们已经走过了黄金时代，有的女同学已经退休或接近退休。男同学有的距退休也只有两三年。有的已经成为祖辈。班中最年轻的王晓田同学，因为工作劳累而病逝于工作岗位。有的同学，或因工作负担，或因家庭环境，或因其他困难，身患病痛。但回首 30 年的工作和取得的成就，我们数十位只思奉献不图回报的殷殷学子，是那么坚强有力，驰骋考古沙场，纵横数千里，在不同的工作岗位或环境中，留下了我们艰苦跋涉的足迹，并取得了可喜的成绩。抚今追昔，我们无愧于人生！

由于个人的奋斗和业绩，我们中有的多年担任文物主管部门的领导；有的先后担任各级博物馆的馆长、文物考古研究所的所长，文博学院的院长，成为副研究员、研究员，副教授、教授；有的还获得硕士、博士学位；有的成为享誉海内的著名作家；有的担任硕士、博士研究生导师，为文博考古界培养新秀。

我们各自在不同的单位，先后参加过大型考古发掘和博物馆建设，发表和出版了一批重要学术成果，不仅撰写了数百篇学术论文，编辑了数十部考古报告，还出版了数十本个人学术专著。不仅报道了重要的学术资料，而且还提出了许多新颖的学术见解，解决了不少学术难题，具有相当高的学术水平。有的登上国际学术讲坛，在国际上产生了重要影响，为国家赢得了荣誉和地位。

可以自豪地说，我们为文博事业的建设和发展，为繁荣中华民族文化事业发挥了重要作用，作出了奉献和贡献，没有辜负老师的教育和时代的希望！

这本文集，虽不能代表我们工作和成就的全部，但反映了一个时代人留下的足迹，体现了我们把青春，把一切同国家的荣辱得失熔铸在一起的奉献精神。

我们的成绩，与在北京大学几年的学习和老师的辛勤教育密不可分。我们没有忘记所有健在的老师和已故的阎文儒先生、赵思训先生和俞伟超先生。没有忘记除了学校课堂以外在北京房山董家林、湖北黄陂盘龙城和江陵纪南城、江西清江吴城、甘肃连城蒋家坪、陕西宝鸡、青海柳湾以及安阳、郑州、西安等地与老师们朝夕相处、团结奋斗的情景。我们也没有忘记英年早逝的王晓田同学。

正如前一本《跋涉集》后记所云，"拼搏奋斗仍是我们这一代的使命"。生命不息，奋斗不止。我们将一如既往，再接再厉，不忘老师们的辛勤教诲和母校的培养，在有限的时间内，继续发挥我们的光和热！

这本论文集的集结出版，得到成都市文物考古研究所和文物出版社的关心与支持。宿白先生再次题写书名，李伯谦老师再次赐序，各位老师惠赐题词。在此，我们表示由衷的谢意！

《跋涉续集》编委会
2005 年 10 月

封面题签　宿　白
封面设计　周小玮
责任编辑　于炳文　冯冬梅
责任印制　陆　联

图书在版编目（CIP）数据

跋涉续集/《跋涉续集》编辑委员会编著. —北京：
文物出版社，2006.1
ISBN 7-5010-1818-9

Ⅰ. 跋…　Ⅱ. 吴…　Ⅲ. 考古学－文集　Ⅳ. K85－53

中国版本图书馆 CIP 数据核字（2005）第 126633 号

跋　涉　续　集

《跋涉续集》编辑委员会

*

文　物　出　版　社　出　版　发　行

（北京五四大街29号）

http：//www.wenwu.com

E-mail：web@ wenwu.com

潮　河　印　业　有　限　公　司　印　刷

新　华　书　店　经　销

787×1092　1/16　印张：25　插页：1

2006 年 1 月第一版　2006 年 1 月第一次印刷

ISBN 7-5010-1818-9/K·963　定价：126.00 元

巩膜病学

GONG MO BING

方 严　魏文斌　陈积中

科学技术文献出版社

科学技术文献出版社